Interlab

Lucia Leão *(org.)*

INTERLAB

LABIRINTOS DO PENSAMENTO CONTEMPORÂNEO

FAPESP

ILUMINURAS

Capa:
Fê

Tradução
Renata Cordeiro

Revisão da tradução
Nadine Fajerman

Revisão técnica:
Lucia Leão

Revisão:
Ana Teixeira
Maria Estela de Alcântara

Filmes de capa:
Fast Film - Editora e Fotolitos

Composição e filmes de miolo:
Iluminuras

ISBN: 85-7321-148-2

2002
EDITORA ILUMINURAS LTDA.
Rua Oscar Freire, 1233 - 01426-001 - São Paulo - SP - Brasil
Tel.: (0xx11)3068-9433 / Fax: (0xx11)3082-5317
iluminur@iluminuras.com.br
www.iluminuras.com.br

SUMÁRIO

PENSANDO O MUNDO DIGITAL

PENSANDO A ARTE E A INTERATIVIDADE

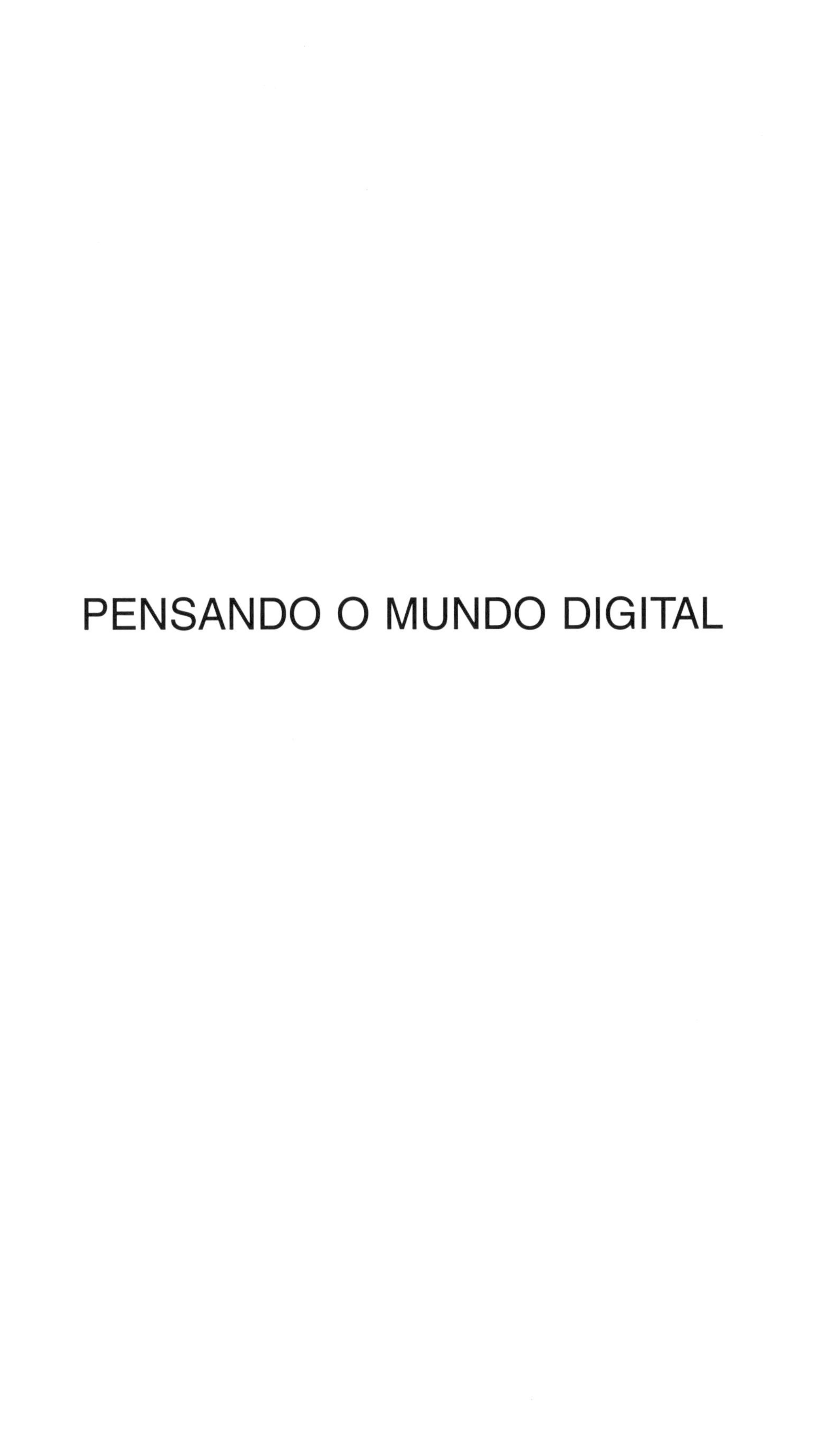

PENSANDO O MUNDO DIGITAL

SETE ITENS SOBRE A NET

Siegfried Zielinski

1.

De vez em quando, acontecimentos imprevistos irrompem na Net telemática. Em uma edição de dezembro (15.12.1994) da revista *Fineart – Art & Technology Netnews*, Jeremy Grainger anunciou na rede de notícias, via Fringeware, que Guy-Ernst Debord havia cometido suicídio. O relato era sucinto: "Tinha 62 anos... Pouco conhecido fora da França, Debord denunciou o que chamou 'sociedade do espetáculo' e declarou que as artes performáticas deviam basear-se em poderosas emoções, paixões e desejo sexual. Suas idéias tiveram influência entre os teóricos e ensaístas que alcançaram destaque na revolta cultural estudantil de maio de 68 que abalou a sociedade francesa." É só. O fato de que o co-fundador da Internacional Situacionista — aquele que em *A sociedade do espetáculo* havia diagnosticado mais de vinte anos atrás que toda a experiência direta cedeu lugar à representação, atestando no mesmo livro que a telecomunicação "reúne o separado, mas o reúne como separado" — tenha morrido por suas próprias mãos não afetou os símbolos da Net, nem um pixel. Em 1952, aos 23 anos, Guy Debord fez um filme com um diálogo aparentemente organizado sobre princípios randômicos. O título era *Howlings in favour of Sade* [*Uivos a favor de Sade*]. A certa altura, uma voz em *off* diz "A perfeição do suicídio está na ambigüidade". No roteiro, isso vem seguido de uma instrução de cena: "cinco minutos de silêncio durante os quais a tela permanece escura".

2.

O modo pelo qual a linguagem é usada na Net é mais afirmativo da vida. Como princípio, a linguagem é positiva, animada, apologética, engenhosa. Fervilha com energia. É uma fonte de juventude eletrônica. Os computadores, seus designers técnicos e as conexões estabelecidas possibilitam, facilitam e sustentam (por exemplo, a natureza). Os programas lideram, organizam e selecionam. Paisagens são criadas, assim como populações ou gerações, que, até mesmo, se desenvolvem dinamicamente, tendo a liberdade de se desdobrar em (auto) organização. As interfaces têm que ser interativas e oferecer empatia (no sentido aristotélico), têm que ser até mesmo biociberneticamente interativas, ou seja, têm de organizar algo vivo dentro do circuito fechado. Seus agentes secretos não têm casacos com gola alta para esconder o rosto, não estão tramando nada, e não adianta procurá-los nos subterrâneos; eles são guias turísticos à vista de todos, convidando-nos a surfar, sem preocupação alguma. Muitas décadas depois de sua descoberta pelos físicos teóricos do entreguerras, as ondas de possibilidades nas quais as verdades quânticas são agora formuladas excluem a violência dos contextos/conexões, não são ondas de dor, tampouco de êxtase. "A associação entre informações sensoriais com os parâmetros de interação do usuário permite correlações interessantes muito além das várias modalidades de *output*". Em *Sans Soleil*, de Chris Marker, inspirado pela música de Mussorgsky, deparamo-nos com um japonês que está sempre fazendo listas de coisas, como, por exemplo, de coisas que fazem o coração bater mais rápido. Comecei a fazer uma lista de fenômenos, fantasmas, estilos de que eu sinto falta na Net e nas colunas de discurso sobre o tema que crescem a cada minuto. Eis alguns dos substantivos preferidos: ambigüidade, ira, ataque, colapso, crime.

3.

Embora existam muitas diferenças entre, por exemplo, Artaud, Bataille, Duchamp e Leiris, já que todos os dissidentes do movimento Surrealista tinham um foco comum a partir do qual eles desenvolveram sua relação com o mundo (intelectual e artístico), eles institucionalizam tanto com sua herança marginal quanto com as correntes vigentes, em virtude de sua rejeição a qualquer tipo de ética funcionalizada, de sua resistência a uma racionalidade unidimensional, de sua celebração de um prazer não reprimido e do seu desenvolvimento estético do desejo como um modo existencial. Para eles, era de suma importância que o seu pensamento estivesse bem longe de quaisquer estruturas hierárquicas e que suas práticas estéticas fossem, de modo selvagem e imanente, justaposições heterogêneas (a crítica filosófica e cultural se apropriou desses paradigmas muito tempo depois, notavelmente no trabalho da dupla Deleuze/Guattari). Particularmente para as personalidades sofredoras/torturadas e passionais, como Antonin Artaud, o foco da práxis artística era a inseparável dualidade da experiência e da sensação (com um radicalismo só comparável ao trabalho em literatura de Bataille), que ele confrontou com a pura práxis do conceito; na verdade, foi isso também que essencialmente moldou a obra de Duchamp em todas as suas extravagâncias e loucuras. Como a vanguarda hiper-realista se orienta? Que orientação ela é capaz de elaborar e capturar para si mesma? Parece que escreveram demasiadamente sobre o inconsciente, depois de Freud e Lacan (que se negaram a aderir ao seu próprio enunciado de que "há problemas que é preciso abandonar sem ter encontrado uma solução"), e, sobretudo, depois de seus inúmeros adeptos e intérpretes. Nos anos 50 e 60, ativistas, situacionistas e artistas performáticos jogaram seus próprios corpos no conflito, ao ponto da (auto) mutilação ou da (auto) imolação, contra o discurso e os dispositivos do poder. Então, haverá agora uma re-orientação em direção a conceitos, às ciências naturais e orgânicas, à ilusão de uma continuidade, de um fluxo e uma ordem no caos? Ou haverá a criação de novos corpos artificiais na forma de corpos de conhecimento e sua encenação como volumes esteticamente experienciados na era telemática, artefatos efêmeros e móveis em um espaço antiquado?

4.

O trabalho experimental do grupo *Knowbotic Research* sugere um caminho possível: suas criações e processos de *workshops* são faccionais, ou seja, são extraídos tanto de dados empíricos quanto do reino da ficção, aos quais eles parecem sempre querer voltar. Na rede de Circe, eles esforçam-se para dirigir sua visualização (o conhecimento e sua organização) enquanto, ao mesmo tempo, sugerem uma sedução, sem a qual a arte como terreno sensível para a experiência do enigma é *no-thing* (nada), absolutamente nada. Para desenvolver essa característica de agente-duplo, os *Knowbots* assumiram um segundo modo de existência que pode tomar forma do lado de fora da Net: no evento, encenação única do espaço acessível publicamente, eles se tornam mais uma vez corpos empíricos e sensações.

5.

A mais complexa práxis mística com a mais complexa linguagem que eu conheço é a Cabala teórica: "Uma técnica para exercitar a razão ou instruções para o uso do intelecto humano... diz-se que os anjos deram a Cabala a Adão depois que ele foi expulso do Jardim do Éden como um meio para voltar para lá" (Wolff). As dez Sephiroth com seus 22 caminhos de conexões constituem um reservatório absolutamente inesgotável de associações, conexões, pontuações, como a WWW; seu princípio de construção é binário e ele é feito das tensões fundamentais da razão teórica (CHOCKMAH) e do poder de concretizar, de formar (BINAH). O único modo significativo pelo qual a Cabala pode ser lida e re-revelada infinitamente é o da interpretação. Nisso, a Cabala e a arte são semelhantes. Os textos de Edmond Jabas são poemas filosóficos. Numa discussão com Marcel Cohen sobre o não-lível, perguntaram-lhe o que ele entendia por "subversão" de um texto, ao que ele respondeu reportando-se ao começo de toda e qualquer subversão: ruptura/interferência. O paradoxo, que ele próprio opera com sentenças e palavras gramaticalmente corretas que mantêm seu sentido conotativo, ele resolve cabalisticamente: "Não tentei arruinar o sentido da sentença, tampouco o da metáfora: pelo contrário, tentei torná-los mais fortes. É só na seqüência da sentença que eles se destroem, como destroem também a imagem, a sentença e seu sentido, quando são confrontados com uma imagem, uma sentença e um sentido, que eu considero igualmente fortes. Atacar o sentido rebelando-se contra a sentença não significa que a mesma seja destruída. Pelo contrário, ela é preservada porque um caminho para outro sentido foi aberto. Tudo isso me parece como se eu tivesse sido confrontado por dois discursos opostos igualmente persuasivos. Isso resulta na impossibilidade de privilegiar um em detrimento de outro, o que, por sua vez, adia constantemente o controle do sentido sobre a sentença. Talvez o impensável seja pura e simplesmente a suspensão mútua de dois pensamentos opostos e definitivos." Há uma chave aqui de como a ação estética dentro das ordens e das estruturas pode revelar-se; entre o Pentágono, a academia e o mercado, que fornecem apenas pequenas possibilidades para interferências temporárias, um fino trabalho de filigrana tece transitoriedades.

6.

Na Net, não há arte desse tipo (ainda): não houve tempo para desenvolver uma noção de Outro, cujo ponto de fuga seria a Morte. O modelo para a Cultura da Net é a vida, e, porque lá abriu mão da sua existência singular, ela em geral se torna facilmente um modelo. Os algoritmos usados pelos engenheiros e artistas, que estão trabalhando mais ou menos em sigilo sob comando da Circe Telecom, foram copiados das formas (fórmulas) bio-lógicas de vida e traduzidos em matemática. Os algoritmos genéticos são úteis e fascinantes devido à sua proximidade com essa vida. Eles são repletos de força e confiança. No que se refere à arte, valeria à pena tentar inventar algoritmos de (auto) desperdício, de vacilação, de êxtase e de (auto) destruição como um experimento. Em total reconhecimento e aceitação do risco de que talvez não houvesse muito o que ver e ouvir, eles seriam transformados em sons e imagens. Na sombra universal, na aura escura, onde os fortes corpos de conhecimento dos *Knowbotic Research* se movem, mas onde também são protegidos da dispersão, há um pressentimento desse segredo.

7.

"Quando a arte se torna independente, quando representa o seu mundo em cores deslumbrantes, um momento de vida envelhece, e não pode ser rejuvenescido com cores deslumbrantes. Pode apenas ser evocado na lembrança. A grandeza da arte só começa a surgir no crepúsculo da vida" (Guy Debord (1992). *The society of the spectacle.* Londres: Rebel Press, p. 71).

LABIRINTOS E MAPAS DO CIBERESPAÇO*

Lucia Leão

Este artigo nasceu de um questionamento: será que é possível mapear o ciberespaço? Que tipos de mapas estão sendo criados? Será que esses mapas têm alguma utilidade? Será que eles resgatam sua antiga função — a de auxiliar o navegante? À primeira vista, parece muito complicada a tarefa de mapear os labirintos movediços do ciberespaço. Veremos vários exemplos onde o objetivo da cartografia é criar visualizações que auxiliem o internauta a se locomover nos espaços informacionais. Outros mapas apenas informam os tráficos de dados da Web. Existem ainda aqueles cuja função é situar o número de máquinas conectadas às redes. E quanto à navegação? Será possível registrá-la? Vários projetos buscam representar os labirintos criados no percurso, ou seja, fornecem o mapa dos sites visitados para futuras retomadas. Além disso, existem diagramas que mapeiam as infra-estruturas que estão por trás da WWW, tais como as redes de cabos submarinos e satélites. Esses mapas, à medida que revelam o que está por trás do funcionamento do ciberespaço, são como imagens de Raios X daquilo que dá sustentação estrutural à Grande Teia. Para iniciarmos nossa discussão sobre os mapas do ciberespaço, é necessário que primeiro voltemos ao passado em busca das origens da arte cartográfica. Em seguida, discutiremos sobre a natureza labiríntica do ciberespaço, em uma breve introdução a esses espaços mágicos e complexos. Assim, convido o leitor a me acompanhar num trajeto sinuoso, divertido e sedutor: o estudo dos mapas e seus labirintos.

UMA INTRODUÇÃO À CARTOGRAFIA

Uma das necessidades básicas da humanidade sempre foi a de representar visualmente questões que mexem com sentimentos profundos e complexos. Como atestam as pinturas de manadas encontradas em cavernas, desde a Pré-História, o ser humano registra em traços aquilo que considera importante. A cartografia, ciência e arte de elaborar mapas, cartas e planos, é uma das mais antigas manifestações de cultura. Entre os mais antigos exemplares de mapas conhecidos, estão os babilônicos, datados de cerca de 2.300 a.C. No exemplar que pertence ao Museu Britânico de Londres, temos uma representação sobre placa de argila. Em seu desenvolvimento histórico, os mapas aparecem em pedras, papiros, metais, peles, etc. Os antigos egípcios também criaram mapas belíssimos há cerca de 4.000 anos. Herdamos dos antigos gregos os primeiros fundamentos de geografia e normas cartográficas. São gregas: a concepção esférica da Terra, a existência dos pólos, a linha do Equador e o primeiro sistema de projeção em latitude e longitude. No século VI a.C., Anaximandro de Mileto concebeu um mapa-múndi gravado em pedra. Com Hecateu de Mileto, a representação do planeta passa a ser feita sobre um disco metálico. No século III a.C., o diretor da famosa Biblioteca de Alexandria, Eratóstenes de Cirena, desenha o primeiro mapa-múndi com paralelos e meridianos. Ptolomeu, no século II d.C., famoso astrônomo e geógrafo, em seu clássico tratado *Guia de Geografia*, lançou as bases desta ciência.

---

*) Artigo apresentado no ISEA 2000, 11º Simpósio Internacional de Arte Eletrônica, Paris, França.

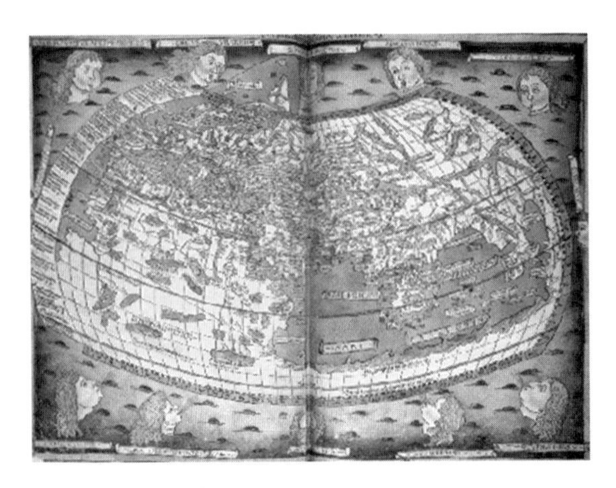

Figura 1: Mapa de Ptolomeu.

Na Idade Média, os mapas assumem características particulares, passando a predominar os desenhos ilustrativos e as alegorias. Dessa época é o célebre mapa em T-O de Santo Isidoro de Sevilha. O mapa em T-O é assim conhecido por ser composto por duas circunferências, uma externa, formando a letra O, e a interna, repartida ao centro, formando a letra T. O mapa em T-O é orientado para leste e, assim, a Ásia está representada na parte superior do T, a Europa à esquerda e a África à direita. Com o desenvolvimento das cruzadas e o avanço do comércio marítimo, os mapas se tornam mais sofisticados. Uma das mais antigas escolas de Cartografia, criada no reinado de Carlos V, o Sábio, na Espanha, produziu o Atlas Catalão, no ano de 1375. No século XIV, período das grandes navegações, surge a Escola de Sagres, em Portugal. No século seguinte, os mapas passam a ser impressos em xilogravura e, um pouco depois, a técnica de gravura em cobre — calcografia — também passa a ser empregada. Nessa época, os mapas eram coloridos à mão.[1] Pertence ao século XVI a mais antiga convenção adotada, o círculo, empregado para designar aglomerados urbanos. Até então, os medievais utilizavam muralhas. O século XVII nos traz a contribuição cartográfica de geógrafos dos Países Baixos, entre eles o célebre Mercator.[2] Outro cartógrafo ilustre, o alemão Humboldt, surge no século seguinte e contribui para o conhecimento da humanidade ao mapear regiões distantes como a Nova Zelândia e a Austrália. Nos séculos seguintes, a cartografia vai evoluindo em busca de uma maior exatidão e o desenvolvimento tecnológico tem permitido diferentes processos de obtenção de dados.

Atualmente, os mapas se classificam de acordo com a finalidade, o assunto, o nível de detalhamento e o tamanho da área representada. Temos assim:

1. Área

O primeiro dado a ser analisado na classificação de mapas diz respeito à área retratada. De um modo geral, os mapas se dividem em:

1.1 Terrestres;

1.1.1 Mapa-múndi: que possibilita a visualização da totalidade da Terra;

1.1.2 Específicos: representam uma porção de território delimitada;

---

1) Os mapas antigos eram impressos sempre em preto e branco; as cores só passam a ser empregadas no fim do século XIX. No entanto, muitos dos mapas antigos são coloridos à mão. Existia até mesmo o ofício de colorista de mapas, tal era a importância das cores na sinalização.

2) Gerardus Mercator, o pai, publica em 1595 uma coleção de mapas onde aparece a ilustração do titã Atlas, aquele que foi condenado a carregar o mundo nas costas, de onde vem a origem desse nome. Atualmente, existe um aplicativo que desenvolve mapas da Internet com o nome *Mercator*.

1.2 Mapas astronômicos ou celestes;
1.3 Mapas marítimos (entre outros).

2. Escala

Os mapas utilizam escalas variadas. As escalas costumam vir indicadas na parte inferior.

3. Tamanho

O tamanho do mapa é variável, de acordo com a finalidade e o detalhamento pretendidos.

4. Finalidade

Este é o tópico onde a classificação cartográfica se torna mais complexa. Vejamos:

4.1 Cartas topográficas

As cartas topográficas são feitas com dados colhidos através de levantamento de campo, planimetria, altimetria e aerofotogrametria. São extremamente precisas e servem principalmente a governos em estratégias e logísticas militares.

4.2 Cartografia geográfica

São criadas por empresas privadas e destinam-se ao público em geral. Seus mapas costumam vir em escala reduzida, os conteúdos são simplificados e generalizados. Vale dizer que, segundo a ABNT — Associação Brasileira de Normas Técnicas, define-se *carta* como sendo a representação de aspectos naturais e artificiais da Terra, destinadas a fins práticos da atividade humana, que permite a avaliação de distâncias, direções e localização geográfica de pontos, áreas e detalhes. *Mapa*, por sua vez, representa os mesmos aspectos, mas tem finalidade unicamente cultural ou ilustrativa.

4.3 Carta temática

Temos aqui o caso de mapas esquemáticos, com fins conceituais e informativos. As cartas temáticas representam determinados fatos ou fenômenos físicos, biológicos, políticos, estatísticos, etc. Podem abordar conceitos e assuntos que estão em transformação constante e contínua, tais como fluxos migratórios, desmatamentos, etc. Em geral, o mapa esquemático, que suporta as informações contidas na carta temática, é extraído da cartografia geográfica. São também denominados cartogramas.

POR UMA TIPOLOGIA LABIRÍNTICA

Os labirintos são imagens que persistem na história da humanidade há milênios. Essa longa, contínua e mutante permanência nos revela questões profundas do pensamento humano. Mais do que o senso comum costuma definir, os labirintos são signos de complexidades. Talvez, o maior encanto dos labirintos resida no fato de eles próprios serem paradoxais e proporem, cada um à sua maneira, lógicas contrárias e diversas.

Quando se fala em labirintos, é bom lembrar que, além das construções humanas, existem também os labirintos naturais. Entre eles, as grutas e as cavernas que, com suas passagens estreitas, nos propõem dificuldades de percurso; as conchas, imagens exemplares do tema da espiral, outra fonte fecunda de divagações e devaneios; as flores, e suas construções mandálicas, as folhas, as raízes e os rizomas. O labirinto está presente em nosso próprio corpo em muitos de seus órgãos, tais como o cérebro, o ouvido e até mesmo na impressão digital, marca única de nossa identidade.

O imaginário labiríntico está presente em várias épocas da humanidade. Uma das mais antigas representações gráficas labirínticas data do Período Neolítico e se encontra na gruta rupestre de Valcamonia, na Itália. Entre os labirintos da Antigüidade temos o egípcio (totalmente destruído, cuja planta original, porém, foi reconstituída pelo arqueólogo inglês Flindres Petrie, em 1888) e o cretense (imortalizado pelas narrativas míticas de Teseu, Ariadne e o Minotauro).[3]

O sentido do labirinto foi-se transformando no tempo. No caso egípcio, temos uma construção grandiosa, imponente e complexa que era espaço para proteção do sagrado. O labirinto egípcio era, ao mesmo tempo, santuário e monumental representação do poder dos faraós e da classe sacerdotal.

No caso cretense, o labirinto se transforma em prisão e esconderijo do monstruoso. Encontramos essa temática nos pesadelos com corredores escuros e caminhos tortuosos, onde o desafio é duplo: achar o caminho e vencer a fera.

Os labirintos construídos em jardins, porém, propõem uma outra questão e uma outra lógica. No caso do labirinto de Versalhes,[4] por exemplo, a idéia não era problematizar, intrigar ou confundir seu visitante. O objetivo propulsor, que levou seu arquiteto a planejar alamedas de jardins, foi o de proporcionar divertimento. Para ressaltar ainda mais essa característica lúdica, seus recantos floridos contam com esculturas que representam cenas de fábulas de Esopo.

Nesse sentido, não se pode pensar em um conceito geral que defina o labirinto em um termo único. A clássica definição de labirinto, como sendo uma construção tão intrincada e difícil, que o caminhante várias vezes perca o senso de direção e tenha dificuldades de alcançar o centro, corresponde a apenas um tipo de labirinto e é redutora da complexidade envolvida nesse tema.

Vejamos um caso onde o peregrino não tem que enfrentar a dúvida, nem se questionar quanto ao caminho a seguir: os labirintos construídos nos solos de igrejas medievais, como, por exemplo, nas catedrais de Chartres e Amiens. Pode-se dizer que esses labirintos não oferecem o problema da decisão, pois seus traçados são unicursais, isto é, sem bifurcações. Diferente dos labirintos problematizantes (*mazes*), esse tipo de desenho não apresenta divisão em seu percurso. Assim, os labirintos unicursais não oferecem a liberdade de escolha ao seu visitante. Como não há caminho a ser escolhido, não há como se perder e só resta ao andarilho a opção de ir seguindo suas circunvoluções, para dentro e para fora, conforme um traçado pré-concebido pelo seu arquiteto. No entanto, esses belíssimos diagramas tinham um profundo significado espiritual para os fiéis. Mais do que ornamentos meramente estéticos, o noviço, que percorria esses labirintos em oração, buscava alcançar um estado de concentração mental absoluto. Caminhar por esses labirintos era uma busca pelo espaço sagrado, um substituto à peregrinação até a Terra Santa. Enfim, numa tentativa de propor uma tipologia labiríntica, o primeiro tipo de labirinto é este, sem bifurcações, também chamado sem bívios ou unicursal.

O segundo tipo de labirinto, talvez o mais freqüentemente encontrado nas histórias e lendas, corresponde ao labirinto com bifurcações. Quanto a esse tipo, não me deterei muito, pois foi objeto de profundo estudo em meu livro anterior. Veremos, porém, alguns pontos de interesse para essa discussão atual. Nos labirintos com bifurcações, a utilização de estratagemas que marquem o caminho como as pedras do *Pequeno Polegar* ou de um fio condutor (*fio de Ariadne*) são extremamente úteis para aquele que não quer se perder.[5] Porém, vale lembrar que muitos trabalhos artísticos em hipermídia têm como estímulo poético a arte de perder-se (ver, por exemplo, os trabalhos de web arte do *Jodi*[6] e o *Landsbeyond*[7]).

O labirinto do ciberespaço pertence a uma outra ordem, a uma outra tipologia. Guarda características tanto do primeiro quanto do segundo tipo, mas vai além. Estamos aqui

---

3) Para um estudo detalhado a respeito desses labirintos, ver Leão, 1999.
4) Construído por J. Hardouin-Mansart para o rei Luís XIV.
5) Ver mais detalhes em Leão, 1999:36,82-83,91-93,99-106.
6) http://www.jodi.org.
7) http://www.distopia.com/LandsBeyond.html.

diante de um labirinto do tipo rizomático. Um rizoma é conectável em várias direções e de todos os seus pontos — assim também se estrutura a WWW. Um rizoma não tem um centro único, mas em todos os pontos temos um centro. Alguns autores apresentam como exemplos de labirintos rizomáticos o próprio pensamento.

REFLEXÕES SOBRE O CONCEITO DE MAPA

No estudo dos labirintos, um tópico bastante importante diz respeito ao conceito de mapa. Quando pensamos em labirintos, existem vários mapas possíveis. O primeiro, mais fácil de ser intuído, diz respeito à planta, ao projeto do labirinto elaborado no momento de sua concepção. Quando um labirinto é racionalmente pensado para ser construído, é razoável que exista um mapa, ou um projeto para sua realização. No entanto, como já vimos, existem milhares de labirintos que são criados espontaneamente e, nesses casos, não existem, *a priori*, mapas pré-traçados. Uma segunda categoria possível diz respeito aos mapas criados a partir da descoberta de um espaço que está sendo percorrido. Esses esquemas, mapas de viajantes, são registros do aventurar-se no desconhecido, daquilo que foi encontrado ao acaso, mediante busca e observação. Assim, podemos iniciar essa reflexão afirmando que existem duas categorias possíveis de mapas: a primeira diz respeito àqueles que são criados e elaborados na imaginação, por uma mente pensante, tendo em vista um olhar global e panorâmico do terreno no qual o labirinto será projetado. A segunda categoria compreende um tipo de mapa que é criado por aquele que penetra o labirinto — o *penetralias* —, aquele que avança por um espaço desconhecido e registra suas observações.

No senso comum, costumamos confundir mapa e representação visual do espaço labiríntico. Deleuze e Guattari (1995:22-23), numa tentativa de distinguir esses dois conceitos, chamaram a representação de *decalque*. Na maioria das vezes, o viajante do labirinto não conhece sequer o decalque, ou seja, não tem a visão global e panorâmica do espaço total a ser percorrido. Assim, ao caminhar, o viajante conta apenas com as informações que vão sendo colhidas localmente. A grande dificuldade do labirinto reside no desafio de tentar reconstituir mentalmente o espaço percorrido, tentando extrair do aparente caos um pouco de ordem e coerência (Leão, 1999:133). Porém, mesmo no caso em que o peregrino pode contar com a ajuda dessa representação gráfica do espaço, sabemos que outras geografias, outras características e peculiaridades não estão presentes no diagrama. Essas geografias, embora contidas no espaço representado, avançam e multiplicam espaços e se desdobram no caminhar. É que, além dos espaços representados, existem e coexistem outros espaços, impossíveis de serem reproduzidos em sua complexidade.

Assim, podemos concluir que mapa, enquanto construção em constante metamorfose, pertence à esfera do conhecimento adquirido, incorporado na experiência vivida. O mapa, enquanto hiperespaço cognitivo, muito se difere dos esquemas visuais fixos, pois pertence ao universo das transformações e interconexões. O mapa só pode ser apreendido no caminhar e nos movimentos oscilatórios entre ordem local e ordem global, entrar e sair, perceber e racionalizar. Vejamos, agora, um panorama das mais recentes tentativas de representação e visualização do ciberespaço.

MAPA E CONVENÇÃO: UM OLHAR SOBRE OS MAPAS ANTIGOS

Minha pesquisa sobre ciberespaço começou no início da década de 90. Mas, muito antes disso, sempre fui apaixonada por mapas antigos. O que mais me encanta nesses mapas é refletir sobre a maneira como foram concebidos e criados, tão diferentes das convenções que estamos acostumados a encontrar nas aulas de geografia. É incrível pensar que, com o avanço da arte naval, aventureiros investidos de coragem adentrassem oceanos desconhecidos, às vezes contando com mapas desenhados à mão, belíssimos, porém, com pouca ou nenhuma informação sobre para onde ir... Nesses mapas antigos, é comum encontrarmos tanto informações de ordem prática, como encostas e baías, como também elementos do imaginário, tais como sereias e dragões. Além disso, os espaços vastos dos oceanos eram muitas vezes ocupado por caligrafias elaboradas e rebuscadas. Esses elementos parecem nos revelar o quanto o desconhecido podia ser assustador, enigmático e terreno para as mais incríveis fantasias. A evolução da construção de barcos se deu paralelamente à evolução da cartografia. Para que fosse possível avançar em territórios desconhecidos, era preciso que aqueles que já tivessem sido visitados fossem sendo marcados. A sinalização dos antigos mapas nos revela esses objetivos e essas preocupações. Na evolução da cartografia, vemos surgir escalas, cores, detalhamento topográfico de mares, encostas, montanhas, lagos, rios, títulos e legendas explicativas, entre outros elementos de sinalização.

A marcação dos pontos cardeais, por exemplo, é fundamental na orientação. Apesar de hoje estarmos habituados a desenhar mapas com o norte para cima, não existe nenhuma razão lógica para isso. Os antigos mapas medievais colocavam o leste no topo do desenho, em reverência aos locais sagrados do Oriente. Até mesmo o termo *orientação* deriva desse posicionamento sacrossanto. A prática de orientar os mapas pelo norte foi estabelecida na Itália, mas, até o início do século XIX, ainda são freqüentes exemplos que empregam outra orientação (Hodgkiss, 1971:9). Por esses e outros exemplos, podemos perceber o quanto nossa tão familiar cartografia é resultado de convenções que se foram transformando na história.

Uma das visões que mais impacto teve em minha vida foi quando, visitando o Vaticano, descobri a galeria de mapas antigos. Os famosos mapas do Vaticano foram pintados em afresco na época do Papa Gregório XII, 1572-85, em plena Renascença. O autor das pinturas é Egnizio Danti, cosmógrafo e frei dominicano. Nas galerias, vemos quarenta mapas de cidades portuárias italianas, dispostos frente a frente, formando o maior ciclo de imagens cartográficas da Europa. Segundo Lucio Gambi, geógrafo da Universidade de Milão e autor do livro *The gallery of maps in Vatican*, a série pintada por Gambi prima por sua exatidão geográfica. Mesmo sem saber desse lado técnico, a contemplação desses mapas me deixou perplexa. Era como se diante de mim estivesse a prova cabal de que o homem utiliza convenções no seu intento de representar o mais fielmente possível o mundo. E, mais ainda, a galeria dos mapas era um grito para o quanto essas convenções são datadas. Por mais que o cartógrafo Danti tivesse-se esforçado para traduzir com clareza dados das cidades retratadas, aos meus olhos seu trabalho se perdia em detalhes e minúcias, em estilizações paisagísticas sem sentido, por mais belas que fossem. Enfim, eu podia olhar para os afrescos de Danti em busca de um deleite estético, como pinturas aprimoradas, obras de refinadas veladuras, porém, o sentido de mapa, de cartografia, me escapava. Com o passar dos anos, minha atração por mapas antigos não se perdeu; ao contrário, comecei a compreender algo a mais. Sim, os mapas do Vaticano ainda me perturbavam, só que agora eles me contavam outras histórias. Agora, mais calma e contida, pude ouvir suas mensagens. Embora o estranhamento produzido por esses mapas tenha sido, e ainda é, ensurdecedor, eles, justamente por isso, nos ensinam que nossas convenções cartográficas não são únicas. Talvez agora, ao nos aventurarmos na exploração de territórios tão novos e desconhecidos como o ciberespaço, seja a hora de pensarmos e buscarmos outras maneiras de representações, outros mapas.

MAPA E REPRESENTAÇÃO DO CIBERESPAÇO

História

Quando se pensa em cartografar o ciberespaço, o grande desafio parece ser: como representar este vasto e movediço território que se transforma a cada segundo? Esse desafio tem estimulado muitas pessoas, entre elas cientistas, engenheiros e, como não poderia deixar de ser, os artistas.

Os mais antigos mapas do ciberespaço são hoje importante fonte de informação e seus dados revelam aspectos surpreendentes na evolução e crescimento da Grande Teia. O *Internet History* (1962-92),[8] linha do tempo que traz uma coleção de antigos mapas da Net, é referência clássica para todo aquele que investiga aspectos históricos da rede. Outros mapas curiosos e fundamentais para a compreensão do desencadear cronológico da Internet podem ser encontrados nos arquivos da Arpanet.[9]

Um excelente ponto de partida para se verificar o que tem sido feito a respeito do assunto é o site *Um atlas do ciberespaço*[10] de Martin Dodge, pesquisador do Centro para Análises Espaciais Avançadas — Casa — da University College of London. O site apresenta uma coleção de diferentes tipos de mapas — com comentários e respectivos *links*, listas de discussão e artigos sobre o tema. Outro endereço interessante, com mapas e artigos sobre o assunto, é o Omnizone,[11] desenvolvido por Yu Yeon Kim e Stephen Pusey. Com o objetivo de apresentar mapas da cultura digital, a partir de perspectivas individuais, o Omnizone contou com a participação de artistas, curadores, cientistas, programadores, entre outros. Muitos dos mapas que irei comentar foram encontrados nestes dois sites, embora vários outros tenham surgido a partir de resultados de pesquisa em sites de busca.

A pesquisa dos mapas do ciberespaço teve três fases. Num primeiro momento, simplesmente listei todos os sites e programas que tinham por objetivo visualizar a Internet. A segunda fase abrangeu visitas aos sites, downloads de aplicativos e experimentação prática. Confesso que foi bastante trabalhoso passar por isso tudo, mas não havia outra maneira de conhecer e compreender os mapas e seu funcionamento. A fase final foi a de classificar os mapas em categorias, ou seja, esclarecer diferenças básicas entre eles, tanto no sentido dos objetivos pretendidos, como também, e principalmente, com relação aos conteúdos a serem cartografados. Para mim, ficou claro que a distinção mais importante entre os diversos mapas do ciberespaço reside na observação e análise do que cada um deles pretende representar. Vejamos as categorias.

UMA CLASSIFICAÇÃO DOS MAPAS DO CIBERESPAÇO

1. Mapas de infra-estrutura

Como o próprio nome indica, nesta categoria estão as representações das redes estruturais que possibilitam a emergência do ciberespaço. São incríveis, maravilhosos e surpreendentes. Entre os mais fantásticos estão os mapas das redes de satélites e os dos cabos de comunicação submarinos. Descobri também mapas de planejamento para futuras redes de fibra óptica. Além desses, vale citar os Mapas de Provedores de Serviço de Internet, ISP, que apresentam esquemas dos provedores, as relações entre eles e os usuários da rede.

---

8) http://www.computerhistory.org/exhibits/internet_history/index.page.
9) http://som.csudh.edu/cis/lpress/history/arpamaps/.
10) http://www.cybergeography.com.
11) http://www.plexus.org/omnizone/omnizone.html.

2. Mapas das rotas de dados

Os *traceroutes*, como são chamados em sua origem, no inglês, exploram as rotas e os itinerários que os dados seguem entre o local onde estão arquivados até chegarem ao computador de destino. É bem interessante ver o caminho que a informação percorre para chegar até nós. Assim, os *traceroutes* nos revelam o mundo escondido da Internet.

2.1 *NetBird.*[12] Este programa fornece mapas que se originam de comandos de *traceroutes* executados por vários computadores de voluntários conectados na rede. Esses caminhos criam um gráfico dinâmico e auto-organizado.

2.2 *Skitter,*[13] aplicativo em Java da Caida — Cooperative Association for Internet Data Analysis, do Centro de Super Computadores da Universidade da Califórnia em San Diego. O *Skitter* mede e visualiza os caminhos que os dados seguem ao sair de uma fonte (*source*) até seus diferentes destinos. Apesar de sua aparência abstrata, é um mapa muito útil na identificação de caminhos críticos, sendo uma ferramenta fundamental para engenheiros de redes.

2.3 *SCAN.*[14] Também é um programa que produz mapas das redes, evidenciando as relações topológicas. Sua aplicação se destina a redes grandes, dinâmicas e homogêneas. Ferramenta útil para isolar problemas nas rotas de tráfego.

Figura 2: Mapa criado pelo aplicativo Skitter.

Figura 3: In-line.WMF: mapa gerado pelo SCAN.

---

12) http://home.sol.no/~ggunners/NetBird.html.

13) http://www.caida.org/Tools/Skitter.

14) http://www.isi.edu/scan/scan.html.

3. Mapas de web sites

Os mapas de web sites são bastante úteis e muito utilizados no caso de sites grandes e complexos. Entre eles, existem aqueles que são criados para auxiliar a navegação do internauta no site e outros destinados a ajudar a atividade daquele que administra o site e o webmaster. Paul Kahn escreveu um artigo interessante e profundo sobre esse assunto. Vejamos alguns exemplos:

3.1 Os *Diagramas Dinâmicos*, ou *Z-diagram*,[15] são mapas interativos escritos em linguagem Java. Empregam como metáfora o arquivo de fichas e podem ser visualizados em perspectiva.

3.2 *Site Lens*,[16] desenvolvido pelo grupo de Pesquisa em Visualização da Informação da Xerox, Parc, são mapas que apontam os principais nós e os respectivos *links* de grandes web sites. O diferencial desses mapas é que sua composição visual lembra as imagens que obtemos com a utilização de lentes "olho de peixe".

3.3 O *User Interface Research Group*,[17] da Xerox, Parc, aborda as estruturas e conteúdos de grandes web sites a partir de uma perspectiva de ecologia evolutiva. Sem dúvida alguma, a pesquisa liderada por Ed H. Chi e Stuart K. Card é extremamente revolucionária e inovadora e aponta para caminhos interessantes. Suas idéias podem ser conferidas no artigo "Visualizing the evolution of web ecologies".[18]

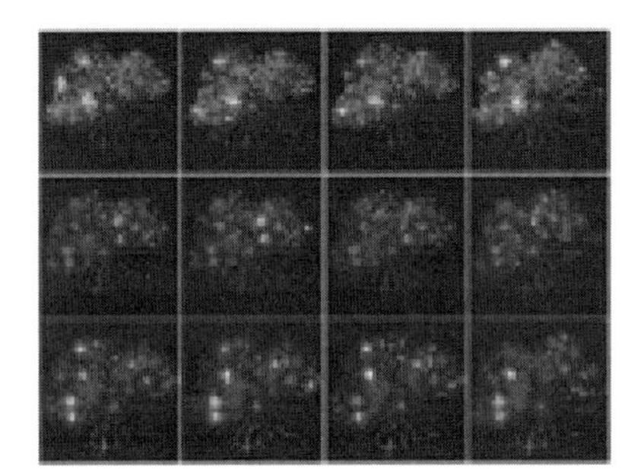

Figura 4: Mapas de H. Chi e Stuart Card, do User Interface Research Group, revelam o desenvolvimento das redes.

4. Mapas da atividade da navegação (*Surf Maps*)

Esses mapas são muito curiosos e úteis pois, através deles, o internauta pode visualizar seu percurso, recuperar partes do trajeto navegado ou mesmo ir direto a sites de seu interesse.

4.1 *WebMap*,[19] desenvolvido por Peter Dömel em 1994, lembra os antigos esquemas visuais de hipertexto. O *WebMap* utiliza números para indicar a ordem seguida na navegação. Foi apresentado na II Conferência Internacional da WWW.

4.2 *WWW Graphic History Browser*,[20] criado pela dupla Eric Ayers e John Statsko, em 1995, organiza o trajeto criado na navegação em um diagrama de estrutura convencional, porém, com a vantagem que o esquema é feito de pequenos retângulos que reproduzem a imagem das páginas acessadas. Foi apresentado na IV Conferência Internacional da WWW.

4.3 *Eastgate Web Squirrel*,[21] programa desenvolvido por Mark Bernstein da Eastgate Systems que permite organizar visualmente várias fontes de pesquisa do ciberespaço,

---

15) http://www.dynamicdiagrams.com/.
16) http://www.inxight.com/Demos/SLS_Demos/Site_Lens_Studio_Demos.html.
17) http://www.parc.xerox.com/istl/projects/uir/default.html.
18) http://www-users.cs.umn.edu/~echi/papers/chi98/1997-09-WWW-Vizualization4.pdf.
19) http://www.tm.informatik.uni-frankfurt.de/~doemel/Papers/WWWFall94/www-fall94.html.
20) http://www.cc.gatech.edu/gvu/internet/MosaicG/MosaicG_1.0_about.html.
21) http://www.eastgate.com/squirrel/Introduction.html.

tais como os URLs, e-mails, newsgroups, etc. O *Squirrel* trabalha com a metáfora de fazenda (*farm*). Cada *farm* é um arquivo que o programa usa para mapear espaços informacionais. Os *farms* permitem vários tipos diferentes de estruturação de dados. A idéia é que o usuário vá arquivando, "cultivando" e organizando os elementos do *farm*. Além disso, os *farms*, ao serem gravados, podem ser compartilhados com outros usuários. Em suma, o *Squirrel* é um aplicativo que ajuda a organizar visualmente informações colhidas na navegação.

4.4 *Internet Carthographer*,[22] da companhia *Inventix Software*, é um aplicativo que trabalha junto com o browser. Ele classifica e mapeia todas as páginas visitadas. O aspecto visual do mapa é abstrato, com vários pontos dispersos na tela e linhas entrecruzadas. Ao lado do mapa visual, apresenta um resumo com dados informativos.

4.5 *Natto View*,[23] de H. Shiozawa e Y. Matsushita, da Faculdade de Ciência e Tecnologia da Universidade de Keio, no Japão, permite a visualização em três dimensões da navegação.

4.6 *WebPath*,[24] desenvolvido por Emmanuel Frécon e Gareth Smith da Universidade de Lancaster, apresenta visualização em três dimensões. São mapas complexos e elaborados. Mais informações no artigo dos autores "WebPath — A three-dimensional Web History",[25] apresentado em 1998, no IEEE Symposium on Information Visualization (InfoVis'98), em Chapel Hill, EUA.

Figura 5: Mapa WebPath: apresenta visualização em três dimensões.

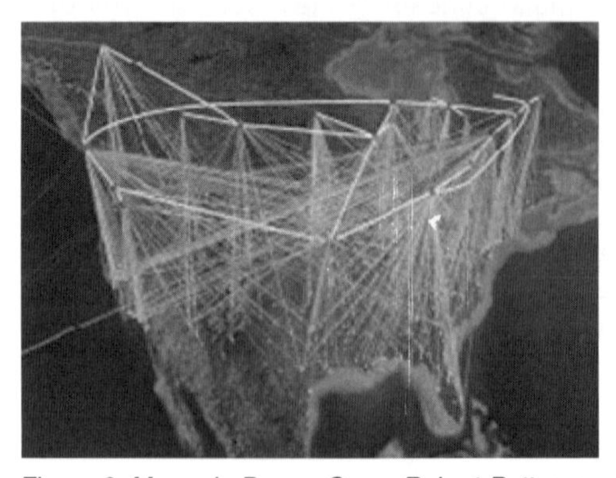

Figura 6: Mapa de Donna Cox e Robert Patterson.

22) http://www.inventix.com/.
23) http://www.mos.ics.keio.ac.jp/NattoView/.
24) http://www.comp.lancs.ac.uk/computing/users/gbs/webpath/.
25) http://www.comp.lancs.ac.uk/computing/users/gbs/webpath/webpath.html.

5. Mapas de visualização da Internet como um todo

5.1 *Estudo de visualização — NSFNET*[26] —, de Donna Cox e Robert Patterson, de 1992. São mapas que utilizam metáforas geográficas e procuram identificar a presença de hardware que está conectado à WWW.

5.2 *Matrix Information Directory Services*[27] — MIDS —, de John Quarterman, um dos mais antigos cientistas a enfrentar o desafio de mapear a Internet. A *Matrix*, situada em Austin Texas, desenvolveu vários aplicativos que medem, analisam e cartografam a Net. Entre os diferentes mapas da rede, o mais recente, denominado Internet Weather Report[28] — IWR —, é uma representação dinâmica com mapas animados. Seu método de mapeamento se baseia em localizar nós da rede e aplicar esses dados sobre uma representação da geografia clássica: o mapa-múndi. Em 1990, Quaterman lançou o livro *The Matrix: computer networks and conferencing systems worldwide*, hoje um clássico na discussão de aspectos problemáticos do mapeamento de redes de computador. O título do livro, *Matrix*, no sentido usado por Quarterman, é o conjunto de todas as redes interconectadas de computador.

Figura 7: Mapa MIDS: percebe-se clara utilização de metáfora geográfica.

5.3 *Information Visualization*, grupo de pesquisa dos Laboratórios Bell Lucent Technologies, de Naperville, Illinois, EUA, formado por Ken Cox, Taosong He, Graham Wills e direção de Stephen G. Eick. Talvez esse mapa de arcos tridimensionais seja a imagem mais conhecida do que é a Internet. Na verdade, essa imagem é uma visualização dos fluxos de tráfego entre cinqüenta países. Os dados desse mapa foram medidos pelo backbone NSFNET, em 1993.

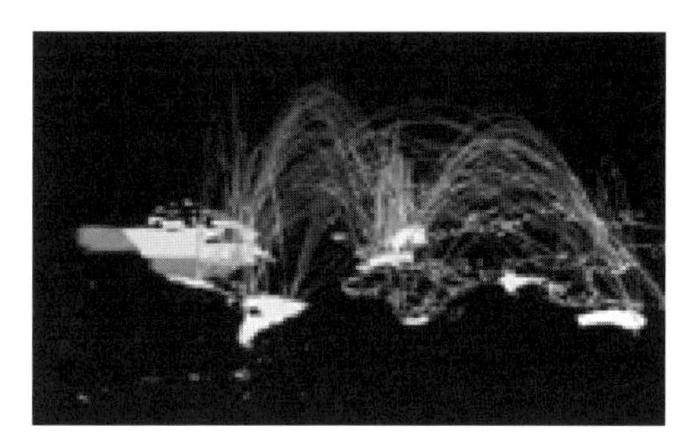

Figura 8: Mapa de fluxo na Internet desenvolvido pelo grupo de 96.

26) http://www.ncsa.uiuc.edu/SCMS/DigLib/text/technology/Visualization-Study-NSFNET-Cox.html.
27) http://www.mids.org/.
28) http://www.mids.org/weather/.

5.4 *Internet Mapping Project*,[29] de Bill Cheswich e Hal Burch. O objetivo dessa abordagem de mapeamento é sinalizar dados da rede como um todo. Sua grande diferença em relação ao projeto MIDS é que esta não utiliza a geografia tradicional, o mapa-múndi. Em vez disso, os mapas de dados são criados em um espaço abstrato. Conforme os autores nos revelam no artigo "Mapping the Internet Project",[30] seu projeto não utiliza antigas convenções uma vez que conceitos como lugar, países e territórios estão em xeque. A imagem produzida lembra a estrutura de uma árvore, mostrando os caminhos para a maioria das redes da Internet. Os caminhos mudam no tempo, as rotas de tráfego são reconfiguradas e a Internet cresce. A dupla está guardando as imagens criadas e faz parte de seus planos futuros realizar um filme desse crescimento. O algoritmo de processamento da imagem é simples e consome, atualmente, algo em torno de 20 horas. Num segundo momento, o mapa produzido é colorido para mostrar dados diferentes. Um desses belíssimos mapas apareceu na capa da revista *Wired* de dezembro de 1998. Quando seus autores são indagados sobre onde estamos no mapa, eles afirmam que hoje não é possível dar essa resposta devido à complexidade da rede retratada: aproximadamente 100.000 nós.

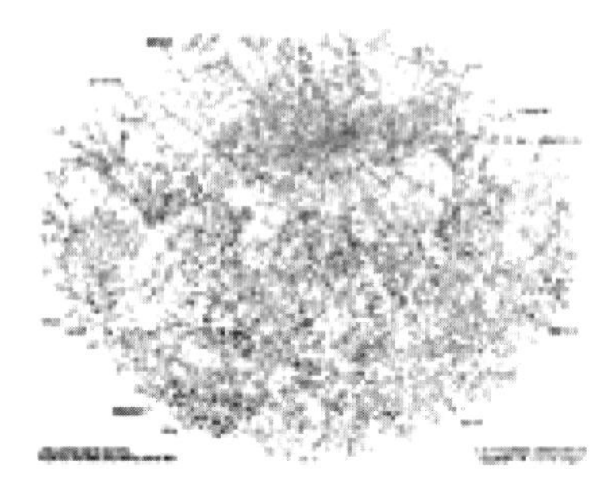

Figura 9: Mapa produzido pelo Internet Mapping Project.

6. Mapas conceituais ou topográficos

Os mapas topográficos são clássicos na WWW e podem ser encontrados tanto em nível macroscópico, ou seja, numa busca de mapeamento da rede como um todo, como também em nível microscópico, com vistas à orientação do usuário de um site específico.

A página de abertura do site Yahoo, apesar de visualmente não se assemelhar a um mapa — no sentido em que estamos habituados a concebê-lo —, pode ser vista dentro dessa categoria, pois organiza diversos sites da Web em tópicos.

Vários outros sites, denominados portais, também organizam a informação da Web em tópicos. Além disso, é freqüente na Web o caso das páginas pessoais que trazem relações com indicações de *links*.

6.1 *MESH*,[31] de Tim Berners-Lee, de 1989. Esse mapeamento apresenta em hipertexto as propostas originárias da WWW.

6.2 *Cybermaps Landmarks*,[32] projeto desenvolvido por John December nos anos de 1994-95. A idéia por trás desse mapeamento é destacar visualmente os domínios de informações. Assim, December apresenta graficamente os espaços de dados e enfatiza as relações entre os assuntos tratados.

---

29) http://www.cs.bell-labs.com/~ches/map/db.gz.
30) http://www.cs.bell-labs.com/who/ches/map/index.html.
31) http://www.w3.org/History/1989/proposal.html.
32) http://www.december.com/web/text/cyberatlas.html.
33) http://www.newsmaps.com.

6.3 *Newsmaps.*[33] A proposta deste site é reunir e organizar visualmente notícias de diversas fontes ou, como o próprio site se intitula, apresentar paisagens interativas de informações. O que está por trás do *Newsmaps* é um sistema de software que acessa documentos da Web — tanto agências de notícias como também grupos de discussão *on line*[34] — e os organiza numa espécie de paisagem de tópicos interligados. Os mapas nos revelam onde existe uma grande concentração de documentos, mensagens e discussões sobre um determinado tema. A aparência dos verdes mapas que podem ser acessados no site *Newsmaps* lembra montanhas, picos e vales. Os picos indicam uma grande concentração de documentos sobre um determinado tópico. Quanto maior os picos, mais documentos similares. Além dessa organização topográfica, o site oferece ferramentas de busca que situam um determinado assunto em relação aos tópicos existentes. O navegante ainda conta com o recurso de utilizar bandeiras para marcação dos pontos de maior interesse.

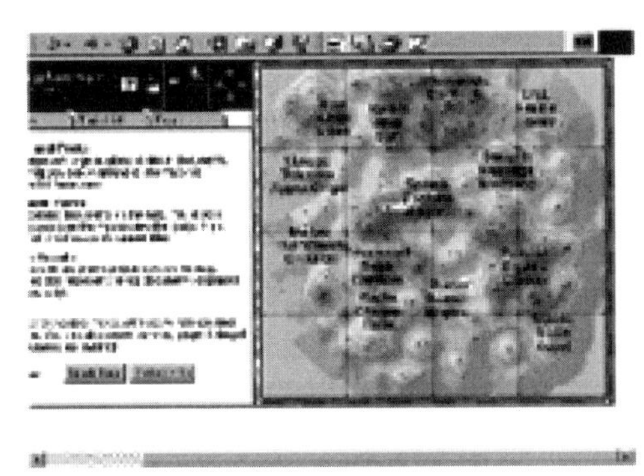

Figura 10: Imagem de um mapa de informação do Newsmaps.

6.4 *Mapa da felicidade dos adolescentes na Web.*[35] Mapa de tópicos inter-relacionados, gerado a partir de uma questão inicial e de outros assuntos que emergiram desse questionamento. Segundo seu autor, o professor de cinema Lee Boot, esse mapa é uma "exploração pessoal e global de temas que inquietam os adolescentes". Nesse sentido, à medida que "incorpora o pensamento pessoal e o pensamento global, surge um ponto onde a consciência é expandida".[36] Sua interface lembra um caderno rascunhado e cada uma das palavras grafadas em letra de imprensa corresponde a um *link* de um site da WWW. Assim, o mapa organiza-se por conceitos e reflete as escolhas e os caminhos que o próprio autor percorreu na rede. O interessante, nesse trabalho bastante simples, é que a construção da página não só organiza o pensamento do autor, como também possibilita uma visualização rápida dos tópicos e das inter-relações entre eles. Nas palavras de Lee Boot:

> Eu gosto de pensar neste website como um nó, e a Internet, ela mesma, como um grande pântano de conexões e escolhas reais. Esse modelo faz eco com o cérebro humano. Um website está para a Internet assim como um neurônio está para o cérebro.[37]

---

34) Por exemplo, no mapa que apresenta *Notícias globais,* estão reunidas informações da Associated Press, Reuters, Fox News, The Washington Post e ABC News. Num outro mapa, intitulado *Notícias tecnológicas*, tem TechWeb, PC Week, C/NET.

35) http://www.bcpl.net/lboot/webmap2.

36) http://www.plexus.org/WebForm/notes.html.

37) http://www.plexus.org/WebForm/notes.html.

Figura 11: Página inicial do Mapa da felicidade dos adolescentes na Web.

6.5 *OOHAY — The Object Oriented Hierarchical Automatic Yellowpage.*[38] Projeto desenvolvido por Hsinchun Chen, diretor do Laboratório de Inteligência Artificial da Universidade do Arizona. O *OOHAY* pertence à segunda fase de um grande projeto de Biblioteca Digital. A primeira fase, DLI-1, teve por objetivo desenvolver técnicas de encontrar e recuperar informações contidas em grandes bancos de dados e, em seguida, criar redes de relações semânticas entre elas. A segunda fase pretende desenvolver técnicas e metodologias para analisar e visualizar automaticamente grandes coleções de documentos. O método adotado integra sistemas de classificação humanos e sistemas advindos da Inteligência Artificial. O efeito visual lembra um mosaico colorido que vai se transformando com a interação do internauta.

6.6 *Some of my favorite web sites are art.*[39] Este site organizou uma exposição de web arte, usando como metáfora a idéia de galeria. Funciona como mapa com trabalhos de net-artistas à medida que organiza e contextualiza os trabalhos expostos. A curadoria está presente nos textos de Rachel Baker e Alex Galloway.

OS ARTISTAS E OS MAPAS

Nesse grupo final, veremos propostas poéticas que vêm sendo desenvolvidas por artistas e grupos de pessoas interessadas em criar visualizações do ciberespaço. Diferentemente dos mapas comentados anteriormente, as abordagens artísticas são bem mais livres de preocupações técnicas na obtenção e organização de dados. Em geral, apesar de se apropriarem de recursos tecnológicos, não devem ser considerados como instrumentos científicos para análise do funcionamento das redes ou das estruturas da WWW. Os mapas artísticos quase nunca nos informam onde estamos, ou mesmo a indicação da página em URL. Além disso, esses projetos não têm como objetivo auxiliar a orientação no mar de dados. São imprecisos, perturbadores e corrompem muitas das idéias preestabelecidas que temos sobre ciberespaço. Os projetos que comentarei a seguir nos revelam belezas escondidas, produzem estranhamento e nos tiram qualquer resposta pronta a perguntas que antes nem sequer ousávamos formular.

O *WebStalker*[40] é um *metabrowser* desenvolvido pelos net-artistas ingleses, Matthew

---

38) http://ai.bpa.arizona.edu/go/oohayviz/index_introduction.html#publications.

39) http://www.alberta.com/unfamiliarart.

40) O *WebStalker* é um programa *freeware*. O download pode ser feito no site: http://bak.spc.org/iod/iod4.html.

Fuller, Simon Pope e Colin Green, do grupo I/O/D. O *WebStalker* subverte uma das convenções menos questionadas da WWW: o browser. Como se sabe, os browsers tradicionais[41] pegam os dados que são escritos em HTML[42] e traduzem o código na aparência que estamos habituados a ver. Na verdade, o que ocorre quando carregamos uma página da WWW na tela de nosso computador utilizando um navegador é uma tradução dos elementos de HTML. O trabalho do grupo I/O/D põe em crise essa forma de tradução. Feito em Director, o *WebStalker* também possibilita a leitura de dados e arquivos HTML. A diferença é que o *WebStalker* não apresenta na tela as informações desses arquivos, mas sim uma tradução gráfica da estrutura do código.

A estrutura da Web faz com que sejam possíveis múltiplas experiências em nível do software. Isto pode ser visto como uma expressão tecnológica de relativismo: equipados com diferentes ideologia, visão de mundo ou religião, o ser humano observa uma realidade diferente (Altena, 1999:51).

Os mapas produzidos pelo *WebStalker* têm grande força estética. Cada *link* se transforma em linha, cada página é representada por círculos. Um pequeno trecho de HTML pode produzir imagens fantásticas que lembram mandalas.

Sensorium.[43] Grupo formado por vinte pessoas residentes em Tóquio, vencedor do Prêmio *Golden Nica* da importante exposição Prix Ars Electronica[44] Linz, Áustria, de 1997, categoria rede (*net category*). Os projetos criados pelo *Sensorium* são intrigantes propostas de discussão sobre a Internet e estimulam nossa percepção. Entre os mais significativos, pode-se citar o Web Hopper, de 1996, e o BeWare ½:Satéllite, de 1997. O Web Hopper é um aplicativo em Java que possibilita a visualização do percurso do internauta na WWW. O mapa permite a visualização da trilha pessoal em vermelho e de outras pessoas, que estão interagindo com a rede, em azul. A representação é dinâmica e poética. Já o BeWare é um "objeto vivo" que reflete as condições da Terra segundo o olhar do NOAA, um satélite em órbita polar, localizado a 800km de altitude. As imagens fotográficas da superfície da Terra, produzidas pelo NOAA, são analisadas e convertidas em dados de temperatura. Durante a exposição do BeWare, as pessoas podiam tocar e sentir as diferentes temperaturas. O interessante nesse mapa sensorial é que ele utiliza as transmissões de dados via Internet como meio de expressão. Um pouco na linha dos objetos sensoriais da artista brasileira Lygia Clark, o BeWare estimula nossos sentidos e nossa percepção do mundo.

Figura 12: Mapa do Web Hopper, mostrando os movimentos do internauta.

41) Os mais populares são o *Explorer* e o *Netscape*.
42) HTML: *Hypertext Markeup Language*, linguagem de hipertexto usada na publicação de páginas da Internet.
43) http://www.sensorium.org/all.html.
44) http://www.aec.at/.

REFERÊNCIAS BIBLIOGRÁFICAS

ALTENA, Arie (1999). "The browser is dead". *Mediamatic*, v. 9#4 & 10#1, out.

CHESWICH, Bill e BURCH, Hal (1999). "Mapping the Internet Project". http://www.cs.bell-labs.com/who/ches/map/index.html

CHI, Ed H. e CARD, Stuart K. "Visualizing the evolution of web ecologies". http://www-users.cs.umn.edu/~echi/papers/chi98/1997-09-WWW-Vizualization4.pdf

DELEUZE, Gilles e GUATARRI, Felix (1995). "Introdução: rizoma". *Mil platôs - capitalismo e esquizofrenia*, v. 1. Rio de Janeiro: Ed. 34.

FISCHER, Ernest (1981). *A necessidade da arte*. Rio de Janeiro: Zahar.

FRÉCON, Emmanuel e SMITH, Gareth (1998). "WebPath — A three-dimensional Web History". *IEEE Symposium on Information Visualization (InfoVis '98)* em Chapel Hill, EUA. http://www.comp.lancs.ac.uk/computing/users/gbs/webpath/webpath.html

GAMBI, Lucio (1997). *The gallery of maps in Vatican.* George Braziller.

HODGKISS, Alan G. (1977). *Discovering Antique Maps.* Bucks: Shire Publications.

KAHN, Paul (1999). "Mapping Web Sites". http://www.dynamicdiagrams.com/seminars/mapping/maptoc.htm

LEÃO, Lucia (1999). *O labirinto da hipermídia. Arquitetura e navegação no ciberespaço.* São Paulo: Iluminuras.

QUARTERMAN, John (1990). *The Matrix: Computer Networks and Conferencing Systems Worldwide.* Woburn, MA: Digital Press.

Apoio: FAPESP — Fundação de Amparo à Pesquisa do Estado de São Paulo.

A ARQUITETURA DA CIBERCEPÇÃO*

Roy Ascott

CIBERCEPÇÃO

As tecnologias pós-biológicas possibilitam que nos envolvamos diretamente em nossa própria transformação e estão ocasionando uma mudança qualitativa em nosso ser. A faculdade emergente da cibercepção, nossas interações de percepção e cognição artificialmente acentuadas, envolve a tecnologia transpessoal de redes globais e a cibermídia. Estamos aprendendo a ver de novo os processos de emergência na natureza, o fluxo mediático planetário, enquanto ao mesmo tempo repensamos as possibilidades da arquitetura de novos mundos. A cibercepção não apenas implica um novo corpo e uma nova consciência, mas também uma redefinição de como podemos viver juntos no interespaço entre o virtual e o real.

ARQUITETURA

A arquitetura ocidental mostra excessiva preocupação com a superfície e as estruturas — uma arrogante "edificialidade" — e tem pouquíssima consciência da necessidade humana de sistemas transformadores. Não há biologia da construção. Pede-se uma cultura que seja uma "bolsa de cultivo" em que a sementeira substitui o design e em que a arquitetura encontra suas metáforas-guias mais em microssistemas e na horticultura do que na monumentualidade e na atividade da guerra. A arquitetura não tem respostas para as realidades do modo de vida do ciborg, ou para o *self* distribuído, ou para a ecologia das interfaces digitais e dos nós da rede. As cidades precisam tornar-se a matriz de novas formas de consciência e dos ritmos e realizações da vida pós-biológica.

CIBERCEPÇÃO

Não apenas estamos mudando radicalmente, de corpo e mente, mas também estamos nos tornando ativamente envolvidos em nossa própria transformação. E não é só uma questão de prótese de implante de órgãos, de acréscimo de membros ou de cirurgia plástica facial, não importa o quanto tal tecnologia do corpo seja necessária e benéfica. É uma questão de consciência. Estamos adquirindo novas faculdades e uma nova compreensão da presença humana. Habitar tanto o mundo real quanto o virtual simultaneamente, e estar aqui, bem como potencialmente em qualquer outro lugar ao mesmo tempo, está nos dando um novo senso do *self*, novas maneiras de pensar e de perceber que ampliam aquilo que acreditamos ser as nossas capacidades genéticas

---

*) Artigo originalmente apresentado em ISEA 1994, 5° Simpósio Internacional de Arte Eletrônica, Helsinqui, Finlândia; F.A.U.S.T. 1994, Forum des Arts de l'Univers Scientifique et Technique, Toulouse, França; e Cybersphere 1994, International Symposium on Cyberspace, Estocolmo, Suécia.

naturais. Na verdade, o velho debate sobre o artificial e o natural não é mais relevante. Estamos interessados só no que pode ser feito de nós, não no que nos faz. No tocante à santidade do indivíduo, somos agora, cada um de nós, feitos de muitos indivíduos, um conjunto de *selfs*. Na realidade, o sentido do individual está dando lugar ao sentido de interface. Nossa consciência nos dá o limite impreciso de identidade, oscilando entre o interior e o exterior de todo tipo de definição que poderíamos estabelecer do que é ser um ser humano. Somos todos interfaces. Somos mediados pelo computador e possibilitados pelo computador. Esses novos modos de conceitualização e de percepção da realidade envolvem mais do que um simples tipo de mudanças quantitativas na maneira pela qual vemos, pensamos e agimos no mundo. Constituem uma mudança qualitativa em nosso ser, uma faculdade completamente nova, a faculdade de "cibercepção" pós-biológica.

A cibercepção envolve uma convergência de processos conceituais e perceptivos em que a conectividade de redes telemáticas desempenha um papel formativo. A percepção é estar ciente dos elementos ambientais através das sensações físicas. A cibernet, a soma de todos os sistemas de mediação computadorizada interativa e de redes telemáticas do mundo, é parte de nosso aparelho sensorial. Redefine nosso corpo individual da mesma maneira que conecta todos os nossos corpos em um todo planetário. A percepção é uma sensação física interpretada à luz da experiência. A experiência é agora telematicamente compartilhada: a tecnologia das telecomunicações computadorizadas permite que mudemos dentro e fora de cada um de nós a consciência e a telepresença no fluxo mediático global. Por concepção entendemos os processos de origem, formação ou de compreensão de idéias. As idéias vêm das interações e das negociações das mentes. Antes trancadas social e filosoficamente dentro do corpo solitário, as mentes agora flutuam livres no espaço telemático. Estamos vendo o aumento de nossa capacidade de pensar e de conceitualizar, e a ampliação e o refinamento de nossos sentidos: uma conceitualização mais rica e uma percepção mais total tanto dentro quanto além de nossas limitações anteriores de ver, pensar e construir. A cibernet é a soma de todos esses sistemas artificiais de sondagem, comunicação, recordação e construção, cujos processamentos de dados, *links* por satélite, sensores remotos e telerobótica seriam em graus variados para o aumento de nosso ser.

A cibercepção eleva a experiência transpessoal e é o procedimento determinante de uma arte transpessoal. A cibercepção envolve a tecnologia transpessoal, a tecnologia da comunicação, da participação e da colaboração, a tecnologia que nos permite transformar os nossos *selfs*, transferir os nossos pensamentos e transcender as limitações de nossos corpos. A experiência transpessoal nos possibilita penetrar na interconectividade de todas as coisas, na permeabilidade e na instabilidade das fronteiras, na ausência de distinção entre parte e todo, entre o primeiro e o segundo plano, entre o contexto e o conteúdo. A tecnologia transpessoal é a tecnologia das redes, da hipermídia, do ciberespaço.

A cibercepção nos dá acesso à mídia holomática da cibernet. O princípio holomático é o que diz que toda interface individual na rede é um aspecto de uma unidade telemática: estar em uma interface é estar na presença virtual de todas as outras interfaces através da rede toda. Isso se dá porque todos os dados que flutuam por qualquer nó de acesso de uma rede estão igual e simultaneamente ancorados na memória desta: podem ser acessados em qualquer outra interface através de cabos e de *links* via satélite, de qualquer parte do planeta, a qualquer hora do dia ou da noite.

É a cibercepção que nos possibilita perceber as aparições do ciberespaço, as manifestações de sua presença virtual. É através da cibercepção que podemos apreender os processos de emergência na natureza, o fluxo mediático, as forças e os campos invisíveis de nossas muitas realidades. Nós cibercebemos as relações transformadoras e a conectividade como processos imateriais, tão palpáveis e imediatos como costumamos perceber os objetos materiais em locais materiais. Se, como muitos sustentariam, o projeto da arte no século XX tem sido tornar o invisível visível, é nossa crescente faculdade de cibercepção que nos tem dado, uma visão de Raios X, a ótica do espaço externo. E quando, por exemplo, a sonda espacial "Cassini" alcançar a densa atmosfera de nitrogênio do satélite Titã de Saturno, serão os nossos olhos e mentes que estarão lá; será a nossa cibercepção que testará e medirá sua superfície desconhecida.

O efeito da cibercepção na prática artística é se livrar do jugo hermenêutico, da preocupação dominante com representação e auto-expressão, e celebrar a criatividade da consciência distribuída (mente-em-liberdade), a conectividade global e o construtivismo radical. A arte está agora menos preocupada com a aparência e com a superfície e mais preocupada com a revelação, com a manifestação da identidade e do sentido. A arte abarca sistemas de transformação e procura maximizar a interação com seu meio ambiente, bem como com o corpo humano. Estamos tornando o corpo em um local de transformação — para transgredir as limitações genéticas. E procuramos maximizar a interação com o nosso meio ambiente, tanto o visível quanto o invisível, pela maximização da capacidade, do meio ambiente, de comportamento inteligente, antecipatório. O artista habita o ciberespaço enquanto outros simplesmente o vêem como um instrumento.

A cibernet é o agente da construção, abarcando uma multiplicidade de caminhos eletrônicos para os sistemas robóticos, meio-ambientes inteligentes, organismos artificiais. E, na medida em que criamos e habitamos mundos paralelos, e revelamos trajetórias divergentes, a cibercepção pode nos ajudar a nos tornar conscientes de todos eles ao mesmo tempo, ou pelo menos a atravessar a nosso bel-prazer múltiplos universos. As tecnologias transpessoais de telepresença, redes globais e ciberespaço podem ser partes estimulantes e reativadoras do aparato de uma consciência por muito tempo esquecida e tornada obsoleta por uma visão mecanicista de um mundo, cheia de engrenagens e rodas. A cibercepção pode significar o despertar de nossos poderes psíquicos latentes, de nossa capacidade de estar fora do corpo, ou numa simbiose mental com os outros.

Então o que é que diferencia a cibercepção da percepção e da concepção? Não é apenas a ampliação da inteligência prometida pelos neurônios de silicone Cal Tech, ou as implicações do computador molecular, ou as conseqüências do circuito integrado de eletro-óptica de Bell AT&T que costumam computar num bilionésimo de segundo. A resposta está em nossa nova compreensão do padrão, em nova visão do todo, em fluir com os ritmos dos processos e dos sistemas. Até agora, pensamos e vimos coisas de uma maneira linear, uma coisa depois da outra, uma coisa escondida atrás de outra, levando a esta ou àquela finalidade, e pelo caminho dividindo o mundo em categorias e classes de coisas: objetos com limites impermeáveis, superfícies com interiores impenetráveis, simplicidades superficiais de visão que ignoravam as complexidades infinitas. Mas a cibercepção significa incorporar o senso do todo, adquirir uma visão panorâmica dos fatos como o olhar de um pássaro, a visão da Terra por parte do astronauta, a visão dos sistemas do cibernauta. É uma questão de *feedback* em alta velocidade, de acesso a bancos de dados gigantescos, de interação com uma multiplicidade de mentes, vendo com mil olhos, ouvindo os mais silenciosos sussurros da Terra, alcançando a vastidão do espaço, até mesmo o limite do tempo. A cibercepção é a antítese da visão do túnel ou do pensamento linear. É uma percepção simultânea de uma multiplicidade de pontos de vista, uma extensão em todas as dimensões do pensamento associativo, um reconhecimento da transitoriedade de todas as hipóteses, a relatividade de todo conhecimento, a impermanência de toda percepção. É a cibercepção que nos permite interagir completamente com o fluxo e com a imprecisão da vida, ler o *Livro das mutações*, seguir o Tao. Nisso a cibercepção não é tanto uma nova faculdade, mas uma faculdade revivida. Somos nós nos reencontrando, depois do desperdício humano na idade da razão, na idade da certeza, do determinismo e dos valores absolutos. A idade da aparência, o romantismo do individual privado e solitário — essencialmente ansioso, alienado, paranóide. Na verdade, a paranóia, o segredo e a dissimulação parecem ter sido incrustados em todos os aspectos da era industrial. Em nossa cultura telemática, em vez da paranóia, celebramos a Telenóia: sem fim determinado, inclusiva, colaborativa, uma rede transpessoal de mentes e imaginações.

A cibercepção define um importante aspecto do novo ser humano cuja emergência é ainda mais acelerada por nossos avanços na engenharia genética e na modelagem pós-biológica. O aparecimento de uma vida, de uma concepção biológica, deve ser agora chamado de cibercepção pós-genética uma vez que a decisão de iniciar e processar o nascimento de crianças está se deslocando dos chamados imperativos e obrigações da "natureza" para a vontade e desejo de indivíduos, em associação com novas tecnologias e independentemente de sua idade ou desempenho sexual. E, assim como a cibernet é a nossa comunidade, veremos cada vez mais a "família nuclear" ser substituída pela família não-linear. A cultura telemática pode trazer de volta para as relações humanas o que a sociedade industrial de fato erradicou. Tome-se a vida da rua agora. Quero dizer daquelas ruas longe das grandes rodovias. Nada é mais humano, acolhedor e jovial do que um bando de crianças despreocupadas na Internet. Assim como a realidade virtual em rede transporta a nossa telepresença, e nos dá as ferramentas para reconfigurarmos nossas próprias identidades, a vida social está se tornando não apenas mais complexa, mas também mais imaginativa. Como já insisti muito, há amor no abraço telemático.

Nosso novo corpo e nossa nova consciência proporcionarão um meio ambiente totalmente novo, um meio ambiente inteligente que responde ao nosso olhar, que olha, ouve e reage a nós, na mesma medida em que o fazemos; construções e instrumentos inteligentes que observam cada movimento nosso, que prestam atenção em cada declaração nossa. Não estamos falando de simples comandos de voz numa tosca interface computacional; estamos falando de antecipação por parte de nosso meio ambiente construído, baseado em nosso comportamento, resultando em sutis transformações da *mise-en-scène*. Assim como nós, os ciborgs, vemos, ouvimos e sentimos de maneira totalmente desconhecida do homem biológico (embora seus mitos e rituais sempre tenham expressado seus desejos de autotransformação), vivemos num meio ambiente que nos ouve, vê e sente cada vez mais. Há uma implicação comunitária de tudo isso para nós. A cibercepção nos impele a redefinir como viveremos juntos e onde viveremos juntos. Nesse processo, precisamos começar a reavaliar esta matriz material e este instrumento cultural da sociedade que demos por certo por muito tempo: a cidade.

ARQUITETURA

O problema com a arquitetura ocidental é que a mesma se preocupa demais com superfícies e estruturas e muito pouco com sistemas vivos. Não há biologia da construção, apenas a física do espaço. O que podemos chamar visão "edificial" é tudo. A cidade é vista como uma zona de batalha na qual este ou aquele gênero arquitetônico ou impulso idiomático luta para sobreviver. É uma questão de inércia relativa. Os classicistas querendo proteger a inércia total, política e cultural, de um passado estilístico; os modernistas protegendo a inércia privilegiada de um presente estilizado. Ninguém está interessado em mudanças radicais ou em intimações do futuro. As imagens "edificiais", as superfícies superficiais definem a cidade contemporânea. Mas, para os seus usuários de hoje, uma cidade não é uma mera fachada bonita. É uma zona de negociação feita de uma multidão de redes e sistemas. São necessários projetistas para esses espaços, que possam fornecer formas de acesso não apenas diretas ou transparentes, mas que enriqueçam as transações e os negócios cotidianos da cidade. A linguagem de acesso a esses processos de comunicação, produção e transformação está mais preocupada com sistemas de interfaces e nós da rede do que com o discurso arquitetônico tradicional. E, sem a compreensão fundamental, por parte dos planejadores e projetistas, da faculdade humana de cibercepção e suas implicações no comportamento transacional, as cidades continuarão tendo os traços áridos e indesejáveis do vidro e do concreto modernista ou a deselegante loucura pós-moderna que geralmente somos obrigados a suportar. Precisamos reconceitualizar a estratégia urbana, repensar a arquitetura, precisamos concretizar a idéia de zonas de transformação para acomodar as tecnologias transpessoais que estão tomando forma em nossa cultura global.

As cidades sustentam e incorporam as interações das pessoas; as artes adicionam valor a esse intercâmbio. Hoje são predominantemente os sistemas eletrônicos que facilitam nossa interação e conectividade, e a arte de hoje está baseada em tais sistemas. Cidades podem ser dinâmicas, zonas de transformação em evolução, exatamente como a arte interativa diz respeito a transformações e mudanças. E, assim como cidades podem oferecer complexidades gratificantes de construções e ruas abertas à navegação, levando a surpresas, deleites, mistérios, beleza e estando, na melhor das hipóteses, abertas a sonhos humanos e a satisfações humanas, a arte interativa pede que naveguemos em suas muitas realidades de camadas multimidiáticas. Convida-nos a imergir em seu ciberespaço para que nos conectemos com suas redes globais. Se é através das recentes inovações na arte e na ciência que nos tornamos conscientes da cibercepção, será através da cibercepção no nível do planejamento e da arquitetura da cidade que chegaremos à cidade do século XXI. Como já falamos aqui, a arte não diz mais respeito à aparência e com certeza tampouco à representação, mas está preocupada com a revelação, com a manifestação do que nunca antes foi visto, ouvido ou vivenciado.

Cidades que não passam de um conjunto de representações funcionam mal. Seus edifícios podem chamar-se "hospital", "escola", "biblioteca", mas, a menos que articulem esses sentidos dentro de sistemas integrados e cibernéticos, eles mentem para si mesmos. E muitíssimos edifícios mentem para si mesmos. Seus monumentos, a não ser que convidem à recriação do passado através da mídia interativa, não são mais do que testemunhas inertes da duplicidade da história oficial.

Cidades funcionam melhor quando são construídas com o intuito de fortalecer seus cidadãos na sua busca de satisfação. Aspirações urbanas desse tipo pedem apoio de uma arte que está mais preocupada com sua construção radical e com sua realização imaginativa do que com a representação e a expressão. Essa é a arte que está agora emergindo da fusão entre as novas comunicações e a informática. Ela se fundamenta na complexidade e na diversidade de sonhos e desejos que o nosso mundo multicultural e multimídia traz. Exatamente como a chamamos arte interativa, o meio ambiente enriquecedor em que as nossas cidades têm de se tornar deve estar baseado nos mesmos princípios da interação e da conectividade.

A cidade no século XXI tem de ser antecipatória, orientada para o futuro, tem de trabalhar é na fronteira da cultura contemporânea, como agente de prosperidade cultural, como causa de inovação lucrativa, em vez de simplesmente como efeito da arte e como produto de um tempo passado. Deveria ser um tubo de ensaio de tudo que é novo, não apenas nas artes, mas também no entretenimento, no lazer, na educação, nos negócios, na pesquisa e na produção.

Uma cidade deve oferecer a seu público a oportunidade de compartilhar, de colaborar e de participar dos processos de evolução cultural. Suas muitas comunidades devem apostar no seu futuro. Por essa razão, a cidade deve ser transparente em suas estruturas, objetivos e sistemas de operação em todos os níveis. Sua infra-estrutura e sua arquitetura têm de ser "inteligentes" e inteligíveis publicamente, compreendendo sistemas que reajam a nós, na mesma medida em que interagimos com eles. O princípio de um *feedback* rápido e efetivo em todos os níveis deve estar bem no cerne do desenvolvimento da cidade. Isso significa canais de dados ultravelozes ziguezagueando por todos os recantos e frestas de suas complexidades urbanas. O *feedback* deve não apenas funcionar, mas também deve ser visto em funcionamento. Isso significa falar de cibercepção como algo fundamental para a qualidade de vida na sociedade de tecnologia avançada e pós-biológica.

Exatamente como os arquitetos devem esquecer suas caixas de concreto e suas decorações do tipo Disneylândia e cuidar de projetar tudo o que é invisível e imaterial numa cidade, eles têm de entender que o planejamento deve ser desenvolvido numa matriz evolutiva de espaço e tempo que não tem simplesmente três dimensões ou que não está restrita ao mapeamento contínuo de edifícios, estradas e monumentos. Em vez disso, o planejamento e o design têm de usar a conectividade e a interação em quatro zonas bem diferentes: subsolo, nível do chão, céu/mar e ciberespaço. Em vez do discurso do planejador sobre ruas, becos, avenidas e alamedas, precisamos pensar em *wormholes*, para tomar emprestado um termo da física quântica, conectando realidades separadas, reais e virtuais, em vários níveis, através de várias camadas. Similarmente, os paradigmas e as descobertas da ciência da Vida Artificial devem entrar em cena. A nova tarefa do arquiteto é fundir estruturas materiais e organismos do ciberespaço num novo *continuum*. A arquitetura é o verdadeiro teste de nossa capacidade de integrar zonas e estruturas humanamente enriquecidas, os potenciais do mundo material, a nova consciência e realidades virtuais. Nessa empresa, muitas idéias tradicionais devem ser descartadas, idéias cuja instabilidade inerente sempre esteve implícita nas dicotomias pelas quais elas eram expressadas: urbano/rural, cidade/país, artificial/natural, dia/noite, trabalho/diversão, local/global. Os limites dessas idéias se alteraram ou se desgastaram totalmente.

A cidade como um amálgama de interfaces de sistemas e de nós de comunicações tem probabilidade de ser mais sustentadora de vidas criativas e de satisfações pessoais do que as conurbações, da era industrial, concebidas toscamente e realizadas rigidamente. No lugar de sua materialidade densa e intratável, podemos esperar a fluidez do meio ambiente no que diz respeito a caminhos mais rápidos que a velocidade da luz, superfícies e estruturas inteligentes e habitações transformáveis. O fim da representação está próximo! A Semiologia cessa de sustentar as nossas estruturas. Os edifícios se comportarão de maneiras consistentes com sua função anunciada, em vez de falar de seu papel através da implicação semiológica. A aparência está dando lugar à revelação na arte e noções de desdobramento, transformação e devir estão inundando a nossa cultura. Será somente com a compreensão de que os edifícios terão de ser plantados e "cultivados" que a arquitetura florescerá. É preciso uma cultura de cultivo, onde o semeador substitui o designer. A prática arquitetônica deve encontrar suas metáforas-guias na horticultura mais do que na guerra. Enfim, talvez possamos falar de polinização e de enxerto.

Os edifícios, como as cidades, devem florescer. Mas, sem cibercepção, o arquiteto e o urbanista tradicionais não têm idéia do que estamos propondo. Ver que a tecnologia muda, que os métodos de construção, as economias e os sistemas de planejamento mudam, mas sem reconhecer que os seres humanos também estão mudando radicalmente, é um erro grave. Talvez aulas sobre consciência e paisagismo devam substituir o estudo das ordens clássicas e dos cânones históricos de estilo e gênero que ridicularizam a educação arquitetônica!

Onde há uma construção, que dirá uma cidade, que sustente uma cibercultura, que veja a cibercepção como central para a percepção e consciência humanas? Onde há um espaço urbano no qual possamos celebrar totalmente a "Telenóia"? Onde há uma escola arquitetônica que seja, como um todo, um corpo unido e que tenha por missão criar as condições para a evolução adequada da verdadeira cidade do século XXI? Onde, na arquitetura e no planejamento, estão a conectividade e a interação tomadas como os princípios básicos do processo de design? O debate na arquitetura não deve ser uma questão de ou/ou. Ou clássico ou moderno, ou novo ou velho, ou idealista ou pragmático, ou funcional ou frívolo. Entre o idealismo e o pragmatismo, entre a concepção do desejado e a percepção do possível, se encontram as iniciativas evolutivas da cibercepção.

Como um programa HyperCard frustrado pode dizer "Onde está a minha Casa?", onde nós, os cibernautas da virada do milênio, iremos viver? Qual é a natureza da comunidade e da coabitação numa cultura telemática? Como a transitoriedade ciberespacial será solucionada? Onde estão aquelas zonas que podemos ciberconceber como bonitas e que nos realizam? Habitamos formas materiais com dimensões psíquicas instaladas nas fronteiras sem limites do ciberespaço. Estamos em rede com o universo, nossos sistemas nervosos estão inundando o Cosmos. Navegamos dentro e fora do espaço. Não precisamos tanto de construções quanto precisamos nós mesmos sermos construídos, ou reconstruídos a partir de bases genéticas que estamos rapidamente reavaliando e que logo poderemos reestruturar.

Talvez o desafio mais radical às velhas idéias arquitetônicas advenha das conseqüências da telepresença, do *self* disseminado. Enquanto a identidade humana está ela mesma sofrendo transformações, e enquanto a mente colaborativa e a consciência conectada estão substituindo a mente unitária e a consciência solitária da velha ordem de pensamento ocidental, a arquitetura tem de buscar novas estratégias se quiser trazer idéias úteis sobre viver e interagir no mundo. A telepresença é o território do *self* distribuído, de encontros remotos no ciberespaço, de um viver *on line*. Telepresença quer dizer interação global instantânea com milhares de comunidades, estando em qualquer uma delas, ou em todas elas, virtualmente ao mesmo tempo. A telepresença define a nova identidade humana talvez mais do que qualquer outro aspecto do repertório da cibercultura.

A arquitetura contemporânea e o shopping se tornaram mais ou menos a mesma coisa. A arquitetura, ao virar as costas para a necessidade de respostas radicais às realidades do tele-*self* e da presença distribuída, é pouco mais do que um carrinho de compras, com uma grande quantidade de pacotes embalados, dando voltas pelas zonas estéreis de uma cultura de shopping center. Cada construção é um produto petrificado e embalado, cada componente é mandado pelo correio e escolhido a partir de um catálogo. O código do "tenha um bom dia" da prática da construção pôs a conciliação com a tradição na frente da colaboração com o futuro. Mas a necessidade de uma arquitetura de interfaces e de nós não desaparecerá. Viveremos cada vez mais em dois mundos, o real e o virtual, e em muitas realidades, tanto culturais quanto espirituais, independentemente da indiferença dos designers urbanos. Esses vários mundos se interconectam em vários pontos. Estamos em constante movimento entre eles. Nas zonas criativas, a transitoriedade e a transformação identificam o nosso caminho. O chique do "hi-tech" e o blefe da "Bauhaus" não enganarão a nossa cibercepção aguda. A mudança deve ser radical. A nova cidade em sua imaterialidade visível, bem como em sua construção invisível, só crescerá numa realidade frutífera se for semeada com imaginação e visão. São os artistas que podem tornar-se os propagadores dessas sementes, que podem aventurar-se a ajudar o desenvolvimento de formas e características novas na nova cidade. É a sua cibercepção que os equipa com a consciência global e com a habilidade conceitual para rever, repensar e reconstruir o nosso mundo.

VISTAS PRAZEROSAS: OS JARDINS DO HIPERTEXTO

Mark Bernstein

A coisa mais preciosa que um escritor possui é a atenção do público, e o valor dessa atenção poucas vezes é mais evidente do que quando se escreve para a Web. O tempo, o cuidado e o gasto devotados à criação e à promoção de um hipertexto se perdem quando os leitores chegam, dão uma olhada e clicam num lugar qualquer.

Na busca de manter a atenção do leitor, poderemos seguir as tendências das artes literárias, da teoria narrativa e da crítica. Porém, como criadores em um campo novo qualquer, os autores de hipertextos devem buscar formas, técnicas e idéias em várias disciplinas. Lições da literatura são encontradas em "Padrões do hipertexto" e "Em busca de nossas fábulas"; aqui, exploro como a arquitetura e o projeto paisagístico podem orientar a composição de hipertextos.

1. ALÉM DO PROBLEMA DA NAVEGAÇÃO

Anos atrás, os escritores e pesquisadores de hipertexto se preocupavam com o fato de que os hipertextos pudessem enredar os leitores num confuso emaranhado de *links*. As primeiras pesquisas chamavam isso de Problema da Navegação. Tentou-se resolvê-lo de várias formas: fornecendo muitas ferramentas de navegação; mantendo a simplicidade dos *links*; usando menos *links*; organizando-os de forma rígida.

Com o tempo, a experiência com hipertextos existentes e o desenvolvimento da Web mostraram que o Problema da Navegação era menos ameaçador do que parecia. Os escritores e pesquisadores de hipertextos descobriram também que os leitores não ficavam perdidos, que a desorientação ocasional era comum em todos os tipos de escritos sérios e que escritos desordenados tinham mais probabilidade de ser fonte de confusão do que a complexidade hipertextual.

O Web design está indo pelo mesmo caminho, embora os seus designers estejam descobrindo só agora que o Problema da Navegação é uma ilusão. Os primeiros sites, que cresciam ao acaso, eram, de fato, confusos e frustrantes. Reagindo a isso, os designers da Web adotaram ferramentas e regras rígidas, tais como: organizar os sites hierarquicamente, fornecer barras e menus de navegação por toda a parte, propiciar escolhas idênticas em cada página, evitar padrões de *links* complexos. Essa filosofia agora domina a Web e está incorporada em suas revistas, em sites corporativos, coleções de interesses específicos e até mesmo em páginas pessoais. Na verdade, a estrutura de um amplo site de negócios é em geral indistinta da de uma revista: uma home page tópica dá acesso a páginas isoladas, multivinculadas, e "textuais". O aparato de navegação consistente é visto como uma virtude necessária: cada página precisa do *top banner*, do *side-menu* e do *bottom menu-strip*,[1] e cada parte de um subsite oferece escolhas navegacionais idênticas.

---

1) Barra superior, menu lateral e faixa de menu inferior, respectivamente.

2. OS LIMITES DA ESTRUTURA

A rigidez estrutural que torna a navegação simples e ubíqua, embora dê ao hipertexto uma aparência de eficácia, pode fazer com que este pareça estéril, inerte e distante. Podemos ficar atraídos por páginas individuais, mas o todo hipertextual dá a impressão de um mero arcabouço que inclui partes de interesses variáveis. A estrutura rígida é em geral promovida por sua eficiência e pela eficácia de seu custo, particularmente em amplos sites da Web, mas a rigidez excessiva pode ter alto preço:

— O surgimento repetitivo de centros de navegação — a home page e outros pontos de interesses navegacionais — pode mandar mensagens erradas. Toda vez que os leitores acabam um texto, o aparato navegacional os manda para uma página central. Ao voltar para um ponto de interesse, o leitor tende a encurralar-se, sendo convidado, antes do tempo, a deixar o hipertexto e a fazer outra coisa.

— Os centros navegacionais exercem imenso poder sobre a estrutura como um todo. Os textos mencionados nas páginas-chave ficam congestionados; outros só de vez em quando são lidos. Partes importantes dos sites da Web deixam efetivamente de existir assim que se sai da home page.

— A navegação empurra tudo o que há nas páginas-chave, dando origem a uma dor de cabeça perpétua. Alguns tipos minúsculos se tornam difusos, e algumas home pages corporativas como a Netscape (http://www.netscape.com/) e a Eastgate (http://www.eastgate.com/) começam a ficar iguaizinhas ao Yahoo (http://www.yahoo.com/).

— Uma travessia ultra-eficiente pode não beneficiar nem o autor, nem o leitor. O catálogo de um hipertexto, por exemplo, não é um mero banco de dados de referência; os comerciantes querem dar aos leitores oportunidades para que estes descubram as coisas de que precisam ou que querem, inclusive artigos que nunca viram. Os compradores aprendem coisas novas e úteis e acham caminhos inesperados para encontrar aquilo de que necessitam. Do mesmo modo, supermercados e museus servem também aos compradores e aos proprietários, oferecendo mais do que o esperado. Uma travessia eficiente fornece aos leitores as informações que eles acham que querem, mas podem ocultar as informações de que precisam.

3. JARDINS E PARQUES

A proliferação não-planejada do hipertexto é como a natureza selvagem: complexa e interessante, mas nada convidativa. Coisas interessantes nos esperam nos cerrados, mas relutamos em desbravar a mata, cheia de espinhos e mosquitos.

O hipertexto rígido é paisagem urbana e escritório corporativo planejado: simples, em ordem e nada surpreendente. Podemos achar a escala impressionante, admirarmos a riqueza dos materiais, mas logo nos cansamos da visão repetitiva. Entramos para obter algo de que precisamos: uma vez cumprida a nossa tarefa, é pouco provável que nos demoremos no site. Sabemos o que nos espera e é raro encontrar algo mais.

Jardins e parques ficam entre terras cultivadas e a natureza selvagem. O jardim é uma terra cultivada que deleita os sentidos; é planejado mais para nosso deleite do que para nossa comodidade. O parque é a natureza selvagem, domada para nosso prazer. Como a maioria dos hipertextos não tem por objetivo a natureza selvagem de conteúdo não-planejado, tampouco os canteiros alinhados da organização formal; jardins e parques podem inspirar uma nova abordagem da composição do hipertexto e podem ajudar-nos a entender os padrões que devemos observar numa boa composição.

4. A VIRTUDE DA IRREGULARIDADE

Os designers atuais da Web aprendem a evitar a irregularidade, mas num hipertexto, assim como num jardim, é a combinação inteligente de regularidade e irregularidade que desperta o interesse e prende a atenção.

Um projeto rígido considera a irregularidade um erro a ser corrigido. Todos os locais devem comportar-se exatamente como o esperado, todos os caminhos devem ser bem marcados e poucos caminhos conhecidos devem bastar.

Em contraste, parques e jardins moldam nossa experiência pela cuidadosa combinação de regularidade e irregularidade. Aqui podemos encontrar canteiros de flores — iguais na forma, embora cada um tenha cores e fragrâncias únicas. Em outro lugar, podemos quebrar o ritmo da geometria simples com a sombra das árvores ou cercas, com um laguinho ou rocha. Essa irregularidade artesanal prende os nossos sentidos, pois oferecem a promessa do inesperado sem a ameaça da natureza selvagem.

A chave para o planejamento de um jardim do hipertexto é comunicar a promessa do deleite inesperado enquanto assegura que não se está adentrando na natureza selvagem e não planejada. Um projeto rígido pode fornecer indicadores em cada página, que levam ao hipertexto; um projeto mais fluido pode sempre oferecer tanto escolhas consistentes quanto escolhas originais para cada espaço escrito. Enquanto um projeto rígido dispõe itens separados e isolados com um arcabouço de navegação, um projeto orgânico pode entrelaçar seções relevantes, que realçam uma seção antiga, fornecendo um novo caminho para o novo material ou mostrando como uma nova contribuição ilumina ou responde à outra página. Essa fluidez ajuda a quebrar os textos monolíticos e os papéis em branco em unidades menores e mais naturais, em fragmentos de escritos que podem ser relidos e "relinkados" em novos e inesperados contextos.

5. PORTÕES E SINALIZAÇÕES

Quanto mais extravagantes são as vistas do jardim, mais importante se torna certificar os visitantes de que não se trata de uma natureza selvagem. Essa certificação não é apenas a garantia de segurança ou conforto, mas também prepara o visitante para fruir da arte do planejador. Em hipertextos, *links* embutidos e irregulares sugerem a selvajeria da natureza, e indicadores, listas e menus indicam a ordem do planejamento. A ordem também é insinuada por *links* que se explicam por si mesmos

— tanto através de anotações explícitas como também através de *pop-ups*,[2] mensagens *mouseover*[3] e balões com textos.

A repetição em si é uma informação valiosa, já que sempre sinaliza intento e artifício. A repetição não precisa ser completa e literal, pois um escritor pode obter o efeito de repetição apenas citando alguns elementos e variando outros, ou repetindo alguns aspectos — posição, tipografia, cor — e alterando outros.

Jardins formais são inconfundíveis, mas parques — em especial parques situados em meio à natureza selvagem — podem requerer elementos arquiteturais para notificar seu artifício e para induzir a primeira impressão do visitante. O portão da casa da fazenda, o arco monumental, a central de informações para visitantes: tudo serve a esse propósito. Os hipertextos, também, podem usar *frames* formais e pórticos para obter um bom efeito, demonstrando projeto e planejamento desde o início, bem como a intenção deliberada de evitar a estrutura rigidamente codificada.

6. ESTATUÁRIA E FOLLIES*: PONTUANDO A EXPERIÊNCIA DO LEITOR*

No âmbito da segurança fornecida pelos indicadores e pela repetição, tanto hipertextos quanto jardins se beneficiam da pontuação — dos elementos excepcionais injetados que incentivam os leitores a fazer uma pausa, a refletir, a olhar de novo. *Follies* — inesperados caramanchões e pagodes escondidos nos jardins ingleses — lançam a

2) Janelas de textos, em geral pequenas, que aparecem sobre a janela que está sendo acessada. (N.R.)

3) Quando passamos o *mouse* sobre uma área que contém um *link*, o ponteiro do *mouse* se altera e podem surgir imagens diversas, como, por exemplo, uma mãozinha ou outro texto. (N.R.)

arte orgânica do jardim em relevos mais pronunciados pelo seu contraste construído. O mesmo tipo de disjunção sensória pode reavivar a atenção e provocar a reflexão na experiência do leitor do hipertexto. Assim, quando Diane Greco interrompe a discussão em *Cyborg: engineering the body elect* com o alerta enfático:

> *Disso você não vai gostar muito,*

ela não está propriamente alertando o leitor, e sim o convidando a considerar a situação. Quando o leitor vai adiante, encontra a página seguinte com um ritmo e disposição de ânimo diferentes.

7. PLANEJANDO CAMINHOS

As rodovias são julgadas por sua eficiência: distância, custo, segurança e tempo. Os caminhos do jardim desempenham um papel diferente: conduzem-nos pelas melhores rotas, não pelas menores. Podem ter curvas para controlar a velocidade da nossa viagem, virando aqui para revelar uma vista, quebrando ali para nos levar por um bosque cheio de sombras ou por uma clareira ensolarada.

Assim como os caminhos do jardim guiam a nossa experiência, os do hipertexto podem conduzir os leitores ao mesmo tempo que realçam a sua viagem. Uma simples busca pode ligar os leitores diretamente ao seu destino, mas designers cuidadosos conduzem os visitantes não apenas a responder à sua pergunta, mas também a formular outras melhores.

Por exemplo, os leitores podem consultar um catálogo da Web para verificar o preço de um computador novo. A abordagem direta simplesmente fornece os dados básicos. Um caminho mais cuidadosamente planejado pode levar os visitantes a esses dados no contexto dos computadores alternativos (por exemplo, novos modelos), diferentes opções (por exemplo, a modernização de velhos equipamentos) ou outros produtos interessantes (por exemplo, acessórios ergonômicos projetados para o computador em questão). O caminho não pode desviar demais para que os visitantes não pensem que estão sendo levados para longe do seu destino, e tampouco pode ser lento demais para que os visitantes não desistam e fiquem zanzando através de alternativas de busca, mas curvas e desvios podem ajudar os designers a dar a seus leitores mais do que eles esperam.

Curvas, visões interrompidas, cruzamentos e detalhes incidentais fazem com que espaços pequenos pareçam maiores. Do mesmo modo, os caminhos e os cruzamentos do hipertexto tornam os pequenos hipertextos mais ricos e variados. Certamente caminhos cruzados demais podem confundir o visitante; a arte dos *webdesigners* consiste em escolher que caminhos revelar, enquanto oculta conexões potenciais. Quando a abundância de detalhes pode sobrecarregar o leitor, o projeto de hipertextos rígidos e regulares se torna útil — assim como vistas amplas, avenidas retas e horizontes longínquos organizam vastos espaços.

Em outros lugares, cruzamentos e irregularidades convidam os leitores a explorar mais profundamente, dando-lhes oportunidades para descobertas inesperadas e oferecendo um público mais selecionado aos escritores.

8. SETE LIÇÕES A PARTIR DA JARDINAGEM

1. A desorientação num hipertexto, em geral, quase sempre provém de escritos confusos ou de temas complexos. Muitos hipertextos não requerem aparatos navegacionais elaborados.
2. A rígida estrutura de um hipertexto é de alto custo. Ao convidar várias vezes o leitor a sair do hipertexto, concentrando a atenção e o tráfico nos centros de navegação e empurrando o conteúdo para fora das páginas-chave (e do tráfico), uma estrutura rígida pode esconder a mensagem do hipertexto e distorcer a sua voz.
3. O menor caminho de um hipertexto nem sempre é o melhor.
4. Jardins são terras cultivadas que deleitam os sentidos; parques são a natureza selvagem, domada para o nosso prazer. Amplos hipertextos e sites da Web devem muitas vezes conter tanto parques quanto jardins.
5. Os efeitos visuais e outras irregularidades realçam os caminhos. Mas é preciso usar poucas pontuações; interrupções indesejáveis são cansativas e intrusivas.
6. As fronteiras dos parques devem ser especialmente claras, caso contrário os leitores podem vê-las como natureza selvagem. Os portões dos jardins introduzem estruturas e os indicadores confirmam isso, assegurando aos visitantes que eles estão cercados por uma experiência construída e não por uma natureza caótica.
7. Uma estrutura rígida faz um amplo hipertexto parecer menor. Uma estrutura complexa e intrincada faz com que o um hipertexto pequeno pareça maior, convidando a uma exploração mais profunda e cuidadosa.

Às vezes, a natureza selvagem é exatamente o que os leitores querem: uma rica coleção de recursos e *links*. Às vezes, uma rígida formalidade os satisfaz perfeitamente, fornecendo a exata informação desejada, nem mais, nem menos. Na verdade, hipertextos e sites isolados da Web podem conter seções que tendem para cada extremo.

Porém, em geral, os designers devem lutar pelo conforto, interesse e habitabilidade de parques e jardins: lugares que convidam os visitantes a permanecer e que são projetados para o envolvimento e o prazer, incitando-os a ficar, explorar e refletir.

FORMAS DE FUTURO

Michael Joyce

Esta conferência está envolta em imagens e alusões a Berlim, não apenas porque eu a dei primeiro lá, mas também porque essa cidade serve, acho, como um local para legítima cautela contra transformações mágicas. A transformação do livro que eu conheço melhor envolve ficção interativa. Na verdade, quando eu dei primeiro esta conferência, este outono em Berlim, me pediram para falar sobre o estado da ficção interativa. Dizer que ficção interativa é o que eu conheço melhor, mas isso não quer necessariamente dizer que eu sou aquele que mais sabe sobre isso, visto que aquele que sabe mais é, na realidade, aquela, como eu me lembrei quando vi Janet Murray na platéia.

Mas então me lembrei que a margem, seja ela o limite da fogueira ou a barreira que protegia bardos irlandeses foragidos, foi mais ou menos o primeiro lugar dos contadores de histórias. Meu amigo, Charles Henry, grande bibliotecário e visionário tecnológico, costuma contar sua visão sobre a mais ancestral tecnologia de contar histórias. As pinturas das cavernas, lembra-nos ele, só podiam ser vistas com fragmentos de luz provenientes de tochas — não mais do que fogo numa pedra plana — seguradas pelos nossos ancestrais europeus de milênios atrás. Aquelas, também, eram histórias descobertas aos poucos e com certeza interativamente.

Portanto, vou falar sobre o que eu posso ver, os limites de coisas iluminadas por um fogo passageiro em minha mão. Vou consolar a mim mesmo com a compreensão de que a profecia custa pouco nesta era de memória suprimida. O analista de mercado e o guru tecnológico, através de suas áreas econômicas, contam o futuro, mas contam que seus prognósticos serão esquecidos quando a Bolsa de Valores fechar no fim do dia. Para a maioria dos tecnólogos, a medida do futuro, um arquivo sonoro, um GIP animado ou um clique do mouse. Escrevi em outro lugar que em nossas tecnologias, culturas, entretenimentos e, cada vez mais, no modo pelo qual constituímos nossas comunidades e nossas famílias, vivemos num estado de constante antecipação do que vem.

Nessa constante tempestade do que vem, precisamos, todavia, encontrar o nosso caminho através de nossas próprias histórias pessoais, bem como da história cumulativa de nossas culturas. Não uma história no antigo sentido perigosamente transcendente, mas uma história semelhante ao nosso fazer e ao nosso relembrar: uma história mais próxima daquilo que em *The special view of history* o poeta Charles Onson define como "a função de qualquer um de nós... não uma força, mas... o modo de nossa vida humana".

A romancista de hiperficção Shelley Jackson escreve "a história é apenas um casual jogo de amarelinha através de outros momentos presentes. Como eu passei de um para o outro é confuso. Mesmo que eu pudesse listar os meus momentos passados, eles permaneceriam descontínuos (e recombinantes em potencial, senão em ato), portanto, sem forma, sem fim, sem história. Ou com tantas histórias quantas eu tiver o cuidado de montar."

Estou ciente ao começar a lhes falar de que esta conferência atrai muitos de vocês porque promete a excitação da velocidade, a rapidez do momento presente, a vertigem (ou o Disneyesco) do que vem. Espero não os desapontar com a minha lentidão. Os artistas contam o futuro em milênios, uma medida glacial que até mesmo (ou especialmente) no começo de um novo milênio já se está assombrado pelo passado, tanto pelo passado já acontecido quanto pelo passado a acontecer. O futuro da ficção é o seu passado, embora esse futuro, também, seja uma ficção.

O surgimento de uma verdadeira narrativa eletrônica da forma artística aguarda a contribuição de um gênio comum a todos, uma reunião de impulsos culturais, de tecnologias vernáculas e, mais importante, de anseios comuns que não podem encontrar melhor representação, tampouco mais satisfatória confirmação, do que naquilo que a mídia eletrônica oferece.

Parece evidente que a multimídia do tipo que vemos agora na Web ou nos CD-ROMs não têm a possibilidade de alcançar um público amplo. Há surpreendente criatividade em toda a parte (e eu me reportarei a alguns locais específicos no estudo de ficções interativas no fim desta conferência), mas ainda não surgiu nenhuma forma que prometa impacto artístico profundo ou amplamente popular.

Tampouco é provável que o turbilhão errático das ferramentas e *plug-ins* Java descartáveis vá, subitamente, alcançar um ponto de combustão espontânea e trazer uma nova luz. O estado atual da multimídia não repete o caso do automóvel, em que os desenvolvimentos tecnológicos paralelos levam a uma mudança nas mentalidades suficiente para fazer com que a massa distribuída na linha de montagem seja vista como um acontecimento tecnológico primordial. A forma da multimídia em si não tem um público óbvio, tampouco nenhum desejo óbvio que a mesma procure realizar.

Com certeza, haverá televisão eletrônica, talvez até mesmo o tão decantado, ubíquo, avanço tecnológico incessantemente conquistado pelos megacultos pseudo-religiosos, pelas publicações tecno-onanistas e pelos impérios de infodiversão. Porém, o avanço tecnológico não passa de um rádio para os olhos em que infobits flutuam pelo campo de visão como papéis caindo em uma chuva de confetes e serpentina.

Haverá, da mesma forma, um mercado eletrônico (talvez já haja) que será nada mais do que a ampliação de um shopping center com suas prateleiras cheias de produtos com marcas registradas, circundadas de *gulashs* arquitetônicos da periferia e dos santuários sagrados do cartão ATM.[1] O mercado eletrônico irá, desse modo, em paralelo com o curso da indústria de locação de vídeos em que uma ilha de catálogos flutua num mar de pornôs.

Há três visões gerais sobre o fracasso de uma verdadeira forma eletrônica ainda a surgir. Antes de discuti-las, gostaria de observar que tenho de fato usado intencionalmente o termo multimídia para a televisão eletrônica e para o mercado eletrônico com o intuito de distinguir tal multimídia não apenas da hipermídia, mas também de uma forma eletrônica ainda a surgir, que, no entanto, se tem ocasionalmente mostrado como transformações quase mágicas, senão incrementadas, em nossa consciência e até mesmo em nosso sentido de real.

Por ora, embora a retome à frente como uma figura de mudança morfogenética mais fundamental, talvez a imagem *Wrapped Reichstag* [Parlamento de Berlim embalado] de Christo e de Jeanne Claude possa representar um exemplo dessas mudanças veladas, as pré-emergentes e iminentes formas de futuro, cujas bordas empurram o manto do tempo como o cotovelo do bebê empurra a barriga da mãe.

Uma visão do porquê de uma verdadeira forma eletrônica estar ainda por vir se baseia no fato de que estamos numa era similar àquela do Cinema Mudo e de que uma rica e poderosa forma de arte emergira sinergisticamente como o resultado de explorações múltiplas e individuais por parte dos produtores culturais ligados ao mesmo tempo a um público que cresce em sofisticação e expectativas.

Porém, a forma da multimídia não surge naturalmente do casamento do olho com a memória garantido pelo filme. A vida contemporânea deixa pouco tempo para esses

---

*) ATM: cartão plástico para saque de dinheiro. (N.R.T.)

mistérios domésticos e públicos da vida vivida em comum que sustenta o drama. Tampouco a multimídia fornece a caixa de luzes para o modelo psicanalítico da personalidade dissociada, como o faz a televisão. A multimídia tampouco prolonga a página como se fosse um inevitável sonho technicolor desejando aquilo que sua superfície previamente desejava, nem dota a desregrada imagem movente da convencionalidade séria da página.

A segunda visão sobre o fracasso de uma verdadeira forma eletrônica ainda a emergir está ancorada no fato de que a autoria deixa a criação de histórias individuais distintamente marcadas, para da criação de mundos de histórias potencializados (*storyworlds*), mantidos e ampliados em comum ou por agentes de software que têm a seu favor gostos afins. Nesses mundos, membros individuais do público assumem identidades, geram narrativas transitórias e povoam comunidades segundo a lógica do *storyworld*, dos encontros acidentais de seus habitantes e de algorítmos de geração de histórias. O sonho do software e do *storyworld* é o sonho da mãe de Sherazade, um desejo ardente de felicidade eterna que está ao mesmo tempo fora do útero e não está mais no mundo. Esse sonho já condenou Berlim uma vez, antes da reconstrução, o sonho de uma história à margem da história, uma história no fim da história. Acho que todos nós devemos atentar para o fato de que sonhos sem fim não convocam o Reich da Realidade Virtual, não despertam o Avatar Führer.

A terceira visão é talvez uma extensão da segunda. Considera que a linguagem desemboca inevitavelmente na imagem. Da visão hippie e utópica de Jaron Lanier, nos anos 60, de uma comunicação não-mediatizada e intuída através da Realidade Virtual aos executivos da Rede (transmissão e redes internas), que vêem a Teia como um pacote de um tipo particular de entretendimento alienado, não diferente da embalagem de uma rosquinha congelada, de um sutiã Victoria Secret, ou tomadas quadro a quadro por parte de especialistas intercambiáveis, que aparecem por trás dos convidados de info-shows.

A crença total na imagem não-mediatizada é o comportamento dos cults. O culto dos *Heavens'Gate* sabia o que se via além do Hale Bop. A crença total na imagem não mediatizada é a negação da mortalidade do corpo. Porém, fora do oculto nós vivemos numa colcha de retalhos de *self* e lugar, imagem e palavra, corpo e mente. "Suponham que pensamos em representação", sugere o filósofo e crítico literário W.J.T. Mitchell em seu livro *Picture theory*: "não como um campo homogêneo ou uma grade de relacionamentos governados por um princípio único, mas como um terreno multidimensional e heterogêneo, uma colagem ou colcha de retalhos feita ao longo do tempo".

Conseguiremos ver (já estamos conseguindo) que o texto eletrônico expõe a colcha de retalhos ("expõe" talvez ao modo de um fotógrafo) e lembra o corpo. "Suponham ainda", diz Mitchell, "que a colcha estivesse rasgada, dobrada, franzida, cheia de manchas acidentais, traços dos corpos que ela havia coberto. Esse modelo pode ajudar-nos a entender uma série de coisas sobre representação." A imagem que Mitchell convoca aqui está clara, a colcha manchada é a Mortalha de Turim, o presente da avó para a noiva, o lençol da noite de núpcias, a manta do bebê. A imagem está clara, mas não proclama sua auto-suficiência.

A nova literatura eletrônica irá distinguir-se por sua clareza. Parecerá correta. Digo literatura porque qualquer alfabetização, até mesmo visual e transitória, se expressa numa literatura. Tampouco quero dizer esse tipo de clareza de que os fornecedores da mídia falam em termos de melhores ferramentas de autoria ou de interfaces mais intuitivas. Quero dizer uma nova clareza humana.

Na recente e importante edição especial do *Visible Language* sobre poéticas de novas mídias (*new media poetry*), editado por Eduardo Kac e outros, o poeta eletrônico e teórico francês Phillipe Bootz cita a asserção de Jean-Pierre Balpe, que diz que, já que os autores franceses computacionais "não questionam de modo algum a noção de literatura [mas], pelo contrário, clamam que a ela pertencem e que dela se nutrem... O fato de que eles nos levam a reconsiderar sua natureza e, por conseguinte, sua evolução, parece inquestionável."

Curiosamente para mim, as forças da ficção interativa como forma literária parecem residir no seu realismo, em como elas nos permitem traduzir a consciência em mutação, as coerências trêmulas e as conclusões transitórias da beleza cotidiana do mundo que nos cerca. A hiperficção parece igual à complexidade e à douçura de se viver num mundo povoado por outros seres humanos, igualmente incertos, seus sonhos e suas lembranças.

A hiperficção não é uma questão de ramificações, mas, antes, de diferentes texturas da experiência dentro de uma linguagem (e imagem) que nos conduz. A hiperficção é como sentar-se num restaurante em meio ao burburinho de histórias, algumas bem conhecidas, algumas de que só se ouviu metade, entre pessoas com as quais compartilhamos apenas a brevidade da vida e a certeza da morte.

Ficções interativas são, certamente, um passo intermediário para algo mais, mas o que esse algo deve ser é uma questão que cabe à filosofia. Todos os nossos passos são intermediários. Este parece estar voltado para televisão, que Deus nos ajude, talvez até mesmo a televisão imprima nos seus globos oculares. Deposito minha confiança em palavras. Os gurus da mídia podem falar de como não precisaremos de histórias já que teremos mundos novos e virtuais, mas logo esses novos mundos, também, terão suas próprias histórias e nós desejaremos novos mundos para inseri-las.

Não me entendam mal. Não estou dizendo que a hiperficção tem um público óbvio que falta à multimídia. Todavia estou dizendo que a linguagem — com as suas formas intrinsicamente múltiplas, com o seu compromisso milenar do olho, do ouvido e da mente, com a sua antiga convocação de gestos, movimento, ritmo e repetição, com o consolo e alívio que ele oferece à memória — nos dá o exemplo mais claro e a forma mais óbvia para aquilo que emergirá como uma forma verdadeira de arte narrativa eletrônica.

A nova literatura eletrônica parecerá auto-evidente, como se sempre a tivéssemos visto e, paradoxalmente, como se nunca a tivéssemos visto antes.

Berlim hoje em dia parece a figura ideal do que há momentos atrás chamei de surpreendente criatividade de uma literatura eletrônica emergente, uma Berlim em que os guindastes sombreiam um céu cuja cor, em vez de ser a cor da televisão de Willian Gibson, ainda é desconhecida, um céu cuja expansão promete uma nova claridade (*eine neue Klarheit*).

Apesar dos bem intencionados impulsos das burocracias governamentais e dos apetites imperiais do capital de conglomerado transnacional, todas as movimentações da linha de horizonte de Berlim — embora não desprovidas de finalidade — não tem, contudo, finalidade alguma. Isso é bom. Precisamos ir além da finalidade, para aquilo que o monge e poeta Thomas Mertob chama de "liberdade que responsabilidades e interesses transitórios nos fazem esquecer". Precisamos ser livres da tecnologia para sermos livres na tecnologia. Como o aparato sobrecarregado de nossas tecnologias, o andaime que entrecruza Berlim é ar enfaixado. Debaixo dele jaz a promessa de uma nova clareza, na verdade até mesmo a impensável possibilidade de um *Kristall tag*,[2] uma inversão da história, onde nosso mundo se reconfigura como um globo de vidro em que não só as fraturas das noites mais escuras nunca mais serão esquecidas, mas que essas fraturas cicatrizadas formam um prisma para uma nova luz brilhar através de todas as suas diferenças. Graças a tal prisma, as feridas de um mundo arrasado fluiriam

2) Nessa expressão, Joyce alude à *Kristallnacht* — "noite de cristal", em alemão. Em 9 de novembro de 1938, soldados alemães destruíram vitrines e vidraças dos negócios e propriedades dos judeus. (N.R.T.)

como lágrimas e cristalizariam de tempos em tempos como rosas, como os corações dos mártires sob os relicários de vidro numa catedral.

A nova literatura eletrônica parecerá velha, tão velha quanto qualquer história humana, em sua novidade tão velha quanto o nascimento.

A nova Berlim cura a si mesma e no processo se torna diferenciada através de sua própria percepção de formas agregadas. A maneira pela qual uma coisa é ainda ela mesma e, no entanto, não é mais ela mesma, é o que Sanford Kwiter identifica como a singularidade da teoria da catástrofe, em que "um ponto de repente é incapaz de mapear a si mesmo" (58) e uma coisa nova nasce. Isto é, obviamente, a genial *Wrapped Reichstag* de Christo e Jeanne-Claude, em que a coisa vista não é a coisa embalada e, entretanto, evoca e insiste nela, e enquanto isso a coisa não embalada não é mais a coisa que foi embalada e entretanto promete ser o que era então.

Essa cura traça um círculo como o do paradoxo zen, o círculo cujo centro não está em parte alguma e cuja circunferência está em toda a parte. Ao escrever há alguns anos sobre o surgimento de uma cidade do texto, eu citei a visão angelical de Wim Wenders no grande filme sobre Berlim, *Asas do desejo*, em que os anjos andam no meio das pilhas de livros de uma biblioteca, ouvindo a língua musical que forma os pensamentos dos leitores individuais. Nessa cena, subindo com vagar as escadas, surge um velho, que os créditos identificam como Homero. "Fala-me, musa, do contador de histórias que foi lançado no fim do mundo, ancião feito criança... Com tempo", ele pensa, "meus ouvintes se tornaram meus leitores. Eles não se sentam mais em círculo, em vez disso se sentam separados e nenhum deles sabe coisa alguma sobre o outro...".

A nova literatura eletrônica restaurará o círculo como ele sempre foi e, paradoxalmente, como ele nunca foi antes.

Sugeri há pouco que nós vivemos numa constante imediatez (*nextness*). Thomas Merton fala da imediatez do "Computer karma in american civilization", em que o que pode ser feito tem que ser feito. O ônus das possibilidades tem que ser assumido, possibilidades que pedem tão imperativamente para ser realizadas, que tudo o mais é sacrificado em benefício de sua realização (25).

A nova literatura eletrônica sustentará o ônus das possibilidades assim como a terra sustenta o ar.

Steven Johnson, o redator de FEED, uma webzine (revista eletrônica) da Web, lembra a passagem do ensaio "A obra de arte na era de sua reprodutibilidade técnica" de Walter Benjamin, em que "Benjamin fala rapsodicamente dos efeitos culturais do filme em câmera-lenta como um exemplo de como é difícil "prever os mais amplos efeitos sociológicos das novas tecnologias".

"Sempre gostei deste trecho," diz Johnson, "porque isto nos parece tão estranho agora, lendo Benjamin cinqüenta anos depois. Se imaginarmos todas as extraordinárias mudanças forjadas pela ascensão das imagens em movimento, a câmera-lenta parece mais um efeito colateral, uma nota de rodapé ou uma obra rara."

Confrontado com a observação de Johnson, fiquei pensando se Benjamin estivesse certo e se não houvéssemos compreendido a tecnologia. Talvez estejamos todos olhando rápido demais. Em seu livro de entrevistas, Wim Wenders cita Cézanne: "As coisas estão desaparecendo. Se se quer ver alguma coisa, é preciso correr." Porém, em outra passagem, Wenders diz: "Os filmes são seqüências temporais congruentes, não idéias congruentes... Em cada cena o meu maior problema é como terminá-la e passar para a seguinte. Idealmente, eu gostaria de mostrar o tempo entre as cenas também. Mas às vezes temos que deixar isso de lado, porque simplesmente leva tempo demais...".

As gerações atuais de berlinenses são constituídas, é claro, de cidadãos pertencendo a esse tempo "entre cenas", e, como tais, arcam com a responsabilidade do estado de constante mudança mutante que constitui a cultura da rede. Muitos dos que estão aqui presentes provavelmente são da geração desse "meio tempo", e também arcam com o ônus dessa narração, um processo que, apesar de nossas tecnologias, requer constantes gerações e gerações similares. Um dia a Potzdamer Platz, porém, estará temporariamente completa. Um dia o mundo perderá a memória do que aqui ocorreu; é tarefa do contador de histórias recordar em meio à mudança desnorteadora.

A nova literatura eletrônica mostrará esse meio tempo, que é nada menos do que o espaço que nos vincula através de nossas diferenças.

E assim, como eu passo, finalmente, à última parte desta conferência sobre o breve estudo de ficção interativa que prometi antes, espero que me perdoem se eu me viro com olhos críticos para a ausência paradoxal de qualquer sentido óbvio daquilo que nos vincula nessas ficções. É essa ausência do "entre nós", para usar a expressão que Helene Cixoux cunhou, mais do que qualquer ausência técnica, que momentaneamente nos vê desprovidos de um meio de comunicação de massas eletrônico ou de uma forma artística que permaneça. De modo algum me excluo dessa crítica. Embora minhas hiperficções sejam sinceras tentativas de negociar qualquer clareza que posso encontrar no vínculo e na multiplicidade de vozes, ainda não encontrei nada realmente auto-evidente para lhes mostrar. Nenhuma clareza nova, nenhuma cidade nova de texto debaixo dos guindastes e dos andaimes, nenhuma terra prometida, nem mesmo uma estrutura sintética do Frankenstein à espera da carne do espaço textural.

Também espero, começando esse estudo, que vocês se lembrem da modesta intenção com que iniciei esta conferência, isto é, que se lembrem de quais limites de formas de futuro eu posso vislumbrar. No campus do laboratório midiático (*MediaLab*), esse tipo de modéstia não precisa ser forçado. Não estou apontando aqui para as mudanças radicais das quais o laboratório e outros começaram a tratar, mas, em vez disso, aponto para as ondulações sobre uma superfície que distingue arte de negócios.

Apesar dessa dupla afirmação por modéstia (o que como negativos duplos não quer dizer que não fiz nenhuma afirmação visível), deixem-me falar brevemente do meu trabalho mais recente, uma Web-ficção na WWW, *Twelve blue*, que está disponível na Eastgate. Sou freqüentemente muito crítico quanto ao modo pelo qual a Web empobrece o hipertexto. A Web é um espaço bastante difícil para criar uma superfície expressiva para o texto. Parece-me que a Web é toda constituída de limites, sem muita profundidade, o que, para o escritor, é problemático. Você quer induzir profundidade para que a superfície abra caminho para o devaneio e para a sensação de uma forma de experiência compartilhada de leitura e escritura. Em vez disso, tudo se transforma em ramificações.

Com essa ficção, decidi parar de me lamuriar e aprender a amar a Web o melhor que eu pudesse para honrar o que ela nos dá no momento e para tentar fazer arte dentro das restrições do meio. *Twelve blue* explora o modo no qual nossas vidas — como a própria Web ou um ano, um dia, uma lembrança ou um rio — formam padrões de superfícies encadeadas, múltiplas e recorrentes. Tentei usar *frames* e hiperlinks simples e penetrantes para alcançar uma sensação de profundidade e interações sucessivas diferentes da maioria das Web-ficções. A idéia é pôr os *links* dentro do texto e fora da interface e, assim, fazer a ficção ecoar com possibilidades e transformar o ritmo da Web, dia-a-dia, página-a-página, em uma nova música de águas turbulentas e matizes de azul. Assim, enquanto há apenas um *link* de texto em cada tela (que desaparece quando é seguido), o conjunto do texto não é apenas circundado pelos fios visuais de suas várias narrativas linkadas, mas entremeado por visões, acontecimentos e situações compartilhados para as quais a sensibilidade do leitor supre os *links*.

O desenho vem primeiro: os fios criadores de um tipo de escrita no sentido de John Cage, uma continuidade de várias narrativas paralelas. Quando os fios se aproximam uns dos outros — ou pelo menos quando um cruza com o outro —, suas narrativas fazem o mesmo. As doze linhas se tornaram meses, mas também personagens ou pares de personagens também (quer dizer: às vezes um personagem tem sua própria linha e um outro que compartilha com alguém emparelhado com ele, embora não necessariamente dentro dos fios narrativos). Os doze fios não começam encabeçados por janeiro, mas sim por novembro, o ano do meu ano. Então fiz oito diferentes cortes no eixo Y, embora em minha mente fossem mais faixas de pano ou algo como os cortes composicionais de William Burroughs.

Dentro dessas oito faixas longitudinais, as várias histórias acontecem e se entrelaçam. Porém, obviamente, uma vez que a narrativa avança horizontalmente e que o tempo aqui é representado em vertical, há algo como um deslocamento em que os acontecimentos, ao longo de um só fio, violam o tempo mais amplo das sensibilidades dos personagens. Assim, o menino da história, surdo e que se afoga, flutua, cruzando vários fios através de diferentes estações até que seu corpo vem à tona no final. Além disso, ainda dei alguns outros limites simples, como o exemplo já mencionado de um único *link* textual por *frame* e o outro de cada tela conter a palavra azul.

Enquanto isso, comecei a esboçar uma outra Web-ficção, que ocorre numa ilha habitada por várias personalidades históricas (São Francisco, William Wordsworth e sua irmã Dorothy, e o gravador e ilustrador de livros Bernard Picart). É um romance sobre os relacionamentos entre palavra e imagem e como cada um desliza para dentro do outro. Algumas partes estão num dialeto da ilha, cujo nome nunca conseguimos captar, embora os habitantes locais chamem de Banyan (ou Yamland em algumas partes). Nas palavras do dialeto da ficção, também entram "*týpos*" ocasionais, os quais, por sua vez, participam do dialeto, visto que os *týpos* são tidos como sagrados naquele local, isto é, inspiração divina, a transmissão da palavra, *lógos* (conhecimento), em *imago* (imagem), ou pelo menos isto é o que eu penso agora.

Há pouco invoquei Frankenstein, portanto, deixem-me começar o meu exame da ficção interativa com o extraordinário romance hipertextual de Shelley Jackson, *Patchwork girl or a modern monster*, obra atribuída a Mary/Shelley e a ela mesma. Essa hiperficção parece oscilar nas vozes desses três autores atribuídos e pelo menos uma vez engaja um diálogo com Derrida. É uma ficção de dissecação contínua, em que tanto o monstro de Mary Shelley quanto a menina do Mágico de Oz de Frank Baum são, uns após os outros, cortados e recosturados à maneira do paradoxo de Zenão. Isto é um chegar a nenhum lugar que chega em algum lugar. "Eu me alinho à medida que vou lendo com o fluxo de sangue", diz o triplo narrador de Shelley Jackson:

> ... à medida que circula, vai mantendo hidratado e vivo o que, sem ele, enrijeceria numa célula fibrosa. O que acontece com as células que eu não visito? Acho que talvez elas endureçam com o tempo sem a passagem do sangue, recintos de letras elaboradas que se fundem em gaiolas de ferro enferrujadas, como os antigos elevadores. Enquanto as palavras lidas são móveis e lubrificadas, elas encostam intimamente umas nas outras na medida do meu olhar, elas se rearranjam em minha visão periférica para sugerir alternativas. Se eu me demorar num local, o sangue coagulará; uma indolência sedutora toma conta de meus membros e uma maleabilidade rica em oxigênio toma conta de meus pensamentos. As letras se tornam vivas como pequenos antílopes e correm em grupos e padrões; os móveis se suavizam e se moldam a mim.

(Não sei que metáfora cabe aqui; eu mesmo sou uma metáfora complexa, consistência é algo que não deve ser esperado de mim.)

O que eu não toco é esquelético e seco ("Sangue").

A dissecação e a ciborgização frankensteiniana também revelam a muito provocativa e colaborativa Web, obra de Noah Wardrip-Fruin e outros, intitulada *Gray matters*, ela mesma uma brilhante análise do livro e do corpo, e do *link* que cada um representa entre criação e recepção.

Na Web me toca muito a obra de Tim McLaughlin, cuja linguagem se projeta constantemente na presença da imagem e media a natureza da imagem. A obra de McLaughlin com os arquitetos Thomas Bessai, Maria Denegri e Bruce Haden para o pavilhão canadense da bienal, *Light assemblage*, é uma extraordinária exploração de como a palavra faz o lugar e de como o lugar possibilita a linguagem. O seu *25 ways to close a photograph* talvez seja o que se aproxima mais da qualidade auto-evidente que eu tenho exigido da literatura eletrônica, tirando proveito mais do que trabalhando dentro dos limites da Web.

Embora não seja estritamente uma ficção, gosto muito de *Memory Arena* e de *Who's who in Central & East Europe 1933*, feitas por Arnold Dreyblatt, em colaboração com o Kulturinformatik Dept. da Universidade de Lüneburgo, a qual Heiko Idensen me introduziu pela primeira vez. Como Jeffrey Wallen observa em sua introdução, essa obra leva "o comum e o burocrático... a extremos através de sua própria lógica de fragmentação, catalogação, justaposição e hierarquização", dando-nos "um obsedante lampejo de uma ausência."

Sei que este público já foi previamente honrado pela presença de Mark Amerika, cujo *Grammatron* demasiadamente sério, porém agradável, está sobrecarregado de uma agenda quase teórica, uma perplexa nostalgia do cyberpunk e da já discutida impossibilidade da multimídia.

Um brilhantismo similarmente agradável, mas sem o nervosismo da multimídia, inunda a obra de Marjorie Luesebink e de Adrianne Wortzel de uma serenidade de superfície, senão de uma clareza totalmente nova. A ficção *Lacemaker* de Luesebrink,[1] dentro do também irresistível site Madame de Lafayette de Christy Sheffield Sanford, é uma variação de Cinderela. *Ah, need*, de Wortzel, transforma a inevitável investigação de superfície que a multimídia traz à tona em algo além de uma experiência da superfície lingüística.

Enfim, gosto especialmente de *Flygirls*, uma obra de Web-ficção da Web-moça, Jane Loader, do famoso Atomic Café. Seu look retrô, arrumadinho, em tons rosa e cáqui, sua qualidade melancólica e, mais do que tudo, sua escrita cativante e de grande amplitude, foram bem escolhidos no duplo sentido de inteligência e estilo. Esse site parece um verdadeiro aeródromo, mas com a espinha dorsal da narrativa da corrida estendendo-se sobre o espaço iluminado de rosa; os *links* como vértebras cor de lavanda.

Mas tenho, contudo, a impressão de que os trabalhos mais provocativos estão acontecendo fora da Web no que se pode chamar de espaços eletrônicos naturais, as tecnologias vernáculares de games, MOOs e, mais especialmente, os textos cinéticos de poesia eletrônica nos quais a linguagem, enfim, encontra o seu elemento natural em movimento, não em uma janela, mas como uma janela, não como uma superfície única, mas como uma experiência auditiva, visual e proprioceptiva de superfícies sucessivas. Não acho que eu esteja errado em incluir a ficção hipertextual entre esses meio ambientes eletrônicos naturais, apesar da sensação comum na mídia e nas editoras e entre alguns críticos de que seu tempo chegou e passou. Essa não é a literatura do presente e provavelmente não será a literatura do futuro, e, entretanto, estou convencido de que a literatura do presente não possa continuar sem ela e de que a literatura do futuro não irá apenas englobá-la, mas num certo sentido depender dela.

Uma colaboração internacional extraordinariamente excitante envolve Terence MacNamee, o escritor estabelecido em Dublin, porém, nascido em Derry, o artista eletrônico e programador Eoin O'Sullivan, de Derry, e um escritor norte-americano de hiperficção, Noah Pivnick, bem como sua colega e co-produtora, Rachel Buswell.[2]

Esse grupo está em vias de criar uma ficção na forma das paredes da cidade de Derry, utilizando o game Quake como um local para o que eles chamam co-leituras na

---

1) Escrita como M.D. Coverley em http://gnv.net/~christys/elys_1.html.
2) Informações: http://www.ulst.ac.uk/hyperfiction/Welcome.html.

Web. Essa história, que os autores descrevem como hipertexto em espaço arquitetural, inclui progressivamente textos abertos, sons ambientes e espaços povoados de múltiplas histórias, que subvertem a mítica máquina de guerra do Quake visando a uma possibilidade literalmente dinâmica de harmonização. O espaço ficcional convida o leitor a explorar as paredes e o *link* que elas representam entre o aquele que está dentro e o aquele que está fora, leitor e escritor. A ficção deles, assim, ocupa espaço, em vez de ter que ocupar espaço num espaço eletrônico naturalizado, um pouco como como Judy Malloy nas primeiras fases de *Brown house kitchen* estabeleceria um espaço dentro de um quarto no Lambda MOO e começaria a contar suas histórias, ignorando os protestos, até que a história criasse o seu próprio espaço.

Das minhas experiências com a realidade virtual, até agora, eu me lembro de uma com nostalgia e excitação visceral: a experiência de me movimentar para dentro e para fora dos espaços planetários de textos dentro de uma renderização 2D de um espaço tipográfico em 3D que eu vivenciei na obra da falecida Muriel Cooper junto com David Small e Suguri Ishizaki no workshop "Visible language" do MIT. "Imagine-se caindo numa paisagem tipográfica: pairando acima de um título, focando um parágrafo a distância, girando e vendo-a de trás, em seguida mergulhando profundamente num mapa". Wendy Richmond descreveu isso perfeitamente em WIRED: "Uma realidade virtual que tem tipo e cartografia e números em vez de objetos — não se parece com nenhuma outra paisagem pela qual você tenha viajado antes, embora você se sinta totalmente em casa".

Criar espaço através e dentro de uma linguagem distingue os poetas cinéticos apresentados no "Visible language", cujo trabalho me parece bem na linha de Muriel Cooper e de seu grupo. Isso inclui os holopoemas de Eduardo Kac, os cibertextos de John Cayley, a videopoemografia de E.M. de Melo e Castro, o trabalho de Philippe Bootz sobre um modelo funcional de um *texte-à-vis* e, sobretudo, o extraordinário conjunto de teoria e de poesia de Jim Rosenberg, que leva a uma "externalização da sintaxe análoga à externalização do sistema nervoso manifesto nas redes computacionais" (115).

Isso é um apelo a uma linguagem fora de si mesma, uma linguagem que sai fora para o mundo. Em seu capítulo "Walking in the city" em *The practice of everyday life*, Michel de Certeau observa essa externalização na figura do peregrino que olha para além da "ausência daquilo por que se passou" para "ao ato em si de passar por" (97). O ato de passar por é a história de Olson em "termos de vida humana". Ocupa espaço e cria espaço na cidade do texto.

Há uma cidade do texto que, também, sofre mutações e progride por baixo de guindastes de construção e de andaimes, tecido permeado de fendas debaixo de SGML, XTML, VRML e HTML, dentro dos plug-ins, de uma corrente de dados, do *Web crawler*, de um game, de um filtro *Photoshop*, etc. Como Berlim, o mais importante não é que a vida corra no *underground*, mas que a vida emerja, e em qual luz nós nos vemos uns aos outros no ato de passar.

REFERÊNCIAS BIBLIOGRÁFICAS

BALPE, Jean-Pierre (1991). *L'Imaginaire informatique de la litterature*, p. 27.

CERTEAU, Michel (1983). *The practice of everyday life.* Steven Randall (trad.). Berkeley: University of California Press.

WIMTER, Sanford K. (1992). *Landscapes of change: Boccioni's stati d'animo as a general theory of models.* Assemblage, 19, pp. 55-65.

MERTON, Thomas (1982). *Woods, shores, desert.* Santa Fe: Museum of New Mexico Press.

MITCHELL, W.J.T. *Picture theory.*

OLSON, Charles (1970). *The special view of history edited with an introduction by Ann Charters.* Berkeley CA: Oyez.

RICHMOND, Wendy. *Muriel Cooper's legacy.* WIRED 2. 10.

A ESTRUTURA DA ATIVIDADE HIPERTEXTUAL

Jim Rosenberg

RESUMO

Um paradigma para a discussão da atividade hipertextual é introduzido através do uso dos conceitos de actema, episódio e sessão. Actema é uma unidade básica de seguir um *link*; episódio é uma coleção de actemas que cria uma coerência na mente do leitor; sessão é a totalidade da atividade contínua. As bem conhecidas questões da retórica hipertextual são remodeladas nesse paradigma e generalizadas a todas as variedades de actemas. Considerando que o episódio é um documento virtual, veremos questões relativas à interface do usuário como pertencendo ao episódio, estruturas multi-episódicas, questões de convergências e atividade do leitor-como-escritor, com ênfase persistente na colagem hipertextual.

INTRODUÇÃO

Um hipertexto é um documento em que as operações da estrutura interativa estão misturadas com o texto; em geral, investiga-se a estrutura hipertextual do ponto de vista da estrutura "real" que conecta essas operações. Por exemplo, num clássico hipertexto com nó-*link*, como pode ser descrito pelo *Dexter hypertext reference model* ([14]), pode-se construir um gráfico sobre o conjunto de nós onde cada limite é identificado com um *link*; as discussões estruturais em geral falam deste gráfico. Este gráfico da estrutura geral pode não ser aparente para o leitor. Os leitores *descobrem* a estrutura através de *atividades* providas pelo hipertexto. Este artigo apresentará um paradigma para discutir a estrutura dessas atividades, explicitamente baseado no ponto de vista do leitor. Apresentamos um esquema de três camadas para a discussão da atividade hipertextual: actema / episódio / sessão. O actema é uma unidade extremamente básica da atividade, como seguir um *link*. Actemas múltiplos se combinam dentro de uma unidade de nível intermediário, que chamamos episódio [1] e, bem no fim, investigaremos uma unidade chamada sessão. Focalizaremos muito nossa discussão em como, dos actemas, emerge o episódio, na estrutura dos episódios múltiplos e em como estes estão relacionados com as conhecidas questões da retórica hipertextual. O principal foco deste artigo será o hipertexto literário, mas muitos dos conceitos podem ser aplicáveis aos hipertextos em geral.

ACTEMAS

Este artigo dá uma visão geral do que constitui o hipertexto — muitas vezes estreitamente definido como um texto com *links* embutidos. Todavia, muitos outros modelos de estrutura têm sido propostos: conjuntos [29], relações [20], as redes Petri

[34], etc. Consideraremos hipertexto qualquer tipo de sistema no qual o texto contém operações estruturais interativas embutidas. O nível mais básico da atividade hipertextual é executar uma operação como, por exemplo, seguir um *link*. Cunhamos o termo "actema" para descrever esse nível de atividade.

TIPOS DE ACTEMA

A forma mais conhecida de actema é seguir um *link* — claramente uma forma *direcional* de actema. Um *link* pode ser seguido por (1) clicar numa âncora graficamente visível ou inferida pelo leitor; (2) operar um dispositivo interativo intermediário mostrando todos os *links* possíveis, como um menu de nomes de *links*; (3) clicar num mapa de visão geral (esse é de fato um caso especial de (1) e talvez de outros). Um menu de *links* pode conter outras indicações além de um nome de *link*; em MacWeb [28], os menus de *links* contêm informações básicas.

Há outros actemas que se referem aos *links*. Praticamente toda forma de hipertexto baseado em *links* permite ao usuário "voltar para trás" (*go back*). O retorno hipertextual foi discutido em detalhes por Bieber [1]. Bieber pergunta: "Deve um retorno disparar uma operação 'inválida' ('*undo*') ou simplesmente refletir o estado atual dos nós de partida?". Essa é uma questão importante, com sérias implicações para a retórica hipertextual. O simples ato de voltar para trás pode ter facetas múltiplas. Pode-se revisitar uma lexia simplesmente para lê-la de novo, ou pode ser um genuíno "*undo*" (desfazer): talvez o leitor não tenha desejado de modo algum seguir aquele *link*. Esses são comprovadamente actemas diferentes, embora não claramente distinguíveis pelo comportamento na interface do usuário do hipertexto.

Aquanet [20] usa *relações* em vez de *links*; para um exemplo literário de relações ver *Intergrams* [30]. Um *slot* de uma relação está *aberto* ou *fechado*; abrir um *slot* é um actema análogo a seguir um *link*. Fechar o *slot* da relação assemelha-se de certa forma a voltar para os *links*, mas a situação é muito mais complexa. Uma relação pode ser *n-ary*, isto é, pode incluir um número arbitrário de *slots*. Assim sendo, o *slot* de uma relação pode ser fechado para abrir outros *slots*, com a clara conotação de *continuidade* em vez de retorno. Enquanto um *link* (até mesmo um *link* bidirecional) é claramente *direcional*, uma relação é não-direcional, uma vez que os *slots* da relação aparecem na subestrutura como pares. Há um leve senso de direcionalidade para as relações no sentido de que os conteúdos do *slot* estão "interagindo mutuamente", com uma direcionalidade *para o interior*, isto é, a partir de todos os *slots* para um ponto central — uma razão pela qual a subestrutura relacional e o hipertexto espacial estão tão intimamente relacionados. (Para mais sobre esse ponto, ver [32], [24], [22], [21].) Também, para usar a terminologia de [32], os *links* podem ser descritos como subestrutura *disjuntiva*, em contraste com as relações que são *conjuntivas*: enquanto se pode tipicamente escolher *qualquer link* a partir de uma lexia (de uma lexia L é possível escolher o *link* A *ou* o *link* B *ou* o *link* C, etc.), uma relação existe entre *todos* os seus *slots* (a relação R tem um *slot* A *e* um *slot* B *e* um *slot* C, etc.). A subestrutura disjuntiva é "baseada em ou", mas a subestrutura conjuntiva é "baseada em e".

Similar às relações, [30] e [31] usam um conceito chamado *simultaneidades*, que tem estruturalmente *slots* iguais sem nome [32]); o actema consiste em mover o cursor do mouse entre diferente3 *links "ão-clic!veis*, e cada um abre um *slot* di"erentemante, ou em mover o curs#r do mo1se para fora de todos e3ses *hot)spots*, ! que fe#ha a simultaneidada. VIKI [23]) ifclui ag2egados aspaciai3 (isto !, pilha3). O ac4ema aqu! é clic!r num e(emento parcialm!nte obs#urecido do agre#ado esp!cial, trazendo-# para f2ente e pornando!o visíval. Tant# os agr%gados e3paciais quanto !s simul4aneidadas são c'njunt)vos e .ão-direcionais.

O *Storyspace* ([2]) ofer!ce, aléi dos *li&ks* convancionai3, uma d)sposição espacial dos "espaços" como num mapa; quando aberto, um espaço pode revelar uma lexia ou mais outro mapa. Os espaços usados dessa forma assemelham-se a pilhas; o actema é abrir um espaço. Um espaço pode ser fechado clicando um ícone de uma palheta flutuante. (Para exemplos, ver [12].)

Outra forma de subestrutura hipertextual é o *Set*. O *HyperSet* [29] usava uma estrutura de *sets* formais e explícitos, e o VIKI incorpora coleções como um método subestruturante. [2]. Os actemas baseados em *sets* incluem escolher um super*set* (que possivelmente fecha o elemento atual) ou abrir um dos elementos do *set*. Os *sets* oferecem um quadro bastante complicado. Há uma clara noção de "para cima" e de "para baixo" (para cima até o super*set*, para baixo do *set* até o elemento) que fazem *sets* de certa forma direcionais. Escolher um super*set* é comprovadamente disjuntivo; abrir um elemento pode ser conjuntivo ou disjuntivo dependendo do hipertexto específico.

O ACTEMA É INDIVISÍVEL?

Kathryn Cramer [9] faz a pergunta impertinente: "O que há dentro de um *link*?". Seguir um *link* é em geral tão fácil que parece quase automático. Se um *link* tem de fato um conteúdo, então talvez isso levante a questão sobre se seguir os *links* deve ser sempre considerada um actema. Essa questão fica consideravelmente mais espinhosa quando os *links* são escolhidos a partir de um menu. Aqui, comprovadamente, o actema real é uma escolha baseada num menu, e seguir *links* é uma unidade de mais alto nível de atividade. Um menu de possíveis nomes de *links* é em si mesmo uma apresentação de texto. Uma atitude aberta em relação a textos e *links* no hipertexto sustentaria que uma pessoa deve ser capaz de fazer um *link* para qualquer forma de texto onde quer que o texto seja visível. O que acontece quando um menu de nomes de *links* contém em si uma âncora? E sobre *links* para *links*? Semelhantes questões foram levantadas no passado sobre a desmaterialização da lexia. (Ver [26], [32].)

"CASOS LIMITES" DE ACTEMAS

O que faremos, nesta análise, com a lexia? Será que a leitura linear dentro da lexia consiste em/contém actemas? Devemos considerar ao ler uma lexia um actema unitário? Deve a leitura minuciosa da lexia ser considerada o "actema nulo"? (Ver [32] sobre a lexia como a "escolha navegacional nula".) Se a lexia tem de ser linear é algo controverso ([25] e [32].) Uma lexia pode conter numerosas indicações na interface do usuário (por exemplo, *scroll-bars*). Comportamentalmente, operar uma *scroll-bar* é tão complicado como seguir um *link*. No entanto, um *link* é um mecanismo explicitamente *estrutural* enquanto o componente-interno da *scroll-bar* não o é. [3] Deixaremos a questão dos actemas de dentro-da-lexia aberta. Ler a lexia pode ser considerado um actema único, ou então a lexia pode ser considerada como desprovida de actemas "internos".

No extremo oposto, o hipertexto pode ser usado para guiar a própria e verdadeira infra-estrutura da linguagem, como, por exemplo, a sintaxe ([30], [31]). Nesse caso, o morfema do actema paralelo <-> se torna exato.

O EPISÓDIO HIPERTEXTUAL

Actemas múltiplos podem ser combinados em uma unidade de alto nível que chamamos *episódio*. Um episódio é simplesmente um grupo de actemas que forma um todo coerente na mente do leitor como uma entidade tangível. Num hipertexto com nó-

link, o episódio provavelmente consistirá de todo ou de parte de um rastro ou caminho. Enquanto o actema tipicamente tem uma identidade que fica clara quando se parte da interface do usuário do hipertexto, a identidade do episódio pode não ser tão clara. O usuário pode seguir uma cadeia de *links* como parte do processo de *exploração* que pode ou não dar frutos. Simplesmente seguir uma cadeia de *links* não torna necessariamente essas visitações *coerentes* dentro de uma entidade tangível. O episódio não é apenas uma unidade do histórico hipertextual — enquanto qualquer ato é necessariamente parte de *algum* episódio; em vez disso, a experiência hipertextual consiste em executar actemas múltiplos e algumas coleções destes resultarão em episódios; outras podem não ser parte de nenhum episódio. De fato, parte da experiência hipertextual pode ser descrita como *busca de episódios.*

Se um exemplo de retorno (voltar) é de fato uma "invalidação" ("undo"), então podemos perguntar: será que o retorno *anula* uma coleção de actemas num episódio? Depende das circunstâncias, tanto do hipertexto quanto da estrutura mental do leitor. O leitor pode revisitar uma lexia prévia para lê-la de novo — talvez para uma simples repetição "musical" ou para reler uma lexia anterior baseado em alguma ressonância ou referência na presente lexia. Aqui é possível sustentar que o histórico do retorno é parte do episódio. Ou, o leitor pode ter retornado para a invalidação, tendo chegado à lexia atual por engano — retornado para *remover* do episódio o actema que causou à chegada à lexia presente. O episódio é, portanto, uma combinação de históricos através do hipertexto, da intenção do leitor e da impressão do leitor do que "faz sentido". É claro que o leitor pode chegar a uma lexia já lida por um caminho diferente de um simples retorno; nesse caso, a maior parte das chegadas a essa lexia provavelmente deve ser parte do episódio.

Obtém-se um episódio a partir da *composição* dos actemas. Para os hipertextos que usam relações *n-ary*, a natureza do episódio pode tornar-se bastante complexa. Se os *slots* de uma relação não contêm em si mesmos actemas posteriores, então a abertura de todos os *slots* de uma relação pode, por sua vez, constituir ou ser parte de um episódio. Todavia, mais tipicamente um *slot* relacional costuma conter actemas posteriores, talvez aninhados em várias camadas mais fundas. Para uma estrutura relacional aninhada com uma única raiz relacional, diremos que a travessia da estrutura toda tem necessariamente de constituir um só episódio? Isso parece arbitrário. Podemos ter relações onde a visitação dos *slots* nessa relação pertence a diferentes episódios. As estruturas relacionais inerentemente levam elas mesmas a uma *estrutura episódica hierárquica.*

Para os hipertextos baseados em *sets*, o episódio consiste tanto em fechar elementos para abrir um super*set* como abrir elementos de um *set*. Do mesmo modo, enquanto um autor de *Storyspace* escolheu permitir que a visão proporcionada por um mapa fosse visível, o episódio pode ser de fato muito heterogêneo, constituído de *links* cruzados e de aberturas e fechamentos do espaço.

IDENTIDADE / INTEGRIDADE DO EPISÓDIO

Numerosas questões bem conhecidas da retórica hipertextual podem ser reformuladas como questões voltadas para a determinação da identidade, bem como para a conservação da integridade do episódio. Que se tome a título de exemplo, a infame questão do "perdido no hiperespaço". A desorientação num hipertexto pode ser descrita como tendo "perdido (irrevogavelmente) o fio" do episódio. Muito embora, como sustenta Bernstein em [3], possa ser explicitamente parte de uma proposta artística do autor *não* fornecer uma forma de navegação "geográfica" pronta (de fato, descobrir a geografia sem "ajuda" do autor pode ser um efeito intencionalmente deliberado), pode-se, porém, falar de um desconforto por parte do leitor de ter de repente *perdido todos os episódios*. Embora até mesmo isso possa fazer parte do propósito intencional do autor, a maior parte dos autores está propensa a considerá-lo uma falha caso "o encanto seja quebrado". Se um leitor "perdeu o rastro" de um episódio, mas outro lhe é oferecido na hora, clamando pelo novo episódio e resistindo à tentação de "possuir" o episódio anterior, isso é um aspecto que a experiência hipertextual tem a oferecer. Contudo, o leitor pode ter certa dificuldade caso nenhum episódio seja fornecido. É provável, então, que o leitor comece a caçar um episódio. A caçada será uma experiência estética válida *se* (e somente se) obtiver êxito.

A integridade do episódio é também uma questão para o hipertexto conjuntivo. Ficar perdido num espaço aninhado espacialmente subestruturado pode não ser um problema; o ninho pode proporcionar uma indicação suficientemente clara de que é virtualmente impossível "ficar (navegacionalmente) perdido". Porém, o leitor aqui pode estar sujeito a um problema paralelo para a dificuldade disjuntiva de perder todos os episódios: a integridade do episódio conjuntivo pode falhar se o leitor for incapaz de resolver dentro de um todo individual dos "componentes do e" — isto é, se a conjunção não conseguir soltar-se. Isso é particularmente perigoso com estruturas extremamente aninhadas.

Em [17], Georges Landow pede ao autor do hipertexto que não vincule o leitor a um lugar onde nenhum *link* convidativo o tire de lá. Isso pode ser reformulado como a injunção: não deixe o leitor sem recurso a um episódio. Uma abordagem mais aberta da idéia de um "vórtice episódico" seria a demanda aos autores de: (1) estar consciente de onde estão esses lugares; (2) estar esteticamente confortável com eles; (3) entender como se esperam experiências de busca de episódios para trabalhar quando o leitor se choca com elas; (4) entender como o leitor pode livrar-se da experiência de busca de episódios.

O EPISÓDIO É UM DOCUMENTO VIRTUAL?

Vários sistemas hipertextuais — por exemplo, MacWeb [27] (ver também [13]) — têm fornecido a possibilidade de *documentos virtuais*: documentos que são gerados "na trajetória" pela operação do hipertexto. Aqui perguntamos se não devemos considerar o episódio como um tipo de documento virtual. Apesar da vasta quantidade de discussões sobre *linkage*, há ainda a forte tentação de ficar "centrado na lexia" no que diz respeito ao que constitui "o documento". Em contraste, consideremos uma unidade comum de discurso que pode abarcar muitos parágrafos: o argumento. A estrutura da argumentação foi um tema popular para os pesquisadores do hipertexto (por exemplo, gIBIS [8], Aquanet [20], Sepia [35]). Um dos primeiros usos do Aquanet foi implementar interativamente estruturas Toulmin [36] para modelar a argumentação. No traçado de um argumento desse tipo, é provável que numerosas relações sejam requeridas, isto é, "o argumento" abarca muitas lexias. Assim como para o planejamento de um "Sepia argumentation space" é provável que numerosos *links* sejam requeridos. Visitar totalmente um argumento é levar a atividade hipertextual pelo menos até o nível do episódio, e talvez até mesmo além da sessão. Se é necessário operar múltiplos actemas para visitar totalmente uma estrutura argumentativa, podemos de fato dizer que o *sentido* é derivado através da operação desses actemas. Isto é, o sentido não pode ficar confinado dentro-do-componente da camada Dexter (a lexia); o sentido deriva da *atividade hipertextual em grande escala*. No hipertexto com nó-*link*, o sentido acontece *através* dos *links*. (No seu máximo extremo, até a sentença em si pode transcender a lexia [32].)

A Figura 1 ilustra o episódio como um documento virtual [4]. Esse conceito coloca algumas questões óbvias: O que estrutura o episódio? Deve ele ter um título? Deve ter partes? Deve *o usuário* ser capaz de lhe dar um título? Não deve o usuário ser capaz de *salvá*-lo? (Salvar é o que normalmente fazemos no *software* com os documentos que queremos guardar...) (As questões sobre a interface do usuário serão examinadas em detalhes abaixo.)

Uma possibilidade de como estruturar o episódio como um documento virtual é a criação de uma *interface de coleta.* [24] ilustra o uso do sistema hipertextual VIKi como uma interface de coleta WWW. (VIKI é em especial adequado a esse propósito pela riqueza de seus implícitos e espaciais métodos estruturais.) Muitos sistemas hipertextuais salvam "listas históricas globais" onde são gravadas todas as lexias atravessadas; para uma verdadeira interface de coleta, essa facilidade precisa ser expandida significativamente para permitir ao leitor editar e marcar o histórico dos episódios, fornecer coleções gráficas de episódios, etc. No seu estado mais simples, semelhante interface de coleta teria comandos de "episódios iniciais" e "episódios finais" similares aos comandos de "gravar" e "parar" comuns em todos os programas aplicativos de macrogravadores. "Voltar para trás" o episódio injetaria os resultados num browser gráfico hipertextual.

A disponibilidade e as características de uma interface de coleta estão diretamente relacionadas com uma questão maior: Qual é a estrutura do episódio? É de fato *linear*? Sem interface de coleta, há uma infeliz tendência do episódio de linearizar-se — à revelia —, mas não há razão em princípio para supor que a estrutura do episódio seja menos geral do que a possível estrutura do hipertexto como um todo: a estrutura do episódio é o que o usuário faz dele, dadas as ferramentas disponíveis da interface de coleta. Na ausência de uma interface de coleta formal explícita, a principal ferramenta usada na estruturação do episódio é apenas a memória do usuário.

DO ACTEMA AO EPISÓDIO

Em [17] (ou ver também [18]), George Landow iniciou o estudo da relação entre episódio, actema e lexia (embora não faça uso dessa terminologia) particularmente sobre perguntas do tipo: como o episódio emerge dos actemas? Como deve a lexia e/ou actema ser *codificada/o* em episódios? Landow introduziu sua "retórica da chegada e da partida", referindo-se ao actema específico da seqüência de um *link* hipertextual. Aqui generalizamos essas questões para todas as formas de actema.

Actemas relacionais ou espaciais pedem uma terminologia diferente de chegada e partida, mas as perguntas gerais acerca de episódio/actema/lexia permanecem. Consideremos as relações *n-ary.* Será que a abertura de cada um dos *slots* de uma relação, por sua vez, pertence ao mesmo episódio? Onde as estruturas relacionais estão aninhadas, a maneira lógica de lê-las pode ser transversal e em profundidade. Na medida em que diferentes *slots* da mesma relação pertenceriam a diferentes episódios, o seu grau tenderia a depender da complexidade da estrutura dos *slots.* Se todo *slot* é uma lexia sem estrutura interna, abrir todos os *slots* pode naturalmente cair num episódio. Se dois *slots* têm uma subestrutura muitíssimo complexa aninhada podem cair em episódios separados. Deve um hipertexto ser *codificado* para essa diferença? Quando um actema envolve a abertura de um espaço, deve-se dar ao leitor uma pista gráfica clara de quão complexo é esse espaço? [6] Isso pode ser implementado através do uso de ícones que são miniaturas de gráficos de toda a sua estrutura aninhada. (Ver Figura 2.) Miniaturas desse tipo preparam o leitor para aquilo que acontecerá quando o *slot* for aberto.

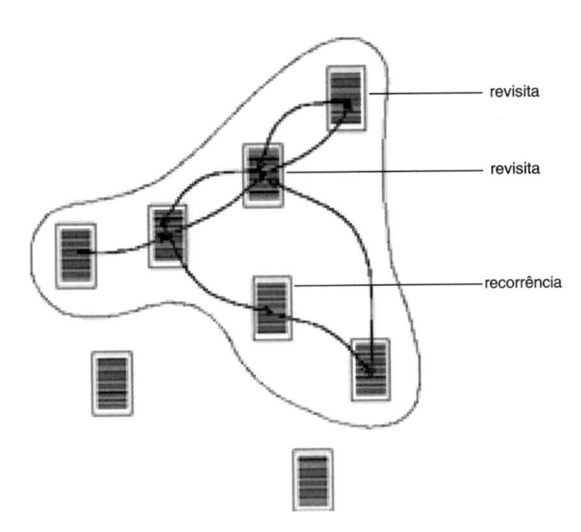

Figura 1: O episódio como um documento virtual.

Nessa ilustração, cada lexia é descrita como linear; os actemas são seqüências de *links* familiares. As lexias fora da curva não são parte do episódio. Os *links* marcados "revisitar" são retornos para que a lexia seja lida de novo, sendo, desse modo, parte do episódio; o *link* marcado "retornar" é um novo caminho que surge para se chegar a uma lexia já lida.

Para o hipertexto espacial, a proximidade espacial é um dos caminhos por onde os actemas podem ser codificados para serem agrupados num episódio — se esse uso da proximidade espacial não for de antemão apropriado por outros propósitos estruturais. Regiões que contêm actemas espaciais podem estar *integradas* numa indicação gráfica, como o quadro de coleção VIKI. Quando um hipertexto de nó-*link* oferece uma visão gráfica, os *links* podem ser codificados em episódios, graficamente, ou através de nomes, ou de ambos. Todavia, quando os métodos híbridos são usados, a situação é muito mais complicada. Consideremos o hipertexto *Storyspace* em que a visão "de mapa" está disponível. A codificação para um episódio que visita múltiplos espaços agora fica muito mais difícil. Do mesmo modo, no conjunto de base hipertextual, o episódio provavelmente consistirá de múltiplas transições entre a navegação "para cima" e a navegação "para baixo". Como deve um autor codificar para formar episódio nesse caso?

Dado que o episódio é a real estrutura *do leitor*, até onde deve o escritor codificar para formar episódios? Essa é uma questão estética que provavelmente provocará uma variedade de pontos de vista. (E até mesmo um só escritor no contexto de um trabalho pode escolher variar em que ponto esses episódios devem ser codificados.)

A ESTRUTURA MULTI-EPISÓDICA

Na maioria dos casos, a leitura de um hipertexto resultará em vários episódios. Agora trataremos da questão sobre com que tipo de estrutura alguns episódios podem ser relacionados.

A estrutura multi-episódica é emergente

O episódio em si *emerge* de uma atividade de leitura; embora o escritor possa empregar indicações codificadoras ou pistas que guiem o leitor na formação de um episódio, definitivamente o episódio é mais uma estrutura do leitor do que do escritor. A estrutura entre os múltiplos episódios tem até mesmo mais probabilidades de ser emergente, e maior probabilidade de *não* ser especificamente incorporada nas indicações estruturais formais do tipo daquela articulada no Modelo Dexter de Referência Hipertextual. Os sistemas hipertextuais de expressão de uma estrutura emergente foram estudados em detalhes por Marshall e colaboradores ([22], [23], [24]). Eles concluíram consistentemente que, quando um coletor fica incerto a respeito da estrutura final, os métodos espaciais tendem a ser preferidos — em geral até mesmo quando estruturas mais formais, como as relações, estão disponíveis. Mesmo se a estrutura formal subjacente a um hipertexto usa o conhecido modelo do nó-*link*, e é por completo disjuntiva (como na seção "Tipos de actema" acima), quando múltiplos episódios estão sendo reunidos por meio (por assim dizer) de métodos espaciais, a estrutura que resulta dessa reunião pode ser conjuntiva, em vez de disjuntiva, ou pode ser uma combinação complexa de subestruturas conjuntivas e disjuntivas. Isto é: mesmo sustentando que métodos puramente disjuntivos são suficientes para o propósito do autor, a disponibilidade de uma palheta estrutural mais rica — incluindo especificamente métodos subestruturadores conjuntivos — pode beneficiar muito o leitor. O apelo a uma *interface de coleta* já mencionada deve ser reconsiderado e emitido até mesmo em termos mais fortes se consideramos como o leitor se sai na estrutura entre os episódios.

Contorno e lacuna: a geografia do episódio

Michael Joyce tem escrito com freqüência sobre os *contornos* hipertextuais ([4], [16]). Contorno é um conceito multifacetado ([33]). Alguns aspectos do contorno podem ser reelaborados como perguntas: como o leitor percebe a densidade do episódio da lexia? Como o leitor associa os múltiplos episódios a uma visão de mapa de hipertexto? Como o leitor localiza as lexias que são em particular ricos "pontos articuladores" que ligam múltiplos episódios? Fascinantemente, em [15], Terence Harpold investiga o que pode ser descrito como um conceito "oblíquo-simetricamente oposto". Ele descreve um modelo de hipertexto como fios com nós; num tipo de contraponto ao contorno de Joyce, ele descreve um conceito de *lacuna* que podemos parafrasear como um vácuo em volta do qual os episódios podem girar, mas para dentro do qual nenhum episódio chega. Ambos os conceitos concernem à geografia do episódio: no caso do contorno, onde os episódios *estão*; no caso da lacuna, onde *não estão*. Quando um hipertexto com nó-*link* tem uma sólida interface, uma visão geográfica de mapa, o episódio faz um traço nesse mapa. Associar visualmente semelhantes traços múltiplos é um método óbvio de estruturar múltiplos episódios.

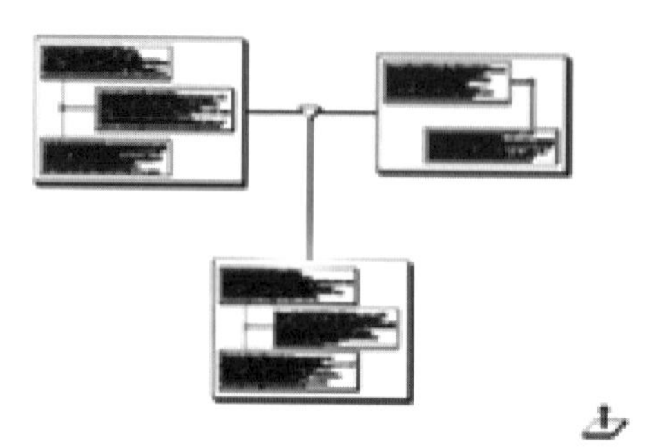

Figura 2: Estrutura relacional aninhada do "Intergram 8" [30].

Essa é uma relação ternária na qual cada *slot* é ele mesmo uma relação, mostrada iconograficamente. O botão à direita fecha o *slot* relacional.

Não pode haver visão de mapa no sistema hipertextual em que um documento é lido. Deve o leitor, então, criar um mapa desse tipo — pelo menos conceitualmente? Deve uma interface de coleta *proporcionar* um mapa que exiba as atividades de percurso do leitor, mesmo se o sistema hipertextual "original" em questão não o faz? Quando um mapa é exibido, ele, em geral, mostra a estrutura subjacente "inerente" ao *escritor*, como, por exemplo, num hipertexto com nó-*link*, este mapeia a si mesmo [7]. Como tornar visível nesse mapa o traço do episódio? "Migalhas de pão" ([2]) são um sistema de indicação-padrão para exibição do *histórico* hipertextual numa visão de mapa (A Mac Web faz isso, por exemplo) — mas o histórico e o episódio são duas coisas diferentes. É claro que o leitor pode obter alguma ajuda aqui.

O que acontece com a geografia do episódio nos hipertextos sem *links*? Tanto os *sets* quanto as relações podem dar ao leitor uma sensação tridimensional: quando um *set* ou *slot* relacional é aberto, a região do hipertexto tornada possível através disso pode aparecer — pelo menos conceitualmente — num plano diferente, atrás ou na frente do plano em que o usuário estava. O episódio pode ser um tipo de tubo que transcende planos múltiplos — possivelmente ziguezagueando "para frente" e "para trás" (ou "para cima" e "para baixo" no caso de um *set* navegacional) múltiplas vezes. Como no caso do modelo do nó-*link*, os episódios podem interseccionar-se. Uma lexia particular pode ser muito rica em episódios, ou estes podem ser planos que são estranhamente abandonados. No hipertexto relacional, em que os slots das relações são visitados em episódios separados, pode-se dizer que a estrutura relacional em si relaciona esses episódios; a metáfora de Harpold de hipertexto como nós parece em particular adequada — embora os nós possam estar aninhados, como as cascas de uma cebola.

NARRAÇÃO — UMA ESTRUTURA LÓGICA DO EPISÓDIO

A narração é um problema imenso; a discussão da narração como um todo está além do escopo deste artigo. Aqui levantamos apenas alguns problemas. Na tentativa de pôr a estrutura narrativa num hipertexto, com certeza o leitor tentará relacionar não apenas a lexia, mas também episódios. Com efeito, o conceito total de que a seqüência das atividades hipertextuais opera junto, como um fragmento isolado de história, pode ser um dos caminhos pelos quais o leitor constrói um conceito do episódio em primeiro lugar. (Ver [10] para exemplos.) Enquanto acima estivemos preocupados com a relação geométrica entre episódios, aqui estamos preocupados com uma relação lógica. (Que podem ou não ser a mesma coisa.) Um esquema lógico ou narrativo emergente pode ter muito a ver com como o leitor busca episódios; como observa Douglas, um quadro narrativo emergente pode ter lacunas; é precisamente para preencher essas lacunas que o leitor pode procurar mais episódios. (E, como observa Harpold, não só não há nenhuma garantia de sucesso, como também o escritor pode intencionalmente tornar impossível achar essa "chave ausente".)

OS PROBLEMAS DA INTERFACE DO USUÁRIO PERTENCENTES AO EPISÓDIO

As implicações do conceito de episódio da interface do usuário vai de uma escala bem pequena (por exemplo, detalhes menores sobre como as migalhas de pão devem operar) por todo o caminho até uma grande escala da interface de coleta. Pensemos nas migalhas de pão. Um típico sistema de migalha de pão mostra apenas o *histórico*. É tipicamente alheio à questão levantada acima de que se um retorno é uma invalidação; trata cada lexia visitada da mesma maneira, quer o leitor esteja no meio de um episódio muito intenso, quer tenha perdido por completo o fio e esteja em busca de um novo episódio. Claramente seria útil que as migalhas de pão fossem *grafadas*. Assim como o MacWeb permite que os *links* sejam marcados, o leitor pode precisar grafar também: as visitações podem precisar ser marcadas. Visualmente isso poderia ser indicado de várias maneiras: codificações coloridas, ícones, etc. Uma pergunta relacionada a isso: o leitor precisa da habilidade de *nomear* o episódio? Com certeza, em alguns casos, isso seria útil. Para os episódios nomeados, uma migalha de pão pode ser um ícone clicável que se expandiria para mostrar (ou aceitar) o nome do episódio.

O comando *go back* encontrado em quase todos os sistemas hipertextuais deve permitir a qualificação: se o retorno é uma "invalidação" ou não, isso tem de ser respondido *pelo usuário!* Do mesmo modo, o usuário tem que determinar se o retorno deve ou não ser gravado na trilha do episódio.

O típico comando *save* precisa de um considerável realce. Na maioria dos sistemas hipertextuais, as únicas coisas que podem ser salvas são: (1) referências a lexias particulares (*bookmarks*); (2) o estado da sessão hipertextual toda. Sustentamos acima que o *episódio* pode funcionar como um documento virtual; se isso ocorrer, então o leitor deve ter a habilidade de salvá-lo. É irônico ao extremo que, apesar de toda a ênfase na linkage por décadas de pesquisa com hipertextos, é a lexia que é tipicamente salva, não a linkage! A habilidade de salvar um episódio fornece uma oportunidade de nomeá-lo, é claro.

Mais elaboradamente, a *coleta* tem de ser reexaminada como um importante aspecto da ação hipertextual. Infelizmente, demandas por uma interface de coleta são consideráveis.

· Uma interface de coleta tem de fornecer uma rica palheta de métodos de estruturação, incluindo, especificamente, métodos de estruturação espacial como os implementados no VIKI.

· Uma interface de coleta deve ser pelo menos parcialmente automática. Deve haver facilidades similares aos macrogravadores, para que, quando o usuário indicar que um episódio deve começar, a atividade posterior seja automaticamente assinalada para o episódio sem que o usuário tenha de fazê-la manualmente.

· O mecanismo do histórico deve estar disponível para edições retroativas que permitam que um episódio seja reconstruído depois do fato. Isto é importante: assim como o episódio é estrutural e espacialmente emergente, é também emergente no tempo; é possível não perceber que se está no meio de um episódio até bem depois que ele já tenha começado. O leitor precisa, desse modo, ser capaz de editar a lista do histórico e juntar dentro de um episódio actemas já realizados.

· Uma interface de coleta é explicitamente um sistema hipertextual operando sobre outro; idealmente os autores dos sistemas hipertextuais no início e no fim dessa transação seriam sensíveis às necessidades de se conectar a um companheiro. O sistema hipertextual do escritor deve ter suficientes ganchos para que uma parte *off-the-shelf* da interface de coleta possa ser a ele ligado; o sistema de coleta do leitor deve usar suficientemente mecanismos sistêmicos gerais para permitir a operação de uma variedade de sistemas hipertextuais.

A SESSÃO HIPERTEXTUAL

Há uma clara pausa na atividade hipertextual quando o usuário sai. Uma excelente discussão dos problemas relativos à sessão hipertextual pode ser encontrada em [10]. O foco principal de Douglas é a questão do *fechamento*: como a leitura de um hipertexto "chega ao fim"? Há todos os tipos de razões pelas quais a sessão do hipertexto pode acabar. Examinamos algumas delas.[8]

(1) A sessão pode acabar devido a *acidentes ou circunstâncias externas*. Talvez o telefone toque, caia a força ou o computador quebre. É tentador simplesmente descartar isso como um caso nulo não muito interessante, mas é precisamente medindo a sensação de perda num fim artificial que podemos propriamente calcular o que precisa ser *salvo* da sessão. Como o leitor recupera não apenas a lexia, mas também o episódio? *Pode* o episódio ser recuperado? Se o leitor está associando múltiplos episódios, pode o episódio em questão ser recuperado? *Deve ele* ser recuperado?

(2) O leitor pode simplesmente *desistir* depois de uma infrutífera busca de episódios. Da mesma forma, o leitor pode padecer apenas do *cansaço do episódio*: episódios estão ao alcance, mas parecem tão similares aos episódios já empreendidos, que o leitor simplesmente sai em busca de "algo novo".

(3) Em contraste, o leitor pode ter adquirido uma completa sensação de *saciedade do episódio*. Não é necessariamente o mesmo conceito de fechamento, como discutido por Douglas. Em particular, num amplo trabalho poético, o leitor pode não ter sensação de *conclusão* no sentido lógico ou narrativo, mas pode estar saciado de uma forma puramente "imagística" que faz parecer produtivo deixar a obra um pouco de lado por um tempo. Há alguns interessantes problemas estéticos aqui. Se cheguei a uma saciedade do episódio, posso não querer recomeçar numa sessão subseqüente exatamente onde parei, mas posso, em vez disso, querer procurar "o mais longe possível". (Retornar numa sessão subseqüente vizinha da qual se saiu pode ser muito desapontador.) Como eu, leitor, faço isso?

(4) O leitor pode ter chegado a um "ponto de sucesso" tangível na coleta. (É provável que seja esse o conceito mais próximo da descrição de fechamento de Douglas.) É claro, o leitor pode não ter uma interface de coleta formal; a coleta pode apenas ser a formação de um mapa mental. Tomemos emprestado a tendência topográfica de Michael Joyce: o leitor pode sair devido à sensação de ter chegado a um ponto na paisagem do qual a visão parece completa. Ou, do modo como Douglas coloca, o leitor está satisfeito, já que bastante perguntas lógicas foram respondidas e não há mais necessidade de continuar. Com o conforto de uma interface de coleta formal, o leitor pode obter uma sensação de *conclusão sobre as coletas*; isto é, o sentido de conclusão do leitor é exatamente o sentido de conclusão do escritor: o resultado reunido "opera" artisticamente como-é; então, agora é um bom momento para parar.

CONVERGÊNCIA DE EPISÓDIOS

Alguns sistemas hipertextuais são explicitamente projetados para a operação simultânea de múltiplos usuários. (Ver, por exemplo, [8], [35], [11].) O estudo da convergência real no hipertexto literário é decerto um tema de pesquisa válido, mas aqui investigaremos a metáfora da convergência de episódios no contexto da atividade de um único usuário. Em [5], Bernstein faz a intrigante proposta de *personificarmos* os episódios, dotando um hipertexto daquilo que ele descreve como *personagens*. Personagens, é claro, existem num espaço narrativo concomitante (como afirma Bernstein). Isso ajuda o leitor a imaginar episódios que estejam ocorrendo simultaneamente, mesmo que não estejam sendo vivenciados daquela forma? Enquanto isso pode parecer a ampliação de um ponto, pensemos que, como agente da coleta, o leitor pode estar formando um novo hipertexto que contém os resultados reunidos. Nesse caso, temos não apenas os episódios do hipertexto original, mas também pode haver episódios potenciais num produto reunido. A convergência aqui é real, bem literalmente real: (1) episódios potenciais no resultado reunidos existem simultaneamente com o episódio do hipertexto "original"; (2) uma interface de coleta formal pode tornar excepcionalmente fácil manter múltiplos episódios potenciais "abertos" de uma só vez.

A ESTRUTURA DA ATIVIDADE DO LEITOR-COMO-ESCRITOR

É lugar-comum na retórica hipertextual que o leitor é também coincidentemente um escritor; agora exploramos isso do ponto de vista da atividade. A atividade da seqüência de *links* (o *link do leitor*!) nós classificamos acima como actema — uma unidade básica da atividade hipertextual. E o *link criado* pelo leitor? Vamos descrever a criação de um *link* como um actema? A criação de um *link* pode consistir de: (1) selecionar o texto da lexia-fonte para servir como âncora fonte; (2) dizer ao sistema que queremos criar um *link*; (3) navegar na lexia-alvo; (4) selecionar o texto para servir como âncora alvo; (5) informar o sistema que estamos completando o *link*; (6) escolher um *nome* para o *link*; (7) talvez escolher uma *tipologia* para o *link*. Isto dificilmente pode ser chamado de unidade básica de atividade! A suposta simetria entre leitura e escrita, do ponto de vista da estrutura da atividade, é totalmente ilusória no sentido em que é muito mais trabalhoso para um escritor criar o que o leitor vivencia como um simples actema. O que deve ser levado em conta pelo escritor para criar um episódio? O que vai acontecendo com o episódio do leitor enquanto o leitor-como-autor está criando o *link*? Essa é uma questão muito desagradável! Fica o episódio "em suspenso"? É a criação do *link* simplesmente uma parte do episódio? Qual é o risco de a criação do *link* "quebrar o encanto" do episódio?

Em lugar do leitor-como-escritor, pensemos no conceito de leitor-como-leitor (dada uma interface de coleta formal). Uma interface de coleta, em particular uma que implementa os métodos espaciais como VIKI, pode servir como uma interface muito mais *leve* do que um ambiente autoral de grande escala. Por exemplo, adicionando uma lexia a uma *pilha* já aberta numa interface de coleta provavelmente não envolverá mais do que arrastar a lexia para a pilha; com uma interface de coleta designada como tal desse modo pode até mesmo ser mais simples. Uma verdadeira simetria na complexidade entre o actema do leitor e o actema do coletor pode de fato ser alcançada. Dado que a criação de um simples *link* pode ser muito mais trabalhosa do que seguir um outro, pode-se ficar tentado a perguntar quanto a coleta hipertextual é ativamente *desencorajada* por pedir ao leitor que use um ambiente autoral hipertextual pesado, em vez de ferramentas de coleta mais leves.

REFERÊNCIAS BIBLIOGRÁFICAS

BIEBER, Michael e WANG, Jiangling (1994). "Backtraxking in a multiple-window hypertext environment", *ECHT'94 Proceedings*. New York: ACM.

BERNSTEIN, Mark (1988). "The bookmark and the compass: orientation tools for hypertextt users", *ACMSIGOIS Bulletin 9*.

—————— (1991). "The navigation problem reconsidered", *The hypertext/hypermedia handbook*, Emily Berk e Joseph Devlin (ed.). New York: McGraw-Hill.

——————, JOYCE, Michael e LEVINE, David (1992). "Countours of constructive hypertexts", *ECHT'92 Proceeding of the ACM Conference on Hypertext*. Nova Yorque: ACM.

——————. "Conversation with friends: hypertexts with characters", *IWHD'95 Proceedings*, Springler-Verlag, no prelo.

BOLTER, Jay David, JOYCE, Michael, SMITH, John B, e BERNSTEIN, Mark (1991). *Storyspace hypertext writing environment*. Watertown MA: Eastgate Systems.

——————. (1991). *Writing space, the computer, hypertext, and the history of writing*, Hillsdale, New Jersey: Lawrende Erlbaum Associates.

CONKLIN, Jeff e BEGEMAN, Michael (1987). "gIBIS: a hypertext tool for team design deliberation", *Hypertext'87 Proceedings*. New York: ACM.

CRAMER, Kathryn. "Rituak celebrations".E-mail message Pine.SUN.3.91.950414093446.11422C-100000@panix.com, 14 de abril de 1995, *ht_lit Mailing List*, ftp://journal.biology.carleton.ca/pub/ht_li/

DOUGLAS, J. Yellowlees (1994). "'How do I stop this thing?': closure and indeterminacy in interactive narratives", *Hyper/Text/Theory*, George Landow (ed.). Blatimore, MD: Johns Hopkins University Press.

FURUTA, Richard e STOTTS, P. David (1994). "Trellis: a formally-defined hypertextual basis for integrating task and information", *Department of Computer Science Technical Report T AMU-HRL 94-007*, Texas A&A University, College Station, TX, http://bush.cs.tamu.edu/ftp/pubs/tech_reports/TAMU-HRL-94-007/94-007,ps.Z.

GESS, Richard (1995). *Mahasukha halo*. Watertown MA: Eastgate Systems.

HALASZ, Frank G. (1987). "Reflections on notecards: seven issues for the next generation of hypermedia systems", *Hypertext'87 Proceedings*, Chapel Hill, NC.

—————— e SCHWARTZ, Mayer (1990). "The Dexter hypertext reference model", Hypertext Standardization Workshop, NIST.

HARPOLD, Terence (1991). "Threnody: psychoanalytic digressions on the subject of hypertexts", *Hypermedia and Literary Studies*, Paul Delany e George Landow (ed.). Cambridge, MA: The MIT Press.

JOYCE, Michael (1995). *Of two minds: hypertext pedagogy and poetics*. Ann Arbor: The University of Michigan Press.

LANDOW, G.P. (1987). "Relationally enconded *links* and the rhetoric of hypertext", *Hypertext'87 Proceedings*, Chapel Hill, NC.

—————— (1997). "The rhetoric of hypermedia: some rules for authors", *Hypermedia and Literarry Studies*, Paul Delany e George Landow (ed.). Cambridge, MA: The MIT Press.

—————— (1992). *Hypertext: the convergence of contemporary critical theory and technology*. Johns Hopkins University Press.

MARSHALL, Catherine C., HALASZ, Frank G., ROGERS, Russel A. e JANSSEN, William C. Jr. "Aquanet: a hypertext tool to hold your knowledge in place", *Proceedings of Hypertext'91*, New York: ACM.

—————— e RODGERS, Russel A. (1992). "Two years before the mist: experiences with aquanet", *ECHT'92 Proceeding of the ACM Conference on Hypertext*, New York: ACM.

—————— e SHIPMAN, Frank M. III (1993). "Searching for tje missing *link*: discovering implicit structure in spatial hypertext", *Hypertext'93 Proceedings*. New Yok: ACM.

——————, SHIPMAN, Frank M. III e COOMBS, James H. (1994). "VIKI: spatial hypertext supporting emergent structure", *ECHT'94 Proceedings*. New York: ACM.

——————, e SHIPMAN, Frank M. III (1995). "Spatial hypertext: designing for change", *Communications of the ACM 38*, 8 de agosto.

MOULTHROP, Stuart (1992). "Shadow of the informand: a rhetorical experiment in hypertext", *Perforations 3*. Atlanta, GA: Public Domain.

—————— (1992). "Toward a rhetoric of informating texts", *ECHT'92 Proceeding of the ACM Conference on Hypertext*. New York: ACM.

NANARD, Jocelyne e NANARD, Marc (1991). "Using structured types to incorporate knowledge in hypertext", *Proceedings of Hypertext'91*. New York: ACM.

———— (1993). "Should anchors be typed too? An experiment with MacWeb", *Hypertext'93 Proceedings*. Nova Iorque: ACM.

PARUNAK, H. Van Dyke (1991). "Don't *link* me in: set based hypermedia for taxonomic reasoning", *Proceedings of Hypertext'91*. New York: ACM.

ROSENBERG, Jim (1993). *Intergrams*. Watertown MA: Eastgate Systems.

————. *Diffractions through: thirst weep ransack (frailty) veer tide elegy*. Watertown MA: Eastegate Systems, no prelo.

———— (1994). "Navigating nowhere/hypertext infrawher", *SIGLINK Newsletter 3*. 3 de dezembro. http://www.well.com/user/jer/NNHI.html.

————. "Making way for making way: co-striation act topographer of the mingle scriptor transform dance", *SIGLINK Newsletter*. No prelo.

STOTTS, P. David e FURUTA, Richard (1989). "Petri-net based hypertext: document structure with browsing semantics", *ACM Trans. Off. Inf. Syst.*, 7 de janeiro.

STREITZ, Norbert, HAAKE, Jörg, HANNEMANN, Jörg, LEMKE, Andreas, SCHULER, Wolfgang, SCHÜTT, Helge e THÜRING, Manfred (1992). "SEPIA: a cooperative hypermedia authoring environment", *ECHT'92 Proceeding of the ACM Conference on Hypertext*. New York: ACM.

TOULMIM, S. (1959). *The uses of argument*. Cambridge: Cambridge University Press.

ZELLWEGER, Polle T. (1989). "Scripted documents: a hypermedia path mechanism", *Hypertext'89 Proceedings*. New York: ACM.

GÊNEROS NO CONTEXTO DIGITAL

Irene A. Machado

GÊNEROS. MÍDIAS. CULTURA

Em tempos de mídias eletrônico-digitais, de proliferação de linguagens artificiais e de comunidades virtuais, nada pode parecer mais anacrônico do que recorrer ao conceito de gênero para a análise do processo de transmissão das mensagens e da organização textual na cultura. Se, por um lado, gênero recorda a clássica teoria poética fundada por Aristóteles, por outro vai de encontro às classificações que delimitam o caráter das obras da cultura literária que parecem, cada vez mais, "coisas do passado". Tanto os gêneros poéticos, derivados da hierarquia no uso da voz, quanto os gêneros literários, direcionados para a classificação das produções da *littera*, se ocuparam das formas fixas e imutáveis. Ressuscitar tal conceito em meio à explosão dos sistemas de escrita e, conseqüentemente, de sua expansão para fora da *littera* não seria um anacronismo? As profundas transformações do processo comunicativo e a diversidade provocada pela migração de formas discursivas e de meios parecem afirmar o contrário. O estudo dos gêneros se tornou uma necessidade sobretudo porque as mídias eletrônico-digitais da cultura contemporânea são formas de comunicação mediada e, por isso mesmo, são *linguagens*. A idéia de que a linguagem apresenta esferas diferenciadas de uso, quer dizer, de *gêneros*, não é nova (ver Bakhtin, 1986). A novidade é sua extensão ao conjunto da comunicação mediada por processos eletrônico-digitais. Este é o foco da retomada dos gêneros no presente momento.

Na cultura das mídias eletrônicas e digitais, as transmissões não se realizam apenas por meio da linguagem natural, da palavra gerada pela voz ou registrada pela letra impressa. Imagens em movimento e um complexo campo de linguagens artificiais mobilizam infinitas interações comunicativas imprimindo na cultura um hibridismo inusitado. A comunicação mediada (por rádios, satélites, redes de computadores) continua produzindo *discursos* e, por isso mesmo, as mensagens resultam num determinado modo de organização, num *texto*. O texto, não se pode deixar de lembrar, é a unidade da cultura ou de tudo que o homem produziu através da linguagem natural e também das inúmeras linguagens artificiais, com o objetivo de armazenar e difundir informação e produzir comunicação.

Contrariamente ao que se poderia supor, o reposicionamento do estudo dos gêneros não se limita a uma mera reflexão acadêmica. Na verdade, constitui um inquérito sobre os mecanismos mobilizadores da cultura em suas diferentes gestões culturais que suportam hoje esse híbrido que é a cultura não só de meios, mas de múltiplas mediações — a "cultura das mídias" como tem definido a semioticista Lúcia Santaella (1996). O hibridismo dos sistemas comunicativos que interfere na definição de cultura atua também sobre os gêneros. Quando se trata de considerar a cultura de um ponto de vista semiótico, isto é, a partir dos sistemas de signos criados pelo homem e de todas as mediações que constituem a linguagem, o gênero torna-se instrumento imprescindível não tanto pelo formato que a comunicação adquire em termos de mensagem, mas particularmente pela inusitada gama de agentes interativos que passa a constituir a linguagem.

Este artigo é uma introdução ao estudo dos gêneros digitais das mensagens mediadas por linguagens produzidas pelas ferramentas[1] da tecnologia digital. Trata-se de um estudo de caráter semiótico sobretudo porque está voltado para as mediações como formas interpretativas que percorrem um longo caminho antes de chegar a um "interpretante final", ou seja, o discurso. Se, de acordo com as teorias lingüísticas, o sentido é inerente ao discurso, no contexto da comunicação digital, o sentido é uma dimensão interpretativa processada por algorítmos e mediada por ferramentas. Isso não pode ser desconsiderado pelo gênero entendido, não como espécie nem modalidade de composição, mas, sobretudo, como dispositivo semiótico de organização das mensagens, seja da comunicação interpessoal ou das linguagens artificiais.

Se não se pode negar que os gêneros organizam a linguagem formando discursos dentro de uma mídia específica — a palavra oral ou escrita, por exemplo —, não se pode negar também que o conjunto de diferentes mídias constituem diferentes gêneros em relação ao sistema maior da cultura. Afinal, o eixo da definição da cultura como texto está fundado na dinâmica dos gêneros. Em ambos os casos, trata-se de diferentes esferas de uso público de linguagem e de seus sistemas semióticos. Estamos cada vez mais convencidos de que uma determinada gestão cultural é definida pela predominância de gênero. O escritor americano Steve Tomasula traduz com muita clareza o que queremos dizer. Conta ele que, há um século e meio, era impossível fazer um curso sobre romance. Os romances eram considerados uma estupidez e não se prestavam a estudos sérios. Há cinqüenta anos, era impossível fazer um curso sobre cinema. O filme era uma estupidez e não se prestava a um estudo sério. Dez anos atrás, não se podia estudar histórias em quadrinhos. No ano passado [1997], era impossível estudar videogames. Mas hoje [1998] é possível. DigiPen, um confiável *college*, com *campus* em Vancouver e Washington, recentemente começou a oferecer um curso de quatro anos para a criação de videogames. Dez mil candidatos disputaram as primeiras cem vagas (Tomasula, 1998:342).

Nesse panorama traçado por Tomasula, está claro que em cada gestão cultural um meio se destada e adquire o poder de indicar a nota dominante dentro do sistema discursivo do texto cultural. Nele o meio se constitui num gênero. Contudo, o gênero não é uma classe, mas uma estrutura molecular articulada pela complementaridade. Logo, cada nova forma de mediação na cultura pressupõe uma escala ascendente de uma cadeia. Seria ingênuo acreditar que o predomínio do gênero seja apenas uma tendência do mercado. Trata-se de definir as formas dominantes no processo cultural e também visualizar o quadro evolutivo dessas formas no processo das gestões culturais. A propósito: recuperar os elos do processo cultural e sua conseqüente explosão num sistema é uma das propriedades dos gêneros — este tecido criador de textos.

Um olhar mais atencioso para o movimento dos gêneros na cultura será revelador de um outro aspecto igualmente fundamental: o gênero evolui e se transforma, tornando-se elemento comum de diferentes sistemas. O que existe de comum entre mito, romance, história em quadrinhos, filme, videogame e a novíssima hipermídia? Cada um a seu modo cumpriu o desafio de organizar um dos mais antigos gêneros da tradição ocidental: a *narrativa*. Acompanhar o desenvolvimento da narrativa em sua fase digital tem sido tarefa para engenheiros, escritores, roteiristas, comunicólogos, teóricos de literatura, designers de software, artistas e cientistas. Cada um traz sua contribuição para a construção de narrativas em ambientes digitais, com recursos, dentre outros, da

1) Estamos empregando o termo "ferramenta" no sentido que lhe atribuiu Lúcia Santaella: "*as ferramentas são artefatos projetados como meio para realizar um trabalho ou uma tarefa. Funcionam, por isso mesmo, como extensões ou prolongamentos de habilidades, na maior parte das vezes manuais, o que explica por que as ferramentas são artefatos de tipo engenhoso. Sua construção pressupõe o ajustamento e integração do desenho do artefato ao movimento físico-muscular humano que o artefato tem a finalidade de amplificar*" (1997:33).

tridimensionalidade. A narrativa, que saiu da boca dos narradores orais, se deitou nas páginas tipográficas, virou história em quadrinhos, vagou pelas ondas das novelas radiofônicas, ganhou corpo e voz em filmes e novelas televisuais, agora é videogame e hipermídia. Nada indica que todas as possiblidades já foram esgotadas.

A dinâmica da narrativa apenas evidencia como um gênero representa um "nicho" semiótico que as gestões culturais não se cansam de reinventar. E por que a narrativa foi e continua sendo um gênero tão importante para a cultura? Porque em toda narrativa existe o gérmen de uma aventura que explora um elemento vital ao homem e à cultura: o deslocamento, o movimento rumo ao desconhecido, à descoberta. Por representar o deslocamento no tempo (*chronos*) e no espaço (*topos*), a aventura foi considerada o elemento mais importante do romance, o cronotopo privilegiado de tudo que se pode chamar narrativa, segundo o teórico russo Mikhail Bakhtin. Na aventura, estão impressas as marcas do tempo e do espaço. O tempo de aventuras é sempre um tempo de mudanças, de acasos, de renovação. Por isso Bakhtin defendeu a tese do romance como um gênero em devir, contra os argumentos daqueles que anunciaram sua morte. As possibilidades instauradas pelas narrativas criadas com recursos das tecnologias digitais, como a realidade vitual, só vêm a confirmar o que previra o teórico russo. Quem poderia imaginar que formulações de Bakhtin sobre o romance como um gênero em devir — plurilingüismo, bivocalidade, pluriestilização, polifonia, interatividade e o cronotopo da aventura (sobretudo do homem de idéias) — seriam elementos fundamentais para a elaboração das narrativas tecnológicas como os "romances holográficos" (os *holonovels*) desenvolvidos em ambientes virtuais? Tal é a perspectiva da definição de gênero que tem levado a um reposicionamento conceitual. Diante disso é necessário fazer um reparo ao que afirmamos inicialmente: não é o gênero que é coisa do passado, mas sim a consagrada teoria aristotélica cuja soberania nunca foi tão radicalmente questionada. Como observou Ralph Cohen, a natureza combinatória dos gêneros movimenta-se, em nosso tempo, para misturas de produtos da mídia impressa e eletrônica. Se até bem pouco tempo atrás se falava em combinatória de gêneros e se pensava em misturas entre épica, tragédia, romance, poesia lírica, agora os termos de combinação são outros: filmes, gêneros televisuais, programas educativos (Cohen, 1989:18).

Não precisamos ir muito longe para atestar a evidência de tal formulação, basta lembrar o caso do videogame para traduzir o deslocamento no espaço-tempo. O videogame misturou literatura, cinema, vídeo e realidade virtual que cumprem o papel das as velhas historietas de grandes aventuras, em que o acaso jogava aos jovens audaciosos que não mediam esforços para combater monstros e salvar princesas, as clássicas histórias dos *erotika pathemata* do romance grego. Mas não é só isso. O videogame é também história em quadrinhos, televisão e software interativo. Tudo isso é continência de uma atividade programada para funcionar assim. Trata-se de uma combinatória de gêneros e de mídias em que um não vale mais do que o outro. Se, por um lado, as combinações são mais complexas, por outro é preciso lembrar que a digitalização equipara todas as tecnologias.

Um conjunto de dados é tão-somente uma seqüência de números; nada mais, nada menos. Cada filme digital, cada imagem, cada som não é nada mais que uma seqüência de zeros e uns armazenados na memória do computador. Digital: ajuda não a acumular conhecimenoto, mas a usá-lo (Traub & Lipkin, 1998:364).

Se partimos da teoria do dialogismo,[2] formulada por M. Bakhtin (1988), é porque nela os gêneros são possibilidades combinatórias entre diferentes esferas de usos da

2) O *dialogismo* se consagrou como uma teoria que celebra as interações comunicativas nas mais variadas mediações da linguagem. Foi formulado no contexto da interação social, mas hoje é possível ver que as mediações dos dispositivos eletrônico-digitais são também dialógicas. O homem continua no centro, porém, os elementos com os quais ele interage através de linguagem procedem dos infinitos pontos do cosmos.

linguagem. No caso da narrativa, a aventura tanto é ação quanto idéia; logo, uma narrativa se desenvolve por meio de diálogos que podem assumir uma forma filosófica, poemas, provérbios, contos intercalados, crônica jornalística, documentos históricos, experimentação científica, etc. A aventura do homem de idéias criou o romance polifônico em Dostoiévski. Acaso não foi a mesma necessidade que levou John Casti (1998), um dos teóricos da vida artificial e dos "mundos possíveis", a escrever o romance *The Cambridge Quintet*? Qual seria o objetivo de Casti em transformar os teóricos precursores da renovação das idéias científicas no século XX em personagens? Sem dúvida alguma a necessidade de mostrar como a festejada revolução científica é fruto da aventura das idéias. Que gênero melhor do que o diálogo poderia representar tal debate? Se as possibilidades combinatórias são inúmeras e inesgotáveis no meio verbal, a tendência é aumentar quando se pode operacionalizar um meio visual ou digital. Enquanto o diálogo for a forma privilegiada de interatividade, a cultura será, igualmente, um espaço de "mundos possíveis" que nos são acessíveis em forma de gêneros.

Se, para Bakhtin, o uso da linguagem estava vinculado à interação social, aqui trataremos das interações que estão além da língua e, por isso mesmo, podem ser situadas dentro de um *ecossistema* constituído por sistemas que mal começaram a ser conhecidos. Com o instrumental da teoria do dialogismo, é possível, igualmente, examinar como alguns gêneros da cultura literária ou tipográfica, por exemplo, da prosa literária, jornalística ou mesmo de documentos como cartas, foram interpretados e aclimatados ao ambiente digital; e, contrariamente, como gêneros surgidos em contexto digital, como a homepage, os games e o e-mail interpretam e reprocessam gêneros das tradições orais e letradas, como o diálogo socrático, as narrativas de aventura, os gêneros epistolares. Com isso, o que está em "tela" é a idéia de que as mídias digitais criaram formas discursivas que não são nada mais do que interpretação de formas culturais que têm uma história. Por envolverem novas ferramentas e suportes,[3] tais interpretações criam formas modelizantes encadeadas por uma longa tradição de gêneros. Nesse caso, existem muitos pontos em comum entre o diálogo socrático e a homepage, ou entre uma narrativa virtual e a narrativa do romance grego.

Embora esse seja apenas o preâmbulo de uma reflexão mais ampla, é imprescindível não perder de vista que este estudo também opera uma revisão conceitual, uma vez que procura alcançar limites cada vez mais amplos da comunicação contemporânea. Logo, não poderíamos deixar de precisar o que estamos chamando de "cultura tecnológica". Ainda que a noção em voga se refira às conquistas eletrônico-digitais, o que está no horizonte dessa reflexão é cultura tecnológica considerada em suas linguagens e em seus sistemas de escritas, particularmente da escrita alfabética ocidental, cuja história se iniciou, provavelmente, com os sumérios e não somente está longe de chegar a um fim, como serve de modelo para escritas de diversa natureza semiótica. Se entendemos tecnologia como explicitação, seguindo a orientação deixada por McLuhan, cultura tecnológica só pode existir enquanto manifestação encadeada de encontros de escritas, vale dizer, de mediações criadas pelo homem para produzir linguagens. Nesse sentido, escrita é um processo intelectual cuja realização está longe de se limitar a uma única ferramenta. Pelo contrário: escrita já foi manuscrita, pictográfica, tipográfica, eletrônica e

3) Existe uma impregnação mútua entre ferramenta e suporte: o primeiro realiza uma operação, o segundo é o sustentáculo, o material que armazena a informação articulada pela ferramenta. Sem eles, o meio inexiste. Papel, fita magnética, tela, disco rígido, disquete, madeira, pedra são suportes; alfabeto, sinais, ondas, algorítmos, softwares ou programas são ferramentas. Se entendemos a voz como uma ferramenta de realização da palavra, cujo suporte é um conjunto de meios (órgãos da fonação), vamos entender as mídias digitais de igual modo: um conjunto de múltiplos suportes e ferramentas. Suportes e ferramentas mudam segundo processos culturais: a palavra tanto é realização de voz quanto de *littera* ou da digitalização. Mudança e complementaridade são condições do homem e da cultura que ele cria como seu complemento.

agora é digital (Machado, 1996a:46-61). Daí McLuhan ter considerado a escrita a mais sofisticada tecnologia criada pelo homem; o sistema modelizante de outros sistemas forjados por ferramentas diferentes do código alfabético. Tal processo intelectual é o centro irradiador da cultura tecnológica e de seus meios[4] ou mídias — contextos privilegiados dessa investigação.

A cultura tecnológica definida pelo circuito integrado de sistemas de escritas oferece uma outra perspectiva para a reflexão sobre os gêneros. Trata-se de considerar a organização das mensagens como organização de diferentes mídias. Como afirmamos anteriormente, a diferença entre as mídias é, igualmente, uma diferença de gênero. Isso é o que está por trás de algumas das teorias sobre a modernidade cultural. O gênero já não é uma categoria importante por oferecer uma tipologia da produção literária da cultura letrada, mas sim porque organiza as mensagens de modo a garantir um "horizonte de expectativa" que una a leitura à escritura, o leitor ao texto, o texto à mídia, a mídia à ferramenta, a ferramenta ao programa. O gênero torna-se instrumento criador da relação interativa entre texto, leitor, cultura. Como afirma Thomas Erickson, um dos estudiosos dos gêneros digitais, a análise orientada pelo gênero é útil porque encoraja a focalização dos meios em que tais discursos tomam corpo. Por exemplo, na análise de uma conversa on line, pela perspectiva do gênero identificamos seus propósitos comunicativos, regularidades de formas e substância (tais como palavras em jogo e afirmações), bem como as situações onde ocorrem tais regularidades (Erickson, 1996:1).

Sem esses elementos, como construir as ferramentas que vão viabilizar, de fato, a mediação? A valorização dos meios, ou das mídias como estamos referindo aqui, modifica o aspecto da tela dialógica da linguagem e o conceito de texto se enriquece. Se para o contexto da investigação de Bakhtin bastava afirmar que "por trás de todo texto está uma língua", no ambiente da cultura digital é necessário introduzir alguns acréscimos. Para a confecção do tecido digital é preciso considerar também as ferramentas que constroem os gêneros. A tela dialógica da linguagem é construída por *programas* capazes de modelizar as interações. Desse conjunto resulta o "enunciado concreto" da comunicação digital. Como afirma Paul Gilster, "a tecnologia demanda de nós um senso de possibilidades, uma prontidão para adaptar nossas faculdades a um novo meio evocativo. Isso é o coração da alfabetização digital" (Gilster, 1997:xii).

Diferentemente da clássica *Poética*, "a teoria modernista dos gêneros minimiza as classificações e aumenta a clarificação e a interpretação. Tal teoria faz parte das teorias semióticas da comunicação que relaciona o gênero com a cultura" (Cohen, 1988:13). A classificação foi substituída pelas relações interativas. O conceito de gênero abandona a escala hierarquizante e passa a valorizar a interação. Considerar os gêneros em tempos de cultura digital implica atentar não só para o modo como as mensagens são organizadas e articuladas do ponto de vista de sua produção, como também em sua ação sobre a troca comunicativa, vale dizer, no processo de recodificação pelos dispositivos de mediação. Daí a importância dos programas para a recodificação dos gêneros em contexto digital. Gênero não se reporta apenas à língua, mas ao meio, ao ambiente formalizado digitalmente que agora participa da enunciação.

Os gêneros digitais estão prontos a desferir um golpe mortal contra a hierarquia, fixidez, classificações e para liberar as formas culturais e colocá-las em interação. Concluindo o caso citado no início de nossa exposição, acadêmios e gerentes do DigiPen jamais abririam um curso sobre videogames com repercussão em dois países diferentes se não tivessem plena consciência do significado potencial que essa mídia congrega: a possibilidade de recodificar aspectos fundamentais da cultura.

---

4) Lembrando McLuhan, *meio* é um processo de tradução de experiências ou de explicitação. Nesse sentido, os meios são tecnologias que explicitam o trabalho muscular, o campo sensorial ou cerebral. Meio não é suporte.

Podemos, agora, sistematizar a definição de nosso objeto. Os Gêneros Digitais são, antes de mais nada, processos comunicativos processados digitalmente ou pela via on-line, isto é, pela conexão e estrutura de rede dos computadores. Trata-se de formas arquitetônicas cujas estruturas são modelizadas por linguagens artificiais, criadas pela engenharia digital, para combinação e reprocessamento de sistemas de escrita e de gêneros literários, discursivos; de gêneros informativos da mídia impressa; da linguagem visual e do design gráfico; dos gêneros audiovisuais do cinema, do rádio e da televisão. É todo um sistema de troca e da engenharia que o viabiliza que passa a ser objeto do estudo dos *gêneros*.

No estudo dos gêneros digitais, tão importante quanto o exame do discurso é a compreensão das ferramentas. Daí a tecnologia ocupar o primeiro plano da definição formulada pelo lingüista Geoffrey Nunberg; por gêneros digitais entendemos não somente tecnologias ou modos de comunicação ou apresentação (isto é, hipertexto, *e-mail*, Web, etc.), mas o complexo de formas comunicativas fixadas em instituições e práticas específicas — os correspondentes digitais do impresso tais como jornais online, relatórios anuais, manuais de instruções, revistas científicas.[5]

O aspecto fundamental dessa operação é a recodificação que, agora, é de responsabilidade de uma ferramenta especialmente desenvolvida para processar cada tópico de uma mensagem. Tudo passa a ser mediado pelos recursos de uma enunciação digital. A interação entre discursos sociais só se concretiza graças à presença de um dispositivo informacional modelizante por excelência, a interface gráfica especialmente confeccionada para garantir a interação não só entre os discursos como também entre as linguagens artificiais. Quer dizer, design de gêneros. A noção de tecido (*texere*) própria do texto torna-se a grande metáfora do design no contexto digital. É o design que se encarrega de tecer os gêneros geradores do texto digital tal como acontece na melhor tradição dos textos verbais. Para cada uma das esferas discursivas, bem como para cada uma de suas mídias, são elaboradas, ou melhor, desenhadas ferramentas específicas.

A máxima de que existência dos textos é uma existência dos gêneros ganha uma precisão jamais pensada (Machado, 1996b:89-105). O gênero que era tão-somente definido pelo contexto da voz, dispositivo fundamental da interação entre pessoas, define comunicações que são operacionalizadas e divulgadas pelos mecanismos de programas ou pelas linguagens modelizadas digitalmente.[6] Parte-se do modelo interpessoal, agenciado não pela palavra, mas pelo sistema de escrita de uma linguagem artificial de estrutura não-linear. Graças a esse sistema, diferentes sistemas podem entrar em interação produzindo, assim, diferentes gêneros. A linguagem resultante é, assim, um sistema modelizante: o ponto de partida é o da linguagem natural, mas o processamento e o resultado são totalmente outros. O hipertexto é um sistema de escrita digital típico do processo de modelização da linguagem. Partindo da estrutura do texto como combinatória de gêneros, o hipertexto resulta num "grande texto" cuja estruturalidade, mesmo quando reproduz um texto em escrita alfabética, em nada se assemelha a essa modalidade

5) Calls: "Digital Genres, Cognitive Science", http://www.emich.edu/~linguist/issues/8/8-425.html.

6) *Modelização* é um termo forjado no campo da informática para significar não a reprodução de um modelo, mas o processo pelo qual se cria uma linguagem tendo em vista uma estrutura dinâmica como ponto de partida. Os semioticistas russos tomaram esse termo para designar o processo semiótico por meio do qual é possível transferir a estruturalidade da língua natural para sistemas semióticos carentes de uma estrutura lingüística. Desse modo, toda manifestação da cultura humana pode ser lida como linguagem. A digitalização é um sistema modelizante no estágio atual da cultura: não se pode negar que dele nasce uma linguagem interativa.

escrita. Sobretudo pela quebra da linearidade. A possibilidade de agregar textos dentro do texto, faz do hipertexto tanto um novo sistema de escrita e de leitura, através do qual os gêneros digitais se constituem, como um gênero capaz de redirecionalizar processos culturais e suas mediações. Nesse sentido, o hipertexto mostra uma esfera da uso da linguagem que contém muitas outras. Somente porque faz emergir uma outra topografia para abarcar variados sistemas (de escrita, de gêneros, de textos) o hipertexto é aqui considerado gênero. Não se trata de uma nova classe de texto como quer Tuman (1992).

No contexto digital, o conceito de gênero explora possibilidades combinatórias atípicas ao mundo da cultura literária-tipográfica. Pela primeira vez a materialidade da escrita — e não apenas o seu conteúdo — assume um poder maior de definição sobre o gênero. O texto digital não diz respeito apenas ao conteúdo da mensagem, mas sobretudo aos recursos que tornam possível sua realização. O gênero depende de todo o contexto mais amplo da enunciação não só do dito e do não-dito, como afirmara Bakhtin em sua parábola da comunicação, mas do visível e do invisível, como querem os engenheiros da comunicação: o contexto material é a interface insubstituível do "texto". Aliás, é impossível falar de texto digital sem considerar a ferramenta que o modeliza. Logo, é impossível levar adiante uma discussão sobre os gêneros digitais sem abrir espaço para o processamento que os formam. Esse é um imperativo de nossa cultura. Da mesma forma como Aristóteles fora levado a refletir sobre os gêneros da voz, nossa cultura, que mal cumpriu o desafio de compreender os gêneros da prosa enquanto *littera,* se vê obrigada a compreender os gêneros resultantes de ferramentas e, portanto, do design.

DESIGN DE GÊNEROS: O CRONOTOPO DIGITAL

É preciso ler um romance policial para saber que um determinado livro pertence a esse gênero de história? Como se distingue uma enciclopédia de um dicionário? Ou este de um manual técnico? Ou ainda um livro de ensaios de um livro infantil? Essas são algumas perguntas que os designers John Seely Brown e Paul Duguit se colocaram quando iniciaram sua investigação sobre a importância do design do gênero para o contexto digital bem como sua distinção com relação à cultura literária. Tal indagação não é fortuita. Para eles, da mesma forma como os aspectos físicos do livro se encarregam de indicar seu conteúdo muito antes da leitura de uma única palavra, os mecanismos do ambiente digital são fundamentais para o conhecimento das mensagens que nele se articulam e por ele são veiculadas. Evidentemente, trata-se de um tipo de saber que envolve todo um aprendizado que mal começou a ser assimilado.

Para Brown & Duguit, os livros foram não só concebidos como também desenhados tipograficamente de modo a deixar bem claras as relações entre o *contexto* e o *conteúdo* como determinação de gênero. Os gêneros foram se fixando na cultura através de design e conquistaram reconhecimento a ponto de se tornarem obviedades da abstração escolar básica. Tal é a experiência a partir da qual se pensa atingir um conhecimento igualmente óbvio sobre os gêneros digitais. No contexto digital, o gênero tem materialidade gráfica em função da qual o conteúdo da transmissão é construído. Tal é a idéia-chave. A definição se amplia e gênero passa a ser definido como a capacidade de reconhecer e distinguir a informação através das propriedades materiais do meio e, conseqüentemente, associar o conteúdo ao contexto. Tal como na literatura, é o gênero que se encarrega de diferenciar o texto ficcional de um ensaio. Os gêneros permitem que informações similares tenham diferentes interpretações (Brown e Duguit, 1996:130-1; 140).

O gênero é, assim, produto do design, de um programa cuja linguagem modeliza todo um sensório não apenas de meios como também de ambientes.

A reflexão de Brown e Duguit se encaminha para uma definição de gênero que considere indistintamente todo o contexto enunciativo e não apenas o relato. Esta foi, sem dúvida, a ambiciosa tese da teoria do dialogismo ao conceber o cronotopo como campo de relações dialógicas no tempo e no espaço. As formulações de Brown e Duguit procuram demonstrar como, no design, o ambiente possui propriedade genérica, seja para viabilizar uma conversa, uma narrativa, um desenho, um gráfico, um som, um movimento. Tome-se o exemplo dos ambientes tridimensionais construídos com recursos de realidade virtual como os *holodeck*, concebidos como uma tecnologia elaborada para o seriado *Guerra nas estrelas* com o objetivo de criar um espaço tridimensional interativo combinando holografia com campos de força magnética (Murray, 1997). No design dessa ferramenta o mais importante não é bem o espaço, mas o deslocamento que nele realizam os personagens. Tal como os heróis do romance grego, os personagens transitam pelo *holodeck*, independentemente da opção de ambiente escolhida. É para esse trânsito que se mobiliza a potencialidade criativa do design — cronotopo privilegiado da aventura digital.

Em termos de teoria do gênero, realizar o design para o *holodeck* é conferir estruturalidade ao cronotopo da aventura narrativa que, no contexto digital, resulta não só dos deslocamentos no tempo como também no espaço, ou melhor, nos espaços da virtualidade. Da relação espaço-tempo depende todo o desdobramento da aventura experimentada pelos personagens e pelo homem que com ela interage. O design do gênero em questão lança mão de várias ferramentas, até mesmo dos recursos de realidade virtual, para chamar a participação externa. A aventura da narrativa transborda limites espaciais e rompe todas as fronteiras. Ou melhor: esboça um outro conceito de fronteira, aquele que o semioticista russo Iuri Lotman (1990; 1992) desenvolve em seus estudos sobre a semiosfera. Num espaço semiótico caracterizado pela hibridação de formas, mídias, gêneros, os elementos extra-sistêmicos podem ser traduzidos pelos constituintes do interior do sistema. A *fronteira*, em vez de separar os elementos de um conjunto, funciona como um “filtro” tradutório. A semiosfera corresponde a esse ecossistema com várias esferas de interação; nele estão inseridas as narrativas digitais cuja aventura não cabe no limite de um único desenvolvimento, mas vive sobre fronteiras. O ambiente desenhado com recursos da realidade virtual é o cronotopo da aventura da narrativa digital. Embora o conceito de cronotopo tenha sido formulado para definir as relações de espaço-tempo na narrativa, trata-se de reconhecer que aqui ele envolve todo o ambiente e, conseqüentemente, as várias formações discursivas, não apenas literárias. É todo o processo da comunicação mediada que passa a ser considerado.

O grande desafio que se coloca para todos aqueles que se iniciam na reflexão sobre os gêneros digitais é exatamente estabelecer os limites entre a mensagem, o documento propriamente dito e as ferramentas que viabilizam o sistema de escrita, de leitura, de interação. Quando se reflete sobre os gêneros, distinguir limites é importante para se compreender a natureza e o caráter das mensagens. Isso diz respeito à compreensão do papel do design. Com isso queremos dizer o seguinte: para o sistema de escrita eletrônica, os periféricos são tão importantes quanto os elementos centrais, fazendo valer a máxima de Bakhtin sobre a importância do não-dito para a enunciação, fazendo com que a situação seja, de fato, o próprio discurso. No contexto da enunciação digital, o discurso abrange o texto e o hipertexto; a escrita e a leitura; o design e os gêneros. Ao transformar a prosa da interação discursiva num processo digital, servindo-se das formas de transmissão desenvolvidas pela literatura e pelas mídias, todo um campo de hibridismos entra em ação. Essa capacidade de favorecer o processo migratório faz do design o componente fundamental da definição do gênero digital. Os gêneros digitais promovem uma outra ordem de contato com a civilização, um contato fundado numa experiência sensorial que, por mais paradoxal que possa parecer, é mediada pela virtualidade. Não é à toa que muitos teóricos que se voltaram para a compreensão do contexto digital de produção de mensagens adotaram o conceito de gênero virtual.

Apesar de reconhecer a virtualidade como componente fundamental, a opção pelo termo *digital* procura preservar a noção de enunciado cujo potencial dialógico se revela na passagem de uma dimensão a outra. A digitalização é o núcleo dialógico do enunciado processado eletronicamente. Qualquer conteúdo, qualquer mensagem, texto, imagem, movimento, som pode ser digitalizado e ganhar a estruturalidade de um enunciado concreto, ainda que seja realidade virtual . Além disso, dígito é remissão para tudo aquilo que se faz com o dedo, seja letra, número, desenho, notações musicais, símbolos. Ao sensório eletrônico cabe digitalizar a palavra, o som, a imagem, o movimento; fixar na tela; lançar na rede; armazenar em chips ou converter em átomos. Uma cadeia infinita de ações mediadas. Não se pode abstrair a digitalização da seqüência "digital, *digitum*, dedo". Além disso, a digitalização é tributária da lógica ocidental fundada no princípio da divisão até o menor denominador. A digitalização nos chegou, portanto, como uma herança do alfabeto fonético depois de seu encontro com a eletricidade... O alfabeto permitiu reduzir a língua e a maior parte de nossos sistemas de informações sensoriais a uma só substância indiferenciada, a escrita. Toda língua podia ser expressa por meio desses mesmos 24 ou 26 símbolos silenciosos e uniformes... Mas a digitalização eletrônica impediu o princípio da divisão bem para além da redução alfabética. A uniformidade das unidades elementares obtidas por digitalização é verdadeiramente extrema: todos os bits são semelhantes; somente sua ordem de aparição entre outros bits permite distingui-los[7] (Kerckhove, 1993:56-7).

É no design do gênero que o processo digital, a transferência, se manifesta como ações mediadas.

A capacidade de se reportar a um conjunto de manifestações faz com que os designers raramente começem a projetar a partir de uma tela em branco; eles quase sempre começam por modificar um design existente, armazenado num disco rígido ou num servidor compartilhado. Para Brown e Duguit, os designers são, antes de mais nada, grandes "pedintes". Para concretizar digitalmente um processo comunicativo capaz de estabelecer a interação, garantindo o circuito de respondibilidade num ambiente mediado, os designers emprestam tudo. Da teoria literária emprestaram o conceito de gênero; do jornalismo, a idéia do fazer a comunicação: o jornal não veicula a notícia, ele *faz* a notícia. Tal fazer corresponde à mais completa tradução do design. Graças a isso, o gênero permite a criação de "convenções interpretativas construídas socialmente para unir dois lados da comunicação, os consumidores e os produtores" (Brown e Duguit, 1994:10). Para o design, o gênero é definido do ponto de vista arquitetônico. Tal como o arquiteto que organiza o espaço, de modo que cada gênero seja considerado de acordo com o projeto, o design cria organizações e convenções próprias para cada gênero evidenciando a finalidade para a qual cada uma foi projetada. Uma casa é uma casa, não uma janela, uma fábrica etc. Cada produto do design é um aplicativo, porque adquire estruturalidade e se torna um dispositivo próprio para o "edifício" que se pretende construir digitalmente, seja uma conversa, um projeto, enfim, um texto. A idéia básica do aplicativo é ser uma ferramenta cuja estruturalidade está a serviço de um produto híbrido.

Para Brown e Duguit, design de gêneros é uma forma de pensar o design hoje, como esfera de uso da linguagem digital e, conseqüentemente, de ferramentas variadas. A questão elementar é: como um determinado contexto permite a veiculação de um determinado conteúdo. No design de um gênero, a interface contextual é aquela que estabelece quais as convenções para o ambiente do gênero que se quer construir. Os algoritmos empregados para um *chat* não são os mesmos dos que entram para a interface

---

7) Não poderíamos deixar de dizer que o conceito de *bits* assim formulado lembra o conceito que Roman Jakobson imprimiu ao fonema. Para o lingüista russo, fonema não é uma unidade, mas um feixe de traços distintivos cuja finalidade é distinguir as significações dos sons na língua (Jakobson, 1978).

gráfica de uma homepage via Internet, um CD-ROM de narrativa interativa ou uma *mailing list*. Cada um desses gêneros digitais reproduzem diferentes esferas de uso, não da língua, mas das possibilidades combinatórias dos recursos gráfico-digitais elaborados pelas ferramentas. Aqui entra em cena um dos constituintes fundamentais do design de um gênero: a exploração dos periféricos. "No futuro", afirmam Brown e Duguit, "a tarefa do designer se assentará muito mais na capacitação e disseminação de novas estratégias interpretativas do que em construir novas tecnologias. ... O fato é que as palavras sozinhas não decidem a questão. Para serem entendidas, elas contam com chaves periféricas de interpretação. Os recursos periféricos não são usualmente vistos como parte da informação a partir dos quais a tecnologia da informação é gerada" (Brown e Duguit, 1996:132-3).

Valorizar o periférico é uma forma de garantir a leitura, ou seja, a interação. O imperativo que se coloca ao design de um gênero é como o usuário vai navegar no hipertexto de modo a interagir com ele da melhor forma para atenter suas necessidades. Os periféricos fazem parte do contexto entendido aqui como constituinte essencial da comunicação. Discutir a importância do periférico no design dos gêneros dos documentos digitais é a questão central para Brown.

Nesse sentido, os estudos sobre as comunidades virtuais da cultura planetária se movimentam para entender discursos *on line* como gênero privilegiado, visto que a cena comunicativa onde ocorrem não é mais a interação face-a-face, embora aconteça em tempo presente. Afinal, os membros de uma comunidade discursiva são aqueles que participam no gênero: eles desfrutam de objetivos compartilhados, eles se comunicam uns com os outros e eles se servem de diferentes mecanismos de participação para informar e produzir respostas (Erickson, 1996:3).

A novidade dos estudos sobre os gêneros digitais em relação às formas da oralidade ou da escritura é a possibilidade de considerar as forças sociais e técnicas que produzem as regularidades e as combinações que acontecem no interior dos gêneros, sobretudo as inserções provenientes de outras mídias.

O foco dos estudos sobre as relações comunidades-discursivas e gêneros tem sido a conversação que acontece nas salas de discussão da Web (os *chats*).[8] Evidentemente não poderia haver exemplo mais direto de um gênero discursivo *on line* do que um *chat*. Para os designers, os gêneros conversacionais, juntamente com as narrativas, foram os primeiros a chamar à reflexão por apresentarem um desafio imenso para a construção da ferramenta. Como os mesmos algoritmos devem ser utilizados na pergunta e na resposta de modo a oferecê-los como "pergunta" e como "resposta"? Como uma mesma situação pode ser construída a partir de vários planos permitindo deslocamentos inúmeros? Para construir um discurso genuinamente polifônico, é preciso construir uma ferramenta. Polifonia não é privilégio do discurso ou do gênero, mas está configurada no aplicativo. O design do gênero torna-se o meio e o fim do discurso. Desenhar esse universo com ferramentas digitais significa considerar a heteroglossia dialógica de todo um circuito que está além, muito além das pessoas em seus grupos. Para que o gênero se torne uma evidência, é preciso considerar a heterogeneidade social de linguagens onde se inserem as linguagens artificiais criadas especialmente para alcançar as vagas da informação envolvente que dominam o cosmos do diálogo. Como há muito já afirmara um comentador anônimo de Platão: "O diálogo é o cosmos e o cosmos é o diálogo" (Griswold, 1988). Que melhor metáfora poderíamos querer para definir o processo de transmissão na cultura planetária desse fim de século?

---

8) Ver as análises de Erickson em http://www.pliant.org/personal/Tom_Erickson/Genre.chi98.html.

REFERÊNCIAS BIBLIOGRÁFICAS

BAKHTIN, Mikhail (1986). *Speech genres and other late essays*, Vern W. McGee (trad.). Austin: University of Texas Press.

———— (1988). *Questões de literatura e de estética. A teoria do romance*, Aurora F. Bernardini e outros (trad.). São Paulo: Hucitec/Unesp.

BROWN, John Seely e DUGUIT (1994). "Borderline issue: social and material aspects of design", *Human-Computer Interaction*, v. 9, pp. 3-36.

———— (1996). "Keep it simple", *Bringing Design to Software*, Terry Winograd (org.). Addison-Wesley.

CASTI, John L. (1998). *The Cambridge quintet. A work of scientific speculation*. Reading: Addison-Wesley.

COHEN, R. (1988). "Do postmodern genres exist?", *Postmodern Genres*, Marjorie Perloff (ed.). University of Oklahoma Press.

ERICKSON, Thomas (1996). "Social interaction on the net: virtual community as participatory genre", *Proceedings of the Thirtieth Hawaii International Conference on System Sciences*, jan., 6-10, Maui, Hawaii. http://www.pliant.org/personal/Tom_Erickson/VC_as_Genre.html

———— (1998). "Genre theory as a tool for analyzing network-mediated interaction: the case of the collective limericks".
http:// www.pliant.org/personal/Tom_Erickson/Genre.chi98.html

GILSTER, Paul (1997). *Digital literacy*. New York: John Wiley & Sons.

GRISWOLD Jr, Charles L. (1988). *Platonic Writings. Platonic Readings*. New York: Routledge.

JAKOBSON, Roman (1978). "Fonema e fonologia", J. Mattoso Câmara Jr. (trad.). *Os pensadores*. São Paulo: Abril Cultural, pp. 55-117.

KERKHOVE, Derrick (1993). "O senso comum, antigo e novo", Ana L. Barbosa (trad.). *Imagem máquina*, André Parente, (org.). Rio de Janeiro: 34 Letras.

LOTMAN, Iuri (1992). *La semiosfera. L'asimetria e il dialogo nelle strutture pensanti*. Venezia: Marcilio.

LOTMAN, Iuri (1990). *Universe of the mind. A semiotic theory of culture*. Bloomington: Indiana University Press.

MACHADO, Irene (1996a). "A língua entre as linguagens: a expansão da escrita no confronto de múltiplas escrituras". XI Encontro Nacional de Professores de Português das ETFs, EAFs e CEFETs. *Anais*. Natal: MEC/SEMTEC, pp. 46-61.

MACHADO, Irene (1996b). "Texto como enunciação. A abordagem de Mikhail Bakhtin". *Língua e literatura*, n. 22, pp. 89-105.

MURRAY, Janet H. (1997). *Hamlet on the holodeck. The future of narrative in cyberspace*. Cambridge: MIT Press.

RISÉRIO, Antonio (1998). *Ensaio sobre o texto poético em contexto digital*. Salvador: Fundação Casa de Jorge Amado.

SANTAELLA, Lúcia (1996). *Cultura das mídias*. São Paulo: Experimento.

TOMASULA, Steve (1998). "Bytes and zeitgeist. Digitizing the cultural landscape". *Leonardo. Journal of the International Society for the Arts, Sciences and Technology*, v. 31, n. 5:337-344.

TRAUB, Charles H. e LIPKIN, Jonathan (1998). "If we are digital. Crossing the boundaries". *Leonardo. Journal of the International Society for the Arts, Sciences and Technology*, v. 31, n. 5:363-366.

TUMAN, Myron C. (1992). *World perfect. Literacy in the computer age*. University of Pittsburgh Press.

PADRÕES DO HIPERTEXTO

Mark Bernstein

RESUMO

O aparente desregramento dos hipertextos contemporâneos advém, em parte, de nossa falta de vocabulário para descrever as suas estruturas. Observando a variedade dos hipertextos reais, identificamos uma diversidade de padrões estruturais comuns que podem mostrar-se úteis para a descrição, análise e talvez para o projeto de hipertextos complexos. Esses padrões incluem:

ciclo;
contraponto;
mundo dos espelhos;
emaranhamento;
crivo;
montagem;
bairro;
ruptura/junção;
link perdido;
estratagema.

PADRÕES DO HIPERTEXTO

A complexidade e o desregramento das intrincadas redes de *links* que criamos nos levou, quase sempre, a pedir hipertextos "estruturados", ou melhor, disciplinados [33] [20] [75]. Enquanto a demanda por uma estrutura mais clara tentou evitar, consolidar ou minimizar os *links*, hoje em dia está claro que o hipertexto não pode simplesmente voltar as costas para as estruturas complexas dos *links*. Onde se temia que as cargas cognitivas com redes de *links* amplas e irregulares causassem aflição aos leitores, vemos, na prática, que uma grande quantidade de leitores eventuais convergem para o *docuverse*.[1] O crescimento do hipertexto literário e erudito, a evolução da Web e a economia da troca de *links* asseguram a importância, a longo prazo, dos *links*.

Uma vez que amplas construções de *links* não podem ser banidas, é chegado o momento de desenvolver um vocabulário de conceitos e estruturas que nos faça entender o caminho pelo qual, hoje em dia, os hipertextos e os sites da Web operam. O progresso na arte da escrita depende, em parte, da análise e da discussão sobre o melhor trabalho existente. Um vocabulário apropriado nos possibilitará tanto discernir quanto discutir os padrões em hipertextos que podem, caso contrário, ser vistos como um emaranhamento

1) *Docuverse*: palavra composta pelos termos documentos e universo. *Docuverse* foi proposto por Ted Nelson em Xanadu para significar o universo de documentos interconectados. (N.R.T.)

impenetrável ou como um atoleiro arbitrário. A experiência que o leitor tem de muitos hipertextos complexos não é de uma desordem caótica, mesmo que ainda não possamos descrever essa estrutura concisamente; o problema não é a falta de estrutura dos hipertextos, mas antes a nossa falta de palavras para descrevê-la.

A PROCURA DE PADRÕES

Este trabalho descreve uma variedade de padrões de vinculação (linkagem) observada nos hipertextos existentes. A estrutura do hipertexto, na verdade, não reside exclusivamente na topologia de *links*, tampouco na linguagem dos nós individuais, e, assim, precisamos trabalhar com objetivo de propor uma linguagem padronizada através da observação tanto topológica quanto retórica. Exemplos desses padrões estendem-se de um punhado de nós e *links* até algumas centenas. Tais padrões [29] [3] são componentes observados dentro dos hipertextos mais do que meios sistêmicos (ver [67]) ou planos de um trabalho completo. Os hipertextos característicos contêm exemplos de vários padrões diferentes, e freqüentemente um simples nó ou *link* pode participar de várias estruturas interseccionadas.

Não argumento que os padrões estruturais observados sejam os únicos desejáveis, nem de modo algum que padrões superiores não possam ser planejados ou que os escritores de tais hipertextos tenham, de fato, tencionado usá-los. Na verdade, proponho que, considerando esses padrões, ou padrões semelhantes a eles, escritores e redatores podem ser conduzidos a projetos mais refletidos, sistemáticos e sofisticados. Assim sendo, esses padrões são oferecidos como um passo para o desenvolvimento de um vocabulário mais rico sobre a estrutura hipertextual. Os exemplos são tirados de hipertextos publicados isoladamente, bem como da Web. Os sites da Web são rapidamente acessíveis, porém, são voláteis: um site que hoje ilustra uma estrutura pode ser irreconhecível amanhã. Os hipertextos publicados são menos acessíveis, mas em compensação são mais permanentes. Além disso, alguns padrões importantes dependem de *links* dinâmicos — *links* que dependem das interações passadas do leitor. A própria Web é *state-free*, e, enquanto várias implementações de comportamentos *state-dependent* tenham sido propostas para a Web, o comportamento *state-dependent* permanece um caso excepcional nos hipertextos da Web.

Alguns exemplos de padrões são tomados à ficção literária. Eu de modo algum creio que esses padrões sejam úteis apenas no âmbito da ficção; em vez disso, acredito que uma variedade de fatores econômicos e culturais muitas vezes incentiva a experimentação na narrativa mais do que no escrito técnico ou jornalístico. Além disso, o hipertexto de ficção tende a ser escrito para o público em geral e pode ficar disponível por prazo indefinido, enquanto os manuais de referência especializada e os sistemas de ajuda (help) podem ter curta duração e ficar menos prontamente disponíveis aos leitores em geral. Tampouco o nosso interesse pelo vocabulário estrutural necessariamente implica uma postura estruturalista ou pós-estruturalista; precisamos descrever os fenômenos, quaisquer que sejam as nossas crenças teóricas [48] [1].

Dois padrões — Árvore e Seqüência — foram muitas vezes descritos na literatura do hipertexto [16] [64]. Ambos são úteis, na verdade indispensáveis, e podem ser encontrados em quase todos os hipertextos.

CICLO

No ciclo, o leitor volta a um nó já visitado e eventualmente parte para um novo caminho. Os ciclos criam recorrência [12] e, desse modo, expressam a presença da estrutura. *Socrates in the labyrinth*, de Kolb [45], discute o papel do ciclo na argumentação, mostrando como os ciclos do hipertexto emergem naturalmente das formas argumentativas tradicionais. A repetição cíclica também modula a experiência do hipertexto [44], enfatizando os pontos-chave enquanto relega os outros ao segundo plano. Os escritores podem quebrar um ciclo na hora, fazendo uso de *links* condicionais, ou podem usar marcadores [7] para guiar o usuário a partir para uma nova trajetória. Contar com os marcadores para quebrar ciclos é comum na Web.

No *Ciclo de Joyce*, o leitor alcança uma parte do hipertexto já visitada e continua por uma trajetória já atravessada, através de um ou mais espaços antes que o ciclo seja quebrado. Revisitar um local já visitado, além disso, faz com que este proporcione uma experiência nova, porque o novo contexto pode mudar o significado de uma passagem ainda que as palavras continuem sendo as mesmas. As linhas introdutórias de *Afternoon, a story* [38], quando vistas pela primeira vez, estabelecem um clima fresco, poético e floreado:

> Por volta das 5, o sol se põe e a tarde derrete de novo o frio intenso através do asfalto para dentro de polvos de cristal e palmas de gelo — rios e continentes tomados de medo, e saímos do carro, com a neve gemendo debaixo de nossas botas.

Prosseguindo, podemos encontrar a mesma cena de novo. Esta não serve mais como uma moldura estabelecida; mais à frente, é possível reconhecer que a cena de inverno descrita pelo narrador pode ser o acidente de carro de sua ex-mulher; que os continentes de medo, a neve gemendo, podem ser os restos da carcaça subseqüentes à remoção do carro (e dos corpos). O hipertexto, escreve em algum lugar Joyce, pede uma releitura [39]. A repetição medida e planejada pode reforçar a mensagem do escritor: os resumos de fim de capítulo e os refrãos de baladas, por exemplo, são uma composição comum da literatura pedagógica da cultura oral e escrita. Os ciclos levam, por si mesmos, não apenas a uma variedade de efeitos pós-modernos [61], mas também a motivos conhecidos do texto escrito:

> Como recorrência, há a alucinação, *déjà vu*, compulsão, rifenho, ondulação, canhão, linha isóbara, ilusão, tema e variação... Como mudança de tempo, há a morte da sra. Ramsay e a subseqüente desintegração da casa... Leopold Bloom numa caminhada, e um homem que quer dizer que pode ter visto o seu filho morrer. Como renovação, há toda história ainda não registrada. [39]

No *Ciclo de Douglas* [23], a aparição de um ciclo inquebrável sinaliza o encerramento, o fim de uma seção ou o esgotamento do hipertexto.

Um *Web Ring* é um grande ciclo que vincula hipertextos inteiros em torno de um assunto. Os hipertextos num *Web Ring* concordam em compartilhar leitores. Apesar de não ser de modo algum sinalizados na pesquisa literária, os *Web Rings*, C.R.E.W. e compactos relacionados se tornaram centrais para a economia do hipertexto. Os hipertextos referentes a interesses especializados — atores obscuros ou memórias da I Guerra Mundial — podem prometer pouca importância direta profissional ou comercial, e sozinhos não conseguem um público com facilidade. A cooperação entre os sites relacionados, no entanto, cria zonas auto-organizadoras de atividades autônomas, mas inter-relacionadas, sobre um tema comum ou rumo a um mesmo objetivo. A estrutura cíclica dos *Web Rings* tende a promover a igualdade de acesso: cada participante ganha um *link* interno, oferecendo, em troca, um *link* externo. As estruturas alternativas (como os catálogos centrais e as alternativas de busca) podem também dar acesso, mas a estrutura cíclica do *ring* mantém todos os participantes iguais e resiste à tendência de concentrar a atenção nos próprios catálogos.

Um *contorno* [12] [40] é formado quando os ciclos se chocam, permitindo o livre movimento interno e entre os caminhos definidos por cada ciclo. O movimento entre os ciclos de um contorno é fácil, e são raros os *links* que restringem o movimento de um contorno a outro.

CONTRAPONTO

No contraponto, duas vozes se alternam, intercalam temas ou agrupam tema e reação. O contraponto, com freqüência, dá um claro senso de estrutura, uma ressonância de demandas e respostas reminescentes tanto da liturgia como do diálogo casual. Com freqüência, o contraponto surge naturalmente de narrativas centradas no personagem; por exemplo, *Forward anywhere* [54] utiliza uma série de correspondências via e-mail entre os seus dois personagens centrais para explorar suas diferenças e estabelecer suas conexões.

O contraponto pode ser finamente granulado. Em *Bubbe's back porch*, a avó de Abbe Don move-se sem parar entre contos do passado distante e histórias de seu próprio presente, contando à bisneta como é ser velho e como era, há muito tempo, ser um jovem judeu na antiga Rússia [21]. Don se move entre tempos e vozes dentro de uma única lexia, ecoando os tradicionais padrões iídiches de se contar uma história (ver, por exemplo, a obra de Sholem Aleichem [2]). É interessante também observar como as mesmas técnicas de contraponto podem ser adaptadas para descentralizar o tema [28]; aqui (como no *Maus* de Spiegelman [71]) as técnicas de narrativas tradicionais produzem efeitos pós-modernos.

Numa ampla escala, o hipertexto de Don é, em essência, linear e o contraponto interno (bem como os padrões do *link* perdido sugeridos por recorrentes fotografias antigas) forma o elemento principal do hipertexto. Já *Six sex scenes*, de Adrienne Greenheart [34], oferece três ou quatro *links* externos a partir de quase todos os nós. O hipertexto de Greenheart em geral alterna enquadramentos de tempo: um espaço escrito, que descreve uma cena da infância, tende a estar linkado a cenas da vida adulta, e as cenas adultas tendem a ser vinculadas a histórias da infância. Greenheart, em *Six sex scenes*, ao se empenhar muito para evitar os ciclos, faz do contraponto entre a infância e a experiência adulta o seu elemento estrutural mais proeminente.

Em *Interlocked* [52], Deena Larsen lança um tópico intimamente ligado ao de Greenheart: como as memórias da infância ou da adolescência encontram expressão na sexualidade do protagonista adulto. Enquanto Greenheart usa o contraponto como um substituto do poder estrutural do padrão do ciclo, Larsen constrói o seu hipertexto a partir de dois ciclos entrelaçados. Esses ciclos, inspirados pelo clássico padrão de colcha de retalhos, representam traumas do passado e do presente auto-reforçadores. Coincidentemente, os *links* entre os ciclos criam um contraponto "de remendos" que representa a interação entre memória e ação; o contraponto, como uma colcha de retalhos, distorce os ciclos ao mesmo tempo que os limita.

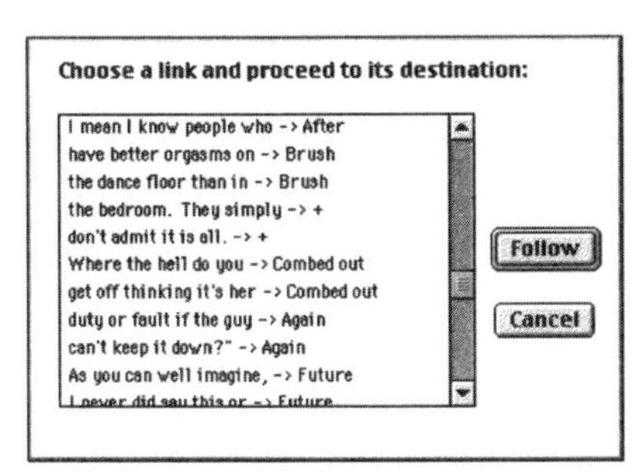

Figura 1. Em Samplers, uma lista de links que conectam dois espaços de escrita se torna uma voz intersticial, em contraponto com o texto principal.

O *contraponto intersticial* acrescenta um comentário hipertextual conceitualmente situado *entre* os espaços de escritura. Os interstícios foram por muito tempo usados para citações, tanto epigráficas quanto irônicas [13]. Os *links* em *Samplers* de Larsen aparecem numa caixa de diálogo — uma lista convencional de *links* que os autores do Storyspace podem usar para construir um *link* específico com ramificações múltiplas. A caixa de diálogo é projetada para ser só funcional, mostrando uma lista de *links* de atalhos e destino, mas Larsen escolheu nomes de caminhos, de modo que a sua lista em si pode ser lida como um poema intersticial. Edward Falco também descobriu a mesma oportunidade inesperada de contraponto em seu hipertexto poético, *Sea islands*, onde a escrita intersticial inclui nomes de caminhos e títulos de destinos [26].

Contraponto claramente evidente, o diálogo entre hipertextos proposto em *Conversations with friends* [8], é construído como um Contraponto entre vários hipertextos independentes, cada qual representando um ponto de vista reconhecível e capaz de reagir aos *links* e trajetórias de seu próprio *frame* e dos outros hipertextos ativos.

MUNDO DOS ESPELHOS

Para manter a coerência, os escritores de textos e de hipertextos freqüentemente aderem a uma única voz e a um único ponto de vista. O Mundo dos Espelhos fornece uma narrativa paralela ou intertextual que adota uma voz diferente ou uma perspectiva contrastante. O Mundo dos Espelhos repercute um tema central ou exposição, ampliando-o ou elaborando-o de maneiras impraticáveis na linha principal. Enquanto o contraponto tece diferentes vozes de peso igual (ou quase igual) dentro de uma só exposição, o Mundo dos Espelhos estabelece uma segunda voz que faz separadamente paralelos (ou paródias) com a afirmação principal. (O termo "Mundo dos espelhos" é assim designado para fazer alusão a *Through the looking glass*[3] e a labirintos de espelhos dos parques de diversões e não à monografia de Gelernter [32].)

Em *Uncle Buddy's phantom funhouse* [56], de John McDaid, os leitores exploram os arquivos do computador do falecido Arthur Newkirk, pela home page do seu hypercard, que se organiza à imagem de sua casa. A porta de trás, obscuramente chamada "Egito", dá passagem para os arquivos trancados de Newkirk; esses arquivos, uma vez que o leitor obtém acesso a eles, surgem em uma imagem distorcida da casa, rebatizada de "Auntie Em's haunt house". Nesse parque de diversões assombrado, o conteúdo e as referências da casa do hypercard de Newkirk estão espelhados em extensões e paródias mais escuras. McDaid aprofunda o conhecimento que o leitor tem de Newkirk através dessa adição distorcida à sua vida e trabalho.

A trama central de *A dream with demons* de Edward Falco é um romance-dentro-doromance: a história de uma mulher, de sua filha e de seu amante, envolvidos pelo amor e pela violência [25]. A narrativa se interrompe periodicamente devido às oportunidades navegacionais que levam o leitor a um embasamento de anotações, memórias, pertencentes, significativamente, ao autor conceitual. Por conseguinte, Falco superpõe duas camadas de ficção: o conflito dramático de incesto e abuso na narrativa convencional ressoa através da história de fundo mais complexa e ambígua do Mundo dos Espelhos. O Mundo dos Espelhos também aqui desempenha um papel formal intrigante: revelando os pensamentos e os motivos do criador da história numa segunda ficção, o embasamento convida o leitor a especular sobre a natureza da autoria de maneira mais profunda do que a dicotomia familiar leitor/escritor [41] [28].

"In small & large pieces"[18], Kathryn Cramer desafia a coerência em seu fio central, que é contado em ordem inversa e que gira de modo imprevisto entre uma disputa mundana entre crianças e uma fantasia terrível do avô. O seu Mundo dos Espelhos entrelaça breves e impressionistas esboços de vida interior — talvez do protagonista numa época posterior, talvez da autora quando era mais jovem. Aqui, o Mundo dos Espelhos é vago e fragmentado, resistindo até mesmo à retrógrada coerência do fio central; sem um esforço determinado, o leitor acha difícil permanecer no Mundo dos Espelhos. A fragmentação reflete o espelho estilhaçado do título da obra; o Mundo dos Espelhos não pode ser recomposto, mas cortantes estilhaços prateados estão sempre debaixo dos pés.

EMARANHAMENTO

O emaranhamento confronta o leitor com uma variedade de *links* sem fornecer pistas suficientes para guiar-lhe a escolha. Os emaranhamentos podem ser usados apenas por seu valor de divertimento intelectual, mas também aparecem em papéis mais sérios. Em particular, os emaranhamentos podem ajudar, de propósito, a desorientar os leitores para torná-los mais receptivos a novos argumentos ou a conclusões inesperadas [50] [9].

Ao entrar num hipertexto, um emaranhamento pode levar os visitantes a pontos de entrada diferentes, ajudando a expressar a amplitude de um hipertexto a leitores que não podem prever seu escopo e alcance. A home page do designer David Siegel [69], por exemplo, abre com quatro ícones idênticos que levam a quatro "home pages" diferentes — cada qual oferecendo um projeto e uma ênfase. Visitantes novos ou pouco freqüentes precisam escolher ao acaso, e, assim, é provável que vejam diferentes partes do site em cada visita [68].

Os leitores podem, devido a hábitos ou preconceitos, ter uma visão muito estreita do hipertexto. Visto que os emaranhamentos são difíceis de se adequar a uma estrutura simples e pré-concebida, eles estimulam o passeio, bem como a descoberta. Os emaranhamentos podem estender-se por muitos espaços de escritura [19] ou, como a porta de acesso de Siegel, podem ser limitados a uma simples montagem. Os emaranhamentos quase sempre são encontrados perto do começo de um hipertexto, onde rompem a orientação e criam uma sensação de profundidade, mas *Quibbling* [35] de Carolyn Guyer coloca um labirinto no centro do hipertexto, formando uma ponte entre cenas ou episódios. Os emaranhamentos podem ser usados tanto como dispositivos de velocidade quanto para recapitular momentos ou caminhos confrontados antes na leitura. Os emaranhamentos são em geral encontrados dentro ou nas adjacências do Mundo dos Espelhos.

Moulthrop chama os hipertextos de *robóticos* quando a lógica destes, não a escolha do leitor, tende a ditar o curso de uma leitura [58]. Os emaranhamentos robóticos, como em *Lust* [4], de Mary-Kim Arnold, combinam estruturas dinâmicas complexas, ricas em ciclos quebrados e outras pistas estruturais, com a carência de escolha interativa. Essa estrutura serve para atrair o leitor, enquanto frustram a busca de liberdade e resolução.

CRIVO

Os crivos separam os leitores através de uma ou mais camadas de escolha a fim de dirigi-los a seções ou episódios. Os crivos são em geral árvores, mas podem ser árvores múltiplas, DAGs ou gráficos quase hierárquicos; diferentes topologias podem servir à mesma função retórica.

Toda vez que a escolha é informada e instrumental, os crivos se tornam árvores decisivas. O diretório Yahoo!, por exemplo, fornece um amplo crivo que os leitores atravessam para encontrar pontos tópicos de acesso à Web. Os crivos não podem ser representados como hierarquias explícitas; o browser Hot Sauce MCF mostra os crivos num espaço tridimensional e permite que os leitores "voem" no estilo SemNet [24] pelo crivo até os seus destinos, ao passo que o Hypertext Hotel [17] esconde o seu crivo introdutório atrás de uma mesa de recepção ou no saguão de um hotel.

MONTAGEM

Na montagem vários espaços de escrita distintos aparecem simultaneamente, reforçando cada um, ao mesmo tempo em que suas identidades são mantidas separadas. A montagem é, na maioria das vezes, efetuada por meio de janelas sobrepostas que estabelecem conexões dos limites de nós e *links* explícitos.

A montagem é proeminente nos hipertextos pedagógicos de George P. Landow [47, 51], que começam com uma montagem oferecendo múltiplos pontos de partida [49]. *Patchwork girl* de Shelley Jackson [37] também usa montagens por janelas com efeitos surpreendentes. *Unreal city* de Christiane Paul [65] quebra o enquadramento da tela, usando a montagem entre a tela e um livro de anotações convencional, posto na mão do observador. Uma representação icônica da página impressa media a montagem, libertando, por conseguinte, a verdadeira condição da tela.

Figura 2. Montagem de Patchwork Girl [37] como aparece em Writing At The Edge [50].

A montagem é um fato cotidiano no design de museus e de galerias de arte, onde obras visuais díspares são reunidas num espaço limitado. Uma arquitetura cuidadosa e um inteligente arranjo podem minimizar os efeitos disruptivos da montagem, enquanto a justaposição pode sugerir novas idéias. Alguns hipertextos de história da arte tentam recriar a montagem arquitetônica de espaços museológicos reais ou virtuais; com freqüência, como no magistral *Musée d'Orsay: visite virtuelle*, o tema de um hipertexto desse tipo se torna o próprio museu, em vez de seus acervos [15].

Trellis [72] se preocupa extensiva — e talvez primariamente — em descrever e gerir a montagem.

VIZINHANÇA

Uma vizinhança estabelece uma associação entre nós pela proximidade, pelo ornamento partilhado ou por sinalizadores navegacionais comuns. Indicadores invariáveis, a barra de navegação ou a miniatura do mapa de um site podem informar ao leitor que a lexia onde aparecem está "próxima" de algum modo planejado. Assim como o proeminente pináculo de uma igreja mostra a um transeunte que dois locais separados por ruas longas e sinuosas ainda estão no mesmo bairro [53], um deliberado dispositivo comum num hipertexto pode expressar relações que *links* individuais podem não enfatizar [7]. (Os *episódios* de Rosenberg [66] estão intimamente relacionados ao nosso conceito de vizinhança; a vizinhança enfatiza a presença de padrões de significados no hipertexto, enquanto o "episódio" dá maior ênfase às experiências que essas estruturas criam na percepção do leitor. Ver também o padrão *Navigational contexts* de Rossi [67].)

Por exemplo, Nielsen descreveu o conflito inerente a amplos sites da Web entre estabelecer a identidade de um hipertexto particular e a identidade do próprio site [63]. Se cada página de um site da Web é projetada em separado e otimizada apenas por sua própria finalidade, o site como um todo pode perder a sua identidade coerente e a sua marca pode ficar obscurecida. A título de solução, Nielsen propõe adotar um enquadramento navegacional uniforme ou um *subsite* como padrão de uma vizinhança que organiza o site coletivo, acrescentando camadas de ornamentos navegacionais aumentados aos subsites, como é necessário para se criar identidades subsidiárias.

Os motivos visuais em geral reforçam a identidade das vizinhanças para estabelecer um contexto organizacional ou para chamar a atenção para os relacionamentos entre conceitos. Quando *Musée d'Orsay: visite virtuelle* [15] adota a estrutura do museu para moldar o hipertexto, isto efetivamente ecoa sutis questões de história, historiografia e política que formaram tanto a composição quanto a apresentação do acervo nacional de arte. Millet leva a Courbet, que leva a Manet; Couture (contemporâneo de Coubert), que não faz parte dessa tradição, está perdurado transversalmente na ala central, em vez de estar na sala adjacente. O uso de ornamentos herdados e de aparatos navegacionais para identificar e situar um trecho de um hipertexto como componente de uma estrutura maior relembra os *backgrounds* do hypercard [5] e de HDM [31].

Em VIKI [55] e Web Squirrel [10], a proximidade espacial é usada menos para estabelecer uma montagem do que para definir as vizinhanças espaciais que representam relações informais entre os elementos.

RUPTURA/JUNÇÃO

O padrão de ruptura/junção entrelaça duas ou mais seqüências. A ruptura/junção é indispensável para as narrativas interativas nas quais a intervenção do leitor muda o curso dos acontecimentos. Se cada decisão muda tudo o que acontece em seguida, os autores não podem permitir que o leitor tome muitas decisões enquanto mantém a obra dentro de limites manejáveis [14]. As rupturas possibilitam que a narrativa dependa da escolha do leitor por um breve espaço de tempo, fazendo com que, mais à frente, o leitor volte (pelo menos temporariamente) a um núcleo central. (Ao gravar as informações de estado, o autor pode projetar seqüências posteriores que se dividem em conseqüência de uma escolha anterior; tais rupturas também poderão ser reconciliadas por uma junção.)

O padrão do Rashmon [46] embute uma ruptura/junção dentro de um ciclo. A ruptura/junção quebra efetivamente o ciclo, à medida que os leitores vão explorando diferentes rupturas durante cada exploração recorrente, mas o ciclo permanece um enquadramento proeminente que fornece contextos para cada parte integrante. *King of space* [70] de Sarah Smith usa uma divisão em três caminhos no fim da sua seqüência de entrada para explorar o modo pelo qual as escolhas casuais podem envolver o leitor em atos que ela jamais sancionaria. Essa ruptura parece trivial e semelhante a um jogo quando se depara com ela pela primeira vez, mas se torna moralmente significativa só após o leitor ter explorado caminhos alternativos.

Vistas gerais e passeios [76] [27] são exemplos de ruptura/junção onde a intenção retórica de cada caminho é similar, mas um lado da ruptura é mais detalhado do que o outro. É típico dos escritores fornecer vistas gerais e passeios como um serviço, mas uma ruptura/junção não precisa ser apenas utilitária. Em *Move*, de Moulthrop, por exemplo, o hipertexto oferece uma Ruptura; o hipertexto responde com ironia à aparente motivação do leitor, em vez de responder diretamente à mensagem explícita do *link* [59], num estilo depois popularizado pela revista *Suck* da Web. O hipertexto pode resistir; ele não precisa apenas servir aos caprichos do leitor.

LINK PERDIDO

Às vezes, um hipertexto pode sugerir a presença de um *link* que, na verdade, não existe. Por exemplo, Stuart Moulthrop, comentando *Forward anywhere* [54], descreve a busca por um *link* que a sua leitura do hipertexto o leva a esperar:

> Nesse ponto eu comecei a achar que as duas passagens 'de pesadelo' deviam estar conectadas por um *link* do hipertexto, então eu me lancei no programa de leitura e fiz meu caminho para a tela de Malloy sobre os trens de frete do passado... havia muitos *links* com outras telas, sobretudo com as telas escritas por Marshall (a alternância de narradores prevalece ao longo de toda a obra). Nenhum dos *links* que segui, no entanto, me deu a vinheta de Marshall sobre LBJ e a boneca sem cabeça...
>
> Para aqueles não tão apaixonados por amarrações, entretanto, esse caso de um *link* aparentemente ausente pode contar uma história diferente. Como *Forward Anywhere* demonstra com primor, os hipertextos são estruturados em mais dimensões do que a linha. Se um *link* não está aparente, pode estar implícito. [60]

Alusão, reiteração e elipse podem sugerir um *link* perdido. A irregularidade estrutural, introduzida num contexto de estrutura regular estabelecida, apresenta um *link* perdido particularmente poderoso, uma vez que um lugar para o qual não podemos navegar pode parecer, por sua inacessibilidade, extraordinariamnte atraente. Harpold e Joyce argumentaram separados que o *link* ausente é um motivo hipertextual comum, para não dizer universal, que a escolha navegacional requer para que o leitor imagine não apenas o que pode aparecer na página escolhida, mas também o que poderia ter aparecido se ela tivesse seguido um *link* diferente [36] [39].

ESTRATAGEMA NAVEGACIONAL

O estratagema estabelece a existência de uma oportunidade navegacional que não significa que tem de ser seguida de imediato; em vez disso, o estratagema informa ao leitor sobre as possibilidades que podem ser buscadas no futuro. Ao revelar as oportunidades navegacionais, até onde elas não podem ser buscadas de imediato, o escritor de um hipertexto transmite informações valiosas sobre o escopo do mesmo ou sobre a organização das idéias subjacentes.

Os estratagemas em geral surgem como aparato navegacional. Por exemplo, um hipertexto pode começar com um mapa ou índice que fornece uma visão geral da obra toda, bem como acesso direto aos lugares selecionados dentro do hipertexto. Enquanto a função navegacional não deixa de ser importante, a importância retórica da visão geral em si não deve ser desprezada.

Estratagemas navegacionais proeminentes e detalhados são especialmente úteis para o estabelecimento do escopo e da forma de um hipertexto. Além de serem importantes, os estratagemas podem ajudar a estabelecer o que o hipertexto omite. Vale notar que o estratagema nem sempre necessita ser estritamente preciso; às vezes, é útil fornecer mais do que foi prometido de início. Por exemplo, o clássico *HyperCard 1.0 Help* [5] apresentava uma visão geral por *thumbtab* que sugeria aos novos leitores que as instruções da programação eram apenas uma parte menor do hipertexto; assegurava aos leitores que deviam ser dissuadidos de usar um produto complexo que a programação havia sugerido para ser uma composição menor. De fato, mais da metade do hipertexto estava voltada a ser um manual de referência para programação. O estratagema navegacional na capa escondia isso dos usuários avessos à programação, enquanto aqueles que queriam consultar a seção da programação ficavam agradavelmente surpresos por seu escopo inesperado.

Victory garden de Moulthrop abre (em algumas leituras) com mapas de jardins que esquematizam a narrativa [59]. O núcleo narrativo em "*In small and large pieces*" [18] de Kathryn Cramer é resumido em aspectos principais de cada episódio, em listas enigmáticas e epigramáticas que começam cada seção narrativa; e essas listas emprestam à narrativa central uma ordem e regularidade aparente que contrasta profundamente com a desordem da história do Mundo dos Espelhos.

Figura 4: uma página típica da Web em que um enquadramento navegacional uniforme encerra um conteúdo de tópicos.

True North [73] de Stephanie Strickland e *"I have said nothing"* [22] de J. Yellowless Douglas usam mapas utilitários do Storyspace como estratagemas não-convencionais: a disposição da lexia descreve uma estrutura, ao mesmo tempo que ilustra um motivo central.

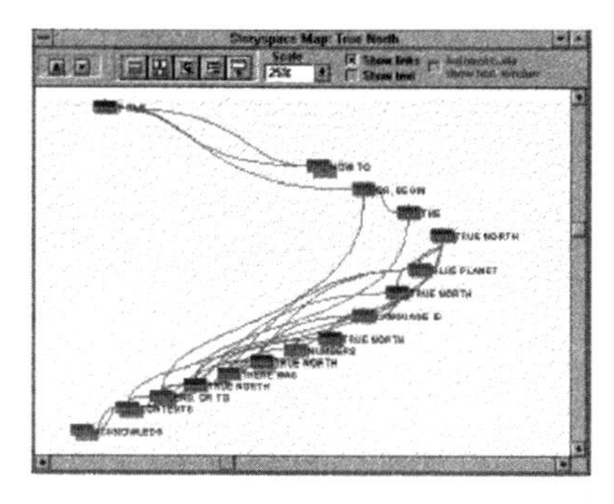

Figura 5: Mapa do Storyspace de True North.

Além de sua utilidade como dispositivos de introdução e enquadramento, os estratagemas podem formar um motivo recorrente através da estrutura do hipertexto. Narrativas espaciais como *Myst* [57] fornecem estratagemas navegacionais na forma de corredores, estruturas e outros caminhos que intersectam a estrada do leitor; aqui, os estratagemas sinalizam para possíveis aberturas a novas narrativas, estradas pelas quais o leitor-protagonista pode posteriormente escolher para viajar.

Na narrativa, os estratagemas navegacionais podem estabelecer relacionamentos espaciais e temporais sem interromper o fio narrativo. Ao estabelecer o protótipo de um *link* convencional — por exemplo, um ícone que denota "um *link* com um acontecimento simultâneo que está ocorrendo em outra parte" —, um narrador pode esclarecer e interconectar acontecimentos díspares sem interromper o tópico em discussão. O uso artístico de estratagemas pode também controlar a tensão dramática através de previsão: se fornecemos um *link* entre o primeiro encontro nefasto de Alice[2] com Herschel em Tulsa, numa clínica oncológica, e o nascimento de sua filha em Estocolmo, o conhecimento ganho pela existência do *link* levanta questões ocultas de expectativa e investigação com as quais o resto da narrativa pode brincar. Revelando algumas partes do futuro, poderemos refocalizar a atenção do leitor, desviar a tensão de um fio dramático a outro, ou podemos desviar a energia de nos questionarmos sobre como os eventos se desdobram para uma melhor concentração sobre porque eles se desdobram daquela maneira [43][30][6].

O estratagema é também importante no projeto dos catálogos hipertextuais. Como as lojas de departamentos descobriram tempos atrás, é importante fornecer ao comprador uma série abrangente de produtos desejáveis, bem como dispor esses produtos visando a formar uma trajetória coerente e atrativa, à medida que o cliente vai andando pela loja. Na melhor das hipóteses, isso é eficaz tanto para o comprador quanto para a loja: os compradores descobrem itens que querem comprar, mas que poderiam ter negligenciado, e a loja ganha transações adicionais sem incorrer em custos propagandísticos adicionais. Os catálogos, do mesmo modo, lucram com a interconexão apropriada, fornecendo estratagemas que levam ao objeto desejado [68]. Indicando a presença de outros itens relevantes, o catálogo hipertextual pode aumentar sua eficácia sem ser inconveniente ou prender o leitor.

CONCLUSÃO: COMBINANDO OS PADRÕES

Todos os padrões aqui discutidos podem (e em geral isso acontece) conter outros padrões como componentes. Um ciclo, por exemplo, pode conter seqüências e ciclos,

2 *Alice através do espelho*, de Lewis Carrol. (N.R.T.)

bem como nós isolados. Dois ciclos paralelos podem ser misturados para formar um padrão de contraponto, ou um grupo de ciclos pode convergir para um emaranhamento. A grande utilidade dos padrões estruturais, na verdade, deriva em ampla medida dos modos pelos quais os padrões podem ser combinados para formar estruturas maiores. Quando um padrão conhecido surge proeminentemente, seus componentes são percebidos como uma unidade coerente, o que outros escritores chamaram de *episódio* [66] ou *região* [44].

Desenvolvendo um vocabulário mais rico da estrutura hipertextual, e baseando esse vocabulário nas estruturas observadas nos hipertextos reais, podemos rumar para uma crítica mais efetiva e mais rica do hipertexto, uma crítica que vá além da retórica centrada na aparência tão predominante nas atuais discussões da Web. Nomes simples nos ajudam a formular perguntas e conjecturas mais precisas. Um vocabulário comum de estruturas pode facilitar tanto a discussão crítica quanto a editorial, não apenas facilitando o estudo da estrutura, mas também nos ajudando a nos referir sucintamente aos componentes e agregados que constituem um hipertexto.

Enfim, podemos observar que nossas ferramentas atuais de visualização do hipertexto não são particularmente efetivas na representação dos padrões aqui descritos. Muitos programas de mapeamento da Web, por exemplo, removem as árvores no gráfico do hipertexto e, portanto, tendem a esconder os padrões do ciclo. Os panoramas convencionais de *links* e nós de programas como Storyspace [42] e Macweb [62] representam muito bem os ciclos isolados, mas fornecem pouco suporte para a visualização de contornos criada na intersecção de muitos ciclos. A elisão implícita nos notecards portáteis [74] ou nas caixas embutidas de Storyspace [11] ajuda a manter as demonstrações simples, mas esconde padrões que abarcam múltiplos *conteiners*. Alguns padrões (Mundo dos Espelhos, *link* perdido, estratagema, montagem) não são facilmente representados pelas ferramentas convencionais e pedem novas visualizações para auxiliar os escritores (e os leitores) a perceber, manipular e entender os padrões de seus hipertextos.

AGRADECIMENTOS

Meu conhecimento da estrutura do hipertexto deve-se muito a discussões com os editores da Eastgate Eric A. Cohen, Kathryn Cramer e Diane Greco e com muitos autores da Eastgate. Eric A. Cohen, David B. Levine e David G. Durant leram os rascunhos desta obra e sou imensamente grato por suas muitas sugestões e correções.

REFERÊNCIAS BIBLIOGRÁFICAS

1 - AARSETH, Espen J. (1997). *Cybertexr: perspectives on ergodic literature.* Baltimore: John Hopkins University Press.

2 - ALEICHEM, Sholem (1987). *Tevye the dairyman and the railroad stories.* New York: Schocken Books.

3 - ALEXANDER, C., ISHIKAWA, S., SILVERSTEIN, M. *et al.* (1977). *A pattern language.* Oxford University Press.

4 - ARNOLD, Mary-Kim (1993). "Lust", *Eastgate Quarterly Review of Hypertext,* 1(2).

5 - ATKINSON, Bill (1987). *Hypercard.* Cupertino CA: Apple Computer Co.

6 - BARTH, John (1997). "Click!", *The Atlantic Monthly.*

7 - BERNSTEIN, Mark (1988). "The bookmark and the compass: orientation tools for hypertext users", *SIGOIS Journal,* 9, pp. 34-45.

8 - ―――――― (1995). "Conversations with friends: hypertexts with characters", *Hypermedia Design,* S. Frase *et al.* (ed.). London: Springer, pp. 207-215.

9 - ―――――― (1991). "Deeply intertwingled hypertext: the navigation problem reconsidered", *Technical Communication,* pp. 41-47.

10 - ―――――― (1998). "Neighborhoods in spatial hypertext", *SIGLINK Bulletin.*

11 - ――――――; BOLTER, Jay David; JOYDE, Michael; MYLONAS, Elli (1991). "Architectures for volatile hypertext", *Hypertext'91.* San Antonio: ACM, pp. 243-260.

12 - ――――――; JOYCE, Michael; LEVINE, David B. (1992). "Contours of constructive hypertext", *European Conference on Hypermedia Technology.* Milão: Association for Computing Machinery.

13 - BOLTER, Jay David (1991). *Writing space.* Lawrence Erlbaum Associates.

14 - ―――――― e JOYCE, Michael (1987). "Hypertext and creative writing", *Hypertext'87.* Chapel Hill: ACM, pp. 41-50.

15 - BRISSON, Dominique (1997). *MusZe d'Orsay: visite virtuelle.* Paris: BMG Interactive.

16 - BROWN, Peter J. (1989). "Do we need maps to navigate round hypertext documents?", *Electronic Publishing – Organization, Dissemination and Design,* 2(2): pp. 91-100.

17 - COOVER, Robert (ed.) (1991). *Hypertext Hotel.* http://duke.cs.brown.edu:8888/:.

18 - CRAMER, Kathryn (1993). "In small & larges pieces", *Eastgate Quarterly Review of Hypertext,* 1(3).

19 - CROWTHER, William e WOODS, Don (1976). *Adventure.*

20 - DEYOUNG, L. (1990). *Linking considered harmful, ECHT'90 – Hypertext: Concepts, Systems and Applications,* S. Rizk, Andre (ed.). Cambridge Univ. Press, pp. 238-249.

21 - DON, Abbe (1996). *Bubbe's back porch,* http://www.bubbe.com/:.

22 - DOUGLAS, J. Yellowlees (1993). "I have said nothing", *Eastegate Quarterly Review of Hypertext,* 1(2).

23 - ―――――― Yellowlees (1992).*"Print pathways and interactive labyrinths: how hypertext narratives affect the act of reading".* New York: New York University.

24 - FAIRCHILD, K.M., POLTROCK, S.E. e FURNAS, G.W. (1988). "SemNet: three-dimensional graphic representation of large knowledge bases", *Cognitive science and its applications for human-computer interaction,* R. Guinon (ed.). Hillsdale NJ: Lawrence Erlbaum, pp. 201-233.

25 - FALCO, Edward (1997). *A dream with demons.* Watertown, Massachusetts: Eastgate Systems, Inc.

26 - ―――――― (1995). "Sea island", *Eastgate Quarterly Review of Hypertext,* 2(1).

27 - FURUTA, Richard et al (1997). "Hypertext paths and the World-Wide Web: experiences with Walden's paths", *Proc. Of Hypertext'97,* Southampton, UK, pp. 167-176.

28 - GAGGI, Silvio (1997). *From text to hypertext: decentering the subject in fiction, film, the visual arts, and electronica media.* Philadelphia: The University of Pennsylvania Press.

29 - GAMMA, Erich, HELM, Richard, JOHNSON, Ralph e VLISSIDES, John (1995). *Design patterns: elements of reusable object-oriented software.* Reading, MA: Addison-Wesley.

30 - GARDNER, John (1983). *The art of fiction: notes on craft for young writers.* New York: Vintage Books.

31 - GARZOTTO, Franca, GARZOTTO, Paolo e BERNSTEIN, Mark (1991). "Tools for designing hyperdocuments", *Hypertext/Hypermedia Handbook,* E. Berk e J. Devlin, (ed.). New York: McGraw-Hill, pp. 179-208.

32 - GELERNTER, D. (1991). *Mirror Worlds – or the day software puts the universe in a shoebox.* Oxford Univ. Press.

33 – GLUSHKO, Robert J. (1989). "Design issues for multi-document hypertexts", *Hypertext'89.* Pittsburgh, pp. 51-60.

34 - GREENHEART, Adrienne (1996). *Six sex scenes: a novella in hypertext.* www.altx.com/hyperx/sss/index.htm:

35 - GUYER, Carolyn (1992). *Quibbling.* Watertown MA: Eastgate Systems, Inc.

36 - HARPOLD, Terry (1991). "Threnody: psychoanalytic digressions on the subject of hypertexts", *Hypermedia and Literary Criticism,* P. Delany e G.P. Landow (ed.). Cambridge: MIT Press, pp. 171-181.

37 - JACKSON, Shelley (1996). *Patchwork girl: by Mary/Shelley/and Herself.* Watertown MA: Eastgate Systems, Inc.

38 - JOYCE, Michael (1990). *Afternoon, a story.* Watertown, MA: Eastgate Systems, Inc.

39 - ———— (1997). "Nonce upon some times: rereading hypertext fiction", *Modern Fiction Studies,* 43(3): pp. 579-597.

40 - ———— (1994). *Of two minds: hypertext pedagogy and poetics.* Ann Arbor: University of Michigan Press.

41 - ———— (1988). "Siren shapes: exploratory and constructive hypertext", *Academic Computing,* p. 11ff.

42 - ———— (1991). "Storyspace as a hypertext system dor writres and readres of varying ability", *Hypertext'91.* San Antonio, pp. 381-387.

43 - ———— (1996). *Twilight, a symphony.* Watertown Massachusetts: Eastgate Systems, Inc.

44 - KOLB, David (1997). "Scholarly hypertext: self-represented complexity", *Hypertext 97.* Southampton, U.K.: ACM, pp. 29-37.

45 - ———— (1994). *Socrates in the labyrinth: hypertext, argument, philosophy.* Watertown, Massachusetts: Eastgate Systems, Inc.

46 - KUROSAWA, Akira e RITCHIE, Donald (1987). *Rashomon.* Rutgers Films in Print, v. 6. Rutgers University Press. 201.

47 - LANDOW, George P. (1992). *The Dickens Web.* Watertown, MA: Eastgate Systems, Inc.

48 - ————. *Hypertext 2.0: The Convergence of Contemporary Critical Theory and Technology,* 2. ed. Baltimore: Johns Hopkins Press.

49 - ———— (1987). "Relationally encoded *links* and the rhetoric of hypertext", *Hypertext 87.* Chapel Hill: Association for Computing Machinery, pp. 331-344.

50 - ———— (1995). *Writing at the edge.* Watertown, MA: Eastgate Systems, Inc.

51 - ———— e LANESTEDT, Jon (1993). *The in memoriam Web.* Watertown, MA: Eastgate Systems, Inc.

52 - LARSEN, Deena (1998). *Samplers: nine vicious little hypertexts.* Watertown, MA: Eastgate Systems, Inc.

53 - LYNCH, Kevin (1982). *The image of the city.* MIT Press.

54 - MALLOY, Judy e MARSHALL, Cathy (1996). *Forward anywhere.* Watertown, MA: Eastgate Systems, Inc.

55 - MARSHALL, Catherine C., SHIPMAN III, Frank M. e COOMBS, James H. (1994). *VIKI: spatial hypertext supporting emergent structure, ECHT'94.* Edimburgo. pp. 13-23.

56 - MCDAID, John (1992). *Uncle Buddy's phanton funhouse.* Watertown, MA: Eastgate Systems, Inc.

57 - MILLER, Rand e Robyn (1993). *Myst.,* Cyan:

58 - MOULTHROP, Stuart (1989). "Hypertext and 'the hyperreal'", *Hypertext'89.* Pittsburgh: ACM, pp. 291-298.

59 - ———— (1991). *Victory Garden.* Watertown, MA: Eastgate Systems, Inc.

60 - ———— (1997). "Where to? A review of forward anywhere by Cathy Marshall and Judy Malloy", *Convergence: The Journal of Research into New Media Technologies.*

61 - MURRAY, Janet (1997). *Hamlet on the holodeck: the future of narrative in cyberspace.* New York: The Free Press.

62 - NANARD, Jocelyn e Marc (1991). "Using structured types to incorporate knowledge in hypertext", *Hypertext'91.* San Antonio: pp. 329-343.

63 - NIELSEN, Jakob (1996). "The rise of the sub-site", *Alertbox,* p. http://www.useit.com/alertbox/9609.html.

64 - PARUNAK, H. van Dyk (1989). *Hypermedia Topologies and User Navigation, in Proc. of Hypertext'89.* Pittsburgh. pp. 43-50.

65 - PAUL, Christiane (1996). *Unreal city: a hypertextual guide to T.S. Eliot's* The waste land. Watertown, MA: Eastgate Systems, Inc.

66 - ROSENBERG, Jim (1996). "The structure of hypertext activity", *Hypertext'96*. Washington DC: ACM Press. pp. 22-30.
67 - ROSSI, G., SCHWABE, D. e GARRIDO, A. (1997). "Design reuse in hypermedia applications development", *Proc. of Hypertext'97*. Southampton, UK. pp. 57-66.
68 - SIEGEL, David (1996). *Creating killer Web Sites*. New York: Hayden Books.
69 - ———————— (1997). *Web Site*. http://www.dsiegel.com/:
70 - SMITH, Sarah (1991). *King of space*. Watertown MA: Eastgate Systems, Inc.
71- SPIEGELMAN, Art (1986). *Maus*. New York: Random House.
72 - STOTTS, P. David e FURUTA, Richard (1989). "Petri-net based hypertext: document structure with browsing semantics", *ACM Transactions on Office Information Systems*, 7(1): pp. 3-29.
73 - STRICKLAND, Stephanie (1997). *True North*. Watertown, MA: Eastgate Systems, Inc.
74 - TRIGG, Randall H. (1988). "Guided tours and tabletops: tools for communicating in a hypertext environment", *ACM Transactions on Office Information Systems*, 6(4): pp. 398-414.
75 - UTTING, K. e YANKELOVICH, Nicole (1989). "Context and orientation in hypermedia networks", *ACM Transactions on Office Information Systems*, 7(1): pp. 58-84.
76 - ZELLWEGER, Polle T. (1989). "Scripted documents: a hypermedia path mechanism", *Hypertext'89*, Pittsburgh. pp. 1-14.

PENSANDO A ARTE E A INTERATIVIDADE

O TEMPO REAL NOS DISPOSITIVOS ARTÍSTICOS

Edmond Couchot

RESUMO

Um número cada vez maior de artistas vem utilizando dispositivos numéricos interativos que funcionam em "tempo real". Inscrevendo-se na corrente da arte participacionista dos anos 60, eles exploram uma nova modalidade temporal que põe profundamente em questão as relações tradicionais entre o artista, a obra e o espectador, bem como um dos princípios básicos sobre o qual se fundou o sistema da arte moderna.

Uma das especificidades das tecnologias numéricas e a qual freqüentemente não levamos em consideração é sua capacidade de funcionar segundo uma nova modalidade temporal: o "tempo real". Geralmente se confunde o tempo de resposta dos computadores com o tempo de transmissão de alguns meios de comunicação, a exemplo do rádio e da televisão, porque ambos parecem quase instantâneos. Na verdade, o tempo real dos dispositivos numéricos e o "tempo direto" dos meios de comunicação audiovisuais não são da mesma natureza. O tempo real numérico introduz, no tratamento e na circulação das informações, processos complexos de computação e de linguagem, o que o tempo direto mediático não saberia fazer. Do ponto de vista do receptor, não se percebe a diferença, porém, ela é radical; o tempo real muda os mecanismos do tratamento e da circulação das informações. É característico de um certo *acoplamento retroativo* entre o homem e o computador, chamado mais comumente de *interatividade*. Quando esse acoplamento se faz em tempo real, o usuário tem a impressão de que a máquina lhe responde instantaneamente.

O tratamento da informação em tempo real é uma conseqüência do desenvolvimento dos computadores. As primeiras calculadoras não forneciam imagens visíveis e era preciso esperar em geral vários dias para obter o resultado dos cálculos que sempre se apresentavam sob uma forma muito abstrata. Não se podia falar nem de interatividade, nem, muito menos, de tempo real. Mas os progressos foram rápidos e se desenvolveram em duas áreas.[1] A velocidade do cálculo, que permite tratar cada vez mais rápido dos dados que se tornam a cada dia mais complexos, e a diversificação das interfaces: as interfaces de entrada, de um lado (teclado alfanumérico, mouse, canetas digitalizadoras, *trackballs, data gloves,* roupas com sensores, etc.) e as interfaces de saída, de outro (telas coloridas, óculos tridimensionais de cristal líquido, teleprojeção, etc.). Aos dados simbólicos que transitam pelo teclado (cifras e letras) se acrescentaram dados de outra natureza, que são emanações diretas do mundo real, de modo que o acoplamento homem-máquina ficou mais complexo e se acelerou consideravelmente; tende a não passar mais exclusivamente pela linguagem, tampouco pela imagem; tornou-se multimodal.

---

1) Sem contar a área da programação.

DA PARTICIPAÇÃO DO ESPECTADOR À INTERATIVIDADE

Era legítimo que semelhante tecnologia, apesar dos problemas que ela colocava a não-especialistas, atraísse fortemente a curiosidade dos artistas. Ainda mais porque aqueles que por ela se interessaram, prolongavam, ao mesmo tempo que a enriqueciam, uma tendência que teve origem nos anos 60 e que já naquela época procurava associar o espectador à elaboração da obra da maneira mais direta e rica. Bem diferente de uma moda tecnológica, aquilo a que se chamou na época "participação do espectador" foi uma preocupação estética (e cultural) que atravessou, sob as mais variadas formas, a maioria das correntes artísticas entre o fim dos anos 50 e 70. Após um período de desinteresse marcado pelo retorno a relações mais clássicas entre o artista, a obra e o espectador, vemos há alguns anos essa preocupação participacionista voltar com toda a força. Porém, com uma diferença notável: a apropriação das tecnologias numéricas (da realidade virtual à Internet, passando pelo CD-ROM e por todo tipo de dispositivos originais) autoriza, agora, formas de participação muito elaboradas e expandidas. O computador possibilita, efetivamente, que o observador interaja em tempo real com as imagens, textos e sons. Assim qualquer pessoa pode associar-se diretamente, e dependendo do caso mais ou menos estreitamente, não apenas à produção da obra, mas também à sua difusão. À arte participacionista sucedeu a arte interativa; à participação, a interatividade. As obras interativas são, como as obras participacionistas, muito variadas em suas formas e em suas concepções. Naquelas se encontram muitos pontos em comum com estas, ao mesmo tempo que surgem novas estéticas. De um ponto de vista técnico, entretanto, convém estabelecer uma diferença entre os dispositivos interativos fechados ou autônomos (*off line*) e os dispositivos abertos ou interconectados em redes (*on line*).

Nos dispositivos fechados, o acoplamento entre o espectador e a obra ocorre dentro de um espaço delimitado pelo espectador e pela aparelhagem numérica. Esta compreende um computador, de potência muito variável, ligado ao espectador por órgãos de entrada e de saída que estabelecem um duplo fluxo de informações (em ida-e-volta) entre o homem e a máquina. O computador produz imagens, com muita freqüência animadas, mas também textos numa tela e sons, como em alguns dispositivos musicais ou na multimídia. O espectador age sobre essas informações por meio de interfaces diversas, capazes de gravar um gesto dos dedos ou da mão, deslocamentos do corpo no espaço, sons (ruídos, palavras, música), sua própria imagem detectada e analisada pelo computador por meio de uma câmera digital ou unicamente sua presença. É, então, convidado a penetrar em universos virtuais, mais ou menos complexos e mais ou menos organizados, e a interagir com eles segundo um tipo de seqüência não-linear concebido pelo autor. Myron Krueger, um dos pioneiros na área,[2] dá ao espectador, com *Videoplace*, a possibilidade de controlar em tempo real objetos virtuais animados e calculados por computador, por intermédio de sua própria imagem projetada numa tela, ou de fazer com que daí se produzam novos objetos virtuais, desenhando com as mãos no espaço. A *time machine* imaginada já em 1970 e realizada em 79-80 por Piotr Kowalski também oferece ao espectador a oportunidade de jogar com imagens e sons virtuais misturados a imagens e sons reais, mas na ordem inversa em que os mesmos se desenrolam. Depreende-se desse mergulho no fluxo cruzado do tempo (um tempo que vai do passado para o futuro e um tempo que vai do presente para o passado) uma experiência temporal e paradoxal perturbadora. O dispositivo *A very nervous system*, desenvolvido por David Rokeby, músico de formação, entre 1986 e 1994, produz sons muito elaborados por meio de gestos. O músico não tem nenhum instrumento real à disposição. É sem tocar

2) Krueger foi o primeiro a falar de "realidades artificiais"; o aperfeiçoamento de *Videoplace* se estendeu por vários anos a partir de um conceito elaborado por volta do fim dos anos 60.

em nada, fazendo uso apenas de seu corpo, por gestos e deslocamentos dentro de um espaço balizado por uma câmara de vídeo ligada a um computador, que ele produz sons parcialmente pré-calculados, mas cujas combinações muito ricas continuam sendo controladas por ele. A música não é mais tocada, mas dançada.

O dispositivo *Plasm: a nano sample*, de R. Myers, P. Broadwell e E. Manolis (1988), propõe uma outra maneira de mergulhar em tempo real nas três dimensões do espaço virtual. O objetivo é fazer com que o espectador descubra uma escultura virtual situada num espaço virtual não-observável naturalmente. O espectador dispõe, para tanto, de um monitor ligado a um computador por um cabo e instalado sobre um pé móvel. Ao mover o monitor, que funciona como uma espécie de janela aberta para o espaço virtual, o espectador explora esse espaço em todos os sentidos e acaba por descobrir o objeto escondido do qual ele pode aproximar-se ou contornar. Com *Ménagerie*, realizado em 1993 para *Revue virtuelle* do Centro Georges Pompidou por Michael Girard e Susan Amkraut, com o auxílio do dispositivo de telepresença BOOM de Scott Fisher (binóculos estereoscópicos montados sobre um braço articulado), o espectador mergulha numa espécie de mundo-palco virtual em que evoluem cães, pássaros, borboletas e avestruzes com os quais ele interage, voltando os binóculos para a direção escolhida. Todos esses animais reagem ora na presença do espectador, aproximam-se ou fogem dele, ora na presença dos outros animais virtuais, segundo leis algorítmicas comportamentais. Num tom mais íntimo, Luc Courchesne nos convida, com *Family portrait: encounter with a virtual society* (1993), a dialogar com os membros de uma pequena comunidade virtual. Essas personagens fazem ao visitante perguntas orais que se inscrevem simultaneamente na imagem. Esse visitante pode replicar escolhendo suas respostas com a ajuda de um cursor. Segue-se um diálogo notável por sua riqueza e por seu aspecto inesperado, embora todas as palavras pronunciadas já estejam gravadas. É a maneira pela qual o público faz sua seleção que determina a combinatória das respostas e seu encadeamento surpreendente.

Genetic images, de Karl Sims, é o resultado de longas pesquisas que remontam ao fim dos anos 80. A idéia é simular bem de perto a evolução dos seres vivos, segundo as hipóteses de Darwin (variação contínua e seleção). A programação desempenha, por conseguinte, um papel primordial, e o estabelecimento de uma interface é, de um ponto de vista estritamente perceptivo, bastante simples — ficando, a complexidade, restrita ao cálculo. O espectador é posto defronte a doze monitores em semicírculo; na frente de cada monitor se coloca, no chão, um sensor, e liga-se o conjunto ao computador. A única ação do espectador consiste em agir sobre o sensor que registra somente um breve sinal; mas dessa maneira ele manifesta sua escolha e seleciona as imagens que prefere. Trata-se de um comportamento muito diferente da observação ou da contemplação de uma imagem ou de uma seqüência de imagens tradicionais; há contato e realmente o encontro entre o observador e os seres-imagens cujo devir ele orienta. As imagens eliminadas são gradualmente substituídas pelas que resultam dos cruzamentos. Alguns efeitos de mutação ao acaso também intervêm e multiplicam as variações. As telas são, aos poucos, invadidas por novas gerações de imagens cujas formas se adaptam ao meio ambiente, isto é, ao gosto dos observadores, pois várias pessoas podem intervir ao mesmo tempo. Obviamente essa simulação está muito distante do modelo darwiniano, mas os objetivos de Sims não consistem em provar a validade desse modelo. Ele instaura uma analogia possível, entre outras, entre o vivo e o artificial, entre a vida e a arte, e interroga, mais uma vez, uma e outra.

A OBRA, O AUTOR E O CO-AUTOR

Os dispositivos abertos (*on line*) têm, por sua vez, a particularidade de estar interconectados em redes. Várias pessoas, e até mesmo um número considerável de pessoas, podem entrar juntas no jogo da interatividade. Uma outra dimensão, coletiva, é, então, acrescentada à relação dual entre a obra e o espectador. A interação não se produz mais somente entre a obra e o espectador, mas entre a coletividade dos espectadores, através da obra. Nas mais representativas situações, a participação do espectador, que se dá sob a forma de gestos, textos, imagens (e eventualmente de sons) se inscreve na memória da obra cuja identidade muda e evolui permanentemente em torno de um núcleo pré-concebido pelo autor que lhe assegura uma coerência e uma continuidade. A recente facilidade de acesso às grandes redes internacionais, como a Internet, já suscitou um espantoso florescimento de proposições também muito variadas. Contudo, essas novas possibilidades estéticas oferecidas pelas redes interativas apenas agora começam a ser exploradas num nível de participação complexo o suficiente para se tornarem interessantes. Na realidade, os primeiros experimentos pontuais, como os de Roy Ascott, ocorreram no início dos anos 80 e apresentaram, na hora, um interesse estético incontestável. Esses experimentos têm, freqüentemente, uma forte vocação transcultural, mas também existem outros que buscam uma certa forma de reterritorialização monocultural (como, por exemplo, as ações que reivindicam o uso de um idioma e de sua cultura — como o francês e o espanhol — contra a hegemonia do anglo-americano). No momento, devido à relativa lentidão da rede, a interatividade se limita à troca de informações visuais e textuais bastante lentas. Algumas podem ocorrer em tempo real. Todavia, formas de interatividade mais elaboradas, que solicitam modalidades sensoriais, como a percepção visual em três dimensões e o tato, se tornarão possíveis.

Todos esses dispositivos têm em comum um certo número de especificidades novas. O acoplamento interativo, ainda mais eficaz porque se conjuga em tempo real, introduz mudanças radicais nas relações tradicionais entre a obra, o autor e o espectador. A obra interativa só tem existência e sentido na medida em que o espectador interage com ela. Sem essa interação, de que depende totalmente, ainda que reduzida apenas a um gesto elementar, ela continua sendo uma potencialidade não-perceptível. A obra não é mais fruto exclusivo da *autoridade* do artista, mas se engendra durante um diálogo em tempo real com o espectador. Diálogo, no sentido amplo, em que intervêm outras modalidades além da linguagem, a exemplo das modalidades visuais, sonoras, gestuais, e até mesmo táteis; diálogo que, ao mesmo tempo que se aproxima da comunicação lingüística, se distancia também pelos efeitos do tratamento numérico da informação que se infiltra no cerne das operações.

Adquirindo a possibilidade de agir sobre a obra e de modificá-la, de "aumentá-la", o espectador se torna em certa medida o seu co-autor, visto que é esse o significado da palavra *autor* (o sentido primeiro de *auctor* é "aquele que aumenta, que funda"), nos limites impostos pelo programa. O autor delega, então, a esse ou a esses co-autores uma parte de sua capacidade de fazer crescer a obra e de refundá-la. Necessariamente associados à produção e à circulação dos textos, das imagens e dos sons, o autor e o seu (ou os seus) destinatário(s) se vêem ligados ao mesmo projeto — projeto em perpétuos gestação, mutação, florescimento, repercussão, mas também em não menos perpétuos supressão, degradação, dispersão, destruição. Autor e co-autor dividem a mesma vontade de troca, o mesmo espaço sensível (o das interfaces e das redes) através da mesma temporalidade instauradora. Enquanto sob o efeito da multimodalidade, o leque das percepções se amplia, a visão se "recorporaliza", novas combinatórias sinestésicas surgem: a hierarquia do sensível se

---

3) Ver COUCHOT, Edmond (1996). "Des changements dans la hiérarchie du sensible. Le retour du corps", *Les cinq sens et la création. Art, technologie et création*. Champ Vallon.

recompõe.[3] As noções de autor, de obra e de espectador se tornam, em suas acepções clássicas, obsoletas; suas fronteiras se dissolvem, sofrem mutações, ficam híbridas.

O TEMPO REAL NÃO ESPERA

O tempo real torna igualmente caduca uma certa concepção da arte. Segundo essa concepção, só haveria arte contanto que esta estivesse à frente de seu tempo. Uma velha idéia que remonta a Baudelaire: "O público é, em relação ao gênio, um relógio que atrasa". Mas uma idéia em torno da qual todo o sistema da arte desde meados do século XIX se constituiu: uma arte à frente de seu tempo e cuja regra de ouro é a invocação permanente, um público sempre atrasado, e entre eles toda uma hierarquia de mediadores culturais (críticos, historiadores, galerias de arte, museus, coleções, instituições diversas, particularmente desenvolvidas na França, etc.) encarregados de revelar essa arte e de inscrevê-la no presente.[4] E eis que, devido às tecnologias numéricas interativas, o artista e o público serão daqui para frente obrigados a ver as horas no mesmo relógio, o do tempo real. A distância que os separava um do outro e que conferia ao criador esse papel de antecipador, metade demiurgo, metade profeta, se reduz inexoravelmente. Claro, o sistema já foi contestado, as vanguardas já perderam sua importância e os mediadores também já começaram a questionar. O debate atual sobre a arte (Contra ou a favor? Crise ou continuidade?) traduz nestes últimos um certo mal-estar cuja causa deve ser buscada na obsolescência, não das atividades criadoras, mas da arte como sistema. Com o tempo real e a interatividade, tal obsolescência aumenta consideravelmente; é toda a tecnologia (ciência e técnica confundidas numa implacável eficácia) que contribui para tanto. Nem por isso se deveria deduzir que a arte interativa está, por sua vez, à frente da arte tradicional. Uma arte tecnologicamente mais sofisticada não é mais artística. A interatividade em tempo real não engendra forçosamente arte, do mesmo modo que a expansão da Internet não engendra automaticamente a democracia. As tecnologias mudam apenas as condições da criação artística. Mas as mudam em profundidade, mudando, concomitantemente, as condições do trabalho do imaginário, das relações entre subjetividade e automatismos mecânicos, bem como da produção e da circulação do sentido.

Ao mesmo tempo também colocam novos problemas. Os materiais utilizados pelos artistas não são mais essencialmente de ordem física ou energética, mas de ordem simbólica: são materiais abstratos, altamente formalizados, constituídos por programas informáticos a partir de modelos tomados de empréstimo ao domínio da ciência (da física às Ciências Cognitivas e biológicas, passando pelas matemáticas). O numérico projeta a arte no campo de atração imediato dessa tecnociência, sem que os artistas, aliás, tenham todos uma clara consciência disso. Daí as novas relações a definir e a dominar entre arte, ciência e técnica. O tempo real, quanto a ele, impõe um comportamento que se estende a todos os níveis da socialização dos signos. É o conjunto da sociedade, e de uma sociedade mundializada, e não alguns artistas em busca de experimentação, que está prestes a imergir no tempo real. Viver em tempo real está-se tornando o novo modo de vida, cada vez mais obsecante, do mundo. E como todos já fizeram a experiência, *o tempo real não espera*. Exclui toda espera, toda temporização. Nele o menor atraso se torna intolerável. Todas as atividades sociais (da política à econômica, passando pelo cotidiano mais banal) tendem a funcionar cada vez mais nesse modo temporal numa impaciência permanente e febril que não sofre mais nenhuma mediação, nenhum atraso nas trocas. O tempo real (que ele tenha sido chamado assim, nos leva a temer que o

4) Ver COUCHOT, Edmond (1997). "A arte pode ainda ser um relógio que adianta? O autor, a obra e o espectador na hora do tempo real", *A Arte no século XXI*. São Paulo: Unesp.

outro tempo não o seja mais!) é o tempo da virtualidade, da simulação; nem passado, nem futuro, ele estica indefinidamente o presente, graças à rapidez cada vez maior do cálculo, e nos mergulha, cada um de nós, numa instantaneidade contínua — uma espécie de tempo fora da duração, acrônico, que subverte fortemente nossa relação com o passado e com o futuro, com a memória e com o esquecimento.

É em torno dessas questões — que são tanto de ordem técnica e estética quanto de ordem ética, política e econômica — que o debate sobre a arte, mas sobre uma arte que, se constituindo fora do sistema e que talvez não seja mais reconhecida como arte, deverá ocorrer daqui para a frente se não quiser tornar-se também obsoleto.

NOVOS RUMOS NA ARTE INTERATIVA

Eduardo Kac

Dos gigantescos computadores da década de 40 até os computadores desktop, laptop e palmtop, bem como os computadores vestíveis sem fio atuais, a interação humana com essa poderosa máquina de fazer cálculos mudou. Quando nos anos 60 os computadores adquiriram a capacidade de produzir e manipular imagens, a computação gráfica se tornou proeminente tema de pesquisa entre os engenheiros. Da mesma maneira, os computadores começaram a atrair a atenção de artistas visuais por todo o mundo.

Surpreendentemente, algumas vezes, os trabalhos produzidos por engenheiros adquiriram forte impacto visual e cultural. Isso é exemplificado pela equipe japonesa chamada Grupo de Técnica Computacional, de Tóquio. Nos anos 60, eles produziram clássicos como *Running Cola is Africa* (*Coca correndo é África*), uma seqüência gráfica com efeito *morphing* em preto-e-branco mostrando a transformação de um corredor para uma garrafa de Coca-Cola que se transformava, a seguir, no mapa da África.

Trabalhando em paralelo à Pop Arte, ao Conceitualismo e à Arte Cinética nos anos 60, muitos artistas inovadores abandonaram o apelo táctil do domínio analógico e se aventuraram no território desconhecido da computação gráfica. Exemplos clássicos incluem os trabalhos dos norte-americanos John Whitney e Charles Csuri, do brasileiro Waldemar Cordeiro, da húngara Vera Molnar e do alemão Manfred Mohr. Muitos artistas, que trabalhavam com computação na época, exploraram algoritmos que geravam múltiplas formas de arte abstrata ou construtivista. Outros criaram imagens figurativas que adquiriam carga poética através de procedimentos gráficos específicos (por exemplo, *warping, morphing, zooming*). A obra de Cordeiro é particularmente distinta nesse contexto, porque o artista, vivendo na pior fase da ditadura militar brasileira, produziu imagens digitais ricas em conteúdos pessoais, emotivos ou sutilmente políticos.

A computação gráfica na arte continuou a florescer nos anos 70 e 80, e, à medida que novos algoritmos iam sendo desenvolvidos, as imagens digitais começavam a adquirir cores, ricos sombreados e qualidades fotográficas. Os computadores foram pouco a pouco introduzidos nas instalações artísticas interativas, o que é exemplificado por históricas exibições como a *Software*, com curadoria de Jack Burnham em 1970 para o Jewish Museum em Nova Iorque. A computação gráfica adquiriu proeminência em vídeos e filmes na década de 80, e até mesmo os comerciais de televisão começaram a apresentar animações digitais com regularidade. O lançamento do computador Macintosh em 1984 e a subseqüente indústria de programas gráficos tornaram acessível a um maior número de artistas a criação de imagens por computador. Por conseguinte, a criação de imagens digitais apresentou novos desafios a uma nova geração de artistas, que desfrutaram de uma liberdade criativa sem precedentes. Na década de 90, quando a nova fronteira da computação gráfica se tornou uma prática artística estabelecida e madura, e uma indústria estável, artistas experimentais começaram a introduzir a imagem digital em novos domínios da imaginação e da experiência. As obras discutidas a seguir revelam alguns dos trabalhos mais instigantes nas áreas da realidade virtual, performance interativa, avatares, telepresença e vida artificial.

A IMAGEM COMO ESPAÇO

A partir do final dos anos 80, o termo realidade virtual começa a ser amplamente usado nas publicações especializadas e nas revistas populares, em geral empregado para significar conceitos diferentes, servindo a propósitos diferentes. Quando foi pioneiramente desenvolvida por Ivan Sutherland nos idos da década de 60, a tecnologia da realidade virtual tinha por objetivo possibilitar a visualização científica de dados tridimensionais em tempo real, através do uso de um estereoscópio eletrônico (*head-mounted display*).

Visto que a tecnologia se tornou gradativamente menos onerosa, o seu uso se estendeu para além das pesquisas laboratoriais, tendo milhares de aplicações, como na educação, no treinamento militar, na medicina e nos jogos. Fiel às suas origens, o conceito se refere ao espaço visual no qual o observador pode navegar, em três dimensões e em tempo real. Se se observa o espaço por meio de um dispositivo estereoscópico, tem-se a sensação de estar imerso no espaço. Para ter uma experiência completa, é preciso que o computador tenha potência suficiente para calcular qualquer mudança sutil do ponto de vista do participante em tempo real.

Em 1995, a artista canadense Char Davies, trabalhando com designers e programadores, criou *Osmose*, uma obra imersiva de realidade virtual que convidava os observadores a se mover por infinitos mundos sintéticos. Nessa obra, Davies apresentou uma nova interface. Na forma de um colete, essa interface possibilitava ao "imersante" (termo de Davis para a pessoa imersa no mundo virtual) locomover-se, flutuando no mundo virtual, em tempo real, através da respiração e do equilíbrio. Dessa maneira, os observadores podiam inalar para subir e exalar para descer, bem como mover-se para frente e para trás no espaço virtual, inclinando-se da mesma maneira no mundo físico. Eles navegavam num mundo complexo feito de formas naturais, como árvores, e de elementos sintéticos, como grades cartesianas numa estrutura de arame em três dimensões, repletas de substâncias diáfanas.

"A instalação pública de Osmose", explicou Davies, "incluía uma grande projeção estereoscópica em vídeo e áudio, de imagens e sons interativos, transmitidos em tempo real do ponto de vista do 'imersante'. Tal projeção permitiu aos membros do público, munidos de óculos polarizadores, testemunhar cada jornada imersiva, acompanhando o processo. Embora a imersão ocorresse numa área privada, uma tela translúcida do tamanho da tela do vídeo possibilitava ao público observar os gestos corporais do imersante como uma poética silhueta de sombra."

Sua obra mais recente, chamada *Éphémère* (efêmero, em francês), também foi criada com uma equipe de designers e programadores e foi inaugurada em 1998 na National Gallery of Canada em Ottawa. Enquanto em *Osmose* o imersante podia mover-se por clareiras no meio de uma floresta de objetos estáticos, em *Éphémère* cada objeto está sempre em movimento fluido. Organizada em três níveis, essa nova obra faz uso de metáforas orgânicas e naturais, só que dessa vez se sugere uma analogia entre a natureza e o corpo humano. Como em *Osmose*, *Éphémère* usa o colete como interface, propulsionando, pela respiração e pelo equilíbrio, o observador no espaço. A obra faz uso criativo de sons distribuídos espacialmente em três dimensões, e só pode ser completamente vivenciada como realidade virtual por meio de capacetes. Como os observadores tentam aproveitar ao máximo os seus 15 minutos (o limite de tempo é necessário para criar equilíbrio entre intensidade da experiência e acesso igualitário entre membros do público), a sua noção de tempo pode parecer deformada. A imagem digital se torna um espaço navegável, e imersantes podem então se sentir perdidos, à deriva, explorando novos mundos.

A IMAGEM COMO INTERFACE PARA O CORPO

Com a intenção de produzir uma visão mais distópica da realidade virtual, o artista Marcel.li Antunez Roca, de Barcelona, criou uma performance interativa a um só tempo delirante e assustadora. Chamada *Epizoo*, foi primeiramente apresentada no México em 1994 e desde então foi vista em mais de 55 cidades. A obra foi vista no Rio de Janeiro no Festival de Artes Cênicas, em outubro de 1997. Eu a vi num pequeno teatro em Helsinque, em 1996, sentado no palco num círculo de cerca de cinqüenta pessoas. Como o público esperava a entrada do artista, comecei a observar o aparato posicionado na frente do palco: uma espécie de exosqueleto metálico, uma pequena câmara presa numa luva, alto-falantes e uma ampla tela de projeção elevada acima da pequena área de ação designada ao performer. Um computador também fazia parte do conjunto, mas se encontrava fora do círculo formado pela platéia.

Marcel.li entrou solenemente no palco com um robe. Posicionou-se na frente, no centro da área designada, e o tirou. Com a ajuda de um assistente, vestiu o exosqueleto, criando no palco a imagem de um cyborg, mistura de homem e máquina. No aparato havia componentes de metal que foram postos em várias partes do corpo do artista, como, por exemplo, no peito, nos ouvidos, na boca, no nariz e nas nádegas. No alto da cabeça, um grande bico de Bunsen sugeria que a chama também faria parte do show. A grande quantidade de tubos plásticos (necessários para o funcionamento do exosqueleto pneumático), que circundavam o artista, sugeriam que seus movimentos seriam prejudicados. Assim que a música começou, um dos assistentes de Marcel.li sentou-se ao computador e começou a clicar em imagens, que dançavam na ampla tela visível acima da cabeça do artista. Quando o assistente clicava nas imagens, percebíamos que as articulações metálicas das partes do exosqueleto também começavam a se mexer e que os sons dos cliques eram muito acentuados. Os componentes metálicos mexiam as partes escolhidas do corpo de forma engraçada e ao mesmo tempo assustadora. À medida que a pessoa ao computador ativava o corpo do artista, movendo suas partes numa coreografia peculiar, também ficou claro que a mobilidade limitada do artista era igualmente significativa, evocando os perigos das tecnologias de controle. Seu corpo estava sob controle alheio.

As imagens digitais vistas na tela, mescla de fotografias e animações, que em geral incluíam a própria imagem do artista, funcionavam perfeitamente como uma interface para o seu corpo. Ao mesmo tempo bem-humoradas em seu tratamento e terríveis no conteúdo, tais imagens retratavam cenas de tortura e de violência, transformando as partes do corpo em elementos combinatórios e disponíveis. O artista se virava regularmente para revelar todos os ângulos de vista possíveis. Com a luva-câmara (câmara presa à luva), ele acrescentou pontos de visão adicionais, levantando e balançando a mão. A edição em tempo real possibilitou ao público ver a combinação entre a interface digital e o vídeo ao vivo.

Conforme o corpo do artista ia sendo manipulado pela interface, o público via sua boca e nariz serem arreganhados, seus ouvidos sendo dobrados para frente e para trás, o peito e as nádegas sendo puxadas para cima e para baixo. No meio da performance, o público foi convidado a controlar a interface multimídia e a assumir o controle do corpo de Marcel.li. Muitos fizeram isso, e o espetáculo mostrando a fria e desapegada manipulação de carne humana suada, através de uma interface digital limpa e seca, continuou. A performance toda durou cerca de 30 minutos. Culminou com uma ampla chama projetada verticalmente a partir do capacete do artista, o que possibilitou a formação de uma crítica e conclusiva visão da interface homem-máquina.

A IMAGEM COMO AVATAR

Enquanto o corpo em questão em *Epizoo* é feito de carne e osso, os corpos virtuais em *Bodies© INCorporated* são feitos de pixels e *wireframes. Bodies© INCorporated* é uma obra criada para a Web da artista californiana Victoria Vesna, desenvolvida em colaboração com artistas, músicos, empresas e programadores. A premissa básica do site, que foi posto *on line* pela primeira vez em 1996, é que os espectadores da Web fiquem ativos numa estrutura corporativa simulada, e à medida que vão conseguindo agir, podem encomendar e escolher corpos digitais.

Explorando as variáveis da interação na Net, Victoria vê *Bodies© INCorporated* como uma investigação na área da psicologia social e dinâmica de grupo num contexto corporativo. Depois de anunciar a criação do site e a possibilidade de corpos digitais serem criados por encomenda, Victoria se viu sobrecarregada de respostas. Chegavam pedidos para os gêneros masculino e feminino, hermafrodita, com preferências sexuais do heterossexual ao transexual, do homossexual ao bissexual e ao assexual. A maior parte pedia corpos que representassem alteregos, seguidos dos parceiros sexuais desejados e, em menor número, namorados. Para desviar a atenção de um contexto exclusivamente sexual, eram adicionados aos corpos texturas para dar valor simbólico à pele digital. Enquanto a maioria das solicitações era por corpos sem nenhuma textura, muitos faziam sua escolha a partir de menus que incluíam borracha preta, plástico azul, bronze, chocolate, barro, nuvens, concreto, vidro, lava, chumbo e água.

"Inicialmente, o participante é convidado a construir um corpo virtual constituído de partes, tecidos e sons predefinidos, e a ser sócio da ampla comunidade dos possuidores-do-corpo," explica Victoria. "Os principais elementos do site *on line* são três ambientes digitais (subsidiários do *Bodies© INCorporated*), onde ocorrem diferentes setores de atividades: *Limbo© INCorporated*, uma zona cinzenta, bem indescritível, onde as informações sobre corpos inertes, que foram deixados — abandonados ou negligenciados pelos seus possuidores —, é acessada; *Necropolis© INCorporated*, uma atmosfera ricamente tecida, barroca, onde os possuidores podem tanto olhar quanto escolher como desejam que seus corpos morram; e *Showplace!!!© INCorporate*, onde os membros podem participar de debates, ver ou atuar nos corpos da semana, apostar nas ações dos mortos, ou entrar em sessões de *chat* que já estão 'mortas' ou que ainda estão 'vivas'".

A criação de corpos digitais, que podem ser usados para representar um indivíduo, pode soar como domínio exclusivo da ficção científica, mas na verdade é um negócio real em expansão. Bons exemplos são empresas como a Viewpoint Data Labs, que vende modelos de corpos tridimensionais e que patrocina o projeto de Victoria, bem como a Cyberware, pioneira no mercado de imagens tridimensionais e detalhadas de pessoas e objetos. A tecnologia da Cyberware, que inclui um scanner do corpo todo, foi usada para fazer filmes populares como *Jornada nas estrelas IV*, *O segredo do abismo*, *Robocop II*, *A hora do pesadelo*, *Exterminador do futuro II*, *The doors*, *Neuromancer*, *Batman II* e *O parque dos dinossauros*. Com a realização de *Toy Story*, em 1995, o primeiro filme completamente animado por computador, tornou-se concebível que uma jovem atriz cujo corpo é escaneado hoje possa estrelar um filme até muito tempo depois da sua morte. O tópico já adquiriu tamanho apelo popular que chegou a chamar a atenção até mesmo do cartunista Gary Trudeau, que, em junho de 1998, retratou nas suas célebres tiras Doonesbury um diálogo entre uma atriz e seu agente, o qual lhe explicava o "elenco virtual". Depois de escanear o corpo todo da atriz, o agente lhe prometeu "fazer videogames das cenas dos avatares — aqueles seus papéis de guerreira que todo mundo conhece... Não só isso, visto que seus arquivos físicos serão criados durante a sua tenra idade, você vai lucrar muito com os direitos autorais anos depois de perder a guerra contra a celulite!". Apesar do sarcasmo no comentário de

Trudeau, Victoria Vesna sabe que uma cultura obcecada pela boa forma e pelos corpos esculpidos encontra uma exata reflexão de si mesma nas incorporações digitais isoladas e calculadas fornecidas pelo site. Espectadores costumam ficar emocionalmente apegados a seus avatares, o que levanta novos questionamentos sobre a identidade, os corpos virtuais e a interação social no ciberespaço.

A IMAGEM COMO PONTE

Os avatares formam representações de discretas entidades na Web. No entanto, também é possível usar a Internet e outras redes telemáticas para criar um vínculo direto com um espaço físico real. O artista e cientista californiano Ken Goldberg é um dos poucos a explorar consistentemente as possibilidades estéticas originais da arte da telepresença (a combinação das telecomunicações com a ação remota). Alguns de seus trabalhos anteriores, baseados na telepresença na Web, incluem o *Mercury project* (1994) e o *Telegarden* (1995). O primeiro apresentava aos espectadores objetos enterrados na areia. Esses objetos eram apresentados como arqueologicamente significativos dentro de um contexto narrativo fictício. O espectador podia controlar um braço robótico industrial para ativar um jato de ar e revelar os artefatos enterrados, bem como recuperar imagens atualizadas, para ver os resultados de sua ação. O segundo era um pequeno jardim com um braço robótico industrial no centro. O braço era controlado por meio da Web e permitia que participantes remotos plantassem sementes e as regassem. Os espectadores também podiam ver reproduções vivas do jardim.

Em ambos os casos, a imagem digital era um componente importante do trabalho e desempenhava uma função específica: criava uma ponte visual entre os espectadores na Web e o espaço físico real onde ficava a aparelhagem. Com *ShadowServer* (1997), além de preservar a condição de ponte da imagem digital, Goldberg lhe deu novo papel. Nesta obra, em vez de observar uma imagem representando uma ação, ao participante da Web é dada a oportunidade de criar, por si próprio, a imagem. Em outras palavras, a lacuna entre ação e imagem diminuiu, porque a ação é, ela própria, a remota criação da representação.

Goldberg descreve o seu trabalho: "O aparato é acondicionado numa caixa à prova de luz que contém objetos físicos, e alguns se movem dentro do aparelho. Os observadores podem interagir com esses objetos por meio de botões. Podem selecionar qualquer combinação dos cinco botões e então clicar no botão 'Cast a shadow' (Projete uma sombra), que ativa uma combinação de dispositivos de luz e que retorna um instantâneo da sombra resultante. Cada combinação de botões produz diferentes condições de iluminação. Algumas combinações casuais fornecerão pistas que levam ao misterioso sexto botão. O sexto botão ilumina segredos escondidos numa alcova do aparelho".

As imagens criadas pelo observador através da interface ShadowServer evocam, invariavelmente, os misteriosos e belos fotogramas de Moholy-Nagy e também os fotogramas da Caixa de Luz de Nathan Lerner. Membro da Bauhaus, a histórica escola de arte alemã que influenciou muitíssimo a arte e a projeção do século XX, Moholy-Nagy cunhou o termo "fotograma" para designar suas fotografias sem câmara, produzidas pelo contato direto dos objetos com o papel fotográfico. Entre os seus primeiros experimentos com o fotograma em 1922 e a sua prematura morte em 1946, o mestre construtivista produziu cerca de quinhentos fotogramas que demonstraram efetivamente sua crença de que a luz era, por si só, um importante novo meio de criação artística. Fugindo da ascensão do Fascismo na Europa nos anos 30, Moholy-Nagy imigrou para os Estados Unidos para fundar a Nova Bauhaus em Chicago. Entre os seus alunos estava o fotógrafo norte-americano Nathan Lerner, que em 1938 inventou a Caixa de Luz. Tratava-se de uma caixa perfurada com luzes colocadas dentro e fora, cujos objetos eram suspendidos para criar primorosos fotogramas. Lerner escreveu na época: "Sinto que, se eu pudesse criar um mundo virtual de trevas, podendo posteriormente desenvolvê-lo num mundo de luz ordenado, eu estaria perto da solução do problema da organização controlada da luz". Como o experimento da caixa de luz adquire uma remota e automática natureza no trabalho que Goldberg desenvolve na Web, percebemos uma ressonância histórica distinta entre a aventura de modulação de luz dos fotógrafos vanguardistas e a postura democratizadora da arte na Web. A pedagogia de Maholy-Nagy estava baseada na tentativa de extrair o que ele acreditava ser a criatividade inerente a todos. Como observadores anônimos criam incontáveis fotogramas digitais na Web, o *ShadowServer* é um exemplo de que essa visão hoje se manifesta digitalmente. Imaterial como a luz, a rede se torna tanto veículo para a arte quanto para a criatividade dos participantes.

A IMAGEM COMO VIDA

O desejo de trabalhar entre os reinos real e digital não é exclusividade da arte da telepresença. Na instalação interativa intitulada *A-Volve*, a austríaca Christa Sommerer e o francês Laurent Mignonneau criaram uma metáfora formidável da vida artificial, fundindo elementos tangíveis e intangíveis. A obra foi premiada no Festival Internacional de Artes Eletrônicas Ars Electronica, em Linz, na Áustria, em 1994. O duo europeu, que atualmente reside no Japão, permitiu, em *A-Volve*, que as imagens digitais geradas em tempo real por observadores anônimos desenvolvessem comportamentos semelhantes aos da vida real e interagissem numa piscina de 15 cm de profundidade, medindo 180 x 135 cm. Observadores, acostumados com a animação tradicional feita por computador, descobriram que esses organismos animados não eram previsíveis em seus movimentos e que adquiriram padrões comportamentais idiossincráticos nesse meio ambiente interativo em tempo real.

Aproximando-se da instalação, os observadores, além de ver a piscina de água, viram um pedestal com uma tela digital embutida. Solicitados a desenhar livremente no monitor com os dedos, os observadores improvisaram e esboçaram tanto o perfil quanto a vista superior de um organismo artificial. Alguns instantes depois, eles viram essa criatura emergir das profundezas da piscina e começar a nadar com o seu próprio e exclusivo padrão comportamental de movimento. A criatura também interagiu de forma complexa com outros organismos artificiais, que já estavam na piscina, seguindo regras de sobrevivência que incluíam padrões acasaladores e predatórios. Os espectadores puderam olhar dentro da piscina e observar as criaturas "na água", porque uma tela projetora formava o chão da piscina e as imagens em tempo real eram projetadas para cima nesta tela. A sensação foi ainda mais realçada pelo fato de que o meio ambiente digital, em que as criaturas viviam, foi criado a partir de uma perspectiva com um ponto de vista único e com um fundo escuro e difuso, o que dava a impressão visual de uma lagoa muito mais funda.

O título da obra evoca claramente a idéia de evolução artificial, porque, em vez da esperada letra E de evolução, encontramos o A que também prefixa a disciplina científica emergente da Alife, ou vida artificial. Uma das idéias-chave desse novo campo científico é a de que o que conhecemos sobre a vida se baseia, obviamente, na vida na Terra e que a vida pode, concebivelmente, tomar outras incontáveis formas, muitas das quais podemos não estar prontos para reconhecer devido às nossas expectativas terrestres preconcebidas. O que conhecemos é a vida baseada no carbono, e mesmo assim ficamos sempre surpresos com as novas descobertas que parecem estilhaçar as pressuposições confortáveis que até agora serviram de pilares para as ciências biológicas. Um bom exemplo é a descoberta recente de prósperas colônias de microorganismos que vivem em meios ambientes inóspitos, como, por exemplo, dentro de rochas e no fundo do mar, onde as temperaturas e a toxicidade são incrivelmente altas e o oxigênio carente. Para explorar alternativas para o conceito de vida como nós o entendemos, cientistas rotineiramente criam algoritmos que emulam padrões de vida básicos, como nascimento, crescimento, reprodução e morte, e que permitem que os organismos digitais interajam entre si. Isso com freqüência resulta em comportamentos emergentes imprevisíveis que se assemelham mais estreitamente a complexas interações típicas de criaturas cujas vidas têm por base o carbono. Podem ocorrer surpresas, e, além disso, por conseguinte, pesquisas no âmbito da biologia artificial.

A-Volve extrai esse conceito do domínio afastado dos laboratórios científicos e lhe oferece uma expressão tangível. A obra permite que os espectadores se tornem participantes quando assumem a responsabilidade pela criação desses organismos e quando interagem com eles, movendo as mãos na água. Se os espectadores "pegam" uma das criaturas, eles podem trazê-la para mais perto da outra e formar um par. Isso resulta no "nascimento" de novas criaturas, que logo depois podem ser vistas a debater-se na água. Essa situação permite aos espectadores interferir ainda mais no curso evolucionário desse microcosmo digital e descobrir como as fronteiras entre o real e o artificial podem ser tênues.

Os trabalhos acima examinados revelam novos rumos para a arte interativa. Expandindo o papel da imagem individual e dando maior ênfase à qualidade dinâmica da experiência, essas obras desafiam a noção de que a obra de arte tem de estar centrada no "autor" e que tem de ser materialmente estável, como é comum na pintura e na escultura. Essencialmente imaterial, com vários graus de complexidade emotiva, intelectual e técnica, essas obras de arte eletrônicas são vistas com regularidade em mostras internacionais, mas quase nunca nos mesmos espaços e pelo mesmo público que forma o mercado de arte. Esses e outros artistas, que estão desenvolvendo uma nova arte baseada nos novos meios contemporâneos, estão encontrando espaços alternativos para apresentar a sua obra. Em algumas circunstâncias, como no caso de Victoria Vesna e Ken Goldberg, a Internet é o espaço digital "natural" para mostrar a obra, que pode ao mesmo tempo alcançar um público global imenso. Char Davies e Sommerer e Mignoneu costumam mostrar o seu trabalho em museus e Marcel.li Antunez Roca mostrou a sua performance em mais de cinqüenta cidades em dezessete países. A arte eletrônica é vista com freqüência em muitos espaços diferentes, em vários países, e em múltiplas formas. Museus já começam a mostrar a arte eletrônica com mais freqüência. Esse interesse é a clara indicação de que a arte eletrônica tem muito a nos dizer sobre a experiência contemporânea, sobre os limites e possibilidades da arte, e sobre nós mesmos.

EXPERIMENTAÇÕES ARTÍSTICAS EM REDES TELEMÁTICAS E WEB

Gilbertto Prado

1. INTRODUÇÃO: ARTE E TELECOMUNICAÇÕES DOS ANOS 70 AOS 90

Na medida em que valorizava a comunicação, a Arte Postal é o primeiro movimento da história da arte a ser verdadeiramente transnacional. Esta é a razão de não podermos falar de redes artísticas sem nos referirmos a *mail-art*. Reunindo artistas de todas as nacionalidades e inclinações ideológicas, partilhando um objetivo comum, tratava-se de experimentar novas possibilidades e intercambiar trabalhos numa rede livre e paralela ao mercado "oficial" da arte. A *mail-art* é certamente uma das primeiras manifestações artísticas a tratar com a comunicação em rede à grande escala.[1] Ela encontra suas origens em movimentos como o Neo-dada, *Fluxus*, Novo Realismo e o Gutai. O ano de 1963, data de fundação do New York Correspondence School of Art pelo artista Ray Johnson, pode ser considerado como "data de nascimento" da Arte Postal.

Igualmente, no início dos anos 70, já existia por parte de alguns artistas a vontade e a intenção de utilizar meios e procedimentos instantâneos de comunicação e suportes "imateriais". Não se desejava mais trabalhar com o lento processo de comunicação postal: era preciso fazer depressa e diretamente, passar do assíncrono ao sincrônico. O desejo de instantaneidade, de transmissão em direto, as questões de ubiqüidade e de tempo real já estavam presente nessa época. Uma outra particularidade dos anos 70 era a característica "instrumental".[2] Nessa época, começa-se a estabelecer e desenvolver as bases de uma relação entre arte e telecomunicações, com artistas que criam e

---

1) Embora a utilização por artistas das redes de computadores já estivesse embrionária nas experiências do *mail-art*, faltava uma conjuntura mais particular para produzir a ruptura dessas novas experimentações artísticas. Entre alguns desses fatores poderíamos indicar: o desenvolvimento das tecnologias leves como câmeras portáteis, microcomputadores, tornando possível a coexistência de vários registros temporais, permitindo assim uma vasta exploração pelos artistas deste "novo" espaço; uma imediatização da presença à distância aportada pelo telefone se conjugando com a malha planetária das redes de computadores capazes de transportar esses sinais. No que tange particularmente à *mail-art*, atualmente, pode-se encontrar sites com referências na rede Internet como: Artpool (http://www.artpool.hu/Ray/5/add3.html); RAT (http://cemu.fmv.ulg.ac.be/fmv1/MAN/92-11d.htm); La Poesia Experimental en America Latina (http://www.abaforum.es/users/2010/lapoesia.htm); JCM – TAM (http://www.faximum.com/jas.d/tam_065.htm); Arte Postal en Internet (http://www.artepostal.org.mx/enlaces/); Absurditische liga (http://www.swb.de/personal/abs/index.html); MAGAM (http://ccwf.cc.utexas.edu/~ifki311/softbomb/links.html); EMMA, The Electronic Museum of Mail Art. (http://home.actlab.utexas.edu/emma/); Artnetwork: (http://millkern.com/webdoc/mail_rtl.html); Correspondance Art/Mail Art on the WWW(http://www.artpool.hu/MailArt/links/texts.html); A Network of Sparks (http://enea.sapienza.it/magam/inglese/library/net.html); NetshakeOnline (http://gopher.well.sf.ca.us/0/Publications/online_zines/); Democratic art as social sculpture (http://www.fortunecity.com/victorian/palace/62); Boek861 (http://www.fut.es/~boek861); Infomam (http://users.skynet.be/infomam); Invisible Art (http://utenti.tripod.it/poetaerrante); Progetto Ombra (http://enea.sapienza.it/magam/inglese/gallery/maggi.html); Vortice (http://www.geocities.com/SoHo/Workshop/6345/vortice.htm).

2) LOEFFLER, Carl (1991). "Modem dialing out", *Leonardo*, v. 24, n. 2, p. 113.

desenvolvem projetos de ordem global. Nesse período, experiências em arte e telecomunicações proliferaram, utilizando satélites, SlowScan TV (televisão de varredura lenta), redes de computadores pessoais, telefone, fax e outras formas de reprodução e de distribuição utilizando as telecomunicações e a eletrônica.[3]

Apesar do embrião da Internet ter surgido em 1969 com a Arpanet, a utilização artística das redes de computadores começou a ser trabalhada de maneira sistemática somente a partir de 1980. Entre essas primeiras manifestações, Robert Adrian propôs um evento chamado *Artbox* — uma rede artística de "correio eletrônico" —, com ajuda da companhia multinacional *I.P. Sharp*, sediada no Canadá.[4] Mais tarde, *Artbox* vai-se tornar *Artex*, uma das pioneiras das redes artísticas eletrônicas de acesso internacional, que foi a base de inúmeros projetos de telecomunicação.

Cabe ainda assinalar que a maior parte dos eventos em arte e telecomunicações utilizando computadores e/ou outros meios anteriores a Internet eram realizados a partir de redes efêmeras, especialmente estruturadas para o evento. Eram propostas de artistas que se reuniam pontualmente para essas participações: eram disponibilizados computadores e modens para esses fins específicos em diferentes locais do planeta que se comunicavam entre si via telefone formando uma rede única e "dedicada". Uma vez o evento transcorrido, esse "grupo de participantes" e a "rede" estabelecida deixavam de existir tanto enquanto estrutura de comunicação, como enquanto grupo de ação artística. No caso particular da Internet, uma vez que a ação termine, mesmo com a "dissolução" do grupo, a estrutura de comunicação se mantém. Com a Internet existe inclusive a possibilidade de se ter espaços de interação permanentes — mesmo que a participação das pessoas seja pontual e efêmera —, como é o caso de vários sites que funcionam como espaços de Exposições Eletrônicas. Além do "endereço" desses sites, esses espaços podem ser localizados por ferramentas de busca, ou seja, encontram-se disponíveis a qualquer pessoa que tenha acesso à rede, em contrapartida aos eventos anteriores, onde, para se formar o grupo de ação artística, os contatos eram muito mais longos e mediados por cartas, telefones, fax e contatos pessoais, ou seja, ficavam mais restritos a grupos de atuação específicos. Evidentemente, na Internet, esses grupos acabam também se formando por simetrias e/ou interesses precisos, mas a veiculação e a informação dessas possibilidades para possível participação são muito mais "abertas" e dirigidas a todos interessados. Igualmente o grau de facilidade para se reunir esses grupos e disponibilizar a criação de um evento em rede, assim como sua divulgação, são enormemente agilizados: o grau de virtualização desses contatos é muito maior, ao mesmo tempo que a disponibilidade dos equipamentos e utilização dos mesmos é crescente e se banaliza.

Bom número de trabalhos que circulam pelas redes já tem a possibilidade de atingir um público geograficamente disperso, independentemente da freqüência com que esse público acessa e/ou participa de conferências artísticas *on line* ou utiliza seu computador para navegar em "galerias eletrônicas". Os tempos são outros de quando os artistas acreditavam que era suficiente colocar os trabalhos ao alcance de todos (como tentaram e/ou acreditaram vários artistas dos anos 60 e 70). Mais "realistas", os que hoje experimentam com os novos meios de difusão, procuram menos esse grande público, quase mítico e sonhado, por um público que tenha mais afinidades com suas idéias e propostas. É o espectador que "estabelece o contacto da obra com o mundo exterior,

---

3) A respeito de eventos de arte e telemática, ver, de Gilbertto Prado, "Cronologia de experiências artísticas nas redes de telecomunicações" (*Trilhas*, v. 1, n. 6, pp. 77-103, jul./dez. de 1997). Ver também, de Carl Loeffler e Roy Ascott (comp.), "Chronology and working survey of select telecommunications activity" (*Leonardo*, v. 24, n. 2, 1991) e, de Eduardo Kac, "Aspectos da estética das telecomunicações" (*Comunicação na era pós-moderna*, Mônica Rector e Eduardo Neiva (org.), Rio de Janeiro, Editora Vozes, 1977, pp. 175-199).

4) GIDNEY, Eric (1991). "Art and Telecommunications — 10 years on", *Leonardo*, v. 24, n. 2, p. 148.

decifrando e interpretando suas qualificações profundas e desta maneira adiciona sua própria contribuição ao processo criativo", como dizia Marcel Duchamp.[5]

2. *UMA APROXIMAÇÃO DAS ESTRUTURAS DAS REDES*

As redes são o centro de produção do imaginário da chamada "sociedade transparente"[6] de comunicação. Contrariamente às máquinas de comunicação elas mesmas, as redes são "invisíveis" e só se mostram como terminais para os utilizadores. Mas ao mesmo tempo elas estruturam e representam a dinâmica social e econômica dessa mesma sociedade. As redes, enquanto infra-estruturas elementares de telecomunicações, são matrizes técnicas que estruturam os espaços e como conseqüência os intercâmbios de informações. Eles fazem parte de um esquadrinhamento físico, geograficamente distribuído, mas também de um imaginário disperso entre os utilizadores. Do ponto de vista artístico, as redes tendem a se identificar com o "espírito(s)" dos parceiros, de forma que eles são o suporte de ligação entre os participantes, entre os projetos e algumas vezes profundamente imbricados com o processo mesmo de trabalho de divulgação e de apresentação.[7]

Nós podemos então distinguir na noção de "rede", de uma parte, um conceito, ou seja, uma forma de trabalho, de ação/pensamento, de interação em um contexto partilhado; de outra parte, uma matriz técnica de transporte e de organização da informação e do simbolismo que ela veicula.[8]

Do ponto de vista artístico, as redes contêm duplamente as pessoas como um de seus elementos ativos: enquanto indivíduo, "mestre temporário" da situação, e enquanto co-ator num sistema participativo com certos graus de liberdade e de possibilidades. Uma vez que o interventor se desloca a cada ponto na rede, ele carrega consigo todos os outros. Ele faz valer suas intervenções até o próximo contato, a partir do qual ele se torna espectador sem poder de ação, mais como um propulsor da situação que ele mesmo iniciou. Esse encadeamento de transformações está relacionado tanto ao processo quanto ao produto. É todo um imaginário social e artístico que está em jogo e em transformação. Espaços de transição, eles funcionam mais como ativadores ou catalisadores de ações que se seguem e se encadeiam. Nas experiências de arte em rede o artista renuncia à produção de um objeto finito para se ater aos processos de criação, geralmente coletivos. Mais que uma obra no senso tradicional de objeto único, dotado de uma presença física, o artista propõe um contexto, um quadro sensível onde alguma coisa pode ou não se produzir, um dispositivo suscetível de provocar intercâmbios. Esses podem tomar formas bem diferentes. O artista explora as relações entre os seres e as coisas, propondo novas, abrindo assim vias de comunicação que outros poderão empregar. O artista é mais um potencializador de ações do que um produtor de artefatos.[9]

---

5) Ver, de Baxandall, "Duchamp du signe" (*Ecrits*, Paris, Flammarion, 1975, p. 189, citado por Karen O'Rourke, *Art et communication, art des réseaux: pratiques et problématiques*).
6) VATTIMO, Gianni. *La société transparente*, col. Eclats. Paris: Desclée De Brower.
7) Para Anne Cauquelin, no seu remarcável trabalho (*L'art contemporain*, Paris, PUF, 1992), a rede é uma estrutura que permite e alimenta o deslocamento da obra artìstica (ou o nome do artista) no circuito: "em princìpio e não sem contradição, a obra e o artista são "tratados" pela rede comunicacional, como elementos constitutivos (sem eles a rede não tem razão de existir), mas também como produtos da rede (sem rede nem obra nem artista tem existência visível). São as noções-princípios da comunicação: circundamento (*bouclage*), saturação e nominação, que apresentam o seu status contemporâneo" (p. 53). No nosso caso, não se trata de fazer circular uma "obra" dita "convencional", com um valor de mercado e/ ou institucional reconhecido ou que se pretenda atual. A questão é a de construir o trabalho artístico com/ dentro da rede de maneira que não seja disssociado do próprio processo.
8) PRADO, Gilbertto. "As Redes Artístico-Telemáticas", *Imagens*, n. 3, dez. 1994, pp. 41-44.
9) Idem (1997), "Dispositivos interativos: imagens em redes telemáticas", *A arte no século XXI: a humanização das tecnologias*, Diana Domingues (coord.). São Paulo: Unesp, pp. 295-302.

3. FORMAS DE TRABALHOS NA REDE: ALGUMAS PRÁTICAS ARTÍSTICAS

Seria ilusório querer recensear todas as formas de arte presentes atualmente nas redes eletrônicas. A World Wide Web, a parte da Internet que conheceu a mais forte progressão nesses últimos anos, permitiu aos artistas, galeristas e museus mostrar obras de todos os genêros, desde reprodução de quadros até ambientes de realidade virtual. Porém, de maneira geral, não se faz nenhuma diferenciação entre uma catalogação de espaços de exposição e/ou de divulgação de trabalhos artísticos realizados em distintos suportes e mídias e a desses próprios espaços e mídias serem utilizados para a produção de eventos artísticos numa relação mais direta com a arte telemática. Uma primeira possível "divisão" desses espaços seria:

- Sites de *divulgação* de eventos, exposições, coleções, etc., *via* rede.
- Sites de *realização* de eventos e trabalhos *na* rede.

3.1 SITES DE DIVULGAÇÃO DE EVENTOS, EXPOSIÇÕES, COLEÇÕES, ETC., VIA REDE.

Dessa categoria faz parte a maioria dos sites que se encontra sobre a rubrica "arte" na Internet. Cabe assinalar que muitos dos trabalhos artísticos disponíveis na rede são as imagens digitalizadas desse material que estão expostas em galerias e espaços museais. A rede, nesses casos, funciona basicamente como um canal de informação e indicativo para uma possível visita a esses espaços. O caráter de informação e de divulgação são prioritários e remetem todo tempo à obra "original" e/ou a seu autor e/ou ao espaço de exposição.

Podemos também indicar um grupo como intermediário (entre o *via* rede e *na* rede) que são os museus virtuais e espaços de exposições eletrônicas, que servem como estruturas de divulgação de obras e mostras de artistas "que trabalham com as mídias digitais". Atuam também como espaços de discussão, de divulgação e listagem de outros sites e eventos. Os trabalhos digitais que são assim apresentados não possuem geralmente um outro "equivalente" ou "original-referente" exposto em galerias "convencionais". Esses trabalhos são criados para a rede. Essa diferenciação não implica nenhum juízo de valor e/ou de qualidade dos trabalhos, mas sim uma questão de construção específica e dirigida para a Web. Embora seja difícil fazer essa "separação", o que estamos levando em consideração é o tipo de dado disponível que predomina no site, o que não quer dizer que seja exclusivamente direcionado.

Entre outros exemplos desses dois primeiros itens: *The Walter Phillips Gallery, que opera conjuntamente com o Departamento de Mídias e Artes Visuais do Banff Centre of the Arts, em Alberta, Canadá.[10] *Itaú Cultural, que divulga suas exposições e projetos e deixa disponível também na Internet uma enciclopédia de artes visuais com mais de três mil verbetes, textos críticos e outros.[11] *Casa das Rosas;[12] *o Museu de Arte Contemporânea da USP.[13] *MoMA-Web com projetos de curadoria do Museu de Arte Moderna de Nova York para trabalhos realizados na rede.[14] *ZKM — Center for Art and Media Karlsrule, Alemanha, site da primeira instituição em nível mundial dedicada inteiramente às relações da arte e os novos meios.[15] *ICC — InterCommunication Center:

10) http:// www-nmr.banffcentre.ab.ca/WPG.
11) http://www.itaucultural.org.br.
12) http://www.dialdata.com.br/casadasrosas/.
13) http://www.usp.br/mac.
14) http://www.moma.org/webprojects/.
15) http://www.zkm.de.

tem como objetivo principal promover o diálogo entre ciência, tecnologia, arte e cultura nas suas relações com a sociedade.[16] *SAT — Society for Art and Technology: centro transdisciplinário de Montreal, dedicado a pesquisa e produção na linha de trabalho novas mídias e cultura.[17] *Caiia-Star: conduzidos por Roy Ascott, artistas e cientistas se reúnem para discutir e propor projetos de diferentes naturezas.[18] *ISEA — Inter Society for Eletronic Arts: é uma organização internacional que defende uma comunidade culturalmente diversa e estimula o desenvolvimento de práticas da arte eletrônica.[19] *v2: mostras e concertos refletem o desenvolvimento de pesquisas realizadas por este centro de arte e tecnologia de Rotterdam.[20] *Beyond Interface: apresenta alguns trabalhos artísticos realizados na rede e propõe questionar o contexto da "net.art" ou "art on the net".[21] *äda 'web: espaço que reúne alguns artistas contemporâneos (artistas visuais, coreógrafos, compositores, arquitetos, cineastas, etc.) com o objetivo de estabelecer um diálogo com os usuários da Internet.[22] *BitNik: site que reúne trabalhos de artistas de arte eletrônica, hospedado no LSI-Poli/USP.[23] *ITP: projetos desenvolvidos no Interactive Telecommunications Program da Tisch School of the Arts e New York University.[24] *911 Gallery: são apresentados trabalhos de vários artistas; apropriando-se da especificidade do meio, conduz e refaz o percurso do olhar do usuário e observador.[25] *Galerie Fotohof, onde se pode acessar um banco de dados sobre a arte fotográfica na Áustria, através de portfólios das exposições, biografias e referências bibliográficas de aproximadamente quinhentos artistas.[26] *Cirque du Soleil: o site conta a história do grupo, apresentações, participantes e se apropria de elementos gráficos do mundo do circo.[27] *Museu Virtual: trata-se de um espaço para divulgação de pesquisas em arte computacional e arte eletrônica, ensaios, teses e dissertações.[28] *Encontro com Marcel Duchamp: este site apresenta Duchamp e seus trabalhos, com arquivos de som e imagem.[29]

Nesses grupos que citamos acima, as redes são sobretudo "estruturas", no grupo que se segue elas intervêm mais como "obra".

3.2 SITES DE REALIZAÇÃO DE EVENTOS E TRABALHOS NA REDE

Essa participação pode ser compartilhada diretamente com outros ou ser desencadeada a partir de dispositivos particularmente desenvolvidos e direcionados para esses eventos. Uma série de subdivisões podem ser feitas e de certa forma poderiam ser abrigadas em três grandes grupos: a) banco de dados onde o artista cria uma interface para que o usuário tenha acesso; b) o artista disponibiliza uma interface de contato direto entre os participantes, o que potencializa uma ação conjunta; c) a rede é um dos elementos do conjunto que compõe uma instalação física eventualmente distante. Por essa classificação, não queremos dizer que os artistas sejam definidos por uma única forma de trabalhar como sua característica exclusiva. As diferentes aproximações

16) http://www.ntticc.or.jp/.
17) http://www.sat.qc.ca.
18) http://caiia-star.newport.plymouth.ac.uk.
19) http://www.sat.qc.ca/isea.
20) http://www.v2.nl.
21) http://www.yproductions.com/ beyondinterface/.
22) http://www.adaweb.com.
23) http://www.lsi.usp.br/bitnik.
24) http://www.itp.nyu.edu/itpweb/html/prj_index.htm.
25) http://www.911gallery.org/.
26) http://www.fotohof.or.at.
27) http://www.cirquedusoleil.com.
28) http://www.unb.br/vis/museu/museu.htm.
29) http://www.val.net/~tim/duchamp-aug96.html.

artísticas de produção em rede não se excluem; elas são algumas vezes complementares e geralmente concomitantes. Entretanto, não é nossa intenção desenvolver neste artigo as diferentes formas de práticas artísticas na rede, que é um trabalho que se encontra ainda em processo,[30] mas já estabelecer uma primeira distinção entre sites de divulgação e realização e trazer alguns exemplos.

No caso da Internet, são vários os projetos artísticos que utilizam a especificidade do meio e em particular a interatividade propiciada ao usuário como um meio de estabelecer caminhos de navegação distintos e personalizados aos visitantes, mas onde o usuário trabalha basicamente com um banco de dados "predeterminado". É o caso do projeto *Paris-Reséaux* conduzido por Karen O'Rourke em 1994 com a participação de Christophe Le François, Isabelle Millet, Gilbertto Prado, Marie-Paule Cassagne e Marie-Dominique Wicker entre outros,[31] onde uma rede traçada em Paris pelos deslocamentos de vários personagens em momentos diferentes vai criando uma Paris imaginária, atualizada regularmente pelos artistas interventores.[32]

The File Room de Antoni Muntadas é um bom exemplo de uma instalação que funciona simultaneamente na Internet. É um banco de dados que coleta em escala mundial caso de censuras de arte. Essa obra-arquivo foi apresentada em numerosas manifestações artísticas sob a forma de uma instalação kafkafiana, rodeadas de muros de caixas empilhadas, nas quais se intercalavam monitores de vídeo conectados à Internet. Desde sua inauguração em 1994, simultaneamente no Chicago Cultural Center e na Web, *The File Room* oferece aos internautas a possibilidade de adicionar seus próprios exemplos de censura artística num site que é atualizado regularmente.[33] Um outro exemplo mais recente, de 1998, é a Web-instalação de Gilbertto Prado, *Depois do turismo vem o colunismo*, que fez parte da exposição "City Canibal" no Paço das Artes em São Paulo e da seleção de sites de Web Arte da XXIV Bienal de São Paulo de 1998.[34] A instalação consistia em um "portal" com duas WebCams conectadas à rede Internet que eram disparadas por sensores dispostos no espaço físico da instalação pela passagem dos visitantes.[35] Essa imagem local capturada em tempo real era mesclada com as de um banco de imagens e disponibilizada via rede pelo planeta. Outros participantes, localmente distantes da parte física da instalação, via WebCam, podiam espiar o espaço com a câmera e a fusão com as imagens geradas. O trabalho se pautava com humor sobre a presença, o olhar estrangeiro e o canibalismo cultural. Citamos igualmente um trabalho precursor de arte telerobótica na Internet, *Ornitorrinco in Eden*,

---

30) O projeto wAwRwT tem entre seus objetivos o de verificar nos sites de cunho artístico a conceituação do espaço, a arquitetura de construção, a estrutura de navegação, a composição estética das páginas, a funcionalidade e a lógica dos acessos entre vários outros itens. Outro propósito é o de realizar e ampliar o universo de referência para projetos artísticos individuais e/ou do grupo na própria rede Internet. O wAwRwT é coordenado por Gilbertto Prado com a participação de Luisa Donati, Hélia Vannucchi, Maria Luisa Fragoso e Edgar Franco (http:// wawrwt.iar.unicamp.br).

31) http://www.univ-paris1.fr/CERAPLA/preseau.

32) O'ROURKE, Karen (1986). "Paris réseau: Paris network", *Leonardo*, v. 29, n. 1, pp. 51-57.

33) Sobre o trabalho de Antoni Muntadas, ver o CD-ROM de Antoni Muntadas e Anne-Marie Duguet, "Muntadas: media architecture installations" (Collection Anarchive, Centre Georges Pompidou, Paris, 1999, http://fileroom.aaup.uic.edu/FileRoom/).

34) http://wawrwt.iar.unicamp.br/colunismo/colunismo.html.

35) Sobre essa instalação, ver, de Gilbertto Prado, "Utlizações artísticas de WebCam: projetos Viridis e Colunismo", (*Anais do X Encontro Nacional da ANPAP* [*Associação Nacional de Pesquisadores em Artes Plásticas*] São Paulo, 1999, v. 2, pp. 199-205). Sobre a utilização de câmeras de vídeo na Internet, ver, de Luisa Donati e Gilbertto Prado, "Telepresença na Web" (*Trilhas*, n. 7, Campinas, 1998) e "Experimentações artísticas com Webcam" (*Cadernos da Pós-Graduação*, Instituto de Artes Unicamp, ano 2, v. 2, n. 2, pp. 35-43, 1998) e também "Artistic uses of Webcam in Internet" (*Minds and machines and electronic culture*, Proceedings do The Seventh Biennial Symposium on Arts and Technology, Connecticut College, New London, USA, 1999, pp. 34-51).

36) http://www.uky.edu/Artsource/kac/kac.html.

do artista brasileiro Eduardo Kac e Ed Bennett,[36] realizado em outubro de 1994, como parte do Festival de Arte Interativa: *Beyond Fast Forward*, situado em Seattle (WA), Chicago (IL) e Lexington (KY). O trabalho consistiu em três nós de participação ativa e múltiplos nós de observação espalhados pela rede, onde os participantes podiam agir diretamente nos movimentos de um "robô" e construir assim sua trajetória dentro de um espaço especialmente elaborado. No campo da "Web story", outro trabalho de relevância é *O moscovita*, primeira novela brasileira na Internet dirigida e produzida por Ricardo Anderáos para o Universo Online, com roteiro de Reinaldo Moraes, fotografia de Cris Bierrenbach e Webmastering de Marcos Alencar.[37]

Podemos ainda citar, entre vários outros projetos artísticos na Internet: *A Web-instalação sobre odores e canibalismo "Smell.Bytes" de Jenny Marketou, apresentada na XXIV Bienal de São Paulo de 1998.[38] *Form Art Competition: apropriando-se dos elementos gráficos presentes em formulários comuns na rede, o artista russo Alexei Choulgin subverte sua utilização convencional e passa a tratar esses elementos visuais em novos arranjos.[39] *Entropy 8 Digital Arts: no espaço artístico deste site, a artista constrói, expõe, compartilha suas histórias, seus devaneios, suas alucinações com os usuários, apropriando-se da linguagem específica do meio.[40] *The Fray: a proposta do site é possibilitar o registro e a publicação *on line* de relatos e crônicas pessoais; um espaço que abriga a expressão pessoal e prioriza a conexão entre os participantes; aos leitores é possível também registrar comentários e idéias a respeito das histórias.[41] *Willkommen bei Antworten: neste trabalho, criado por Holger Friese, o artista propõe ao usuário um questionamento de seu comportamento diante das informações veiculadas na Web, quando trabalha a espera frente à tela do computador.[42] *Jodi: uma atitude criativa do autor, no exercício da liberdade com a linguagem e o meio, radicalizando e questionando a sua finalidade com consciência de linguagem; a mensagem torna-se auto-referente e revela a materialidade do seu suporte.[43] *The Ghost Watcher: a artista convida o visitante a descobrir o que/quem são os barulhos que acontecem debaixo da cama dela; câmeras de vídeo monitoram essa estrutura e atualizam as imagens disponibilizadas no site em intervalos de tempo regulares;[44] *Equator and Other Lands: trata-se de um projeto experimental, baseado em hipertextos, onde os visitantes criam seus próprios roteiros através de uma navegação interativa e da colaboração com materiais visuais e sonoros.[45] *El Rastro: projeto na rede de Sylvia Molina que se estrutura num trançado de praças e ruas.[46] *NetLung: os trabalhos de quatro artistas (Diana Domingues, Gilbertto Prado, Suzete Venturelli e Tânia Fraga) elaborados para circularem no ambiente da rede, em 1997.[47] *Unendlich, fast...: do alemão Holger Friese, apresentado inicialmente em http://www.thing.at, em 1995, de onde foi selecionado por Simon Lamiere para a Documenta de Kassel, em 1997.[48] O artista trabalha com a expectativa do usuário mediante a dificuldade de encontrar informações, propondo uma atitude mais contemplativa diante de um azul infinito,

---

37) A esse respeito, ver o livro de Janet Murray "Hamlet on the holodeck" (http://anxiety-closet.mit.edu:8001/people/jhmurray/HOH.html; http://www.uol.com.br/novela/moscovita/).

38) http://smellbytes.banff.org.

39) http://www.c3.hu/hyper3/form.

40) http://www.entropy8.com/.

41) http://www.fray.com.

42) http://www.antworten.de.

43) Ver, de Luisa P. Donati, "Análise semiótica do site Jodi" (*Cadernos da Pós-Graduação*, Instituto de Artes, Unicamp, v. 1, n. 2, 1997) e http:// wawrwt.iar.unicamp.br/texto02.htm e http://www.jodi.org.

44) http://www.flyvision.org/sitelite/Houston/GhostWatcher/.

45) http://king.dom.de/equator/.

46) http://www.connect-arte.com/MM/websylvia/.

47) http://www.unb.br/vis/netlung.htm.

48) Atualmente está disponível no seguinte endereço: http://www.thing.at/shows/ende.html.

quase...[49] *LandsBeyond: convida o usuário a um comportamento exploratório, quando permite até interferências físicas no display da tela.[50] *A Leer, de André Valias, "antilogia laborintica": poema em expansão.[51] *Valetes em Slow Motion: de Kiko Goifman, baseado em CD-ROM homônimo do próprio autor, apresentado na XXIV Bienal de São Paulo de 1998.[52] *Time Capsule: uma obra-experiência de Eduardo Kac, que se encontra ao mesmo tempo no corpo do artista e em um banco de dados; evento que contou com transmissão simultânea na Web.[53] *Private Investigators...: mostra e performance que trabalha com as idéias de identidade e disfarce; os artistas são convidados a participar criando e caracterizando personagens numa sociedade "baseada" em espetáculo.[54] *J'arrête le temps le jour du printemps: essa ação interativa de Fred Forest, utilizando mídias diversas (rádio, imprenssa e TV) como suporte a rede Internet tem duplo propósito; a arte como uma reflexão sobre o tempo e igualmente sobre o aporte simbólico que representa um dia específico como possibilidade de renovação criativa.[55] *Charged Hearts: trabalho da artista canadense Catherine Richards, onde o usuário é convidado a criar seu próprio coração e solicitado pelos outros participantes a simular entradas de informações de natureza íntima.[56] *INcorpos: projeto de Luisa Donati, que pretende "vivenciar" as experiências comunicativas que acontecem na rede Internet, valendo-se de imagens em direto na Web, que são posteriormente arquivadas e disponibilizadas no site, propondo "novas" composições destes "corpos físicos".[57] *Own, Be Owned or Remain Invisible: Heath Bunting trabalha na Web como uma forma de hacker, criando ambientes e mudando autorias.[58]

*History of arts for airports: Vuc Cosic, artista esloveno de grande atividade na Web, retrabalha elementos da cultura contemporânea, deslocando-os numa dimensão artística.[59] *10_DENCIES: neste site o grupo teuto-austríaco Knowbotic Research possibilita espaço para reflexão e discussão de questões de planejamento urbano.[60] *Artworks with Global Technologies: projeto de desenhos utilizando GPS e outras tecnologias de Andrea Di Castro.[61] *Bodies: construção de corpos e mundos virtuais, projeto de Suzete Venturelli.[62] *The Embodied Eye/The Body w/o Organs: combinação poética de modelos de corpos e orgãos humanos, projeto de Gregory Little.[63] *Bodies Inc.: projeto da Universidade da Califórnia em Santa Barbara no qual o visitante cria um "corpo", a partir das opções predefinidas apresentadas para a construção de cada membro; uma vez criado o corpo, o visitante passa a interagir dentro de um espaço em três dimensões.[64] *Imateriais 99: idealizado por Celso Favaretto, Jesus de Paula Assis, Ricardo Anderáos, Ricardo Ribenboim e Roberto Moreira, que usou a tecnologia do videogame para explorar algumas questões-chave no pensamento contemporâneo

---

49) Ver, de Hélia Vannucchi, "Unendlich, fast..., von Holger Friese" *(3. Werkleitz Biennale Sub-Fiction*, Catalogue, v. 1, Werkleitz Gesellschaft, 1998) e http:// wawrwt.iar.unicamp.br/texto09.htm.
50) http://www.distopia.com/LandsBeyond.html.
51) http://www.refazenda.com.br/aleer.
52) Ver de Maria Ercilia, "Bienal vai ter mostra de Web-arte" (*Folha de S. Paulo*, Netvox, 01 nov. 1998), http://www.uol.com.br/internet/netvox/nvox010998.htm.
53) http://www.dialdata.com.br/casadasrosas/net-art/kac.
54) http://www-nmr.banffcentre.ab.ca/WPG/windows0.0/.
55) http://www.fredforest.com/.
56) http://charged-hearts.net/.
57) http://wawrwt.iar.unicamp.br/INcorpos.htm.
58) http://www.irational.org/_readme.html.
59) http://www.vuk.org.
60) http://www.khm.de/people/krcf/IO/.
61) http://www.imagia.com.mx/graficae.htm.
62) Ver também, de Suzete Venturelli e Fátima Burgos, "Avatar" (VIII Compós, CD-ROM, UFMG, Belo Horizonte, 1999), www.url:http://www.unb.br/vis/lis2/aparicao/vnet-client/superficie1d.html.
63) http://www.oberlin.edu/~glittle/avatar.
64) http://www.arts.ucsb.edu/bodiesinc.

sobre a relação entre real e virtual. *Labyrinths of Mirrors: projeto de Lucia Leão, com retratos de participantes anônimos que são incorporados na estrutura labiríntica em VRML com *links* para outros labirintos de cores.[65] *Aurora/2001: Dança das Auroras — Fogo nos Céus: projeto de Maida Withers, com imagens de cibermundos virtuais de Tania Fraga.[66] *Desertesejo: um projeto artístico de Gilbertto Prado, desenvolvido no Programa Rumos Novas Mídias do Itaú Cultural, São Paulo, 2000;[67] o projeto é um ambiente virtual interativo multi-usuário construído em VRML que permite a presença simultânea de até cinqüenta participantes; Desertesejo explora poeticamente a extensão geográfica, rupturas temporais, a solidão, a reinvenção constante e a proliferação de pontos de encontro e partilha.

4. SOBRE AS REDES ARTÍSTICAS

Os intercâmbios artísticos em rede abrem uma área de "jogo" e um espaço social lúdico que acentua o sensível e as estratégias de partilha, mas que procuram articular no trabalho artístico as experiências do indivíduo confrontado a uma realidade complexa e em movimento, a desordem do mundo e a de cada um em particular. Cada artista, em cada participação, contempla, da sua maneira, uma certa possibilidade do mesmo mundo. Trata-se, em efeito, de uma *mise en scène* de diferentes imaginários, que não precisam sujeitar-se às exigências de uma formalização estrita e anterior, de um sistema fechado de arrazoamentos e de práticas. As lógicas das redes, quer dizer, as maneiras como esses intercâmbios acontecem celebram assim, sem interrupção, essa liberdade de dispor sempre diferentemente os sentidos do mundo, de poder colocar de outra maneira as coisas e as suas significações. A criação em rede é um lugar de experimentação, um espaço de intenções, parte sensível de um novo dispositivo, tanto na sua elaboração e sua realização como na sua percepção pelo outro. O que o artista de redes visa a exprimir em suas ações é essa outra relação ao mundo: tornar visível o invisível; através e com um "outro"; para descobrir e inventar novas formas de regulação com o seu meio, onde o funcionamento complexo coloca o indivíduo contemporâneo numa posição inédita.

E, para finalizar sobre a arte na rede, parafraseando o coreógrafo Merce Cunningham, ao lugar de pensar num ponto simples de referência, pense em múltiplas direções. O olhar do "dançarino" não deve ser somente dirigido para o público; ele se transforma e se desloca por todo espaço. A arte em rede é também uma forma de dança ritual e coletiva, que se compõe num espaço e numa situação virtual propostos por um artista, criador de um campo de possibilidades, com instantes onde olhares distintos se cruzam ou se fazem cruzar para dar numa ação (ou numa não ação). Onde o exercício da experimentação, essa ação reflexiva e sensível de uma atividade, se compõe com a de outro e de mais outro e de mais outro para se chegar a um trabalho de ordem artística num mundo perpetuamente nascente.

---

65) http://www.lucialeao.pro.br.
66) http://www.danceaurora.org/.
67) http://www.itaucultural.org.br/desertesejo.

REFERÊNCIAS BIBLIOGRÁFICAS

ASCOTT, Roy e LOEFFLER, Carl (org.) (1991). Dossier: "Connectivity: art and interactive telecommunications", *Leonardo*, v. 24, n. 2.

——— (ed.) (1999). *Reframing Consciousness: Art, Mind and Technology.* Exeter: Intellect.

ASSIS, Jesus de Paula (1998). "Arquitetura de informação em multimídia", *Cadernos da Pós-Graduação*, Campinas: Instituto de Artes Unicamp, ano 2, v. 2, n. 2, pp. 118-125.

BROWN, Paul (1997). "Networks and artworks: the falure of the user friendly interface", *Computers and art*, Stuart Mealing (org.). Exeter: Intellect, pp. 129-142.

CAUQUELIN, Anne (1993). *A arte contemporânea.* Porto: RES Editora.

COUCHOT, Edmond (1998). *La technologie dans l'art: de la photographie à la réalite virtuelle.* Paris: Editions Jacqueline Chambon.

DOMINGUES, Diana (org.) (1997). *A arte no século XXI: a humanização das tecnologias.* São Paulo: Unesp.

DRUCKEREY, Timothy (ed.) (1996). *Electronic culture: technology and visual representation.* New York: Aperture.

FOREST, Fred (1998). *Pour un art actuel: l'art à l'heure d'Internet.* Paris: L'Harmattan.

GIANNETTI, Claudia (ed.) (1997). *Arte en la era electrónica: perspectivas de una nueva estética.* Barcelona: ACC L'Angelot & Goethe Institut.

GOLDBERG, Ken (1998). "Virtual reality in the age of telepresence", *Convergence: The Journal of Research into New Media Technologies*, v. 4, n. 1, University of Luton Press.

KAC, Eduardo (1966). "Nomads", *Leonardo*, v. 29, n. 4, pp. 255-261.

——— (1997). "Aspectos da estética das telecomunicações", *Comunicação na era pós-moderna*, Mônica Rector e Eduardo Neiva (org.). Rio de Janeiro: Editora Vozes, pp. 175-199.

MACHADO, Arlindo (1993). *Máquina e imaginário.* São Paulo: Edusp.

——— "Repensando Flusser e as imagens técnicas" (http://www.pucsp.br/~cos-puc/arlindo/flusser.htm).

MUNTADAS, Antoni e DUGUET, Anne-Marie (1999). *Muntadas: media architecture installations*, Collection Anarchive. Paris: Centre Georges Pompidou.

MURRAY, Janet H (1997). *Hamlet on the holodeck: the future of narrative in cyberspace.* New York: Free Press.

O'ROURKE, Karen (1991). "*City portraits*: an experience in the interactive transmission of imagination", *Leonardo*, v. 24, n. 2, pp. 215-219.

——— (1993). "Art, media and telematic space", *Teleskulptur.* Graz, Austria: Kulturdata, pp. 88-99.

——— (1994)."Art, réseaux, télécommunications", *Mutations de l'image: art cinéma/vidéo/ordinateur*, Maria Klonaris e Katerina Thomadaki (org.). Paris, França: A.S.T.A.R.T.I, pp. 52-59.

——— (1996). "Paris réseau: Paris network", *Leonardo*, v. 29, n. 1, pp. 51-57.

PLAZA, Julio e TAVARES, Monica (1998). *Processos criativos com meios eletrônicos: poéticas digitais.* São Paulo: Hucitec.

PARENTE, André (1993). *Imagem-máquina: era das tecnologias do virtual.* Rio de Janeiro: Editora 34.

POPPER, Frank (1993). *L'art à l'âge électronique.* Paris: Hazan.

PRADO, Gilbertto (1994). "As redes artísticas telemáticas", *Imagens*, n. 3, Editora da Unicamp, dez., pp. 41-44.

——— (1997). "Cronologia de experiências artísticas nas redes de telecomunicações", *Trilhas*, n. 6, v. 1, jul./dez., pp. 77-103.

——— (1999). "Utlizações artísticas de WebCam: projetos Viridis e Colunismo", *Anais do X Encontro Nacional da ANPAP (Associação Nacional de Pesquisadores em Artes Plásticas)*, São Paulo, v. 2, pp. 199-205.

SCHWARZ, Hans-Peter (ed.) (1997). *Media-art-history: Media Museum: Zkm — Center for Art and Media Karlsruhe*, Munique-Nova York: Prestel.

SHIRAI, Masato (org.) (1997). *ICC artists' database: working research version 1997* — CD-ROM, Tokyo.

STILES, Kristine e SELZ, Peter (org.) (1996). *Theories and documents of contemporary art: a sourcebook of artists writings.* California: Univ. of Calif.

VAN ASSCHE, Christine (org.) (1996). *Actualité du virtuel — revue virtuelle.* Paris: Centre Georges Pompidou, CD-ROM.

UMA VIAGEM DA IMAGEM PELO ESPAÇO

Milton Sogabe

Apesar de termos vários tipos de imagens convivendo neste fim-de-século, cada uma delas surgiu numa determinada época, numa seqüência histórica, que traz vínculos entre os processos de produção da imagem, criando um desenvolvimento linear que aponta para uma libertação material da imagem em relação ao seu suporte, buscando a sua volatilidade no espaço.

Ao mesmo tempo que usamos giz no quadro negro, estamos utilizando um projetor de slides, seguindo um plano escrito num papel e consultando informações no computador. Em outro lugar, alguém está recebendo imagens de Marte, enquanto outro está fotografando partículas atômicas. Essa convivência de vários meios provoca um diálogo entre eles, produzindo metamorfoses que criam imagens híbridas camuflando as origens e características de cada tipo de imagem, tornando-as homogêneas quando devoradas pelo meio predominante e geralmente mais novo.

Nessa leitura cronológica que propomos aqui, seguindo o surgimento dos vários meios e a materialidade com que a imagem é constituída, podemos perceber um caminho que vai de uma materialidade mais substancial e estática para outra menos substancial e fluida.

Para demonstrarmos que a relação da imagem com o seu suporte vai-se alterando para um maior grau de independência, fizemos uma classificação dos suportes, levando-se também em consideração a circulação da imagem no espaço. Denominamos os vários tipos de suportes de: fixos, transportáveis, reprodutores e atualizadores, conceitos que trataremos a seguir.

SUPORTES FIXOS

Se pensarmos nas primeiras imagens produzidas nas cavernas, através de instrumentos rígidos que criavam sulcos nas pedras para serem preenchidos com materiais que permanecem até hoje, notamos um tipo de imagem que está incrustada na materialidade do suporte e este por sua vez também está fixo ao solo, imóvel no espaço.

A substância utilizada para impregnar o pigmento (cor) na superfície do suporte é sempre composta de um meio ou veículo, que é uma cola vegetal, animal ou sintética (atualmente), acrescida de aditivos que podem ter uma função fungicida quando são utilizados meios orgânicos. Uma preocupação muito grande com a resistência ao tempo e ao clima predomina nesses procedimentos, desfazendo-se essas imagens somente com a destruição parcial ou total da materialidade do suporte, que se confunde com a da própria imagem.

No caso dos afrescos, murais e mesmo do grafite, se o suporte é destruído, as imagens também são destruídas simultaneamente. Apesar dessa afirmação parecer muito óbvia neste momento, ela ganhará um maior significado quando pensarmos esse fato nos outros tipos de suportes.

O acesso à esse tipo de imagem dá-se forçosamente pelo deslocamento das pessoas para o sítio, transformando-o num espaço público.

SUPORTES TRANSPORTÁVEIS

Com o surgimento de suportes que podem ser transportados pelo homem, a imagem começa a obter o seu primeiro tipo de deslocamento no espaço físico. A imagem ainda está impregnada no suporte, porém, este já está solto no espaço. Através de placas de argila, madeiras, pergaminhos, papiros, etc., a imagem começa a ganhar outras características enquanto circula pelo espaço geográfico.

A história da escrita está muito relacionada à pesquisa de suportes, e a pintura também, que obteve grande desenvolvimento com a descoberta de novos materiais como a tinta à óleo sobre o tecido, que podiam se adaptar aos mais variados climas e ambientes, sem os problemas de ressecamento, umidade, rachaduras e descolamento de matéria que a têmpera sobre madeira apresentava na mudança de climas e viagens marítimas prolongadas. É interessante lembrar que, nessa etapa, o deslocamento das imagens pelo espaço está relacionado aos meios de transporte do homem, que circula carregando suas imagens. A imagem viaja porque está presa num suporte carregado pelo homem num meio de locomoção.

Com a pintura de óleo sobre tela, as imagens começam a circular mais, as trocas de informações entre os artistas aumentam e a população pode conhecer novas paisagens e novas culturas. O acesso às imagens dá-se pelo deslocamento destas em direção das pessoas.

A interação física com as imagens construídas nesse tipo de suporte dá-se de forma diferenciada da interação com os afrescos e murais, pois acontece numa relação mais intimista, resultante da propriedade particular da imagem, do espaço particular e também do tamanho da imagem, que necessita ser modesta.

O meio de produção dessas imagens torna possível o surgimento da reprodução artesanal, que começa a simular a ubiqüidade de uma imagem.

Em síntese, apesar da imagem ainda estar aprisionada no suporte, este já conseguiu sua libertação e pode circular pelo espaço levado pelo homem e pelos seus meios de transporte.

SUPORTES REPRODUTORES

Com os processos de reprodução de imagens, tal como a xilogravura, a gravura em metal e a litogravura, mais um tipo de suporte acaba surgindo, uma espécie de condutor de imagens, onde uma película de tinta habita temporariamente aquilo que é denominado matriz, até ser transportada para outro suporte, geralmente o papel, denominada de cópia, e assim várias vezes reproduzindo uma mesma imagem. A imagem na matriz e na cópia, invertidas como no espelho, mantém uma relação indicial, pelo fato de uma ser o resultado do contato físico direto com a outra.

Mas, antes desses processos de reprodução de imagem a partir de uma matriz surgirem, a matriz já estava presente em outros tipos de produção de imagens, tal como nas decorações de armaduras, onde utilizavam a corrosão do metal, da mesma maneira como é realizada a matriz da gravura em metal. As imagens em relevo nas pedras ou nas madeiras também não deixam de carregar uma relação com a matriz da xilogravura. Qualquer superfície matérica que possa sofrer alteração, através de ferramentas e processos químicos, criando sulcos e relevos pode funcionar como uma matriz. A tinta depositada no sulco ou no relevo quando em contato físico com outra superfície através da pressão manual ou mecânica produz uma cópia pela retirada de tinta da matriz. Apesar de uma imagem ser a própria materialidade da matriz, a imagem da cópia é uma marca dela. Além dos processos tradicionais de gravura, podemos estender essa idéia à máquina de escrever e aos carimbos.

No processo fotográfico, a prova de contato, feita com o negativo e o papel fotográfico, é semelhante ao processo de reprodução na gravura, mas acontece não mais pela pressão do contato físico, mas sim mediada pela luz. Não há mais o transporte da matéria existente num suporte (matriz) para outro (cópia), mas o que acontece é uma tradução analógica das tonalidades existentes no negativo para as tonalidades produzidas no papel fotográfico através do meio luz, que perpassa por um e provoca as reações fotossensíveis no outro. No primeiro é transporte de matéria e no segundo é reação através da luz.

A ampliação fotográfica traz um fato importante que é a distância entre o negativo e o papel, que cria uma autonomia no tamanho da cópia, e o que é mais importante ressaltar aqui: realiza o deslocamento da imagem nesse espaço existente.

No cinema, esse deslocamento espacial fica mais evidente, pois a imagem viaja da sala de projeção à tela, percorrendo todo o espaço da sala escura.

Essa viagem da imagem, já presente nos suportes transportáveis, apresenta um novo aspecto com os suportes reprodutores, que é a presença de uma "mesma imagem" em vários lugares ao mesmo tempo.

SUPORTES ATUALIZADORES

A partir da fotografia, ou seja, da utilização da luz visível como elemento construtor da imagem, deu-se início à utilização de outras faixas do espectro eletromagnético, trabalhando-se com fenômenos da natureza mais fluidos e invisíveis ao sistema visual humano.

Com a televisão, a imagem encontra essa materialidade fluida, onde pode ser codificada e decodificada, como num teletransportador de imagem, aparecendo e desaparecendo de um suporte que está sempre disponível para as imagens habitá-lo e deixá-lo em seguida. A imagem não se confunde mais com a materialidade do suporte, a destruição do suporte não significa a destruição da imagem, que está virtual, vibrando no espaço. A relação do suporte com a imagem é bem diferente das anteriores, pois aqui o suporte, se é que ainda podemos entender esse conceito na sua tradição, é um receptor que atualiza uma imagem que está em potencial. A imagem sofre processos de codificação e decodificação por sistemas até tornar-se visível em uma tela fosforescente, como uma imagem luminosa e não apenas como um vestígio de luz visível refletida numa superfície. Mas essa imagem codificada também pode ser atualizada em outros tipos de suportes, dependendo das especificidades de cada equipamento e adaptados às necessidades de cada área. A sua materialidade não está presa a um único suporte, como no processo artesanal ou no mecânico, mas está constituída em linguagem, que pode ser lida, entendida e atualizada de diversas formas.

A transformação da luminosidade em eletricidade, ou seja, a tradução de intensidades luminosas em impulsos elétricos proporcionais, permite que a imagem seja armazenada em capacitores, percorra fios ou seja transmitida pelo espaço. Som e imagem ganham as mesmas características, possibilitando a transmissão de imagens via rádio-transmissor, linha telefônica, satélite ou sondas espaciais.

Com a televisão, as imagens começaram a viajar pelo espaço, porém só existia uma fonte emissora e vários receptores, tal como a matriz da gravura, que espalhava as imagens para outros suportes.

As televisões de varredura lenta já permitiam uma certa socialização da transmissão de imagens, porém, é com as redes telemáticas que as imagens adquirem características que a permitem circular descontroladamente. Cada indivíduo torna-se um emissor e receptor de imagens, atualizando, gravando, transformando, imprimindo, enviando e fazendo as imagens circularem incessantemente.

CONSIDERAÇÕES

Apesar de termos generalizado o conceito de suporte para todos as etapas da circulação da imagem pelo espaço, ele vai-se alterando e ultrapassando os limites iniciais, tornando quase impossível a utilização do termo "suportes" atualizadores, assim como o conceito de matriz, original e cópia ficam deturpados nos sistemas digitais.

Por suporte entendemos aquilo que suporta algo, mais apropriado à pintura, que é constituída por substâncias sobre uma superfície, ficando impregnadas no suporte definitivamente, fazendo com que as imagens "sejam" o suporte, contrário ao que acontece nos outros suportes que vão liberando as imagens e permitindo que se chegue ao que denominamos suportes atualizadores, que estão sempre disponíveis para as imagens os habitarem temporariamente e apenas "estarem" neles. De certa forma, os suportes atualizadores fazem parte de um sistema, e não funcionam de forma independente ou apenas como registro de um processo.

Os processos de transferência e deslocamento da imagem também mostram uma transformação na sintaxe, numa seqüência que se inicia pelo plano, passa pela linha e chega ao ponto. Na gravura, a imagem é transferida através de todo o seu plano; na televisão acontece por linhas e nos processos digitais é o ponto.

A materialidade e as tecnologias com que as imagens vão sendo produzidas definem suas características, materializam linguagens *soft* em *hard* e criam novas relações das imagens com os seres humanos e conseqüentemente entre estes.

O público e a interatividade estão presentes no contato com todos os tipos de imagens, mas de formas bem diferenciadas, assim como dentro de cada uma também podemos encontrar níveis de interatividade, tal como acontece com as imagens digitais.

Enfim, no percurso do surgimento das imagens, muitas relações podem ser feitas, e aqui escolhemos apenas uma delas. Hoje, a imagem faz parte de todo esse sistema; porém, sendo na sua essência uma imagem híbrida, que traz no seu gene toda a sua história, não nos permitindo entendê-la de forma isolada num meio, tal como não podemos pensá-la no sistema visual humano, apenas na retina, nervo óptico ou na memória, pois ela só existe por causa do sistema como um todo.

A PERCEPÇÃO EM ESPAÇOS DE ARTE HÍBRIDOS

Anna Barros

INTRODUÇÃO

O conceito de Arte tem sido trabalhado desde os primórdios da cultura humana na busca de atualização de um ideal estético de beleza e perfeição jamais alcançado em sua plenitude. E é essa incapacidade de atingir a perfeição que move nosso desenvolvimento.

O artista, vivendo na atualidade, encontra-se em um dilema perante a diversidade de técnicas a serem usadas, pois elas significam toda uma maneira de formular o pensamento e de assumir uma filosofia existencial, que marca em profundidade, não só a ele, mas também à sociedade onde vive.

Minha obra tem evoluído dentro de uma obsessão apaixonada pelo espaço e pela luz. Melhor seria dizer lugar. Espaço é para mim um genérico de lugar, o qual seria apenas um espaço individualizado por coordenadas específicas, tornadas sensíveis pela luz. Esses dois elementos, espaço e luz, estão instaurados nos níveis arquetípicos mais básicos de nossa existência.

O surgir de trabalhos de arte em tempo-espaço real, onde e quando o fenômeno está acontecendo, distinto daqueles que se servem de seu registro na representação, vai recrudescer a conscientização de que a função perceptiva tem origem no sensorial, na vivência plena do fenômeno no momento de sua origem, sendo a base do conhecimento.

Sem dúvida, as maiores questões atuais são as seguintes: como fica a função perceptiva com o acréscimo de tantas próteses aos sistemas naturais? E como ela se dá nesses espaços híbridos?

O PROJETO

O projeto da investigação, que deu origem às reflexões ora expostas, parte de duas premissas:

1. Existe um espaço onde meu corpo não pode penetrar a não ser pela visão. E, um outro, onde meu corpo se situa e reage par a par com elementos aí colocados.

2. Há técnicas e meios distintos quanto à criação nesses dois espaços.

As duas hipóteses apóiam-se no fato de que como artista posso criar em ambos. Podem ser assim resumidas: existem qualidades perceptivas que se apresentam diferentes nesses dois espaços e que dependem das técnicas e meios empregados para ser atualizadas. Apresentam-se com um maior grau de perceptibilidade na fase da criação do trabalho.

A investigação dessas hipóteses foi objetivada, primeiramente através da criação e execução de duas animações geradas no programa 3D Studio da Autodesk, em um computador PC, e de uma instalação tendo como principal elemento (a dialogar com o espaço vazio de uma sala inespecífica da arquitetura urbana onde vivemos), placas em acrílico de 16 mm de espessura, medindo 2 m x 1 m cada, onde foi feita uma rede de incisões lidas como um espaço tridimensional, criado pelas sombras das placas quando iluminadas de maneira específica. Após a primeira versão deste texto, foi criada outra animação *Saci-Si*, 1998, e a instalação *Sombragar*, montada em uma galeria.

O agente sensível a unir os trabalhos é a luz e a maneira como ela é utilizada para criar espaços de características diferentes. Esse agente é anterior a qualquer técnica ou meio.

Em Arte, o espaço tem sido categorizado como virtual há séculos, tendo o Renascimento a ele aliado a imagem da janela saindo do espaço do cotidiano para um outro ativado pela *imagem-ação*, onde predomina o sensível, expresso pela representação. A moderna tecnologia se apropriou desse adjetivo para designar as imagens atualizadas pelos programas de computação em que a forma de expressão é a simulação.

As reflexões *supra* visaram ao momento da criação, nele não importando se o signo equivale ao real ou à imaginação. As imagens criadas atualizam de forma visual percepções e sentimentos, independentemente de qualquer meio ou técnica utilizados, sendo assim portadoras de características já bem delineadas por vários artistas e teóricos em seus escritos. As técnicas de criação da imagem portam em si qualidades específicas. Quanto à técnica de animação em 3D, sua especificidade é alterada quando é dada ao público sob a forma vídeo, tornando-se o que chamo *imagem impura*.

Não se pode comparar a experiência da animação à da realidade virtual, pois nessa a própria subjetividade é posta em questão pela extensão corporal nos *bioapparatus*. Não obstante, já existe uma prótese importante funcionando na animação em 3D: o cérebro cibernético que torna possível configurações geradas pelo programa. O olho do artista se une ao olho interno da máquina e à imagem criada.

Ainda que partindo de obras tão específicas, procurei chegar a um consenso mais generalizado, apoiada na minha prática de artista, construindo espaços do imaginário, onde a luz é o principal elemento de criação.

QUALIDADES DA PERCEPÇÃO TEMPORAL

A história da escultura deste século quantifica uma enorme gama de conceitos, principalmente aqueles já incorporados à arquitetura e ao paisagismo, que passaram a servir à criação em arte. Todo esse percurso já é bastante conhecido, sendo de Robert Morris (1968), um artista então minimalista na década de 60, uma das mais completas e profundas reflexões sobre o assunto. Nelas, Morris chega a uma qualidade perceptiva que considera dominante nas obras em tempo-espaço real, ou como eram então conhecidas: ambientais. Não que essa qualidade estivesse ausente na escultura, mas a diferença está na conscientização e na afirmação de sua importância. Ele denominou essa qualidade de *Presentness,* Presentificação. Relacionou à Presentificação obras que colocavam preponderância na relação com o espaço físico acontecendo no momento presente, e acentuando a experiência de sua duração contra o que chamou de memória registrada, "*de tempo passado da realidade*" (1978:70), na escultura tradicional ou no objeto.

Outro artista, trabalhando mais ou menos na mesma época, mas na Califórnia (Morris é do grupo de Nova Iorque), Robert Irwin (1985), foi mais além, proclamando que sua arte é a própria percepção do fenômeno, chamando-a Arte da Percepção ou do Fenômeno. Além da Presentificação, essa postura desmaterializa a obra que passa a ser a circunscrição de um espaço arquitetônico já existente, ou remanejado pelo artista, o mais vazio possível de informações adicionais, a criar condições para novos e inusitados estímulos sensoriais. O conceito básico para ele é o de uma quebra de hierarquia de valores presentes na arte e na cultura, que permitem uma abertura para novas experiências perceptivas, oriundas de detalhes normalmente considerados obsoletos.

A Arte do Fenômeno resulta de "uma triangulação de nossa consciência: eu penso, eu sinto as circunstâncias particulares dentro das quais e pelas quais eu encontro a mim mesmo em cada momento — é a dinâmica de estarmos fenomenologicamente no mundo como um participante ativo, dele se tornar real para nós" (Irwin, 1993:21). "As qualidades e a duração da percepção do fenômeno estão plenamente distendidas em um estado de fluxo interativo, nunca plenamente predizível e nunca totalmente resolvido podendo existir pelo tempo em que o indivíduo percebedor as conserva em jogo" (1993:26).

Portanto, além da Presentificação apontada por Morris, Irwin em suas obras acrescenta a Interatividade como qualidade essencial da percepção. Ele vê a "*arte do fenômeno surgindo da relação entre 'o ser e a circunstância' e tendo como princípio de trabalho 'uma ação condicional', que vai acontecer somente 'em resposta' a um conjunto específico, relativo a um lugar*" (Anna Barros, 1996:249).

Assim, a percepção do espaço em ambos os casos abrange qualidades do conhecimento intuitivo, imediato e intransferível, inerentes ao fenômeno, contra a percepção na representação pictórica mais ligada ao conhecimento intelectual, uma vez que processa os dados do fenômeno através de regras representacionais adotadas pela arte do tempo e do lugar onde surge, sendo mais observacional do que experiencial.

A qualidade de Presentificação, atribuída por Morris à arte em tempo-espaço real, tem a ver com a própria essência do momento poético. Não existe arte, não existe um momento criativo sem essa qualidade. Para criar é preciso estar inteiro nesse instante em que as funções humanas da imaginação estão exacerbadas. Gaston Bachellard (1970-1994:189) escreve que a poesia "*busca o instante*". O que foi inovador no momento da arte minimalista foi a conscientização dessa qualidade estendida ao público e tornada ela mesma um elemento de criação.

Se a Presentificação parece dar conta da mais importante qualidade perceptiva exigida pela obra dos minimalistas, a Arte do Fenômeno ou da Percepção talvez possa ser definida pela qualidade de Momentificação, pois não é só a consciência de estar vivendo no presente que ela demanda, mas ainda uma mais específica: a do momento fugaz, jamais repetido; o da mudança responsável pela percepção.

A interação fruidor-obra é outro termo de que a arte cibernética vai-se apropriar, resignificando-o; se na primeira ela é participativa, pois significa a necessidade da ação de vivenciar e de perceber o fenômeno, na arte cibernética a interação traz uma criação e manipulação das imagens através de uma programação determinada: a interatividade com a máquina.

Quando chegamos ao caso da animação em 3D, a Momentificação cede lugar à ***Instantaneificação***, pelo caráter implícito no meio eletrônico em que a imagem é criada pela varredura dos *bits* na tela do monitor, instantânea e fugaz; basta um pane na corrente elétrica e ela não mais existe. Para Couchot (1993-1996:42), ele é "*'reinicializável': não fornece mais acontecimentos prontos, mas* ***eventualidades***".

Assim, esses três termos, Presentificação, Momentificação e Instantaneificação[1], qualificam o tempo, mas gostaria de lembrar a associação permanente feita por Einstein entre tempo-espaço. Se nas obras executadas, onde e quando esse conjunto fenomenológico é denominado real por equiparação ao nosso corpo físico, existe uma predominância da percepção do espaço ligada mais diretamente a ele (desde que o tempo é uma experiência mental), em obras geradas por um programa matemático com atualização visual na tela do monitor, a percepção do tempo se sobrepõe à do espaço.

Essa preponderância temporal já conhecida é herança do cinema, a matrix de onde derivam as características temporais das outras mídias que lidam com o movimento real, cinético, isto é, não como representação, mas como recriação ou como simulação.

---

1) Momentificação e Instantaneificação são palavras criadas para satisfazer uma necessidade de padronizar a designação de qualidades de percepção espacial, surgidas a partir de Presentificação, (*presentness*, em inglês) usada por Morris.

Uma das diferenças presentes na linguagem cibernética é a possibilidade de uma imagem ser transformada instantaneamente e ainda assim existir em sua forma original, desde que tenha sido gravada na memória do computador.

Ora, se as duas categorias de obras de arte examinadas em primeiro lugar, tanto as criações ambientais dos minimalistas quanto as intervenções espaciais da arte do fenômeno, se situam no tempo-espaco real onde há uma predominância da conscientização do espaço, por que são tão importantes essas qualidades perceptivas? Porque elas têm a ver com a conscientização de situações fenomenológicas que ocorrem no tempo. A percepção só se dá no tempo; são as mudanças observáveis que a nutrem, e sua conscientização passa por vários níveis de conhecimento. Na visão de Peirce, interpretada por Lucia Santaella (1993:60), "o modo como o percepto, o que está fora, se traduz no percipuum, aquilo que está dentro, deve, evidente e logicamente, se dar de acordo com três modalidades: primeiridade, secundidade e terceiridade" essas modalidades distinguem diferentes estados de conhecimento e de processo de integração do percepto. Santaella continua (1993:74): "Peirce diz que esses momentos são infinitesimais, de que decorre que a consciência é um contínuo" (pp. 303-304).

No ser humano, memória e fantasia estão interligadas, ocorrendo o que o dito popular apregoa: "Quem conta um conto, aumenta um ponto".

Na arte criada no computador, o artista se liberta da responsabilidade da memória e a percepção leva à conscientização da qualidade de Instantaneificação. A interatividade incessante entre operador-máquina na animação em 3D torna possível uma contínua mudança no próprio objeto dado à percepção. Daí a predominância da Instantaneificação.

O MOMENTO DA CRIAÇÃO DA OBRA: QUALIDADES PERCEPTIVAS PRÓPRIAS

Dos dois pólos da obra de arte, criação e fruição, o primeiro se cerca de qualidades perceptivas diferentes, que só podem ser acessadas pelo próprio criador da obra. O que acontece neste campo tem sido mitificado em demasia, mas para o produtor ele significa um campo de batalha onde a expressão de sua psique e os paradigmas de intelecção acessíveis à sociedade em que vivemos degladiam, o que deve assumir uma forma prenhe de significados, sob uma determinada técnica. É esse pólo, onde tem lugar a gestação dos espaços do imaginário, que se pretende examinar mais de perto. As qualidades perceptivas nele presentes não se atêm somente às qualidades temporais e não são passíveis de uma qualificação tão intelectual e lógica como as definidas acima.

O processo de criação de uma obra segue determinadas etapas inerentes à técnica escolhida pelo artista e que oferecem ativações perceptivas bem diversas, pela maneira com que o artista deve estabelecer uma profunda relação com cada material bruto a ser trabalhado, seja ele uma máquina inteligente com a qual possa dialogar, seja qualquer outro material existente no chamado mundo real. A criação dos três trabalhos: *Transluz*, *Trihex*, *Saci-Sasi*, no espaço virtual, e *Sombragar* no espaço real, não se processa em uma única linha espaço-temporal, mas sim em duas, devido à qualidade híbrida neles presentes. Nos trabalhos em espaço virtual, isto se apresenta primeiro no computador, onde a obra é realmente criada, e depois na sua versão para vídeo, como é apresentada ao público. Quanto à *Sombragar*, existe um momento mais íntimo de união corporal com as placas de acrílico, quando às feridas que lhe são infringidas, juntam-se as que elas mesmas infringem às mãos da artista, e outro quando as placas já prontas são colocadas em diálogo com o ambiente através das luzes nelas projetadas. Na verdade, essa dupla situação — intimidade como aproximação corporal, e a seguir a dilatação desse espaço pessoal para incluir outro estranho ao artista — acontece também na passagem para vídeo nas animações computadorizadas.

Tratando-se de qualidades perceptivas, elas se alteram nesses dois momentos. O que permanece sempre igual é a acuidade perceptiva que o ato de criar gera.

AS ANIMAÇÕES EM 3-D

Na primeira animação, *Transluz*, a ligação artista-máquina, passando então por um intermediário, causou percepções bem semelhantes àquelas que temos quando alguém dirige o carro por nós. Instaura-se uma operação de troca que cria uma experiência bipolarizada, interessante e rica, mas que não deixa um campo de investigação mais aberto à busca de alternativas diferentes, que surgem somente com a ligação física: artista-máquina.

Contrariamente, em *Trihex* e em *Saci-Sasi*, essa relação ocasiona uma percepção diferente, por desenvolver imediatamente um *rapport* muito especial com o espaço dentro do monitor. As possibilidades criativas contidas no próprio programa são excitadas por esse intercâmbio.

A tela do monitor pode ser dividida em até quatro janelas para facilitar a observação dos diferentes ângulos de visão; na do usuário aparece inicialmente um indicador das coordenadas cartesianas que orientam a posição espacial do objeto criado. Esse ícone é semelhante ao usado por Peirce para ilustrar a relação triádica do signo, aqui projetado em terceira dimensão. O interessante é que Peirce coloca no centro do ícone o nada (que para ele é uma pré-categoria), diferente do vazio, como por nós conhecido (Floyd Merrell, 1992:5). O vazio, aqui, está relacionado com o conceito budista (Sunyata), que significa o antes de surgir algo.

É essa amplidão pré-perceptiva que se oferece ao artista na animação em 3D, "*um vazio uniforme, tridimensional e possivelmente infinito*" (Morse, 1996:196), que na tela negra pode ser atualizado como um universo diferente, em nível de existência, daquele em que habitamos, mas nem por isso menos real, embora designado virtual. A imagem criada é, segundo Edmond Couchot (1993-1996:42), "não mais projetada, mas ejetada pelo real, com força bastante para que se liberte do campo de atração do Real e da Representação".

O jogo de ambigüidades continua com a utilização do ícone de coordenadas cartesianas na janela do usuário, pois sua movimentação, sendo dirigida por coordenadas matemáticas organizadas no programa, não traduz a percepção visual à qual o artista está acostumado. Aí tem início uma luta para se colocar o objeto onde realmente se desejaria que ele estivesse, o mesmo acontecendo com as câmaras e as luzes que devem iluminá-lo.

O método seguido no trabalho que gerou essas reflexões está colocado no campo da linguagem visual por excelência, com predominância do raciocínio abdutivo, abrindo um campo a investigações não-ortodoxas, uma vez que originadas na visualidade, e não buscando apoio nas coordenadas cartesianas de localização espacial ou em cálculos matemáticos para construções de formas, além dos embutidos no programa. Isto se mostrou essencial ao estudo das qualidades perceptivas, que ficam assim dependendo da relação imagem-sentidos, o que não abstrai meu treino de anos como artista tradicional no sentido de utilizar a pintura, a escultura e a fotografia como formas de expressão.

Nesse processo, a imaginação une artista e programador sem o qual o trabalho não toma uma forma visível.

TRIHEX

A animação *Trihex* é totalmente gerada pelo programa a partir de duas formas geométricas: o triângulo e o hexágono (de onde deriva o título da obra). A segunda forma tem sido uma constante em meus trabalhos há mais de dez anos. Para mim, ela vai muito além de sua especificidade geométrica, entrando em conteúdos simbólicos a ela inerentes. É uma forma que une a natureza ao tecnológico, arquetípica, a qual sinto que traduz a estrutura básica de minha psique no momento atual. O triângulo surgiu da composição do hexágono em seis triângulos e dá conta mais de uma construção do que de uma divisão.

Essas formas geométricas abstratas, por não serem figurativas, não estão associadas a qualquer objeto no mundo cotidiano e, por se movimentarem sem um ponto relacional fixo, dificultam a percepção de sua localização no espaço. Se as qualidades do espaço no programa 3-D obedecem de certa maneira àquelas presentes no cinema, elas aqui são produto de imagens geradas pelo programa, sem qualquer ligação com algo que possa existir na realidade. Mesmo quando a presença de mais de uma forma permite a associação com situações conhecidas através do uso de escala e ponto de fuga, o "onde" em que se localiza esse espaço ainda permanece um enigma. O "nada" (junção das três coordenadas *x*, *y*, *z*) passa a ter várias localizações, porém, a tela é um "vazio". É sempre um pré-espaço a aguardar a criação, que se torna possível pelo programa em uso.

Quando aí surgem as formas, elas são inatingíveis em sua fisicalidade, bem diversa daquela a que estamos acostumados, impedindo qualquer contato além da visão, um fenômeno bastante conhecido pelo artista que durante séculos criou pinturas onde a realidade é *re-apresentada* em uma codificação e que foi buscando a perfeição de traduzir um mundo em três dimensões para um em duas. Contudo, o pintor ainda pode tocar a tela, pode sujar seus dedos com a tinta, mas o artista gerando imagens através de um programa numérico só tem contato com o mouse, que é a extensão de sua sensibilidade tátil. Ele é o *surrogate lover.*

A situação espacial é ambigüamente comparável à de uma representação, à qual J.J. Gibson (1979:61) designa de espaço abstrato, pois é constituído por pontos, em vez de lugares, localizações ou posições onde se pode movimentar. Nela predomina um arranjo óptico, ainda na terminologia gibsoniana, ou seja, a informação perceptiva contida em um recorte feito pelo artista, semelhante ao que se dá na representação pictórica, contra toda a possível informação perceptiva presente em uma situação ambiental total, à qual se tem acesso nas instalações. A situação espacial é ambigüa, pois, se a representação pictórica "é uma superfície tratada de maneira a fornecer um arranjo óptico de estruturas aprisionadas com invariantes de estruturas subjacentes" (Gibson, 1979:270) tentando recriar o real, a animação em 3-D é uma simulação situada no reino virtual, a obedecer a leis de comportamento geradas por um programa e não pela natureza. Essa situação modificada e modificadora perturba a percepção até sua possível integração pelo artista.

Para o criador, essa situação é bem ambigüa: existe todo um contato manual-corporal com o computador ao criar as imagens, o qual considero impossível de ser esquecido, e que só se efetua pela falta de consciência corporal de nossa cultura. É minha mão que segura o mouse e executa o desenho inicial que vai ser elevado à terceira dimensão pelo programa.

Na animação em 3D, a imagem primeiramente gerada em *wire frame* deve ser renderizada para assumir sua forma definitiva, já dotada das características de superfície e material que a qualificam. É durante esse processo que tem lugar uma vivência perceptiva muito especial: a de um triângulo movediço entre a *imagem* que está sendo renderizada, o *onde* em que o que se lê é a página de dados-ordens para o programa efetuar a renderização dessa imagem e a *imaginação* do artista que a criou, mas que ainda não a visualizou. Durante a renderização de um dos diretórios de que se compõe *Trihex* (que, pela quantidade de informação, demorou 70 horas para ser renderizado), tive a forte sensação de que algo, estranho a mim e ao mesmo tempo gerado por mim, estava associado a outra geração cibernética, como numa prótese do útero, algo meio monstruoso e lindo ao mesmo tempo, e da qual eu não podia desligar-me, alterando a minha percepção para sempre. Assim como na gravidez humana, essa prótese tem seu próprio tempo para dar a luz e demanda cuidados especiais: temperatura da sala, atenção à corrente elétrica, etc.

O VÍDEO

Imaginemos agora uma situação surgida após a animação ter sido transferida para vídeo, onde exista um monitor colocado no chão de uma sala vazia. Nossa convivência diária com monitores de televisão faz com que eles sejam praticamente ignorados, só percebidos como uma intromissão necessária. À noite, a luz que se desprende deles pode ser vista nas janelas dos apartamentos como uma energia colorida sempre movente, contrariamente à luz monocromática e fixa da luz de conforto. Esse fenômeno é fascinante, e é sentido novamente pela presença do monitor que exibe a animação em 3-D. Há um diálogo entre as imagens-luz e a impregnação local pela luz-cor. Para a percepção do artista, acostumado a lidar com o espaço e a fazer dessa relação com ele sua obra, fica impossível ignorar tal fato, que transcende à percepção isolada da animação como obra cibernética.

Entretanto, configura-se nessa situação o quadro perceptivo, cuidadosamente examinado por Michael Polanyi (1969:128), de dois momentos da atenção que são auto-exclusivos: o da focalização e o da participação num todo. Esses momentos se unem na memória e na imaginação, surgindo na obra de arte numa tentativa de transgressão científica já levada a cabo com bastante êxito em algumas instalações, onde o monitor é usado como fonte abstrata de luz. Isso acontece pela conscientização de que é impossível para o criador e para o fruidor se ausentarem da energia luminosa emanada do monitor, ainda que desprovida de qualquer informação.

É evidente que a atenção, condição requerida para a percepção, circula entre códigos semióticos diferentes, que constróem um espaço composto, e ainda mais virtual que o do computador, por unir duas espécies de virtualidade: a da imaginação e a da imagem cibernética. Essa união é específica do meio e não tem correspondência nas obras criadas no espaço-tempo real, que dependem das mãos para serem executadas e não são geradas por um programa.

O ESPAÇO MISTO DO CRIADOR-FRUIDOR: SOMBRAGAR

No início do artigo, foram destacados dois momentos na criação das obras analisadas. No caso de *Sombragar,* deu-se o primeiro momento quando as placas de acrílico foram trabalhadas com uma ponta seca, criando sulcos na matéria, os quais no segundo momento vão ser lidos como desenhos em sombra, projetados pela luz.

As qualidades de percepção nessas duas etapas são nitidamente diferentes. Na primeira, há um envolvimento corporal direto com a matéria — que faz com que o espaço seja aumentado e diminuído constantemente na apreciação dos sulcos que estão sendo feitos e no conjunto deles na superfície total das placas —, ainda que esse espaço jamais exista para a artista fora dessa associação. Nas animações computadorizadas, o desenho pode ser gerado em 2-D e elevado para 3-D antes de ser colocado no espaço, mas a diferença em *Trihex*, *Transluz* e *Saci-Si* está em que o espaço virtual dentro do monitor se dilata nos dois momentos, embora permaneça contido, sem que seja possível ao criador adentrar esse meio. Em *Sombragar*, artista, placa e ferramenta de trabalho são um todo inseparável e isolado do espaço ao redor. Há toda uma percepção matérica presente — cor, cheiro do acrílico, resistência do material, perigo da ponta de aço manejada de forma controlada e apaixonada ao mesmo tempo.

As marcas infringidas nas chapas podem vir a significar algo para alguém, mas ainda se encontram com poucos índices do real a buscar um interpretante. Não estão no lugar de alguma coisa, não são nem indiciais nem simbólicas, são quase-signos (o que aliás é uma característica das imagens na arte, a de que só referenciam a elas mesmas), e assim permanecem na fase seguinte do trabalho, agora sob a forma de sombras projetadas.

As marcas nos desenhos em 3-D já são mais complexas (embora guardem as características acima descritas), pois se originam de um geométrico paradigmático; as formas de hexágonos, de triângulos e de cones são facilmente reconhecíveis como significativas de conceitos matemáticos, além de conterem um alto valor simbólico arquetípico (no linguajar junguiano). Entretanto, essas marcas são alteradas quando transportadas do desenho inicial em 2-D para 3-D, onde a condição inicial em *wire frame* recebe as coordenadas de textura, cor, luz, que tornam possível renderizá-las (tal como se apresentam no trabalho finalizado).

Nas animações, os desenhos preliminares permanecem visíveis tão-só ao artista, enquanto nas chapas, as marcas uma vez efetuadas serão sempre visíveis a todos, porque definitivas. O movimento também permanece ausente em *Sombragar*, onde o momento-registro traz percepções temporais antagônicas às das animações — que possuem uma instantaneidade permanente.

Quando o trabalho *Sombragar* se torna obra em um diálogo intermediado pela luz e faz parte de um ambiente, entram fatores externos que alteram profundamente sua percepção. Surge um terceiro elemento participante ativo da criação: o vedor. Presente ou ausente, ele faz parte da obra — é desse olhar-indivíduo que ela se nutre para se completar. O espaço expande-se e sua percepção nutre-se de novos elementos ativados pelo trabalho integrando-o. Na instalação, as duas placas colocadas nos cantos de uma sala criam um prisma virtual onde sombra e luz se corporificam.

LUZ: UNIÃO-DIFERENCIAÇÃO

Em arte, matéria entra como noção de material bruto do qual o artista se serve para atualizar o conceito arte. Luz, como normalmente a definimos, mesmo não sendo matéria, é em si mesma material de arte, e muito especial. Ainda assim, como energia, possui condições de permutar com a matéria, é instantânea e se espalha por todo o lugar. O artista americano James Turrell (apud Julia Brown, 1985:43), criando com espaço e luz, declara: "A luz tem uma qualidade que parece ser intangível, no entanto, ela é sentida fisicamente". A percepção é baseada na luz, nossos corpos possuem células foto-absorventes espalhadas em sua superfície: nós nos alimentamos de luz.

Luz é o elemento básico de construção e de ativação do espaço nos trabalhos, que são a base desta investigação: pixels luminosos na animação "a formação da imagem a partir de uma emanação luminosa", Couchot (1993-1996:40) e a densidade luminosa nas instalações em tempo-espaço real por mim realizadas. No programa 3-D Studio, as formas, sua iluminação e a sombra que projetam são geradas através do pixel, "expressão visual, materializada na tela, de um cálculo efetuado pelo computador", Couchot (1993-1996:42), contendo em si um estranhamento perceptivo, uma vez que nossos sistemas perceptivos estão acostumados a decodificar uma diferente informação óptica proveniente de "mudanças e de invariantes" como propõe J.J. Gibson, (apud Eleonor J.

Gibson, 1982:XI). Para ele, são as diferentes texturas e gradientes de luz que possibilitam a percepção visual. Ora, nas animações em 3-D, isto só acontece mediante coordenadas do programa que geram formas, iluminação e sombras através da mesma luz gerada eletronicamente: isto é, luz iluminando formas de luz.

Imaginemos as animações já dentro dos monitores de vídeo e as duas chapas acrílicas colocadas em uma outra sala vazia, estando ambas contra a parede: suas dimensões competem com as de uma pessoa normal, com ela compartilhando o espaço. Não há separação material entre a chapa e a pessoa. Entretanto, o espaço gerado pela transparência, delimitado entre a chapa e a parede, é que se torna importante esteticamente. A leitura das incisões não é mais feita em sua materialidade, mas em sua projeção desmaterializada. Esse espaço existe pela ativação perceptiva do visitante. Entretanto, apague-se o foco de luz, e devolveremos às incisões na chapa, sua materialidade.

As animações terminadas contêm outro feixe de associações perceptivas, pois à imagem foi acrescentado o som. Nesses casos, a música tem a mesma origem em um processo de digitalização e modelização numérica. As músicas eletroacústicas, criadas para elas, carregam o campo perceptivo, acentuando seu aspecto sinestésico e alterando sensivelmente a imagem. A presença do som amplia a apreensão do espaço quanto à distância física e fortalece o sentido temporal da obra.

SITUAÇÕES HÍBRIDAS

Aqui temos instauradas duas situações espaciais que têm em comum a qualidade de serem híbridas. Híbridas também o são as técnicas empregadas nessas situações espaciais. Assim, carregam qualidades perceptivas provindas de condições diferentes, que se unem e se tranformam no momento da criação em algo que as transcende unitariamente. Em cada uma das duas situações espaciais é dado ao vedor um conjunto de coordenadas perceptivas pré-organizadas pelo artista. Em *Sombragar*, elas se aproximam das coordenadas que levaram a arte ambiental minimalista a incorporar a relação entre o espaço arquitetônico preexistente e as formas criadas pelo artista, as quais questionam ou comentam os elementos do espaço na sua leitura. Se *Sombragar* é criada a partir da relação luz-espaço, provocando um diálogo entre as chapas de acrílico com específicas próprias e o espaço arquitetônico, elas ainda estabelecem uma relação híbrida objeto-de-arte/luz, que vai colocá-la mais próxima do trabalho de Robert Irwin: *Disc*, 1965-69 (minha tese de doutorado investigou isto em detalhes), onde a percepção se estende do objeto para a parede e para a sombra projetada, tornando-a ainda mais positiva do que a própria chapa. O corpo do visitante pode, conforme a posição que ocupa, interferir e vir a ser uma outra relação triádica semelhante. Há uma participação, e não uma interação como conhecida na arte computacional.

A qualidade das animações é híbrida porque há uma passagem da animação gerada no computador para vídeo editado da maneira tradicional, finalizado em fita, onde o tempo se torna não mais instantâneo, mas reciclável. Essa passagem de animação gerada no computador é visível diretamente no monitor enquanto é criada, mas somente em partes, indo do objeto em *wire frame* para o renderizado, ressaltando a instantaneidade do relacionamento homem-máquina. A instantaneidade na produção da obra é tão marcante, que se faz estranho o não poder modificar a imagem na hora da edição em vídeo, se não existe mais a fita *master*.

A percepção passeia suas qualidades por todas essas fases, acentuando umas tantas em cada instância específica. No trabalho em exibição, pode-se vivenciar uma situação perceptiva de espaço semelhante à de *Sombragar*, no que se refere ao relacionamento vedor-objeto-luz, contudo a sombra está ausente. A imagem luz-pixel não tem sombra. Outra diferença marcante é a caixa do monitor que, contrariamente à chapa acrílica, conserva seus limites. Por último, o movimento presente nas animações e ausente em *Sombragar*, onde a imagem que se dá a ver é sempre a mesma, fica por conta do vedor, que, ao se mover, modifica o ângulo de visão da imagem.

Ora, se o fruidor é chamado a ser um co-autor, tanto nas instalações como nos trabalhos em animações computadorizadas, pois é sua percepção que completa a atualização do trabalho, podemos ainda delimitar tanto o tempo da criação e o da fruição?

O resultado de minhas indagações leva-me a concluir que, embora existindo uma ambivalência entre autor e fruidor nesses trabalhos — por serem constituídos de várias fases —, ainda assim há elementos perceptivos que se apresentam tão-só ao criador no momento em que cria a obra.

Não existe nem tempo nem espaço no momento do *insight*, quando o pensamento abdutivo flutua como "experiência absoluta" ou "percepção direta" (Paulo Laurentiz, 1991:59). Toda participação posterior na atualização da obra pode ser vista como instâncias criativas, passíveis de serem investigadas, mas jamais ausentes desse momento eterno original.

As imagens infográficas, em permanente devir, mutações visuais em sua instantaneidade e interatividade crescentes, provocaram alterações marcantes no nosso modo de ver a arte em qualquer meio, e mais ainda em nosso próprio processo perceptivo.

Os sentidos, considerados por Gibson como parte de um sistema perceptivo que capta informações, são estendidos a uma prótese cibernética. As qualidades perceptivas, desenvolvidas pela experiência no espaço virtual das animações computadorizadas, terminam não por enriquecer a percepção do ambiente que constitue o nosso *habitat* e onde se situam as Instalações, mas por alterá-las através do fornecimento de novos parâmetros comparativos, distintos daqueles presentes quando criamos sem o uso de prótese.

REFERÊNCIAS BIBLIOGRÁFICAS

BACHELARD, Gaston. (1970-1994). *O direito de sonhar.* 4. ed. Rio de Janeiro: Editora Bertrand Brasil.

BARROS, Anna (1996). *A arte da percepção: um namoro entre a luz e o espaço.* Tese de doutorado em Comunicação e Semiótica, PUC-SP, inédita.

COUCHOT, Edmond (1982). "La synthèse numérique de l'image vers un nouvel ordre visuel", *Traverses*, n. 26, out., pp. 56-63.

———— (1993-1996). "Novas imagens, novos modelos: da representação à simulação", *Imagem máquina. A era das tecnologias do virtual.* André Parente (org.). Rio de Janeiro: Editora 34, pp 37-48.

GIBSON, J.J. (1979). *The echological approach to visual perception.* Boston: Houghton Mifflin Company.

GIBSON, Eleanor J. (1982). "Foreword", *Reasons for realism.* Edward Reed e Rebecca Jones (ed.). Hillsdale, New Jersey: Lawrence Erlbaum Associates, Publishers.

IRWIN, Robert (1985). *Being and circunstance. Notes toward a conditional art.* The Lapis Press / Pace Gallery / San Francisco Museum of Modern Art.

LAURENTIZ, Paulo (1991). *A holarquia do pensamento artístico.* Campinas: Editora da UNICAMP.

MERRELL, Floyd. (1992). *Sign, textuality, word.* Bloomington e Indianapolis: Indiana University Press.

MORRIS, Robert (1968). "Notes on sculpture", *Minimal art: a critical anthology*, Gregory Battcock (ed.). New York: Dutton, pp. 222-235.

MORSE, Margaret (1996). "Nature morte", *Immersed intechnology. Art and virtual environment.* Mary Anne Moser e Douglas MacLeod (ed.). Banff Centre for the Arts. Cambridge: The MIT Press, pp. 195-232.

POLANYI, Michael (1967). *The tacit dimension.* London: Routledge and Kegan Paul, Ltd.

TENHAAF, Nell (1996). "Mysteries of the bioappararus", *Immersed in technology. Art and virtual environment*, Mary Anne Moser e Douglas MacLeod (ed.). Banff Centre for the Arts. Cambridge: The MIT Press., pp. 51-71.

SANTAELLA, Lúcia (1993). *A percepção. Uma teoria semiótica.* São Paulo: Experimento.

Apoio: FAPESP — Fundação de Amparo à Pesquisa do Estado de São Paulo.

O TEMPO NAS IMAGENS ANIMADAS: UMA ABORDAGEM SEMIÓTICA

Silvia Laurentiz

Sabemos que tudo que toma forma concreta no mundo possui relações espaço-temporais de alguma espécie; esta é sua qualidade de estar materializado.

Mas o nosso objeto de estudo é exclusivamente as imagens. E imagens podem ser definidas de maneira tão generalizada, que não chegaríamos a obter respostas satisfatórias dessa conceituação.

Logo, devemos restringir nosso universo ainda mais para que possamos torná-lo acessível e funcional. Falaremos somente de imagens que possam ser vistas (e não apenas vislumbradas); que tenham sido produzidas pelo homem e estejam sobre um suporte qualquer.

E Jacques Aumont (Aumont, 1993) nos coloca uma primeira abordagem interessante para as imagens, sobre este assunto.

Para ele, existem imagens "que são idênticas a si próprias no tempo" e imagens que se "modificam ao longo do tempo, sem a intervenção do espectador, apenas através do dispositivo que as produz e apresenta."

Essa colocação é importante para entrarmos no foco principal de nosso trabalho: as imagens animadas.

Uma imagem colocada no mundo já possui essas características citadas por Aumont, pois uma imagem única sofre alterações espaço-temporais tanto quanto uma seqüência de imagens dispostas lado a lado.

Uma imagem única sofre alterações devido ao desgaste de seu suporte, por exemplo. Assim, uma fotografia que tirei na infância não é mais a mesma hoje em dia.

E, quando nos referirmos a imagens dispostas lado a lado, temos que levar em consideração o tempo e o espaço tanto individual de cada uma quanto delas juntas formando um todo.

Assim, um *frame* individual no espaço tem propriedades temporais e espaciais distintas daquelas que ele carrega quando colocado ao lado de outro *frame*.

Essa construção, esse arranjo de *frames*, pode se dar de diferentes maneiras:

a) pode-se ter um segundo *frame*, que é um duplo do primeiro, e isto nos dará a sensação de um prolongamento na situação temporal: é uma imagem que "dura" um tempo para passar;

b) pode-se ter um segundo *frame,* que é uma cópia do primeiro, mas com alguma variação, e isto nos causará uma sensação de mudança na relação espaço-temporal. Isto pode ocorrer de maneira mais ou menos branda, dependendo do grau de mudança ocorrido entre o primeiro e o segundo *frame*;

c) pode-se ter, ainda, um segundo *frame* completamente distinto do primeiro, e isto nos dará uma sensação de fragmentação de sua situação temporal, ao contrário do primeiro tipo.

Manejando essas três possibilidades, poderemos construir uma infinidade de signos que nos causarão sensações diferentes de ritmos e movimentos.

No ritmo, por exemplo, podemos obter estruturas de retração e expansão, um efeito de tensão e relaxamento, de rapidez e vagueza, etc.

No movimento, podemos criar variações espaciais das mais variadas, desde que pertençam aos limites de uma tela.

Portanto, percebe-se que os limites do movimento e do ritmo das imagens não possuem barreiras estanques. Um interfere no outro, ou seja, movimentos de câmera podem nos oferecer ritmos acelerados numa cena, com tanta ou mais tensão do que uma montagem de *frames* distintos, seguidos um do outro, numa seqüência estroboscópica de imagens.

Para ilustrar esse argumento, podemos citar dois grandes mestres do cinema atual.

Win Wenders, em *Paris Texas*, por exemplo, trabalha com movimentos amplos e lentos de câmera criando uma vagueza estarrecedora. Já Peter Greenaway trabalha com o excesso de informação das estruturas barrocas (por exemplo, em *A última tempestade*), criando a ilusão de "apertamento" ao manipular o tempo num espaço saturado e, mesmo assim, consegue gerar momentos de relaxamento e lentidão em algumas partes de seus filmes.

Ambos estão procurando outros domínios da sintaxe visual.

Mas há ainda outras possibilidades decorrentes dos itens lançados. Podemos manipular conjuntos de imagens como se fossem células de significação (com unidades próprias de tempo), articulando-as em diferentes tipos de montagens. Metz (1991), por exemplo, analisa diferentes "sintagmas que se alternam" em seu livro *Film language — a semiotics of the cinema*. E, podemos produzir sentido (e o tempo está intrínseco na produção de sentidos) através da dialética dos elementos das imagens. Podemos citar a "montagem de atrações" de Eisenstein (1991), que nos apresenta inúmeras combinações entre os planos de um filme.

E, para Burch (1992), um filme é, formalmente, uma sucessão de "pedaços de tempo" e de "pedaços de espaço" (Burch, 1992:24). E, dentre as inúmeras possibilidades de articulações, temos as que nos passam uma ação contínua e as que passam uma ação descontínua. E essa continuidade pode se dar em ambas, nas relações temporais e nas espaciais, só na espacial, só na temporal, ou em nenhuma delas. E entre as continuidades poderíamos ainda ter um hiato, o que Burch chamou elipse, e recuos de tempo. Ambos, Eisenstein e Burch, procuravam contrastes e oposições nas organizações dialéticas espaço-temporais dos filmes.

Pelo que já foi dito, podemos perceber três momentos do tempo nas imagens: um tempo que está no mundo e deixa marcas nas coisas concretas do mundo; um tempo que está na imagem individual e é capaz de gerar diferentes ritmos, movimentos, sensações e um tempo que acontece na relação de uma imagem com uma outra. A relação dessas duas imagens gerará tempo, ritmo e movimento que não estavam naquelas imagens quando elas se encontravam sozinhas no mundo.

Raymond Bellour, em *Entre-imagens* (1997), trabalha exclusivamente com inter-relações das imagens, as quais denomina "passagens":

> ... entre móvel e imóvel, entre a analogia fotográfica e o que a transforma. Passagens, corolários que cruzam sem recobrir inteiramente esses "universais" da imagem: dessa forma se produz entre foto, cinema e vídeo uma multiplicidade de sobreposições, de configurações pouco previsíveis. Com propriedade, ele navega nesse terreno etéreo, ou melhor, ele flutua entre dois fotogramas, assim como entre duas telas, entre duas espessuras de matéria, assim como entre duas velocidades... (Bellour, 1997:15).

A respeito de momentos distintos das imagens, Lúcia Santaella tem uma outra colocação que devemos trazer para esta discussão. Em seu livro intitulado *Imagem* (Santaella e Nöth, 1997:73-87), ela estabelece três espécies de tempos que estariam imediatamente ligados a essa questão das imagens. O primeiro é o tempo intrínseco à imagem; o segundo é o tempo extrínseco a ela. E o terceiro é o tempo intersticial. Este é o tempo que nasce "no cruzamento entre um sujeito perceptor e um objeto percebido, quer dizer, o tempo que é construído na e pela percepção. Em todos os seus níveis, a percepção é feita de tempo" (Santaella e Nöth, 1997:84).

Santaella ainda define três tipos de tempos da percepção: o fisiológico, o biológico e o lógico.

O tempo fisiológico é o do interior daquele que percebe; o tempo biológico é exterior àquele que percebe; e o tempo lógico seria uma síntese de uma percepção, de um acontecimento. Assim, o tempo lógico é aquele que se dá na relação entre as imagens e o seu receptor. Do ponto de vista da imagem, ela possui qualidades temporais que podem ser percebidas desde que encontrem um interpretante em condições para percebê-las, enquanto, do ponto de vista do receptor, este pode perceber as qualidades temporais das imagens, mas somente aquelas que suas qualidades de recepção permitem.

Assim, há um tempo no mundo, há um tempo da imagem (que está neste mundo), há um tempo do espectador que observa a imagem (que também está no mundo) e há um tempo sintético da relação entre os dois últimos. E é nessa síntese que se dá o reconhecimento do tempo, o qual pode ser de diferentes níveis, como veremos através de alguns autores.

Na verdade, a idéia de um tempo do espectador que se inter-relaciona com um tempo da imagem que ele observa já foi muito explorado.

Jean-Marie Schaeffer, em *Imagem precária* (1996), ressaltou aquela qualidade de uma imagem, que por si só não existe, mas que é capaz de ser transmitida, pois o espectador coloca nela algo que é seu e acrescenta alguma coisa a ela.

Schaeffer explica o que vem a ser esse *arché* da fotografia: "uma fotografia funciona como uma imagem indicial contanto que se saiba que se trata de uma fotografia e o que esse fato implica" (Schaeffer, 1996:38).

Em outras palavras, referindo-se à fotografia, mas podendo ser estendido para outras mídias, temos que compreender todos os aspectos da convencionalidade da fotografia para que ela funcione como um índice do real, por exemplo. Ou seja, uma fotografia representa através de uma norma que deve ser interpretada. E essa interpretação é uma síntese de dois momentos distintos no tempo.

Jacques Aumont, em *A imagem* (1993), levanta a tese de que esta *alguma coisa a mais,* que não está na imagem, mas que é capaz de ser transmitida a seu espectador, é um saber sobre a gênese da imagem, sobre seu modo de produção. A imagem possui um modo de emprego que seu espectador supostamente conhece. E isto diz respeito também à temporalidade dessa imagem.

Se pensarmos no cinema, veremos que muitas são as convenções criadas por esse meio que poderiam ser interpretadas por duração, sensação de tempo, ou ainda uma representação do tempo. Há as imagens que duram, as montagens e colagens, as seqüências e os intervalos, as metáforas e metonímias, isto sem falar do tempo cultural que os diferentes estilos cinematográficos denotam, visto que podemos diferenciar um cinema do expressionismo alemão de um construtivista russo ou de uma *nouvelle vague* francesa.

Indo um pouco além, mas ainda sobre a relação entre imagem e receptor, Deleuze, em seu livro *A imagem-tempo* (1990), lança o conceito de "imagem-cristal", que designa a coexistência de uma imagem atual e uma imagem virtual. A atual, que se encontra no presente, está atualizada no presente vivido, e a virtual, que habita o passado, coexiste na imagem no presente; é o passado no presente. Para Deleuze a própria noção do tempo foi alterada através do cinema. O fator primordial apontado por ele é a irredutibilidade desse aspecto da imagem, onde a imagem atual e sua imagem virtual formam uma unidade indivisível.

Poderíamos colocar, se quisermos ampliar essa noção de Deleuze, que o atual é o objetivo, enquanto o virtual seria o subjetivo da imagem. E a subjetividade a que se refere não é a nossa subjetividade psicológica: é aquela que habita o mesmo território do tempo a que se refere. Um tempo que está na mais pura virtualidade.

Outro ponto é levantado por Arlindo Machado em *Cinema e virtualidade* (1996). Desde que o cinema passou a usar excessivamente a câmera subjetiva, podemos notar uma crescente *hipérbole do sujeito*. Câmera subjetiva é "um tipo de construção cinematográfica em que há uma coincidência entre a visão dada pela câmera ao espectador e a visão de um personagem particular. Em outras palavras, eu — espectador — vejo na tela exatamente o que o personagem vê no seu campo visual" (Machado, 1996:173) ou seja, o sujeito insere a "si mesmo" no filme. Com essa supremacia do sujeito, há uma supervalorização do tempo do sujeito em detrimento do tempo da imagem. Nos jogos interativos do tipo videogame, isto se torna mais evidente. "Em alguns casos, como nas simulações de corridas de automóveis ou de vôos de aviões, essa inserção se dá, tal como no cinema, através da modalidade clássica da câmera subjetiva, com o jogador assumindo o assento do piloto e observando na tela do vídeo o percurso que ele próprio determina através do manejo dos instrumentos de bordo, com as imagens mostradas sempre a partir de seu próprio ponto de vista" (Machado, 1996:174).

O sujeito, que está "jogando" aquelas imagens, controla a ação dos acontecimentos. A imersão é tal que o usuário chega a confundir as barreiras entre aquelas imagens e sua própria pessoa. O tempo de um quase toca no tempo do outro, a ponto de não distinguimos, por alguns instantes, onde começa um e o outro.

Os sistemas de realidade virtual prometem extrapolar todas essas barreiras no momento em que "mergulhamos" dentro das imagens e dos sons virtuais gerados pelo computador.

Para Prigogine, eminente físico contemporâneo, a descoberta da irreversibilidade de alguns fenômenos nos coloca diante da perspectiva da evolução progressiva do universo. Para ele existe uma corrente de irreversibilidade, que é um dos elementos constitutivos do universo. Nesse sentido, o universo é uma evolução irreversível:

> Einstein já reconhecera explicitamente que os problemas do espaço-tempo e da matéria estavam ligados. Atualmente devemos ir mais longe, compreender que a estrutura do espaço-tempo está ligada à irreversibilidade... (Prigogine, 1988:73).

E Prigogine conclui que o tempo não é ilusão nem dissipação, mas sim criação.

E aqui Prigogine nos aproxima do pensamento peirceano. O tempo, sendo criação, vem ao encontro da semiose peirceana e, como foi bem colocado por Santaella: "Tempo é sinônimo de semiose ou ação do signo; onde há tempo, há ação do signo. A ação do signo é gerar um interpretante e essa ação desenvolve-se no tempo" (Santaella, 1997).

Para Peirce, a semiose é a ação num contínuo do Signo, e continuidade é tempo: "The whole conception of time belongs to genuine thirdness" (CP 1.384). Tempo, para ele, é uma variação de espaço onde as coisas ocorrem ou duram; portanto, a representação linear e cronológica é apenas uma forma precária de representá-lo. Sobre os Signos nesta continuidade do tempo — e tempo passa a ser sinônimo de continuidade, mente, vida, inteligência —, Santaella nos diz: "All actualized signs are mixtures of continuity and discontinuity, because pure continuity or time is an abstraction, not an empty abstraction, but an abstraction that guides the action of signs when and wherever they are actualized" [Todos os signos atualizados são uma mistura de continuidade e descontinuidade, porque pura continuidade ou tempo é uma abstração, não uma abstração vazia, mas uma abstração que guia a ação dos signos quando e onde eles são atualizados] (Santaella, 1992).

Depois de todo esse levantamento teórico, chegamos à razão deste meu trabalho. Viemos percorrendo essas questões para perguntarmos, finalmente, como fica a noção de tempo com as novas tecnologias, com os novos meios eletrônicos? Como disse Deleuze (sobre o cinema ter mudado nossa noção de tempo), podemos agora dizer o mesmo sobre as mídias eletrônicas? Essa imersão no espaço virtual do computador modifica nossa noção de tempo e espaço?

O computador pode gerar o movimento de um objeto a partir de parâmetros matemáticos e não mais a partir de *frames* colocados lado a lado, como em animações tradicionais. Isto já evidencia que o computador processa dados por padrões lógicos com diferenças significativas dos padrões gerados em outros meios, o que nos permite deduzir que as imagens geradas pelo computador podem apresentar novas qualidades ao mundo por meio de novos padrões de tempo e de movimento. Além disso, podemos programar comportamentos específicos para os objetos que participam dos ambientes imagéticos. Isto faz das imagens um sistema dinâmico com algum grau de autonomia e imprevisibilidade, e não apenas uma seqüência de imagens única e estável.

Outro diferencial apresentado pelo computador é que ele nos permite participar das decisões sobre os acontecimentos que se desenrolam no ambiente virtual. Como vimos anteriormente, tempo é sinônimo de criação de sentidos (interpretantes), que, agora, evoluem a cada nova participação efetiva do receptor das imagens. Isto já é suficiente para provocar mudanças em nossa percepção das relações espaço-temporais. E, ainda, navegar na Internet já quebra todas as expectativas que tínhamos sobre as grandes distâncias. E, se mudam nossas expectativas espaciais, conseqüentemente mudam nossas expectativas temporais.

Essas colocações prometem lançar luzes ao Universo dos Signos Visuais. A interatividade, a dinâmica e a complexidade, possíveis por meio do uso do computador, produzem imagens com propriedades especiais que, acreditamos, vão além das organizações dialéticas, das relações gestalticas e das articulações dos elementos constituintes das imagens produzidas em outras mídias.

REFERÊNCIAS BIBLIOGRÁFICAS

AUMONT, Jacques (1993). *A imagem.* São Paulo: Papirus. (Título original em francês: *L'image*, Éditions Nathan, 1990.)

BELLOUR, Raymond (1997). *Entre-imagens: foto, cinema, vídeo.* São Paulo: Papirus. (Título original em francês: *L'entre-images: photo, cinema, video*, E.L.A/La Difference, 1990.)

BURCH, Noel (1992). *Práxis do cinema*, col. Debates. São Paulo: Perspectiva. (1. ed., 1969.)

DELEUZE, Gilles (1990). *A imagem-tempo.* São Paulo: Brasiliense. (Título original em francês: *L'image-temps*, Minuit, 1985.)

EISENSTEIN, Serguei, 1991. "A montagem de atrações", *A experiência do cinema*, Ismail Xavier (org.). São Paulo/Rio de Janeiro: Graal, pp. 187-198. (1. ed. 1983.)

MACHADO, Arlindo (1996). "Cinema e virtualidade", *O cinema no século*, Ismail Xavier (org.). Rio de Janeiro: Imago.

METZ, Christian (1991). *Film language: a semiotics of the cinema.* EUA: The University of Chicago Press. (1. ed. 1974.)

PRIGOGINE, Ilya (1990). *O nascimento do tempo.* Rio de Janeiro: Edições 70. (Título original: *La nascita del tempo.* Roma: Edizione Theoria s.r.l., 1988.)

SANTAELLA, Lúcia (1992). "Time as the logical process of the sign", *Semiotica* 88, Berlim, pp. 309-326.

———————. *Sign and time in the semiotics of Charles Sanders Peirce*, no prelo.

——————— e NÖTH, Winfred (1998). *Imagem.* São Paulo: Iluminuras.

SCHAEFFER, Jean-Marie (1996). *A Imagem precária: sobre o dispositivo fotográfico.* São Paulo: Papirus. (Título original em francês: *L'image précaire: du dispositif photographique.* Seil, 1987.)

REPENSANDO FLUSSER E AS IMAGENS TÉCNICAS

Arlindo Machado

Se existe hoje uma discussão inevitável no círculo dos artistas que experimentam com dispositivos ou processos tecnológicos, essa discussão é certamente a que diz respeito à própria natureza da intervenção artística numa época marcada pelo tecnocentrismo. A primeira questão que emerge é sempre a mais simples e a mais difícil de responder: em que nível de competência tecnológica deve operar um artista que pretende realizar uma intervenção verdadeiramente fundante? Deve operar apenas como *usuário* dos produtos colocados no mercado pela indústria da eletrônica? Deve operar como *engenheiro* ou *programador*, de modo a poder construir as máquinas e os programas necessários para dar forma a suas idéias estéticas? Ou ainda deve operar no plano da *negatividade*, como alguém que se recusa a fazer uma utilização legitimadora da tecnologia?

Edmond Couchot (1990:48-59) coloca a questão nos seguintes termos: os dispositivos utilizados hoje pelos artistas para a construção de seus trabalhos (computadores, câmeras, sintetizadores etc.) aparecem inicialmente como *caixas pretas* (*boîtes noires*), cujo funcionamento misterioso lhes escapa parcial ou totalmente. O fotógrafo, por exemplo, sabe que se apontar a sua câmera para um motivo e disparar o botão de acionamento, o aparelho lhe dará uma imagem normalmente interpretada como uma réplica bidimensional do motivo que posou para a câmera. Mas o fotógrafo, em geral, não conhece todas as equações utilizadas para o desenho das objetivas, nem as reações químicas que ocorrem nos componentes da emulsão fotográfica. A rigor, pode-se fotografar sem conhecer as leis de distribuição da luz no espaço, nem as propriedades fotoquímicas da película, nem ainda as regras da perspectiva monocular que permitem traduzir o mundo tridimensional em imagem bidimensional. As câmeras modernas estão automatizadas a ponto de até mesmo a fotometragem da luz e a determinação do ponto de foco serem realizadas pelo aparelho.

Não é muito diferente o que ocorre com o computador. Mas a caixa preta que chamamos *computador*, como adverte Couchot, não é constituída apenas de circuitos eletrônicos, de hardware (processadores, memória); ela compreende também as linguagens formais, os algoritmos, os programas, numa palavra, o software. Assim, enquanto o aparelho fotográfico é programado já na fábrica para realizar determinadas funções e apenas essas funções, o computador, ao contrário, aparece como uma máquina *genérica*, que se pode programar de mil maneiras diferentes para cumprir funções teoricamente infinitas, inclusive para simular qualquer outro aparelho ou instrumento. Numa palavra, no computador estão sempre implicadas duas diferentes modalidades de caixa preta: uma "dura", *hard*, cujo programa de funcionamento já está inscrito nos seus próprios elementos materiais, e outra "imaterial", *soft*, que diz respeito ao conjunto de instruções formais, em geral apresentadas em linguagem matemática de alto nível, destinadas a determinar como o computador e seus periféricos vão operar.

Voltando a Couchot, deve o artista penetrar obrigatoriamente no interior da caixa preta para interferir em seu funcionamento interno (seja positivamente, no sentido de colocar a máquina a trabalhar em benefício de suas idéias estéticas, seja negativamente, no sentido de desvelar as determinações que ela impõe), ou deve situar-se do lado de fora, no sentido de preservar um *savoir faire* estritamente artístico? Ou dito de forma mais direta: quem utiliza o computador para criar trabalhos de intenção artística deve saber programar, ou é suficiente o domínio de um bom programa comercial?

Longe de se reduzir a um problema de ordem metodológica ou a uma questão puramente pragmática, essa pergunta que hoje se repete com tanta insistência esconde problemas filosóficos importantes e estratégicos para se definir o estatuto da arte nas sociedades industriais ou pós-industriais. Uma das formulações mais agudas desse problema foi realizada por Vilém Flusser, importante pensador tcheco que viveu 31 anos no Brasil, tendo sido o principal mentor intelectual de várias gerações de artistas brasileiros que enfrentaram o desafio da tecnologia. Em meados dos anos 80, Flusser publicou, em duas edições ligeiramente diferentes, uma em portugês e outra em alemão, sua obra mais importante, que se chama justamente *Filosofia da caixa preta*, uma reflexão densa sobre as possibilidades de criação e liberdade numa sociedade cada vez mais centralizada pela tecnologia. Na Alemanha, essa obra teve ainda um desdobramente posterior, sob o título *Ins Universum der technischen Bilder* (1985a). Cinco anos depois de seu falecimento, Flusser permanece, ainda, nos círculos que discutem a arte da era eletrônica, um pensador pouco conhecido, mas cuja contribuição fundamental nesse campo demanda resgate urgente.

Em *Filosofia da caixa preta*, Flusser dirige suas reflexões na direção das chamadas *imagens técnicas*, ou seja, daquelas imagens que são produzidas de forma mais ou menos automática, ou melhor dizendo, de forma *programática*, através da mediação de aparelhos de codificação. Flusser se refere amiude à imagem fotográfica, por considerá-la o primeiro, o mais simples e ao mesmo tempo o mais transparente modelo de imagem técnica, mas a sua abordagem se aplica facilmente a qualquer espécie de imagem produzida através de mediação técnica, inclusive às imagens digitais, que parecem ser o motivo mais urgente e inconfessado dessas reflexões. A mais importante característica das imagens técnicas, segundo Flusser, é o fato delas materializarem determinados conceitos a respeito do mundo, justamente os conceitos que nortearam a construção dos aparelhos que lhes dão forma. Assim, a fotografia, muito ao contrário de registrar automaticamente impressões do mundo físico, transcodifica determinadas teorias científicas em imagem, ou para usar as palavras do próprio Flusser, "transforma conceitos em cenas" (1985b:45). As fotografias em preto-e-branco, que interpretam o visível em termos de tons de cinza, demonstram bem como as teorias da óptica e da fotoquímica estão em seu origem. Mas, também nas fotografias em cores, o colorido pode ser tão "teórico" ou abstrato quanto nas imagens em preto-e-branco. No dizer de Flusser, o verde do bosque fotografado é imagem do conceito de "verde", tal como determinada teoria química o elaborou, e a melhor prova disso é que o "verde" produzido por uma película Kodak difere significativamente do "verde" que se pode obter em películas Orwo ou Fuji e do "verde" flamejante que se pode exibir em uma tela eletrônica.

Talvez tenha sido necessário esperar até o surgimento do computador para que as imagens técnicas se revelassem mais abertamente como resultado de um processo de codificação icônica de determinados conceitos científicos. No computador, tanto a "câmera" que se utiliza para descrever complexas trajetórias no espaço, como as "objetivas" de que se lança mão para dispor diferentes campos focais, como ainda os focos de "luz" distribuídos na cena para iluminar a paisagem já não são objetos físicos, mas operações matemáticas e algoritmos baseados em alguma lei da física. Eis porque, a partir do computador, a hipóstase do projeto fotográfico se desvela. As imagens técnicas, ou seja, as representações icônicas mediadas por aparelhos, não podem corresponder a qualquer duplicação inocente do mundo, porque entre elas e o mundo se interpõem transdutores abstratos, os conceitos da formalização científica que informam o funcionamento de máquinas semióticas tais como a câmera fotográfica e o computador.

É possível, portanto, definir as máquinas semióticas pela sua propriedade básica de *estarem programadas* para produzir determinadas imagens e para produzi-las de determinada maneira, a partir de certos princípios científicos definidos *a priori*. As formas simbólicas (imagens) que essas máquinas constróem já estão, de alguma maneira, inscritas previamente (pré-escritas, programadas) na sua própria concepção e na concepção de seus(s) programa(s) de funcionamento. Isso quer dizer que uma máquina semiótica condensa em suas formas materiais e imateriais um certo número de *potencialidades* e cada imagem técnica produzida através dela representa a realização de algumas dessas possibilidades. Na verdade, *programas* são formalizações de um conjunto de procedimentos conhecidos onde parte dos elementos constitutivos de determinado sistema simbólico, bem como as suas regras de articulação, são inventariados, sistematizados e simplificados para serem colocados à disposição de um usuário genérico, preferencialmente leigo.

Ao usuário que lida com essas máquinas e que extrai delas as imagens técnicas, Flusser dá o nome *funcionário*. Para o funcionário, as máquinas semióticas são *caixas pretas* cujo funcionamento e cujo mecanismo gerador de imagens lhe escapam parcial ou totalmente. O funcionário lida apenas com o canal produtivo, mas não com o processo codificador interno. Mas isso não importa, porque tais caixas aparecem a ele de forma *amigável* (*user-friend*), ou seja, elas podem funcionar e colocar em operação o seu programa gerador de imagens técnicas mesmo quando o funcionário que as manipula desconhece o que se passa em suas entranhas, um pouco como o motorista que pode dirigir um carro sem se preocupar com o funcionamento do motor. O funcionário domina apenas o *input* e o *output* das caixas pretas. Ele sabe como alimentar as máquinas e como acionar os botões adequados, de modo a permitir que o dispositivo cuspa as imagens desejadas. Assim, o funcionário escolhe, dentre as categorias disponíveis no sistema, aquelas que lhe parecem mais adequadas e com elas constrói a sua cena. Uma vez que pode escolher, o funcionário acredita estar criando e exercendo uma certa liberdade, mas a sua escolha será sempre programada, porque é limitada pelo número de categorias inscritas no aparelho ou máquina. Para produzir novas categorias, não previstas na concepção do aparelho, seria necessário intervir no plano da própria engenharia do dispositivo, seria preciso reescrever o seu programa, o que quer dizer: penetrar no interior da caixa preta e desvelá-la.

Máquinas e programas são criações da inteligência do homem, são materializações de um processo mental, pensamento que tomou corpo, como já defendia, em seu tempo, Gilbert Simondon (1969). Mas, desgraçadamente, essas mesmas máquinas e programas, baseiam-se, em geral, no poder de *repetição* e o que elas repetem até a exaustão são os conceitos da formalização científica. A repetição indiscriminada conduz inevitavelmente à *estereotipia*, ou seja, à homogeneidade e previsibilidade dos resultados. A multiplicação à nossa volta de modelos prefabricados, generalizados pelo software comercial, conduz a uma impressionante padronização das soluções, a uma uniformidade generalizada, quando não a uma absoluta impessoalidade, conforme se pode constatar em encontros internacionais tipo Siggraph, onde se tem a impressão de que tudo o que se exibe foi feito pelo mesmo designer ou pela mesma empresa de comunicação. Se é natural e até mesmo desejável que uma máquina de lavar roupas repita sempre e invariavelmente a mesma operação técnica, que é a de lavar roupas, não é todavia a mesma coisa que se espera de aparelhos destinados a intervir no imaginário, ou de máquinas semióticas cuja função básica é produzir bens simbólicos destinados à inteligência e à sensibilidade do homem. A estereotipia das máquinas e processos técnicos é, aliás, o principal desafio a ser vencido na área da informática, talvez até mesmo o seu dramático limite, que se busca superar de todas as formas através de uma por enquanto hipotética Inteligência Artificial.

Numa primeira aproximação, Flusser adverte, portanto, sobre os perigos da atuação puramente externa à caixa preta. Na era da automação, o artista, não sendo capaz ele próprio de inventar o equipamento de que necessita ou de (des)programá-lo, queda-se reduzido a um operador de aparelhos, isto é, a um funcionário do sistema produtivo, que não faz outra coisa senão cumprir possibilidades já previstas no programa, sem poder, todavia, no limite desse jogo programado, instaurar novas categorias. Da parte da crítica e do público, o que se percebe é uma crescente dificuldade, à medida que os programas se tornam cada vez mais poderosos e "amigáveis", de saber discriminar entre uma contribuição original e a mera demonstração das virtudes de um programa. Nada pode ser mais desconfortável para um realizador de trabalhos de computação gráfica ou multimídia do que aquela pergunta inevitável que lhe é desferida imediatamente após qualquer exibição: "Que programa você usou para fazer isso?" Uma vez que permanecemos incapazes de saber o que se passa no interior da caixa preta, "somos, por enquanto, analfabetos em relação às imagens técnicas. Não sabemos como decifrá-las" (Flusser, 1985b:21).

Nesse sentido, assistimos hoje a um certo degringolamento da noção de *valor* em arte: os juízos de valorização se tornam frouxos, ficamos cada vez mais condescendentes em relação a trabalhos realizados com mediação tecnológica, porque não temos critérios suficientemente maduros para avaliar a contribuição de um artista ou de uma equipe de realizadores. Como conseqüência, a sensibilidade começa a ficar embotada, perde-se o rigor do julgamento e qualquer bobagem nos excita, desde que pareça estar *up to date* com o estágio atual da corrida tecnológica. A verdadeira tarefa da arte (e da filosofia que a ampara teoricamente) seria, ainda segundo Flusser, se insurgir contra essa automação estúpida, contra essa robotização da consciência e da sensibilidade, e recolocar as questões da *liberdade* e da *criatividade* no contexto de uma sociedade cada vez mais informatizada e cada vez mais dependente da tecnologia.

Quer isso então dizer que uma intervenção artística realmente fundante se torna impraticável fora de um posicionamento interno à caixa preta? Flusser parece dizer que sim. "Toda crítica da imagem técnica" — diz ele — "deve visar ao branqueamento dessa caixa" (1985b:21). Couchot, entretanto, aponta alguns casos em que o artista, mesmo trabalhando com programas comerciais e aparelhos que ele não pode modificar, é esperto o suficiente para trazer o computador para o seu domínio, em vez de se deslocar ele próprio para o domínio pouco conhecido da informática. Isso acontece naquelas situações em que o computador e a imagem digital aparecem em contextos híbridos, misturados com outros procedimentos e outros dispositivos mais familiares ao realizador, como nas *instalações* e também nas chamadas *poéticas das passagens* (Bellour, 1990:37-56), em que as imagens migram de um suporte a outro, ou então cohabitam um mesmo espaço de visualização, mesmo sendo de natureza distinta (artesanais, fotográficas, digitais). Couchot (1990:51-2) invoca o caso do artista alemão Peter Weibel, cujo *Gesänge des Pluriversums* (1986-88) utiliza a hibridização de recursos para "substituir o ponto de vista central imposto pelo olho da câmera por um olhar expandido e flutuante sobre o mundo", e também o do polonês Zbigniew Rybczynski, cujo *Steps* (1987) insere digitalmente imagens eletrônicas de turistas norte-americanos num antigo filme mudo de Serguei Eisenstein.

O grande problema de toda a argumentação de Flusser é que ele concebe as potencialidades inscritas nos aparelhos e seus programas como sendo *finitas*: elas são amplas, mas *limitadas* em número. Isso quer dizer que, mais cedo ou mais tarde, com a ampliação de suas realizações, as possibilidades de uma máquina semiótica acabarão por ser *esgotadas*. Ora, que há limites de manipulabilidade em toda máquina ou processo técnico é algo de que só podemos fazer uma constatação teórica, pois na prática esses limites estão em contínua expansão. Que aparelhos, suportes ou processos técnicos poderíamos dizer que já tiveram esgotadas as suas possibilidades? Mesmo a fotografia, com mais de um século e meio de prática efetiva, com uma utilização generalizada em todas as esferas da produção humana, ainda não se pode dizer que tenha sido esgotada e é difícil imaginar que algum dia possamos dizer isso (Machado, 1993a:37). O próprio Vilém Flusser (1983:6-7) já saudou a obra recente do fotógrafo alemão Andreas Müller-Pohle como um trabalho que faz saltar o gesto do fotógrafo para além do jogo programado das tecnologias da câmera e da película. Dada a complexidade dos conceitos invocados na concepção de uma máquina semiótica, poderíamos então dizer que sempre existirão potencialidades dormentes e ignoradas, que o artista inquieto acabará por descobrir, ou até mesmo por *inventar*, ampliando, portanto, o universo das possibilidades conhecidas de determinado meio.

Flusser, na verdade, não ignora isso. Ele reconhece que existem regiões, na imaginação dos aparelhos, que permanecem inexploradas, regiões que o artista navega preferencialmente para trazer à luz imagens nunca antes visualizadas. Na sua situação-limite, a relação entre usuário e aparelho aparece como um *jogo*, em que o primeiro usa toda a sua astúcia para submeter a intenção do aparelho à sua própria, enquanto o segundo trabalha no sentido de resgatar as descobertas do primeiro para os seus próprios propósitos. Flusser reconhece que esse jogo se dá de forma superlativamente concentrada no campo da arte de caráter *experimental*, onde o artista luta por desviar o aparelho de sua função programada e, por extensão, para evitar a redundância e favorecer a invenção. Mas, até onde os seus textos permitem avançar nessa direção, Flusser parece conceber de forma demasiado pessimista o destino dessa relação. Para ele, mais cedo ou mais tarde, o universo tecnológico acabará por incorporar as descobertas e os desvios dos artistas para os seus fins programados. Toda invenção, toda rota nova descoberta será acrescentada ao universo de possibilidades do(s) aparelho(s), de modo que se pode dizer que, no fim das contas, as máquinas semióticas se alimentam das inquietações dos artistas experimentais e as utilizam como um mecanismo de *feed-back* para o seu contínuo aperfeiçoamento.

Aqui talvez se possa corrigir Flusser em alguns aspectos de sua argumentação. Existem diferentes maneiras de se lidar com um aparelho ou um programa e de lançar mão deles para um projeto estético. Algumas dessas utilizações se desviam em tal intensidade do projeto tecnológico original, que equivalem a uma completa *reinvenção* do meio. Quando Nam June Paik, com a ajuda de ímãs poderosos, desvia o fluxo dos elétrons no interior do tubo iconoscópico da televisão para corroer a lógica figurativa de suas imagens; quando fotógrafos como Frederic Fontenoy e Andrew Davidhazy modificam o mecanismo do obturador da câmera fotográfica para obter não mais o congelamento de um instante, mas um "fulminante processo de desintegração das figuras resultante da anotação do tempo no quadro fotográfico" (Machado, 1993b:105); quando William Gibson, em seu romance digital *Agrippa* (1992), coloca na tela um texto que se embaralha e se destrói, graças a uma espécie de vírus de computador capaz de detonar os conflitos de memória do aparelho, não se pode mais, em nenhum desses exemplos, dizer que os realizadores estão apenas cumprindo "possibilidades" do meio. Eles estão, na verdade, atravessando os limites da máquina e reinventando radicalmente o seu programa e as suas finalidades.

O que faz um verdadeiro criador, em vez de submeter-se simplesmente a um certo número de possibilidades impostas pelo aparato técnico, é subverter continuamente a função da máquina de que ele se utiliza, é manejá-la no sentido contrário de sua produtividade programada. Talvez até se possa dizer que um dos papéis mais importantes da arte numa sociedade tecnocrática seja justamente a recusa sistemática de submeter-se à lógica dos instrumentos de trabalho, ou de cumprir o projeto industrial das máquinas semióticas, reinventando, em contrapartida, as suas funções e finalidades. Longe de deixar-se escravizar por uma norma, por um modo estandardizado de comunicar, obras realmente fundantes na verdade reinventam a maneira de se apropriar de uma tecnologia. Nesse sentido, as "possibilidades" dessa tecnologia não podem ser vistas como *estáticas* ou *predeterminadas*; elas estão, pelo contrário, em permanente mutação, em contínuo redirecionamento e crescem na mesma proporção que o seu repertório de obras criativas. Mas, se é preciso corrigir Flusser nos aspectos mais deterministas de sua argumentação, não se pode perder de vista que o objetivo principal de sua indagação filosófica é a crítica da padronização do ato criador e do embotamento da sensibilidade que caracterizam o ambiente industrial ou pós-industrial das máquinas, dos programas e dos funcionários, crítica essa que é condição *sine qua non* de toda intervenção estética renovadora.

Até aqui, examinamos as possibilidades de criação sob o viés das obras que se pode conceber através da mediação de máquinas não necessariamente inventadas pelos próprios artistas. Talvez seja necessário agora inverter o enfoque e examinar o problema a partir da consideração das próprias máquinas e da sua real intervenção na experiência estética contemporânea. Antes de mais nada, é preciso considerar que, em geral, utilizamos a palavra *máquina* para designar um espectro demasiado amplo e diversificado de dispositivos técnicos, como se todos eles fossem da mesma natureza e funcionassem da mesma forma. Heinz von Foerster (1984:2-24) já advertiu, no entanto, que devemos distinguir entre máquinas *triviais* — dispositivos conceituais com regras de operação determinísticas e bem definidas — e máquinas *não-triviais*, cujos mecanismos internos, por serem variáveis, instáveis, auto-alimentados e sujeitos a intervenções do acaso, permitem obter, como resultado, objetos ou ações imprevisíveis e paradoxais. Lembremo-nos ainda de que, para Simondon, o *automatismo* (ou sua forma industrial e econômica, a *automação*) corresponde ao grau mais baixo de definição dos objetos técnicos.

> O verdadeiro aperfeiçoamento das máquinas, aquele que se pode dizer que eleva o seu grau de tecnicidade, corresponde não a um incremento do automatismo, mas, pelo contrário, à introdução de uma certa margem de indeterminação em seu funcionamento. É essa margem que permite à máquina tornar-se sensível a uma informação exterior (Simondon, 1969:11).

Nesse sentido, um dos casos mais paradoxais na cena artística contemporânea é o de Harold Cohen, criador de *Aaron*, um programa que capacita o computador a pintar como um artista plástico. O caso Cohen é muito especial porque diz respeito a um artista que teve grande prestígio na Inglaterra nos anos 60 e que poderia ter dado continuidade a uma carreira estável e confortável se alguma inquietação profunda não o tivesse levado a abandonar a pintura, migrar para os Estados Unidos, integrar-se a um circunspecto grupo de cientistas que promovia pesquisas no terreno da Inteligência Artificial, na tentativa um tanto quixotesca de construir uma *máquina de pintar controlada por computador*. Carente de formação matemática e científica, Cohen teve de amargar mais de uma década estudando linguagens de computador, até que estivesse em condições de mostrar publicamente sua máquina funcionando ao vivo e produzindo pinturas remotamente figurativas. O mais curioso nas imagens produzidas pelo *Aaron* é que elas não apenas jamais repetem a iconografia e o geometrismo convencionais da computação gráfica, como também jamais se repetem a si mesmas. O programa se baseia em uma série de regras e metas, mas situações randômicas se encarregam de relativizar a rigidez dessas diretrizes e um sistema de *feedback* faz o computador voltar sempre para trás, na tentativa de se corrigir, se aperfeiçoar, checar o seu progresso e determinar os passos a serem dados em seguida. Não existindo uma autoridade central, que controle o cumprimento integral das regras e metas, o sistema depende então de agentes autônomos que se comunicam apenas no plano local, como se fossem formas orgânicas tentando se adaptar ao ambiente. Se os quadros concebidos pelo *Aaron* não suportam termos de comparação com obras de Pollock, Newman, Rothko ou Dubuffet, é preciso considerar, entretanto, que Cohen não visa exatamente a resultados em termos de imagens, mas o processo de construção de *Aaron* como um meio de explorar as suas próprias idéias sobre arte. Em geral, Cohen sempre evitou expor os desenhos, mas preferia mostrar a própria máquina produzindo-os, não porque os desenhos não fossem bons — eles o são, isso é o mais surpreendente —, mas porque o objetivo principal de *Aaron* é "*clarificar os processos envolvidos nas atividades de fazer arte*" (Cohen, apud McCorduck, 1991:41). Atuando, portanto, na fronteira mais indefinida entre arte e ciência, Cohen parece querer dizer que sua *obra* é *Aaron* e não as imagens que este último permite conceber.

Quando Flusser propõe uma atuação direta no interior da caixa preta, ele, com certeza, não estava autorizando uma dissolução da arte na técnica e, nesse sentido, sua perspectiva é radicalmente diversa daquela que é hoje tão corrente e que vê a atividade estética passando progressivamente das mãos do artista para as mãos do engenheiro ou do cientista. De fato, enquanto a maior parte dos analistas afirma que a essência do valor artístico está agora no desenvolvimento de software (vide, por exemplo, Pearson 1988:73s), retomando, portanto, uma antiga idéia de Pound (1996:57-83), segundo a qual as máquinas e processos técnicos podem ser encarados como formas dinâmicas dotadas de beleza estética em si, Flusser desconfia de que a tecnologia se converte hoje numa forma de constrangimento para o criador, numa *preocupação*, no sentido heideggeriano de *Sorge* (envolvimento concentrado e exclusivo), que muitas vezes o desvia de sua perspectiva radical e retira a força de seus trabalhos. Na verdade, não é preciso muita filosofia para verificar isso. Basta observar qualquer congresso de arte eletrônica, de música digital ou de escritura interativa, ou folhear qualquer revista dedicada a essas especialidades, para se constatar que o discurso estético, o discurso musical e o discurso literário foram completamente substituídos pelo discurso técnico, e que questões relativas a algoritmos, hardware e software tomaram completamente o lugar das novas idéias criativas. O resultado é um panorama extraordinariamente rico de máquinas e processos técnicos que se aperfeiçoam sem cessar, mas o que se produz efetivamente com esses dispositivos, com raras e felizes exceções, é limitado, conformista e encontra-se abaixo do nível mediano.

Aqui reside a diferença introduzida por Cohen. O gigantesco empenho na direção de uma máquina de pintar não reduz jamais a sua *démarche* a um projeto puramente tecnológico, malgrado o desafio técnico tenha sido enfrentado em toda sua extensão e profundidade. Ao longo do processo inteiro de criação de *Aaron*, Cohen não se sentiu tentado a refletir ou a escrever sobre as soluções técnicas (algoritmos, rotinas de programas) que ele foi encontrando para resolver o desafio da máquina de pintar. Pelo contrário, sua produção teórica no período se concentra surpreendentemente numa discussão densa sobre questões de natureza ontológica sobre o significado da arte. Isso se explica: para construir *seriamente* uma máquina capaz de produzir arte (e não mais um *gadget* industrial), Cohen teve de se perguntar o tempo todo *o que é arte*, o que se passa na cabeça de um artista quando ele está criando, que caminhos intrincados e imprevisíveis ele atravessa para chegar a resultados consistentes. Mais do que dar forma automática a regras e cânones cristalizados pela história da arte, Cohen teve de enfrentar o desafio de uma máquina permanentemente *in progress*, de uma máquina indeterminada e interminável, porque interminável é também a discussão sobre o sentido e o enigma da arte. *Aaron* é, portanto, um caso raro de "máquina" (agregado de hardware e software) cujo processo criativo pode ser integrado sem constrangimentos ao conjunto de indagações e experiências da arte atual, onde ele ocupa inclusive um lugar privilegiado por apontar para uma via não-redutora.

Na verdade, a penetração concreta no interior da caixa preta é uma possibilidade que Flusser admite, mas não chega a explorar mais detidamente, preferindo desviar o enfoque para o campo liberador da filosofia. Couchot, entretanto, enfrenta abertamente a questão e vislumbra exemplos dessa intervenção desveladora na obra de um certo número de artistas contemporâneos. Coincidentemente, a maioria desses realizadores acumula, ao lado de uma cultura artística sofisticada, também uma sólida formação científica (uns são engenheiros eletrônicos, outros especialistas em física ou em ciências da computação), podendo, portanto, criar os seus próprios dispositivos e programas em qualquer nível de competência tecnológica. Alguns deles utilizam programas "abertos", ou seja, programas que aceitam instruções e modificações em linguagens de programação. Outros partem para a autoria de seus próprios programas.

Hervé Huitric e Monique Nahas, por exemplo, conceberam especialmente para seu trabalho artístico o programa *Rodin*, um modelador de formas tridimensionais capaz de gerar sutis distorções através de cálculos de curvas paramétricas. Com esse recurso informático, os autores conseguem se desviar da tendência naturalista da computação gráfica mais convencional e propor um trabalho mais original e de inegável beleza. Michel Bret escreveu ele próprio o programa *Anyflo*, que lhe permite colocar em movimento um bestiário digno de Borges, povoado de criaturas delirantes e impossíveis, cujo comportamento não pode ser inteiramente previsto, pois depende das interações que vão efetivamente acontecer na cena (Bret, 1988:3-9). William Latham, por sua vez, utiliza um programa chamado *Mutator*, concebido por seus colaboradores Stephen Todd e Peter Quarendon especialmente para "esculpir" complexas formas tridimensionais. Em obras como *The conquest of form* (1988) e *The evolution of form* (1990), Latham pôde colocar em movimento e em metamorfose formas abstratas de uma beleza incomum, fazendo combinar mutações aleatórias com escolhas precisas efetuadas pelo artista (Popper, 1993:96). Já Yoichiro Kawaguchi, um dos artistas mais originais no âmbito da *computer art*, utiliza um programa desenvolvido por ele próprio, o *Morphogenesis Model*. Associado a um complexo sistema computacional de modelação e animação chamado *Metaball*, esse programa permite conceber formas de uma complexidade crescente, formas quase-orgânicas, que parecem obedecer a certas leis naturais de gênese e crescimento dos seres vivos (Kawaguchi, 1982:223-230). Tudo muito selvagem, anárquico, irregular e produzido com uma liberdade que não lembra nem de longe os protótipos lisos e regulares da computação gráfica rotineira.

Quer isso dizer então que a intervenção no interior da caixa preta só é possível a uma classe muito especial de artistas, aquela dotada também de competência científica e tecnológica? É verdade que muitos dos pioneiros da *computer art*, como Manfred Mohr, Edvard Zajec e Duane Palyka, eram também e coincidentemente engenheiros, programadores e matemáticos, acumulando talentos ao mesmo tempo nas artes plásticas e nas ciências exatas. Outros, porém, menos dotados em termos de formação técnica, descobriram os seus próprios caminhos e acabaram por lançar uma luz nova sobre esse problema.

Naturalmente, o caminho mais óbvio dos artistas no universo das competências tecnológicas é o trabalho em *parceria*. Nam June Paik, por exemplo, soube extrair todos os benefícios de sua parceria com o engenheiro japonês Suya Abe e, sem este último, ele provavelmente nunca teria logrado seu sintetizador de imagens eletrônicas, responsável por boa parte de sua célebre iconografia. No ambiente brasileiro, seria inevitável a menção de Waldemar Cordeiro, artista que se beneficiou grandemente do trabalho conjunto com o físico italiano Giorgio Moscati para construir suas imagens digitais, já na década de 60. Nos territórios da arte, que lida com processos tecnológicos, a parceria possibilita dar forma orgânica aos vários talentos diferenciados e equacionar certeiramente as atuais demandas do trabalho artístico, que são conhecimento e intuição, sensibilidade e rigor, disciplina e anarquia criativa. Artistas, em geral, não dominam problemas científicos e tecnológicos; cientistas e engenheiros, em contrapartida, não estão a par do complexo intrincado de motivações da arte contemporânea. Conjuntamente, ambos podem superar suas respectivas deficiências e contribuir para recuperar a antiga idéia grega de *téchne*, que compreendia tanto a invenção técnica quanto a expressão artística.

Para isso, talvez seja necessário relativizar as contribuições de todas as inteligências e de todas as sensibilidades que concorrem para configurar a experiência estética contemporânea. Isso implica, é claro, uma desmistificação de certos valores convencionais ou até mesmo arrogantes, inspirados na idéia de que a "obra" seria o produto de um gênio criativo individual, que ocuparia uma posição superior na hierarquia das competências do fazer artístico. Quando homens como Nam June Paik ou Woody Vasulka sentam-se diante de um sintetizador eletrônico de imagem, em geral assessorados por engenheiros e técnicos de som, e se põem a intervir diretamente no fluxo de elétrons de um tubo de raios catódicos, eles estão, na verdade, efetuando um diálogo com a máquina, um diálogo em que nenhuma das partes produz uma determinação final. Muitos dos resultados obtidos jamais poderiam ter sido premeditados ou planejados pelo artista ou por seus engenheiros, mas também não poderiam emergir a partir de uma utilização apenas convencional da máquina, dentro dos seus padrões "normais" de funcionamento. Antes, tais resultados são às vezes derivados de uma conjugação de fatores, que inclui todos os talentos implicados na materialização de uma obra, incluindo o espectador, e na qual o acaso não deixa de jogar também um papel importante. Se a "obra" obtida através desse processo é criação da máquina, dos engenheiros que a programaram ou do artista que a desviou de sua função original constitui questão irresolúvel e por isso mesmo obsoleta. Há cada vez menor pertinência em encarar os produtos e processos estéticos contemporâneos como individualmente motivados, como manifestações de estilo de um gênio singular, do que como um trabalho de equipe, socialmente motivado, em que o resultado não pode consistir em outra coisa que um jogo de tensões entre os mais variados agentes e fatores, uma economia simbólica de natureza *dialógica*, como diz Couchot (1997).

Aparelhos, processos e suportes possibilitados pelas novas tecnologias repercutem, como bem o sabemos, em nossos sistemas de vida e de pensamento, em nossa capacidade imaginativa e nas nossas formas de percepção do mundo. Cabe à arte fazer desencadear todas essas conseqüências, nos seus aspectos grandes e pequenos, positivos e negativos, tornando explícito aquilo que nas mãos dos funcionários da produção ficaria apenas enrustido, desapercebido ou mascarado. Essa atividade é fundamentalmente contraditória: de um lado, trata-se de repensar o próprio conceito de arte, absorvendo construtiva e positivamente os novos processos formativos abertos pelas máquinas; de outro, trata-se de tornar também sensíveis e explícitas as finalidades embutidas em grande parte dos projetos tecnológicos, sejam elas de natureza bélica, policial ou ideológica. Voltando a Flusser, a arte coloca hoje os homens diante do desafio de poder viver livremente num mundo programado por aparelhos. "Apontar o caminho da liberdade" é, segundo Flusser (1985b:84), "a única revolução ainda possível".

REFERÊNCIAS BIBLIOGRÁFICAS

BELLOUR, Raymond (1990). "La double hélice", *Passages de l'image*, R. Bellour *et alii* (org). Paris: Centre Georges Pompidou, pp. 37-56.

BRET, Michel (1988). "Procedural art with computer graphics technology", *Leonardo*, v. 21, n. 1, pp. 3-9.

COUCHOT, Edmond (1990). "Boîtes noires", *Technologies et imaginaires*, M. Klonaris e K. Thomadaki (dir.). Paris: Dis Voir, pp. 48-59.

―――――― (1997). "¿El arte puede ser todavia un reloj que se adelanta?", Barcelona, Congreso Internacional Arte en la Era Electrónica, conferência inédita.

FLUSSER, Vilém (1985a). *Ins universum der technischen bilder.* Göttingen: European Photography.

―――――― (1985b). *Filosofia da caixa preta.* São Paulo: Hucitec.

―――――― (1983). "Introduction", *Transformance*, photographs by Andreas Müller-Pohle. Göttingen: European Photography, pp. 6-7.

FOERSTER, H. von (1984). "Principles of self-organization in a socio-managerial context", *Self-organization and Management of Social Systems*, H.U. & G.J.B. Probst (ed.). New York: Springer-Verlag, pp. 2-24.

KAWAGUCHI, Yoichiro (1982). "A morphological study of the form of nature", *Computer Graphics*, v. 16, n. 3, pp. 223-230.

MACHADO, Arlindo (1993a). *Máquina e imaginário: o desafio das poéticas tecnológicas*. São Paulo: Edusp.

―――――― (1993b). "Anamorfoses cronotópicas ou a quarta dimensão da imagem", *Imagem-máquina: a era das tecnologias do virtual*, A. Parente (org.). Rio de Janeiro: Ed. 34, pp. 100-116.

MCCORDUCK, Pamela (1991). *Aaron's code: meta-art, artificial intelligence, and the work of Harold Cohen.* New York: W.H. Freeman.

PEARSON, John (1988). "The computer: liberator or jailer of the creative spirit?", *Leonardo*, Electronic Art Supplemental Issue, pp. 73s.

POUND, Ezra (1996). *Machine arts & other writings.* Durham: Duke University Press.

POPPER, Frank (1993). *Art of the electronic age.* New York: Harry N. Abrams.

SIMONDON, Gilbert (1969). *Du mode d'existence des objets techniques.* Paris: Aubier.

FOTOGRAFIA E COMPLEXIDADE

Fernando Fogliano

CIÊNCIA, COMPLEXIDADE E CULTURA

No século passado, a sociedade humana passou por um processo de transição como jamais havia ocorrido em toda sua história. Mudanças radicais ocorreram nos mais variados, senão em todos, setores da atividade humana. Tais modificações aconteceram, notadamente, em função dos tremendos avanços obtidos na ciência e na tecnologia, dois campos que se relacionam numa função de causa e efeito e que se induzem mutuamente num processo evolutivo que conduz a sociedade humana a uma espiral de desenvolvimento e aumento de complexidade (Stewart, 1990:1-3). Como num jogo de derrubar dominós, todas as demais atividades humanas foram, de alguma forma, envolvidas por essa espiral. As artes, as comunicações, a filosofia não cessam de sentir os efeitos das deflagrações de verdadeiras bombas científico-tecnológicas que ocorrem quase que incessantemente.

Em suas *Propostas...*, Italo Calvino (1990:20), com grande sensibilidade, aponta a multiplicidade como um valor ou qualidade importante de ser cultivada na literatura no próximo milênio. Em realidade, tanto nos meios de comunicação quanto nos meios de expressão artística, o que mais chama a nossa atenção, nos nossos dias, é a interconexão das coisas, a inter-relação de assuntos distintos, a pluralidade das possibilidades; sinteticamente: a multiplicidade. Tal característica se vê manifestada nos meios de comunicação e expressão, tanto nas linguagens quanto nas técnicas utilizadas para produzir seus enunciados, onde se vêem diversos entrecruzamentos entre os mais diferentes sistemas expressivos como cinema, vídeo, fotografia, imagem digital, música, etc.

Segundo Giovanni Cutolo (Eco, 1988:11), as artes em geral foram profundamente influenciadas, durante o século XX, pela aplicação de conceitos advindos das descobertas científicas. Cutolo especula se a arte moderna, ao contestar os valores clássicos de "acabado" e "definido", não estaria a propor a substituição desses conceitos pelos de arte indefinida e plurívoca, aberta, verdadeira rosa de resultados possíveis, regida pelas leis que governam o mundo físico, no qual estamos inseridos. O próprio comportamento inquieto da juventude pode, segundo ele, ser explicado como fato da transferência desses princípios do campo da arte para o da estrutura social.

Calvino, quando descreve seu processo de criação literária, afirma buscar na Ciência o alimento para suas visões, quando sente falta de novos caminhos para a exploração da imagem do mundo. Se deixarmos que a Ciência nos sirva de guia, tal qual sugere o escritor, e nos deixarmos levar pelos tortuosos caminhos da multiplicidade, do acaso e do caos, da criação e da transformação, talvez possamos, então, mergulhar nas profundas águas da complexidade que rege a frenética e turbulenta atividade humana e a própria vida.

A ciência contemporânea contrapôs a visão de um mundo estático e sujeito a leis imutáveis e deterministas, a de outro instável e dinâmico, onde reinam a incerteza, o acaso e a multiplicidade. Sob essa ótica, a ênfase é dada não mais aos fenômenos no seu isolamento, mas aos processos e às estruturas que os geram. É necessário lembrar-se de que, quando se está no domínio da complexidade, precisa-se de um ferramental adequado para que seja possível uma análise dos fenômenos. A postura determinista e mecanicista não é mais a adequada nestas situações; para ratificar essa afirmação, recordemo-nos da história da Física no século XX, especialmente a Física Quântica. A origem de uma nova perspectiva na análise de problemas complexos pode ser encontrada na descoberta de um fenômeno que ocorre no campo da Física, mais especificamente na Termodinâmica de Sistemas Afastados do Equilíbrio. Descobriu-se que fenômenos entrópicos, contrariando idéias clássicas, podem causar a criação de ordem, em vez de desordem ou equiprobabilidade. A Termodinâmica Clássica associa a ordem ao equilíbrio e a desordem ao não-equilíbrio. Hoje se sabe que fenômenos turbulentos são altamente estruturados. No desequilíbrio, a matéria atinge um novo estado, o chamado *estado coerente* (Prigogine, 1988:39-42), onde as partículas interagem à distância. Esse é um fato novo que contradiz o que se pensava há até bem poucos anos. No desequilíbrio, a matéria se reorganiza produzindo novas estruturas. O não-equilíbrio constitui o domínio, por excelência, da multiplicidade das soluções.

Ao se estabelecer uma relação entre Sistemas Termodinâmicos e fenômenos da contemporaneidade, está-se praticando aquilo que Bertalanffy chamou de *Isomorfismo na Ciência* (Bertalanffy, 1993:80-86). De acordo com a sua Teoria Geral de Sistemas, a existência de leis de estrutura similares em diferentes campos, torna possível o uso de modelos mais simples ou melhor conhecidos, para descrever fenômenos mais complicados e de difícil tratamento. Através do isomorfismo, é possível transferir princípios de um campo para outro, não sendo necessário duplicar ou triplicar o descobrimento do mesmo princípio em diferentes campos isolados um do outro.

Se encararmos a sociedade humana como um imenso e complexo sistema, composto por uma infinidade de subsistemas concretos (como os sistemas sociais) e conceituais (como as artes), e se assumirmos que os sistemas comportam-se isomorficamente, veremos então que as especulações de Cutolo fazem muito sentido, ou seja, que o comportamento das artes e dos sistemas sociais é regido por leis naturais. Leis originárias de uma ciência contemporânea, que não somente relativiza a questão do *determinismo,* mas que também incluem no cenário dos acontecimentos a *probabilidade*, a *irreversibilidade* e o *caos.*

O estudo de um problema clássico, o das "Instabilidades de Bérnard", pode lançar alguma luz sobre o problema do estudo dos fenômenos da complexidade. Imaginemos a seguinte situação: uma fina camada líquida é submetida a uma diferença de temperatura entre a superfície inferior, permanentemente aquecida, e a superfície superior, em contato com o ambiente externo. Para um determinado valor da diferença de temperatura, o transporte de calor se dá através do mecanismo da condução;[1] à medida que a diferença de calor entre as superfícies aumenta, cresce a demanda por transporte de calor. Nesta situação, o processo de transporte, que necessita ser muito mais eficiente, torna-se predominantemente convectivo.[2] Formam-se turbilhões que se distribuem na camada líquida em "células" regulares.

---

1) Processo de transferência de calor onde esta se dá através da colisão entre moléculas.

2) Enquanto o processo condutivo envolve a transferência de energia em escala microscópica ou atômica, o processo convectivo resulta do movimento de quantidades de matéria em larga escala.

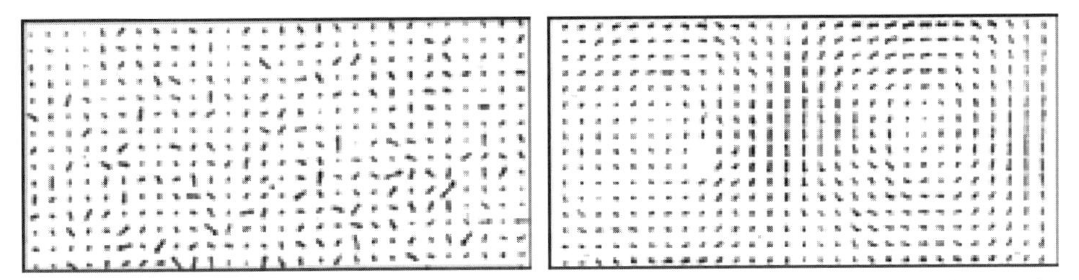

Os desenhos acima mostram o resultado de uma simulação em computador de um sistema de partículas representadas pelos seus vetores de velocidade. A figura da esquerda mostra o movimento das partículas quando o sistema está em equilíbrio; a da direita representa o mesmo sistema longe do equilíbrio; notar o surgimento de um movimento coerente das partículas.

É o surgimento dos turbilhões que merece nossa especial atenção. Nesse processo, moléculas sobem, enquanto outras descem. O fenômeno da turbulência observada no líquido em ebulição, ao contrário do que sua aparência caótica indica, é extremamente organizado e coerente. As correntes convectivas no interior da massa líquida estabelecem, a partir do movimento das partículas que as compõem, um fluxo no qual as moléculas correlacionam-se no espaço por distâncias muitas vezes maior do que suas próprias dimensões. Esse fato aponta para uma característica importantíssima dos sistemas complexos: a capacidade de "auto-organização" ou de "comportamento emergente". No caso dos turbilhões de Bérnard, a emergência de macro-estruturas, as correntes convectivas, decorre da necessidade de organização sistêmica a fim de permitir um transporte de calor mais eficiente.

A integração dos sistemas expressivos, materializada através dos seus diversos entrecruzamentos, permite-nos concebê-la, em analogia com os sistemas afastados do equilíbrio, como o estado de coerência entre os elementos constituintes de um sistema submetido a um vínculo entropizante. As novas técnicas fotográficas digitais, os sistemas interativos multimídia ou a realidade virtual, por exemplo, poderiam ser vistos como emergências de um sistema cultural afastado de seu equilíbrio em busca de novas e mais adequadas formas de organização para poder atender a uma crescente demanda de representação de complexidade.

O que se observa atualmente, ao contrário do que as aparências indicam, não é o ruir das estruturas vigentes, mas o surgimento de uma nova ordem, de novas possibilidades expressivas e de organização. Termodinâmica dos Sistemas Afastados do Equilíbrio tem aparentemente todas as condições de ser a via para a compreensão dos fenômenos contemporâneos. A esse respeito, Prigogine faz o seguinte comentário:

> ... será que podemos prolongar essa idéia ali onde a termodinâmica já não nos pode guiar, ali onde se trata principalmente das relações dos homens entre si e com a natureza? A intensificação das relações sociais que a vida urbana favorece, por exemplo, não foi ao mesmo tempo origem de desperdício, de poluição e de invenções práticas, artísticas e intelectuais? (Prigogine, 1992:55).

Nas questões levantadas até aqui, falamos de sistemas afastados do equilíbrio sem entrar no mérito das causas ou agentes que provocam tais mudanças. Ao estudarmos o exemplo dos turbilhões de Bérnard, vimos que o agente instabilizador do sistema físico era o calor. E, no caso dos sistemas culturais, como identificar o agente, ou agentes, que desequilibram o sistema? Esta é uma questão ampla e que provavelmente provocaria acalorados debates. Porém, é possível apontar uma entidade sobre a qual não haveriam, talvez, oposições: a tecnologia.

O físico belga David Ruelle (1993:113-119) especula se não seria possível analisar o desenvolvimento de um sistema econômico comparando-o a um líquido viscoso aquecido por baixo e, a partir daí, estabelecer as semelhanças, ainda que qualitativas, entre os sistemas. Em sua análise, Ruelle considera a tecnologia como agente instabilizador ou, metaforicamente, como o "calor da economia". Numa breve descrição, ele mostra como um sistema evolui à medida que, pela ação das tecnologias, vai sendo afastado de seu equilíbrio.

FOTOGRAFIA, COMPLEXIDADE E COMPORTAMENTO

Analisar a fotografia como sistema expressivo envolto por uma teia complexa de relações e de possibilidades implica estabelecer conexões entre Tecnologia, Ciência e Arte. Essas áreas da atividade humana poderiam ser descritas como partes constituintes de um sistema maior: o Cultural. Numa espiral de aumento de complexidade Ciência, Arte e Tecnologia imbricam-se numa relação de influências mútuas. Essa intrincada relação evolutiva acaba por provocar a necessidade de reestruturação do Sistema Cultural em sua totalidade. À medida que a tecnologia fornece os suportes para a comunicação humana e suas representações, pode-se-lhe atribuir o papel de agente entrópico e desestabilizador do sistema cultural. Podemos, a exemplo do que Ruelle fez em sua análise da economia, supor que a tecnologia é o "calor cultural" que propicia o estado coerente ou inter-relação entre os sistemas expressivos.

Um exemplo interessante de emergência de novas possibilidades expressivas é o sistema fotográfico conhecido como "tecnologia de imagem panorâmica" (Halfhill, 1995). Esse sistema, que utiliza fotografias digitalizadas e computadores pessoais, permite que se coloque um observador no meio de um cenário de realidade virtual. Tal sistema, que permite reunir imagem fotográfica a sistemas multimídia, conquistou a atenção nacional, nos Estados Unidos, quando o noticiário NBC News o utilizou para criar panoramas de cenas do crime de assassinato durante o julgamento de O.J. Simpson. Através dos novos sistemas de produção de imagens fotográficas, como o desse exemplo, podemos ter uma experiência visual direta de realidades antes inimaginadas, quer seja um pensamento ou um hipercubo.[3] Ao observarmos essas imagens na tela de um computador, nós estamos face a face com desafios como aqueles enfrentados pelos primeiros cientistas a fazerem uso do telescópio, ou microscópios de Raios X.

> Estamos vendo coisas agora que nunca foram vistas antes e estamos apenas aprendendo a interpretá-las (Banchoff, 1990:11).

REPRESENTAÇÃO E PERMANÊNCIA

Premida por uma necessidade de manter e expandir seu nicho na natureza e garantir a preservação da própria espécie, a raça humana busca melhor conhecer e representar o universo a seu redor. Changeux define o comportamento, ou conduta do homem, através da sua atuação sobre o meio ambiente no qual comunica-se com seu semelhante através do movimento dos lábios, dos olhos, das mãos, por um conjunto de atuações motrizes. O cérebro, visto por ele como um "cérebro-máquina cibernética" pode somente efetuar um número definido de operações. Nem todas são possíveis. As operações possíveis somente podem ser realizadas na medida em que o cérebro contenha uma

---

3) Instância quadridimensional do cubo (Banchoff, 1990, p. 9).

representação do ambiente. Em síntese, poder-se-ia dizer que a apreensão do mundo exterior e a resposta produzida (comportamento) dependem da maneira como esse mundo é representado no cérebro, ou da maneira como está internamente organizada a "máquina" (Changeux, 1991:105-106). Vistas sob esse aspecto, poderíamos definir as atividades artístico-científicas com atividades oriundas do impulso instintivo de auto-preservação, com o objetivo de apreender e representar o ambiente a fim de, a ele, melhor adaptar-se.

Fotografia e experiência humana estão envolvidos numa densa relação. A fotografia pode oferecer aos nossos olhos fenômenos que nos permitem conhecer estruturas do real, ou vivenciar experiências que ampliam nosso imaginário, mudando nosso comportamento e nossas relações com o meio ambiente. Essa mudança se dá a partir dos processos perceptivos que são, por sua vez, a ponta de um processo muito mais amplo e complexo: a cognição. É necessário, portanto, que se reconheça a profunda importância da imagem fotográfica como elemento deflagrador dos vários processos existentes na produção científica, artística e cultural.

PERCEPÇÃO E REPRESENTAÇÃO

Com relação à percepção visual, David Marr, em seu livro *Vision*, afirma que o nosso sistema visual não é um instrumento generalista para a análise das distribuições de cor e intensidade luminosa. Trata-se basicamente de um sistema destinado a perceber objetos no espaço de três dimensões, sendo essas limitadas por bordas. O sistema visual reconhece esses elementos no ambiente e os coloca, para outros sistemas mentais, de forma organizada para a interpretação da informação. Tudo o que se vê é o resultado de interpretações a partir do processamento de um sistema que a evolução natural produziu, levando em consideração as condições de uma realidade física exterior. No universo, não há lugar para a abstração universalista. Mesmo a Mecânica Quântica, que é uma ciência que lida com partículas universais como elétrons e fótons, produz leis universais que dão origem à individualidade. A evolução física do universo, de acordo com as leis da Mecânica Quântica, produziu e espalhou pelo cosmos objetos particulares como o planeta Terra e todas as formas de vida que aqui evoluíram (Gell-Mann, 1994:3-10).

> A própria vida é uma organização singular entre os tipos de organização físico-química existentes. E, além disso, as descobertas de Hubble sobre a dispersão das galáxias e a descoberta do raio isótropo que vem de todos os horizontes do universo trouxeram a ressurreição de um cosmo singular que teria uma história singular na qual surgiria nossa própria história singular (Morin, 1996:178).

Diferentes espécies evoluem e adaptam-se ao ambiente de maneira particular. Uexküll (1992) afirma que a realidade se manifesta para cada espécie de maneira diversa; tudo se passa como se em torno de cada ser vivo existisse uma bolha claramente delineada, porém, invisível, a que ele chamou *umwelt*. As atividades científica e artística contribuem, portanto, para dilatação dos limites do *umwelt* (Vieira, 1996) e, as imagens fotográficas, como elementos capazes de armazenar informações visuais, constituem-se nos agentes, em grande parte determinantes, do processo de expansão de nossa sensibilidade para a realidade cósmica.

REFERÊNCIAS BIBLIOGRÁFICAS

BANCHOFF, Thomas F. (1990). *Beyond the third dimension. Geometry, computer graphics and higher dimensions.* New York: Scientific American Library.

BERTALANFFY, L. von (1993). *General system theory.* New York: George Braziller.

BUNGE, Mário (1975). *A world of systems*, col. Basic treatise on philosophy, v. 4. Elsevier Publ. Co.

CALVINO, Italo (1990). *Seis propostas para o próximo milênio*, Ivo Barroso (trad.). São Paulo: Cia. das Letras.

CHANGEUX, Jean-Pierre (1991). *O homen neuronal.* Lisboa: Publicações Dom Quixote.

COSTA, Luciano da Fontoura (1993). "On the most advanced signal processing system: the visual cortex, its modeling, and implications for computer vision", *Workshop sobre computação de alto desempenho para processamento de sinais.*

DEBRUN, Michel, GONZALES, M. Eunice e PESSOA JR, Q. Osvaldo (1996). *Auto-organização: estudos interdisciplinares em filosofia, ciências naturais e humanas e artes.* Campinas: UNICAMP, Centro de Lógica, Epistemologia e História da Ciência.

ECO, Umberto (1988). *Obra aberta.* São Paulo: Perspectiva.

EYSENCK, Michael e KEANE, Mark T. (1995). *Cognitive psychology: a student handbook.* 3. ed. East Sussex, UK: Erlbaum (UK) Taylor & Francis.

FOGLIANO, Fernando. *Fotografia eletrônica: a nova era da imagem.* Dissertação de mestrado, Pós-graduação em Comunicação e Semiótica. São Paulo: Pontifícia Universidade Católica de São Paulo.

GELL-MANN, Murray (1994). *The Quark and the Jaguar: adventures in the simple and the complex.* London: Little, Brown and Company.

HALFHILL, Tom R. (1995). "Imagens panorâmicas", *Byte Brasil*, jun., pp.72-78.

KUHN, Thomas S. (1994). *A estrutura das revoluções científicas*, col. Debates. 3. ed. São Paulo: Perspectiva,

MACHADO, Arlindo (1993). *Máquina e imaginário: o desafio das poéticas tecnológicas.* São Paulo: Editora da Universidade de São Paulo.

MORIN, Edgar (1996). *Ciência com consciência*, Maria D. Alexandre e Maria Alice S. Dória (trad.), (ed. revista e modificada pelo autor). Rio de Janeiro: Bertrand Brasil.

OLIVEIRA, Paulo M.C. (1993). "Sistemas complexos", *Ciência hoje*, v. 16, n. 92, jul., pp. 15-22.

PRIGOGINE, Ilya (1988). *O nascimento do tempo*, João Gama (trad.). Rio de Janeiro: Edições 70.

———— e STENGERS, Isabele (1992). *Entre o tempo e a eternidade*, Roberto Leal Ferreira (trad.). São Paulo: Companhia das Letras.

———— (1984). *Order out of chaos.* New York: Bantam Books.

RITCHIN, Fred (1990). *In our own image. The coming revolution in photography.* Aperture Foundation, Inc.

RUELLE, David (1993). *Acaso e caos.* Roberto Leal Ferreira (trad.). São Paulo: Editora da Universidade Estadual Paulista.

SANTAELLA, Lúcia (1993). *A percepção: uma teoria semiótica.* São Paulo: Experimento.

STEWART, Ian (1990). *Does God play dice? The new mathematics of chaos.* London: Peguin Books.

UEXKÜLL, Jakob von (1992). "A stroll trough the worlds of animals and men", *Semiotica*, v. 89-4.

VARELA, Francisco J., THOMPSON, Evan e ROSCH, Eleanor (1992). *De cuerpo presente: las ciencias cognitivas y la experiencia humana.* Madrid: Gedisa Editorial.

VIEIRA, Jorge Albuquerque (1994). *Semiótica, sistemas e sinais.* Tese de doutorado apresentada à banca examinadora da Pontifícia Universidade Católica de São Paulo.

CRIAÇÃO EM HIPERTEXTO: VANGUARDAS E TERRITÓRIOS MITOLÓGICOS

Lucio Agra e Renato Cohen

O advento de novas formas de organização da relação texto/imagem na sociedade contemporânea propiciou o surgimento de um campo de investigações que definitivamente reconfigura a compreensão da herança histórica das culturas ocidentais e os próprios objetos das até então chamadas "ciências humanas". O pensamento que passa a ser valorizado é precisamente aquele que tem requerido muito esforço para sua instalação, por assim dizer, o pensamento não-linear (ou multilinear), não-hierárquico, identificado com o tipo de organização paratática, em suma aquele que é exigido pelo advento das hipermídias. Trata-se de uma organização afinada com o que chamaremos aqui lógicas paradoxais e que encontra sua execução plena no universo artístico das vanguardas do século XX, por um lado, e no universo antropológico/artístico/mitológico das formas de pensamento antes banidas pelo racionalismo ocidental e que viram, também nesse século, sua revalorização.

Parece ter sido o jogo hipertextual (dentre as várias técnicas surgidas a partir da disseminação das linguagens digitais) aquele que funcionou como grande agenciador do processo descrito acima. A evolução do hipertexto é normalmente apresentada de dois modos: a partir dos experimentos tecnológicos em si ou dos que antecipam o surgimento dessa tecnologia. Tal é a tendência, quando se trata de historiar os recursos que teriam aberto a possibilidade da hipermídia, como é o caso mais famoso de George Landow (1992/97). Em ensaios como esse, a origem do hipertexto é creditada diretamente a nomes como Ted Nelson e Vannevar Bush. Isto, certamente, tem sido necessário para que se possam rastrear as fontes técnicas desse processo e, no caso do histórico proposto por Landow, até mesmo as implicações conceituais (Barthes, Derrida) que podem ser feitas.

Vamos aqui, porém, propor algo que se beneficia da existência anterior de tais *compt-rendus* e que tenta deslocar a questão do aspecto imediatamente técnico para dimensões estéticas e mesmo mitológicas que fazem com que o hipertexto e a hipermídia, não obstante suas raízes imediatas, demonstrem estar ligados a um modo de pensar — que poderíamos chamar também hipermidiático — e que pode ser detectado em várias direções ao longo da cultura. Nesse sentido, há aqui um claro movimento que reconfigura certos eventos pregressos da cultura que passam a ter novas conotações diante do presente de comunicação que se nos afigura. Dessa forma, é bom salientar que as considerações aqui apresentadas apenas ganharam tal configuração a partir do momento em que se evidenciou a possibilidade de novas relações trazidas pela prática hipermídia. Há, pois, uma coerência com o próprio processo, uma vez que, a exemplo do hipertexto, os *links* entre acontecimentos isolados da cultura passam a ser feitos em vista da nova configuração de observação de que dispomos.

Antes de mais nada, vamos assinalar duas áreas da cultura onde, a nosso ver, podem-se flagrar conexões ricas com a presente prática hipermídia. A delimitação dessas áreas não exclui a possibilidade de outras, nem tampouco de outros suportes teóricos, sendo essa, aliás, uma das qualidades que tal objeto de estudo carrega em sua própria natureza. Sendo essencialmente uma proposta de construção textual não-linear, a hipermídia tem provado ser uma espécie de campo de forças amplificado, onde diferentes situações de observação podem conviver multiplicando a complexidade.

As duas áreas da cultura são territórios afins, quase-áreas com fronteiras movediças. A primeira, mais geral, passa pelos mitos e construções do inconsciente, da mediação por estados profundos da mente, que reabilitam a própria noção de racionalidade, dentro de nova perspectiva. Apenas como exemplo para a orientação do leitor poderíamos citar desde transes místico-místicos orientais até as performances em processo de Joseph Beuys. Mais adiante esse trânsito entre frentes tão diversas será discutido.

A segunda área situa-se mais especificamente em um período, o das vanguardas das primeiras décadas de nosso século, em particular na Europa. Seguindo um percurso de inter-textualidades, tentaremos, em um primeiro momento, flagrar a genealogia histórica que nos parece apontar para uma confluência com a hiperlinguagem. Em um segundo tópico, estaremos conectando genealogias mais remotas com eventos mais próximos (sobretudo no universo da performance), concluindo com o entendimento de que esses "fios soltos" da arte de nosso século podem ser unidos pela central de forças que se constitui a partir do advento da complexidade hipermídia.

1. VANGUARDA E HIPERLINGUAGEM

A fim de melhor esclarecer nosso propósito, vamos sugerir o termo hiperlinguagem em substituição aos anteriores (já mencionados) hipertexto e hipermídia. Entendemos por hiperlinguagem não apenas uma tecnologia de conexão não-linear entre textos verbais e não-verbais[1], mas um modo de comunicação que faz dessa mesma propriedade o seu agenciador principal. Hiperlinguagem seria, portanto, o modo de produção textual da nossa contemporaneidade, afeito ao simultâneo espacialmente e ao sincrônico temporalmente.

Numa perspectiva como essa, é lícito recolher entre diversos momentos históricos traços de conexão (ou *links*) entre autores e obras que apresentam características que, a nosso juízo, autorizam sua inserção em um panorama de hiperlinguagem.

O primeiro universo histórico que ressalta, nesse caso, é a Rússia dos anos imediatamente anteriores e posteriores à revolução de 1917, quando tiveram lugar numerosos experimentos culturais que têm chamado a atenção de pesquisadores, sobretudo a partir dos eventos sociais e políticos que determinaram o fim do antigo bloco soviético e que coincidem no tempo com a eclosão das mídias-suporte do hipertexto (referimo-nos principalmente ao fim da década de 80 desse século). Nomes como Kasimir Malevitch, El Lissitsky, Alexander Rodtchenko, Vladimir Tatlin, Chernikhov e outros aludem a uma poliprodução criativa que, à parte ter sugerido inúmeros desdobramentos importantes da arte desse século, apresentam fontes úteis para melhor compreensão da própria hiperlinguagem.

No caso de Malevitch, por exemplo, podemos mencionar de pronto sua teoria do suprematismo na pintura, que conduzia a representação pictórica ao que, num primeiro momento, chegou a parecer um "beco-sem-saída". Na exposição 0-10 (1915), também conhecida como última exposição futurista, Malevitch apresentou a inauguração do movimento que batizou de Suprematismo e que reduzia os elementos da pintura a um vocabulário elementar, composto de algumas figuras geométricas (o quadrado, o círculo, a cruz, resultado de dois retângulos ou quadrados estendidos); algumas cores (preto, vermelho e outras cores primárias, incluindo o branco) e uma absoluta ausência de referenciais espaciais. Influenciado pelas especulações desenvolvidas em torno da quarta

---

1) Estamos aqui aplicando a noção de "texto" na dimensão proposta sobretudo por Iuri Lotman, ampliando o sentido da palavra de sua dimensão exclusivamente verbal.

dimensão e das geometrias não-euclidianas, muito populares na Rússia de então (Lobatchev, Uspenski), Malevitch via componentes mágicos e disruptores de uma falsa impressão de realidade que a pintura "objetiva" (à qual mesmo o cubismo ainda pertenceria) teimava em manter. A pintura "não-objetiva" advogada por Malevitch era uma representação de um espaço não-homólogo ao real (hoje diríamos um espaço virtual) onde formas e cores transitavam em flutuação contínua e eram flagrados em alguns "instantes" que resultavam nos quadros suprematistas. Era, portanto, uma gramática completa da visualidade que, uma vez incorporada, definia tudo o que adiante faria o pintor.[2]

Para além de tratar-se de um espaço da virtualidade, outros nexos de hiperlinguagem podem ser traçados a partir de Malevitch. Quando assume a direção de uma escola estatal de arte na cidade de Vitebsk, o artista passou a desenvolver um método de ensino e prática da pintura que listava as propriedades específicas dos movimentos anteriores ao Suprematismo, a partir de componentes gráficos que os mesmos possuiriam em suas obras. Verdadeiros hipoícones segundos (segundo a terminologia da Semiótica de Peirce) ou, mais simplesmente, diagramas, os traços que Malevitch identificava serviam como pontes hipertextuais entre diversos estilos. Assim, por exemplo, ao comentar o cubismo, indicava a forma de um semicírculo com um traço na parte superior (semelhante a uma foice ou a um instrumento de corda) como invariante desse movimento. Desse modo, quando o artista desejasse aludir ao cubismo, o faria através da citação desse recurso em meio às formas que manipulava.

É sabido que Malevitch, no início, tinha certa resistência às formas irregulares e às curvas. Porém, recentes descobertas testemunham que, não apenas ele mesmo, mas também seus discípulos fizeram experimentos multiplicando curvas e formas inusitadas, ampliando a gramática suprematista original, cujo ícone fundante era o *Quadrilátero Negro sobre Fundo Branco.* Essa obra foi exposta com destaque na 0.10, no canto superior de duas paredes, conforme o costume religioso ortodoxo de colocação dos ícones principais de uma casa. Ao observarmos a foto dessa exposição, munidos de algumas das informações acima, é impossível não perceber que a disposição física dos quadros indica uma intenção de relacioná-los como um *menu* de opções em que uns dialogam com outros numa espécie de jogo de formas cuja potencialidade no terreno contemporâneo digital é praticamente infindável. Experiências em VRML e outras mídias têm exposto esse tipo de conexão.[3]

Figura 1: Exposição 0.10.

2) Em 1997, quando apresentamos a performance *Máquina futurista*, no âmbito da exposição *Arte e tecnologia: mediações,* promovida pelo Itaú Cultural em São Paulo, tivemos oportunidade de demonstrar essa propriedade do suprematismo de Malevitch através de animações em computação gráfica produzidas por Teresa Labarrère.

3) Ver, a esse respeito, o site que reúne diversas páginas com maior ou menor envolvimento nessa prática, o *Russian Art Web-ring*. Para acessá-lo, vá até http://www.pucsp.br/~cos-puc/budetlie/index.html e clique no banner da página de abertura.

Discípulo e continuador da obra de Malevitch, El Lissitsky fez inúmeros experimentos que podem ser tomados como "hiperlingüísticos" ou mesmo de caráter hipertextual. Mencionaremos aqui alguns deles.

Talvez um dos artistas que melhor assimilou e avançou as idéias e procedimentos de seu mestre (ao lado de outros que sofreram influência de Malevitch como Ivan Puni e Ilya Chasnikh), Lissitsky não tardou a elaborar seu próprio sistema pictórico ao qual denominou, a partir de inícios dos anos 20, de *Proun*, uma sigla para "novos modos para o ver". Aprofundando a pesquisa de Malevitch, Lissitsky multiplicou o espectro de cores inclindo texturas e propondo soluções espaciais que produziam uma ilusão tridimensional alusiva também à quarta dimensão.[4]

Mas foi no universo gráfico que Lissitsky mais diretamente antecipou princípios e procedimentos da hiperlinguagem, através principalmente de dois trabalhos: *Die Kunstismen* ("Os ismos da arte" ou "Os art'ismos", 1925) e *Dlia Golossa* ("Para a voz", 1922/23), ambos publicados na Alemanha, o segundo sendo uma coletânea de poemas de Vladimir Maiakovski, poeta de grande notoriedade, a essa altura, na Rússia.

Die Kunstismen seria hoje provavelmente uma home page ou talvez um CD-ROM, dado seu caráter material de livro. Através de um índice numérico, Lissitsky, com a colaboração de Hans Arp, mapeou a produção artística de seu tempo na Europa (e mesmo nos Estados Unidos) agrupando os artistas e respectivas tendências através de exemplos visuais e pequenos textos elucidativos em alemão, inglês e francês.

Com o mesmo espírito cosmopolita, elaborou, para a coletânea de poemas de Maiakovski, um livro-partitura, composto a partir de um índice em forma de caderneta telefônica, munido de ícones e títulos que remetiam às imagens de portada dos textos e aos mesmos respectivamente.

No campo de livros infantis, produziu *Estória suprematista de dois quadrados em seis construções* (1922), espécie de álbum com certa afinidade com a história em quadrinhos, relatando uma parábola socialista a partir de cores e formas geométricas. Estivemos recentemente trabalhando em versões animadas dessa obra com resultados surpreendentes. As letras são dispostas de forma a produzir um efeito de movimento que é virtual no papel e viável na animação, potencializadora do sentido.

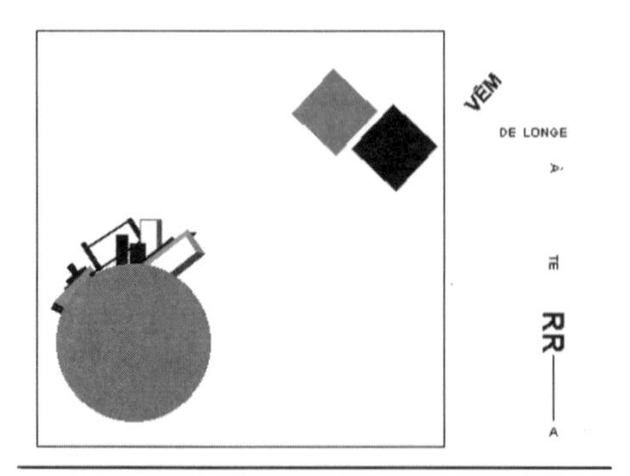

Figura 2: El Lissitsky – Estória de 2 quadrados..., uma das imagens animadas..

4) Esses e outros detalhes da obra de Lissitsky foram comentados na dissertação de mestrado *Construtivismo na arte e projeto inter-semiótico* e na tese de doutoramento *Monstrutivismo: reta e curva das vanguardas*, ambas de Lucio Agra, defendidas na PUC de SP, no Programa de Pós-Graduação em Comunicação e Semiótica. A biblioteca da referida instituição possui exemplares de ambas.

Lissitsky produziu um tipo de arte que, como observa Patricia Railling (1991-92), constitui-se em uma ponte entre o suprematismo e o construtivismo, uma corrente posicionada no campo adversário ao primeiro movimento, na disputa pela primazia da vanguarda da época na Rússia. Mais claramente identificado com o ideário da Revolução, o construtivismo voltava-se para a investigação dos materiais da obra, colocando como objetivo final o abandono da própria arte, em favor da criação de objetos utilitários, o que abriu definitivamente o caminho para o design.

Adversário de Malevitch, Vladimir Tatlin acabou por se tornar a liderança principal dessa tendência. O mais conhecido trabalho de Tatlin é um projeto jamais executado: o *Monumento à III Internacional*, o que chamaríamos hoje um edifício "inteligente". O projeto, que previa uma altura superior à Torre Eiffel compunha-se de três blocos de edificações inseridos em uma espiral de ferro e aço de forma assimétrica cuja aparência varia de acordo com o ponto de vista do observador. Os três edifícios (respectivamente cúbico, piramidal e cilíndrico) girariam à velocidade de um ano, um mês e um dia, através de aparatos mecânicos especialmente construídos para esse fim. A parte cilíndrica do topo, conectada à antenas de rádio, sediaria agências de notícias para transmissão de boletins em tempo real. Essa espécie de metáfora gigantesca de uma cultura planetária jamais foi construída, mas recentes trabalhos de computação gráfica, patrocinados pela Sun Systems e desenvolvidos em universidades britânicas e alemãs, têm tornado possível a visualização dessa construção. As mesmas instituições, aliás, têm feito várias leituras digitais de outras obras do período nas quais a simples escolha já demonstra o quanto essas referências são relevantes no atual universo digital. Adiante, mencionaremos outro exemplo, em nossos comentários sobre a vanguarda alemã.

Se a experiência arquitetônica de Tatlin, jamais realizada senão em maquete, hoje interessa como desafio de projetos em computação gráfica, outros arquitetos russos foram mais longe no terreno da hiperlinguagem, produzindo um complexo teórico no qual a mera apresentação gráfica ganha potencialidade em modo hipertextual. É o caso de Iakov Chernikhov, hoje tido como uma das referências fundamentais, ao lado de Tatlin, da arquitetura desconstrutivista de nomes como Daniel Liebeskind, Rem Koolhaas e Bernard Tschumi. Seus estudos sobre a forma da arquitetura moderna, enfatizando assimetrias e a ousadia da construção, inovavam também no aspecto gráfico, de forma muito próxima a um dispositivo físico muito freqüente em home pages. Os *frames*, comuns em páginas da Internet, com menus de acesso e informações complementares, vêm imediatamente à mente quando vemos as páginas dos tratados de arquitetura de Chernikhov. Recentemente grandes retrospectivas, auxiliadas pelos contemporâneos recursos digitais, têm demonstrado essa conexão.

O período russo aqui assinalado teve uma contraparte na Alemanha da República de Weimar, sobretudo no interior da legendária Bauhaus. Curiosamente, toda a prática arquitetônica e de design do pós-modernismo, na sua luta para desvincular-se do modelo derivado daquela escola, acabou por reencontrá-la em novo contexto. Artistas que tiveram menor evidência quando da ampliação do espectro de influência da escola, a partir do seu fim e da popularização do *International Style*, passaram a ter especial interesse. Foi o caso, por exemplo, de Oskar Schlemmer, artista singular, que soube desenvolver, em pleno período de vigência do construtivismo não-figurativo, uma síntese deste com a grande tradição pictórica alemã. Preocupado com a relação do corpo com o espaço, Schlemmer tem sido uma referência constante no campo da *performance*. Sua antológica criação, o *Balé triádico* (1922-32), combinava formas, cores e desenho de figurinos para produzir uma coreografia completamente não-objetiva, referida ao universo do teatro de bonecos. As já mencionadas experiências de releitura desses trabalhos na área da computação gráfica demonstraram a extraordinária clarividência de Schlemmer ao projetar seus figurinos usando um esquema praticamente idêntico aos dos *wire-frames* da computação gráfica.[5]

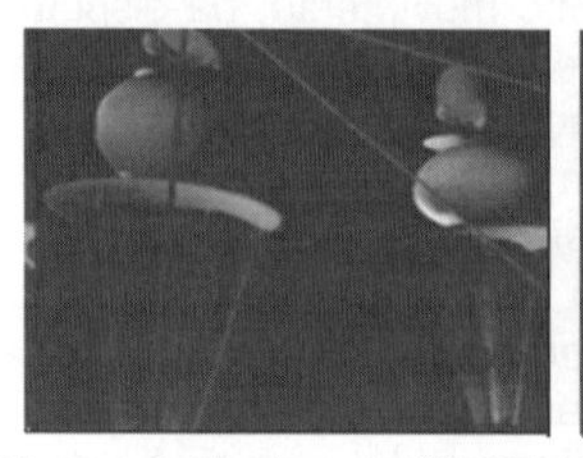
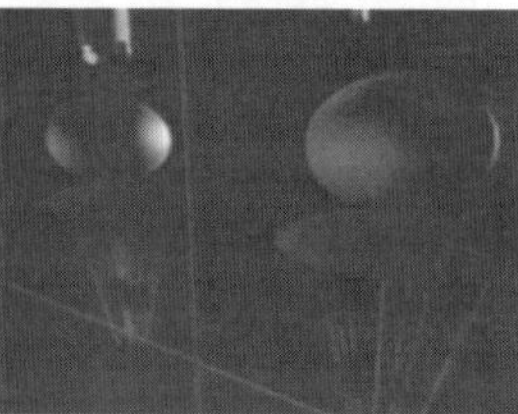

Figuras 3: Trechos do "Balé triádico" em computação gráfica.

Na mesma época, porém, militando em área artística diversa, o poeta, pintor e *designer* Kurt Schwitters avançou no terreno da complexidade espacial através dos seus projetos de arte *Merz,* uma denominação criada pelo artista para designar a sua diferença em relação ao Dada do qual, não obstante, tirara o fermento principal de sua criação. Além de suas colagens, produzidas durante décadas (mesmo no exílio) segundo o princípio *Merz* da coleta de dejetos do cotidiano, Schwitters estendeu sua tática experimental até o ambiente, construindo a *Merzbau* (Casa Merz) em um cômodo de sua própria residência. Um *work in progress* que consumiu todos os anos 20 e começo dos anos 30 quando, de partida para o exílio, teve de abandonar o projeto, a *Merzbau* só teve um fim por que foi destruída nos bombardeios da Segunda Guerra. O projeto iniciou-se como um mero ajuntamento de objetos díspares. Do ateliê normal de um pintor, evoluiu para uma rede de relações. Schwitters construiu uma rede de linhas que conectavam os objetos ou obras de amigos nos quais ele via alguma relação. Essas linhas foram posteriormente preenchidas com estuque, formando grotas e cavernas. Uma reconstituição de parte desse ambiente, feita sob a orientação do filho do artista, Ernst Schwitters, encontra-se hoje no Museu Sprengel de Hannover, na Alemanha. O que surpreende é o isomorfismo entre a lógica de pensamento fragmentária da colagem e da fotomontagem e o partido espacial desse inusitado ambiente, onde se mesclam referências que seriam contraditórias do ponto de vista de uma historiografia linear da arte desse século. Tanto o construtivismo (paradigma funcionalista-racionalizante) quanto o DADA (paradigma anárquico-irracionalista) estão representados, o que não causa surpresa àquele que está familiarizado com o Schwitters colaborador de El Lissitsky e Theo Van Doesburg, o Schwitters que, através de vários números de sua revista *Merz*, apresentou conexões entre essas e outras vanguardas (como o expressionismo), revelando-se um dos espíritos menos dogmáticos das vanguardas dos anos 20.

Haveria ainda uma infinidade de exemplos que o espaço reduzido não permite apresentar. Uma coisa, porém, parece clara: a produção experimental das vanguardas históricas — e sua avaliação — vêm sendo reformuladas pelo juízo contemporâneo, ressaltando nelas aquilo que mais evidencia sua conexão com a multiplicidade de estratégias de construção da linguagem neste fim-de-século.

2. CENA CONTEMPORÂNEA E TERRITÓRIOS MITOLÓGICOS

No contemporâneo, tecnologizado, são consubstanciados alguns procedimentos criativos enunciados nas vanguardas modernistas. Na égide das lógicas não-cartesianas,

5) As traduções para computação gráfica mencionadas podem ser vistas no site http://www.cad.architektur.th-darmstadt.de/architectura_virtualis/Bauhaus/projekte/mainpage/mainpage-frame.html.

possibilitam-se cenas que incorporam a não-causalidade, a proliferação de narrativas, a apresentação de estruturas informes. O descontínuo e a multiplicação são introduzidos nas novas formas criativas: artistas distintos como o poeta russo Vélimir Khlébnikov, o escritor James Joyce, os pintores contemporâneos Francis Bacon e Paul Klee, o performer alemão Joseph Beuys, o cineasta Peter Greenaway, os butoístas Kazou Ono e Min Tanaka e o encenador americano Robert Wilson trafegam por esse universo que tem em comum a externação de uma "cena de intensidades", apoiada numa primeira imagem, mitológica, epifânica.

O labirinto *KA* (1913) de Vélimir Khlébnikov, epopéia transespacial lançada do Egito de Amenófis à Rússia revolucionária, o romance *Ulisses* de Joyce, palimpsesto da cena épica de Homero ao cotidiano de Dublin, o teatro contemporâneo de Robert Wilson — que externaliza supra-realidades e alucinações em performances de 12 horas de duração — são formalizações dessa nova cena. Uma cena rizomática, pulsional, permeada por ficcionalidades, objetividades e linhas de subjetivação. Uma cena que se desenha na ambigüidade e na ambivalência, tendo como operadores a mediação, a metamorfose, o pensamento não-linear.

Essas criações, em diversas mídias, emblemáticas do contemporâneo e, que consubstanciam o que Deleuze[6] nomeou "arte figural" cartografam uma cena suportada na intensidade antes que na narrativa, na estranheza — onde o que se revela são dobras de forças do tempo, gravitacionais, numinosas —, na multiplicidade, na processualidade e na polifonia.

A criação contemporânea, como externação do elo sensível de seus criadores, vai operar uma formalização da cena do inconsciente, que é ontologicamente uma cena hipertextual, movida por redes, sincronizações, deslocamentos e recombinações.[7] Os criadores, de forma espontânea ou induzida, por via de drogas, procedimentos de deriva, práticas místicas ou visão, põem-se em contato com uma realidade primeira (ainda não intensamente mediada pelo *logos*), de diálogo mais direto com o inconsciente, num aporte com as forças numinosas, esquerdas (segundo denominação freudiana), mitológicas.

O território do *mythos*, povoado por arquês, por labirintos, por experiências não ordinárias configura um universo de vivências e narrativas que são acessadas por certas vias iniciáticas: o ordinarismo contemporâneo, com um contínuo afastamento das experiências corpóreas e emotivas primordiais coloca esse campo de fenômenos num território quase virtual. A experiência do artista, que se coloca como um xamã, viajante entre mundos e realidades paralelas, resgata, de certa forma, essa mediação original.

Reitera-se, também, nessas operações criativas, a ontologia do projeto artístico, de dar *morphos* ao informe, nomeação ao indizível, estatuto à complexidade. Em atividades paracientíficas, são experienciadas construções que operam no âmbito da hipertextualidade, das lógicas paradoxais, da hipermídia. As complexas operações mediadas pelo inconsciente e pelo uso de estados corpóreos alterados reiteram e legitimam, também, uma via humana, primordial, de navegação em universos hipertextuais, que precede a operação tecnológica.

Quanto às operações, o texto da cultura, do universo mitopoético e dos relatos antropológicos nos dá conta de mundos paralelos — acessados por sincronicidades — através de veículos de respiração, supra-consciências ou drogas iniciáticas. São exemplares o nagual xamânico que percorre os mundos dos sentidos e das memórias, o iogue que perpassa territórios ascendentes dos *chacras* e da mandala da vida, o cabalista que faz a jornada das *tsefirot* (esferas). São descritas, nos textos da tradição, passagens,

---

6) Em *Mil platôs* (Deleuze, 1995)

7) Freud descreve complexos mecanismos de deslocamento, fusão, recombinação, na rede do inconsciente.

acessos a mundos "imaginários" constelados em rede com a mundanidade objetiva. O artista e o neófito percorrem mundos labirínticos através de provas, iniciações e jornadas de revelação e consciência.

Nesse percurso, onde prevalecem as lógicas do *mythos* (território das potências arquetípicas) o caminho não é reto, há o avançar e o retornar — o *corso/ricorso* dos estados oníricos, das paisagens de Alice. Cabe a lógica do desejo, da volição. O neófito, nesse enfrentamento com forças e alteridades, recorre às informações corporais, sensíveis, mentais, intuitivas, em suma à toda sua potência existencial e informacional para empreender os seus passos.

A informação que vem do *mythos*, relatando a organização natural, dá conta de embates entre vetores opostos, alteridades que buscam perpetuar o *continuum* cósmico: forças de construção e desconstrução, fragmentação e totalidade, atratoras e repulsivas, continentes e ejetivas, fecundadoras e abortivas. O Yin-Yang taoístas, o Shiva e o Vishnu védicos, Queter e Chochmá hebraicos são algumas representações das antinomias complementares. A operação com essas forças e com seus terceiros (que superam as dualidades) são complexas e aparentemente ilógicas. Mecanismos como o da *coincidentia opositorum* (descrita por Jung), estudos alquímicos de transmutação, a via negativa praticada por artistas são algumas operações de navegação no mundo natural, paradoxal.

3. CONCLUSÃO

No contemporâneo tecnologizado e, ao mesmo tempo, balizado pelos aportes da Modernidade, em termos de conquistas de linguagem, de subjetividade e de reorganização paradigmática, a "lógica paradoxal" da arte e das mitologias é incorporada, legitimada, somando-se como recepção às lógicas matemáticas. As separações cartesianas estão sendo superadas, o lugar do artista, aparentemente um mero subjetivador ou construtor de *morphos*, não está mais tão distante da ciências no *stricto sensu*.

Por outro lado, o aporte de novos suportes, complexificadores, cria mecanismos que dão visibilidade à rede e proporcionam facilitações para as operações multilineares. Mundos virtuais são potencializados na máquina, dando visibilidade a *topos* antes apenas imaginados. As fronteiras entre ficção e realidade são esmaecidas; vivemos um tempo da hiper-realidade, da busca surrealista e das sociedades primordiais onde o sonho, a visão e o estado consciente têm o mesmo estatuto.

Para os que possam questionar a aparente contradição entre essas formas de emergência do inconsciente e a possível conexão das mesmas como procedimentos oriundos de vanguardas "racionalistas" — por assim dizer —, é bom observar que esta é mais uma oposição que a contemporaneidade tem demonstrado não fazer sentido. O texto complexo, construído sob a égide da hiperlinguagem, ignora esses limites que talvez a arte moderna, por uma questão de limite histórico de seu tempo, tenha acenado para superações futuras.

Talvez estejamos mesmo assistindo à oportunidade primeira do desenvolvimento de uma nova racionalidade científica que não exclui, antes toma como base o que até então se via como seu oposto: o pensar artístico. Os saberes dos sentidos, do corpo, das visões, da intuição, afinal, não são mais do que gradações da própria consciência.

REFERÊNCIAS BIBLIOGRÁFICAS

AGRA, Lucio (1993). *Construtivismo na arte e projeto intersemiótico.* São Paulo: PUC-SP, Programa de Pós-Graduação em Comunicação e Semiótica, Dissertação de mestrado.

———— (1998). *Monstrutivismo — reta e curva das vanguardas.* São Paulo: PUC-SP, Programa de pós-graduação em Comunicação e Semiótica, Tese de doutorado.

BEEREN, Win *et al* (1989). *Kasimir Malevitch 1878-1935.* Moscou/Leningrado/Amsterdã: Museu Russo, Galeria Tretiakov, Stedejik Museum.

COHEN, Renato (1998). *Work in progress na cena contemporânea.* São Paulo: Perspectiva.

DELEUZE, Gilles e GUATTARI, Félix (1995). *Mil platôs — capitalismo e esquizofrênia.* Rio de Janeiro: Editora 34.

FREUD, Sigmund (1976). *Obras completas.* Rio de Janeiro: Imago.

KALWEIT, Holger (1992). *Shamans, healers and medicine men.* London: Shambala.

KHLÉBNIKOV, Velimir (1977). *KA*, Aurora Bernardini (trad.). São Paulo: Perspectiva.

LANDOW, George P. (1997). *Hypertext 2.0 — the convergence of contemporary critical theory and technology.* Baltimore/London: The Johns Hopkins University Press.

LOTMAN, Iuri (1990). *Universe of the mind — a semiotic theory of culture.* Ann Shukman (trad.). Bloomington/Indianapolis: Indiana University Press.

RAILING, Patricia (1991/92). "Proun: the interchange station of suprematism and constructivism", *The Structurist*, n. 31/32, Canada: Eli Bernstein.

SCHNAIDERMAN, Boris (1997). *Os escombros e o mito — a cultura e o fim da União Soviética.* São Paulo: Cia. das Letras.

MOLDA-SE UMA ALMA CONTEMPORÂNEA: O VAZIO-PLENO DE LYGIA CLARK[1]

Suely Rolnik

A literatura (cf. a arte) aparece então como um empreendimento de saúde: não que o escritor (cf. o artista) tenha forçosamente uma saúde de ferro (...), mas ele goza de uma frágil saúde irresistível, que provêm do fato de ter visto e ouvido coisas demasiado grandes para ele, fortes demais, irrespiráveis, cuja passagem o esgota, dando-lhe contudo devires que uma gorda saúde dominante tornaria impossíveis. (...) Qual saúde bastaria para libertar a vida em toda parte onde esteja aprisionada pelo homem e no homem?

Gilles Deleuze[2]

Lygia Clark é o nome de uma existência convulsionada pela irrupção de uma idéia que tomará corpo no conjunto de uma obra ímpar, que se elabora passo a passo, dos anos 50 aos 80. Tal idéia situa-se no horizonte de uma das mais insistentes questões colocadas pela arte moderna — religar arte e vida — como uma resposta original, e mais do que isso, resposta que tem o poder de levar aquele projeto ao limite. Esta é provavelmente a razão pela qual a cultura brasileira e internacional da época não assimilou sequer a metade da produção da artista, mais precisamente o período que se inaugura com *Caminhando* (1963), assimilação que hoje, onze anos após sua morte, começa apenas a se esboçar. A partir desse trabalho seminal, a trajetória de Lygia toma um rumo no qual a idéia que a norteia se apresentará em toda sua radicalidade, ganhando um fôlego que se manterá incansável até a obra final, a Estruturação do *self* produzida através de seus Objetos Relacionais. A última proposta completa de modo magistral a idéia da artista, permite identificar sua presença desde o início da obra e revela a rigorosa coerência do conjunto.

Muita imaginação dedicou-se à invenção de estratégias para realizar a utopia de reconectar arte e vida ao longo do século. Algumas dessas estratégias compõem especialmente a paisagem com a qual dialogará a obra da artista. Libertar o objeto de arte de sua inércia formalista e sua aura mitificadora, criando "objetos vivos", nos quais se entrevê as forças, a processualidade incessante, a potência vital que tudo agita. Misturar materiais, imagens ou mesmo objetos extraídos do cotidiano aos materiais supostamente nobres da arte. Libertar o espectador de sua inércia anestesiadora, seja através de sua participação ativa na recepção ou na própria realização da obra, seja através da intensificação de suas faculdades de percepção e cognição. Libertar o sistema da arte da inércia instaurada por seu elitismo mundano ou sua redução à lógica mercantilista, expondo ou criando em espaços públicos, ou abrindo seus próprios espaços a outros

1) The experimental exercise of freedom: Lygia Clark, Gego, Mathias Goeritz, Hélio Oiticica and Mira Schendel, The Museum of Contemporary Art, Los Angeles, 1999.
2) DELEUZE, Gilles (1997). *Crítica e clínica*. São Paulo: Editora 34, pp. 13-14.

públicos. Libertar a arte de seu confinamento numa esfera especializada para torná-la uma dimensão da existência de todos e de qualquer um, fazendo da vida uma obra de arte. Em suma, contaminar de mundo os espaços, os materiais e, sobretudo, a fabulação da arte; contaminar de arte, o espaço social e a vida do cidadão comum.

Nos anos 60, momento em que se dá o passo radicalizador na obra de Lygia Clark, o projeto de religar arte e vida, além de intensificar-se nas práticas artísticas em experimentações de toda espécie, extrapola suas fronteiras e contamina a vida social, tornando-se uma das palavras de ordem do explosivo movimento contracultural que agitou a época, lançando as bases de uma transformação irreversível da paisagem humana que ainda hoje não foi absorvida integralmente. Certamente não são mero acaso a invenção desse tipo de utopia na arte desde o começo do século, sua incorporação pela juventude nos anos 60 ou a ressonância entre esses fenômenos. A situação que mobiliza tais movimentos, na arte e na vida social, é a crise de uma certa cartografia da existência humana, cuja falência começa a se fazer sentir no final do século XIX e se intensifica cada vez mais ao longo do século XX. Uma breve visita a essa paisagem nos permitirá situar a problemática que Lygia elabora em sua obra como encaminhamento insólito às questões de seu tempo.

O aspecto dessa cartografia que interessa assinalar aqui é o exílio da prática artística num domínio especializado, o que implicou que um certo plano dos processos de subjetivação ficasse confinado à experiência do artista. Esse plano é o "corpo vibrátil",[3] no qual o contato com o outro, humano e não-humano, mobiliza afetos, tão cambiantes quanto a multiplicidade variável que constitui a alteridade. A constelação de tais afetos forma uma realidade sensível, corpórea, que embora invisível não é menos real do que a realidade visível e seus mapas. É o mundo compondo-se e recompondo-se singularmente na subjetividade de cada um. Muda o mundo, muda a consistência sensível da subjetividade, indissociavelmente: entre eu e o outro, desencadeiam-se devires não paralelos de cada um, num processo sem fim. É a partir da escuta do corpo vibrátil e suas mutações que o artista, desassossegado pelo conflito entre a nova realidade sensível e as referências antigas de que dispõe para orientar-se na existência, sente-se compelido a criar uma cartografia para o mundo que se anuncia, a qual ganha corpo em sua obra e dele se autonomiza. Através da prática artística, atividade de semiotização da experiência humana em seus devires, a vida afirma-se em seu erotismo criador, gerando novas paisagens existenciais.

O avesso da reclusão desse plano no processo de subjetivação do artista é sua anestesia no resto da vida social: o homem comum, ou seja todos os homens, perde as rédeas dessa atividade de criação de valor e sentido para as mudanças que se operam incessantemente em sua existência e passa a orientar-se em função de cartografias gerais, estabelecidas *a priori*, a serem passivamente consumidas. Constitui-se a figura do "indivíduo", entidade fechada em si mesma, que extrai o sentimento de si, de uma imagem vivida como essência, que se mantém idêntica a si mesma, imune à alteridade e seus efeitos de turbulência.[4] É o princípio identitário regendo a

---

3) Noção que criei em meu livro *Cartografia sentimental. Transformações contemporâneas do desejo* (São Paulo: Estação Liberdade, 1989) e na qual venho trabalhando desde então. O "corpo vibrátil" é a potência que tem nosso corpo de vibrar a música do mundo, composição de afetos que toca em nós ao vivo. Nossa consistência subjetiva é feita dessa composição sensível, criando-se e recriando-se impulsionada pelos pedaços de mundo que nos afetam. O corpo vibrátil, portanto, é aquilo que em nós é o dentro e o fora ao mesmo tempo: o dentro nada mais é do que uma combinação fugaz do fora.

4) A esse respeito, Lygia Clark escreve: "(...) a individualidade é a laje com seu nome inscrito. Precisamos com urgência derrubar esta placa como já derrubamos outras com o nome de deus, amor, para que tudo na realidade seja processo e totalidade" (Carta a Hélio Oiticica, de 26 out. 68, in *Lygia Clark. Hélio Oiticica. Cartas 1964-1974*, Luciano Figueiredo (org.), Rio de Janeiro, UFRJ, 1996; pp. 59-60. Livro indispensável para o pesquisador das obras destes artistas).

construção da subjetividade, sob o regime exclusivo da representação. Esteriliza-se o poder transformador do estranhamento gerado pelos colapsos das cartografias vigentes e das figuras da subjetividade que as acompanham e, em seu lugar, instala-se o medo provocado pela idéia ilusória de que o colapso é da própria subjetividade em sua suposta essência.

É este modelo que entra em crise no final do século XIX, quando começam a operar-se mudanças significativas na existência humana, entre as mais evidentes, a industrialização e o desenvolvimento tecnológico. São muitos os outros com os quais passa a confrontar-se a subjetividade, outros variáveis e desconhecidos, diferentemente da familiaridade de um mundo relativamente estável a que se estava habituado. A mutabilidade da paisagem intensifica-se a tal ponto, que se torna impossível calar o estranhamento que a instabilidade produz no corpo vibrátil. O princípio identitário já não se sustenta: lançada a experiência dos devires à flor da pele, sem estar equipada para absorvê-la, a subjetividade se apavora. As conseqüências desse pavor já sabemos: as manifestações dos colapsos no corpo vibrátil são vividas patologicamente, mobilizando interpretações fantasmáticas e a construção de defesas que irão constituir um modo de subjetivação que se estabeleceu chamar "neurose". É neste contexto que nasce a psicanálise, clínica dos afetos, pela necessidade de tratar os efeitos colaterais desta clivagem na subjetividade, que na época se fazem ouvir estridentemente através do corpo da histérica. É que, a partir do momento em que se torna perigoso manter desativado o plano da existência individual e coletiva onde se "vê" as forças operando no invisível, onde se orquestra as energias de modo a se fazer um abrigo no estranho e encontrar um novo equilíbrio, é preciso fazê-lo com um especialista, cuja função será a de iniciar a subjetividade à escuta do estranhamento, mas para interpretá-lo à luz de uma história individual e reconstituir uma identidade. A arte, como gueto do impulso criador, e a psicanálise, como clínica do afeto, são, portanto, produzidas num mesmo processo. É no seio desse processo que se constitui a subjetividade moderna, neurótica, edipianizada, personológica.

A arte, no entanto, já desde o início da falência desse modelo no final do século XIX, rebela-se e começa a sonhar a utopia de religar-se à vida, enquanto que na vida social inventa-se a estratégia contemporizadora da neurose que readapta a subjetividade para mantê-la no mesmo lugar. Será preciso que o mal-estar atinja um paroxismo intolerável para que a reação se dê no seio da sociedade. Isto só acontecerá com a força de um processo coletivo, nos anos 60, quando eclode na subjetividade da geração nascida no pós-guerra, um incontornável movimento do desejo contra a cultura que se separou da vida, na direção de reconquistar o acesso ao corpo vibrátil como bússola de uma permanente reivenção da existência. Uma mudança radical se opera na vida de parte significativa da juventude no mundo inteiro, que se lança numa liberdade de experimentação que atinge perigosos limiares do corpo para dele extrair potências desativadas, utilizando-se inclusive de aditivos químicos, os alucinógenos, na busca libertária de uma ressensibilização da subjetividade.

No Brasil, esse processo se deu de modo particularmente intenso, ganhando uma expressão singular no Movimento Tropicalista[5] e atingindo parte significativa da juventude, se compararmos ao que ocorreu em outros países da América Latina, onde a acirrada militância política da época não se acompanhou com o mesmo alcance de uma revolução experimental da existência que rompia com o modo de subjetivação dominante. Eclodem neste período movimentos culturais de grande potência e originalida-

---

5) "Tropicália" é um termo inventado por Hélio Oiticica e adotado pelo movimento poético-musical, liderado por Caetano Veloso e Gilberto Gil, no qual mais do que uma estética, cunhou-se uma "atitude" que marcou o ideário contracultural em sua versão brasileira.

de.[6] Exatamente neste momento, Lygia Clark muda-se para Paris, em pleno ano de 1968, emblema por excelência do movimento contracultural, onde permanecerá até 1976. Na época, ela escreve coisas do tipo "o que proponho existe já nos numerosos grupos de jovens que integram o sentido poético à sua existência, que vivem a arte ao invés de fazê-la".[7] Ou ainda, "pela primeira vez o existir consiste numa mudança radical do mundo em vez de ser somente uma interpretação do mesmo".[8] Na trajetória da artista, esta será a década de sua virada disruptiva, que dará origem a uma obra que até hoje pulsa em seu mistério pedindo decifração.

A vida artística de Lygia Clark tem início em 1947, como ela própria escreve, "para sobreviver à crise"[9] após o nascimento de seu terceiro filho. As crises acompanharão a obra da artista, irrompendo na gestação de cada nova proposta, ou após a realização de alguma obra demasiado desconcertante para aquilo que ela mesma podia suportar, como foi o caso de *Caminhando*. Nesses momentos, Lygia escrevia textos de uma corporeidade especialmente densa e turbulenta,[10] como o que se segue: "Tenho pavor do espaço, mas sei também que através dele me reconstruo. O seu sentido prático sempre me falta nas crises pois a primeira coisa que sinto é a falta de percepção dos planos e perco o equilíbrio físico. Brinco com ele de perde-ganha e jogamos a partida do gato e do rato. Ele me persegue, me apavora e me destrói aparentemente e eu o domino e o reconstruo dentro de meu eu. Cada vez que através do inconsciente começa a aparecer algo novo eu levo uma rasteira pois este tempo-espaço novo adquirido já não

---

6) Para ficar nos exemplos mais evidentes: o *Cinema Novo*, com Glauber Rocha, seguido do cinema experimental de Júlio Bressane e Rogério Sganzerla; na música, o *Tropicalismo*, que tem como importante antecedente na década anterior, a *Bossa Nova* com Tom Jobim e o canto sutil de João Gilberto; o *Teatro Oficina* de José Celso Martinez; a arquitetura dos paulistas Paulo Mendes da Rocha, Carlos B. Milan e Fábio Penteado, geração seguinte à de João B. Vilanova Artigas e Oscar Niemeyer. Também na arte, o momento é vigoroso, operando-se importantes transformações nas galerias e museus, preparadas na década anterior pela criação dos Museus de Arte Moderna de São Paulo e do Rio de Janeiro e da Bienal de São Paulo, e pelos movimentos Concretista e Neoconcretista. Entre os acontecimentos na arte dos anos 60, destacam-se a exposição *Opinião 65* (MAM, Rio de Janeiro), que teve desdobramentos não só no Rio de Janeiro, com as exposições *Opinião 66* e *Nova Objetividade* em 1967 (baseada numa idéia de Hélio Oiticica), mas também em Belo Horizonte e São Paulo, com a exposição paulista *Proposta 66* (Fundação Armando Álvares Penteado), na qual a ditadura censura algumas obras, provocando a reação dos artistas Wesley Duke Lee, Geraldo de Barros e Nelson Leirner, que retiram seus trabalhos e fundam o *Grupo Rex* (Rex Gallery & Sons) e o jornal *Rex Time*.

7) "1969: o corpo é a casa", in *Lygia Clark* (Rio de Janeiro, Funarte, 1980; p. 27). Texto reproduzido com o título "O corpo é a casa: sexualidade, invasão do 'território' individual", no catálogo editado pela Fundación Antoni Tapiès (p. 248) para a retrospectiva da obra da artista realizada por esta instituição (Barcelona, 1997), em parceria com os museus MAC de Marseille (Marseille, 1998), Fundação Serralves (Porto, 1998), Palais des Beaux Arts (Bruxelas, 1998), encerrando no Paço Imperial (Rio de Janeiro, 1998-99). A publicação, editada pelo curador da exposição, o catalão Manuel J. Borja-Villel, constitui uma fonte privilegiada para pesquisadores da obra de Lygia Clark pelo primoroso trabalho de investigação, que incorporou inclusive manuscritos da artista, até então inéditos e inacessíveis ao público, e cuja leitura é essencial para a compreensão de sua obra.

8) Carta a Hélio Oiticica, de 6 out. 1968 (op. cit., nota 3).

9) "Pensamento mudo", manuscrito s.d., in catálogo *Tapiès*, op. cit; pp. 270-71.

10) Numa conferência sobre a profissão de escritora, Virginia Woolf fala de duas tarefas imprescindíveis para que se libere na mulher seu poder de criação: matar o anjo do lar, pois a sombra de suas asas trava de culpa o investimento do desejo na obra, e contar a verdade sobre as próprias experiências como corpo de mulher, pois a consciência do que diriam os homens com seu convencionalismo tem o poder de interromper este estado de transe e secar a imaginação. Woolf considerava que esta segunda tarefa ainda estava por se realizar, inclusive em sua própria obra (cf. "Profissões para mulheres" [1931], in Virginia Woolf, *Kew gardens, o status intelectual da mulher, um toque feminino na ficção, profissões para mulheres*. Paz e Terra, col. Leitura, 1997; no original: *Killing the angel in the house*). Lygia Clark certamente conseguiu, em sua obra, ultrapassar plenamente o segunda obstáculo, menos evidente e mais perigoso. O mesmo pode-se dizer de Clarice Lispector, contemporânea de Lygia na literatura.

serve mais. É preciso se morrer mesmo integralmente e deixar o novo nascer com todas as implicações terríveis do 'sentimento de perda', da falta de equilíbrio interior, do afastamento da realidade já adquirida; é o vazio vivido como tal, até o momento dele se transformar no vazio pleno, cheio de uma nova significação."[11]

As crises de Lygia não são um dado secundário ou pitoresco, nem objeto de uma frívola curiosidade acerca da intimidade da artista ou de sua "conturbada personalidade", mas estão no próprio cerne de sua obra. É a experiência daquilo que desde muito cedo e até o final de sua vida ela chamará insistentemente "vazio-pleno", experiência do corpo vibrátil nos momentos em que se processa o esgotamento de uma cartografia, quando se está operando a silenciosa incubação de uma nova realidade sensível, manifestação da plenitude da vida em sua potência de diferenciação. As crises são a vivência dessas passagens, que na subjetividade da artista aconteciam como "erupções vulvânicas", como ela escreve num de seus manuscritos.[12]

O início da trajetória artística de Lygia é marcado, portanto, pela rebeldia contra a clivagem da experiência do vazio-pleno na subjetividade, que poderia ter levado sua crise a um desfecho patológico. Através de estratégias cada vez mais precisas de sua obra, Lygia evitará os dois destinos mais comuns do trauma provocado por aquela dissociação: cair no espaço da psiquiatria, quando o terror ao vazio-pleno interrompe o processo de reinvenção da existência onde tal experiência desembocaria se a vida encontrasse canais para sua expansão; ou reiterar a dissociação, esta "defasagem da vida e da existência",[13] quando a experiência confina-se no espaço da arte e se esteriliza na existência cotidiana.

É enquanto artista que Lygia encaminhará uma superação desses dois destinos. Como ela escreve, trata-se de: "receber em bruto as percepções, vivê-las, elaborar-se através dos processos, regredindo e crescendo para fora, para o mundo. Anteriormente na projeção, o artista sublimava os seus problemas através de símbolos, figuras ou objetos construídos."[14] Desde o início, seu trabalho será movido pela consciência de que a experiência do vazio-pleno deverá ser incorporada para que a existência possa ser vivida e produzida como obra de arte. Suas invenções na arte sempre estarão totalmente imbricadas com a reinvenção de sua existência. É verdade que isto em nada a distinguiria de vários outros artistas não só de sua época. O que marca sua diferença é que sua obra será voltada para a incorporação do vazio-pleno na subjetividade do espectador, sem a qual fracassa o projeto de ligação entre arte e vida.

Proponho dividir a obra de Lygia em duas partes, tendo como marco divisório, Caminhando (1963). A primeira parte (1947-63) se desenrola após o fim da Segunda Guerra Mundial e da ditadura de Getúlio Vargas, que antecedem e preparam os anos 50 de um Brasil desenvolvimentista que sonha com sua integração à modernidade, sob a presidência de Juscelino Kubitchek. Momento da construção de Brasília, a nova capital, emblema maior deste sonho, embalado ao som da Bossa Nova. Neste ambiente, não só

---

11) Manuscrito s.d, inédito (in Arquivo Lygia Clark do Centro de Documentação do Museu de Arte Moderna do Rio de Janeiro).

12) No manuscrito, que se encontra no Arquivo L. Clark, a palavra "vulvânica" foi riscada e substituída por "obsessiva", provavelmente pela própria artista, e é com essa revisão que o texto foi incluído no catálogo *Tapiès* (pp. 289-290). Muitas vezes Lygia "corrigia", em seus manuscritos, expressões da intensidade convulsiva de sua experiência, provavelmente por medo de ser mal vista pelo superego bacharelesco protagonizado por uma certa intelectualidade brasileira, que em momentos de fragilidade da artista tinha o efeito de inibi-la. É curioso como os trechos riscados de seus originais são exatamente aqueles em que se afirma mais contundentemente o devir mulher da escrita a que se refere V. Woolf (cf. nota 9). Tais passagens são em geral eliminadas ou substituídas por um discurso racionalista, que nega e escamoteia a presença do corpo movendo a escrita. Mas a força criadora em Lygia sempre foi maior do que o poder inibidor do superego da vazia retórica bacharelesca.

13) Lygia Clark, manuscrito de 1967, in catálogo *Tapiès*, op. cit., p. 216.

14) "Da supressão do objeto (anotações)", in catálogo *Tapiès*, op. cit., p. 264.

no Brasil mas em outros países da América Latina que vivem um processo semelhante, reatualizam-se as tendências construtivistas pela ressonância da nova paisagem local com o contexto em que estas haviam se desencadeado na Europa após a Primeira Guerra. Assim surgirá o Movimento Concretista e sua dissidência Neoconcretista, dos quais Lygia Clark será uma das mais vigorosas expressões. Tais movimentos são precedidos pela criação dos Museus de Arte Moderna de São Paulo (1948) e do Rio de Janeiro (1949), da Bienal de São Paulo (1951) e do movimento Ruptura (1952). O mesmo vigor pulsa em outros campos da cultura, como as figuras de Clarice Lispector, João Cabral de Melo Neto e Guimarães Rosa, para ficar apenas em exemplos da literatura.

A parte inaugural se desenvolve em quatro etapas. A primeira (1947-53)[15] é a da iniciação de Lygia à prática artística, na qual desempenham papel central as figuras do paisagista Burle Marx, com seu conceito de "jardim orgânico", cujo ateliê Lygia freqüenta no Rio de Janeiro a partir de 1947, e de Fernand Léger, com sua valorização da linha na formulação do espaço,[16] cujo ateliê ela freqüenta em sua primeira estada em Paris (1950-51). Embora este seja um momento de aprendizado inicial, já se anunciam na obra da artista as investigações que se desdobrarão nas etapas seguintes, por exemplo, em suas *Escadas* que "se desfolham como um jogo de planos no espaço", com seus "degraus de planos chapados".[17]

Poucos anos após esse início, Lygia ganha precocemente a autonomia de vôo que marcará sua obra: nas três etapas seguintes (1954-63), seu trabalho encontra ressonância na obra de artistas contemporâneos com os quais se agrupará em 1959 na formação do movimento neoconcretista que tem curta duração, dissolvendo-se em 1961.[18] No entanto, a forte autonomia da investigação de Lygia irá levá-la a questionar sua adesão ao grupo, já desde o início, como atesta uma carta que a artista escreve a Mondrian em 1959.[19] Em 1961, Lygia não aceita a aplicação à sua obra do conceito de "não-objeto" que propõe Ferreira Gullar, ideólogo do movimento, e se retira.[20] Do grupo, Lygia conservará a interlocução com Hélio Oiticica, com quem preserva a amizade até a morte precoce do artista em 1980.[21]

O neoconcretismo, cisão do concretismo,[22] que acontece por iniciativa do grupo carioca, é uma reação àquilo que esses artistas consideravam como um racionalismo excessivo do concretismo paulista, que herda do construtivismo apenas a carcaça, esvaziada de sua alma, concentrando-se em problemas formais, reduzidos a soluções

---

15) São desta primeira etapa, entre outros: *Óleos* (série, 1950-51); *Desenhos* (1950-51); *Escada* (série, 1951); *Guaches* (1950-51); *Sem título* (série, 1952); *Composição* (série, 1952-53); e os retratos de seus filhos (série a lápis e carvão, 1951).

16) Cf., de Paulo Herkenhoff, "A aventura planar de Lygia Clark — de caracóis, escadas e *Caminhando*", apresentação da exposição *Lygia Clark*, retrospectiva da artista realizada com a curadoria do autor, no Museu de Arte Moderna de São Paulo, de 01 jun. a 01 ago. 1999; pp. 10-13).

17) Paulo Herkenhoff (cf. nota 15), pp. 9-10.

18) A primeira *Exposição Neoconcreta* se dá em março de 1959 no Museu de Arte Moderna do Rio de Janeiro. A ela se segue a *Exposição Neoconcreta* em São Paulo, em 1961, no Museu de Arte de São Paulo.

19) Cf. "Carta a Mondrian", maio 1959, in catálogo *Tapiès*, op. cit., p. 116.

20) Acerca desta discordância, Lygia relata num de seus manuscritos: "(...) Gullar escreveu a teoria do 'não-objeto' e queria que todos nós o adotássemos. De minha parte era impossível pois como dizia Mário Shemberg, os *bichos* seriam a escultura que os cubistas não inventaram, e eu achava a mesma coisa. Num programa de televisão o Gullar apontando o *bicho* disse: — Lygia se isto é uma escultura não vale nada, mas se for considerado um não-objeto tem um alto significado. Minha resposta foi a seguinte: Ferreira Gullar, a teoria passa, a obra quando é boa fica. Foi nesta ocasião que o grupo se desfez." (Inédito s.d., Arquivo L. Clark).

21) Sobre esta fecunda interlocução, cf. *Lygia Clark — Hélio Oiticica. Cartas 1964-1974* (nota 3).

22) A *Exposição Nacional de Arte Concreta* acontece em 1956, seguida do *Ateliê Abstração*, no mesmo ano.

plásticas transformadas em fórmulas e uma pesquisa puramente ótica. O movimento carioca traz uma veia experimental em suas propostas, valorizando o significado existencial e afetivo da obra de arte, a expressão e a singularidade. A noção de "orgânico" é adotada pelo grupo para nomear a vida que se reanima em sua obra, em contraposição àquilo que interpretam como o inanimado formalismo dos paulistas.[23] No entanto, para sermos mais precisos e extrairmos toda riqueza de conseqüências do projeto neoconcretista, seria necessário falarmos de uma não-organicidade da vida que essas obras revelam, pois o que estes artistas propõem não é mimetizar ou expressar a vida em suas formas constituídas (orgânicas), mas encarnar, na obra, a vida como impulso criador. Trata-se aqui de distintas concepções da noção de "vida", dois tipos de vitalismo, que vale à pena examinar mais detidamente, pois disso dependerá nossa leitura da idéia central que move a obra de Lygia Clark como um todo.

A fenomenologia de Merleau-Ponty e Susan Langer é a filosofia que orientava o pensamento de Ferreira Gullar, ideólogo do neoconcretismo, e do próprio Hélio Oiticica, cuja obra sempre se acompanhou de uma sofisticada elaboração teórica do artista.[24] É nítida a influência dessa filosofia igualmente em certas passagens dos textos de Lygia Clark, embora ela jamais tenha sido uma leitora de filosofia.[25] No entanto, a idéia de vida que permeia a obra da artista, e mesmo muitos de seus textos, é dificilmente apreensível em toda sua radicalidade, se a mantivermos no interior desses parâmetros. A concepção de vitalismo, introduzida por Gilles Deleuze, pode nos auxiliar a avançar nesta leitura. A rigor, não se pode sequer falar em vitalismo, em se tratando da fenomenologia, mas apenas numa superação do idealismo, na direção do mundo. A fenomenologia convoca o pensamento a aproximar-se das coisas (o "ser no mundo" de Merleau-Ponty), mas ainda mantém-se algo como um sujeito, diante dos objetos do mundo, ou uma intencionalidade, seja ela da consciência ou do corpo. Merleau-Ponty vai além da noção de corpo orgânico, desenvolvendo a noção de "corpo próprio", já sugerida em Husserl. Para o filósofo, quando se contempla a dança de um bailarino, por exemplo, a dança que se vê não é de seu corpo orgânico, e sim de seu corpo próprio, tomado pela forma simbólica da musicalidade. Já para Gilles Deleuze, há de se levar em conta, na participação de quem olha, não apenas o enlevo do corpo próprio, mas um plano de forças, vibrações, intensidades, em que se criam o que o autor chama "corpos sem orgãos", que não são dela, bailarina, nem de quem a olha, mas ocorrem "entre" os dois, onde devires se desencadeiam. A noção de vida em Gilles Deleuze inspira-se mais em Espinosa, Nietzsche e Bergson: a vida como criacionismo, gênese permanente do mundo, produtividade. É o próprio plano de imanência absoluto. A principal idéia dessa concepção de vitalismo é que a vida é a constante resolução de problemas face às resistências que ela encontra em sua diferenciação. Distingue-se dos vitalismos evolucionista e mecanicista que pecam pela idéia de necessidade

---

23) A esse respeito, Lygia escreve: "Nunca fui considerada pintora concreta ortodoxa. Fiz parte de grupos para depois ajudar a rompê-los; o que eu queria era outra espécie de comunicação. Comecei a observar que a maneira de perceber uma obra concreta era dentro do que eu chamava tempo mecânico. Fiquei preocupada em expressar um outro tempo que eu chamei depois de orgânico. Menos perceptivo mas um tempo vivencial. Era como se o gráfico da visão da forma seriada dos concretos fosse percebida com o olho através deste desenho e o que eu propunha era que olho se abrisse e que o espectador penetrasse no espaço e fosse penetrado por ele" (manuscrito s.d., Arquivo L. Clark).

24) Cf. Hélio Oiticica, *Aspiro ao grande labirinto*, seleção de textos por Luciano Figueiredo, Lygia Pape e Wally Salomão. Rio de Janeiro, Rocco, 1986.

25) Num manuscrito s.d., Lygia escreve: "Nunca tive cultura nem lia nada, cultura que tive foi a minha convivência com o Mário Pedrosa e o Mario Shemberg, eles me engravidaram os ouvidos com tudo que era interessante e bom" (Arquivo L. Clark).

e finalidade e perdem a idéia da criatividade da vida, impulsionada para enfrentar os obstáculos que se contrapõem à sua expansão.[26]

A obra de Lygia Clark será uma obstinada investigação para convocar na subjetividade do espectador a potência de ser contaminado pelo objeto de arte, não só descobrindo a vida que o agita internamente e em sua relação com o espaço, mas, fundamentalmente, a vida que se manifesta como força diferenciadora de sua própria subjetividade no contato com a obra. O que Lygia quer produzir no espectador é que ele possa estar à altura da diferença que se apresenta na obra e cavar em sua alma a nova maneira de perceber e sentir de que a obra é portadora. Isto poderá lançar o espectador em devires imprevisíveis.

Nas três últimas etapas da primeira parte da obra da artista, que podem ser identificadas como neoconcretistas, mantém-se do construtivismo certos princípios, como a escolha de objetos reduzidos à sua essencialidade material, a valorização das propriedades da matéria, a percepção de estruturas formadas na relação gerada pela ação conjunta. Mas tais princípios não são para a artista a finalidade, e sim o meio para o construtivismo da própria vida, em sua inexaurível diferenciação. A obra de Lygia, neste primeiro momento, se situará no âmbito da criação de "objetos vivos",[27] os quais migrarão do plano ao relevo e, deste, ao espaço. Embora seus trabalhos no período ainda estejam muito próximos das propostas da arte da época, sua investigação já aqui toma uma direção original.

No plano,[28] são várias as descobertas da artista que revitalizam a geometria e revelam sua processualidade, entre elas, a "linha orgânica" e a "quebra da moldura". Com a primeira descoberta, a linha liberta-se de sua suposta condição inanimada para recuperar sua vitalidade e transformar o espaço. Com a segunda, dissolve-se a zona neutra que representa a moldura, que, ao separar o quadro do resto do mundo, cumpre uma função amortecedora do poder disruptivo da arte, como assinala Gullar.[29] Lygia consegue reconvocar esse poder, libertando o plano da transcendência e o devolvendo à imanência.[30] O plano recupera sua pulsação poética.

---

26) A propósito das noções de vida e vitalismo em Gilles Deleuze, além dos textos do autor dedicados a Nietzsche, Espinosa e Bergson, ver entre outros: *Pourparlers* (Paris: Minuit, 1990, p. 196) e, em colaboração com Félix Guattari, *Mille plateaux* (Paris: Minuit, 1980, p. 512). Agradeço a Luis Orlandi, a colaboração na discussão das concepções de vida e vitalismo na fenomenologia.

27) Encontramos inúmeras alusões à noção de "vida" nos textos de Lygia, que ganham nova inteligiblidade à luz da concepção de Deleuze, evocada no texto. Para ficar em dois exemplos: "As formas assim como todas as coisas exprimem mais do que sua simples presença física (medida e peso). É como se cada coisa irradiasse uma energia conjugada com a energia do espaço vivo e real. (...) No momento em que arrebentando o retângulo e invertendo virtualmente a superfíce que, deixando de ser a espessura do espaço passa a ser o fio desse espaço, essa expressão já se dá dentro desse espaço real onde atuam todas as forças irradiadas, vivas e cosmológicas. A expressão é identificada imediatamente com essa irradiação orgânica-homem, dentro da mesma dinâmica real. (...) Não existem coisas estáticas. Tudo é dinâmica. Mesmo um objeto aparentemente estático não está parado. (...) A minha pintura exprime pois uma nova realidade em que a obra de arte se expressa como um objeto vivo, como eu e você." ("O vazio-pleno", *Jornal do Brasil*, abr. 1960, Rio de Janeiro, Suplemento Dominical, p. 5). Ou ainda: "Para mim o que é importante é que a superfície seja um corpo orgânico como uma entidade viva" (manuscrito de 1960, catálogo *Tapiès*, op. cit., p. 140).

28) São desta segunda etapa (1954-58): *Quebra da moldura* (1954); *Descoberta da linha orgânica* (série, 1954); *Interior* (série de projetos, incluindo uma maquete, 1955); *Construa você mesmo o seu espaço a viver* (1955); *Superfície modulada* (série, 1955-58); *Plano em superfície modulada* (série, 1956-58); *Espaço modulado* (série, 1958); *Unidades* (série, 1958); *Ovo linear* (1958).

29) "(...) a superfície do que era 'quadro' cai no nível da coisas comuns e tanto faz agora esta superfície como a daquela porta ou daquela parede. Na verdade liberto o espaço preso no quadro, liberto minha visão e, como se abrisse a garrafa que continha o gênio da fábula, vejo-o encher o quarto, deslizar pelas superfícies mais contraditórias, fugir pela janela para além dos edifícios e das montanhas e ocupar o mundo. É a redescobera do espaço." ("Lygia Clark, uma experiência radical (1954-1958)", *Lygia Clark*, Rio de Janeiro: Funarte, 1980, pp. 8-9.)

30) A esse respeito, cf., de Lygia Clark, "A morte do plano" (catálogo *Tapiès*, op. cit., p. 117).

Com a "descoberta" da linha orgânica, Lygia, já neste momento, extrai tridimensionalidade do plano bidimensional. Os planos são justapostos por linhas, frestas que dinamizam a superfície, como se a irrigassem de seiva vital, que transborda o quadro e contamina o espaço. Estamos já aqui na fronteira entre pintura e escultura. O passo seguinte está esboçado: em 1959, prenhe de sua fecundação pelo espaço, o plano estufa e vira casulo. Desdobrado em articulações tridimensionais, revela-se no plano a presença virtual do relevo. A obra passa dos planos justapostos ou superpostos das Superfícies Moduladas às constelações suspensas à parede, na quais o plano se destaca concretamente[31].

A obra viva avança em sua reconquista do mundo. A próxima região a ser revelada em sua processualidade será o espaço. "Na verdade, o que eu queria fazer era expressar o espaço em si mesmo e não compor dentro dele", escreve Lygia.[32] É o nascimento dos famosos Bichos os quais, nas palavras da artista, "caíram, como casulos de verdade, da parede ao chão".[33] Uma prole numerosa de Bichos irá nascer entre 1960-63, encerrando a quarta e última etapa da primeira parte da obra da artista.[34]

Os Bichos de Lygia filiam-se ao projeto construtivo e à tradição moderna na escultura, contestadora dos valores tradicionais como o uso de materiais "naturais" ou o volume sólido e imutável. Mas são únicas suas soluções: o uso do metal polido com corte seco, produzido em série, por nos remeter diretamente ao meio tecnológico-industrial, produz o efeito estranho de revelar a vida pulsando no meio o mais artificial, o qual ganha uma existência poética. Quanto ao volume, aqui ele é efeito fugaz de um agenciamento de planos, superfície-processo. As placas de metal polido, unidas por dobradiças, quando movimentadas, produzem volumes no espaço, que buscam um equilíbrio sempre provisório. Além disso, seu movimento não é mecânico, próprio de uma suposta existência solipsista do objeto, pois implica o gesto do espectador, o que nos dá a estranha sensação de estarem vivos. É a separação entre sujeito e objeto que começa aqui a se dissolver.

Assim, nesta última etapa da primeira parte de obra de Lygia, imediatamente anterior a *Caminhando*, a investigação já começa a situar-se no âmbito da inclusão do espectador na obra, estando seu corpo vibrátil agora mais intimamente exposto ao corpo dos objetos vibráteis de Lygia. Além disto, os Bichos foram previstos inicialmente para se multiplicarem, o que não só contribuiria para sua desfetichização, mas levaria à propagação de sua espécie pelo mundo, contaminando territórios virgens de arte. Estamos aqui em pleno início dos anos 60, quando Lygia encontra ressonância no projeto de religar arte e vida, não só nas experimentações que fazem muitos outros artistas, mas no movimento do desejo que sacode o campo social, de que falávamos no início. No entanto, seus Bichos ficam à espera do espectador e podem prescindir de sua presença, pois conservam a possibilidade de existir tanto como objetos inertes entregues a uma contemplação passiva quanto como objetos estéreis que jamais se multiplicarão. Eles podem ser empalhados, exibidos em vitrines de museu, galeria ou casa de colecionador sem que se suspeite

---

31) São desta terceira etapa (1959-60): *Ovo contra-relevo* (1959); *Contra-relevo* (série, 1959); *Casulo* (série, 1959-60).

32) Manuscrito inédito s.d., Arquivo L. Clark.

33) Ibidem.

34) *Bichos* é a denominação genérica para esta família de esculturas que recebem diferentes nomes. Por exemplo: *Bicho* (série, 1960-63), *Bicho flor* (série, 1960-63), *Relógio de sol* (série, 1960-63), *Caranguejo* (série, 1960-63), *Ponta* (1960), *Desfolhado* (1960), *Articulado* (1960), *Articulado duplo* (1960), *Invertebrado* (1960), *Metamorfose I e II* (1960), *Contrário I* e *II* (1960), *Vazado I* e *II* (1960), *Prisma* (1960), *Vegetal* (1960), *Constelação* (1960), *Cidade* (1960), *Bicho planta* (1960), *Sobre o redondo* (1960), *Máquina* (1962), *Em si* (1962), *Projeto para um planeta* (1963), *Pancubismo* (1963), *Arquiteturas fantásticas* (série, 1963), *Monumento em todas as situações* (1964), *Crescente gigante* (1964), *Bicho de bolso* (1966), e ainda *Parafuso sem fim*, *Pássaro no espaço*, *Monumento a Descartes*, *Linear*, *Bachiana*, etc.

que algum dia haviam sido vivos. Foi exatamente o que aconteceu: o modo como deles se apropriou o sistema da arte fez com que a dissolução da fronteira entre arte e vida que se operava nos Bichos tivesse seu destino interrompido e sua proliferação abortada: reconduzidos à vitrine — e, portanto, ao pedestal — foi-lhes podada a liberdade de viverem soltos no mundo, beneficiar-se de uma intimidade afetiva e com o maior número possível de outros, os mais variados. Por essa razão, a primeira parte da obra da artista é a mais conhecida, sendo os Bichos seu apogeu, talvez por constituírem os últimos objetos criados por Lygia passíveis de serem neutralizados em sua potência desterritorializadora, consumidos como simples e inofensivos "objetos de arte", com seu valor determinado exclusivamente pelo mercado. Até o fim de sua vida, e mesmo muitos anos após sua morte, são os trabalhos deste período, principalmente os Bichos, que serão privilegiados nas inúmeras exposições individuais ou coletivas; são eles igualmente que serão objeto da maioria dos estudos consagrados à sua obra.[35] Não me estenderei nesta parte da trajetória de Lygia, pois, além de se dispor de ampla bibliografia a respeito, o principal foco de interesse do presente ensaio é o desafio da segunda parte, mais misteriosa e também mais vasta (1963-88), sem a qual a obra não ganha sua plena inteligibilidade.

Já muito cedo, desde o *Caminhando* (1963), as perguntas que se colocarão para Lygia são as seguintes: de que adianta tornar presente na obra a "visão" da invisível exuberância da vida que agita e transforma todas as coisas se o espectador não possui a chave do acesso a essa visão? De que adianta contaminar de arte o cidadão comum se este não possui em sua alma a possibilidade de afirmar na existência, a potência criadora da vida? Sem a transformação desse personagem, o projeto moderno em sua ânsia de religar arte e vida fracassa enquanto estratégia de interferência efetiva na cultura. De fato, as estratégias em cujo horizonte insere-se a obra de Lygia, evocadas no início, deixam intactos no cenário da arte os personagens com seus respectivos modos de subjetivação e, conseqüentemente, a relação com a dinâmica invisível das coisas permanece guetificada na subjetividade do artista. Ele continua sendo aquele que vê a vida revolvendo tudo e, embora materialize essa visão na obra de modo que sua percepção ganhe autonomia, esta continua inerte, inacessível para uma subjetividade dissociada daquilo que lhe permitiria "ver". A proposta não se realiza: muda apenas a roupagem de alguns elementos no interior de uma mesma cartografia.

A partir de *Caminhando* e até o final de sua vida, a investigação de Lygia-artista visará a ultrapassar esse limite, buscando estratégias para desentorpecer no espectador seu corpo vibrátil, de modo que, liberto de sua prisão no visível, ele pudesse iniciar-se à experiência do vazio-pleno e aceder ao plano de imanência do mundo em sua misteriosa germinação. Assim como havia migrado do plano ao relevo e, deste, ao espaço, a obra da artista agora se voltará para o espectador, migrando do ato ao corpo e, deste, à relação entre os corpos, para no final se dirigir à subjetividade, desenhando uma trajetória inteiramente original em relação às propostas da arte não só na época, mas igualmente em nossa atualidade. Ao fim de sete etapas, esse instigante percurso iniciático nos terá descortinado uma nova paisagem.

A etapa inaugural se faz através de uma só proposta: o *Caminhando*, tira de papel torcida em 180 graus, cujas extremidades são coladas de modo a transformar-se numa fita de Moebius, onde avesso e direito tornam-se indistinguíveis. A obra consiste simplesmente em oferecer ao espectador esse objeto acompanhado de uma tesoura, com a instrução de escolher um ponto qualquer para iniciar o corte, evitando incidir sobre o mesmo ponto da

35) Sobre este período, dispõe-se de uma bibliografia de excelente qualidade, a começar pelo trabalho desenvolvido pelos críticos da época, Ferreira Gullar e Mário Pedrosa, cuja interpretação conserva ainda hoje todo seu viço. Entre os autores que se dedicaram à obra de Lygia, posteriormente, destacam-se os brasileiros Ronaldo Brito, Maria Alice Milliet, Ricardo Fabbrini e, mais recentemente, Paulo Herkenhoff, e os estrangeiros, Guy Brett, Yve-Alain Bois e Manuel J. Borja-Villel.

tira a cada vez que se completa uma volta em sua superfície. A tira vai afinando e encompridando a cada nova volta, até que a tesoura não possa mais evitar o ponto inicial. Nesse momento, a tira readquire avesso e direito e a obra se encerra.

Lygia transfere aqui para o espectador o ato de cortar o papel em seus estudos preliminares para a criação dos *Bichos*, sobretudo dos últimos exemplares desta série, que já não tem dobradiça e são feitos de uma só peça.[36] Já agora, a participação do espectador na obra não se limita à recepção, mas atinge a própria realização. É o ato de criar que se torna obra, *work in progress*, como a vida. É no ato que se reativará a poética. Como escreve Lygia: "Não é mais o problema de sentir a poética através de uma forma. A estrutura aí só existe como um suporte para o gesto expressivo, corte, e depois de concluído não tem nada a ver com a obra de arte tradicional. É o estado da 'arte sem arte' pois o importante é o fazer que nada tem a ver com o artista, e tudo a ver com o espectador. O artista aí dando este tipo de idéia dá na realidade este 'vazio-pleno' em que todas as potencialidades da opção que vem através do ato tem lugar. (...) O ato traz ao homem contemporâneo a consciência de que a poética não está fora dele, mas sim no seu interior e que ele sempre a projetou através do objeto chamado arte."[37] A figura do espectador começa a desterritorializar-se, ao mesmo tempo que o objeto de arte, que já não é redutível à sua visibilidade, nem passível de existir inerte, isolado de quem a realiza.

Ainda que este seja apenas o início de um processo, Lygia pressente a magnitude da transfiguração do cenário da arte que se anuncia em sua proposta e entra numa crise, talvez a mais violenta de todas, que a atormentará por dois anos. É um momento em que também o Brasil está passando por um intenso movimento político e cultural, talvez demasiadamente disruptivo para as forças conservadoras da sociedade brasileira, o que irá provocar uma grave crise. O desfecho será o golpe militar que instaura no país uma ditadura que permanecerá até 1984, sucedendo-se os generais que ocupam a presidência. Durante sua crise, e por ela mobilizada, a artista sentirá necessidade de voltar à etapa anterior de sua obra para explorá-la à luz da nova descoberta, como se também suas forças conservadoras não tivessem suportado o caráter subversivo de sua própria criação. No caso de Lygia, no entanto, isto não redundou numa ditadura dessas forças em sua alma, mas apenas na necessidade de um tempo para digerir a ruptura, tempo de uma ressignificação de sua trajetória.

A segunda etapa (1963-64)[38] será, portanto, a do neoconcretismo revisitado, contaminado pela presença pertubadora de *Caminhando*, a retomada dos *Bichos*, que se iniciará com *O dentro é o fora* (1963), onde a fita de Moebius migra do papel para o metal.[39] No mesmo momento, Lygia rebatiza um dos Bichos que havia criado anteriormente, dando-lhe o nome de *O antes é o depois*, como se o depois do *Caminhando* ressignificasse o antes do Bicho que lhe deu origem. Na seqüência, virão os *Trepantes*, primeiro em aço

---

36) Na criação dos *Bichos*, Lygia primeiro os pesquisava em papel.

37) Manuscrito s.d., provavelmente de 1963-64, Arquivo L. Clark.

38) São desta etapa: *O dentro é o fora* (1963); *O antes é o depois* (1963); *Trepantes* (série, 1963-1965); *Trepante (Obra mole)* (série, 1964); *Abrigo poético* (1964); *Estruturas de caixas de fósforos* (série, 1964); *A casa do poeta* (1964).

39) A respeito de *O dentro é o fora*, Lygia escreve: "A consciência de que neste trabalho o espaço é um espaço afetivo, é a primeira vez que realmente começo a criar um organismo vivo, como um ser, este foi realmente o motivo de minha crise e também a consciência de que até agora eu não tinha percebido nada de nada. Os outros bichos se definiam linearmente no espaço como nossos membros quando se locomovem. Este no momento em que se estabelece o diálogo com o espectador torna-se o próprio ectoplasma do sujeito e ele, sujeito, vive todo seu espaço cósmico nas deformações do precário pois não há fisionomia estática que o identifique. É a lição do precário contra toda espécie de cristalização do fixo, da esquematização. A forma dentro do espaço já não existe, o espaço é o tempo que o ato transforma sem cessar. O ato transforma a fisionomia do bicho e a relação sujeito-objeto é absolutamente ligada. Não existe mais diferenciação entre os dois. Sujeito-objeto se identificam profundamente no espaço-tempo na medida do ato" (manuscrito s.d., provavelmente de 1963, Arquivo L. Clark).

inoxidável, depois substituído pela borracha (*Obra mole*), daquelas penduradas nas paredes das oficinas mecânicas, herdando do *Caminhando* o uso do material barato, extraído do cotidiano, que Lygia não mais abandonará. Totalmente maleáveis, os Bichos agora apoiam-se em qualquer suporte: mesa, chão, estante, caixa de sapato, galho de árvore, enfim, tudo o que encontrarem pela frente. É também de qualquer modo que eles se apoiam: enroscam-se, agarram-se, penduram-se, esparramam-se, abraçando o que estiver ao seu alcance, ganhando diferentes formas em função daquilo que abraçam e do jeito como abraçam. É na flexibilidade da interação que eles se esculpem, seu devir depende dos encontros que fazem. No mesmo ano, Lygia faz outras obras ainda, entre elas o *Abrigo poético*, como se neste momento de virada disruptiva a idéia que move sua obra se traduzisse em conceito: superar a separação entre abrigo e poesia, criar as condições para que aquele que antes se mantinha na posição de espectador pudesse desertar os abrigos construídos na base de representações *a priori*, separadas da experiência, de modo a construir abrigos que encarnassem as novas realidades sensíveis que o corpo vibrátil fosse apontando.

As obras deste período serão a última tentativa de Lygia de criar "objetos de arte", que, apesar de agora se completarem na manipulação pelo espectador, ainda podem existir como objetos neutros apesar da manipulação, ou nem sequer ser manipulados, prestando-se a uma contemplação passiva.[40] Daí para a frente, a artista levará cada vez mais longe sua busca de reintegrar arte e vida, e seus objetos não terão mais existência alguma possível fora da experiência daqueles que os vivem. Abandonados à sua inércia, eles perderão pensamento, substância, sentido. Neste mesmo ano ainda (1964), Lygia realiza o *Livro-obra*,[41] onde explicita as percepções que a levaram a seus trabalhos até então, completando assim a revisão de sua obra e oferecendo ao espectador a oportunidade de refazer o mesmo caminho, como o fizera com o Bicho, através do *Caminhando*. Com isto, encerra-se definitivamente a primeira parte da trajetória da artista.[42]

A terceira etapa da segunda parte (1966-69), Lygia chamará *Nostalgia do corpo*.[43] Ela tem início com *Pedra e ar*, trasmutação que Lygia opera num saquinho de plástico fechado com um elástico que lhe haviam recomendado colocar no pulso que quebrara num acidente de carro no meio de sua grande crise. É do objeto que serve para tratar seu trauma que ela extrairá a potência de sair da crise e voltar a criar. A obra consiste num saco plástico dos mais banais, cheio de ar e fechado por um elástico, também dos mais banais, no qual, em uma das pontas, voltada para cima, coloca-se um seixo qualquer. A instrução de uso que o acompanha é segurar o saquinho com a palma das mãos, pressionando-o em movimentos de sístole e diástole que fazem a pedra subir e descer, como os movimentos de inspiração e expiração próprios da pulsação vital.[44]

---

40) Sobre esta etapa, Lygia escreve: "De 1959 a 1964, incluindo os *Trepantes* de aço inoxidável, os *Trepantes* de borracha (obra mole) desdobrei sua estrutura até a exaustão. Vivi neste período o fim da obra de arte, do suporte em que ela se expressava, a morte da metafísica e da transcendência, descobrindo o aqui e agora na imanência" (manuscrito s.d., Arquivo L. Clark).

41) O *Livro-obra* foi escrito em 1964 e publicado em 1983 por Luciano Figueiredo e Ana Maria Araújo, numa edição limitada de 24 exemplares.

42) "A série acaba por esgotamento", declara Lygia a respeito dos *Bichos* numa entrevista de 1986. (Arquivo L. Clark).

43) São desta etapa: *Pedra e ar* (1966); *Natureza (Estrutura cega)* (1966-67); *Livro sensorial* (1966); *Ping-pong* (1966); *Desenhe com o dedo* (1966); *Água e conchas* (1966); *Respire comigo* (1966); *Diálogo de mãos* (1966); *Diálogo de pés (Estrutura viva)* (1966) e ainda as *Proposições existenciais: Campo de Minas*, *Cintos-diálogos* e os filmes *Convite à viagem*, *Filme sensorial*, *Western*, *O homem no centro dos acontecimentos* (1967-68).

44) A este respeito, Lygia escreve: "Depois disso [*Caminhando*] tive uma crise mortal, a arte havia acabado para mim. Caí na cama e o diagnóstico foi 'coronárias'. Pensei em morrer e para fazer meu mausoléu, comecei a trabalhar caixas de fósforos fazendo estruturas muito menos importantes como objetos do que os anteriores. Foi o que me tirou da cama e joguei para o alto a idéia de morte. O luto foi terrível não sabia o que expressar pois sabia que para mim a arte estava extinta. Nesta

Nesta etapa, a participação do espectador ganha uma nova dimensão: a obra começa a migrar do ato para a sensação que ela provoca em quem a toca. Além de não ser mais redutível à sua visibilidade, nem possuir existência alguma isolada, a obra só se realiza na relação sensível que se estabelece entre ela e quem a manipula. Hélio Oiticica propõe traduzir *Nostalgia do corpo* por *Longing for the body*, pois se trata mais de um anseio pelo corpo, do que de uma melancólica nostalgia. Mais um passo foi dado para a dissolução da figura do espectador: esboça-se já aqui a convocação do corpo vibrátil, mas esta ainda não é essencial nas obras do período. A atenção ainda está voltada para o objeto, o qual, nesta proposta, como diz Lygia, é todavia "um meio indispensável entre a sensação e o participante".[45] É preciso ir além. O momento favorecia esta atitude: a estas alturas, a contracultura está no auge de sua movimentação internacional, criando uma paisagem social que autoriza e encoraja a pesquisa experimental de Lygia. As etapas seguintes serão elaboradas no momento em que Lygia já está vivendo na Paris pós-68, além de participar junto com Hélio, em 1969, do *1st International Tactile Sculpture Symposium*, na Califórnia, templo da contracultura, que reitera a ressonância do 68 parisiense na alma da artista.

A quarta etapa (1967-69)[46] Lygia chamará de *A casa é o corpo*. A obra que inaugura esse momento é a Série roupa-corpo-roupa: O eu e o tu. Dois macacões de tecido plastificado grosso, ligados no umbigo por um tubo de borracha de pesca submarina (o mesmo usado na obra *Respire comigo*, da fase anterior), com um capuz cobrindo os olhos, deverão ser vestidos por um homem e uma mulher. O forro é confeccionado com materiais variados (saco plástico cheio de água, espuma vegetal, borracha, palha de aço, etc.), diferentes em cada macacão, de modo a proporcionar ao homem uma sensação de feminilidade e à mulher uma sensação de masculinidade (por exemplo, o peito do macacão que a mulher veste é forrado com palha de aço, remetendo à textura peluda desta região do corpo masculino). Seis zíperes em diferentes partes do macacão abrem acesso ao toque de cada um no interior do corpo do outro.

O objeto perde agora totalmente sua visibilidade: ele passa a "vestir" o corpo e a ele irá integrar-se. Com os olhos vendados, e recoberto por aquelas estranhas texturas, torna-se impossível para o espectador situar-se a partir de uma imagem tanto do objeto como de seu próprio corpo, independente das sensações que seus gestos exploratórios mobilizam. Dissolve-se qualquer classificação identitária, como o gênero, por exemplo, no caso específico desta obra. O espectador descobre-se como corpo vibrátil, cuja consistência varia de acordo com a constelação das sensações que lhe provocam os

---

época sofri um grande acidente de carro, batendo a cabeça no chão, fora jogada fora do carro 7 metros, quebrando o pulso direito. Tive um enorme labirinto mas a cabeça desanuviou e achei que nela entrou uma certa ordem que não havia. Quanto ao pulso quebrado depois de tirarem o gesso me mandaram fazer o seguinte: mete-lo num líquido quente depois colocar sobre ele um saquinho de plástico. Um dia por acaso, o que não existe, eu peguei este saquinho, soprei ar dentro colocando um elástico para mantê-lo cheio. Na parte externa coloquei uma pedrinha, entrando em um dos ângulos e comecei a apertá-la devagar devagar com as mãos. 'Nostalgia do corpo', gritei louca de alegria. Foi o primeiro objeto feito desta série e o mais lindo também" (manuscrito s.d., Arquivo L. Clark).

Ou "Naquele momento comecei a articular interiormente o valor do precário, da fragmentação, do ato, dizendo: não é obra minha, a estrutura é topológica, não é minha. Tudo isso serviu para que eu acabasse fazendo, quase por casualidade, meu primeiro trabalho sobre o corpo até 1966. Enchi de ar um saco de plástico e o fechei com um elástico. Pus uma pedra pequena sobre ele e comecei a apalpá-la, sem me preocupar com descobrir alguma coisa. Com a pressão a pedra subia e descia por cima da bolsa de ar. Então de repente percebi que aquilo era uma coisa viva. Parecia um corpo. Era um corpo" (entrevista a Roberto Pontual, *Jornal do Brasil*, 21 set. 1974, catálogo *Tapiès*, op. cit., p. 205).

45) Cf. "L'art c'est le corps" (*Preuves*, n. 13, Paris, 1973), catálogo *Tapiès*, op. cit., p. 232.

46) São desta etapa: *Série roupa-corpo-roupa* (1967), entre as quais: *O eu e o tu, Cesariana*; *Máscara abismo* (série, 1968); *Máscara sensorial* (série, 1968); *Óculos* (1968); *Diálogo: óculos* (1968); *A casa é o corpo: penetração, ovulação, germinação, expulsão* (1968); *Luvas sensoriais* (série, 1968); *Casal* (1969); *Camisa-de-força* (1969).

pedaços de mundo que o afetam. É a partir dessas sensações que ele irá situar-se no mundo, fazer seus sucessivos abrigos. O sentir-se "em casa" de uma familiaridade com o mundo deixa de se construir a partir de uma suposta identidade para fazer-se e refazer-se na própria experiência: a casa é o corpo. Aqui, é o corpo, em sua relação com os objetos, que redevém poético.

A desterritorialização da figura do espectador e da obra isolada tornou-se irreversível:[47] a atenção deslocou-se inteiramente do objeto, para concentrar-se no corpo vibrátil de quem o veste. No entanto, ainda aqui, temos um sujeito e um objeto, pois "as pessoas reencontram seus próprios corpos através das sensações táteis operadas nos objetos exteriores a elas", escreve Lygia.[48]

A etapa seguinte (1968-70),[49] que se desenvolve em parte paralelamente à anterior, Lygia chamou *O corpo é a casa*. Ela se inicia com a Arquitetura Biológica: *Ovo-mortalha* (1968): um grande plástico transparente retangular, com sacos de náilon ou juta costurados em suas extremidades, nos quais duas pessoas enfiam os pés ou as mãos e passam a improvisar movimentos, onde cada uma envolverá a outra no plástico. As arquiteturas seguintes são variações da primeira: elas terão mais plásticos, costurados de diversas maneiras, e mais sacos de náilon ou juta em suas extremidades, o que permitirá a participação de um maior número de pessoas.

No visível, a obra é uma estrutura flexível feita dos gestos dos participantes em suas interações, auxiliados por materiais mínimos, "já completamente vazios de significado e sem possibilidades de recobrar vida senão através do suporte humano",[50] o que já é muito. Mas a obra vai além: no invisível, trata-se de "uma experiência tão biológica e celular que só pode ser comunicada através de uma maneira igualmente biológica e celular. De um para dois, para três ou mais, mas algo sempre brota do outro, e é uma comunicação extremamente íntima, de poro a poro, de cabelo a cabelo, de suor a suor."[51] A obra passa a realizar-se na pura sensação das emanações dos corpos dos parceiros de experiência, captadas pelo corpo vibrátil de cada um. O "plástico transparente sem cor é quase como um ectoplasma que liga imaterialmente os corpos", comenta Lygia numa carta ao amigo Hélio.[52] Ele materializa a presença imaterial da energia vital que emana dos corpos em seu encontro, que tudo liga num só contínuo em movimento, a imanência. Aqui é a interação entre os corpos que redevém poética.

Já não há sujeito e objeto, "as pessoas se tornam o suporte da 'obra' e o objeto se incorpora: ele desaparece",[53] "o homem torna-se o objeto de sua própria

---

47) A respeito de uma obra desta etapa, Lygia escreve: "Quando ele [o homem] coloca na sua cabeça um capacete sensorial ele se isola do mundo, depois de já ter se situado em todo um processo anterior no desenvolvimento da arte, nessa introversão perde contato com a realidade e encontra dentro dele mesmo toda a gama de vivências fantásticas. Seria uma maneira de buscar-lhe o fôlego da vivência. (...) O homem-capacete tem a tendência de se desagregar no momento da vivência. Nostalgia do corpo, decepá-lo e vivê-lo em partes para depois reintegrá-lo como organismo vivo e total" (manuscrito s/d, provavelmente de 1967, catálogo *Tapiès*, op. cit., p. 219-220).

48) "L'art c'est le corps" (cf. nota 44), catálogo *Tapiès*, op. cit., p. 232.

49) São desta etapa: *Arquiteturas biológicas* (série, 1968-70), entre as quais: *Ovo-mortalha* (1968), *Nascimento* I e II (1969); *Estruturas vivas* (série, 1969), entre as quais: *Diálogos* (1969).

50) Cf., de L. Clark, "A casa é o corpo. Penetração, ovulação germinação, expulsão, 1968" (catálogo *Tapiès*, op. cit., pp. 232-233). Mesmo nestas condições, há quem insista em reconduzir estes objetos ao estatuto de obra de arte, independente da experiência onde ganham seu sentido. Um exemplo é uma exposição recente sobre arte conceitual (*Global Conceptualism*, Queens Museum, 1999), onde a obra de Lygia pós *Caminhando* foi privilegiada como expressão deste movimento em sua versão brasileira, e o que se via era o plástico com os sacos de juta das *Arquiteturas biológicas*, jogados sobre uma mesa, desinvestidos de vida, como restos mortais de um corpo irreconhecível.

51) Carta a Mário Pedrosa, 22 maio 1969, catálogo *Tapiès*, op. cit., p. 250.

52) Carta de 20 maio 1970, a propósito de um projeto a ser realizado em grupo, *Lygia Clark — Hélio Oiticica. Cartas 1964-1974* (nota 3), p. 154.

53) "L'art c'est le corps" (cf. nota 44), catálogo *Tapiès*, op. cit., p. 232.

sensação",[54] escreve Lygia neste momento. Cada um é suporte da "estrutura viva de uma arquitetura biológica e celular", onde pessoas e coisas formam "a malha de um tecido infinito",[55] agitado por uma dinâmica de diferenciação constante. A obra é esta arquitetura biológica e celular entre os corpos produzida pelo desejo. Verdadeiros rituais coletivos de iniciação ao corpo vibrátil.

Os participantes, já muito distantes de sua posição de espectador, se descobrem como efeito de um agenciamento coletivo, a partir do qual se define, no corpo vibrátil, a consistência de sua subjetividade em processo.[56] O princípio identitário dissolveu-se por completo: se na etapa anterior constituir uma sensação de familiaridade no mundo, um "em casa", dependia dos efeitos dos objetos no corpo vibrátil, experiência que era vivida individualmente, agora constituir um abrigo depende do que se passa entre os corpos em seu encontro e dos devires que essa experiência mobiliza singularmente no corpo vibrátil de cada um. *O corpo é a casa.* "Trata-se de um abrigo poético onde o habitar é equivalente do comunicar. Os movimentos do homem constróem este abrigo celular habitável, partindo de um núcleo que se mistura aos outros."[57] A religação entre abrigo e poesia deu um salto qualitativo: "o erótico vivido como 'profano' e a arte como 'sagrada' se fundem em uma experiência única".[58] Arte e vida fundem-se a tal ponto que Lygia cai numa nova crise.

O ano de 1971 é um intervalo de silêncio da obra em que Lygia se diz "sem formulações". Na verdade, ela formula a idéia de "pensamento mudo", que lhe ocorrerá inúmeras vezes durante este período, referindo-se ao fato de viver a poética na vida, e já não mais através de obras de arte, o que lhe provoca um misto de euforia e medo. O pensamento mudo é o conceito da libertação do ato de pensar de seu jugo pela representação para colocar-se inteiramente a serviço do corpo vibrátil e fazer a ponte com a existência visível: o florescimento de novos estados sensíveis já não precisa de obras de arte, pois se passa a produzir cartografias diretamente na vida. Como ela escreve, "pensava que o Pensamento mudo teria que ser formulado através de proposições como até agora os outros conceitos o foram (...) mas uma noite de insônia amarrei seu significado: o Pensamento mudo já estava sendo formulado (...) salto para o que talvez chame de 'Os precursores' que são os jovens que não formulam obras de arte mas já vivem na vida esta poética antes formulada ou através de objetos ou através de proposições. (...) agora o testemunho já não é ela (a obra) mas sim eu-obra-pessoa-humana."[59] O pensamento mudo é para onde aponta a questão que atravessa a obra de Lygia, a qual se completará nas duas etapas seguintes: *Fantasmática do corpo* e *Estruturação do self*, produzida esta última com a ajuda de seus *Objetos Relacionais*, com as quais se encerra o percurso iniciático que a artista nos propõe.

Neste ano, Lygia adoece, o que era muito comum durante suas crises, e vai ao Rio em janeiro para tratar um problema renal. Volta a Paris em fevereiro, e depois ao Brasil novamente, em novembro, para uma exposição em São Paulo. Em outubro de 1972, é convidada pela Sorbonne para dar um curso de comunicação gestual. É neste contexto

---

54) Manuscrito inédito s.d., Arquivo L. Clark.

55) Cf., de L. Clark, "A casa é o corpo. Penetração, ovulação germinação, expulsão, 1968" (catálogo *Tapiès*, op. cit., pp. 232-233).

56) A esse respeito, Lygia escreve: "Nas minhas obras ditas 'baratas', onde cada um podia fazer seu próprio objeto a partir de materiais que lhe eram dados, já se encontrava de uma forma embrionária, a mesma característica de minhas novas obras. Mas cada experiência era individual e corria o risco de se fechar em si mesma enquanto que agora ela é ao mesmo tempo individual e coletiva, já que não é realizada sem a dos outros, no seio da mesma estrutura polinuclear" ("1969: O corpo é a casa", *Lygia Clark*, op. cit., p. 37).

57) Op. cit., p. 36.

58) Ibidem.

59) "Pensamento mudo", catálogo *Tapiès*, op. cit., p. 270.

que sairá da crise, dando início à sexta etapa de seu percurso pós *Caminhando*, que ela chamou de *Fantasmática do corpo* ou *Corpo-coletivo*.[60]

A obra que inicia esta etapa é *Baba antropofágica*, na qual um grupo de pessoas recebe um carretel de linha colorida de máquina de costura, que deverá colocar na boca. As pessoas sentam-se no chão ao redor de um dos membros do grupo que aceita deitar-se de olhos vendados e deverão ir puxando a linha, depositando-a sobre o corpo deitado até esvaziar o carretel. Em seguida, elas enfiam suas mãos no emaranhado de linhas molhadas de saliva que a esta altura cobre todo o corpo de quem está deitado e irão esgarçá-lo até que a trama se desfaça totalmente. Neste ponto, os olhos são desvendados e o grupo se reúne para compartilhar a experiência verbalmente. Aqui, a obra se encerra.

Neste ritual, corpos afetam outro corpo até que suas emanações entrelaçadas formem um molde no corpo afetado. Ainda úmido, o molde será arrancado, como a placenta de um útero coletivo, de onde nascerá um novo corpo, esculpido entre todos. Antropofagicamente incorporadas pelo corpo afetado, as emanações autonomizam-se dos corpos de origem. Um devir tanto de quem afetou quanto de quem foi afetado desencadeia-se nesse processo, que não acontece por identificação (cada um "tornando-se como o outro"), mas por contaminação (cada um "tornando-se outro", sem qualquer paralelismo entre os dois). Se o emaranhado é arrancado com agressividade, é porque ele é o destino das emanações de cada um no corpo do outro, onde tais emanações se perdem, despedaçando a individualidade que se supunha existir. Torna-se impossível manter-se indiferente ao que liga imaterialmente os corpos e produz sua constante tranformação.[61]

É a continuação de suas obras de iniciação coletiva ao corpo vibrátil, nas quais cada participante se descobre como "estrutura viva de uma arquitetura biológica e celular". Mas aqui, além do trabalho ser feito com uma média de sessenta pessoas, Lygia cria duas novas fórmulas para realizar seu projeto de religar arte e vida na subjetividade do espectador: os depoimentos que os participantes fazem ao final da seção, se quiserem, e a regularidade de seções, que acontecerão duas vezes por semana, com duração de três horas cada uma.

Lygia descobre neste momento que, para que a integração do corpo vibrátil se consolide numa subjetividade marcada pelo trauma desta experiência que levou a seu recalque, o ritual requer esta continuidade no tempo e a expressão das fantasias produzidas pelo trauma. É que esse tipo de subjetividade, como dissemos no início, construiu seu "em casa" com sólidas defesas neuróticas, baseadas numa farta produção de fantasias — verdadeiros fantasmas que assombram a experiência do corpo vibrátil, mantendo seu entorpecimento. É o conjunto desses fantasmas que Lygia chamará de "fantasmática do corpo". Para tirar o corpo de seu torpor, será necessário criar as condições para que, aos poucos, a fantasmática e seu veneno sejam "vomitados", como insiste Lygia, e a construção defensiva se desfaça. Isto depende de um ambiente de confiança que se estabelece ao longo do tempo, pois, como escreve a artista, "para chegar lá se deve fazer uma desinstitucionalização, tanto no corpo como de toda relação concreta."[62] Um trabalho poro a poro, com uma pessoa de cada vez, cuidadosamente

---

60) São desta etapa (1972-75): *Baba antropofágica* (1973); *Canibalismo* (1973); *Túnel* (1973); *Viagem* (1973); *Rede de Elásticos* (1974); *Relaxação* (1974-75); *Cabeça coletiva* (1975).

61) A respeito desta obra, Hélio comenta numa carta à amiga Lygia: "(...) essa relação de cada participador com a força da baba é algo grande demais; não pode ser descrito factualmente. (...) dilacerar para incorporar, como a criação cósmica de um universo desconhecido que se faz no lance de dados; que não depende de 'escolhas dualistas" (carta de 11 jul. 1974, *Lygia Clark — Hélio Oiticica. Cartas 1964-1974* (cf. nota 3) p. 226). Para uma análise detalhada da *Baba antropofágica* cf., de Suely Rolnik, "Por um estado de arte. A atualidade de Lygia Clark", (*Núcleo Histórico: antropofagia e histórias de canibalismos*. Catálogo da XXIV Bienal de São Paulo. São Paulo, Fundação Bienal de São Paulo, 1998, pp. 456-467).

62) Manuscrito s.d., catálogo *Tapiès*, op. cit., p. 301.

acompanhada em seu enfrentamento do vazio-pleno, impõe-se como iniciativa indispensável para a realização de seu projeto. O passo seguinte já está delineado: em 1976, quando Lygia volta ao Brasil, ela iniciará suas seções de *Estruturação do self* com os Objetos relacionais, última etapa de sua obra.[63]

O ritual coletivo em seções regulares durante o tempo que for necessário, que se arremata pelo depoimento final onde se expele a fantasmática do corpo, transforma-se aqui num ritual solitário, onde a iniciação do espectador se completa através do assentamento do corpo vibrátil em sua subjetividade. O trabalho com um "espectador" de cada vez constitui um espaço mais protegido que propicia uma intimidade maior e uma viagem mais radical. O que irá estruturar-se é um modo de subjetivação, no qual o "em casa" não é mais o ego neurotizado do sujeito moderno, mas uma estrutura viva em devir, engendrando-se no engravidamento pelo mundo, a qual Lygia chamará de "*self*". "No momento em que o sujeito o manipula [o *Objeto Relacional*], criando relações de cheios e vazios, através de massas que fluem num processo incessante, a identidade com seu núcleo psicótico desencadeia-se na identidade processual do plasmar-se."[64]

A rigor aqui já não seria mais possível falar em identidade, pois essa idéia é incompatível com uma subjetividade que se constitui na dinâmica processual de um plasmar-se. É certamente para dar conta dessa nova concepção que Lygia cria os conceitos de "objeto relacional", para a realidade objetiva, e de "estruturação do *self*", para a realidade subjetiva, os quais implicam-se mutuamente: o objeto se revela relacional, e não mais neutro ou indiferente, para uma subjetividade estruturada como self e não mais como identidade, individualidade fechada em si mesma, anestesiada aos rumores da vida em seu construtivismo, ao tempo, ao outro, à morte. É a desterritorialização definitiva do sujeito espectador, do objeto de arte, e de sua relação deserotizada.

Os *Objetos relacionais* são em parte criações novas que Lygia vai fazendo ao longo dos anos em que pratica sua *Estruturação do self*, e em parte obras anteriores que, desde 1966, vão migrando de etapa em etapa, integrando-se a novas propostas, até desembocar neste trabalho final, mantendo a mesma função ou reinventando-se para outros usos.[65] Um exemplo de objeto que manterá a mesma função é a pedra que a pessoa deverá segurar com a mão fechada, durante todo o ritual, e que funciona, segundo Lygia, como "prova de realidade". Ela permite ir ao corpo vibrátil e fazer a experiência do vazio-pleno, evitando o medo de desmoronar, com a certeza de que haverá volta, sem a qual a experiência iria tornar-se arriscada demais e sucumbiria à resistência comandada pelos fantasmas. A prova de realidade havia sido utilizada na *Relaxação* (1974-75), proposta imediatamente anterior à *Estruturação do self*, e reaparece como *Objeto*

---

63) Lygia inicia seu trabalho *Estruturação do self*, feito com os *Objetos relacionais*, a partir de 1976. Em 1981, ela diminui o número de "clientes" e começa a transmitir a experiência para que outras pessoas a levem adiante. Em 1984, abandona em parte a experiência, parando totalmente em fevereiro de 1988. Em abril do mesmo ano, a artista morre subitamente de um enfarto do miocárdio, aos 67 anos de idade.

64) "Objetos relacionais", texto escrito em colaboração com Suely Ronik, *Lygia Clark*, op. cit., p. 49.

65) Os *Objetos relacionais* são muitos e vão variando ao longo do tempo. Assim os descreve a própria artista: "almofadas leves, leve-pesadas e pesadas (...). Trabalho também com um grande colchão bem espesso cheio de isopor onde o corpo é afundado como se tivesse numa fôrma. Realizei também outro colchão de isopor coberto por um *voile* para no final da seção revitalizar o corpo do cliente. Além desses objetos uso muitos outros: saco plástico cheio de ar, saco plástico cheio de água, 'respire comigo', sacos de cebola com pedras dentro, tubo para soprar, uma lanterna para acender sobre os olhos e na boca quando já estão com seus olhos vendados, plástico cheio de sementinhas, buxa, estopa, conchas grandes para colocar nos ouvidos, pedras no fundo de um saquinho com um vazio interior e um elástico no final, que manipulo sobre o corpo do paciente, bolinhas de gude, rabinhos de coelho, meias de náilon com conchas de um lado e pedras no outro, meias de náilon com bolas de ping-pong de um lado e bolas maiores de tênis de um outro" ("A propósito do instante", *Memória do corpo. O dentro é o fora*, manuscrito inédito s.d., Arquivo L. Clark).

relacional. A banalidade dos materiais utilizados nestes objetos ganha o sentido de fazer desta experiência o encontro de outra ordem com as coisas da vida de todo dia, que se contamina dessa familiaridade com o processo vital.

O ritual que acompanha os objetos que Lygia nos propõe desde as Arquiteturas biológicas até sua última obra é feito de atitudes, gestos e modos dos corpos se comunicarem, estranhos aos hábitos e às significações práticas, os quais, mediados por aqueles objetos, criam as condições de uma intimidade compartilhada com o corpo vibrátil e a viagem de ida e volta à experiência do "vazio-pleno". Já na época de *A casa é o corpo* (1968), Lygia fala em quebra de hábitos espaciais e sociais[66], mas na verdade suas obras provocam uma quebra de hábitos também temporais, corporais, subjetivos, afetivos, perceptivos e cognitivos.

Lygia insiste que o que estas suas obras propõem é um "rito sem mito". Com efeito, o que será ritualizado e se inscreverá no corpo ao longo das "seções" não é uma imagem ou sentido do mundo do qual o artista, depois da morte de Deus, seria o demiurgo. Não é este mito transferente, exterior ao homem, o que será registrado, mas a potência de criação permanente do sentido de si e do mundo, que todo homem, enquanto ser vivo, possui virtualmente: é essa potência que será reativada. Uma afinação das energias para constituir um "em casa" na própria desterritorialização, e não em seu ilusório evitamento. Ritual para o fim do milênio, quando surfar na desterritorialização tornou-se indispensável para constituir um abrigo na nova paisagem em que vivemos, com suas velozes mutações tecnológicas e sua globalização que expõem o corpo vibrátil a toda espécie de outro, e tudo mistura na subjetividade de cada habitante do planeta. Nas palavras de Lygia, "a obra cria uma espécie de exercício para desenvolver este sentido expressivo dentro dele [espectador]. Seria uma espécie de oração somada à participação integral dele no próprio ritual religioso. (...) Somos novos primitivos de uma nova era e recomeçamos a reviver o ritual, o gesto expressivo, mas já dentro de um conceito totalmente diferente de todas as outras épocas."[67]

A *Estruturação do self* foi, e ainda continua sendo, objeto de um infeliz mal-entendido, segundo o qual a última obra de Lygia teria-se deslocado do âmbito da arte para o âmbito da terapia. Lygia é em parte responsável por isso. Primeiro, porque ela própria se disse terapeuta com este seu último trabalho, embora inúmeras vezes ela o tenha negado veementemente, insistindo em afirmar que sempre fora uma fronteiriça. Contribuiu para esse mal-entendido igualmente o fato de Lygia utilizar-se freqüentemente de conceitos psicanalíticos para interpretar as vivências dos "clientes" que se submetiam à sua *Estruturação do self* ou para explicar essa proposta. Tal psicanalismo deve-se não só à forte presença da psicanálise na vida de Lygia, que passou por vários processos analíticos ao longo de sua trajetória, mas principalmente à forte presença da psicanálise na própria cultura de seu tempo, especialmente na França dos anos 70, onde Lygia viveu durante grande parte do período em que desenvolveu a segunda parte de sua obra, fenômeno que se reproduz no Brasil, nos anos 80, quando Lygia desenvolve parte de sua *Estruturação do self.* Sendo a proposta de Lygia muito pioneira, não havia um discurso capaz de apreendê-la em toda sua radicalidade; daí ela recorrer à psicanálise, que, na época, era o discurso legitimado para referir-se ao trabalho com a subjetividade. O fato é que os psicanalistas não se interessaram pelo assunto, e os críticos não acompanharam essa virada na obra de Lygia, e continuam não acompanhando até hoje. Na melhor das hipóteses, aceitou-se que se tratava agora de terapia e não mais de arte e, sendo assim, deixou-se de pensar a respeito.

Exemplos do psicanalismo no discurso de Lygia acerca de sua obra *Estruturação do*

---

66) "Capturar um fragmento de tempo suspenso", fragmento de "L'art c'est le corps" (cf. nota 44), catálogo *Tapiès*, op. cit., p. 187.

67) "Do ritual", manuscrito, 1960, in Catálogo *Tapiès*, op. cit., p. 122.

self são os conceitos de "morcellement" (despedaçamento) e "fantasmática do corpo", de que ela se utiliza freqüentemente. Quanto ao primeiro, se há um, este é mais da imagem do corpo do ponto de vista do ego, no momento em que se abre o acesso à experiência do encontro com a alteridade variável e dinâmica, através da libertação do corpo vibrátil. Reconstruir-se a partir dessa experiência era o que visava a proposta de Lygia, o que implica superar o terror ao despedaçamento. Quanto ao segundo, como vimos, vomitar a fantasmática do corpo não era a finalidade de sua proposta, mas o meio necessário para abrir alas para a experiência do corpo vibrátil, onde de fato se realizava sua obra. É a própria Lygia quem escreve que "os objetos canibálicos não deixam espaço para o self do sujeito. Por isso há a necessidade de todo o ritual da desapropriação da fantasmática, espaço esse, abissal, muito conhecido pelos artistas quando terminam uma obra. No ato de fazer amor, depois do orgasmo, sente-se também este mesmo vazio. O que acontece é que o que foi jogado para fora, a fantasia, tem uma conotação com uma vivência conhecida e o novo não tem conotação com coisa alguma quando aparece, exatamente por ser novo"[68], daí a dificuldade de suportá-lo e, mais ainda, de expressá-lo.

Quando Lygia me pediu, em 1978, para escolher como tema de minha tese, a parte final de sua obra,[69] provavelmente sua expectativa era de que eu encontrasse uma forma de teorizá-la. Na verdade, quem melhor encontrou as palavras para conceituar seu trabalho foi a própria artista, que entremeava sua leitura psicanalítica de momentos de lucidez em que deixava muito clara a singularidade de sua invenção, bem como suas conseqüências. De qualquer forma, o psicanalismo de seus comentários adiou uma melhor compreensão não só desta parte final, mas do conjunto de sua obra, que ganha toda sua inteligibilidade, quando pensada a partir da proposta na qual acabou desembocando.

Minha própria investigação sobre a obra de Lygia, que teve início mobilizada por aquele seu pedido, pautou-se pela mesma interpretação. Alguns anos depois, quando retomei a pesquisa,[70] essa leitura me pareceu não só equivocada, mas perniciosa para a compreensão da força e da originalidade da obra da artista. Na ocasião, minha perspectiva era de que a questão que movera sua obra desde o início a teria levado à fronteira entre a arte e a terapia em seu trabalho final, o que provocaria efeitos disruptivos tanto no campo da arte como no campo da terapia. No entanto, minha atual retomada da pesquisa, pela terceira vez, leva-me a um deslocamento de perspectiva ainda mais radical: ao restabelecer a ligação entre arte e vida na subjetividade do espectador, a proposta de Lygia supera na própria obra a separação entre os domínios artístico e psicoterapêutico. Ela cria um território que não está nem na esfera da arte, departamento da vida social especializado nas atividades de semiotização e onde se confina o acesso à potência criadora da vida, nem na esfera da clínica psicológica, especializada no tratamento de uma subjetividade dissociada dessa potência, nem na fronteira entre ambas — trata-se de um território totalmente novo. Conforme coloquei no início, esses dois fenômenos são datados historicamente, estando sua origem vinculada ao declínio de uma certa cartografia no final do século XIX. Naquele momento, como vimos, torna-se inoperante a clivagem do plano estético na subjetividade do cidadão comum, que se origina junto com a instituição da arte como esfera separada. No mesmo processo, e concomitantemente, nasce a clínica para tratar os efeitos patológicos dessa dissociação e a arte começa a sonhar sua religação com a vida, utopia que atravessa toda a arte moderna. Ao inventar um fruidor que deixa de ser espectador, Lygia provoca a dissolução

---

68) Manuscrito s.d., Arquivo L. Clark.

69) *Mémoire du corps*, tese defendida na UER de Sciences Humaines Cliniques, na Université de Paris VII, em 1978.

70) A retomada se deu em 1994, por ocasião da retrospectiva da artista na *XXII Bienal de São Paulo*, a partir de um convite do curador Nelson Aguilar para pensar a obra de Lygia a partir de suas propostas finais.

da clivagem do plano estético em seu processo de subjetivação e, ao mesmo tempo, a libertação desse plano de seu confinamento na subjetividade do artista. A arte reconecta-se efetivamente com a vida e a existência da clínica psicoterapêutica perde sentido. Daí não ser possível considerar que nesta obra estamos na fronteira entre os dois domínios, já que aqui eles deixam de existir enquanto tais. Tampouco se pode dizer que se trataria então de um território que implica o abandono da arte, sua substituição pela clínica ou a fusão de ambas.

Por que não se trataria de "morte da arte" ou "anti-arte"? Essas idéias foram ventiladas por vários artistas ao longo do século, em sua ânsia de superar os limites da arte de seu tempo em direção à vida. Lygia insistiu muitas vezes em sua discordância com essa visão.[71] Em sua proposta, mantém-se a competência do artista de encarnar, na obra, a percepção da vida que pulsa nas coisas, autonomizada de sua pessoa. No entanto, essa autonomia aqui vai mais longe, na medida em que sua obra não tem existência possível fora da experiência do que outrora fora o espectador. Para isso, Lygia teve que se deslocar inteiramente do cenário da arte, suas instituições, seu mercado, seu modo de exposição e recepção, pois quem entra neste cenário dificilmente desinveste a posição de espectador. Ao deslocar o espectador desse cenário, Lygia facilita sua disponibilidade para a obra de transmutação de sua subjetividade que irá operar-se com a *Estruturação do self*. Por isso a artista passou a tornar pública sua obra não mais em galerias, museus, etc., e sim nas universidades, nas ruas e, finalmente, em seu próprio apartamento, onde realizava as seções com os Objetos relacionais. Por isso também nas poucas vezes que lhe foi dada a oportunidade de mostrar a segunda parte de sua obra ou falar sobre ela, Lygia colocou como condição que não fosse no espaço da arte.[72]

Por que não se trataria tampouco de uma substituição da arte pela clínica ou do uso da clínica como forma de opor-se à arte? Porque a clínica, tal como praticada, como vimos, é apenas o corolário da arte como esfera separada: ela cria as condições de escuta do corpo vibrátil que se faz necessária a partir do final do século passado, mas para integrá-la à experiência psíquica, através de uma interpretação dos fantasmas que visa a construir uma história individual, de modo a recompor uma identidade, sendo essa recomposição a finalidade do tratamento. Já na proposta de Lygia, o acento não está nos fantasmas, nem em sua interpretação — no caso, praticamente inexistente —, e muito menos na recomposição de uma identidade. Como vimos, se há uma história dos fantasmas a ser trazida à consciência, é a história do modo de obstrução do corpo vibrátil que se construiu naquela existência e que deverá ser assim desconstruída e expulsa de cena. A singularidade da proposta de Lygia está em criar as condições de escuta desse plano já vinculada à descoberta da vida que está em tudo, através da vivência de seus objetos, que readquirem o estatuto de "relacionais". Supera-se assim tanto a neutralidade a que estavam submetidas as obras de arte quanto o princípio identitário que mantinha a cegueira da subjetividade para a pulsação da vida que agita todas a coisas e sua conseqüente esterilidade.

---

71) Para ficar em apenas um exemplo de texto onde Lygia aborda esta questão: "Arte ou anti-arte? A elaboração da obra de arte continua a meu ver muito importante. Não só para o artista como também para o espectador. Na minha proposição há o pensamento (o elemento dado por mim) e há a expressão (momento em que o espectador expressa esse pensamento dado). Continua pois a haver o que sempre foi importante numa expressão artística, só que agora esses elementos estão aparentemente separados pois a obra de arte perdeu a sua unicidade (...). Para mim a poética da comunicação da obra de arte deixou de se fazer através da transcendência e passa a ser feita na imanência, que provém do próprio ato" (manuscrito, s.d., provavelmente 1969, pois, no mesmo texto, Lygia refere-se aos plásticos das *Arquiteturas biológicas*).

72) Por exemplo, a breve retrospectiva da obra de Lygia dos anos 50, na Galeria de Raquel Arnaud, em 1982, foi acompanhada de uma palestra sobre a segunda parte da obra na Pontifícia Universidade Católica de São Paulo, condição colocada pela artista para aceitar a exposição, segundo depoimento da própria Raquel Arnaud.

Por que não se trataria tampouco de uma fronteira ou fusão entre as arte e clínica numa espécie de totalidade "holística" apaziguadora? Porque a existência de cada uma dessas esferas é indissociável da divisão de funções que tem como base a deserotização da vida humana em sua força criadora. A reerotização da vida, que se opera na obra de Lygia, lança as bases da constituição de um novo território, com outra cartografia, outros personagens, que nada mais têm a ver com o universo no qual tais esferas têm sua razão de ser. Deslocar-se desse universo é deslocar-se de qualquer possibilidade de apaziguamento do desassossego que a vida, em sua trepidação diferenciadora, mobiliza na subjetividade, convocando-a à tarefa permanente de reinventar-se a si mesma e seu modo de existência, tarefa que só se esgota com a morte.

Com sua última obra, Lygia não passou a fazer objetos para fins terapêuticos, mas, explorando o potencial terapêutico de sua proposta, revelou o potencial vital da própria arte enquanto atividade de semiotização, quando esta se reintegra à subjetividade de qualquer cidadão. "Com isto ela (obra de arte) perde realmente o conceito antigo de obra de arte pois os museus serão laboratórios para que se encontrem novos 'caminhando' para o indivíduo, tendendo a se fundir mesmo com o consultório do analista. As galerias deixarão de existir pois a obra concebida pelo próprio consumidor está sendo feita por ele mesmo. Já não existirão artistas como sujeitos inadaptados numa sociedade, pois o seu espírito é o próprio coletivo. Até nossa época, o artista não passou de um termômetro onde a nova realidade espiritual do futuro estava nele indicada. Virá uma época em que todos serão este termômetro e trarão em si mesmos esse futuro-presente (...) A obra de arte deixará de existir e entrará definitivamente na vida como realidade concreta", escreve a artista.[73] Lygia realiza esse futuro em sua obra.

Relendo do fim para o começo, a obra de Lygia em seu conjunto revela-se como movida por uma só idéia que se desdobra rigorosamente, etapa por etapa, à qual ela busca dar consistência ao longo de toda sua trajetória como artista: despertar a percepção da vitalidade criadora em diferentes regiões da experiência humana. Primeiro, no plano, no relevo e no espaço; depois, no ato, no corpo, no encontro dos corpos, para desembocar no final na criação das condições de possibilidade dessa percepção na subjetividade do espectador. Para isso, a artista cria objetos específicos para cada uma dessas regiões, que a partir de uma certa etapa serão acompanhados de um ritual. Pouco a pouco, é o mundo que se ilumina em seu processo de diferenciação, na "visão" de todos e de cada um, e não mais apenas na visão do artista.

Cria-se com a obra de Lygia um território até então inexistente, no qual o projeto moderno de religar arte e vida atinge seu limite. A proposta de "fazer objetos vivos, revelar a vida nas coisas, sua processualidade incessante, deixar entrever as forças" extrapola o espaço e atinge a existência como um todo, dando-lhe um novo corpo, um novo universo, uma nova cartografia, novos personagens. A proposta de "produzir uma intensificação das faculdades do espectador" se realiza concretamente quando Lygia faz sua obra no próprio coração da subjetividade do espectador, operando sua transmutação. Na proposta de Lygia, o artista deserta efetivamente de sua condição de habitante do gueto do plano poético nos processos de subjetivação e contribui para ativá-lo no coletivo, libertando o fruidor de sua condição de espectador (da obra de arte, mas também da vida). A estética se reencontra com a ética. A vida em sua potência criadora agradece. Como escreve Hélio, parceiro de Lygia nesta aventura solitária: "faço questão de afirmar que não há a procura, aqui, de um 'novo condicionamento' para o participador, mas sim a derrubada de todo condicionamento para a procura da liberdade individual, através de proposições cada vez mais abertas visando fazer com que cada um encontre em si mesmo, pela disponibilidade, pelo improviso, sua liberdade interior, a pista para o estado criador — seria o que Mário Pedrosa definiu profeticamente como

---

73) Manuscrito s.d., catálogo *Tapiès*, op. cit., pp. 156-157.

'exercício experimental da liberdade' (...) —, esta seria uma das maneiras, proporcionada neste caso pelo artista, de desalienar o indivíduo, de torná-lo objetivo no seu comportamento ético-social."[74]

Se nos debruçamos sobre o conjunto da trajetória de Lygia, a idéia que atravessa sua obra revela-se em toda sua complexidade e potência de intervenção na cultura, como cartografia singular para a experiência contemporânea. Uma resposta poderosa — "encarnada" e não apenas formal ou teórica — para os impasses com os quais se confronta a subjetividade nos dias de hoje, onde a construção de territórios em que se possa sentir-se "em casa" já não se sustenta quando obedece um princípio identitário. Como escreve Lygia, "antes o homem tinha uma descoberta, uma linguagem. Podia usá-la a vida inteira e, mesmo assim, sentir-se vivo. Hoje, se a gente cristalizar numa linguagem, a gente pára, inexoravelmente. Pára totalmente de expressar. É preciso estar sempre captando."[75] Ao convocar no espectador essa potência de "estar captando" as mutações do tempo que se manifestam em seu corpo vibrátil, a obra de Lygia faz dele o povo contemporâneo que faltava, no lugar do povo moderno, espectador da arte e da vida, que corre o risco de sucumbir aos impasses da experiência contemporânea, se insistir no modo como organiza sua subjetividade, ou o que é pior, o risco de produzir estragos irreparáveis, como as carnificinas a que temos assistido em nome da manutenção de supostas identidades étnicas, religiosas, nacionais, etc., num mundo em que a hibridação invadiu tudo irreversivelmente.

Ao realizar em sua obra a utopia moderna, Lygia esgota essa cartografia e prepara o terreno para um novo sonho. Perguntar-se se faz sentido, na atualidade, reativar suas propostas pós *Caminhando*, se elas ainda são objetos vivos ou não mais que documentos de um passado, implica indagar-se se permanece válida a questão que esta obra nos coloca. Embora trinta e seis anos tenham transcorrido desde a virada disruptiva que aconteceu na trajetória da artista em 1963, estamos longe de incorporar à subjetividade a experiência do vazio-pleno, através da qual se juntam abrigo e poesia na criação permanente da existência, longe de nos constituir como subjetividade heterogenética com seu *self* estruturado, eixo de uma interminável transmutação. Ainda somos demasiadamente modernos. Chegaremos algum dia a alcançar Lygia em sua proposta visionária?

---

74) Hélio Oiticica, *AGL* (cf. nota 23), pp. 102-103.

75) "Lygia Clark: o homem é o centro", entrevista a Vera Pedrosa, *Correio da Manhã*, Rio de Janeiro, 30 maio 1968, Segundo Caderno 1, catálogo *Tapiès*, op. cit., pp. 227-228.

PENSANDO O CORPO

CULTURA TECNOLÓGICA & O CORPO BIOCIBERNÉTICO

Lucia Santaella

O título deste trabalho, embora à primeira vista estranho, não é tão original quanto parece. Felizmente, pois uma completa originalidade depõe contra o pensamento, cuja principal característica é a de ser geral, coletivo, transcendendo as fronteiras de um indivíduo particular. Esse princípio se aplica também e principalmente a pensamentos em estado nascente. O nascimento de novas idéias é um processo que brota no território impreciso das conjecturas, sem limites definidos. São relâmpagos de intuições que emergem de modo vago e ainda informe em várias cabeças ao mesmo tempo. Num dado momento, as conjecturas começam a se juntar em definições mais precisas, permitindo uma melhor visibilidade e legibilidade da idéia. A partir disso, a idéia se dissemina incorporando-se com maior ou menor lentidão no domínio público. Uma trajetória desse tipo parece estar sendo seguida pelo pensamento sobre o corpo neste final de século.

A consciência de um novo estatuto do corpo humano, que se ramifica crescentemente em variados sistemas de extensões tecnológicas, foi gradativamente emergindo até adquirir uma forma de expressão em atributos similares a este que escolhi empregar: "biocibernético". Esclareço que, ao usar o termo "cibernético", estou usando-o no sentido de uma cibernética de segunda ordem, à luz de Von Foerster (1992), Maturana e Varela (1983), rumo a uma ciber-semiótica (Brier, 1996). De acordo com esta cibernética, as formas de conhecimento surgem da práxis da vida. A informação e o significado, nos seus sentidos mais latos, só emergem dentro dos sistemas auto-organizativos ou sistemas autopoiéticos, para usarmos a expressão de Maturana e Varela (1983), que apresentam uma relação prática e histórica dentro do domínio do vivo (ver Brier, 1996).

1. UMA HUMANIDADE HÍBRIDA, PÓS-BIOLÓGICA

No imaginário coletivo popularizado pelo cinema, a visão de uma criatura híbrida, cyborg, mistura de gente e dispositivos maquínicos já começou a aparecer há algum tempo. Também no mundo intelectual e artístico, a reflexão e as produções estéticas sobre a emergência de seres fronteiriços, cyber-orgânicos, têm-se intensificado na última década.

Sem nenhuma pretensão de exaustividade, mas apenas a título indicativo, em 1988, Hans Moravec, por exemplo, no seu livro *Mind children*, ousadamente falava de um mundo pós-biológico de liberação do pensamento humano da escravidão a um corpo mortal. Em 1989, Jean-Claude Beaune, no seu estudo sobre os autômatos, chamou de autômato cibernético e informático uma nova espécie de criatura viva dotada de uma inteligência semi-autônoma ou capacidade de adaptação. Desde então, a conexão do corpo com as máquinas, interfaces do orgânico e do tecnológico, em níveis de complexidade cada vez maiores, tem recebido denominações variadas, todas elas convergindo para uma idéia comum. Francesco Antonucci (1994) fala de um corpo em prótese, corpo biomaquínico, Olivier Dyens (1995) discorre sobre a ciber-ecologia e percepção ciber-orgânica ou modelização líquida da informação, enfatizando que o ser humano está-se tornando meta-orgânico, quer dizer, uma mistura do orgânico com o eletrônico, informático e telemático, enfim, um cyborg cognitivo. David Thomas (1995) anuncia o futuro de uma outra espécie de corpo e Roy Ascott (1995) diz que estamos a caminho de nos tornarmos biônicos.

Em 1990, no Segundo Simpósio Internacional de Arte Eletrônica, realizado em Groningen, o artista performático australiano, Stelarc, no seu "Protética, robótica e existência remota", desenvolvendo sua tese do corpo obsoleto (ver Stelarc, 1994, 1995, 1997), falava em estratégias pós-evolucionistas para reprojetar o corpo humano biologicamente mal equipado para enfrentar seu novo ambiente extraterrestre. Em 1993, num artigo sob o título de "The desire to be wired", Gareth Branwyn mencionava a emergência de uma tecnomitologia que consiste em "morfar", "formatar" o corpo humano para que ele responda às exigências e às possibilidades de uma era pós-humana. É essa mesma expressão, pós-humana ou pós-biológica, que Roy Ascott também utiliza para se referir à consciência emergente que se expande para além do organismo humano.

Sem ter ainda notícia de todas essas referências e num contexto distinto, também comecei a utilizar, há mais ou menos quatro anos, a expressão "pós-humana" para me referir às remarcáveis conexões que podemos estabelecer entre duas grandes descobertas, a primeira delas tendo-se dado no universo humano; a outra, no universo não-humano. Explicando: no mundo humano, trata-se da descoberta freudiana, no começo deste século, de que há algo de inumano, de inorgânico — a pulsão de morte — no seio mesmo do humano; no mundo não-humano, sob o nome de estruturas dissipativas, trata-se da descoberta de Prigogine de que a irreversibilidade, que é própria do orgânico, também pode aparecer no seio do inorgânico. A este cruzamento, que se faz notar entre o aparecimento do inorgânico no interior do orgânico e a existência da irreversibilidade própria à vida no universo inorgânico, tenho chamado advento do pós-humano (ver Santaella, 1996a).

Vale notar, entretanto, que, desde 1995, a expressão pós-humano vem se tornando voz corrente em muitas publicações como, por exemplo, *Os corpos pós-humanos*, de Halberstam e Livingston (1995) e *A condição pós-humana*, de Robert Pepperell (1995).

Tudo isso só parece confirmar o prognóstico de Pierre Boulez de que as forças vivas da criação [e do pensamento] caminham maciçamente numa mesma direção. Embora só sejam visíveis no imaginário popular de uma cinematografia do tipo *RoboCop* e *Terminator* e na sensibilidade estética nem sempre visível, mas sempre complexa dos artistas de ponta, a remodelagem do corpo e a reconfiguração da consciência humana estão se tornando cada vez mais incontestáveis neste final de século.

2. SEMIOSFERA: O REINO DOS SIGNOS E DA CULTURA

Em sintonia com aqueles que têm tomado a dianteira na exploração de uma nova economia cerebral e sensorial que está brotando das hibridizações entre o orgânico e o sintético, venho perseguindo, ainda de modo incerto e no lusco-fusco de um pensamento em formação, a hipótese de que esse destino biotecnológico do ser humano, hoje manifesto nas mesclas do carbono com o silício, já estava inscrito no programa genético da espécie, no momento em que se deu, na biosfera, esse acontecimento único, a emergência da ordem simbólica humana, abrindo caminho para o advento de um novo reino, noológico, semiosférico, reino dos signos e da cultura, predestinado a crescer e se multiplicar.

Na abertura de seu texto "A casa dos espelhos", inserido no volume *A arte no século XXI*, organizado por Diana Domingues (1997), Norman T. White diz que, para ele, "a arte torna-se viva somente quando ela oferece uma estrutura teórica para questionamentos.

A ciência oferece essa estrutura teórica também, mas, para mim", continua White, "a 'boa ciência' é por demais restritiva. Eu preferiria fazer perguntas que se endereçassem simultaneamente a múltiplos mundos — dos organismos vivos até a cultura, a ferrugem e o caos. Somente a arte me dá essa generalidade".

Refletindo sobre esse testemunho de White, ocorreu-me que a arte, não a arte que se conforta no estabelecido, mas a arte que cria problemas, tem sido também para mim o território privilegiado para o exercício da ousadia do pensamento que não teme abraçar sínteses incomensuráveis, fazendo face aos enigmas e desafios do emergencial, território privilegiado, enfim, para deixar livre a imaginação que ausculta o presente, nele pressentindo o futuro. É na ambiência conjectural de uma reflexão pouco servil à severidade das exigências superegóicas que proponho as generalizações que se seguem.

Cada vez mais crescentemente a semiótica, especialmente nas suas vertentes da bio e ciber-semiótica, tem nos fornecido meios de questionamento da dicotomia entre natureza e cultura. À luz da semiótica, as linhas divisórias entre o mundo natural e o cultural, esfumam-se, perdem toda nitidez. Se tudo aquilo que chamamos de vida só é vida porque está projetada como código, se sistemas de codificação estão na base daquilo que chamamos de cultura, o que sobra de natureza sem cultura? Em síntese, a noção separatista de cultura como um privilégio exclusivamente humano não é senão fruto de uma arrogância antropocêntrica que atingiu seu clímax no século XIX, estando hoje em vias de extinção.

No limiar do século XXI, quando as fronteiras entre ambiente externo (mídias, tecnologias) e ambiente interno (percepção, cognição, modelização) caminham para uma radical abolição, um olhar semiótico pode funcionar como uma chave para a compreensão do inextricável imbricamento da tecnologia e cultura (semiosfera) na natureza (bio e ecoesfera), imbricamento a que estamos assistindo e de que somos participantes.

3. CULTURA É MEDIAÇÃO

Sob um ponto de vista semiótico, cultura é mediação. Onde houver vida, há cultura, pois a vida só se explica porque, no seu cerne, reside a inteligência, outro nome para mediação. Desse modo, as diferenças entre natureza e cultura não se resolvem na simples e fácil oposição, mas nas gradações que vão das formas mais rudimentares de vida e cultura até as formas mais complexas, estas manifestas na capacidade simbólica da espécie humana. É em razão dessa complexidade que o ser humano e todas as formas e níveis de cultura por ele produzidos se constituem em pontos privilegiados a partir dos quais se pode mirar a vida e o universo.

Um dos princípios definidores da complexidade está na sua impossibilidade de parar de crescer. No cerne do humano, mais explicitamente, no neo-córtex, morada do simbólico, este que é a mais requintada forma de mediação, reside, por enquanto, a manifestação otimizada da complexidade, fonte do crescimento contínuo. Ora, por limitações físico-biológicas, o crescimento do cérebro não podia dar-se dentro da caixa craniana. Já indagava C.S. Peirce que, se o universo está em expansão, onde mais ele poderia crescer senão na cabeça dos homens? Certamente, a palavra cabeça não deve aí ser entendida no sentido de mente cartesiana, habitada por um ego individual, mas no sentido de pensamento coletivo, extrojetado, posto para fora na forma de signos. Se o neo-córtex não pode parar de crescer, não podendo crescer dentro da caixa craniana, a capacidade simbólica humana sempre esteve fadada a crescer fora do corpo humano, externalizada sub specie sígnica. Estavam aí já lançados os dados da extrassomatização do cérebro e dos sentidos humanos, extrassomatização que se corporifica na multiplicidade e multiplicação semiosférica (a esfera dos signos e da cultura), dominando gradativa e crescentemente a biosfera.

Um olhar retrospectivo, capaz de estender-se de um passado longínquo até os nossos dias, fornece-nos dados para as afirmações acima. Há uma longa história reveladora, mas infelizmente negligenciada, da semiose humana evidenciando que nossa espécie, desde sempre e continuamente, tem povoado a biosfera com rebentos extrassomáticos, os signos, imprimindo sobre a natureza as marcas do crescimento do seu cérebro.

4. O CRESCIMENTO DO CÉREBRO

A emergência hiper-mediadora do neo-córtex coincidiu com a posição bípede que liberou as mãos para a sutileza dos gestos. Mas sem um meio de transmissão, um meio de contato com o exterior, o neo-córtex teria provavelmente atrofiado ou sequer se desenvolvido. Foi no próprio corpo humano que a sagacidade evolutiva instalou o aparelho fonador, apropriando-se para isso de vários órgãos funcionais, da respiração, sucção e deglutição e acrescentando-lhes a função articulatória da fala. O neo-córtex e a fala são assim instauradores da socialidade, responsáveis pela emergência do pensamento, que é por sua própria natureza externalizável, social, compartilhado.

A sutileza das mãos, a gestualidade tão específica do humano, também muito cedo encontrou suas formas de extrojeção na pintura dos corpos e nos primeiros artefatos voltados para a sobrevivência física, esta logo seguida da produção de objetos, vestimentas, arquitetura, marcas que o intelecto humano foi crescentemente imprimindo sobre a natureza. Através do gesto e da fala, nas suas crias sígnicas, tais como a escrita, desenho, pintura, o cérebro foi se estendendo para fora do corpo, amplificando sua capacidade sensória e intelectiva.

Diferentemente dos outros animais, entretanto, a sobrevivência humana não tem só um lado. O neo-córtex cobra o seu preço. Mais exigente do que a sobrevivência física é a sobrevivência psíquica humana. É dessa exigência inexaurível que começaram a nascer os signos, puros signos, cuja funcionalidade é muito mais enigmática do que a dos signos utilitários, estes que costumamos chamar de utensílios e objetos. As primeiras inscrições nas grutas, os rituais, deuses e mitos, o canto, a música, a dança, os jogos, todos eles dispendiosos e inúteis para a sobrevivência física, são condição e cifras do psiquismo humano.

A relação do corpo úmido com a eco-esfera, tão enfatizada nesta era seca da tecnologia do silício, é inalienavelmente uma relação mediada pelos signos e pela cultura. Essa mediação foi, desde sempre, uma condição imposta pelo cérebro humano. Embora não cessemos de sonhar que somos corpos, tão-somente corpos, e que as coisas são coisas, só coisas, desde sempre estivemos fadados a habitar a biosfera nos interstícios dos signos e da sua resultante direta, a cultura.

Tendo começado com os primeiros utensílios, as primeiras picadas nas matas e com as inscrições nas grutas, a aventura sem data e cujo destino desconhecemos da extrassomatização do cérebro foi se sofisticando cada vez mais em formas de escritura, códigos imagéticos e notações que implicaram a criação de suportes e materiais para a produção da imagem e do som, tais como a invenção de Gutenberg, as gravuras, a tinta a óleo, os instrumentos musicais. Foi a partir da revolução industrial com suas máquinas capazes de produzir e reproduzir linguagens, entretanto, que o crescimento do cérebro, fora da caixa craniana, iria encontrar sua exponenciação, tal como se manifesta nas diferentes formas de registro e eternização dos signos visuais e auditivos: foto, cinema, fonógrafo, gramofone. Tal exponenciação iria intensificar-se ainda mais nas máquinas replicadoras das funções sensório-motoras próprias da revolução eletrônica, rádio, TV, vídeo, eletroacústica e nas máquinas cerebrais, tecnologias da inteligência (Pierre Lévy, 1993), da revolução teleinformática.

É curioso observar que cada uma das extrojeções do intelecto e dos sentidos humanos via de regra correspondeu à extrassomatização de uma certa habilidade da mente. Qualquer extrassomatização sempre significou uma perda a nível do indivíduo, perda individual que é imediatamente compensada pelo ganho a nível da espécie. Assim foi, por exemplo, com a invenção da escrita, que significou uma perda da memória individual, mas, ao mesmo tempo, funcionou como uma extensão da memória da espécie. Sem a escrita, a memória correria sempre o risco de se perder com a morte do indivíduo. Como bem prognosticaram os antigos, a escrita, de fato, nos leva à negligência da memória individual, mas é capaz de guardar indefinidamente a memória da espécie.

5. AS MÁQUINAS SENSÓRIAS E AS MÁQUINAS CEREBRAIS

Com o advento das máquinas visuais e sonoras, fotográfica, cinematográfica, gravador, televisão, que, num outro contexto, chamei de máquinas sensórias (Santaella, 1996b), foram os sentidos humanos, a inteligência sensória da espécie, especialmente a do olho e do ouvido, que se estenderam, amplificando-se.

As máquinas sensórias povoaram o mundo de imagens e sons, saturando-o de réplicas do visível e audível. É curioso também observar que as máquinas inteligentes da revolução teleinformática, capazes de transformar em impulsos eletrônicos todas as escritas, sons, vozes e vídeos são, antes de tudo, máquinas processadoras, realizando para o ser humano tarefas de armazenamento, recuperação e transformação de dados que cérebros individuais não têm mais o poder de realizar. O crescimento do cérebro da espécie nos signos que esse crescimento extrojetou necessita hoje de hipercérebros processadores, esses mesmos que são encontrados nas centrais de dados informatizados, à disposição nas redes.

Enfim, os meios, instrumentos e máquinas de produção de linguagens, como extensões de nossas capacidades sensórias e cerebrais, e os signos por eles produzidos, como amplificadores e multiplicadores dessas capacidades, foram dando ao nosso corpo dimensões correspondentes aos níveis crescentes de extrassomatização do cérebro. De fato, tão crescentes têm sido os níveis dessa extrassomatização a ponto de podermos hoje afirmar que o corpo humano já não apresenta mais a forma nem a dimensão que aparece no espelho do nosso quarto. À arquitetura líquida, movente, plástica e cibernética do nosso cérebro corresponde atualmente uma arquitetura corporal também redimensionada.

6. O REDIMENSIONAMENTO DO CORPO HUMANO

Aquilo que vem sendo denominado era pós-biológica não é um fenômeno isolado e desenraizado. Ao contrário, é fruto de um processo evolutivo cujo início remonta ao advento do neo-córtex e de sua matéria-prima precípua: a linguagem, a capacidade simbólica, os signos. Em concordância com essa idéia, no seu *Evolution of the modern mind*, Merlin Donald (1991) considera as extensões da capacidade simbólica ou memória externalizada como ele as chama, isto é, as formas de escrita e de imagens, seguidas pela hiperprodução técnica de imagens e sons e, então, pelas tecnologias teleinformáticas, como a mais recente etapa nos ciclos evolutivos da espécie humana.

Embora só agora esteja tornando-se evidente, o novo estatuto do corpo, na sua fusão com as tecnologias, nas suas interfaces do biológico e o maquínico, na sua constituição híbrida de organismo cibernético, orgânico e protético, é fruto de um longo e gradativo processo que já teve início quando a espécie humana ascendeu à sua posição bípede, de um ser que gesticula e fala. As primeiras tecnologias sígnicas, da comunicação e da cultura já foram a fala e o gesto. Não obstante toda a sua aparência de naturalidade, a fala já é um tipo de sistema técnico, quase tão artificial quanto um computador. Natural é respirar, sugar, chupar, comer. Ora, a fala, um artifício, roubou parte do funcionamento dos órgãos naturais da respiração e deglutição, emprestando-lhes novas e imprevistas finalidades. Deu-se aí por iniciada a comunhão entre os sistemas técnicos e a biologia do corpo, comunhão crescente que hoje transparece no cibercorpo. Embora seja uma comunhão paradoxal, que subsiste no equilíbrio precário entre o natural e o artificial, desde a fala e o gesto, nunca houve uma cisão entre o biológico e o técnico. Ao contrário, através das técnicas que possibilitaram o crescimento do cérebro fora do corpo humano, a ecoesfera foi-se tornando cada vez mais inteligente, sígnica, cultural, semiosférica, o que, sem dúvida, tem resultado num mal-estar também crescente, como já foi brilhantemente denunciado por Freud (ver *Das Unbehagen in der Kultur*).

Por que a fala e o gesto são sentidos como naturais enquanto as outras técnicas são tidas como artificiais, estranhas, irreconhecíveis? Pelo simples fato de que, não obstante sejam também técnicas, fala e gesto ainda estão inseridos no próprio corpo, são ainda partes integrantes do corpo. O estranhamento e as resistências tiveram início quando as técnicas começaram a se lançar para fora do corpo como extrojeções de habilidades do cérebro, a memória, por exemplo, na escrita, ou extrojeções do gesto, no desenho, como amplificação do sentido da visão, ou nos instrumentos musicais como amplificação do sentido da audição. Quanto mais o universo sensorial foi se estendendo e amplificando em tecnologias de produção de signos, mais o cérebro extrassomatizado foi objetivando-se em cultura. Quanto mais ligadas ou perto do corpo, menos as técnicas são sentidas como estranhas a ele. Quanto mais extrojetadas do corpo, quanto mais dilatadas as capacidades sensoriais e cognitivas do cérebro, mais as tecnologias são percebidas como estranhas, estrangeiras, alienígenas, gerando, via de regra, resistências e temores que hoje culminam nas propaladas lamúrias de que o computador, por exemplo, desumaniza o homem. Qual é o parâmetro para a imagem de humanidade que está por trás dessa queixa? Provavelmente uma humanidade pré-adâmica, desprovida da fala e do gesto, movendo-se sobre quatro patas.

Sejam elas quais forem, aparelho fonador, instrumentos de desenho, gravura, aparelhos de foto, gravações sonoras, cinema, vídeo, holografia, computadores, redes telemáticas, são todas elas próteses, sempre complexas, algumas mais, outras menos, que não só estendem e amplificam os cinco sentidos de nossos corpos, mas também, através dessas extensões, produzem, reproduzem e processam signos que aumentam a memória e a cognição de nossos cérebros. Porque produzem signos, essas próteses são simbólicas e não só aderem ao real do nosso corpo de modo mais ou menos visível, como também se incorporam ao nosso imaginário tanto a nível individual quanto da espécie.

7. O CORPO E SUAS PRÓTESES SENSÓRIO-COGNITIVAS

Para um balanço da extensão sensorial e cognitiva das próteses tecnológicas responsáveis pelo redimensionamento do nosso corpo, vale mapear o estado atual da arte nos seus aspectos mais importantes.

Tendo povoado a superfície terrestre com crias cada vez mais complexas do seu intelecto, foi na direção do céu que as extensões do corpo e mente humanos começaram também a colocar sua mira. Kerckhove (1994) afirmou que a pele humana tem hoje uma extensão global, uma pele satelítica capaz de perceber toda a superfície do globo. Tal extensão é fruto da poli e hiperlocalização do nosso corpo em função do crescimento extrassomático do cérebro.

De fato, já faz algum tempo que os signos começaram a migrar para o céu, nele se alocando em famílias e redes que circulam através dos satélites. Como já expressei em outro trabalho (Santaella, 1996c), órgãos quase autônomos e sofisticados de visão cercam hoje a Terra. Nossos olhos adquirem assim o tamanho do globo, na medida em que este pode ser visualizado nas imagens de sensoriamento remoto, imagens de satélites. Entretanto, as dimensões dos nossos sentidos cognitivos não param no limite do globo terrestre. Avançam para além dele, nas antenas de rádio-astronomia que aproximam nossos ouvidos de ruídos celestes remotos, enquanto o computador permite representar em imagens acontecimentos interestelares e trajetórias astrais, registrados e retransmitidos por satélites, dando acesso a todo um universo do qual, há não muito tempo, só podíamos ter uma representação matemática e especulativa.

Não menos impressionantes do que esses sentidos macroscópicos, vias de acesso ao espaço sideral, são os sentidos microscópicos, vias de acesso ao interior dos nossos corpos. Por ressonância magnética, leitura ótica (scanner), laparoscopia, tomografia computadorizada, ecografia, angiografia, colorizações artificiais, os mais íntimos recessos do corpo são esquadrinhados, virados pelo avesso. Esse, no entanto, é apenas um dos modos pelos quais o corpo humano está sendo perscrutado. Esse é o modo mais físico, realizado por tecnologias exploratórias, quase táteis.

Há, no entanto, mais dois outros modos de investigação do corpo. Um deles é o que se desenvolve no projeto genoma que tem buscado penetrar na matéria básica do corpo, uma matéria geneticamente codificada. O outro modo se dá através da simulação computacional, naquilo que vem sendo chamado vida artificial. Qualquer coisa pode ser simulada no computador, não só o cérebro, mas também o corpo, o sistema hormonal, a evolução, os rumores e as redundâncias do fenômeno biológico. Pode-se simular até informação tátil, térmica, olfativa, sinestésica, sensório-motora. Pode-se, enfim, simular a própria vida, originando-se dessa simulação um ser vivente seco, réplica em silício dos seres vivos úmidos, de carbono. Até que ponto essas réplicas ascéticas podem ser chamadas de vida está sendo objeto de acalorados debates (ver, por exemplo, Emmeche, 1991).

O que resulta desses três modos de investigação é a decodificação molecular, genética do funcionamento do corpo. Como resultado dessa decodificação, surgem, de um lado, as clonagens; de outro, as próteses não só para a substituição de partes e órgãos do corpo, mas para complementar e intensificar suas funções até o ponto de já estarem começando a surgir cogitações sobre próteses que seriam implantadas no cérebro para intensificar e ampliar suas capacidades.

A par da vida artificial, através das simulações computacionais, emerge também a realidade virtual que enriquece a simulação dando-lhe dimensões adicionais: a interatividade e a penetração, a imersão nos universos simulados. Reproduzindo as condições primárias das operações sensório-motoras, a realidade virtual otimiza o corpo biomaquínico na sua globalidade psicofísica. Já nas telas da multi e hipermídia, a combinatória pluri-sensorial, que naturalmente nosso cérebro pratica para constituir suas imagens, tornou-se possível fora do próprio cérebro. Isso ainda mais se acentua na realidade virtual na medida em que nela a dimensão cognitiva está fundada na sensomotricidade e poli-sensorialidade, no envolvimento extensivo do corpo na sua globalidade psico-sensorial, sinestésica. Por isso mesmo, a realidade virtual favorece os deslocamentos de fronteiras entre o real e o virtual, entre o racional e o sensível, o individual e o coletivo. O aspecto mais importante, no entanto, está no fato de que, como extensão do nosso sistema nervoso psico-sensório-motor, a realidade virtual está se responsabilizando pelo reequilíbrio dos sentidos humanos.

De fato, a realidade virtual, aliada às simulações computacionais, à tele-robótica e telepresença parece estar prometendo o balanceamento, o reequilíbrio do papel dos demais sentidos, tato, olfato e até mesmo paladar, frente a ainda ostensiva hegemonia dos olhos e ouvidos.

Frente a tudo isso, uma das tarefas mais desafiadoras que hoje se apresenta a nós é a de descobrir qual a forma atual do nosso corpo, uma forma que é ainda invisível aos nossos olhos, mas que já está sendo insinuada pela sensibilidade dos artistas. De fato, quem está prenunciando as novas dimensões do corpo e cérebro humanos são os artistas, artistas inquietos, esses que têm o poder de tornar enigmaticamente visível o invisível.

8. OS ARTISTAS E SEUS PRENÚNCIOS

O corpo humano sempre foi objeto do olhar e da criação artística. Neste século, mais acentuadamente neste final de século, quando nossos corpos atingem um nível de plasticidade extrema e de dissolução de suas fronteiras físicas, sensíveis, cognitivas, não é de se estranhar que o corpo tenha se tornado o grande tema, foco, representação, objeto performático e objeto simulado das artes.

As simbioses, atrofias e hipertrofias do corpo maquínico e do corpo em transformação já faziam parte do imaginário plástico das vanguardas modernistas no início do século XX. Sem nenhuma intenção de exaustividade, mas apenas para sinalizar algumas passagens, vale notar que esses mesmos caracteres, em intensidade acentuada e em traços pouco óbvios, trouxeram a fama a Francis Bacon e Lucien Freud, só para citar dois exemplos. Nos *happenings* dos anos 60, o corpo vivo, em atuação, era, por si e em si mesmo, arte. Nas instalações interrogativas de Beuys, os vestígios de um corpo ausente denunciavam sua inexplicável presença. Enfim, as aparições do corpo na arte do século XX são inesgotáveis. Basta, portanto, apontar para o fato de que, há pelo menos duas décadas, o corpo se tornou, decididamente, o grande ponto de convergência das artes, desde as artes artesanais, performáticas, instalações, até as artes que se utilizam das tecnologias de ponta para explorar a desfronteirização do corpo físico, sensorial, psíquico, cognitivo.

Atualmente, por exemplo, artistas se voltam para a criação de registros *sui generis*, por vezes insólitos, da fisicalidade de seus corpos. É tal a compulsividade com que manifestações desse tipo se repetem que nos leva a pensar na necessidade manifesta pelo artista de lançar esses registros para o futuro, como moldes, memória indelével de um corpo cuja compleição, dimensão, contorno físico estão em vias de mutação. Exemplar perturbadoramente nítido dessa tendência é a obra de Del Pilar Sallum, especialmente na série *Ataduras*, em que a artista molda fios metálicos, compulsivamente, ao redor de suas mãos e dedos, que se tornam moldes. Desenformados, os moldes se tornam passado, e a forma escultórica resultante conta o vazio de um corpo e um tempo que já passou (Canton, 1997:47).

No extremo oposto, atravessando as inumeráveis camadas das mediações tecnológicas, aparecem as obras que apalpam as fronteiras das diferentes facetas dos corpos híbridos de uma humanidade maquínica. Exemplos disso aparecem na arte espacial ou de simulação espacial (ver, por exemplo, a obra de Jean-Marc Philippe e, no Brasil, a de Wagner Garcia), assim como nas artes das redes telecomunicacionais, arte nômade, policontextual, em que mentes fluidas transitam por espaços líquidos (ver Kac, 1995). Outros exemplos aparecem na nova estética da robótica, telepresença em que mundos virtuais são partilhados através da presença virtual de corpos em trânsito entre sistemas telemáticos diferentes (ver, por exemplo, Kac, 1992, 1993, 1997). Outros exemplos, ainda, podem ser encontrados nas formas de arte baseadas na transformação genética ou também nas instalações multimidiáticas que põem em cena imagens constrangedoras dos recessos mais íntimos dos órgãos, carne, sangue, células do corpo humano (ver sobre isso Sogabe, 1996 e especialmente a obra recente de Diana Domingues, no Brasil).

9. ANOTAÇÕES FINAIS

Em síntese, a questão a que dei o nome de corpo-biocibernético é complexa e inesgotável, pois se trata de uma questão candente, que apenas se anuncia. O que pretendi aqui foi simplesmente esboçar uma hipótese a ser perseguida no futuro. Termino, assim, com um brevíssimo ensaio de interpretação e um sinal de alerta.

O ensaio de interpretação venho desenvolvendo há algum tempo. Tenho para mim que o inexorável crescimento dos signos, que teve início nos rituais, nos desenhos das grutas e que hoje se avoluma nos bancos de dados e nas redes de hipermídia, além de obedecer ao desígnio de nossa evolução biológica, obedece também a uma função psíquica visceral: a de compensar a espécie pela dor da mortalidade. Semeamos e cultivamos os signos, somos pacientes de seu crescimento desmedido sobre o qual, em tempo algum, pudemos exercer qualquer forma de controle, porque os signos são mais eternos do que os mármores e os metais (Shakespeare via Borges). Os signos são nossa única vingança. Uma vingança meiga e imperceptível porque inelutavelmente mediada (ver Santaella, 1996d).

O sinal de alerta comecei a desenvolver há uns três anos. Ele serve como um antídoto contra qualquer euforia precipitada em relação às tecnologias. Se estas são extrassomatizações, como devem ser, do cérebro humano, há que se levar em conta a descoberta freudiana de que nosso cérebro e nossa vida psíquica são vítimas de duas forças antagônicas que se digladiam: a pulsão de vida, Eros, e a pulsão de morte, Tânatos. A batalha entre ambas é insana. Nunca saberemos que força será vencida. Se for vencida a força da vida, então, a espécie humana deverá ter sido tão-só e apenas um erro da evolução.

REFERÊNCIAS BIBLIOGRÁFICAS

ANTONNUCCI, Francesco (1994). "Il corpo de la mente". *Il corpo tecnologico*, Luigi Capucci (org.). Bologna: Baskerville, 17-24.

ASCOTT, Roy (1995). "Le retour à la nature II". *L'esthétique des arts médiatiques*, Louise Poussant (org.). Presses de l'Université du Quebec, 437-451.

BEAUNNE, Jean Claude (1989). "The classical age of automata". *Fragments for a history of human body*, Michel Ferrer *et al.* (orgs.). New York: Zone Books.

BRIER, Soren (1996). "The usefulness of cybersemiotics in dealing with problems of knowledge organization and document mediating systems". *Cybernetica*, v. XXXIX, n. 4, 273-299.

CANTON, Katia (1997). "Antenas da nova sensibilidade". *Bravo*, ano 1, n. 1, 47.

DOMINGUES, Diana (org.) (1997). *A arte no século XXI. A humanização das tecnologias.* São Paulo: Unesp.

DONALD, Merlin (1991). *Origins of the modern mind. Three stages in the evolution of culture and cognition.* Cambridge, MA: Harvard University Press.

DYENS, Olivier (1995). "L'émotion du cyberspace. Art et cyber-écologie". *L'esthétique des arts médiatiques*, Louise Poussant (org.). Presses de l'Université du Quebec, 391-412.

EMMECHE, Claus (1991). "A semiotical reflection on biology, living signs, and artificial life". *Biology and philosophy* 6 (3), 325-340.

FOERSTER, H. Von (1992). "Ethics and second order cybernetics". *Cybernetics & Human Knowing*, v. 1, n. 1, 9-19.

HALBERSTAM, J. e LIVINGSTONE, Ira (1995). *Posthuman bodies.* Bloomington: Indiana University Press.

KAC, Eduardo (1992). "Aspects of the aesthetics of telecommunication". *ACM Siggraph 92.* Chicago, Illinois, 47-57.

———— (1993). "Telepresence art". *Kulturdata.* Graz: Teleskulptur, 48-72.

———— (1995). "Interactive art on the internet". *Ars Eletronica 95*, Karl Gerbel *et al.* (eds.). Wien: Springer Verlag, 170-179.

———— (1997). *A arte no século XXI*, op. cit. .

KERCKHOVE, Derrick (1994). *Il corpo tecnologico*, op. cit. .

LÉVY, Pierre (1993). *As tecnologias da inteligência.* Rio de Janeiro: Editora 34.

MATURANA, Humberto e VARELA, Francisco (1983). *Autopoiesis and cognition: the realization of the living.* Boston: Riedel.

MORAVEC, Hans (1988). *Mind children.* Harvard University Press.

PEPPERELL, Robert (1995). *The post-human condition.* Oxford: Intellect.

SANTAELLA, Lucia (1996a). "O pós-humano: Freud e Prigogine". Palestra proferida no *IV Congresso Brasileiro-Internacional de Semiótica: Caos e ordem*, São Paulo, ago. 1996.

———— (1996b). "O homem e as máquinas". *Cultura das mídias*, 2. ed. São Paulo: Experimento, 195-208.

———— (1996c). "Viveiros de signos: entre o céu e a terra". *Cultura das mídias*, op. cit., 239-270.

———— (1996d). "Os signos, a vida, a morte". *Miniaturas.* São Paulo: Hacker.

SOGABE, Milton (1996). *Além do olhar.* Tese de doutorado sob orientação de Lucia Santaella, COS-PUCSP.

STELARC (1994). "Da strategie psichologiche a cyberstrategie: prospetica, robotica ed esistenza remota". *Il corpo tecnologico*, op. cit., 61-76.

———— (1995). "Design et adaptation du corps dans l'univers cybernétique". *L'esthétique des arts médiatiques*, op. cit., 383-389.

———— (1997). "Das estratégias psicológicas às ciberestratégias: a protética, a robótica e a existência remota". *A arte no século XXI*, op. cit., 52-61.

THOMAS, David (1995). "L'art, l'assimilation psychasthénique et l'automate cybernétique". *L'esthétique des arts médiatiques*, op. cit., 365-382.

FORA DO CORPO

Priscila Farias e Rejane Cantoni

DE ONDE, PARA ONDE E COMO?

A idéia de "estender" ou "abandonar" o próprio corpo, e conseqüentemente ser capaz de atuar (ou simplesmente tomar conhecimento dos acontecimentos que ocorrem) em um ambiente distante da localização espaço-temporal deste corpo, está presente em diversas manifestações da cultura humana. A possibilidade de arranjos cooperativos entre o *wetware*[1] humano e dispositivos como o hardware e software dos computadores há muito ocupa as mentes de visionários e pesquisadores, que propuseram exóticas interfaces de imersão. O que está em jogo, muitas vezes, é uma forma de alucinação sensória que permite ao usuário atuar como se estivesse fora de seu corpo biológico.

Complementares à idéia de sair "fora do corpo", são as idéias de modificação do corpo — com vistas a torná-lo mais compatível com o novo ambiente, ou mesmo capaz de atuar de formas alternativas — e de compartilhamento de experiências nesses ambientes. Para que isso ocorra, são necessários certos dispositivos especiais, ou *interfaces*, que possibilitem o contato entre dois ou mais sistemas.

Em termos estritamente técnicos, uma interface é um dispositivo que permite o contato e a troca de informações entre sistemas que tanto podem ser de mesma natureza (por exemplo, dois computadores) quanto de natureza diferente (por exemplo, computador e usuário). Neste artigo, empregaremos o termo "interface" em um sentido mais amplo, que abrange mas não se restringe a aparatos físicos ou informáticos.

Interface é a superfície de contato. O lugar, ou ponto de conexão entre dois sistemas ou entidades, que permite a troca de informações. Aplicável tanto ao *wetware* quanto ao hardware e software, reflete as propriedades físicas e lógicas dos *interatores* e as funções ou métodos requeridos para que ocorra a interação.[2] Essa definição inclui desde "interfaces leves", que dependem apenas de um uso "especial" do próprio corpo, até o que chamaremos "interfaces pesadas", que dependem da utilização de aparatos tecnológicos como implantes ou óculos de realidade virtual.

As membranas biológicas podem ser consideradas um modelo de interface leve. O biossemioticista Jesper Hoffmeyer (1998:12-13) sugere que um passo decisivo na origem da vida é o estabelecimento de uma assimetria entre "dentro" e "fora", e a pré-condição para o estabelecimento de tal assimetria seria a formação de uma membrana em torno de uma rede de moléculas interagentes. O último passo seria a transformação desta membrana em uma interface interior/exterior. Segundo Winfried Nöth (1998:21), a membrana se configura como "um protótipo biossemiótico de uma estrutura semiótica", funcionando como "um filtro que regula o fluxo constante de matéria do interior para o exterior", tornando-se assim uma superfície de contato, ponto de interação entre sistemas.

---

1) "Gíria cyberpunk para seres humanos e outros animais (em oposição ao hardware e software dos computadores)" (Cotton e Oliver, 1994: 216).

2) Brenda Laurel emprega uma definição muito similar a está em *The art of human-computer interface design* (Laurel e Mountford, 1990: xi-xiii).

Desta forma, podemos considerar que, em um nível mais elevado de complexidade, a pele, enquanto limite biológico de nossos corpos, constitui uma primeira membrana, que garante nossa identidade e nossa integridade no mundo físico e biológico das relações sociais. Na mediação com o mundo, surge a necessidade de estender-se para fora dos limites dessa primeira membrana, criando para isso novas interfaces. A fala, a escrita, o rádio, a televisão, os satélites e as redes telemáticas[3] surgem dessa habilidade e dessa necessidade de transformar o "dentro" em "fora", e de trazer para "dentro" o que estava "fora". Uma vez que essas tecnologias se caracterizam como extensões de nosso corpo, ampliações de nossas membranas, quais são os limites desse corpo?

ESTENDENDO A MENTE

Na ficção científica *Jornada nas estrelas* (*Star treck*, EUA, série televisiva e cinematográfica iniciada por Gene Roddenberry em 1966), a mente telepática do personagem Spock é um exemplo de interface tátil entre duas mentes. Por ser vulcano,[4] Spock possui a capacidade inata de ler o pensamento das outras pessoas, desde que estabeleça um contato físico com estas — geralmente um toque das mãos de Spock no ombro de alguém. Spock, como telepata, é um "leitor" ou "*voyeur*" de pensamentos alheios. Ele utiliza essa capacidade para interferir no rumo dos acontecimentos. Os humanos de *Jornada nas estrelas*, assim como os humanos que conhecemos, utilizam outras estratégias para mudar os estados de coisas.

A magia e a religião propõem interfaces, na forma de objetos (poções, amuletos, imagens), muitas vezes misturados com certos rituais, empregados como meios de estabelecer a "superfície de contato" entre o humano e algum tipo de entidade superior (santos, deuses, pessoas falecidas) que seja capaz de modificar os estados de coisas no mundo.

A simpatia popular de São Longuinho é um exemplo desse tipo de interface, que não envolve o uso de objetos-fetiche, mas simplesmente um ritual:

1. Repita duas vezes o nome de "São Longuinho" e acrescente: "se eu encontrar o(a) (diga o nome do objeto em questão), darei três pulos e três gritinhos."
2. Procure o objeto.
3. Caso você encontre o objeto, dê três pulos com um pé só e três gritos.
4. Caso você não encontre o objeto, repita o procedimento reiterando de 1 a quantidade de pulos e gritinhos até o objeto ser encontrado.[5]

Uma versão tecnotranscendental das interfaces propostas pela religião pode ser encontrada no tecnopaganismo. Segundo Erik Davis (1995:128), os tecnopagãos são "uma pequena, porém, importante subcultura... com um pé na tecnosfera e outro no mundo confuso e louco do paganismo". Aplicam a magia às tecnologias e às redes informáticas com o intuito de vivenciar experiências transcendentais.

Um exemplo de experiência de tecnomagia que circulou, via linha telefônica, pelas BBS[6] americanas, é a narrada por Aga Windwalker:

---

3) Redes compostas pelo uso combinado de computadores e meios de telecomunicação, como, por exemplo, a Internet.

4) Natural do planeta fictício Vulcano. Na verdade, S'chn T'gai Spock é apenas meio-vulcano, pois sua mãe, Amanda, é humana.

5) Existem variações desta fórmula, que incluem, por exemplo, "três assobios" ou "três saltos (com dois pés)" no item 1. No item 4, algumas variações são a duplicação ou o acréscimo de uma casa decimal à quantidade de pulos, gritos, etc.

6) "Bulletin Board System (BBS) é o equivalente de um quadro de informações no qual qualquer um pode afixar informações para que outras pessoas possam ler" (Cotton e Oliver, 1994: 26).

> Enquanto [minha amiga e seu noivo] me escreviam, ele repentinamente teclou "GM" (o que significava que minha amiga estava tendo um ataque [de epilepsia] e que eu deveria socorrê-la). Comecei a canalizar energia tocando meu monitor. Através do monitor, a energia passava pelo cabo, o PC, o modem e as linhas telefônicas até seu computador. Eu vi como esta a rodeava, a ajudava. Segundo o que ambos me contaram, algo OCORREU. O noivo disse haver ouvido um ruído no computador que não pôde identificar. Nesse momento, minha amiga deixou de tremer e gritou meu nome. Não era uma afirmação, senão uma pergunta confusa... Após algum tempo... ela estava bem. Disse que ao abrir os olhos me viu flutuando sobre ela e que simplesmente desvaneci DENTRO de seu monitor até desaparecer (Dery, 1995:68).

As interfaces que os tecnopagãos utilizam para a "expansão da consciência" vão desde a projeção de estímulos visuais e auditivos como simulações fractais "alucinógenas", luzes estroboscópicas com som sincronizado e ritmos repetitivos, até a ingestão de drogas psicotrópicas como LSD, Ecstasy e *smart drinks* (coquetéis geralmente não-alcoólicos, que costumam ter como base substâncias estimulantes como o guaraná e a cafeína).

Genesis P-Orridge, por exemplo, descreveu da seguinte forma o efeito que desejava propiciar durante os shows de sua banda, *Psychic TV*:

> ... música *trance* sob o ritmo da qual as pessoas giram e se agitam até atingirem a hiperventilação, inundando-se de ondas alfa-psicodélicas... Ficam como se estivessem em transe devido a este excesso físico e primitivo. É desta forma, dançando ao ritmo deste xamanismo tecnológico, que toda essa energia pagã se concentra (Dery, 1995:60).

Esse tipo de rito requer a participação de um grupo de pessoas, e pode ser caracterizada como uma experiência coletiva. Outros rituais podem ser mais solitários. O próprio P-Orridge descreve outro tipo de procedimento, no qual um aparelho de televisão é utilizado como meio de indução a um transe auto-hipnótico. O procedimento consiste em estourar o controle de brilho e contraste da TV e sintonizar um canal fora do ar...

> Aproxime-se da tela, apague todas as luzes e olhe-a fixamente. Primeiro tente concentrar-se nos pequenos pontos que correm pela tela como microorganismos... De repente, o tempo e suas percepções ficarão alterados e você chegará a um estado de transe ao qual sua consciência e seu subconsciente reagirão em uníssono frente às vibrações dos milhares de pontos. É muito possível que as freqüências e pulsações do efeito de 'neve' da tela sejam similares às geradas por outros rituais (como as danças dos dervixes, a magia tibetana, etc.). O que conseguimos é um ritual mágico contemporâneo utilizando o meio televisivo (Dery, 1995:68-69).

TURN ON, TUNE IN AND DROP OUT: *ENGOLINDO TECNOLOGIA*

Em muitas religiões, e mesmo no tecnopaganismo, uma forma de alcançar o transe auto-hipnótico consiste em aliar rituais de dança e ingestão de drogas. A fé requerida pelas religiões tradicionais, enquanto condição que predispõe o indivíduo a estabelecer um contato com o divino, ou consigo mesmo, é substituída, em algumas vertentes do tecnopaganismo, pelo uso de drogas como o Ecstasy ou LSD, que potencializam uma predisposição a estabelecer esse contato.

É neste sentido que as drogas se configuram como uma interface. No caso do LSD, são comuns as alucinações visuais e auditivas. O Ecstasy, por outro lado, não costuma provocar alucinações, e sim potencializar sensações pretensamente agradáveis, como um sentimento geral de relaxamento e aceitação da realidade. Nas experiências com Ecstasy, não é o mundo que muda porque é percebido de outra forma, e sim o modo de interação do usuário com esse mundo.

Segundo Theodore Roszak, o movimento psicodélico levou muitos à falsa crença de que "tanto a salvação pessoal quanto a revolução social podem estar armazenados em uma pílula" (Roszak, 1969:117). Nos anos 60, Timothy Leary e sua equipe de pesquisadores em Harvard prescrevem o uso de substâncias químicas para transcender "conceitos verbais, dimensões espaço-temporais, o ego ou a identidade" (Leary *et al.*, 1964). Considerando que não são somente as drogas em si as responsáveis pela "experiência transcendental", o manual *The psychedelic experience*, elaborado por esses pesquisadores, prescreve uma série de instruções que visam preparar o indivíduo e o ambiente para a experiência.

Na introdução geral do manual, Leary descreve em linhas gerais seu intento:

> A experiência psicodélica é uma aventura nos novos territórios da consciência... Tais experiências de expansão da consciência podem ocorrer através de uma variedade de métodos: privação sensória, exercícios de yoga, meditação, êxtases estéticos ou religiosos, ou espontaneamente. Mais recentemente, as experiências de expansão da consciência foram disponibilizadas a qualquer um através da ingestão de drogas psicodélicas tais como o LSD, a psilocibina, a mescalina, o DMT, etc., que atuam como uma chave química — abrem a mente e liberam o sistema nervoso de seus padrões e estruturas ordinárias (Leary *et al.*, 1964).

Em uma entrevista concedida à revista *Playboy*, em 1969, Marshall McLuhan estabelece uma conexão entre as experiências com drogas psicodélicas e a imersão em ambientes eletrônicos:

> LSD é uma maneira de simular o mundo invisível da eletrônica; ele libera a pessoa dos hábitos e reações verbais e visuais adquiridos, além de possibilitar o envolvimento total e instantâneo, ambas qualidades de ser pleno (*all-at-oneness*) e simultâneo (*all-at-onceness*), que são as necessidades básicas de pessoas que têm seu sistema nervoso central traduzido por extensões eletrônicas para fora do velho sistema de valores racional, seqüencial. A atração pelas drogas alucinógenas é uma maneira de alcançar empatia com o nosso penetrante ambiente elétrico, um ambiente que é, ele mesmo, uma viajem interna desprovida de drogas (McLuhan, 1969).

Na década de 80, Timothy Leary irá tornar-se, ele mesmo, um adepto incondicional da tecnologia. Em 1983, ele funda o grupo Futique Inc., especializado em videogames e filmes de ficção científica. Em uma entrevista para a revista *Heavy Metal*, Leary declara: "Estou aprendendo a programar videogames. Estou aprendendo a expandir a minha mente, como com os ácidos na década de 60" (Simmons, 1983:46).

Segundo Howard Rheingold (1991), a conexão entre tecnologias digitais (mais especificamente sistemas de realidade virtual) e o LSD foi reforçada, por uma declaração de Jerry Garcia, líder da banda *The grateful dead.* Em 1989, após imergir em um sistema de realidade virtual construído pela *Autodesk*, Garcia afirmou que a experiência havia sido muito similar a uma viagem de ácido.

Essa conexão entre drogas e tecnologias imersivas é explicitamente explorada pela série televisiva *Wild Palms*, produzida nos Estados Unidos, por Oliver Stone, em 1993. Nesta série, o personagem central se vê às voltas com uma conspiração para dominar o mundo. Quem promove esta conspiração é um grande empresário do setor das telecomunicações, que desenvolveu um sofisticado sistema de projeções vídeo-holográficas. Os usuários da trama recebem em suas casas as imagens holográficas como uma programação normal de TV. Mas é possível fazer mais do que simplesmente assistir estas transmissões. Consumindo uma droga chamada *mimezine*, esses usuários podem interagir com os hologramas. Em um dos episódios, por exemplo, um dos personagens mantém uma relação sexual com uma *pin-up* holográfica.

TECNOSEXO: ABRAÇANDO TECNOLOGIA

Fora da ficção, sexo geralmente envolve o contato físico entre pelo menos dois corpos e, conforme Allucquère Rosanne Stone, "tantos sentidos quanto possível — paladar, tato, olfato, visão, audição" (*in* Stryker, 1996:135). O conjunto dos sentidos dos corpos envolvidos constitui a interface básica de comunicação. Se esses corpos se encontram geograficamente distantes, outros dispositivos devem entrar em jogo para estabelecer uma superfície de contato. As redes de telecomunicações permitem a troca de dados entre usuários fisicamente distantes, e estão na base das experiências que analisaremos a seguir.

Sexo por telefone, segundo Stone, pode ser visto como uma aplicação prática das técnicas de compressão de dados:

> Profissionais do sexo por telefone tomam um conjunto de comportamentos extremamente complexos e altamente detalhados, traduzem-no em uma única modalidade de sentidos e a condensam em uma série de sinais altamente comprimidos. Eles então espremem esses sinais por uma linha comum de telefone. Do outro lado da linha, o receptor de todo esse esforço acrescenta água fervente, por assim dizer, e reconstitui os sinais, formando um conjunto detalhado de imagens e interações em múltiplas modalidades sensórias.
>
> No fundo, o que está sendo transmitido para lá e para cá através dos cabos não é somente informação, são *corpos* (Stone, 1995:7).

Essa compressão de dados é necessária devido às restrições impostas pelo meio telefônico, onde somente informações auditivas (sonoras e verbais) podem ser transmitidas. Nas redes telemáticas, existe a possibilidade de transformar, via interfaces computacionais, impulsos sensórios (informações sonoras, visuais, táteis, etc.) em informação digital e vice-versa. Essas interfaces permitem uma diminuição no esforço de compressão e descompressão de dados por parte dos usuários.

A passagem do telessexo para os sistemas de cibersexo, como o *CyberSM* e o *inter_skin*, propostos pelo artista e pesquisador norueguês Stahl Stenslie, implementam a passagem de interfaces auditivas para interfaces audio-tátil-visuais. *CyberSM* (1993) consiste em um sistema composto por uma interface gráfica, uma interface tátil e uma interface sonora. Através da interface gráfica, cada participante constrói — a partir de um menu de opções, onde ele pode escolher e combinar formas e gêneros — um modelo de corpo virtual. Esse corpo virtual é transmitido, via rede, ao computador do outro participante. Ambos os participantes vestem uma interface tátil — uma vestimenta especial, equipada com dispositivos transdutores de dados digitais em dados elétricos, através da qual recebem os estímulos enviados pelo outro usuário. Uma vez que o corpo virtual não se modifica através da interação dos participantes, a única forma de *feedback*, além dos estímulos fornecidos pela interface tátil, ocorre via interface sonora (um canal de comunicação oral).

O outro projeto de Stenslie, *inter_skin* (1994), é um desenvolvimento das idéias exploradas em *CyberSM*. A principal modificação se dá na interface tátil, que agora não somente recebe, mas também pode transmitir estímulos através de sensores acoplados a ela. A interface gráfica, neste caso, perde sua função privilegiada de mediadora das ações remotas. A ênfase, em *inter_skin*, está na comunicação através do toque:

> Tocando meu próprio corpo eu simultaneamente transmito um toque para meu receptor. A força do toque transmitido depende da duração deste toque. Quanto mais demorado for o toque, mais forte será o estímulo que você sentirá (Stenslie, 1994).

Segundo Stenslie, dois fenômenos interessantes emergem durante a interação: a estimulação auto-erótica e a sensação de "um terceiro corpo, um corpo virtual compartilhado" (1994). No primeiro, um aspecto relevante é a necessidade de tocar o próprio corpo para poder tocar o corpo do participante remoto, e isso serve para ambos os interatores. É da convergência desses toques e estímulos que surge o segundo fenômeno, um terceiro corpo configurado a partir da interação dos dois primeiros corpos.

O CORPO RECONFIGURADO

Em "Cultivando o hipercórtex", Roy Ascott (1995) introduz o conceito do *eu reconfigurado* através das redes, uma espécie de sujeito híbrido, integrado às interfaces, distribuído pelo computador e sua extensão telemática:

> Cada fibra, cada nó, cada servidor da Net é parte de mim. À medida que interajo com a rede, reconfiguro a mim mesmo. Minha extensão-rede me define exatamente como meu corpo material me definiu na velha cultura biológica. Não tenho nem peso nem dimensão em qualquer sentido exato. Sou medido por minha conectividade...
>
> Estamos entrando no mundo-mente (*world-mind*) e nossos corpos estão desenvolvendo a faculdade da cibercepção (*cyberception*) — isto é, a amplificação tecnológica e o enriquecimento de nossos poderes de cognição e percepção (Ascott, 1995).

O conjunto das redes telemáticas de comunicação, incluindo todos os computadores e bancos de dados conectados a estas redes, constitui o ciberespaço. Para Stahl Stenslie, "o ciberespaço é um lugar hiper-real... Esse espaço requer novos tipos de corpos para habitá-lo" (Stenslie, 1994).

O corpo virtual, enquanto representação digital de um usuário, é mais maleável do que o corpo biológico. As representações que esse corpo pode assumir são muitas — potencialmente infinitas —, e podem ser modificadas a cada instante, uma vez que se tratam de atualizações de dados digitais.

Um corpo, em um MUD,[7] corresponde simplesmente a uma descrição textual — ele

---

7) Um MUD (*Multi-User Dungeon* ou *Multi-User Domain*) é um ambiente multi-usuário baseado em textos. É considerado um dos primeiros exemplos de comunidade *on line*, congregando participantes de diversas partes do mundo que, através de seu computador, acessam simultaneamente um mesmo banco de dados. A interação se dá via teclado, através do qual informações ou consultas são inseridas; e tela, através da qual cada usuário recebe as informações vindas dos outros participantes e do banco de dados. LP-MUDs, DikuMUDs, TinyMUDs, MUSHes, MUSEs, MUCKs e MOOs são variações de MUDs.

não está necessariamente ancorado às restrições físicas, biológicas ou culturais dos corpos que são possíveis no mundo atual. Mudar de corpo, portanto, requer simplesmente a elaboração de uma nova descrição. Uma característica importante é que essas modificações não são permanentes, embora possam afetar, de alguma forma, os participantes.

> Eu não sei se podemos realmente modificar o que somos simplesmente por adotar um conjunto de pronomes diferentes em um MOO. Mas sei que quando nos apresentamos ao mundo com uma aparência diferente, alteramos radicalmente a maneira como somos tratados por outras pessoas. O meu "self" não é algo fixado de uma vez por todas. Não é algo que está contido exclusivamente dentro de mim. A experiência do "self" também envolve a forma como eu me projeto para fora de mim mesmo, como eu interajo com outros. O mundo semifictício do MOO me ajuda a entender como todas as identidades são, ao menos parcialmente, fictícias (Shaviro, 1996).

A natureza essencialmente digital do ciberespaço é fundamentalmente diversa da realidade biológica do mundo físico. Assim, para penetrar no ciberespaço, são necessárias interfaces adequadas a esses novos ambientes. Enquanto nos ambientes textuais dos MUDs as interfaces homem-computador resumem-se ao uso do teclado e da tela, ambientes mais sofisticados de realidade virtual requerem o uso de dispositivos que permitam imergir e interagir em mundos gráficos tridimensionais, muitas vezes acrescidos de elementos sonoros. Jaron Lanier descreveu da seguinte forma o estado da arte da tecnologia de realidade virtual em 1989:

> Estamos falando de uma tecnologia que usa vestimentas computadorizadas para sintetizar uma realidade compartilhada... A roupa consiste principalmente de um par de óculos e um par de luvas. Os óculos permitem que você perceba o mundo visual da Realidade Virtual... Quando você os coloca, você repentinamente vê um mundo que o circunda — você vê o mundo virtual. Ele é totalmente tridimensional e ele o envolve... As imagens vêm de um computador especial muito poderoso, o qual eu gosto de chamar de *Home reality engine*... No final das hastes [os óculos], há pequenos fones de ouvido... que permitem escutar o som do mundo virtual (Kelly, 1989:110).

De 1989 para cá, os sistemas de realidade virtual se sofisticaram. Para determinar a posição do corpo no espaço virtual, o sistema *Home reality engine* utilizava as luvas e uma representação gráfica da mão neste espaço. Hoje existem outros sistemas de determinação de posição. Alguns dispositivos ópticos, por exemplo, acumulam as funções de interfaces de leitura e interfaces de posição. Os *DataSuits* (vestimentas especiais, conectadas ao sistema de realidade virtual) podem tanto determinar a posição de um corpo no espaço quanto controlar as articulações desse corpo. Quando você veste um *DataSuit,* a vestimenta mede suas ações através de sensores e dispositivos mecânicos e as transmite ao sistema. Além disso, algumas vestimentas são equipadas para receber informações do ambiente virtual através de mecanismos de *force feedback.* Todos esses equipamentos têm como objetivo controlar uma representação virtual do seu corpo — um *avatar* — no ciberespaço. Esse avatar passa a ser a interface que você utilizará para interagir com outros avatares e objetos virtuais.

Existe um limite, contudo, para essas interações. Imaginemos que um um usuário A, através de seu avatar A', decida pular no colo de outro avatar B', que, por sua vez, é a representação de outro usuário B. Este último, através dos mecanismos de *force feedback*, poderá sentir o peso do avatar A', que pula em seu colo, e observar essa ação ocorrendo no espaço virtual. No espaço virtual, portanto, o avatar A' está sentado no colo do avatar B'. No mundo atual, porém, o usuário A, embora possa sentir os braços acolhedores do avatar B', está caído no chão, porque os mecanismos de *force feedback* não possuem a capacidade de sustentar o peso de um usuário real no ar (Figura1). O mesmo ocorre nas interações avatar-objeto. O avatar é capaz de tocar e deslocar objetos, medir seu peso, dimensões e resistência. Mas não pode se apoiar nele completamente sem perder o equilíbrio ou atravessá-lo como um fantasma.

Em obras de ficção científica como o livro *Neuromancer* (Gibson, 1984), o episódio *Vivendo no ciberespaço* (*Kill switch*, EUA, 1998, roteiro de William Gibson e Tom Maddox, direção de Rob Bowman) do seriado *Arquivo X* (*The X files*, EUA, desde 1993, criado e produzido por Chris Carter), ou o filme *Matrix* (*The matrix*, EUA, 1999, direção de Larry e Andy Wachowski), a solução encontrada é simplesmente abandonar o corpo biológico — no sentido de atuar a partir do imaginário em uma realidade paralela —, abandonando assim a necessidade de respeitar as leis físicas do mundo real. Em *Matrix*, por exemplo, os personagens correm e saltam no ciberespaço enquanto seus corpos biológicos permanecem, como que adormecidos, deitados nas poltronas especiais de um laboratório. Dessa forma, as ações dos avatares, que ocorrem no ciberespaço, independem, ao menos em parte, das ações físicas dos usuários.

Em *Neuromancer* (Gibson 1984), o personagem central Case é um hacker do futuro que penetra o ciberespaço, através das redes telemáticas, para destruir uma inteligência artificial que está prestes a dominar a infra-estrutura comunicacional e computacional global, ou *matrix*. O corpo era carne, limitado pelas condições fisicas e biológicas do mundo real. Para imergir no ciberespaço, Case *pluga-se* "em um console ciberespacial feito sob medida, que projeta sua consciência descorporificada em uma alucinação consensual que era a matrix" (1984:6). Mas essa consciência projetada precisa corporificar-se para atuar no ciberespaço. Para isso, ele tanto pode ter o seu próprio avatar quanto co-habitar um outro corpo virtual — um avatar que corresponde a outro usuário —, assim como podemos pegar uma carona no carro de alguém.

Gibson propõe mais conseqüências dessa tecnologia capaz de projetar "consciências descorporificadas" nas redes telemáticas em *Vivendo no ciberespaço.* A ação passa-se no presente, e narra a estória de um programador que constrói uma inteligência artificial sensível, propagada pela Internet, capaz de receber, via *upload,* consciências humanas. Ao fazer o *upload*, o usuário opta por deixar de atuar com seu corpo biológico no mundo real. Essa opção, aparentemente, não pode ser revertida. Nessa obra de ficção, o corpo biológico, abandonado por sua consciência, que agora reside no meio telemático, resta inerte e sem importância.

No filme *Matrix*, através de um equipamento similar aos propostos por Gibson em *Neuromancer* e *Vivendo no ciberespaço*, é possível transferir a consciência para o ciberespaço. Essa transferência é feita através de um sistema de interfaces que inclui: um dispositivo químico, que serve para potencializar as capacidades psíquicas do usuário; um dispositivo de alta tecnologia intrusiva, que serve para conectar o usuário a um computador; e um dispositivo telemático, que é a porta de entrada e saída para o ciberespaço, conectando o computador à rede. Nesse processo, o resultado é uma única consciência que se refere a dois corpos —um biológico e um virtual. O corpo virtual não possui as mesmas limitações do corpo biológico e pode ser tão forte e veloz quanto o usuário imaginar que possa ser. Contudo, a integridade da vida depende da integridade desses dois corpos.

A morte no ciberespaço, em *Matrix*, implica na morte no mundo real, e vice-versa. Algo similar ocorre na série *A hora do pesadelo* (*A nightmare on Elm Street*, EUA, série cinematográfica e televisiva iniciada pelo filme homônimo, dirigido por Wes Craven, em 1984), onde os personagens são transportados a uma realidade paralela a partir do sonho. Assim como em *Matrix*, as ações dos personagens nessa outra realidade não espelham as ações de seus corpos no mundo "real" — em *A hora do pesadelo*, os adolescentes dormem tranqüilamente em suas camas enquanto são perseguidos, em sonho, por um assassino. Mesmo assim, a morte nesta realidade paralela implica a morte do corpo biológico.

Esse resultado parece contra-intuitivo, pois, embora hajam evidências de que dados psicológicos possam influenciar nosso metabolismo, sabemos, por experiência própria, que morrer em sonho ou em um ambiente informático (em um videogame, por exemplo) não implica morte real.

ONDE ESTOU?

O que nos levou para o ciberespaço, muito além da membrana biológica, foi o acúmulo progressivo de tecnologias (desde a fala e a escrita, até os satélites e redes telemáticas), que permitem expandir os limites espaço-temporais do corpo biológico.

Para Santaella,

> ... o inexorável crescimento dos signos que teve início nos rituais, nos desenhos das grutas e que hoje se avoluma nos bancos de dados e nas redes de hipermídia, além de obedecerem ao desígnio de nossa evolução biológica, obedecem também a uma função psíquica visceral: a de compensar a espécie pela dor da mortalidade (Santaella, 1999).

As tecnologias que conhecemos até hoje permitem que deixemos marcas na semiosfera, e o melhor que podemos esperar é que essas marcas permaneçam, independente das limitações temporais do corpo biológico. Isso, de alguma forma, garante a permanência dos signos, mas não garante a permanência do indivíduo-gerador desses signos, destinado, desde o início, ao desaparecimento, devido a essas limitações.

Tecnologias de extensão como os desenhos das grutas, a escrita, os bancos de dados, etc. possibilitam a atualização de idéias em objetos externos ao corpo e, dessa forma, permitem estender os limites espaço-temporais do corpo biológico. Tecnologias de implante, por outro lado, implicam a integração de matéria, não necessariamente orgânica, ao corpo biológico. Entre outras coisas, o que está em jogo é a superação das limitações temporais desse corpo. Isto aponta para a idéia de que podemos ir substituindo partes do corpo por coisas que não são naturais a eles, e que essas substituições não alteram a identidade do corpo hospedeiro. Mas, o que seria esta identidade, que permanece? A mente? O espírito? E, ainda, será que esse "algo" poderia ser transferido para outro corpo, que superasse as limitações temporais do corpo biológico?

A possibilidade de transferir este "algo" para um outro corpo, um corpo pós-biológico, pode soar um tanto cartesiana, mas ela é recorrente tanto na ficção (por exemplo, nas obras de Gibson citadas acima) quanto em experimentos mentais propostos por cientistas contemporâneos (por exemplo, Moravec 1988). Os modelos de corpos pós-biológicos imaginados até o momento sugerem algumas alternativas:

1. Corpo biológico com avatar digital. Em *Matrix*, esse "algo" é o conteúdo da mente, transferido para o ciberespaço via conexão telemática. Uma vez que essa transferência não é permanente, a sobrevivência desse "algo" passa a depender da integridade dos dois corpos (biológico e avatar), sofrendo ainda as limitações temporais do corpo biológico.

2. Corpo virtual tipo vírus digital, ou avatar desligado de seu corpo original. Um exemplo do primeiro caso seriam os *Agentes* de *Matrix*, que foram diretamente criados no computador. Os personagens da trama de *Vivendo no ciberespaço* ou Freddy Krueger são exemplos do segundo caso, embora Freddy não seja digital. Esses constructos superam as limitações temporais do corpo biológico, uma vez que perderam sua conexão com ele (se é que jamais tiveram). Enquanto dados digitais, atuam somente no ciberespaço e podem tanto ocupar um endereço específico, localizado na memória de um computador, quanto — como no caso dos vírus — estar distribuído na e pela rede. Os vírus têm uma vantagem sobre arquivos localizados, uma vez que, devido à sua capacidade de auto-reprodução e distribuição, não podem ser facilmente deletados. Em ambos os casos (avatares ou vírus), sua integridade depende da existência das redes e dos bancos de dados que contêm seu código.

3. Corpo robótico habitado por uma mente "transmigrada" (Moravec, 1988:108) de um corpo biológico. Em seu livro *Mind children*, Moravec propõe um experimento mental no qual, através de um sofisticado processo cirúrgico, a mente é transferida de um corpo biológico para um corpo robótico. Esse processo consiste na duplicação da estrutura química e funcional dos neurônios do cérebro de um paciente através da implementação de um programa computacional — uma simulação que é um modelo exato do cérebro biológico original. Durante este procedimento, executado por um robô neurocirurgião, o cérebro é "scaneado", camada por camada. A precisão da duplicação de cada camada de neurônios é testada pelo cirurgião e pelo paciente, e depois disso removida. No final do processo, o corpo biológico é abandonado e morre, enquanto a simulação é transferida para um novo corpo, "do estilo, cor e material de sua preferência" (Moravec, 1988:110).

REFERÊNCIAS BIBLIOGRÁFICAS

ASCOTT, Roy (1995). "Cultivando o hipercórtex". *Arte no século XXI: a humanização das tecnologias*, Diana Domingues (org.) (1997). São Paulo: Unesp, 336-344.

COTTON, Bob e OLIVER, Richard (1994). *The cyberspace lexicon: an illustrated dictionary of terms from multimedia to virtual reality.* London: Phaidon.

DAVIS, Erik (1995). "Tecnopagans: may the astral plane be reborn in cyberspace". *Wired* 3.07: 127-133, 180-181.

DERY, Mark (1995). *Velocidad de escape: la cibercultura en el final del siglo.* Madrid: Siruela.

GIBSON, William (1984 [1991]). *Neuromancer.* São Paulo: Aleph.

HOFFMEYER, Jesper (1998). "Semiosis and living membranes". *I Seminário Avançado de Comunicação e Semiótica*, 9-19.

KELLY, Kevin (1989). "An interview with Jaron Lanier". *Whole Earth Review*, Fall, 108-119.

LAUREL, Brenda e MOUNTFORD, Joy (1990). "Introduction". *The Art of human-computer interface* design, Brenda Laurel (ed.). Massachusetts: Addison-Wesley, xi-xvi.

LEARY, Timothy, METZNER, Ralph e ALPERT, Richard (1964). *The psychedelic experience, a manual based on the tibetan book of the dead.* Versão *on line* http://www.hyperreal.org/drugs/psychedelics/leary/psychedelic.html.

MCLUHAN, Marshall (1969). "Playboy Interview". *Playboy*, mar.

MORAVEC, Hans (1988). *Mind children: the future of robot and human intelligence.* Cambridge: Harvard University Press.

NÖTH, Winfried (1998). "Comments on Jesper Hoffmeyer's 'Semiosis and living membranes'". *I Seminário Avançado de Comunicação e Semiótica*, 21-23.

RHEINGOLD, Howard (1991). *Virtual reality.* New York: Touchstone.

ROSZAK, Theodore (1969). *The making of a counter culture.* New York: Anchor Books.

SANTAELLA, Lucia (1999). "Cultura tecnológica & o corpo biocibernético". Neste volume. Versão *on line* http://www.pucsp.br/~cos-puc/interlab.

SHAVIRO, Steve (1996). "An introduction to MUDs and MOOs". *The Stranger*, May 1-7. Versão on-line http://www.dhalgren.com.

SIMMONS, Michael (1983). "Cheerleader for change: the Timothy Leary interview". *Heavy Metal*, out., 43-46.

STENSLIE, Stahl (1994). "Cyberotics". Versão *on line* http://sirene.nta.no/stahl/txt/cyberotics.html

STONE, Rosanne Allucquère (1995). *The war of desire and technology at the close of the mechanical age.* Cambridge: MIT Press.

STRYKER, Susan (1996). "Sex and death among the cyborgs". *Wired* 4.05, 134-136.

Apoio: FAPESP — Fundação de Amparo à Pesquisa do Estado de São Paulo.

O DESERTO DAS PAIXÕES E A ALMA TECNOLÓGICA*

Diana Domingues

O cenário contemporâneo é um deserto de paixões e um excitante mundo virtual das memórias eletrônicas. Nossa consciência experiencia uma ruptura do excesso numa situação dialética: o cheio e o vazio simultaneamente. Eu estou retomando a metáfora contemporânea do deserto[1] que resulta da morte das ideologias neste mundo onde as paixões políticas, públicas e privadas perderam sua força dramática.[2] Mas, no deserto, nós também temos experiências iniciáticas. Na mesma direção, ao conectar mundos virtuais, vivemos o vazio do real e as múltiplas opções dos dados. Interagindo, o objeto de nossa paixão está em deslocamento. Partilhamos desejos, crenças e valores. Cultivamos o espírito humano durante conexões efêmeras em um contexto fluido. O sentimento pós-biológico é uma simbiose da vida artificial e natural. As tecnologias interativas são corpos sintéticos que sentem em nosso lugar e nós sentimos diferentemente com elas. Quando estamos conectados por interfaces, o sangue tem a mesma importância que a corrente elétrica. "O homem exaurido está recebendo uma alma tecnológica".[3] As memórias eletrônicas oferecem uma existência exterior com propagações do eu no interior de circuitos eletrônicos. Os limites entre exterioridade e interioridade ficam abalados. As memórias externas nos transformam em seres potenciais para existir fora de nós mesmos. Entretanto, os atos de ler, escrever, gravar e conectar não são somente a expressão de nossa subjetividade. É uma maneira de nos perdermos a nós mesmos. Conectados nós estamos em estados de passagem, num trânsito[4] de alguma coisa para outra coisa estranha e diferente. O real está neste intervalo, em uma instância elíptica. Esta é uma experiência enigmática de TRANS-E.

Como artista, em minha recente série de trabalhos "TRANS-E",[5] exploro as interações do corpo com as tecnologias. Ofereço instalações interativas para as pessoas experimentarem propagações de consciência numa simbiose da vida orgânica e inorgânica. As instalações interativas são "ambientes vivos" que respondem à participação das pessoas numa experiência sensível mediada por tecnologias. Interfaces e circuitos eletrônicos recebem e transmitem dados, e o corpo imerso nestes ambientes sensorizados tem seus sentidos digitalizados. Assim o corpo, como nosso aparato sensorial, experimenta um circuito de *trompe les sens* pelas várias conexões dos sentidos e as possibilidades do sistema com o qual interage. Minhas instalações interativas são

---

*) Artigo publicado originalmente na *Digital Creativity*, v. 9, UK, Swets & Zeitlinger, 1998 ("The desert of passions and the technological soul").

1) Estou me referindo a filmes onde a imagem do deserto é usada abundantemente: *Telma e Louise*, *Bagdá Café*, *Paris Texas*, *Profissão repórter*, *O céu que nos protege*.

2) *"O deserto das paixões"* foi a abordagem de um seminário realizado por Ligia Cademartori sobre a imagem poética contemporânea (Universidade de Caxias do Sul, RS, Brasil, 1992).

3) *"A alma tecnológica"* é uma expressão usada por René Berger na sua intervenção "De la communication à la réalité virtuelle", ARTMEDIA, Università di Salerno, Itália, 1992

4) Veja-se o filósofo italiano Mario Perniola e suas teorias estéticas sobre a "coisa" e "trânsito", *Transiti*, Capelli Edit., Itália, 1988 e *Enigmi*, Edizioni Costa & Nolan, Genova, Itália, 1990.

5) As recentes instalações de Diana Domingues são: "TRANS-E, my body, my blood" 97/99, TRANS-E, The body and the technologies, 94-95.

ambientes sensorizados para a aquisição e comunicação de dados onde interfaces eletrônicas, redes neurais ou outro tipo de sistema de programação têm comportamentos inteligentes ao receber e gerenciar sinais emitidos pelo corpo. As redes neurais tentam simular o sistema neurológico humano. Mesmo que ainda sendo bastante simplificadas, podem lidar com problemas não-lineares por meio de algoritmos. A rede reconhece alguns padrões e interpreta sinais dos sistemas biológicos e os traduz em paradigmas computacionais.

A realização do trabalho exige intensa colaboração entre artistas, cientistas e técnicos das ciências da computação e da automatização industrial.[6] Nessa relação compartilhada, definimos o comportamento dos sistemas. É fascinante poder capturar forças invisíveis e controlar fenômenos físicos quando se define a "vida" dos ambientes. Nessa direção, meus mais recentes trabalhos têm pontos sensorizados que capturam e enviam os sinais do corpo ao computador, o qual define as seqüências que vão aparecer na sala. As redes neurais, programação computacional que gerencia as imagens e sons guardados nas memórias, decidem quando e quais imagens mudam, pois elas interpretam a ação dos participantes em suas idas e vindas na sala. Poeticamente, as instalações propõem um espaço onde as pessoas podem ter "alucinações virtuais" mediadas por tecnologias. As respostas do sistema nos colocam em limites sensoriais que não podemos experimentar sem as tecnologias. Os sistemas interativos estão aumentando nosso campo de percepção. Com as visões que recebemos na instalação, experimentamos estados modificados de consciência guiados pelas tecnologias digitais que eu chamo de "*trans-e eletrônico*".

Através de sistemas interativos, ofereço transes eletrônicos num espaço que simula uma caverna,[7] ou numa sala escura com imagens luminosas que surgem nas paredes. Diz-se que nas sociedades primitivas as pinturas das paredes são trabalhos feitos por xamãs cujos estados alterados de consciência lhes conferem poderes para se comunicar com o além e intervir no mundo real porque podem dialogar com os espíritos. Da mesma maneira, na instalação TRANS-E: meu corpo, meu sangue,[8] o corpo conectado a interfaces se desloca no espaço sensorizado e experimenta um ambiente imersivo onde o corpo inteiro está em diálogo com as memórias eletrônicas do computador, determinando a vida do ambiente.

Na instalação, tento simular transes eletrônicos através de sistemas interativos que nos conferem poderes xamânicos pois nos colocam em diálogo com dados invisíveis de memórias computadorizadas. As trocas com o sistema devolvem-nos respostas em tempo real. Crio instalações onde as pessoas podem ter "visões" além do real, recebendo poderes xamânicos das tecnologias interativas que lhes permitem modificar a pedra da parede virtual de uma caverna com imagens projetadas e em constante mutação. Segundo teorias de estudiosos,[9] há lugares específicos onde o xamã experimenta transes, e um desses lugares é a caverna onde ele se encontra com os espíritos. Isto porque o xamã acredita que a pedra tem um poder especial. Para o xamã, as paredes

---

6) O Grupo de pesquisa integrada NOVAS TECNOLOGIAS NAS ARTES VISUAIS da Universidade de Caxias do Sul/ CNPq — FAPERGS que realizou as últimas instalações em 1997-1999 é formado por Diana Domingues, coordenadora e diretora de criação; apoio técnico do laboratório: Tatiane Tschoepke Fonseca; informáticas software e redes neurais: Andre Adami, Bruna Paula Nervis, André Luiz Martinotto, Gelson Reinaldo, Edgar Stello Jr, Gustavo Lazzarotto; automação industrial LTP/UCS: Eng. Getúlio Martins Lupion, Mateus Mugnol, Linton Alves, Andre Luiz Bridi; imagens/ produção multimedia: Tatiane Tschoepke Fonseca, Carine Soares Turelly, Lilian Maschio, Edson Salvati; assessoria de apoio: Mara Galvani.

7) *TRANS-E my body, my blood.* Instalação Interativa ISEA 97, Chicago e GAU — Galeria de Artes da Universidade de Caxias do Sul, 1998.

8) Idem, ibidem.

9) Entre outras referências cite-se um dos textos consultados, apud Libération. "A pintura dos magos das cavernas" *Folha mais! Folha de S. Paulo*, 8 dez. 1996, São Paulo.

das cavernas estão vivas e agem como um véu entre o mundo real e o mundo dos espíritos. Durante os estados de transe, os xamãs têm seqüências de visões que brotam da pedra. Suas visões são como imagens iluminadas que surgem nas paredes. Os xamãs, quando estão falando com os espíritos, intervêm no mundo real e as visões são materializadas através de desenhos. Tais desenhos, por sua vez, vão estimulando o recebimento de outras visões. Assim, de maneira semelhante aos xamãs, os participantes da instalação têm a possibilidade de intervir fisicamente nas imagens gerando outras imagens diferentes em tempo real, o que modifica o ambiente. Ao trocar as imagens a partir do poder recebido das tecnologias eletrônicas que permitem acessar o banco de imagens guardado no computador, o participante dialoga com o "além" das memórias invisíveis do sistema. Imagens diferentes vão aparecendo em tempo real durante as interações e vão dando vida ao ambiente. Na instalação, as tecnologias interativas materializam os dados invisíveis em conexões efêmeras. Conectados, os participantes têm visões onde o real-virtual está em estado de emergência e podem entrar em mundos irreais e visionários. Afirma-se que os xamãs usam seus poderes para libertar os outros de enfermidades, trazer chuva e, principalmente, para estabelecer a harmonia do grupo. Em minha instalação, estimulo comportamentos psíquicos através das tecnologias digitais que permitem distanciarmo-nos do mundo real. Ofereço o espaço da arte para que se conecte a energia psíquica durante propagações de consciência nas quais novas identidades podem emergir.

Três situações diferentes e simultâneas são geradas pela ação dos corpos em tempo real. As imagens mudam, um líquido vermelho se mexe dentro de uma bacia como uma oferenda à vida e o som das batidas de um coração se altera. No fundo da sala, uma parede curva iluminada mostra metamorfoses em inscrições rupestres da Pedra do Ingá, no Norte do Brasil. A instalação é dividida em três situações para simular três fases diferentes do transe de um xamã. Abordagens teóricas referentes às três fases informam que o xamã pode experimentar três níveis de transe. No primeiro estágio do transe, somente ocorrem sensações luminosas, e as mutações se processam num caminho neurofisiológico. Aparecem brilhos, cores, cintilações, flashes de luz, pontos, desvanecimentos das formas em fusões as mais diversas. A mente é estimulada por essas imagens, e todas as pessoas têm as mesmas sensações. As imagens dependem somente do aparato biológico e não têm nenhum peso cultural e simbólico. No segundo estágio do transe, o xamã experimenta imagens carregadas de significado religioso e emocional. Em minha instalação, o participante interage com cruzes, cálices, espadas, serpentes e outros símbolos cuja interpretação depende do *background* cultural de cada pessoa. As imagens chamam por experiências pessoais armazenadas ao longo da vida. As mutações invocam dados da religião, geografia, circunstâncias étnicas, políticas e sociais e mudam de acordo com hábitos, emoções e outras experiências individuais. Muitos mundos podem aparecer nas mentes dos participantes. No terceiro estágio, o xamã experiencia o nível mais profundo do transe. Nesse momento, o xamã entra em uma espécie de turbilhão. É quando acontecem as alucinações virtuais mais surpreendentes. O xamã se identifica com animais, é atraído por luzes, fenômenos naturais, vulcões, água, céu, planetas, aparecem e o imergem num tipo de redemoinho alucinante. Em meu trabalho, essas imagens surgem misturadas com visões viscerais de cenas capturadas no interior do corpo, e o participante pode ser levado a identidades efêmeras distorcidas.

Na instalação, as alucinações, administradas por redes neurais, são feitas por imagens digitais e imagens sintéticas hibridizadas e oferecem mutações através de anamorfoses, colorizações, trocas de brilho ou outro efeito visual. As imagens se alternam pelas decisões da rede neural. As metamorfoses das seqüências de imagens e sons são resultantes do comportamento dos corpos capturados pela sensibilidade dos sensores instalados no chão os quais transmitem os sinais do corpo às máquinas. As variáveis que determinam o comportamento do sistema são: a localização espacial, o tempo de permanência e o número de pessoas que estão sobre o tapete sensorizado. Os pontos enviam os sinais de cada estágio, e a arquitetura da rede neural com suas sinapses apreende alguns padrões do comportamento dos participantes, manipula esses dados e provoca "visões" na sala, numa experiência enigmática de TRANS-E.

Em "OUR HEART",[10] tento criar momentos poéticos de percepção sensível do corpo humano escrutado por tecnologias médicas das mais avançadas. Ofereço ecografias em uma sala fechada onde são projetados os gráficos de bombeamentos de um coração, em pleno funcionamento, gravados durante um escaneamento por ultra-som. As ecografias são tecnologias de alta performance que nos deixam ver e ouvir mundos do corpo humano nunca antes revelados. O lado avesso do corpo é posto na cena.[11] Andando na instalação, estamos imersos no fluxo cardíaco e podemos caminhar entre as membranas do coração. Estamos dentro de um coração luminoso que oferece grandes paisagens cardíacas projetadas nas paredes transparentes. Na instalação, podemos viver nos mais secretos e íntimos territórios do corpo humano. O participante se desloca dentro da sala com uma interface sobre o corpo. Usando esse dispositivo de captura, seu coração envia sinais para o coração virtual. As interfaces capturam e transmitem os sons do corpo que são entendidos por um software que devolve metamorfoses das imagens nas grandes paisagens cardíacas que fecham a sala. No interior do sistema, uma programação computacional, especialmente calculada, administra e mostra jogos de imagens provocados por sinais do corpo, como a freqüência cardíaca do participante, os quais se convertem em sinais gráficos que alteram as paisagens do coração. A aquisição e comunicação de dados são feitas por telemetria dos sinais elétricos do corpo. Os sinais são recebidos pelo computador onde são digitalizados e processados. A análise do sinal extrai parâmetros, como freqüência, amplitude e o conteúdo espectral do sinal de audio. Esses parâmetros são usados para modificar as imagens que vão mudando formas em variáveis topográficas com brilhos, intensidades e cores que nascem na ecografia primeira. As mudanças ocorrem de acordo com o algoritmo selecionado para processar a imagem. Nessa situação de total conectividade entre o corpo e as tecnologias, o diálogo dos sistemas biológicos e artificiais provoca a vida do ambiente. As ecografias que recebem os sons internos de cada interagente se transmutam em variáveis que obedecem às características do ritmo cardíaco de cada corpo. Durante as interações, surgem paisagens do coração que nunca serão as mesmas, num processo de comunicação-descomunicação. Cada participante tem determinado tipo de metamorfose que somente seu corpo pode produzir no diálogo com o coração virtual. Todo o processo de comunicação é controlado pelos sinais internos e invisíveis dos corpos que andam na sala. O computador sai de seus estados de lógica e vive a vida do outro coração pelos sinais biológicos que comandam sua lógica interna. O artificial obedece o biológico de um corpo em ação. Esse corpo, por sua vez, tem um *feedback* a partir do virtual tecnológico que reorganiza *o* processo biológico. Portanto, *bio-feedbacks* interagem com *bio-techno-feedbacks.* O corpo vive desdobrando-se fora de si mesmo durante as conexões.

Não estou interessada em coisas acabadas. Prefiro acidentes, mutações. Minhas instalações propõem que as tecnologias interativas estão alargando nosso campo existencial e mudando nossa auto-imagem. As interfaces são corpos sintéticos e, conectadas ao nosso aparato sensorial, recebem e devolvem para nós as sensações mais maravilhosas. Quando estamos conectados, nosso corpo experimenta um processo

---

10) Instalaçãoe interativa (*work in progress*).

11) Veja-se catálogo da exposição TRANS-E — O corpo e as tecnologias, Galeria de Arte do Séc. XXI, Museu Nacional de Belas Artes, Rio de Janeiro, com texto de Lucia Santaella e entrevista com Rogério Costa, Educs, 1995.

complexo de mutações, imprevisibilidades e dissipações que nos propiciam novas identidades.

Cada instalação interativa propõe uma forte dimensão comportamental da Arte Interativa. Na concepção poética do trabalho e na determinação do comportamento do sistema que gera as características para o ambiente, pretendo criar situações que manipulam o "sublime tecnológico"[12] ou o absolutamente grande, nossa condição física e limites ampliados pelas tecnologias. Nosso aparato biológico recebendo poderes ultra-humanos.[13] A Arte Interativa realmente está humanizando as tecnologias. Ver, tocar, experimentar algoritmos, ondas infravermelhas, capturar forças invisíveis dando-lhes visibilidade, checar leis orgânicas nos dão muitas experiências de propagação de consciência em uma simbiose da vida orgânica-inorgânica nesta era pós-biológica.

As tecnologias incorporam vestígios do mundo biológico tais como plantas, sinais do corpo humano, gestos, fala, respiração, calor, ruídos naturais, água e assim por diante são traduzidos em paradigmas computacionais. Tocar, respirar, caminhar, experimentar algoritmos, ondas infravermelhas nos confere o poder de lidar com forças invisíveis durante muitas experiências de propagação de consciência. Os sistemas eletrônicos capturam essas forças invisíveis, quando aprendem certos comportamentos, controlando e manipulando fenômenos físicos. Acredito que, em breve espaço de tempo, cada vez mais serão facilitadas interfaces biológicas, como próteses permanentes a serem colocadas sobre e/ou internalizadas em nossos corpos e assim nós estaremos reinventando nossas vidas e a derradeira natureza de nossa espécie.[14]

---

12) Veja, de Mario Costa, *O sublime tecnológico* (São Paulo: Experimento, 1994).

13) Idem, ibidem. Veja referências feitas por Mario Costa ao conceito de "ultrahumano" de Teilhard de Chardin.

14) Veja netsymposium fleshfactor@aec.at Sherman, Tom moderador, ARS ELECTRONICA, 98. Date: Sun, 1 jun 1997 14:43:33 From: Diana Domingues <diana@visao.com.br> Subject: mechanistic baggage.

ARTE CONTEMPORÂNEA E CORPO VIRTUAL

Katia Canton

O CONTEXTO

A chamada era da modernidade, que se localiza fluidamente do final do século XIX e se estende até os anos 1980, gerou movimentos como o cubismo, o futurismo, o dadaismo, o surrealismo, o expressionismo abstrato ou o minimalismo. Como ponto em comum, esses projetos de vanguarda procuravam romper com a história, a tradição, o individualismo autoral, os aspectos narrativos que "banalizavam a arte", buscando uma espécie de pureza estética e conceitual que pudesse transcender a mera representação e alcançar uma expressão sintética, depurada, redentora em um panorama de crises sociais — guerras mundiais, conflitos, crises econômicas — que marcaram o século XX.

Esse projeto modernista toma corpo através de experiências e pesquisas que levam à abstração e permeiam diferentes contextos, articulados por artistas como Kandinsky, Picasso e Braque, Malevich e os construtivistas russos, Mondrian e o grupo De Stijl, concretos e neoconcretos brasileiros. Nos anos 60-70, essa atitude culmina, nos Estados Unidos, com o minimalismo na arte de Donald Judd, Robert Morris, Richard Serra, Dan Flavin, Sol Lewitt, Carl Andre; com a nova dança do grupo Judson Memorial Church, formado por Yvonne Rainer, Tywla Tharp, David Gordon, Trisha Brown, Laura Dean, Steve Paxton, Lucinda Childs; com a música de Steve Reich e Philip Glass.

Esses projetos formam uma arte da negação, uma arte analítica, que reage à narrativa, ao academicismo, ao drama e ao expressionismo, realçando os aspectos formais e funcionais da arte, materializando uma preocupação com a abstração e a austeridade.

Esse espírito do tempo foi emblematizado no livro da filósofa Susan Sontag *Against interpretation* clamando que a arte estabelece um valor *per se*, suficiente por suas características visíveis, táteis e auditivas, liberando-a de interpretações críticas, implicações autorais e históricas.

O slogan dessa arte analítica, "Menos é mais", é sugestivamente ilustrado por uma declaração-manifesto, escrita pela coreógrafa e cineasta Yvonne Rainer, em 1965, e intitulada "Manifesto de renúncia":

> Não ao espetáculo, não ao virtuosismo, não à transformação e magia e ao faz de conta, não ao *glamour* e à transcendência da imagem da estrela, não ao heróico, não ao anti-heróico, não ao lixo metáfora, não ao envolvimento do intérprete ou do espectador, não ao estilo, não ao camp, não à sedução do espectador pelos artifícios do intérprete, não à excentricidade, não ao mover ou comover, não a ser movido ou comovido (Yvonne Rainer, *The drama review*, Nova York (30): 168, Winter, 1965).

A idéia era retirar do espectador a possibilidade de se identificar com a narrativa, desconectando-o de um nível de identificação, de relacionamento com a obra a ponto de imprimir-lhe significado.

Hoje, em oposição a essas experiências, o uso consistente da narrativa tornou-se progressivamente uma âncora para a representação.

Um panorama de transição entre os anos 80 e 90 prepara o terreno internacional para uma série de mudanças que terão forte impacto na formação artística da nova geração e passarão a compor as bases para um novo mundo: as corporações e o anonimato estruturam as relações em um mundo globalizado; a queda do muro de Berlim e o final do comunismo reajustam as estruturas políticas mundiais; a Aids, o Ebola e outros vírus fatais desafiam um mundo que parecia dominado e controlado pela ciência; a física quântica, o projeto genoma e as clonagens de DNA relativizam conquistas científicas e apresentam ao mundo uma estreita ligação entre arte, ciência, tecnologia e espiritualidade. A Internet e seus desdobramentos virtuais constróem promessas de núcleos cibernéticos de vida e reafirmam o conforto doméstico dos contatos humanos à distância.

A importância dada à moda, ao mundo das aparências e "atitudes", aliado a uma tecnologia sofisticada de cirurgias plásticas, aparelhos de ginástica, vitaminas, fazem do corpo um novo campo de experimentações. Uma postura *underground* de vanguarda, que caracterizava o mundo moderno, é substituída pela atitude da celebridade que, no mundo pós-moderno, transfere o foco da fama da produção para o produtor, da obra para o autor. Num mundo superfaturado de informações, o meio não é mais a mensagem. A mensagem torna-se o próprio emissor.

A esse panorama costura-se uma consideração fundamental para a produção artística que se desenvolve nos anos 80-90: a noção de que a originalidade da criação não passa de um mito. O conceito, discutido pela crítica norte-americana Rosalind Krauss em seu livro *The originality of the avant-garde art and other modernist myths* (Cambridge, MIT Press, 1988), alastra-se com as noções e práticas pós-modernas, ligadas a uma atração pelo passado, pela memória, pelas convenções e clichês.

Para Krauss, a busca de originalidade e autenticidade estão sendo progressivamente engolidas e perdem seu lugar e sentido em um mundo gerado pela informação midiática e pela reprodutibilidade virtual.

O CORPO CONTA UMA HISTÓRIA

A resposta de uma geração de artistas contemporâneos à instabilidade das buscas de originalidade e das experimentações que marcaram a arte modernista é reancorar suas formas de expressão em algum tipo de narrativa, que possa reinstaurar sentido e reaproximar o espectador da obra.

Particularmente partir dos anos 90, uma nova narrativa e uma procura individual e autoral de expressão tomam conta das preocupações desses artistas, em sua tentativa de devolver à arte um sentido socialmente simbólico, político e espiritual.

A artista norte-americana Barbara Kruger, afirma em uma entrevista publicada na revista *Art in America*, em 1997, que: "Fazer arte é materializar sua experiência e percepção sobre o mundo, transformando o fluxo de momentos em alguma coisa visual, textual ou musical. Arte cria um tipo de comentário".

Artistas contemporâneos hoje buscam comentar a vida. E utilizam o testemunho pessoal e íntimo como via de aproximação mais imediata com o público.

Na construção desse jogo de sentidos, o corpo passa a ser muitas vezes o grande palco ou a grande tela de expressão, materializando comentários sobre sexo, morte, religião, decadência e espiritualidade. Sua memória torna-se um bem valioso e incomensurável de riquezas afetivas, que o artista oferece ao espectador com a cumplicidade e a intimidade de quem abre um diário.

Esse corpo é um corpo mutante, virtualizado, simulacro das descobertas da ciência, da solidão que assola a vida urbana, do clichê e da réplica, do sentido que se instaura de sua própria ausência, nos excessos de informação que se espalham pelos espaços informatizados do mundo pós-industrial.

O corpo da arte contemporânea desmaterializa o lugar de fisicalidade e intimidade do corpo físico e orgânico, para transformá-lo em um corpo de simulacros. Nele, questões como identidade e sexualidade se expandem. Saem do âmbito individual para abarcar uma universalidade virtual, globalizada, tingida por matizes de um mundo cibernético.

O corpo dessa arte pós-moderna não mais representa. Ele apresenta. Orquestra um jogo multifacetado de conteúdos, manipula materialidades e emoções e, finalmente, escapa de suas conexões mais imediatas com a realidade, assumindo contornos rarefeitos, etéreos, artificias, simulados, muitas vezes, irônicos.

Para Barbara Kruger, o corpo, particularmente o corpo feminino, que ela escolheu como moldura para suas produções híbridas de texto-imagem, é um campo de batalha. E para articular seus discursos com uma narrativa enviesada e dramática, ela recicla imagens de fotos de mulheres em preto-e-branco, retiradas de revistas femininas ou jornais dos anos 50 e as sobrepõem com frases escritas sobre tarjas vermelhas. É da ambigüidade resultante entre uma imagem e sua respectiva frase que surge o impacto do trabalho dessa artista.

Exemplos: a frase "*Are we having fun yet?*" (A gente já está se divertindo?) se contrapõe às mãos escondendo um rosto, inspirando desespero. Ou "*Deus manda a carne e o Diabo cozinha*" se confronta à imagem de um garfo espetando bacon, carne que funciona como elemento emblemático da cultura americana dos excessos. Ou ainda "*Ponha seus olhos de volta na sua cabeça*", que exibe um homem colocando uma lente de contato nos olhos de uma mulher. Um processo que é naturalmente usado por milhares de pessoas torna-se aqui um processo com tons de violência. É uma mão masculina que impõe o olhar feminino.

Cindy Shermam, também artista norte-americana, tem uma formação como artista plástica, fotógrafa e performática. Sherman cria miríades de imagens a partir de sua própria identidade. Como replicante de um espelho, recria a própria imagem em séries temáticas que vão abordar sempre a idéia do artifício.

Em uma de suas primeiras séries, realizadas a partir do início dos anos 80, ela recria, em preto-e-branco, os clichês das imagens, dos protótipos femininos dos filmes B. Usa perucas, engorda, emagrece, tinge o cabelo. Sofistica essa utilização de aparatos corporais que, por outro lado, mesmo encorporando personas, revelam o próprio artificialismo.

Outra série importante no trabalho de Cindy Sherman é a série chamada *História da arte*, em que a artista discute a noção de da obra prima, do confronto entre original e réplica e o questionamento sobre por que são consideradas intocáveis certas imagens de obras de arte. Para isso, Sherman reconstruiu artificialmente cenas retiradas de pinturas célebres. Elas são sempre modificadas, mas pode-se reconhecer a "falsificação" de obras de Velasquez, Davi, Ingres.

A artista não procura simplesmente criar personagens ou replicar obras e imagens. Seu trabalho recria acusando o processo, apontando deliberadamente para o simulacro.

Para a realização de seus trabalhos a artista assume múltiplas personas. Usa um nariz pontudo ou um par de peitos fartos, em prótese, veste uma peruca encaracolada, exibe maquiagem carregada e roupas de época. Escancara o corpo-alteridade.

Progressivamente, a partir de meados dos anos 90, Sherman começa a inserir o corpo em um universo abjeto, repleto de lixo, violência e decadência. Aqui, sua obra plástica assume tons comparados ao do trabalho cinematográfico de Quentin Tarantino. Nessas novas séries, o corpo de Sherman aparece em fragmentos, aos pedaços, que cada vez se dissolvem em cenários misturados a máscaras de velhos, com esqueletos, corpos de bonecas, lingüiças que replicam órgãos masculinos, ossos e restos de comida.

Jenny Holzer, norte-americana, é artista do corpo virtual.

Seu corpo é rarefeito. Materializa-se apenas através do discurso, do texto, da escritura.

Holzer coloca suas frases intrigantes em locais públicos, que incluem boletins informativos de edifícios, *outdoors* de cassinos, projeções em ruas que se confundem com publicidade, bancos de praças e até túmulos.

Seus conteúdos confrontam uma voz pessoal, íntima, com clichês e discursos anônimos, extraídos da mídia. A mistura é inquientante, produzindo frases como:

> "Proteja-me do que eu quero"; "Vá aonde o povo dorme e veja se ele está a salvo"; "Divirta-se, já que você não pode mudar nada". Ou ainda, "Falta de carisma pode ser fatal".

A artista cria frases que emblematizam um corpo em *off*, que aludem à vida e à morte com uma contundência repleta de estranhamento e fisicalidade. Embora ausente, esse corpo em forma de voz, entoando argumentos imperativos, clama visceralidade.

Outro tipo de abordagem de um corpo simulacro é a do artista Jeff Koons, que faz da auto-exposição, do narcisismo e da ironia potentes sistemas de um comentário sobre a sociedade contemporânea.

O artista utiliza uma série de aparatos considerados kitsch, como bibelôs, cujos temas são muitas vezes ícones da cultura pop. Um desses bibelôs, de um metro e meio de altura, monumentalmente erguido como uma estátua, e pintado em branco e dourado, intitula-se *"Michael Jackson and Bubbles"*, um macaco que é de fato animal de estimação do cantor pop norte-americano.

Koons tornou-se um dos mais conhecidos artistas norte-americanos, a partir de 1991, por meio de uma exposição polêmica, realizada na galeria Sonnabend, em Nova Iorque. Nela, o artista detalhava, através de painéis fotográficos gigantes, atos sexuais que ele realizava com a então mulher, a atriz pornográfica italiana Cicciolina (o casamento fez parte do trabalho). Alguns elementos retirados das fotos, como o busto do artista ou da atriz, assim como o cachorrinho de estimação do casal, tornaram-se estátuas de gesso e vidro, espalhadas pelo espaço da galeria.

Na linhagem do corpo simulacro, na confusão dos limites entre identidade e alteriade, a artista francesa Orlan torna-se o mais radical emblema. A artista se submente a diversas cirurgias plásticas no rosto, para ficar parecida, respectivamente, com personagens como a Mona Lisa, de Da Vinci, assim como mulheres de Rafael ou Boticelli. Filmadas, as cirurgias se tornam performances em que horror se mescla à curiosidade; atração torna-se repulsa.

Sophie Calle, outra francesa, entremeia fotografia, vídeo e instalações na criação de um trabalho baseado no corpo — particularmente o corpo emocional. Suas obras unem arte à antropologia e um estudo sociológico em que a matéria-prima é sempre a experiência pessoal. Seu filme, *No sex last night*, de 1996, se materializa na sobreposição de "stills", imagens verdadeiras, filmadas em tempo real, de uma viagem da artista com um homem norte-americano por quem Calle está apaixonada. A viagem deles pelos Estados Unidos retrata-os em hotéis, bares, banheiros, locais de beira de estrada. Repetidas vezes, a câmera foca uma cama desarrumada, sob o comentário da artista: "no sex last night" (sem sexo a noite passada), montando um quadro de desilusão amorosa.

BRASIL: SENSORIALIDADE DO CORPO VIRTUAL

Artistas brasileiros contemporâneos, particularmente nomes que se destacam no panorama da arte nacional a partir dos anos 90, também manipulam o corpo em sua virtualidade.

Para esses artistas da nova geração, a grande referência é a mineira Lygia Clark

(Belo Horizonte, MG, 1920 — Rio de Janeiro, RJ, 1988), cuja obra inaugurou o sentido mais profundo da arte contemporânea no Brasil. Seu trabalho, que partiu do neoconcretismo, movimento de maturidade da arte moderna brasileira, foi aos poucos abandonando o objeto externo, construído — que tornaria a arte um fetiche — e trabalhando com materiais mundanos — sacos plásticos, areia, pedras, roupas, tecidos, cordas — colocados em movimento, ao serviço de experiências sensoriais, das verdades internas do corpo.

Os objetos relacionais, como eram chamados por Lygia Clark, foram usados, particularmente nos anos 70-80, para fins terapêuticos. Mas, no universo da arte, eles também lançaram bases fundamentais para a formação da obra da nova geração. No decorrer do tempo, tornaram-se uma das maiores referências para os artistas brasileiros — uma licença para a exploração de suportes e materiais, uma possibilidade de entender e encarar a arte como forma de comunicação sensorial, sensual, desprovida da necessidade de interpretações intelectuais; uma abertura para a abordagem íntima das vozes ou fantasmáticas do corpo. "Não é o corpo, mas a fantasmática do corpo que me interessa", dizia ela.

Nascida em Belo Horizonte, filha do bem-sucedido e rigoroso jurista Jair Lins, Lygia passou uma infância confortável, pontuada, no entanto, por crises íntimas e tensões familiares. Era tida como uma menina rebelde. Aos 18 anos, casou-se com o engenheiro Aluízio Clark Ribeiro, com quem foi morar no Rio de Janeiro e teve três filhos: Elizabeth, em 1941, Álvaro, em 1943, e Eduardo, em 1945.

Em 1947, foi estudar com Burle Marx, que considerará desde então seu mestre, particularmente pelas lições sobre liberdade, que Lygia saberá aplicar sem concessões. Três anos depois, entre 1950 e 52, ela vai a Paris estudar com Arpad Szenes e Fernad Léger. Lá, na Gallerie de l'Institute Endoplastique, ela faz sua primeira exposição individual, ainda em 1952.

Em 1953, já de volta ao Brasil, Lygia expõe suas obras abstratas na *II Bienal de São Paulo*. No ano seguinte, no dia 30 de junho, no Rio de Janeiro, participa da Primeira Exposição do *Grupo Frente*, juntamente com Aluísio Carvão, Ivan Serpa, Lygia Pape, João José, Silva Costa, Vincent Ibberson, Décio Vieira e Carlos Val. Dois anos depois, artistas como Frans Weissman e Hélio Oiticica — o último, amigo e cúmplice da artista — incorporam-se ao *Frente*, grupo de arte abstrata-geométrica, que surge em resposta aos excessos de racionalismo do grupo concreto paulista.

O *Frente* considerava que a abstração geométrica poderia ter "alma e corpo". Um dos fenômenos mais importantes do neoconcretismo, lançado pelo *Frente*, foi a adesão de escritores, autores da nova poesia neoconcreta. São eles Décio Pignatari, Haroldo de Campos e o crítico Ferreira Gullar, que escreve o *Manifesto neoconcreto*, em 1959, assinado por Lygia Clark e os demais artistas do movimento:

> A expressão neoconcreto indica uma tomada de posição em face da arte não-figurativa "geométrica" (neoplasticismo, construtivismo, suprematismo, escola de Ulm) e particularmente em face da arte concreta levada a uma perigosa exacerbação racionalista... Não concebemos a obra de arte nem como "máquina" nem como "objeto", mas como um quasi-*corpus*, isto é, um ser cuja realidade não se esgota nas relações exteriores de seus elementos...

Lygia Clark é a artista que conduz com mais radicalismo e consistência a transcendência do objeto reivindicada pelo manifesto.

A partir dos anos 50, ela já é consagrada como uma das maiores artistas brasileiras. Representa o Brasil em bienais, participa de grandes exposições internacionais e, em São Paulo, vence o Prêmio Aquisição, em 1957, e o Prêmio Escultura Nacional, em 1961, na IV e VI Bienais, respectivamente.

É nessa fase que sua obra passa da superfície bidimensional do quadro para ganhar a tridimensionalidade do espaço. Na verdade, o questionamento sobre modulações, volumes internos e espaços externos permanece durante toda a trajetória de Lygia Clark, das *Composições* para as *Superfícies moduladas*, em que a tela e a tinta a óleo são substituídos por chapas de madeira com tinta industrial, que retiram da obra a mão do artista, tornando-a neutra, universal.

A próxima etapa é a concepção dos *Casulos*, formados de placas de metal que se dobram sobre si mesmas, criando um espaço interno que faz pensar em um útero ou ovo. Casulos são objetos tridimensionais que ganham o espaço, mas ainda estão presos à parede, mantendo uma ligação com a idéia inicial do quadro. A partir daqui, os títulos das obras de Lygia, que eram abstratos como *Superfícies ou composições*, ganham nomes de seres vivos, da natureza, do mundo orgânico, vivo.

Já os *Bichos*, que se seguem, a partir de 1960, marcam uma evolução definitiva no percurso da artista: feitos também em metal, eles ficam soltos, no chão, e ganham dobradiças que garantem sua articulação. É como se os *Casulos* desabrochassem e ganhassem vida. Lygia Clark, com seus *Bichos*, irá convidar o espectador pela primeira vez para participar de sua arte. Reagindo contra a relação estática e fetichizada que se estabelece entre o artista (criador), sua obra (intocável) e o espectador (passivo), ela começou a colocar avisos ao lado de seus bichos: "Por favor, toquem nas obras".

Depois deles vieram os *Trepantes*. Aqui a artista substitui o eixo, a coluna dorsal das dobradiças por formas moles, arredondadas, que com maior flexibilidade e plasticidade se adaptam aos espaços. Feitos em metal e, posteriormente, em borracha, eles partem de uma fita de Moebius — fita contínua, sem dentro nem fora, a mesma fita da qual se constitui a obra *Unidade tripartida* de Max Bill, obra vencedora da *I Bienal de São Paulo*, que inspirou fortemente os artistas concretos brasileiros.

Essa mesma fita toma um decisivo passo adiante, com *Caminhando*, uma obra-performance. Ela implica o espectador cortar a fita de Moebius, de papel, torcê-la, puxá-la e criar seu próprio "caminho". É com essa obra, realizada inicialmente em 1963, que a artista rompe definitivamente com a noção de uma obra de arte material, externa.

"Não é o objeto mas o ato de caminhar que engendra a poesia", dizia. "A partir daí, atribuo uma importância absoluta ao ato imanente realizado pelo participante", explica ela que, a partir daí abre mão da autoria de sua obra, transformando o antigo espectador em autor.

Lygia Clark permanece, no entanto, no papel de artista. Mas não é o papel da artista que cria uma obra ou a executa. É a artista que propõe uma situação ou possibilita uma ação. "Nós somos os propositores: não lhe propomos o passado nem o futuro, mas o 'agora'", disse ela sobre o papel do artista.

Nessa linha de pensamento, seguem-se seus *Objetos relacionais*: *Luvas sensoriais, Diálogo de mãos, Máscaras sensoriais, Máscaras abismo, Natureza, Cesariana, Rede de elástico, Baba antropofágica, Óculos, Cabeça coletiva, Túnel, Ovo-mortalha*. São obras desprovidas de preocupações estéticas, feitas com materiais mundanos, insignificantes: um par de luvas de borracha, sacos plásticos cheios de pedras, água, ar; roupas costuradas, conchas, redes de tecido.

Entre 1968 e 1976, vivendo e trabalhando em Paris, Lygia Clark faz análise com Pierre Fedida e sessões de relaxamento com Mme. Karlizow. De volta ao Rio de Janeiro, em 1976, a artista começou a usar seus *Objetos relacionais* com fins terapêuticos. Nesse percurso de maturidade, Lygia Clark tornou-se *underground* simultaneamente como artista e terapeuta. Venerada por seus alunos-pacientes-seguidores, que costumavam trabalhar com suas obras experimentais e freqüentar sua casa, ela, no entanto, foi descredibilizada tanto pelo meio artístico quanto pelo meio psicanalítico. Hoje não há dúvidas de que se trata de uma das maiores artistas do século XX.

É a investigação do corpo que norteia a produção de Christiana Moraes (São Paulo,

1972), baseada em materiais e suportes múltiplos. Desenhos, objetos, gravura, escultura, performances são construídos como experimentações sobre a percepção do corpo humano. É aí que está a tangência de seu trabalho com o de Lygia Clark.

Christiana Moraes, também paulistana, constrói suas obras e as opera de forma catártica. Utiliza o próprio corpo ou um corpo humano, como registro de um feminino universal e, através dele, materializa um posicionamento crítico diante da vida e do mundo.

Suas construções não seguem a lógica do material, pois a artista se utiliza de uma variedade de suportes, do desenho aos objetos, apropriando-se de *readymades* como próteses de silicone, pratos, discos de freio, travesseiros e tecidos, muitas vezes carimbados com partes do corpo besuntadas de tinta. Sua consistência parte de um projeto conceitual, focado no corpo e, através de uma lógica de seriações e fragmentações, centrados nos aspectos emocionais, sociais e políticos do ser humano que habita esse corpo.

O trabalho de Lourdes Colombo (São Paulo, 1959) alude diretamente à sensibilidade feminina apresentada em sua sexualidade, sua vaidade, sua afetividade. É nessa escavação interior, baseada em um universo sensual e tratada ritualisticamente, que a artista se aproxima de Lygia Clark.

As obras de Lourdes Colombo, instalações construídas com múltiplos usos de materiais e suportes, tomam corpo como verdadeiras armadilhas de sedução, sutilezas e contradições emblemáticas de um universo feminino.

Anteriormente, a artista criava ambientes repletos de uma iconografia obsessivamente sexual, como mesas cobertas por lingerie vermelha e preta, penteadeiras abarrotadas de cosméticos e batons, almofadas brocadas de pérolas e cobertas por ursinhos de pelúcia. A domesticidade ligada ao universo feminino também tomava corpo em objetos como gaiolas de pássaros, explorando consistentemente a cor vermelha, e materiais como o veludo e as pérolas, que remetiam a órgãos sexuais femininos.

Suas máscaras, feitas de camadas de batom sobre o rosto, captam a essência de sua preocupação com o fetiche da feminilidade. Grossas camadas de vermelhos e rosas cobrem a face da artista, que assume a persona de atriz/performer/vítima. O efeito é dramático. Exala sexo, exuberância e violência. Provocam um estranhamento dentro do mundo previsível dos artifícios e clichês femininos. Em movimento, no colocar e tirar, as máscaras também aludem à dicotomia entre aparência e essência. No ato de demaquiar-se, a "casca" de batom abandona o rosto, que fica aparente, escancarado. O casulo do corpo é abandonado e a face fica à flor da pele.

A paulistana Del Pilar Sallum (São Paulo, SP, 1952) faz brotar do corpo aspectos de solidão e memória. Em sua série *Ataduras*, molda fios metálicos, obsessiva e espessamente, ao redor de seus dedos e mãos. Desse modo, eles se transformaram em suportes. Fios moldados, enrolados e ocos, eles se tornaram esculturas sobre o vazio, a solidão, a memória da fisicalidade que as produziu. Esvaziado do conglomerado metálico, o corpo da artista se desintegra, vira passado. As esculturas produzidas tornam-se então receptáculos de memórias, recipientes de lembranças, casulos nulos de vida.

Em seus trabalhos de vídeo-performance, a ação de enrolar e desenrolar os fios que se repete incessantemente torna-se um prolongamento do corpo — mais especificamente, das mãos — escolhido consistentemente pela artista como veículo para a construção de um trabalho intimista e constrangedor.

Aqui, o processo que se realiza no tempo não chega à lugar algum, estabelecendo uma narrativa circular. A temporalidade do enrolar/desenrolar é aprisionada, como uma melodia sobre o vinil riscado. A repetição da ação ziguezagueante determina uma relação onde qualquer vestígio de causalidade se apaga. Dessa translucidez da cena, emerge uma relação esquizofrênica: pela repetição, nos tornamos íntimos e cúmplices deste enrolar/desenrolar operados por uma mão autista.

Com nossos olhares, desencantados com a narrativas lineares propostas pelos sistemas de produção, estabelecemos uma identificação promíscua com aquele corpo compulsivo, desprovido da possibilidade de escapar de sua vazia e incessante trajetória.

O carioca Alexandre da Cunha utiliza o próprio corpo apenas como ponto de partida para a criação de objetos escultóricos. Moldadas a partir de suas pernas e braços, os trabalhos feitos em argila crua e untados com óleo, recoberto por tinta branca ou pedaços de látex recebem, pouco a pouco, um tratamento os que aproxima de formas sexuais. Uma vulva, um pênis ou uma combinação hermafrodita de formas, os objetos tornam-se recipientes genitais, apresentados em prateleiras, tais como produtos de consumo. Em seus aspectos eróticos, os trabalhos respondem a um profundo questionamento sobre organicidade. O óleo que se modifica com o tempo vai sendo absorvido pela argila, funcionando como uma pele que se desgasta através da ação temporal. Assim, as obras ganham aspectos de organismos vivos.

A artista argentina, radicada em São Paulo, Carla Zaccagnini (Buenos Aires, 1973), utiliza o registro de ações pessoais para criar comentários que confrontam a natureza do feminino em seus aspectos de fragilidade e violência. O trabalho cria uma suspensão do tempo, dissecando o processo de construção do trabalho artístico, buscando apreender o momento e, em conseqüência, atenuar a fugacidade de todas as coisas.

Formalmente, suas construções são delicadas, sutis, esbranquiçadas, quase transparentes. A artista usa papel de arroz, organza e vidro, como bases para uma obra que recebe pó de mármore, leite em pó, secreções vaginais, restos de frutas ou fungos. Uma de suas séries transforma um ciclo de impressões vaginais, registradas durante 30 dias, em um livro sobre texturas e sobre a própria história do corpo. Em outra série, a artista "escreve" calcando fendas em um aglomerado de leite em pó, que toma suas próprias variações de cores no decorrer do tempo e do envelhecimento do material orgânico. Finalmente, uma série de bordados brancos sobre tecido, realizados com os olhos vendados, comentam os limites dos sentidos.

A produção de Renata Pedrosa (Tremembé, SP, 1967) não lida com a representação de um corpo literal, mas centraliza-se na apresentação de um corpo-receptáculo de experiências, sensações e sentimentos.

Sua opção no uso de materiais traduz uma busca de penetrar os aspectos orgânicos do corpo, como o aspecto tátil e as texturas da pele, a umidade dos órgãos internos. Desenhos feitos com grafite e outros "marcadores", como povidine e fita micropore, materializam as preocupações gestuais da artista. Recobrem o papel com uma miríade de estímulos sensoriais. Seus gestos no papel ganham posteriormente corpo, espessura, tridimensionalidade na transcrição para o veludo, a fibra de poliéster, as linhas de algodão, além do látex, da vaselina e do cabelo, presentes em certos trabalhos.

A dimensão dos objetos construídos pelo imaginário da artista seguem uma única lógica: a lógica corporal. É a dimensão do corpo que impõe sua fisicalidade e que legitima suas formas escultóricas, atribuindo-lhes vida. A pulsação dessas formas, que parecem vitais, apresenta-se ao observador com a fluência de um organismo que demanda múltiplas leituras.

Os materiais são escolhidos com liberdade, respondendo especificamente às sensações e sentimentos que emergem sobre a superfície bidimensional do papel e, posteriormente, à poética pulsante das formas escultóricas. Na transposição do desenho à escultura, um mesmo assunto assume estratégias diferentes e assim, no processo, uma nova poética emerge.

REFERÊNCIAS BIBLIOGRÁFICAS

KRAUSS, Rosalind (1988). *The originality of the avant-garde art and other modernist myths.* Cambridge: MIT Press.

RAINER, Yvonne (1965). "Parts of the same sextets". *The drama review.* Nova York (30):168, Winter.

SONTAG, Susan (1987). *Contra a interpretação.* Porto Alegre: L&PM.

A DANÇA COMO FERRAMENTA DA EVOLUÇÃO

Helena Katz

O homem tem estado envolvido num processo permanente de co-evolução com a natureza no qual a dança surge como um modo de organização de fenômenos de enorme variedade. Pelo tipo de conexão que a produz, a dança deve ser entendida como um dos produtos da ação mútua entre um corpo e seu ambiente. Depois da publicação, em 1859, do livro *A origem das espécies* (*On the origin of species by means of natural selection*), de Charles Robert Darwin (1809-1882), tornou-se evidente que quem ou o que viver neste planeta, o faz como resultado de uma ocorrência de tipo evolutivo. Evolução, em termos técnicos, explicita um determinado tipo de acordo entre organismos e meios. Segundo Darwin, esse acordo se dá basicamente através da seleção natural e essa teoria incendiou emoções tanto na ocasião em que foi posta em circulação quanto nas que se seguiram.[1]

O que de mais simples pode ser associável à evolução é o fato da vida mudar com o tempo. Embora a biologia evolutiva seja consensual com relação a alguns mecanismos que produzem essa mudança, também abriga divergências importantes.

O entendimento da evolução trouxe bons argumentos para o desenvolvimento de uma hipótese a respeito do tipo de comunicação existente entre um organismo e o meio no qual ele vive. Hoffmeyer (1998) apresenta a formação da membrana como o passo decisivo para que uma informação que pertence ao meio possa passar a constituir aquilo que se formará como um corpo. Uma vez que a dança depende, em primeira instância, exatamente deste mesmo mecanismo (o que possibilita que informações de fora tornem-se parte de um corpo), as discussões sobre cognição & corpo passam a lhe dizer respeito.[2] Torna-se inevitável, portanto, aproximar a dança das investigações científicas que tratam dessas questões.

Sistemas pré-bióticos se atrairam reciprocamente para uma rede comunicativa e, por causa desta ação, conseguiram a criatividade necessária para a construção gradual de uma célula.[3] Condições locais permitiram que informações emitidas por um deles

1) Hoje se discute se a seleção natural opera da mesma maneira nos níveis moleculares e populacionais. A discussão vem sendo conduzida basicamente por geneticistas (Dawkins) e paleontólogos (Gould), com diferentes atribuições ao peso e à ação da seleção natural no processo da evolução. E há também aqueles para quem a evolução constitui apenas um caso especial de um mecanismo geral de mudança (Hull).

2) Para investigar a dança neste viés, faz-se necessário empregar rudimentos de Ciências Cognitivas e Teoria da Evolução, que aqui serão lidos através da Semiótica de Charles Sanders Peirce. As Ciências Cognitivas nos ajudam a entender como uma mente é possível e que tipo de mente possuímos, e a Biologia evolucionista nos explica por que possuímos esse tipo de mente. Com a Semiótica peirceana conquistamos um tipo de leitura de mundo que não começa no eu psicológico e com ela podemos caminhar fora do entendimento dualista que separa mente de corpo.

3) O cientista inglês Robert Hooke (1635-1703) cunhou o termo "célula" antes que qualquer célula viva houvesse sido vista. "Ele empregou o termo para descrever tecido vegetal morto e as microscópicas cavidades alveolares da cortiça, porque as paredes de celulose da cortiça lembravam-lhe os blocos de pequenos cômodos, ou 'celas', ocupados pelos monges nos mosteiros" (Brody e Brody, 1999: 306-307)

(*outputs*) pudessem ser recebida por outro (*inputs*). A partir desse momento, os sistemas de membranas — agora fechadas — passaram a contar com um germe de informação vinda de fora delas, ou seja, estabeleceu-se uma protocomunicação.

Nesse estágio, ainda rudimentar, o organismo ainda não dispõe de uma dinâmica auto-referencial. Antes, o sistema precisa organizar os seus componentes espacialmente para que possam vir a ser re-descritos no alfabeto digital do DNA/RNA. Hoffmeyer e Emmeche (1991) chamam de dualidade de código (*code-duality*) à mensagem codificada analogicamente pelo organismo e re-descrita digitalmente no código do DNA. Organismos e DNA, ambos carregam uma informação que é passada através de gerações.

A essa altura, DNA e meio estabelecem uma ligação de tal ordem que eventos de fora do corpo passam a poder ser traduzidos no corpo. Quando isto ocorre, a membrana transformou-se numa interface. Dessa maneira, o entendimento que o sistema tem do ambiente adquire fundamental importância para o próprio sistema, que passa a ter a capacidade de fazer distinções. Surge o *umwelt* (Uexkull, 1992).[4] De acordo com Hoffmeyer (1991), trata-se do passo mais significativo na aquisição de competência semiótica: a de fazer distinções num espaço-tempo onde antes existiam apenas diferenças.

Quem faz isso? O corpo, qualquer corpo. Qualquer?

A teoria do *umwelt*, de Jakob von Uexkull (1982), descreve animais como dotados de mundos fenomênicos internos, os quais são projetados no ambiente como sinais do "exterior experienciado" (*experienced external*) capazes de guiar para a atividade. Hoje, a noção foi alargada a ponto de mesmo as bactérias serem consideradas portadoras de *umwelt*. "É a integração estável entre auto-referência e a referência-do-outro que estabelece a requisição mínima para um *umwelt*" (Hoffmeyer, 1998:12).

Quem estranhar a inclusão de bactérias como portadoras de *umwelt* provavelmente desconhece que elas desenvolveram uma capacidade de fazer distinção baseada em hábitos citomoleculares historicamente apropriados e construídos dentro da arquitetura dinâmica macromolecular da célula e do seu DNA. Na sua superfície, dezenas de milhares de receptores de moléculas de proteínas se ligam a moléculas selecionadas no ambiente, mediando a química de fora a padrões de atividade interna (Hoffmeyer, 1998). Assim, as noções de dentro/fora passam a pedir outro entendimento, no qual a exclusividade de identificação de distinções via separação geográfica torna-se flácida.

Tais apontamentos a respeito do trânsito entre o dentro e o fora do corpo vigoram em todas as suas instâncias, o que inclui também o cérebro. Darwin já havia salientado que sua teoria explicava não apenas a complexidade do corpo de um animal, mas também a de sua mente. O leitor de *Sobre a origem das espécies* recorda-se de que este livro acaba numa previsão que se tornou célebre e que garantia que, a partir daquelas descobertas, a psicologia passaria a se assentar em um novo alicerce — o que veio a ser confirmado pela psicologia cognitiva, no século seguinte.

Cérebros são estruturados de maneira complexa para realizar atividades extraordinárias, tais como processar conceitos, pensamentos, percepções, idéias, sentimentos, sensações, etc. Nele, configurações de conexões sinápticas que se reconectam permanentemente produzem tais maravilhas.[5] Cérebros complexos e sistemas nervosos não se desenvolveram em plantas ou fungos, por exemplo, muito provavelmente por terem sido dispensáveis para a sobrevivência deles. Células nervosas

---

4) *Umwelt*, de acordo com Uexkull, não representa um meio biológico ou físico, mas um mundo subjetivo que consiste no campo perceptivo específico ou mundo (Merkwelt) e na esfera da sua interação prática, o campo operacional (Wirkwelt). Apenas os fatores perceptivos e operacionais do meio formam o Umwelt, que importam para a sobrevivência do organismo (Nöth, 1995: 158).

5) "O cérebro humano evoluiu até sua forma presente em uma janela que começou com o aparecimento do *Homo habilis*, há 2 milhões de anos, e terminou com o surgimento dos 'humanos anatomicamente modernos', *Homo sapiens sapiens*, entre 220 mil e 100 mil anos atrás" (Pinker, 1998: 216).

(neurônios) são especializadas em comunicação de longa distância. Tais células compensam a determinação da sua estrutura corpórea com a indeterminação da sua mobilidade. Neurônios podem estabelecer contato com células localizadas muito longe deles exatamente porque dispõem de dendritos (para *inputs*) e axônios (para *outputs*) de tamanhos diversos.

A indeterminação do cérebro é sua força. Cada cérebro se adapta ao corpo onde se encontra, pois não há harmonia preestabelecida de mutações no cérebro para acompanhar mutações no corpo. Um cérebro em construção pode produzir uma organização correspondente *on line* durante o seu desenvolvimento (Deacon, 1997:205).

A indeterminação do cérebro em desenvolvimento, a indeterminação das conexões sinápticas, a indeterminação da atividade global de formação de padrões, a indeterminação da linguagem. Caso isso seja, de fato, o que existe, e caso o cérebro tenha mesmo co-evoluído com relação à linguagem, como as evidências parecem indicar, nós, então, dispomos, no nosso próprio corpo, de todas as conexões necessárias para atestarmos as relações intrínsecas entre natureza e cultura.

Este texto entende a biologia, a física e a cultura como responsáveis pelo nosso sistema de conceituar. Cultura não pode ser tomada como uma ação exclusivamente humana sobre a natureza, porque o homem não existe como um observador da natureza, instalado fora dela, contemplando-a através de uma moldura, alguém que poderia escolher não agir sobre o mundo. O homem está inteiramente implicado naquilo que observa. Prigogine (1984) já explicou que a matéria resulta de um constante trânsito entre natureza-cultura-natureza.[6]

Este entendimento geral da matéria facilita a proposta de se pensar a dança como informação que chega ao cérebro na forma de signo. O conceito de signo aqui empregado é o de Charles Sanders Peirce (1839-1914), o filósofo norte-americano que vem sendo redescoberto quase noventa anos depois da sua morte. De acordo com Peirce, signos possuem três características: qualidade material, aplicação puramente demonstrativa e apelo à uma mente. E qualquer evento, mesmo uma predição de um acontecimento futuro, possui uma "conexão física" com o objeto que representa. O fato dessa conexão ser física faz desta noção de signo um instrumento adequado para o trato das questões da cognição e do corpo, entre outras igualmente interessantes aplicabilidades.

Por ser um tipo especial de "conexão física" com um objeto, o signo acomoda a memória do passado necessária para ser armazenada pelo sistema e a manipula no sentido de produzir o comportamento futuro do signo. E faz ainda mais, pois escapa do ponto de vista tradicional da causalidade quando oferece a noção de semiose para o lugar ocupado pela explicação de que é uma estrutura causal que faz a informação fluir.

Para Peirce, pensar não se constitui como uma percepção imaterial de uma mente ou espírito, mas sim como um processo fisiológico do corpo. Sua lógica ou semiótica se explica em termos de consciência ou fenômeno psicológico; fenômeno psicológico deve ser entendido como cognição; e cognição se investiga através da neurologia. Esse percurso elucida a proposta de apresentar a cognição como enraizada no corpo.

Se pudermos assumir a dança como uma experiência desta natureza, poderemos distender essa noção até alcançar a de que a dança é um estado mental no sentido de que um estado mental é aquele do qual não se tem consciência *de*, mas, sim, consciência *com*. (Dennett, 1991; Dretske, 1995:101). Não há outra forma de arte que use o corpo como a dança, e exatamente por isso o entendimento de mental como sendo um outro tipo de "conexão física" permite a revisão de inúmeros conceitos estéticos sobre esta arte.

Quando se entende que as membranas encontraram meios para realizar associações

6) "O meio pode dar forma ao modo como qualquer organismo se desenvolve, mas ele o faz de acordo com o que permitem as capacidades preexistentes neste organismo. Portanto, o meio seleciona a partir das opções construídas: ele não as modifica" (Gazzaniga, 1992:3).

não-locais (Hoffmeyer, 1998), criando as "sociedades de cérebros" descritas por Freeman (1995), conquista-se a possibilidade de desvendar as características das nossas experiências sem precisar olhar "para dentro" de si mesmo, pois "usualmente, as experiências com objetos externos carregam toda a informação necessária para se saber como ela é" (Dretske, 1995:149).

A objetividade se enraiza na natureza social do conhecimento humano. Membranas se comunicam com membranas diretamente para construir o mundo na imagem do coletivo — um ponto de vista sem lugar específico (*a view from nowhere*).

DANÇA E QUALIA

Segundo Daniel Dennett (1995), não existe um homúnculo sendo o anfitrião das experiências que nos acontecem, nem sendo o tradutor delas para nós. A tal "voz interior" que fala silenciosamente para nós não é o que nos garante a subjetividade. Não existe nenhum fantasma dentro da máquina.

A introspecção não representa um processo pelo qual se olha para dentro, ouvindo uma voz interna ao cérebro (a voz do homúnculo), mas sim uma percepção deslocada — conhecimento de fatos internos (mentais) através de uma prontidão sobre fatos externos, físicos (Dretske, 1995:40-1). O mais importante é não confundir aquilo que se experimenta com a experiência de estar experimentando*.

A teoria do *umwelt* de Uexkull se inscreve nesse viés externalista, mesmo sendo uma maneira de lidar com o mundo do ponto de vista do animal. O discurso externalista constitui a abordagem a partir do ponto de vista sem lugar específico (*a view from nowhere*) à qual Hoffmeyer se refere quando defende que "não há maneira de escapar ao externalismo em ciência" (1998:11).

Alguns pesquisadores em neurociência apresentam a consciência como dotada de uma base neural, uma vez que o sistema nervoso opera em muitos níveis de atividade dinâmica significante desde percursos de membranas ativas, até conjuntos de células (Damasio, Hanna e Antonio, 1994).

A consciência é um processo muscularmente ativo e não passivo como parece nos dizer aquela sensação comum de que consciência é aquilo que posso sentir exatamente agora a respeito do fato de estar lendo essa frase. E ela está presente também em processos muscularmente inativos, pois não depende de "visões interiores".[7]

Quase todas as experiências possuem uma qualidade comum, a do "parece com". Embora se trate de uma qualidade difícil de ser descrita, e que a maioria prefere manter como misteriosa e etérea, ela pode, sim, ser explicada e entendida. E com a vantagem de, nesta ação, não perder nada do seu poder sedutor, ao contrário. Novos entendimentos sobre velhos hábitos conceituais aparecem quando novas dobras no mundo se revelam à nossa percepção. Perceber o que não era percebido reconfigura a antiga percepção e, nesse movimento, o próprio entendimento do mundo.

Nós dispomos de uma prontidão propioceptiva dos estados corporais e seus processos. Por essa razão, quando vemos, não apenas vemos, mas sentimos que estamos vendo algo com nosso olhos (Damasio, 1994). Todavia, essa sensação não é espiritual, mas sim material. Trata-se de uma ocorrência no corpo.[8]

---

7) Há um novo tipo de estudo da cognição, chamado de *Situated Cognition* (Cognição Situada), que se dedica a entender como o conhecimento humano se desenvolve enquanto atividade coordenadora. De acordo com os teóricos da *Situated Cognition*, todo pensamento e toda ação humanas são adaptados ao meio, ou seja, situados, porque o que se percebe e concebe como atividade e aquilo que se realiza fisicamente, tudo isso se desenvolve junto. "Nesta perspectiva, pensar é uma habilidade física, tal qual andar de bicicleta" (Clancey, 1997: 2). Exatamente por isso, pode-se propor a dança como um pensamento do corpo (Katz, 1994).

David Marr, um defensor da teoria computacional da mente, apresenta a visão como um processo que "produz, a partir de imagens do mundo externo, uma descrição que é útil para quem vê, e não juncada de informações irrelevantes" (Pinker, 1998:229). Ou seja, a visão descreve o mundo numa língua sua, dentro da mente. Esse "mentalês", portanto, pertence à fisicalidade do corpo.

Certas falas sobre dança continuam repetindo, como se fosse um fato autocomprovatório, que a dança não pode ser reduzida ao que um corpo produz, porque garantem ser evidente que o ato de dançar carrega muito mais do que apenas as ações materiais motoras de um corpo que dança. Este sabor etéreo, que produz, um efeito pervasivo, não poderia, portanto, ser inteiramente descrito em palavras — e isto seria a "verdadeira" dança, a soma do que o corpo faz (movimentos) com aquilo que este fazer produz (seu qualia).[9] O qualia escaparia à possibilidade de descrição, mantendo-se imune a qualquer tipo de investigação. Em termos Benjaminianos, a aura da dança ficaria preservada de todas as tentativas de sua explicação.

A noção de "dança verdadeira" nos conduz para a questão em torno do qualia, isto é, da qualidade de uma experiência perceptiva. Dretske (1995:73) explica qualia como "propriedades fenomênicas com as quais um objeto é sensualmente representado pelo sistema sensório de um organismo como tendo". Quando se aceita essa proposição, a dança, que precisava ser mantida como algo evanescente, subitamente torna-se também material. O evanescente se fisicaliza, como Peirce já havia demonstrado através da sua noção de conexões físicas entre signos e objetos.

Apresentar a dança como uma experiência dessa ordem significa assumir que o trânsito entre biologia e cultura seja permanente, uma vez que a aquisição da habilidade de dançar passa pelo aprendizado do corpo (capaz de transformá-la numa conquista ao mesmo tempo que se modifica durante a atividade de adaptar a informação que vem de fora).[10]

Dança representa o resultado de um conjunto de informações que podem ser transferidas para um corpo, mas não serão codificadas no seu DNA. Todavia, há alguma espécie de familiaridade entre o tipo de informação ao qual pertence a dança e o DNA. O DNA codifica instruções para a construção e manutenção de organismos vivos e as idéias que um corpo produz ou recebe parecem resultar de processos análogos. Se a dança acontece como informação que se fisicaliza no corpo, provavelmente precisaremos investigar qual o acordo que permite que um corpo aprenda a realizar movimentos que são instruções/informações que vêm de fora dele, mas que ele, através do aprendizado, se torna capaz de replicar.

Faz-se necessário separar replicadores de veículos. Replicador refere-se a qualquer coisa da qual cópias são feitas e o veículo identifica aquilo que interage com o ambiente. "O replicador original foi, provavelmente, uma simples molécula autocopiadora na sopa primeva, mas o nosso mais familiar replicador, hoje, é o DNA. Seus veículos são organismos e grupos de organismos que interagem enquanto vão vivendo as suas

---

8) Sabe-se hoje que o ato de conceituar se relaciona com a coordenação sensório-motora, com o papel do sujeito que conceitua e com os valores vigentes na sua sociedade. Habilidades intelectuais são também habilidades perceptuais e motoras. Ou seja, a dança cabe no corpo e não precisa de nada fora dele para ser explicada.

9) A questão em torno do "algo a mais" aparece na maioria dos textos que trabalham a fruição estética. Mas há maneiras e maneiras de enunciá-la: "O fazer e o criar são artísticos quando o resultado que se percebe é de tal natureza que as suas qualidades controlam a questão da produção..." (John Dewey, 1974:47-50 in Clancey, 1997:15).

10) Ao que parece, processos seletivos, ao longo de milhões de anos, produziram cérebros capazes de aparelhar novos membros da espécie humana com informação crucial sobre uma enorme variedade de assuntos. "Estudos dos processos perceptivos básicos revelam que a mente jovem está completamente preparada para lidar com a natureza do mundo físico" (Gazzaniga, 1992:136).

vidas nos mares ou no ar, nas florestas ou nos campos" (Blackmore, 1999:5). Genes são replicadores egoístas que conduzem a evolução do mundo biológico aqui na Terra. Esse princípio, contido no darwinismo, pode ser levado para instâncias fora da exclusividadade da evolução biológica para explicar qualquer espécie de vida como existindo a partir de entidades replicadoras.[11]

Qualquer informação, portanto, para continuar e durar, precisa obedecer ao regulamento da replicação. Richard Dawkins explica tal tipo de replicação através do seu conceito de meme — um replicador de informação cultural análogo ao gene (1976:214). "Assim como genes se propagam num agregado de genes que salta de corpo para corpo através de esperma ou ovo, também os memes se propagam por um conjunto de memes pulando de cérebro para cérebro".[12]

O novo Oxford English Dictionary registra meme como "a abreviatura de *mimeme*, aquilo que é imitado, a partir do gene. Um elemento da cultura que pode ser levado adiante por meios não-genéticos, especialmente por imitação".

Cultura e biologia passam a ser entendidas como espaços onde ocorre exploração e transformação de informação pela variação, seleção e replicação, isto é, como ambientes evolutivos. Analogias entre ambas são antigas. Na época de Darwin, Herbert Spencer acreditava que as civilizações evoluíam em direção a um certo ideal (talvez o da sociedade vitoriana em que ambos viviam); Arnold Toynbee identificou mais de trinta civilizações distintas como derivando umas das outras; Marx usou analogias evolutivas nas suas análises da sociedade. E, antes que o século acabasse, o psicólogo norte-americano James Baldwin (1896) inventou a expressão "hereditariedade social" para identificar o modo como os indivíduos aprendiam por imitação e instrução (Blackmore, 1999:24).

Muitas teorias usam idéias evolutivas para explicar as mudanças culturais. Mas há algumas distinções a serem feitas com relação à memética. Tais teorias não deixam claro qual o tipo de relacionamento que propõem entre biologia e cultura, pois não se preocupam em distinguir a evolução enquanto teoria geral da evolução biológica. Nem tampouco apresentam a evolução cultural como apoiada num replicador tão egoísta como o gene — no caso, o meme.

O meme, para ser replicado, precisa ter um padrão. De acordo com Gabora (1997), a constituição de um padrão deve obedecer a três princípios: 1) restrições físicas e propriedades auto-organizativas da matéria; 2) evolução biológica; e 3) evolução cultural. Com seu mapa, entende-se que a cultura se enraiza na biologia e que a biologia se enraiza na física. Tal modelo biológico para a cultura se inspira na Teoria da Evolução de Charles Darwin: memes surgem por combinação e transformação de velhos memes.

Uma vez que o meme se replica por imitação, vale recordar que o psicólogo Edward Lee Thorndike parece ter sido o primeiro (1898) a explicar a imitação como o aprendizado de fazer um ato ao vê-lo sendo feito. Embora restringindo suas considerações ao aspecto visual da questão, sua definição indica o ponto central do processo de replicagem cultural: a aprendizagem por imitação.

Tomemos a dança e o lugar de destaque que a imitação ocupa no seu aprendizado. Uma vez que há padrões de desempenho técnico a serem conquistados por um corpo que deseja dançar, e que tais padrões resultam da soma da informação biomecânica a respeito do movimento com a das qualidades estéticas a ela acopladas, a transmissão desse conhecimento implica a capacidade do corpo acomodar estes dois tipos de

---

11) Durante mais de 3 bilhões de anos, o DNA foi o único replicador no mundo, mas esse monopólio não pode ser estendido para todo o sempre nem para todos os lugares. "Sempre que condições permitirem que um novo tipo de replicador possa fazer cópias de si mesmo, os novos replicadores levarão essa tarefa adiante e iniciarão um novo tipo de evolução" (Dawkins, 1976:193-194).

12) O zoólogo Richard Dawkins nasceu em 1941, foi orientado por Niko Tinbergen, e trabalha na Oxford University desde 1970, onde foi criada uma cátedra especialmente para ele.

instrução. Mas ambos dependem diretamente das condições físicas de cada corpo, aquelas que lhe foram transmitidas geneticamente.

Idéias e emoções estão codificadas como informação nos memes. Damasio já demonstrou (1995) que neurônios não processam razão e emoção como materiais incomptatíveis. Se o corpo assim age, e a dança acontece no corpo, deixa de fazer sentido tratar de assuntos como sentimento e técnica, por exemplo, desconhecendo as experiências de Damasio. Pensamento e expressão estão misturados no movimento de um corpo que dança. Uma idéia (genótipo) se cristaliza num corpo (fenótipo) por fazer dele o seu fenótipo estendido.

> Uma vez que os memes não vêm embrulhados por intruções para sua replicação, devem depender do padrão do nosso cérebro para fazer isto por eles. Trata-se de um estado de dependência que favorece o seu potencial proliferativo porque a máquina do cérebro constrói e continuamente atualiza modelos mentais do mundo para aumentar a assimilação e a implementação de memes e suas descendências (Gabora, 1997:20).

Se conceitos estão fisicamente codificados no cérebro como memes e enraizados no corpo como seus fenótipos estendidos, nossos cérebros e corpo podem mudar — memes são evolutivos. Por ser uma experiência estética de características singulares no trato do movimento, a dança pode contribuir no desvendamento dos modos habituais de fisicalizar informações no corpo.

REFERÊNCIAS BIBLIOGRÁFICAS

BLACKMORE, Susan e DAWKINS, Richard (1999). *The meme machine*. Oxford: Oxford Univ. Press.

BRODY, David E. e Arnold R. (1999). *As sete maiores descobertas científicas da história*. São Paulo: Cia. das Letras.

CLANCEY, Wiliam J. (1997). *Situated Cognition. On human knowledge and computer representations*. Cambridge: Cambridge University Press.

DRETSKE, Fred (1997). *Naturalizing the Mind*. Cambridge: The MIT Press.

DAMASIO, Antonio R. (1994). *Descarte's error*. New York: Grosset/Putnam.

———— e Hanna (1998). "Making Images and Creating Subjectivity", *The mind-brain continuum*, Llinás, Rodolfo e Patricia S. Churchland (eds.). Cambridge: The MIT Press, 19-28.

DARWIN, Charles R. (1996). *The origin of opecies*. Oxford: Oxford University Press.

DEACON, Terence W. (1997). *The symbolic species*. New York: W.W. Norton & Company.

DENNETT, Daniel C. (1991). *Consciousness explained*. Boston: Little, Brown.

———— (1995). *Darwin's dangerous idea*. New York: Simon & Schuster.

EDELMAN, Gerald (1994). *Bright air, brilliant fire*. New York: Basic Books.

EMMECHE, Claus (1994). *The garden in the machine*. Princeton: Princeton University Press.

———— e HOFFMEYER, Jesper (1991). "From language to nature: the semiotic methaphor in biology", *Semiotica* 84: 1-42.

FREEMAN, Walter J. (1995). *Societies of brains. A study in the neuroscience of love and hate*. New Jersey: Lawrence Eribaum.

GABORA, Liane (1995). "Meme and variations: a computational model of cultural evolution", *Lectures in complex systems*, L. Nadel e D.L. Stein (eds.). Addison Wesley.

———— (1997). "The origina and evolution of culture and creativity". *Journal of Memetics* 1: http://www.cpm.mmu.ac.uk/jom-emit/

GAZZANIGA, Michael S. (1992). *Nature's mind. The biological roots of thinking, emotions, sexuality, language, and intelligence*. New York: Basic Books.

HOFFMEYER, Jesper (1998). "Semiosis and living membranes", Fundamentos biocognitivos da comunicação: biossemiótica e semiótica cognitiva. Proceedings do *I Seminário Avançado de Comunicação e Semiótica*. São Paulo: PUC-SP.

KATZ, Helena (1994). *Um, dois, três. A dança é o pensamento do corpo*. Tese de doutorado defendida no Programa em Comunicação e Semiótica da PUC-SP.

NAGEL, Thomas (1986). *The view from nowhere*. Oxford: Oxford University Press.

NÖTH, Winfried (1995). *Handbook of semiotics*. Bloomington: Indiana University Press.

PINKER, Steven (1998). *Como a mente funciona*. São Paulo: Companhia das Letras.

PRIGOGINE, Ilya e STENGERS, Isabelle (1984). *Order out of chaos*. New York: Bantam Books.

WILSON, Robert A. e KEIL, Frank C. (eds.) (1999). *The MIT encyclopedia of the cognitive sciences*. Cambridge: The MIT Press.

PENSANDO AS REPRESENTAÇÕES, OS SIGNOS E A COGNIÇÃO

A REPRESENTAÇÃO NA SEMIÓTICA E NA CIÊNCIA DA COMPUTAÇÃO

Winfried Nöth

O conceito de representação tem sido um termo-chave da Semiótica desde a época da filosofia escolástica. Nessa longa tradição, houve muitas definições e teorias da representação, até, em nosso século, os filósofos do pós-modernismo, como Foucault, Baudrillard e Lyotard chegarem à conclusão de que atingimos a crise da representação. Porém, ao mesmo tempo em que a idéia filosófica da representação pareceu, assim, ter caído em agonia, a ciência da computação e as pesquisas no ramo da inteligência artificial retomaram a procura da natureza da representação em seu projeto, com o intuito de modelar a representação do conhecimento por meio de máquinas inteligentes. Daí o tema da representação ter até mesmo se tornado uma questão essencial da ciência da informação; mas seria a idéia da representação, da maneira como é explorada na ciência da computação, igual àquela que foi abandonada pelos filósofos pós-modernos? Na verdade, o termo "representação" é extremamente polissêmico, tanto na tradição da Semiótica quanto na ciência da computação. Assim sendo, começaremos por uma investigação dos vários sentidos da representação em ambos os domínios de pesquisa.

A REPRESENTAÇÃO NA TRADIÇÃO DOS ESTUDOS SEMIÓTICOS

Na tradição dos estudos semióticos, o conceito de representação tem sido usado para designar vários aspectos e tipos de signos, bem como processos de signos (cf. Nöth, 1996). Os mais importantes são o signo em geral, o veículo do signo, o conceito ou esquema mental, o signo da categoria icônica e as relações — de denotação ou significação — do signo.

A representação como signo, como veículo do signo ou como interpretante

Como sinônimo de signo, o termo representação aparece, por exemplo, nos primeiros escritos de Peirce, que em 1865 fez a distinção entre "representações" icônicas, indexicais e simbólicas e definiu a Semiótica como "a ciência geral das representações" (*W* 1.174, xxxii). Uma representação, aliás signo, nesse sentido é claramente distinta de seus três correlatos, descritos por Peirce como o representante (o veículo do signo), o objeto (de referência) e o interpretante (ou sentido) que a mesma cria na mente do intérprete. Todavia, a polissemia do termo representação extrapola essa diferenciação, de modo que, no sentido estrito, o termo representação é quase sempre usado para designar duas das correlações do signo: no sentido estrito, uma representação é ora o veículo do signo, como, por exemplo, uma representação pictórica, dramática ou verbal, ora o interpretante na mente do intérprete. Nesse último sentido, tornou-se um termo-chave da ciência cognitiva, que define conceitos ou esquemas como representações mentais (cf. Nöth, 1994). As raízes dessa definição mentalista remontam ao conceito de *repraesentatio* na semiótica do Iluminismo. Vale lembrar que a "*Vorstellung*" kantiana é traduzida, para o inglês, por "representação".

A representação como signo icônico

A definição de representação como signo da categoria icônica predominou na escolástica medieval. Segundo Duns Scott, por exemplo, algo que representa *imita* o que é representado (*repraesentativum imitatur suum repraesentatum*; cf. Kaczmarek 1986: 91). Hoje, o conceito icônico da representação tem sido adotado por diferentes especialistas, como Nelson Goodman e Mario Bunge (cf. Nöth, 1996).

A representação como relação do signo

A definição da representação como relação do signo aparece nos últimos escritos de Peirce, quando ele começou "a restringir a palavra representação à operação do signo ou à sua relação com o objeto, visando ao intérprete da representação" *(CP* 1.540). Por isso, "representar" é definido por Peirce como "significar, ou seja, estar numa relação tal com o outro, que, para alguns propósitos, uma das mentes trata a coisa como se fosse a outra" *(CP* 2 273). De novo, encontramos também duas outras versões específicas dessa definição relacional da representação. Uma é a representação como relação de denotação ou relação-objeto do signo. Nesse sentido, Rosenberg (1981 [1974]: 1), por exemplo, define a designação como a "representação verbal das coisas". A outra é a relação de significação ou a relação-interpretante, que encontramos, por exemplo, no conceito da representação como re-presentação, isto é, o processo de trazer algo previamente presente mais uma vez à consciência de uma mente.

A REPRESENTAÇÃO NA CIÊNCIA DA COMPUTAÇÃO

Em que sentido os computadores representariam? Consideremos essa questão investigando o uso do conceito de representação na ciência da computação.

A representação como signo, veículo do signo ou interpretante

A primeira e mais ampla definição possível é a que foi dada por Stephen Palmer (1978: 262), que escreve: "Uma representação é, antes de mais nada e sobretudo, algo que significa algo mais. Em outras palavras, é uma espécie de modelo da coisa (ou das coisas) que ela representa". Aqui, está claro que a representação é sinônimo de signo. O verdadeiro fraseado da definição de Palmer é um eco da caracterização medieval de *signum* como *aliquid stat pro aliquo.* Tampouco nessa tradição a distinção entre signo e veículo do signo é claramente observada. Caso se entenda que a representação é uma entidade representante que representa algo mais, o termo realmente define um veículo do signo. Esse conceito da representação transparece, também, no trabalho de Allen Newell sobre os "Sistemas dos símbolos físicos", que estabelece que a "representação nada mais é do que um outro termo para se referir à estrutura designante", onde se especifica que designação é "significação" ou "aproximação", a fim de que "X *represente*

Y se X designar aspectos de Y, isto é, se existirem processos simbólicos que possam tomar X por entrada e por comportamento, caso tenham acesso a alguns aspectos de Y" (Newell 1980: 176, 156).

Em contraste com esse conceito da representação como veículo do signo de um signo, outros cientistas da computação tendem, em contrapartida, a conceber a representação como o interpretante de um signo. Nesse sentido, Elaine Rich (1983: 136) descreve o computador como o local de representações internas, cujos correlatos, no caso do processo de uma linguagem natural, são, de um lado, "fatos" e, de outro, enunciados, ou frases, ou proposições de uma linguagem natural. De acordo com as regras da lógica proposicional, uma representação computacional interna para o fato expresso, por exemplo, na forma do enunciado "Spot é um cão", teria como tradução a forma "Cão (Spot)". Independente de essa forma lógica corresponder a qualquer realidade mental na mente humana, ela está muitíssimo de acordo com a semiótica de Peirce, que considera semelhantes processos de tradução da linguagem natural para a linguagem artificial como processos de semiose, e a representação lógica resultante como interpretante, visto que este, segundo Peirce, é sempre um novo signo que interpreta ou traduz um signo prévio. Entre as duas visões aparentemente opostas da representação, a do veículo do signo e a do interpretante, não há, assim, real contradição, mas apenas uma diferença de foco quanto a dois aspectos necessariamente relacionados, já que o novo signo gerado como interpretante deve, imperiosamente, também ter um novo veículo do signo que incorpore esse interpretante.

A representação como símbolo, ícone e índice

A representação como signo simbólico. Segundo a teoria de Newell (1980) sobre o computador como um sistema de símbolos físicos, este representa o conhecimento por intermédio de signos simbólicos. Será que Newell quer dizer, com essa tese, símbolos no sentido peirceano de signo arbitrário e convencional? Muitas vezes, Newell usa o termo de tal forma, que permanece descompromissado com a questão da arbitrariedade. Quando escreve que "os símbolos são padrões que dão acesso a estruturas distais", Newell (1990:77) usa o termo apenas como sinônimo de signo, e a definição de novo relembra a fórmula medieval *aliquid pro aliquo.* Somente em seu artigo com Simon é que Newell explicitamente considera a característica da arbitrariedade como um critério de representação simbólica, afirmando que "a um símbolo dado não se prescreve *a priori* que expressão ele pode designar. Essa arbitrariedade é inerente só a símbolos" (Newell e Simon, 1981:41).

Além disso, Newell fornece duas outras especificações que testemunham um certo grau de arbitrariedade na representação computacional, a saber, a abstração e a codificação. A abstração significa arbitrariedade devido à incompletude da representação resultante. Essa característica é expressa pela condição newlliana supracitada de que quando X representa Y, isso quer dizer que X tem acesso [unicamente] a "alguns aspectos de Y" (ver a seção anterior "Representação como signo, veículo do signo ou interpretante"). Como conseqüência desse acesso apenas parcial que uma representação pode fornecer do conhecimento que ela representa, Newell (1990:80) conclui que "os sistemas de níveis simbólicos podem apenas se aproximar do nível do conhecimento. Por conseguinte, realizam um trabalho imperfeito sobre o mundo exterior".

A segunda evidência da arbitrariedade fica aparente naquilo que Newell (1990:57-59) chama de "a lei da representação". Esta estabelece que a representação consiste em dados codificados a partir do mundo externo em direção a um sistema interno, onde se aplicam transformações antes que o resultado seja novamente decodificado para ser aplicado a uma situação externa. É óbvio que semelhantes processos de codificação e decodificação envolvem o uso de um código, que é, por definição, um sistema arbitrário e convencional correlativo a duas séries de repertórios de signos (cf. Nötha 1990a:206-220). Esse conceito da representação como forma de tradução segundo as regras de um código é expresso da forma mais clara por Marr (1982:20), que chama "uma representação de... um sistema formal visando a tornar explícitas certas entidades ou tipos de informações, junto com a especificação do processo do sistema". O exemplo dado nesse contexto é a representação de números nos sistemas arábico, romano e binário: o número trinta e sete, por exemplo, é representado no sistema numérico romano por XXXVII e, no sistema numérico binário, por 100101.

A representação como ícone diagramático. Palavras-chave na discussão da representação do conhecimento, como mapeamento (Winograd e Flores, 1986:85), correspondência (Palmer, 1978:266-267), equivalência (cf. Jorna, 1990:33-35) ou isomorfismo, sugerem que a iconicidade é essencial aos processos da representação. Semelhantes especificações da representação em termos de iconicidade não são incompatíveis — e sim complementares — com aquelas que se concentram na simbologia representacional, desde que tomemos iconicidade no sentido peirceano de iconicidade diagramática, que se baseia na idéia de correspondência estrutural ou equivalência relacional. A situação é análoga à semiótica da linguagem (cf Nöth, 1990b): as formas morfológicas simples são essencialmente simbólicas, enquanto os padrões gramáticos das frases e textos são ícones relacionais da estrutura da linguagem. Esse aspecto relacional da iconicidade na representação por computador é elaborado, de forma mais clara, por Palmer (1978:266-267), segundo o qual "existe na natureza da representação uma correspondência (mapeamento) entre os objetos no mundo representado e os objetos no mundo representante, de modo que pelo menos algumas relações no mundo representado são estruturalmente preservadas no mundo representante". Em termos de teoria modelar, Palmer expressa essa característica da iconicidade da seguinte maneira: "Um sistema representacional é um triplo ordenado, que consiste em dois sistemas relacionais e uma função homórfica que mapeia os objetos representados tornados objetos representantes" (1978:267).

A complementaridade entre a simbolicidade e a iconicidade na representação é até mesmo programática na teoria do conhecimento da representação, estabelecida sobre três códigos, de Anderson (1983:45), que postula "três códigos de tipos representacionais: uma cadeia temporal, que codifica a ordem de itens determinados; uma imagem espacial, que codifica configuração espacial; e uma proposição abstrata, que codifica sentido". Num nível prototípico, esse modelo concebe a representação não apenas em termos de simbolicidade, como no caso das proposições abstratas, mas também de iconicidade (no caso das imagens espaciais) e de indexicalidade, que é o protótipo do signo da codificação temporal, visto que codifica as relações entre pontos no tempo, que são sempre indicações do passado e do futuro. Convém observar, contudo, que a iconicidade diagramática está inclusa na descrição de Anderson (1983:47) de todos os três tipos de codificação, posto que a cadeia da representação temporal "preserva a seqüência temporal" (que é um diagrama), a imagem espacial "preserva a informação configuracional" e as proposições abstratas "preservam as relações semânticas".

Representação e indexicalidade. Signos indexicais, que Peirce definiu segundo critérios como causalidade ou contigüidade temporal e espacial, são os mais ignorados na teoria da representação computacional. Um dos problemas é que tais signos, muitas vezes, não são considerados como tipos de representação, e isso está verdadeiramente de acordo com a tradição terminológica, na qual apenas nos defrontamos com definições icônicas e simbólicas da representação.

A indexicalidade é a essência da semiose computacional no nível da causalidade física e da conectividade eletrônica. Os impulsos eletrônicos geram padrões de atividade elétrica e magnética, em que o impulso funciona como índice causal do padrão que efetua. Tais processos de semiose computacional são geralmente definidos como não-representacionais, em particular pelos teóricos do conexionismo e das redes neurais; no entanto, Winograd e Flores não hesitam em definir esses processos de semiose indexical como o mais profundo nível da representação em computadores.

Teoricamente, é possível descrever a operação de um computador digital puramente em termos de impulsos elétricos viajando por uma rede complexa de elementos eletrônicos, sem tratar esses impulsos como símbolos do que quer que seja. Assim como determinado número no computador pode representar um campo relevante de objetos (como a localização de um satélite), uma análise mais profunda mostra que o número não é propriamente um objeto no computador, mas que um padrão de impulsos ou de estados elétricos, por sua vez, *representa* o número. Uma das propriedades originais do computador digital é a possibilidade de construir sistemas que lançam níveis de representação no topo de outra grande profundidade (Winograd e Flores, 1986:86-87).

Em níveis mais elevados da semiose computacional, o índice é novamente o protótipo de um signo essencial. As noções de comando e de imediata execução, inerentes às expressões programáticas tais como *assign, do, exit-if, continue if* (Newell, 1980:144-145), a idéia de directividade de metas em termos como *immediate* ou *indexed addressing* (Aho e Ullman, 1992:170) e o aspecto da conectividade causal entre uma *entrada* e sua *saída* testemunham a dimensão da indexicalidade no nível de programação.

O aspecto da dependência causal entre as duas estruturas é uma característica segundo a qual há um elemento de indexicalidade em qualquer relação entre um representante e um domínio representado na semiose computacional. Essa idéia aparece como um critério na definição de designação de Newell (1980:156): "Uma entidade X designa uma entidade Y relativa ao processo P se, quando P toma X por entrada, seu comportamento depende de Y". O aspecto de indexicalidade em tais relações duais de dependência torna-se ainda mais aparente quando Newell (1990:74-75) começa a interpretar as relações entre as estruturas simbólicas X e Y em termos localísticos. X e Y são estruturas localizadas em diferentes regiões da máquina simbólica e física: "O símbolo [X] é o dispositivo, no plano médio, que determina a saída da região para obter mais estrutura. Ele dá 'acesso à estrutura distal' Y, que é transportada pelo *restabelecimento* da locação distal até a região local" (1990:74-75). Todas essas descrições são caracterizações de modos indexicais de semiose.

O modelo do signo diádico: significação

O modelo do signo predominante na teoria da representação computacional é diádico. Por exemplo, Palmer (1978:262), em sua definição de representação, postula "a existência de dois mundos relacionados, porém, funcionalmente separados: o *mundo representado* e o *mundo representante*" e afirma que "o trabalho do mundo representante é refletir alguns aspectos do mundo representado de alguma forma". No modelo de representação simbólica de Newell, que consiste na díade X e Y, X é um símbolo que designa (ou dá acesso ao) símbolo Y. Tais díades de signos, em que um dos dois informa, ou interpreta o outro, são claramente instâncias de relações entre signo (veículo) e interpretante; em outras palavras, relações de significação.

O signo e o seu objeto: denotação

Permanece a questão sobre a possibilidade de os signos computacionais, como linguagem de signos, terem alguma relação com os objetos do mundo, podendo, de alguma forma, representá-los; em outras palavras, se a semiose computacional tem uma dimensão de denotação além da de significação.

A questão da relação objetiva do signo é bastante controversa na história da Semiótica. Na tradição que vai dos epicuristas, passando por Port Royal e por Saussure, até os construtivistas radicais de hoje, o signo tem sido dogmaticamente diádico, excluindo por definição os conceitos de denotação ou referência, ao passo que tem sido triádico na tradição que se estende dos estóicos até Peirce.

Por não ser possível penetrar nos mínimos detalhes, adotaremos, a seguir, o conceito peirceano, segundo o qual o objeto pode ser tanto um "objeto do mundo" com o qual temos uma "familiaridade perceptiva" (*CP* 2.330), quanto uma entidade meramente mental ou imaginária "da natureza do signo ou pensamento" (*CP* 1.538). O objeto, nessa visão, é certo conhecimento do mundo que temos antes que ele seja mediado numa instância semiótica dada, quando dá origem a uma nova interpretação chamada interpretante. Enquanto o interpretante é também direcionado para o futuro do signo no processo semiótico, o objeto é a dimensão representacional do passado do signo (cf. Santaella, 1995:59). Com Peirce, também é necessário fazer a distinção entre dois tipos de objetos: o objeto imediato e o objeto dinâmico. O objeto imediato corresponde ao conhecimento prévio do intérprete ou à sua familiaridade com o objeto, não importando se o objeto existe ou não "realmente" (*CP* 4.536). O objeto dinâmico, em contrapartida, é o "objeto fora do signo" (Hardwick, 1977:83), no sentido de uma "realidade que por alguns meios contribui para determinar o signo à sua representação" (*CP* 4.536), ou uma realidade que o signo "pode apenas indicar e deixar o intérprete descobrir por experiência colateral" (*CP* 8.314). Em outras palavras, enquanto o objeto imediato é uma representação do objeto na mente, o objeto dinâmico descreve uma familiaridade pragmática ou experimental com o objeto na mente em interação com ele.

Contra esse pano de fundo, a questão da relação do objeto na semiose computacional exclui visões ingênuas da representação como as que substituem a díade signo-interpretante por uma ingênua díade signo-objeto. Alguns cientistas da computação de fato definiram o conceito de representação neste último sentido. Para Bobrow (1975:2-3), por exemplo, a representação é "o resultado de um mapeamento seletivo dos aspectos do mundo", que correlaciona um "estado-mundo" com um "estado-conhecimento", e Haugeland (1981:22), em sua discussão das máquinas semânticas, fala de signos como "relações que conectam... *tokens* (ocorrências) com o mundo externo".

Semelhantes descrições do signo na semiose computacional, que, por assim dizer, dotam o computador da qualidade de "janela para o mundo", não são somente ingênuas do ponto de vista semiótico, mas também foram criticadas por outros cientistas da computação que, como Winograd e Flores (1986:85), argumentam que não são os computadores, mas somente a "comunidade dos programadores" que pode saber que tipo de objeto externo um símbolo computacional pode representar: "O problema é", argumentam, "que a representação está na mente do observador. Não há nada no projeto da máquina ou na operação do programa que dependa, de alguma forma, do fato de as estruturas do símbolos serem vistas como representantes do que quer que seja" (1986:86).

Já mostrei anteriormente que temos de discordar da tese que afirma que os computadores não representam, caso a representação seja tomada no sentido de significação; mas devemos também discordar caso a representação seja tomada no sentido de denotação? A resposta depende do tipo de tarefa que um computador é capaz de desempenhar. Enquanto a tarefa se restringir a uma mera representação semântica, proposicional, ou até mesmo pictórica, precisamos mesmo concluir que tais processos envolvem, basicamente, apenas significação e não denotação. São, em essência, processos de transcodificação sem janela alguma para o mundo. Visto que consistem em processos de signos mais uma vez transformados em signos, pode-se ficar tentado a interpretar esses processos como auto-referenciais.

> O que dizer, porém, dos computadores que interagem não apenas com programadores e usuários, mas também com seu meio ambiente físico, como as máquinas-robôs com sensores e efectores que operam no mundo físico (cf. Winograd e Flores, 1986:86)? O dogma-padrão defendido pela filosofia da computação, entre outros, por Searle (1981) e Fodor (por exemplo, 1986:11), é o de que os robôs e, a propósito, também a paramécia não podem ter representações mentais, nem no sentido do significado, e nem no denotativo, porque são sistemas não-intencionais. Todavia, a intencionalidade, definida como a propriedade causal de ter crenças, desejos, pensamentos, e assim sucessivamente, é uma passagem muitíssimo ampla para a descrição dos processos semióticos, e é até mesmo questionável se a semiose humana pode ser resumida a esses estados. Numa Semiótica como a de Peirce, que, em contraste com as semânticas intencionais, não partilha da premissa da intencionalidade como critério de representação e semiose, a questão sobre a possibilidade de os robôs terem representação denotativa de seu meio ambiente fica ainda mais aberta. Consideremos isso à luz da definição peirceana do objeto.

O robô no qual estamos pensando é um agente móbil autônomo designado a mover-se pelo espaço e, desse modo, evitar os obstáculos no seu meio ambiente. Nosso robô tem módulos perceptivos que dão uma representação simbólica do mundo e também módulos de ação, que geram e executam o movimento desejado no seu meio-ambiente (cf. Brooks, 1991:146-147). Vamos mais longe e assumimos que nosso robô é capaz apenas de perceber os objetos em seu meio ambiente de acordo com o seu programa, que é capaz de evitar o choque com eles, parando e movendo-se longe, mas também é capaz de aprender com as experiências anteriores, mudando a representação simbólica de seu meio ambiente num módulo perceptivo para lidar melhor com o mesmo no futuro.

Levanto a questão de esse computador ser provido da capacidade de representação no sentido de denotação. O robô começa com um programa, em sua representação-módulo, que representa um mundo de objetos imediatos. É verdade que a familiaridade perceptiva do meio ambiente com o qual esse robô está equipado não é o resultado de sua própria experiência prévia, mas da simulação, por parte do programador, dessa experiência. Contudo, assim que o robô interage e aprende com o seu meio ambiente real, ele entra em contato com um mundo de objetos dinâmicos. A verdadeira realidade desses objetos ainda não está representada como tal dentro de um módulo perceptivo, mas pode vir a ser representada nele num processo de tentativa e erro. O resultado interpretativo computado pelo robô em suas interações com os objetos dinâmicos do seu meio ambiente é o interpretante deste, o qual pode afetar as futuras interpretações do robô a seu respeito. Em situações futuras, por conseguinte, o conhecimento adquirido estará disponível como o objeto imediato na interação do robô com o seu meio ambiente.

A crise da representação?

Comecei com uma breve observação sobre a crise da idéia de representação na filosofia pós-moderna. Esse tema, na verdade, cobre uma ampla rede de diferentes abordagens críticas, como a tese de Luckács sobre a impossibilidade da representação na arte do século XX, a teoria de Foucault sobre a perda da representação no discurso filosófico desde o século XIX ou a crítica de Derrida sobre a idéia da representação como "re-presentação". As várias linhas de argumento não podem ser aprofundadas aqui (ver Nöth, 1996). No contexto do nosso tema, porém, é interessante observar que a crise da representação parece também ter alcançado o debate teórico na ciência computacional. De um lado, os conexionistas e os defensores de um processamento paralelo postulam a possibilidade de máquinas inteligentes sem representação (cf. Brooks, 1991) e, de outro, também o conceito da representação tem entrado em crise para pensadores que o utilizam sem um fundamento semiótico sólido. Espero ter demonstrado que a teoria da representação requer uma fundamentação semiótica e que a Semiótica pode ajudar a superar a crise que começou a afetar o discurso da ciência da computação.

REFERÊNCIAS BIBLIOGRÁFICAS

AHO, Alfred V. e UIIMAN, Jeffrey D. (1992). *Foundations of Computer Science.* New York: Freeman.
ANDERSON, John R. (1983). *The Architecture of Cognifion.* Cambridge, MA: Harvard University Press.
BOBROW, Daniel G. (1975). "Dimensions of representation", *Representation and Understanding,* D.G. Bobrow e A. Colins (eds.). New York: Academic Press, 1-34.
BROOKS, Rodney A. (1991). "Intelligence without representation", *Artificial Intelligence* 47, 139-159.
FODOR, Jerry A. (1986). "Why paramecia don't have mental representations", *Midwest Studies in Philosophy* 10, 3-23.
HARDWICK, Charles S. (ed.) (1977). *Semiotic and significs: the correspondence between Charles S. Peirce and Victoria Lady Welby.* Bloomington: Indiana University Press.
HAUGELAND, John (1981). "Semantic engines", *Mind Design,* John Haugeland (ed.). Cambridge, MA: MTT Press, 1-34.
JORNA, René (1990). *Knowledge representation and symbols in the mind.* Tübingen: Stauffenburg.
KACZMAREK, Ludger (1986). "Quid sit aliquid repraesentari in verbo". *Geschichte und geschichtsschreibung der semiotik,* Klaus D. Dutz e Peter Schmitter (eds.). Münster: MAKS, 85-110.
MARR, David (1982). *Vision.* New York: Freeman.
NEWELL, Allen (1980). "Physical symbol systems", *Cognitive Science* 4, 135-183.
———————— (1990). *Unified theories of cognition.* Cambriddge, MA: Harvard University Press.
NEWELL, Allen e SIMON, Herbert (1981). "Computer science as empirical enquiry", *Mind* design, John Haugeland (ed.). Cambridge, MA: MIT Press, 35-66.
NÖTH, Winfried (1990a). *Handbook of semiotics.* Bloomington: Indiana University Press.
———————— (1990b). "The semiotic potential for iconicity in spoken and written language", *Kodikas/Code* 13, 191-209.
———————— (1994). "Semiotic foundations of the cognitive paradigm", *Semiosis* 73, 5-16.
———————— (1996). "Signo, representação e representação mental", *Encontro com as Ciências Cognitivas,* Maria Eunice Gonzales et al. (eds.). São Paulo: UNESP, 53-85.
PALMER, Stephen E. (1978). "Fundamental aspects of cognitive representation", *Cognition and categorization,* Eleanore Rosch e Barbara B. Lloyd (eds.). Hillsdale, NJ: Erlbaum, 259-303.
PEIRCE, Charles S. (1931-1958). *Collected papers of Charles Sanders Peirce,* Charles Hartshorne, Paul Weiss e A.W. Burks (eds.), v. 1-8. Cambridge, MA: Harvard University Press. [As referências aos *Collected papers* de Peirce são designadas *CP.*]
———————— (1982). *Writings of Charles S. Peirce: a chronological edition,* M. Fisch, E. Moore e C. Kloesel (eds.), v. 1-5. Bloomington: Indiana University Press. [As referências aos *Writings* de Peirce são designadas por *W.*]
RICH, Elaine (1983). *Artificial intelligence.* New York: McGraw-Hill.
ROSENBERG, Jay F. (1981 [1974]). *Linguistic representation.* Dordrecht: Reidel.
SANTAELLA, Lucia (1995). *A teoria geral dos signos.* São Paulo: Ática.
SEARLE, John R. (1981). "Mind, brains, and programs", *Mind* design, John Haugeland (ed.). Cambridge, MA: MIT Press, 282-306.
WINOGRAD, Terry e FLORES, Fernando (1986). *Understanding computers and cognition.* Norwood, NJ: Ablex.

QUÃO "REAIS" OS SIGNOS PODEM SE TORNAR?

Floyd Merrell

Tento relacionar de forma sucinta a teoria dos signos de Peirce com algumas das minhas recentes hipóteses acerca da ciência maior, a saber: a física. Antes de fazê-lo, preciso revelar que, embora o meu estágio na faculdade tenha sido em física e química, eu agora não pratico nenhuma das duas profissionalmente. Com o passar dos anos, todavia, mantive vivo interesse por ciência e filosofia da ciência. O ensaio que se segue consiste em algumas das minhas ruminações sobre os signos e sobre a ciência no nível mais básico de que sou capaz. Se minhas palavras produzem um acorde harmônico, isso é devido à minha dívida com os eruditos que me inspiraram; se o acorde é dissonante, peço desculpas pelas minhas falhas.

PRELIMINARES

Não podemos falar da semiótica de Peirce sem aludir às suas três categorias de pensamento que, pretende ele, estão na base de todos os processos universais: *Primeiridade*, *Secundidade* e *Terceiridade*. Antes de descrever as categorias, porém, é preciso falar um pouco sobre o conceito peirceano do signo, uma vez que virtualmente tudo o que é da natureza dos signos e uma vez que os signos fluem ao longo da corrente cujos fluxos e refluxos são da natureza das categorias. (Os que estão familiarizados com o conceito peirceano do signo, por favor, perdoem-me, ou, se quiserem, simplesmente pulem para a seção seguinte.)

O signo peirceano exibe três componentes. O que em geral hoje se entende por signo, Peirce chamava *representamen*. E assim o fez para distinguir o *representamen* dos outros dois componentes do signo, que, devemos observar, podem, por direito, vir a ser signos. O *representamen* é *algo* que se relaciona *com* seu *objeto*, o segundo componente do signo. Eu me referirei ao *objeto* peirceano como o *objeto semiótico*, porque é aquilo com que o signo se relaciona. O *objeto semiótico* nunca pode ser idêntico ao *objeto* "real", visto que, segundo Peirce, nosso conhecimento nunca é absoluto. Não pode ser mais do que uma aproximação com o mundo "real" exatamente como ele é, ou melhor, como ele está em processo de vir-a-ser. De onde, por assim dizer, o "objeto semioticamente real" que cheiramos, saboreamos, tocamos, ouvimos e vemos nunca é idêntico ao "objeto realmente real". É que não podemos conhecer o mundo exatamente no seu processo de vir-a-ser: nossas mentes são por demais limitadas e esse mundo é por demais sutil e complexo. Por conseguinte, dado que o "objeto real" não pode ser conhecido de uma vez por todas, ele não pode nunca ser mais do que "semioticamente real" para os seus intérpretes: não pode vir a ser nada mais do que um signo que é conhecido apenas em maior ou menor grau, nunca de todo. O terceiro componente do signo é o *interpretante*. Está, sucintamente falando e o quanto nos basta para os nossos propósitos, bem próximo daquilo que em geral costumamos considerar como o *sentido* do signo. O *interpretante* se relaciona com e é mediador entre o *representamen* e o *objeto semiótico* de tal modo que possibilita a inter-relação *entre* eles ao mesmo tempo e da mesma maneira que possibilita a sua própria inter-relação *com* eles.

O que eu entendo por *mediação* é que um componente do signo age como *intermediário* entre os dois outros componentes de signo. Nesse ato de *mediação*, que prevalece mais no papel do *interpretante*, o componente do signo fica envolvido com os seus dois companheiros de maneira tal que todos os três entram numa *interdependência inter-relacionada.*[1] Um signo totalmente desenvolvido tem de ter um *representamen*, um *objeto semiótico* e um *interpretante*, e cada um desses componentes do signo tem de gozar da companhia dos outros dois. Caso contrário, não pode haver um signo genuíno.

À luz da "interdependência inter-relacionada" dos três componentes do signo peirceano, fico tentado a reformular a definição peirceana corrente do signo — caso isso me seja permitido — da seguinte maneira: QUALQUER COISA QUE INTERDEPENDENTEMENTE SE INTER-RELACIONA COM O SEU INTERPRETANTE DE MODO TAL QUE O INTERPRETANTE INTERDEPENDENTEMENTE SE INTER-RELACIONE COM O SEU OBJETO SEMIÓTICO DA MESMA MANEIRA QUE O OBJETO SEMIÓTICO INTERDEPENDENTEMENTE SE INTER-RELACIONA COM ELE, SERVINDO SEMELHANTES CORRELAÇÕES PARA ENGENDRAR OUTRO SIGNO A PARTIR DO INTERPRETANTE, SENDO, NA SEQÜÊNCIA, RE-ITERADO O PROCESSO. Que sentença longa! Porém, é o caminho dos signos, eu gostaria de propor, caso ressaltemos as noções de INTERDEPENDÊNCIA, INTER-RELATIVIDADE, INTERCONECTIVIDADE, INTERAÇÃO, e, acima de tudo, EMERGÊNCIA — a razão de meu uso desses termos virá à tona mais adiante. Peguei a deixa uma vez mais de Peirce, que escreve que "um signo é algo por cujo conhecimento conhecemos algo mais" (*CP*: 8.332). Idéias e pensamentos são eles próprios signos. Assim, exatamente como os signos no mundo e os signos na mente se multiplicam e crescem, ocorre o mesmo com o conhecimento. (Observar que à luz da assumidamente revisão resumida dos signos segundo Peirce, qualquer concepção do mundo está relacionada a signos, bem como ao mundo exatamente como ele é em seu processo de vir-a-ser. Dessa maneira, não cabe dizer, no sentido do tão decantado pensamento "pós-estruturalista" da Europa Continental, que os signos estão divorciados do mundo, que não são nada mais do que signos que se referem a outros signos, que, em última instância, são meros "simulacros" (Baudrillard, 1983a, 1983b). Em vez disso, cabe dizer que os signos *interdependem, se inter-relacionam* e *interagem* com o mundo exatamente como o mundo *interdepende, se inter-relaciona* e *interage* com eles. Qualquer objeto de um signo é um "objeto semiótico". Assim, e como vamos sustentar abaixo, nunca "se refere" ou "corresponde" ou "representa" exata e fielmente o mundo. Por exemplo, o modelo de universo mecânico galileano-cartesiano-newtoniano estava, sem dúvida alguma, funcionando. Parece que a teoria quântica também. Ambas são teorias ótimas, cada qual no seu âmbito de referência. Escrevo "no seu âmbito de referência", porque simplesmente é incorreto dizer que a teoria quântica está separada da dinâmica clássica. A física newtoniana é muitíssimo adequada às nossas necessidades sob circunstâncias comuns. Sob circunstâncias extraordinárias, o físico precisa ou da teoria quântica ou da teoria da relatividade. Porém, nenhuma das três teorias explica *por completo*; então, juntemos todas e teremos pontos aparentes de *inconsistência* e até mesmo de *incompatibilidade*.[2] (Aqui, as limitações do mundo físico da prova na matemática de Kurt Gödel entra em cena.)

---

1) A noção atrás de tudo o que tenho a dizer neste ensaio é guiada pela emergência *interdependente, inter-relacionada, interconectada, interativa* de tudo o que está no processo de se transformar no qual se teria transformado em algum ponto do futuro que retrocede, mas nunca realmente se transforma no sentido pleno do termo. Os termos grifados na sentença anterior não são de Peirce, mas vêm das várias interpretações do universo quântico e da física da complexidade de Ilya Prigogine.

2) Todavia, permanece a grande controvérsia sobre a *incompletude* ou *incompletude* da teoria quântica (ver Smith, 1995).

Há mais na história do signo, muito mais, em especial quando levamos em conta as três categorias peirceanas de pensamento, respeitando os três componentes do signo. Uma vez que a *semiose* implica a *mediação*, há mais profundidade e abrangência do que as expressões comuns "derivação do sentido" ou "interpretação". Engendrar e processar signos, tornando-os significativos, é mais do que simplesmente tirar informações deles ou conferir-lhes sentido. Trata-se de um intrincado jogo entre o que Peirce chamou de *Primeiridade*, *Secundidade* e *Terceiridade*. Essas categorias constituem a tríade das relações fundamentais peircena, da seguinte maneira:

(1) *Primeiridade*: o modo de significação daquilo que é tal como é, sem referência ou relação com o que quer que seja (isto é, uma qualidade, sensação, sentimento ou, em outras palavras, a mera possibilidade de alguma consciência *de* algo).

(2) *Secundidade*: o modo de significação daquilo que é tal como é em relação a outra coisa, mas sem relação com qualquer terceira entidade (isto é, pode incluir a consciência do *eu* autoconsciente *de outra* coisa *além* de si mesmo).

(3) *Terceiridade*: o modo de significação daquilo que é tal como é na medida em que é capaz de trazer uma segunda entidade em relação a uma primeira (isto é, através da mediação das categorias de Primeiridade e Secundidade).[3]

"Um, Dois, Três". Pode parecer simples. Mas não é. Da simplicidade emerge a complexidade. Se incluirmos "Zero" e "Infinito" junto com "Um, Dois, Três", então será possível ver por quê. No entanto, na forma esquemática, ao que tudo indica as categorias são bem fáceis de compreender. Primeiridade é *qualidade*, Secundidade é *efeito*, e Terceiridade é *produto no processo do seu vir a ser*. Primeiridade é *possibilidade* (um *poder ser*), Secundidade é *fato* (o que é *em um* momento preciso), e Terceiridade é *potencialidade*, *probabilidade* ou *necessidade* (o que *seria*, *poderia ser* ou *deveria ser*, dado um certo conjunto de condições).

Na arte, a Primeiridade poderia ser um fragmento independente, isolado, retangular e bidimensional numa tela de Picasso. A Secundidade nesse caso seria a consciência, por parte do observador, das inter-relações interdependentes e interativas com outros fragmentos — reais ou imaginados — retangulares, triangulares ou irregulares na mesma pintura. A Terceiridade seria a ação, por parte do observador, de misturar tudo numa imaginária imagem tridimensional como se ela fosse vista de frente, de trás, do lado direito, do lado esquerdo, de cima, debaixo, tudo ao mesmo tempo. Em poesia, a Primeiridade pode ser uma palavra solitária num verso de E.E. Cummings em termos de sua "possibilidade" de sentido, com respeito a uma leitura feita em qualquer lugar e em qualquer ocasião pelos amantes da poesia. A Secundidade seria suas inter-relações interdependentes e interativas com outros signos no poema, com relação à consciência, por parte do leitor, dessas relações. A Terceiridade seria a própria interação do leitor com os versos de E.E. Cummings, com relação à seu cenário mental e as suas lembranças do passado e das leituras de muitos outros versos poéticos de maneira tal que o sentido brota dela/dele num momento particular. Na vida cotidiana, a Primeiridade pode ser a sensação bruta de um amplo arco de um amarelo brilhante a distância. A Secundidade seria a interação interdependente e inter-relacionada estabelecida por algum observador faminto entre esse amarelo curvo, alongado e uma construção colorida embaixo dele. A Terceiridade seria o reconhecimento desse estabelecimento familiar como um McDonald's e a consciência de que aquela comilança fora de hora e cheia de colesterol está às mãos.

3) Meu uso do termo "consciência" pode ser desconcertante para alguns espectadores. Admitamos que a consciência estava fora dos limites da ciência clássica, uma vez que não podia ser objetivamente mensurada e computada. Esse tabu esteve na base da psicologia comportamental e chegou a influenciar a ciência cognitiva durante os seus primeiros anos. Só recentemente os cientistas cognitivos começaram a considerar, seriamente, a consciência como campo de investigação (Gardner, 1987; ver, também, o estudo intrigante

Entretanto, como todas as formulações esquemáticas, a do parágrafo acima é um pouco enganosa. Na realidade, a Primeiridade, em si e fora de si, não é uma qualidade concreta *de fato* (como, por exemplo, a sensação da cor e da forma de uma maçã que podemos estar admirando neste instante). Não é nada mais do que uma *possibilidade*, uma pura abstração — abstraída, separada de qualquer outra coisa — como algo gozando de sua própria autopresença e nada mais: não pode (ainda) estar *presente* para um animal semiótico consciente *como* tal e tal. É uma entidade sem partes definidas ou definíveis, sem antecedentes ou subseqüentes. Simplesmente *é o que é* como pura possibilidade. Essa "pura possibilidade", cabe mencionar, está quase de todo ausente na distinção *res cogitans/res extensa*, uma vez que a obsessão da ciência ocidental lida de forma exclusiva com o que *significativamente é, e o que é* é o que é atualizado e pode ser adequadamente medido, matematizado e cognoscível. As "Puras possibilidades" escapam dessa manipulação e são, portanto, ignoradas de forma categórica.

O que é percebido pertence à categoria da Secundidade. Trata-se de algo atualizado à maneira *desse* acontecimento *aqui, agora, para* alguns contempladores do signo (e agora, entramos no campo da *res cogitans* e da *res extensa*, mas com a prioridade absoluta dada virtualmente à primeira). Como tal é uma particularidade, uma singularidade. É o que tivemos antes como Primeiridade, como, por exemplo, um vago fragmento "vermelho" sem (ainda) haver nenhuma consciência *dele* ou sem (ainda) ser identificado *como* tal e tal. Agora, como manifestação da Secundidade, foi *diferenciada* da autoconsciência do contemplador, desejosa e pronta para ser *vista como*, digamos, uma *maçã*. Contudo, nesse ponto isto (ainda) não é uma "maçã", isto é, não é um signo-palavra que identifica a coisa em questão e que traz consigo uma importante massa de bagagem cultural sobre "maçãs" (a classe particular de *maçãs* de que a que está à nossa frente é um exemplo, para que em geral servem as *maçãs*, seu papel no desenvolvimento da cultura norte-americana, no folclore, nos contos de fadas, na doutrina médica, etc.). Na primeira fase da Secundidade, a *maçã* é pouco mais do que a possibilidade de uma entidade física, um "fato bruto", como Peirce tinha o costume de colocar. É mais uma coisa na estrutura do mundo físico do *self*. É *alteridade*, no mais primitivo sentido. Se a Primeiridade é o que <u>é</u> *como ela é* no mais puro sentido de possibilidade, a Secundidade é pura negação na medida em que é *outra*, outra coisa diferente da Primeiridade.

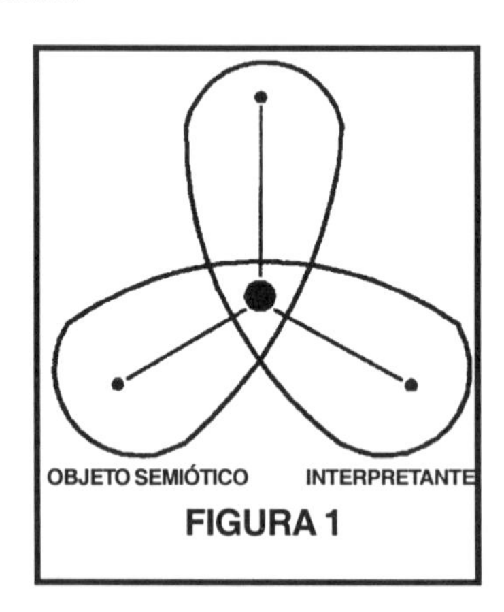

FIGURA 1

---

e altamente especulativo de Zohar, 1990). Todavia, não tão surpreendentemente, logo depois da emergência da teoria quântica alguns dos físicos mais vanguardistas se envolveram seriamente com a idéia de que a consciência é um participante ativo da transformação do universo (mas John Archibald Wheeler, que será uma das personagens principais por volta do fim de minha história, discorda quanto ao papel da consciência). Podemos também distinguir J. Vigier (1970), Eugene Wigner (1970) e a colaboração entre W. Pauli e Carl Jung (1952). Essa linha de investigação, a propósito, continua até hoje (Goswami, 1993).

Pode-se cair na tentação de qualificar a Terceiridade como aquilo que leva a *mediação* entre dois outros acontecimentos de maneira tal que todos se inter-relacionam uns com os outros da mesma forma que se inter-relacionam com o terceiro acontecimento como um resultado do seu papel de *mediador*. Essa *mediação* cria um conjunto de inter-relações cuja combinação é como a Primeiridade, a Secundidade e a Terceiridade entrelaçadas num nó borromeu. O nó segura as categorias juntas por meio de um "nó" central de maneira tal que se tornam "democraticamente" ligadas (ver Figura 1).

Cada categoria pode de modo intermitente desempenhar o papel de qualquer outra categoria; porém, numa conjuntura de espaço-tempo dada, uma das três será a Primeira, outra a Segunda e mais uma a Terceira. Além disso, cada categoria, ou qualquer combinação entre elas, pode adaptar-se a qualquer ou a todos os componentes do signo como ilustrado na Figura 1. (A concepção peirceana de Terceiridade, posso acrescentar, também diverge radicalmente da dicotomia *res cogitans*/*res extensa*, que é inegavelmente de natureza binária, sem função mediadora que as induza a um abraço líquido *interdependente*, *inter-relacionado*, *interativo*.)

Resumindo: a Primeiridade é *possibilidade* (um *pode ser*), a Secundidade é *fato* (o que *é*), e Terceiridade é *potencialidade*, *probabilidade*, ou *necessidade* (o que *poderia ser*, o que *seria*, ou o que *deveria ser*, dado um certo conjunto de condições). A Primeiridade, dentro e fora de si, não é uma qualidade concreta e identificada de algo (como, por exemplo, a sensação bruta de um corpo de *água* no qual parece que nos resvalamos). Não é nada mais do que uma possibilidade, uma pura abstração — abstraída, separada de qualquer outra coisa — como algo que goza de sua própria autopresença e de nada mais: não pode (ainda) estar *presente* para nenhum observador semiótico consciente *como* tal e tal. É uma entidade sem partes definidas ou definíveis, sem antecedentes ou subseqüentes. Como tal é o puro começo, de algo do "vazio" de algo da possibilidade de *tudo*; é a um só tempo *tudo* e *nada*, apenas *é*, como possibilidade.

As classes mais básicas de signos da coleção de Peirce são *ícones*, *índices* e *símbolos*. Um ícone é um signo que se inter-relaciona com o seu objeto semiótico em virtude de alguma semelhança ou similaridade com ele, assim como um mapa e o território que ele mapeia (uma fotografia de Churchill é um ícone do item original). Um índice é um signo que se inter-relaciona com o seu objeto semiótico através de alguma conexão causal física ou imaginada. Um cata-vento gira obedientemente para mostrar (indicar, índice) a direção do vento devido à ação do vento sobre o objeto. Um símbolo é algo um pouco mais complicado. A série de signos no parágrafo anterior focalizam um símbolo, "Coke", um signo cuja interpretação está relacionada com uma *convenção social*. Uma das melhores qualificações do símbolo peirceano é a de um signo lingüístico cuja inter-relação com o seu objeto semiótico é *convencional*. Isso é para dizer que não há *link* natural necessário (como acontece com o índice) ou um *link* devido a alguma semelhança ou similaridade (como acontece com o ícone) entre o representamen e o objeto semiótico. Os sons fonéticos ou as letras escritas da palavra "Coke" não têm conexão necessária com o item de fato. Os sons são a princípio, de uma forma ou de outra, *arbitrários*. Poderia haver virtualmente outros sons ou marcas no papel. Por exemplo, podíamos todos nos juntar e concordar que "Coke" deveria ser substituído por "Schlarch". Se com o tempo todas as vezes que dizemos, ouvimos, escrevemos ou lemos "Schlarch", pensássemos naquela bebida leve, familiar, teríamos nossa própria convenção social sobre um símbolo e seu objeto semiótico e interpretante. Nos não nos comunicaríamos muito com alguém de fora do grupo. Mas, tudo bem. Entre nós nos entenderíamos. Nosso signo simbólico convencional serviria muito bem aos nossos propósitos. Estamos agora, é claro, *motivados* pelo signo, "Schlarch". Estamos motivados por tal signo, porque em nossa pequena comunidade de expressão já vivenciamos no passado, estamos vivenciando no presente e esperamos vivenciar no futuro "a pausa que relaxa" como "Schlarch".

Tenho que admitir que em minha apresentação sumária de ícones, índices e símbolos simplifiquei demais os três fluxos muito complexos na vida da *semiose*. Uma vez que meu propósito agora é não entrar em detalhes, mas preparar o palco para um maior desenvolvimento do conceito de signo acerca de um aspecto particular da física contemporânea, o que precisava ser escrito foi escrito, assim espero. Pelo menos tornou-se evidente que, visto que na tradição peirceana tudo pode, virtualmente, ser um signo, a definição de signo tem de ser de fato a mais abrangente possível.[4] Não se trata da mera pergunta "O que *é* um signo?", mas "Como *é ser* um signo?" e "O que um signo *faz*?" Os signos não são coisas especiais, mas sim qualquer coisa pode ser um signo se manifestar funções de signo. Agora, por favor, permitam-me um vôo tangencial numa consideração geométrica e até mesmo topológica do signo.

HAVERÁ UMA "LÓGICA" PARA AS INTERDEPENDENTES INTER-RELAÇÕES DOS SIGNOS?

Primeiro, é preciso dizer que os signos interdependentes, inter-relacionados e interativos de Peirce são radicalmente *não-lineares*. Sob algumas circunstâncias a Secundidade pode ser bastante *linear*, embora possa manifestar-se de outros maneiras que não sejam a linearidade. A Primeiridade, em contraste, é mais propriamente *orto-linear*.[5] O prefixo da palavra, *orto*, significa perpendicular ou de ângulos retos. Se, metaforicamente falando, imaginamos que a Secundidade é como uma linha, linear, então a Primeiridade é um plano. Mas é um plano vazio, uma vez que a Primeiridade contém o que é possível e não real. A Secundidade, uma linha, é uma linha atualizada dentro de um plano. A linearidade ou Secundidade pode ser construída a partir da *orto-linearidade* ou Primeiridade, uma vez que é possível desenhar uma linha entre dois pontos quaisquer do plano. Em qualquer ponto do plano que contém uma linha recém-desenhada, é possível desenhar uma linha perpendicular a partir desse ponto. Nesse sentido, a *orto-linearidade* inclui o todo de todas as possíveis séries lineares que poderiam fazer a Secundidade. A linearidade bruta da Secundidade contém uma infinidade de possíveis lugares de partida e de chegada. O plano da Primeiridade também contém infinitas possibilidades para a emergência da Segunda. Todavia, as infinitas possibilidades de Primeiridade são infinitamente maiores do que as possibilidades infinitas de Secundidade, uma vez que um plano é feito de uma infinidade de linhas.

A Primeiridade, a *orto-linearidade*, é a parte mais íntima da *semiose*. É a fonte de sentimentos, emoções, sensações e intuições. É o que nos pega no coração e nas entranhas, e não na cabeça. Sabemos isso, mas não podemos articulá-lo de verdade. É esse o problema. Visando a circunscrever o problema, não serei pretensioso pensando que posso articular a Primeiridade. Em linhas gerais, tentarei mostrá-la. Todavia, para mostrá-la julgo que é preciso fazer uso de algumas técnicas. A geometria fractal e a teoria do caos foram possíveis devido à existência de "números complexos". A construção de um número complexo, *z*, acarreta a combinação de dois números ordinais reais, sendo o segundo multiplicado por um "número imaginário". A equação na sua forma mais simples é: $z = x +\text{-} y\sqrt{-1}$. Mas não os incomodarei com as formalidades dos números complexos. Na verdade, isso não é nem um pouco necessário.[6]

---

4) Todavia, ver Fisch (1986) sobre a problemática de representar o signo em geral com o sentido mais abrangente possível.

5) O termo aqui usado é de minha concepção para representar esquematicamente o conceito peirceano do signo.

6) Devo, pelo menos, apontar que nesse caso a palavra "complexo" não significa "complicado", muito embora para os não-iniciados o uso de números complexos possa ser desencorajador. E não há razão para crer que a palavra "imaginário" associada à raiz quadrada dos números negativos faz deles plantas exóticas, pois para a sua operação cada bit é tão "real" ou "irreal" — dependendo da perspectiva — quanto quaisquer outros números.

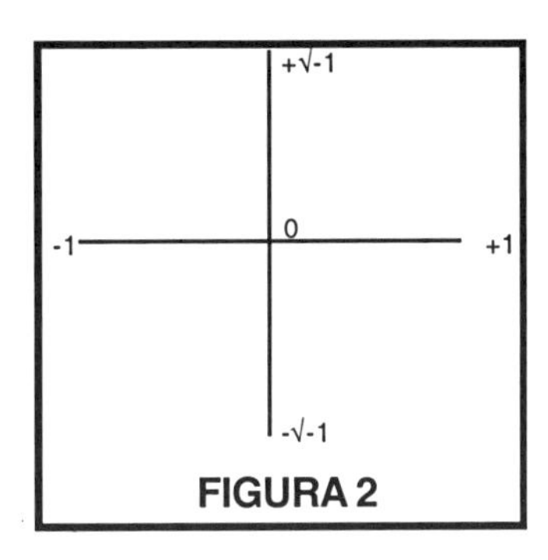

FIGURA 2

A mensagem importante é que tais números têm relação com o processo da *semiose* em sua essência. Um matemático em geral visualiza os números reais dispostos ao longo de uma linha dividida pelo Zero (ver Figura 2), que separa as infinitas séries de números positivos à direita e, a partir de sua imagem espelhada, as infinitas séries de números negativos à esquerda.

Números complexos têm sua própria aritmética, funcionando de acordo com suas próprias regras, algumas das quais são as mesmas regras da aritmética para números reais e algumas, diferentes. Esse números estão entre os mais importantes números para a explicação de todos os sistemas complexos, dos fractais ao caos, acima mencionados, passando pela física da complexidade, de Ilya Prigogine (1980), até a teoria quântica e da relatividade. Talvez o mais surpreendente seja que estes números repousem sobre um ato de imaginação puramente matemático: com a concessão de que os números negativos são válidos e merecem estar envolvido no signo, √, junto com os números positivos. Assim, no número imaginário, √-1, temos o signo neutro √, o positivo + 1 e o negativo - 1, embrulhados num pacote caprichado, bonitinho. Nenhuma decisão é possível sobre se um número imaginário definitivamente retrata positividade ou negatividade. É *ou* um *ou* outro, ou pode ser dotado *tanto* de um *quanto* de outro, ou pode até mesmo ser concebido como não possuindo *nem* um *nem* outro. Além disso, no signo neutro, √, não há *nem* positividade *nem* negatividade, e ao mesmo tempo há *tanto* positividade *quanto* negatividade. Em outras palavras, o signo é neutro. Apenas *é* o que *é*. Com a Primeiridade, ele contém a possibilidade de ser *ou* um *ou* outro.

Na verdade essa estranha "lógica" é assustadora. Números contraditórios e ao que tudo indica "desordenados" assumem seu lugar entre os números "normais" para vir a ser íntegros cidadãos no domínio da matemática. Além disso, √-1 contém, em si mesmo, as sementes da destruição do edifício da lógica clássica. A lógica clássica está baseada nos princípios aristotélicos de *identidade*, *não-contradição* e *terceiro-excluído*. Se algo é *A*, então é idêntico a si mesmo e não pode ser senão A . Se algo é não-A, então não pode ser *A*; tem de ser algo diferente de *A*, caso contrário, pode considerar-se a si mesmo tanto *A* quanto *não-A*, caindo, portanto, na armadilha da autocontradição. Se algo é ou *A* ou *B* (ou *não-A*), então é ou *A* ou *B* e nada mais, não podendo haver um terceiro termo. Obviamente, √-1, se calorosamente aceito e abraçado apenas pelo que é, destrói esses princípios. Porque pode ser tomado *ou* como +1 *ou* como -1. Pode ser tomado *tanto* como +1 *quanto* como -1. E pode não ser tomado *nem* como +1 *nem* como -1. É tudo uma questão de como desejamos cortar o bolo. Na forma *tanto* de +1 *quanto* de -1, √-1 põe abaixo o *princípio de não-contradição*. Na forma de *nem* +1 *nem* -1, adultera e arrasa com o *princípio do terceiro-excluído* com seu par binário. Recusando *ou* o rótulo +1 *ou* -1, dribla e passa para a pequena dianteira ao mesmo tempo que deixa o princípio de *identidade* abalado: esse símbolo esquizofrênico não precisa de nenhuma identidade predeterminada ou pré-preparada no sentido clássico.[7]

No plano descrito na Figura 2, os números reais são colocados no eixo horizontal e os números imaginários no eixo vertical. Isso, lembremos, é comparável ao nosso exemplo acima em que uma linha de Secundidade (o eixo horizontal) é desenhada sobre um plano vazio. Uma das metades do plano acima e a outra metade do plano abaixo perfazem a fila de possibilidades da Primeiridade (qualificada pelo eixo vertical). As unidades "imaginárias" da Figura 2 são adequadamente designadas $+i$ e $-i$, ou seja $+\sqrt{-1}$ acima e $-\sqrt{-1}$ abaixo. O signo, i, toma o lugar desse um tanto esquizofrênico e incômodo $\sqrt{-1}$. Na superfície do plano, Karl Friedrich Gauss criou um local habitável para todas as combinações dos números reais e dos números imaginários visando a construção de números complexos. Se me permitem um simples exemplo, que no entanto, envolve uma pequena formalidade, tome-se um número complexo na ordem de $z = x +\!- y\sqrt{-a}$, ou $z = x +\!- i$. Se o valor de x é -2 e se o valor de $+\!-i$ é +2, vamos para a esquerda da linha horizontal até o número -2, subimos a linha vertical até o número +2 e colocamos um ponto na intersecção (para mais detalhes sobre essas linhas, ver Merrell, 1995, 1996, 1997).

O que temos no trabalho de Gauss é uma imagem da *orto-linearidade*. Há a linha horizontal da Secundidade predominantemente linear e o plano da Primeiridade. Para cada ponto uma infinidade de pontos possíveis pode ser feita num ângulo de noventa graus (ortogonalidade) acima e abaixo da linha. Não importa como a linha horizontal foi cortada, não importa quais pontos particulares foram realizados como Segundos, ainda haverá uma infinidade de possibilidades de Primeiridade acima e abaixo, no "algum outro lugar".

Isso é comparável aos redemoinhos gotejantes pintados por Jackson Pollock como meras possibilidades interdependentes, inter-relacionáveis e interativas pulando na mente como signos *de* uma coisa ou de outra, ou à obra de M.C. Escher's em que as mãos desenham a si mesmas numa existência em termos de possibilidades que ainda não foram relacionadas com coisa alguma além de consigo mesmas.[8] Em outras palavras, primeiro há linhas numa folha vazia e em branco. Em seguida, mais linhas. E mais. Onde vão parar ninguém sabe. O redemoinho de Pollock continua e continua...; as mãos de Escher surgem do nada, puro "vazio". No entanto, nada disso teria sido possível sem a existência das próprias mãos de Pollock e Escher: Terceiridade. Suas mãos vivem num espaço ortogonal tridimensional com o plano que é ortogonal até a linha. São a prova viva da infinidade de possibilidades a partir do ponto "Zero", ou "vazio", uma insignificante amostra do que pode emergir à luz do dia. Eles testemunham, embora sejam transitórios, como todos nós somos, o processo *semiótico* continuará com essa certeza de que o "Infinito" pode, também, ser o objetivo, embora no mundo cotidiano concreto seja uma alucinação.

---

7) Os primeiros algebristas indianos e árabes freqüentemente se levantavam contra o que mais tarde ficou conhecido como os "números imaginários", mas tentavam ignorá-los o máximo possível. Descartes foi ao que tudo indica o primeiro a chamar esses estranhos animais matemáticos de "imaginários", porque sua existência nos cálculos aparentemente barravam qualquer solução concreta "real". Uma vez que os números "imaginários" não podiam ser colocados na linha dos números positivos e negativos, a tendência era amontoá-los no armário. Mas eles não podiam ser esquecidos. Continuavam a surgir nos momentos mais importunos. Leibniz, o inventor do cálculo diferencial, chamava $\sqrt{-1}$ de um anfíbio entre o ser e o não-ser. Algumas gerações depois, Leonhard Euler expressou o mesmo sentimento. Então, no século XIX, Karl Friedrich Gauss declarou que os números "imaginários" podiam ganhar sua própria forma de existência. Muito embora não haja espaço para eles na linha que *representa* os números reais, os mesmos podem encontrar um lugar de repouso confortável num plano que imaginamos deva existir ao Norte e ao Sul daquela linha horizontal.

8) Para referências sobre os exemplos de Pollock e de Escher, ponto de vista que perpassa este ensaio todo, ver Heelan (1983), Henderson (1983), Kern (1986), Szamosi (1986), Waddington (1970).

Semanticamente falando, através da Figura 2, todas as possibilidades podem, em princípio, emergir interdependentemente, inter-relacionadamente e interativamente. Algumas delas emergirão com um signo positivo e outras com um signo negativo. Mas essa não é a história toda. Dada a função de √-1, qualquer que seja o valor que um signo tenha, de um outro ponto de vista ela poderia ter sempre arcado com o ônus do valor oposto. De fato, √-1 é um sofisma rachado e esquizofrênico. Entretanto, ela/ele pode vestir outra máscara menos incômoda; *i*. Mas o que é, precisamente, *i*? Não traz signo *nem* positivo-*nem* negativo consigo para nos confundir. É relativamente neutro. Apenas é o que *é*, como possibilidade. Dada a neutralidade de *i*, não se trata de "Isso *é* verdadeiro"/ "Isso *não é* verdadeiro", mas simplesmente de "*É*" (-*i*). Não "estou falando a verdade"/ "estou mentindo", mas apenas "Eu *sou*". Tudo está superposto, tremulando e tremendo no plano complexo; tudo está cobrindo a totalidade do espaço da fase, o plano bidimensional. Há oscilação entre valores sem que quaisquer um deles seja "realmente real", porque são todos "imaginários". (Agora está ficando aparente, assim espero, que precisamos admitir que o "imaginário" é tão "real" quanto o "real", uma vez que, como qualquer outro número, os números "imaginários" podem ser usados em cálculos que especificam fenômenos "reais".)

Com o objetivo de observar a nossa situação por um ângulo diferente, vale ressaltar que + e -√ e *i* não são coisas de forma alguma, mas indicadores ou focos de inter-relações. Eles vêm antes que um contemplador semiótico sinta que ele está aqui e que um signo está lá. Nessa conjuntura, não há nem agente semiótico nem signo. Pelo menos não até agora. Não são os √ que se tornam trêmulos √-1, e com certeza não podem ser tão presunçosos a ponto de considerar a si mesmos de uma maneira ou de outra equivalente a 0. São apenas focos, antes de haver algum sinal de reconhecimento de que não há absolutamente nada. Agora, e se pusermos + e - e √ e *i* juntos numa situação real, verdadeira? Por exemplo, deixemos +1 é e -1 não é. Deixemos Ö combinar com -1 para se tornar o oscilante, o inegável *é-não é-é-não é*..., e deixemos *i* ser *tanto é e não é quanto nem é nem não é*. Um signo, em seu incipiente começo como Primeiridade ou como uma série de possibilidades, *é* o que *é*, nada mais, nada menos. Ou seja, *é* o que *é* na medida em que permanecer em sua inocente alegria, de todo alheio e divorciado de qualquer objeto semiótico particular ou interpretante. Se o signo estiver de certa forma relacionado com algum objeto semiótico ou outro, como Secundidade, as coisas ficam incertas. Há uma gagueira *é-não é*, quando todos os possíveis contextos são considerados. No final das contas, a Terra é ou não é o centro do Universo? O cientista ptolamaico diz "Sim". O copernicano diz "Não". O einsteiniano pode dizer por rodeios: poderíamos conceber a resposta tanto sim quanto não ou nem sim nem não, dependendo do ponto de vista. Se do ponto de vista das inter-relações a resposta tem de ser "Sim", então é o que *é*. De um ponto de vista alternativo é o que *não é*. De um ponto de vista alternativo para o anterior: é tanto *é* quanto *não é*. Ainda de um outro ponto de vista: nem *é* nem *não é*.

Se uma decisão for tomada de que um foco *é* e um outro *não é*, então pode parecer que há uma confortável bivalência lógica inerente. Mas a vida não é tão fácil assim. O outro foco, o que no melhor de todos mundos *não é* o que o foco original *é*, não pode ser o objeto de um signo, porque em certo sentido deve ser o caso de que *é* o que o signo *é*. Se um foco *é* e o outro também *é*, ainda são diferentes focos, havendo, então, um problema de *identidade*. E se o outro foco é e *não é* o que o foco original *é*, então o *princípio da não contradição* é pregado na parede, só havendo a alternativa de se render. Contudo, nessa fase do combate semiótico inarticulado, não há decisão, mas apenas hesitação, gagueira e oscilação. Agora entra o *i* para complicar o problema — ou para simplificá-lo, dependendo do ponto de vista. O signo, *i*, declara que um dos focos *é* e *não é* o que o outro foco *é*, e que um deles *nem é*, *nem não é* o que ao mesmo tempo, o outro *é*. O *princípio do terceiro-excluído* se estatela no chão após o soco de nocaute. E por que não? Isto é, como poderia ser diferente? Se um foco *é*, e o outro foco *é*, e entretanto *não é*, então ambos *são*, e *não são* o que *são*. Logo, desse ponto de vista, temos que concordar que *não é* o caso de tanto *serem* ou *não serem*, porque é o caso de *nem serem nem não serem*.

Implica isso que os nossos signos *não são*, que não são nada, *zilch*, *caput*? É evidente que não, podemos querer reagir! Nossos signos *são*, porque *somos*, e nós, na condição de organismos semióticos, fazemos com que eles sejam o que *são*. Esse foco e, ao mesmo tempo, a impossibilidade na lógica clássica deste tipo de foco com o qual nos debatemos, é algo comparável à oriental *maya*, a experiência de uma separação entre o mundo e o espectador com a qual o espectador vê o mundo. Não..., não é bem assim. (Há um problema de articulação aqui.) Melhor dizendo, talvez, o resultado seja que o mundo vê a si mesmo. Não, ... tampouco, porque o mundo artificialmente divide a si mesmo em dois mundos de forma que um pode ver o outro e o outro pode ver o primeiro. Artificialmente? Mas é claro! A divisão deve ser falsa para si mesma, uma falsidade, uma falsificação, porque a divisão é impossível, logicamente falando, é claro. Contudo não é na verdade impossível, porque a divisão é de certa forma provocada, porém, artificialmente.

Apresento o problema da inconsistência, relativo à *semiose* por uma razão: a *semiose* simplesmente se recusa a conformar-se a nossos modos ideais de pensamento, de lógica e de razão, pois é preciso incluir o todo da nossa vida cotidiana, que é em ampla medida radicalmente ilógico, logicamente falando. Deixem-me abrir um parênteses para mais detalhes, e depois tentarei voltar a algumas questões mais concretas acerca do signo.

TRAÇANDO O NOSSO CAMINHO PARA A CORRENTE PRINCIPAL

Com o intuito de agarrar alguma coisa na qual possamos apoiar-nos nessa aparente ilógica de nossa vida diária, vamos supor que elaboramos a imagem de uma porta, que aparece à guisa de ícone. Se pusermos a imagem na forma de uma expressão, temos "Isso é uma porta". Temos o "Isso" como um índice que chama a nossa atenção para o ícone. E temos "porta" como um símbolo solitário em busca de uma sentença e de um texto para que sua função como símbolo possa ser entregue à fruição. Esse símbolo, "porta", interage com o índice e com o ícone através do "Isso é uma" para compor uma sentença, um símbolo composto.

Logo, podemos dizer que (1) o ícone é à *imagem de, um diagrama esquemático que descreve* ou é *similar a*, algo (uma positividade, ou um signo), (2) o índice *interdependentemente se inter-relaciona* e *interage com* o que o ícone *não é* (negatividade, ou um objeto semiótico), e (3) o interpretante potencial do signo junta o *é* e o *não* é, e media entre eles de tal maneira que é *tanto* o é *quanto* o não é, ao mesmo tempo que não é *nem* o é *nem* o não é. Vemos a imagem da *porta* como uma "porta", enquanto, no fundo, sabemos muito bem que não é uma "porta", mas o signo "porta" de uma *porta* particular. Podemos falar interminavelmente dessa imagem da porta, das inúmeras imagens de porta ausentes e das *portas* reais, bem como da palavra "porta" e de outras palavras que têm a ver com "portas" etc. Ou uma "porta giratória" real pode transformar-se em um signo de uma coisa totalmente diferente. Pode ser uma variedade infinita de coisas, pode ser o símbolo da máquina de Charles Chaplin movendo os humanos e depositando-os na linha de montagem de uma fábrica, a entrada para um luxuoso clube onde o rico e poderoso se acotovelam, e como tal é duplamente não apenas uma porta ou uma "porta", mas o acesso para um campo de discurso totalmente diferente. Podemos fazer tudo isso e mais, e mais, virtualmente sem fim. (De novo, pensemos em nosso exemplo do plano vazio, da linha e das possibilidades no plano de pontos e linhas se inter-relacionando com a linha original.) Por conseguinte, podemos ficar cada vez mais confusos e neuróticos e talvez até mesmo maníaco-depressivos no processo. Nós não sabemos mais o que sabemos, mas talvez saibamos de caminhos que não sabemos, mas não estamos de fato certos, porque o *não* está agora há muitos passos do mais fundamental e primeiro *não*. Portanto, enfim, voltemos ao *não* fundamental — como se pudéssemos, mas não podemos, porém, suponhamos que podemos.

Se o ícone *é como* uma ou outra coisa, uma positividade, e o índice *não é* o que o ícone *é*, uma negatividade, nós o chamaremos provisoriamente de "+" e de "-" a título de exemplo. Se o signo emerge do vazio, do nada ou da "não-coisa" ("*no-thingness*"), então ele entra na área das antecipações, expectativas, esperanças, desejos, medos. A princípio, o vivenciamos como "alguma *coisa*" ("*some-thing*") que é como "alguma outra *coisa*" que pode levar ao prazer e ao desprazer, dependendo da pessoa e do contexto. Mas agora estamos muito distantes de um mero "vazio". É como sair do "Zero", 0, até o "conjunto vazio", Ø. Zero é apenas zero. Está esvaziado de tudo, inclusive da simples memória dos números. Já o conjunto vazio, em contraste, é isto: algo que observamos ter se tornado vazio. É a "ausência observada" de algo que foi ou que podia ter sido ou que tem a possibilidade de estar parcial ou preenchendo por completo o espaço não ocupado. Assim, temos "puro vazio" e a "ausência observada" de algo os mais (+) e os menos (-). O que foi deixado de lado neste quadro *interpretante* do signo. O ícone (ou signo ou *representante*) como Primeiridade e o índice (ou *objeto semiótico*) como Secundidade precisa de um símbolo (ou *interpretante*) para desempenhar o papel de Terceiridade, de mediação.

Relembremos o que foi dito acima sobre $\sqrt{-1}$, ao qual foi dado o rótulo, *i*. Como observamos, por um lado, $\sqrt{-1}$ incorpora o que *é* e o que *não é* sem nenhuma possibilidade de decidir qual deve ser posto no primeiro plano e o qual dever ser posto no segundo plano. Só pode haver oscilação entre dois valores contraditórios. O signo, *i*, por outro lado, *apenas é o que é*, *nem* positivo *nem* negativo e também no mesmo fôlego *tanto* positivo *quanto* negativo. Da mesma forma, o papel do *interpretante*, como mediador e moderador e agente minimizador da mídia, é, em e por sua livre vontade, *nem* positivo *nem* negativo e ao mesmo tempo *tanto* positivo *quanto* negativo.

Mas, esperem um pouco! Como é possível haver semelhante ilógica se *interpretantes*, sentido, interpretação, sempre provocam uma profusão de valores prioritários, privilegiados, hierarquizados, perniciosos, discriminatórios sobre algum e sobre todos os signos por meio da justificação lógica e da legitimação racional? Como possível resposta, eu sugeriria que apesar do nosso desejo de uma lógica irrefutável e de uma certeza racional, é fatal que caiamos em inconsistências num ponto ou noutro ao longo da nossa longa jornada dos nossos afazeres cotidianos. É isso o que nos faz humanos, talvez demasiadamente humanos. E de vez em quando infelizmente. Mas tentemos deixar nossa humanidade de lado por um instante e que nos seja permitido simplesmente ser; ... não, isso não é certo, deixe-nos transformar no processo da transformação, *deixe-nos ir*, apenas *deixe*. Nada tem valor real, existente, necessário, baseado na procura pessoal, auto-indulgente, centrada no ego. Não há nada, nenhuma *coisa*, absolutamente porque, para todas as coisas, toda-*coisa* é uma mera possibilidade; isto é, toda-*coisa* apenas *é* ou *é possível no processo de transformação*, sem nenhuma *coisa* tendo de fato se transformando. É como o *i*. Esse conceito é também comparável às armadilhas para "racons"* que quando eu era menino trazia de volta para casa ao longo do Gila River na zona rural do Arizona. Põe-se a comida na armadilha numa caixa com um pequeno buraco. O "racom" vai fuçar e pega o máximo de comida possível. Mas então ele não consegue puxar a pata para fora, porque está cheia de deliciosas guloseimas. Ele se recusa a abandonar a comida, ficando, assim, preso; fica preso porque se recusa

---

*) Animal carnívoro norte-americano do mesmo gênero que o guaxinim. (N.T.)

a deixar a comida. Recusa-se a desistir da segurança de saber que sua próxima refeição está a caminho; sua busca por segurança provocará a perda da liberdade e talvez a morte. Isso é de alguma forma parecido com o domínio que as inculcações clássicas têm sobre nós. Nossa obsessão por este *cobertor* confortável e seguro simplesmente não nos deixa prosseguir.

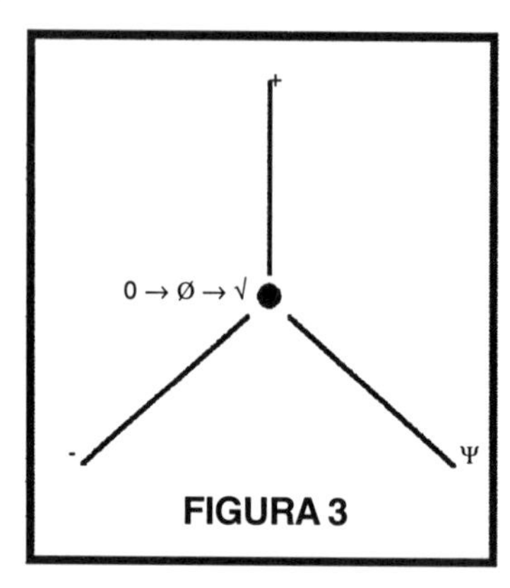

FIGURA 3

Melhor ainda que nos seja permitido invocar um signo alternativo *semiótico* para *i*, ou seja, Ψ. Agora vamos construir a Figura 3. O que *é*, no sentido positivo, se relaciona com o que *não é*, no sentido negativo, embora sob outras circunstâncias o *não é* pode ter sido o *é* e o *é* o *não é*. À positividade e à negatividade foi dada uma oscilação não passível de decisão "+/-/+/-/+/-..." de valor *n* no cerne do mapa do signo onde fica o √, que apenas *é*. Não é *nem* positivo *nem* negativo e ao mesmo tempo é *tanto* positivo *quanto* negativo. No intemporal "ponto de repouso", √, aproximadamente no qual +, -, e Ψ giram, temos, então, correlações do puro "vazio" (0), o conjunto vazio (Ø), e a Primeiridade, Secundidade, e Terceiridade, as três categorias de Peirce. Temos a sensação de uma dança de Shiva, um turbilhão *semiótico*, em grau infinito. O turbilhão continua até culminar numa condição virtualmente caótica revelando a composição de um atrator estranho, um turbilhão fora de controle, um redemoinho de atividade *semiótica*.

Na verdade, acredito que esse mapa aparentemente vazio do signo é de fato bem adequado ao tópico em questão. Em primeiro lugar, o mapa é necessário, porque o signo não pode emergir de um mero "vazio". O que faz o signo e o que o pega têm de já ter dado certa noção do que foi no passado e o que pode ser no presente e o que no futuro provável ou possivelmente está guardado. Isso envolve antecipações e expectativas, bem como esperanças, desejos e medos referentes à "ausência observada", o conjunto vazio a ser preenchido com uma ou mais coisas da virtualmente ilimitada série de possibilidades superpostas. Em outras palavras, nossa *porta* é uma "porta", porque "Uma *porta* (ícone ou imagem) *é* uma 'porta' (um símbolo) *é* uma *porta* (como indexada) *é* uma *porta* (o artigo real)". Mas ao mesmo tempo *não é* uma *porta*, uma vez que "Uma 'porta' (símbolo) *não é* uma *porta* (ícone ou imagem) *não é* uma *porta* (como indexada)". Assim, temos o lado mais (+) e o lado menos (-). Não há solução para o dilema sobre o que *é* e o que *não é*, pelo menos dentro desse mais primitivo domínio, a não ser que consultemos Ψ, que como *i*, não é *nem* um *nem* outro e *tanto* um *quanto* outro. Em todos os acontecimentos, vemos que o *não* não pode estar ausente no processo sígnico. Dado o *não*, temos de concordar que nada é fixo e tudo é impermanente. Tudo é fluxo, inclusive identidade e identidade própria, até mesmo inclusive o "Eu" (*I*) ou o *self*.

Na verdade, o sábio budista diz praticamente a mesma coisa. Fala-nos que a noção de impermanência implica que não haja *self*, nem identidade do *self* fixos nem sujeito persistente que conheça ou objeto que seja conhecido. A esperançosa idéia de um *self* individual fixo, inflexível, resolutamente revestido de couro é castelo no ar, ilusão, outra forma de dizer *maya* — no Budismo a compreensão da realidade que está muito distante do "real" e não tem "realidade real". A obsessão pela idéia de um *self* separado, capitão de seu próprio navio, grasnando, esmurrando e se rasgando para saber "O que há nele para mim?" com pouca atenção para os demais ou para o mundo, é um beco em saída. Para todos nós, na presente meditação sobre signos, há a sugestão de que o *self* está num processo incessante de emergência, como é o mundo mais o *self*, o mundo menos o *self*, o mundo e o *self* como Ψ. O *self*, o ego, e o "Eu" não tem existência independente real. Em vez disso, estão em eterno processo de *emergência co-dependentemente*, *inter-relativamente* e *interativamente* com a *emergência* de tudo mais. Na essência não há essência, a matéria é de não-matéria, e o que não importa importa, porque não há espaço para absolutamente nada, há apenas 0 e $\sqrt{}$ e + e -, os quais perfazem $\sqrt{-1}$, que incorporamos no Ψ. Nosso eterno tatear em busca de espaço ou de algo mais que tenha uma aparência durável só termina em frustração.[9]

Viajamos por muitos lugares e longe de nosso saber inicial primitivo, intocado e heterogêneo, até as construções potenciais de alguns signos, de uma forma e de uma cor. Essas rápidas manobras são necessárias, gostaria de ressaltar mais uma vez, para chegar ao âmago da questão o mais rápido possível... Portanto...

PARA ONDE, AGORA?

Vamos então voltar para o nosso começo, não para O começo, notem bem, que está no irrecuperável passado, mas pelo menos para o NOSSO começo, que pelo menos está disponível para nós. Primeiro temos o todo "intocado" e "heterogêneo". Então, alguém ou algo, se separa desse todo como uma "marca de distinção" e como uma "indicação" do que era e tudo mais. Depois, havia uma forma e uma cor potenciais, outra separação ou marca e uma distinção que toma uma forma e uma cor qualitativas que podem agora ser sentidas. Há uma vasta diferença entre essas qualidades e quaisquer aspectos quantitativos ("qualidades primárias"). A forma e a cor nessa fase não podem ser passíveis de mensuração ou de análise espectroscópica e, por conseguinte, não podem ser concebidas como constantes matemáticas.

Porém, como forma e cor podem em potência vir a ser conhecidas em termos de constantes qualitativas. Por exemplo, numa sociedade humana a forma pode ser conhecida por uma convenção como "maçã" e a cor como "vermelha". Desse modo, adquirem um tipo determinado culturalmente. Basta mostrar a maçã vermelha para um falante da língua inglesa da comunidade humana e essa pessoa invariavelmente vai dizer que é uma "maçã vermelha". A forma e seu atributo são indelevelmente contextuais, e de dentro do contexto há certa forma de constância. Mudemos a cultura e o contexto, e a constância pode mudar em drásticas proporções. Numa cultura sem categoria de "vermilhidade", mas com categorias quase equivalentes a "marrom", "rosa" e "violeta", a "maçã" pode ser rotulada de "*quatchi*" (que é da classe do "marrom", em inglês). Numa cultura em que não se conhecem maçãs, a forma pode ser chamada de "*ungaua*" (que

9) Nessa conjuntura, e à luz dos termos revelados como "inter-relacionamento" e "emergência co-dependente", eu realmente devo esse conhecimento à filosofia oriental, em especial ao Budismo, no tocante às afirmações latentes neste ensaio. Para estudos mais detalhados dos eruditos orientais e ocidentais, ver Carter (1989), Conze (1970), Huntington (1989), Jacobson (1983), Kalupahana (1986), Kasulis (1981), Loy (1989), Nishitani (1982, 1990), e Odin (1996). Para os estudos-chave, que de diversas maneiras tentam encontrar analogias entre o pensamento oriental e a ciência ocidental, ver Capra (1975), Goswami (1993), Smith (1995), Talbot (1981), Zukav (1979) e Siu (1957). Dos físicos, que em seus escritos de uma forma ou de outra aludem ao misticismo, ver Bohr (1958), Heisenberg (1958), Jeans (1958), Schrödinger (1967) e Oppenheimer (1954).

é da classe de "chumbo pesado, grande", em inglês). Numa cultura em que não há espectroscopia e em que as mensurações das formas não são úteis para um propósito de sobrevivência, a maçã pode simplesmente ser sentida, cheirada, tentadoramente saboreada, depois consumida, sem conseqüências futuras. No final das contas, é essa a sua serventia, pragmaticamente falando. Isso tudo para dizer que assim como as "qualidades secundárias", as "qualidades primárias" são inegavelmente contextuais. Mesmo no contexto das comunidades do Mundo Ocidental, as mensurações e os cálculos matemáticos não eram para Galileu o mesmo que eram para Newton, e não eram para Newton o mesmo eram para Einstein. Formas e atributos são contextualmente objetivos e são contextualmente subjetivos (ou "intersubjetivos", se quisermos carregar o termo). Além do mais, são ambos tanto "semioticamente reais" quanto "reais". Se uma forma "real" que veio a ser uma "maçã" e um atributo que veio a ser "vermelho" não tiveram uma forma ou maneira "real", não pode ter havido nenhum "objeto semiótico" que seja uma "maçã vermelha". O objeto é tanto "real" quanto "semioticamente real". Como "real", é "real" apenas na medida em que existe numa inter-relação interdependente com tudo que permanece, o todo intocado e heterogêneo. Como "semioticamente real", é "real" na medida em que é sentido, percebido e concebido *como* tal e tal *que* possua atributos assim e assim. Mas como objeto "semioticamente real" nunca pode esperar esgotar-se, durante a sua vida ou a minha, estando todo o conjunto dos possíveis e semioticamente reais atributos contidos dentro do "real". Damos, desse modo, pelo menos um passo para fora das *res cogitans* cartesiana e do *Ding an sich* kantiano, uma vez que o objeto concreto é especificado pela totalidade de seus atributos, ambos "secundários" e "primários", e uma vez que cada um desses atributos é em princípio passível de especificação, enquanto por sua verdadeira natureza o conjunto de seus atributos permanecerá incompleto, e, se a completude for pedida, então haverá uma ou duas inconsistências escondendo-se nas sombras.

O resultado é que coisas simples simplesmente não existem. Existem, mas são tão complexas que cada uma e todas as suas qualificações "semioticamente reais" inevitavelmente errarão o alvo. Existem, e, em suas inter-relações interdependentes com seus respectivos sujeitos, os seus observadores, tanto as coisas observadas quanto os observadores, se tornam um. O mundo, então, não é para ser considerado como uma mera justaposição de tantas coisas individuais com existência própria como *res extensa* ou átomos ou maçãs ou o que quer que seja. Em vez disso tudo, qualquer seleção heterogênea e desesperançosamente insignificante, inclusive o observador, formam um todo orgânico. Cada coisa existe numa *interação interdependente* e *inter-relacionada* com outra coisa e, desse modo, numa *interação interdependente* e *inter-relacionada* com o todo, que forçosamente inclui o sujeito conhecedor, o observador. A mais básica noção nos é dada pela teoria quântica no nível mais básico — e pelo misticismo oriental sobre essa matéria. Vamos então considerar este assunto.

VIVER DENTRO DA PADRONIZAÇÃO, PADRONIZAR DENTRO DA VIDA

Não seria o modelo de mundo aquele "se e quando" o físico, o químico, o biólogo, o sociólogo e o antropólogo chegassem a um comum acordo? Idealmente, sim. Mas vivemos muito distantes do mundo ideal. O físico mensura e reage, o químico mensura, reage e mistura, o biólogo mensura, reage, mistura, cultiva e clona, e o sociólogo e o antropólogo fazem um pouco dessas coisas todas e muitas outras coisas mais. No processo, isso tudo se funde e se confunde. Não há um *modelo* fixo, mas um processo de *modelização* que produz uma miríade de padrões desordenados. Durante o tempo todo, dos antropólogos aos físicos, o mundo vivo nunca está totalmente sem signos. O *mundo vivo* é muito mais prevalente de longe, no jogo do antropólogo do que no jogo do físico, com certeza. O vivo *é* precisamente o seu jogo. Porém, nunca está ausente dos momentos alegres físicos, nem nos momentos extremamente sérios.[10]

Um simples aparato de atenção do físico, a exemplo de uma bola de aço num cordão que forma um pêndulo, é parte do mundo vivo do físico. Um objeto semelhante a um pêndulo pode ser encontrado num escritório de advocacia e o advogado pode brincar com ele e aliviar a tensão quando estiver estressado. É parte do mundo vivo do advogado. Também pode ser pesado, calibrado e acertado pelo físico dentro de seu modelo de mundo. Ele (o físico) pode aplicar os resultados sobre o comportamento do pêndulo num plano cartesiano, que dá um mapa de sua história, desde o momento em que nasceu, quando sua força motriz lhe deu vida, até a hora de sua morte quando sucumbe ao princípio da entropia. O mapa ou gráfico é parte de uma modelização do mundo. Não está lá, numa folha de papel. Ele pode com facilidade lê-lo e relacioná-lo com um pêndulo real em seu mundo vivo, embora seu amigo advogado possa encontrar dificuldades de fazer o mesmo. Até onde se trata do advogado, o pêndulo tem utilidade em seu mundo vivo, e é isso. O advogado precisa muito pouco das abstrações do físico. O importante é, entretanto, que ambos os mundos, o *vivo* e o *modelizado*, em maior ou menor grau, entram em ação e inextricável e interdependentemente se inter-relacionam a cada volta.

Mas a história não termina aqui. O pêndulo está lá, à espera de que algum sujeito semiótico consciente o tome e o torne um "objeto semiótico" atualizado. Tanto o nosso advogado quanto o nosso físico fazem isso, cada qual à sua maneira. O último, porém, dá um passo mais, pois não fica satisfeito em sentar-se e, passivo, dar um impulso na bola a intervalos constantes. Ele quer saber o que faz o pêndulo tiquetaquear. Então, mensura o seu comportamento, tabula os resultados e o submete todo a um gráfico. Chamemos o seu pêndulo de *mundo vivo* MV (resisto amiúde a usar o termo fenomenológico, "mundo da vida"). Chamemos o resultado de sua modelização do comportamento do pêndulo de *mundo modelizado*, ou MM. Qualquer pessoa pode com facilidade dizer que o pêndulo no MV é acessível aos sentidos. Poucos concordariam que o MM é sentido tão diretamente quanto o MV. De fato, o MV é sentido como uma sensação, Primeiridade, como uma imagem e signo no corpóreo e até mesmo visceral sentido antes que seja submetido a pensar, raciocinar, generalizar e abstrair. O físico encarregado do aparato como MM, em contraste, concentra a atenção no "objeto semiótico" não nos termos de sua particularidade, mas como se fosse a exemplificação de um protótipo geral de pêndulos de comportamento semelhante, engendrando, apropriadamente, um interpretante. O interpretante do pêndulo dentro do MV pode girar em torno de sensações desse tipo e em torno de sentimentos tais como passatempo, diversão, relaxamento da tensão, e outros afins. Em contraste, o interpretante do pêndulo dentro do MM tem a ver sobretudo com símbolos abstratos. Esse interpretante não envolve apenas o aparato como se fosse concreta e contextualmente sentido. Nosso físico pega os dados sensórios e vai direto para suas formulações abstratas. Porém, permanece o fato de que começou com o MV.

Todavia, há ainda mais na história. A bola de aço no fim do cordão é na superfície "aparentemente" sólida. A expressão "aparentemente" é a chave. Aqui, o cartesiano e o São Tomé cheio de dúvidas têm o que dizer. As aparências enganam.

Neste caso se o físico abandonar o nível macroscópico de pêndulos considerados em ampla escala como as ações e reações newtonianas pelo nível microscópico de átomos, ele nos diria que a aparentemente suave e brilhante superfície da bola não é nem contínua nem uma superfície bidimensional, ocultando uma massa esférica de substância impenetrável. É uma coleção de amplos átomos vazios, ou seja, de um arranjo de partículas subatômicas potenciais ou realizadas ou de um conjunto de ondas funcionais de Schrödinger, dependendo da perspectiva. Agora, o MM pega a deixa do

---

10) Acerca disso e do que está contido nas páginas seguintes, sou devedor de Wolfgang Smith (1995).

MV e segue seu próprio caminho até esse território até agora desconhecido e incompatível. Pode-se querer pretender que o conjunto de átomos dá origem a um objeto que pode ser percebido como uma sólida esfera dentro do MV. Quer dizer: o conjunto dos acontecimentos microscópicos "causa" um objeto macroscópico que passa a existir podendo ser sentido dentro do MV.

Mais isso é outro problema. O problema em questão envolve o próprio conjunto. Ninguém viu diretamente um conjunto todo de átomos como um conjunto de átomos. Se um conjunto particular de átomos dá origem a uma bola de aço brilhante, então o que pode ser percebido é uma bola de aço brilhante, e os átomos saem de todo de cena. O "objeto semiótico" dentro do MM é incompatível com o "objeto semiótico" dentro do MV, muito embora o "objeto" *qua* "objeto" nunca tenha alimentado a idéia de identidades mutáveis.

Assim sendo, chegamos a uma encruzilhada. Uma estrada nos leva para dentro do território do MV, e a outra nos leva para dentro da desconhecida região do MM. Porém, sem o MV, o MM nunca poderia ter sustentado suas pretensões à posse da área dentro dos limites sobre os quais pensa exercer poder. Podemos conjecturar que o MM é o domínio do sub-MV. O MV é guiado pelas aparências; o MM nos diz o que de fato é. O MV é facilmente enganado; o MM segue um método estabelecido de conjecturas, validações e refutações que fornecem prova irredutível do que há. Mas não tão rápido! A nova física e a nova filosofia da ciência não estão de modo algum tão convencidas a respeito de seu empreendimento como eram as suas predecessoras.[11] Além disso, como os átomos se agregam ou formam moléculas e essas moléculas formam macromoléculas e como os conglomerados vêm à tona, não há consenso acerca de algum limite mágico em que o microscópico some e o macrocóspico começa. É bem provável que não possa haver consenso, porque não há linha determinável de demarcação. Sendo esse o caso, se uma linha de demarcação não pode ser traçada, separando a aparência da "realidade", e se a "realidade" não pode de modo algum ser total e completamente conhecida, então não pode haver a dicotomia aparência/"realidade". A fim de que uma dicotomia seja legítima, ambos os extremos da oposição têm de ser conhecidos e um limite preciso e diferenciador tem de ser estabelecido visando a separá-los para todo o sempre. Aqui, com certeza não é esse o caso. Portanto, não há de fato dicotomia.

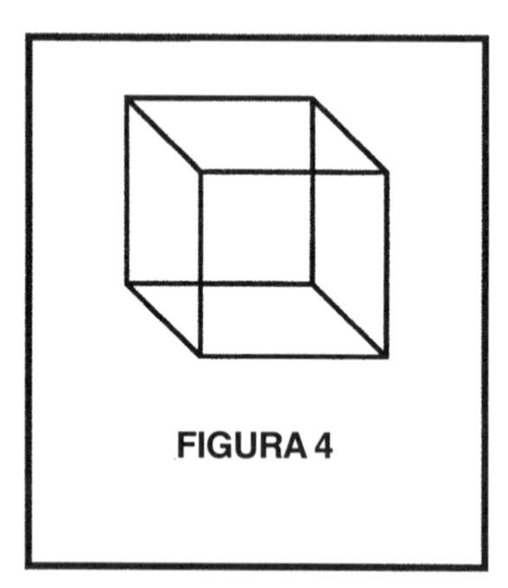

FIGURA 4

---

11) Os chamados "novos filósofos" da ciência, de uns poucos anos para cá, incluem personalidades como Feyerabend (1975), Hanson (1958, 1969), Kuhn (1970), Polanyi (1958) e mais recentemente Gregory (1988) e Cartwright (1983). Muitos dos trabalhos dos filósofos foram tirados do campo da sociologia, que revelou como as premissas tácitas, as pressuposições e os preconceitos influenciam a vida laboratorial e o empreendimento científico, bem como uma dose liberal de retórica, uma vez que os resultados do trabalho teórico e experimental foram publicados. Ver Bazerman, 1988; Bloor, 1976, 1983; Brown, 1987; Gross, 1990; Latour e Woolgar, 1979; Woolgar (1988).

TEMOS DE VIVER ESQUIZOFRENICAMENTE EM DOIS MUNDOS?

No caso de uma esfera de aço, uma coisa é certa: o MV e o MM ocupam a mesma região no espaço e no tempo. As sensações pertencem ao MV e as descrições dentro da física pertencem ao MM. Lidam com a mesma coisa fisicamente "real", de qualquer modo desejemos abordá-la. Do mesmo modo, um *representamen* interdepende, se inter-relaciona e interage com um "objeto semiótico" e um interpretante media entre eles da mesma maneira que cada um deles interdepende, se inter-relaciona, interage e media com ele e ele com o terceiro componente do signo. Mas *representamens*, "objetos semióticos", e interpretantes são tão diferentes como maçãs e porcos-da-terra (*a ardvarks*). O MM permite conversar sobre uma coisa e o MV possibilita conversar sobre outra coisa, e a existência do MM depende do MV e a existência do MV depende da experiência sensória. Mas componentes do signo, bem como o MM e o MV, são todos em aparentemente incompatíveis. Entretanto..., e entretanto..., há algo mais para as interações interdependentes e inter-relacionadas entre o MV e o MM do que foi dito até agora.

Talvez devamos consultar a Figura 3 de novo em nossa busca por uma resposta. A Figura 3, nós nos lembraremos, consiste da transição "0 $\rightarrow \emptyset \rightarrow \surd$", precedente ao nó. Então temos o tripé semiótico, com "+" na extremidade de uma perna, "-" na extremidade da segunda perna, com "Ψ" fornecendo um rótulo para a terceira perna. As primeiras séries, do "0" (vazio) até o conjunto vazio (a verificada ausência de algo) até a raiz quadrada de menos um signo (um convite a exercitar uma marca de distinção) e enfim até o nó, "•", é o verdadeiro cerne da *semiose*, embora seja pré-semiótico.[12] Ademais, o signo + (mais) descreve o que é no momento; auto-abrangente, auto-suficiente, e sem inter-relações com o que quer que seja. Não há outro genuíno, porque há apenas ele e nenhuma outra coisa mais tem o aspecto de que foi marcada e distinguida como algo mais (Secundidade) que a originária Primeiridade não é. Há apenas a originária Primeiridade e qualquer outra coisa que está irrealizada e que permanece uma pura possibilidade. Retiremos essa Primeiridade, e voltaremos para algum lugar entre as séries do "0" até o "$\surd$". O - (menos) signo é o outro do signo + (mais). É outro que não está marcado e distinguido. Agora temos um par binário. É comparável ao *Yin* e o *Yang*? Dificilmente. Há apenas algo e o seu outro, sem a *complementariedade*, sem a alusão de um no outro e do outro no primeiro, sem o processo de mediação entre um e o outro *por* um terceiro da mesma forma que um e o outro num determinado momento media *com* aquele terceiro.

Então, onde estamos agora? Favor levar em consideração o seguinte:

(1) O 0 para as séries $\surd$ é da natureza da propriedade de onda de um acontecimento quântico. Nada *é*, senão, uma pletora de acontecimentos semióticos é possível, alguns dos quais mais prováveis do que outros. Assim como a função da onda, dois ou mais, muito mais, desses possíveis acontecimentos podem existir lado a lado, e estão todos espalhados no espaço de uma forma parecida com uma nuvem. Aqui não há problema com o princípio clássico da *não-contradição*. Não. Dois acontecimentos possíveis, mutuamente exclusivos ou até mesmo inconsistentes, podem dar-se muitíssimo bem juntos, obrigado. Aqui não há preconceitos, discriminações, dogmatismos religiosos ou filosóficos, limpezas étnicas ou nacionalismos militantes.

(2) Quando um sujeito semiótico potencial começa uma interação co-dependente e inter-relacionada com esse "pacote de ondas" (*wave packet*) semiótico, o sinal + pula da possibilidade para a realidade (o "pacote" entra "em colapso"). Agora há um signo e seu

---

12) Resumindo, a diferença entre *semiose* e semiótica é que a primeira é o processo universal de signos se transformando em signos, enquanto a semiótica é o ato de apreensão de signos que se dá através de distinções, categorizações, colaborações com eles em seu processo criador de interpretantes e, em geral, na sua análise e estudo.

colaborador, um e outro, porém, nada mais, pelo menos ainda não. Aquele algo mais como um componente do signo espera o próximo movimento da parte da colaboração do signo com o seu recém-encontrado sujeito semiótico. Ocorrem colaborações. E o signo se torna um signo percebido *como* tal e tal, em vez de algo mais que foi um possível signo, tendo, pelo menos por enquanto, de desbravar o seu próprio caminho rumo ao processo da semiose fora do foco da atenção semiótica. E sob as circunstâncias mais normais o sinal negativo - vem na seqüência. Em outras palavras, o que temos é comparável ao cubo de Necker da Figura 4. Observemos o conjunto bidimensional de linhas e quase que de imediato o faremos entrar "em colapso" e o projetaremos num espaço tridimensional: você vê como um cubo. É um cubo? Claro que não! Repousa num plano bidimensional. Porém, apropriadamente inculcado na sua visão euclideana ocidental, você o vê *como* um cubo, como a vasta maioria esmagadora de seus colegas ocidentais. É visto *como* um cubo em lugar de outras possibilidades. Você não o viu *como* um prisma retangular, como um bloco de gelo, como uma caixa transparente feita de vidro, como um bloco de construção infantil, como o retrato de um "universo de bloco". Não. Você o vê propriamente *como* um cubo, de forma clara e distinta. Agora há um signo em processo de se tornar um signo genuíno. Mas ainda há um caminho a seguir, e que caminho na verdade!

(3) O cubo apresenta duas possibilidades: cubo com a face apontando para cima, cubo com a face apontando para baixo. O signo, em outras palavras, é ambíguo. Pode ter dois sentidos diferentes na medida em que é simplesmente visto *como* um cubo. Suponhamos que o vemos primeiro como um cubo para cima. Demoremo-nos um pouco nele, e ele pula rápido para o seu gêmeo enantiomorfo. O signo deixou de existir em termos de cubo para cima e de repente assume o aspecto de cubo para baixo. Num espaço e tempo semiótico era uma coisa e agora se torna outra coisa em outro espaço e tempo semiótico. Bem, é claro que o tempo é outro tempo, mas o espaço é o mesmo, diriam. Tudo bem. Todavia, não há nenhuma distinção entre espaço e tempo, no fluxo da *semiose*. O processo da semiose apenas flui e a todo momento o que pode parecer o mesmo espaço num tempo diferente é na realidade um espaço diferente, porque o processo da semiose nunca é o mesmo que foi. Houve um "salto semiótico" no tempo e no espaço, de um signo visto *como* uma coisa e depois visto *como* outra coisa.

(4) Um cubo é um cubo é um cubo. Nem tanto? Na verdade, não. Se a pessoa não mantiver o nariz e os olhos e os ouvidos e a língua e os pés no mesmo processo da semiose duas vezes, então um cubo nunca é o mesmo cubo, mas está sempre se tornando uma coisa outra do que estava se tornando. Não obstante, a transformação do signo da Figura 4 de um cubo para cima num cubo para baixo não ocorreu num vácuo. O cubo para cima era o cubo para cima apenas na medida em que está interdependente e inter-relacionado com o cubo de baixo, e ambos são o que são apenas na medida em que estão interdependentes e inter-relacionados e em interação com você e você com eles. Além disso, eles são o que são e você é quem é em termos da sua visão de *que* eles são os orgulhosos possuidores de um conjunto de atributos. De onde veio o outro cubo? De onde vieram esses atributos? Ou, nesse sentido, de onde a pessoa veio? Ora, das séries: "$0 \rightarrow \emptyset \rightarrow \sqrt{}$". E como aconteceu de você convergir num fragmento particular de espaço-tempo? Não "convergiu". Não exatamente. Você já estava lá sempre como possibilidade. Quando você aparentemente convergiu, podia parecer que uma série de acontecimentos vieram juntos de "parte alguma" e de "tempo algum". Em certo sentido, vieram. Mas não dentro do espaço-tempo ou dentro de uma "linha de espaço-tempo" de outra pessoa qualquer ou dentro de uma "linha de mundo" de acontecimentos realizados. "Convergiram" das séries, do "vazio". Pode parecer que houve alguma misteriosa "ação-a-distância". Mas não houve. Não havia nem distância nem tempo. Como?

Como? É uma pergunta de U$64,000, que só pode ser feita numa última fase da nossa investigação. Por ora, comparemos os quatro pontos acima com os seguintes, que, em poucas palavras, resumem as propriedades dos acontecimentos quânticos:

(1) Uma partícula quântica ativa (por exemplo, um elétron) como possibilidade (a propriedade de onda) pode estar em muitos lugares ao mesmo tempo.

(2) A partícula quântica ativa como possibilidade não vive no espaço e no tempo comuns até se inter-relacionar interdependentemente (interage) com algo/alguém mais ("colapso" da onda).

(3) A partícula quântica ativa pode parar sua atividade "aqui" e em aparente simultaneidade surgir em "algum outro lugar". Não se sabe o que era ou o que estva fazendo quando se introduziu no espaço de intervenção (o "salto" quântico).

(4) Uma manifestação de uma partícula quântica ativa causada por uma interação interdependente, inter-relacionada, se torna aquilo que se está tornando, porque está em uma interação interdependente e inter-relacionada com seu outro e com aquilo que faz ele se tornar aquilo que está tornando-se (aparente '"ação-a-distância" quântica) (Goswami, 1993:9-12).

John Archibald Wheeler (1994:114) lamenta que Einstein não pôde abandonar a causalidade e o determinismo clássicos. Ao mesmo tempo, não está totalmente satisfeito com a resposta de Bohr de que não há causalidade. Outra resposta seria que há causalidade e não há causalidade, porque tudo é a causa de tudo, de dentro das "séries": "0 → Ø → √ → • → ⅄". (isto é, as séries implicadas pela Figura 3, do 0 até i tripé semiótico). O que são as "séries"? Vale observar que não podemos perguntar "onde" ou "quando". Trata-se, por assim dizer, de "em parte alguma" e de "em tempo algum". Henry Stapp (1977) observou uma vez que os mais profundos processos da natureza "repousam fora do espaço-tempo, mas geram acontecimentos que podem ser localizados no espaço-tempo". Podemos formular isso numa colocação semiótica para reiterar: a profundidade da *semiose* repousa fora do espaço-tempo, mas engendra (provoca por meio de uma interação interdependente inter-relacionada) acontecimentos semióticos que podem ser sentidos e ditos no espaço-tempo.

A fragmentação, a divisão cartesiana, binária e dicotômica, forçam sem cessar o seu caminho na cena em virtude de nosso costume de afirmar que há direta "referência", "correspondência" e "representação" de signos e "realidade objetiva". O processo da semiose não conhece "referência", "correspondência" ou "representação" desse tipo, porque todos os signos são signos de processo, e o processo perfaz um todo contínuo que se torna descontínuo devido ao nosso corte, talho, separação. O que é "real" é o todo; o que é fragmentário é o produto das nossas próprias construções, a maior parte do tempo para os nossos próprios propósitos centrados e conduzidos pelo ego. O fragmentário é, portanto, por natureza própria, ilusão. Agora a pergunta se torna: se o que entendemos por mundo é ilusório, então o que acontece com a ilusão quando deixamos de interagir com ela, ou seja, com o mundo? Talvez uma resposta deva repousar no começo, com o "estágio do espelho" de Jacques Lacan, com o "Fort da" de Sigmund Freud, mas resistirei à tentação. Freud, na maior parte, lida com acontecimentos psíquicos individuais, e Lacan virtualmente os reduz todos à linguagem. Acho que isso é irrelevante. O fato mais provável continua sendo, contudo, o da crença mais obsessiva e insidiosa que internalizamos quando crianças, que é a idéia de que as coisas existem "fora" e independentemente de nós na qualidade de observadores e manipuladores.

Há uma evidência por parte do senso-comum para essa pressuposição. Olhemos o "cubo" na Figura 4, depois olhe para outro lugar. Naturalmente, nós supomos que o "cubo" permanece intacto e no mesmo lugar quando lhe damos as costas. De modo algum. Era um "cubo" porque você o fez um "cubo", você construiu um "cubo". Mostre-o a uma criança que ainda não aprendeu nada sobre cubos e sobre as suas respectivas propriedades e ele não será mais do que um feixe de linhas misteriosas. É tudo que isto é, quando você não está olhando para isto, e vendo isto *como* tal-e-tal e *que* isto é assim-e-assim. Ou seja, é tudo que isto é em termos de nossos modos culturais e convencionais de sentir, perceber e conceber o nosso mundo. Isto, mais propriamente, pertence ao modo do MV como discutido acima. Então, há o outro "objeto semiótico", as marcas negras numa folha branca. O que acontece com elas quando você não está olhando? Suponha que você não esteja olhando para a figura como um "cubo", mas como um conjunto de dois quadrados parcialmente sobrepostos, conectados por linhas de aproximadamente 45 graus. Depois de conceitualizá-lo dessa maneira, você vira as costas, assumindo que é a mesma figura. Mas pelo mesmo raciocínio semiótico acima, não é mais a mesma figura uma vez que você a "geometrizou". Sua "geometrização" repousa mais apropriadamente dentro do campo do MM como descrito antes. Todavia, a existência física bruta da figura como pequenas partículas de substância negra depositada num pedaço de celulose achatado numa folha continua sendo apenas o que é quando você não a está olhando. Bem, não exatamente. Não exatamente, se nós seguirmos a teoria quântica. Antes que um pacote de ondas passe a colaborar com algo, ele é nada, coisa nenhuma, absolutamente. Logo, as linhas numa folha são nada quando ficam isoladas de todos os interagentes. Agora isso é absurdo. Aparentemente. Um objeto comum, uma mesa, a mesa de Arthur Eddington (1958), na medida em que é um objeto duro apropriado para carregar livros, um computador e papel para escrever, é "real". Com certeza não se comporta como algo mais do que um conjunto maciço de elétrons. Ou não? Quando não estamos olhando para as nossas mesas, será que elas não se tornam uma onda que começa a se propagar pelo espaço? Dificilmente, gostaríamos de pensar.

Essa questão é de uma complexidade que confunde a mente e o foco dos debates calorosos entre os físicos quânticos, bem como a sutileza matemática, ultrapassam a minha compreensão.

No entanto, eu poderia aventurar-me a expressar algumas idéias sobre o assunto, do meu ponto de vista como um semioticista. Objetos em nossa rotineira existência cotidiana, em nosso MV, não parecem comportar-se do mesmo modo bizarro que são encontrados no mundo quântico. Por um lado, muitos físicos esquecem esse dilema e dividem o mundo em micro e macro, e exercitam Física, e desfrutam de sua comida e batatas, da sua horticultura, de suas brincadeiras, dos seus atos de amor e de seu sono e do que quer que seja em sua vida cotidiana. A divisão, é claro, é cartesiana com outra roupagem. Por outro lado, talvez não haja nenhuma divisão, tudo ou nada. Talvez o nosso mundo físico não esteja de todo divorciado da frenética atividade no nível quântico. Talvez nosso sono tenha sido acalentado pela inculcação galileana-cartesiana-newtoniana de modo tal que consideramos o nosso universo físico no sentido única e exclusivamente clássico.

Talvez. De qualquer modo, vale mencionar agora que Wolfgang Yourgrau apresenta um argumento muitíssimo perceptivo que diz que a noção não-euclidiana de espaço e de relações espaciais é mais fundamental e precede a geometria euclidiana no desenvolvimento da mente. Em suas palavras:

> As relações topológicas são aprendidas muito antes e mais facilmente do que as formas euclidianas. Nossa educação e nosso meio ambiente nos faz acreditar que há uma suave e natural continuidade entre relações perceptivas e representacionais.
>
> A predominância da geometria euclidiana em nossa prática criou confusões profundamente arraigadas. Há uma tremenda distância entre a percepção tátil e a representação mental, uma vez que esta última invoca a existência de objetos em sua ausência física. As relações semânticas, a imagem, o pensamento, a diferenciação de diversos signos ou símbolos não apenas ocorrem após a experiência tátil, mas diferem fundamentalmente dela (Yourgrau, 1966:498).

Prossegue resumindo:

> A observação dos... padrões do comportamento infantil sugere que o mundo-plástico do topólogo, e o de Einstein, embora altamente abstrato para os não-iniciados, e a percepção tátil da criança são muito mais próximos um do outro que a percepção tátil está dos espaços e formas euclidianos com suas rígidas propriedades... A criança reconhece tatilmente os objetos bem cedo. Mas assim que o nível de representação é alcançado, invoca-se o auxílio do discurso e, desse modo, todas as portas se abrem para o compromisso euclidiano (500).

Quase nem precisa dizer que essa "percepção tátil" — percepção de um objeto pelo tato, na ausência de estímulo visual — mais propriamente pertence à Primeiridade e sua extensão à Secundidade, contrariamente à geometria euclidiana e à ciência galileana, as quais mergulham no domínio exclusivo da Terceiridade, que repousa atrás do mundo da percepção tátil e das aparências visuais. O mundo de Yourgrau também nos lembra que o espaço einsteiniano finito, porém ilimitado, está mais proximamente alinhado com a esfera finita, porém ilimitada, de alguns pensadores gregos, pré-euclidianos, do que com as concepções de espaço clássicas. De certo modo, pode-se dizer que o espaço euclidiano está para um conjunto Erector, e que um espaço não-euclidiano ou einsteiniano está para um bloco de argila que pode ser amassado, misturado, esticado e torcido. Todavia, o rígido espaço euclidiano, com sua extensão infinita como receptáculo a ser preenchido com essas esferas autônomas, indivisíveis, impenetráveis — os átomos do universo correndo de um lado para outro — estava destinado a se tornar, com o passar dos séculos, firmemente arraigado no Ocidente.

Yourgrau alude aos estudos de Geza Révész (1957) e de Jean Piaget (1973) ao demonstrar que a percepção tátil é mais fundamental e anterior à percepção visual, e, portanto, ao espaço euclidiano como meio homogêneo. Coisas no espaço tátil da criança são sincréticas e conjuntos não-analisados, cujas partes ainda não foram relacionadas. Inter-relações entre as partes só se dão mais tarde. Só então é que as noções de formas e tamanhos rígidos, distâncias, ângulos e relações projetivas se tornam parte da percepção da criança, que não é predominantemente visual, tendo a percepção tátil esmaecido no processo. Estudos como o de Jerome Bruner (1956, 1986, 1987), Howard Gardner (1983) e Richard Gregory (1966, 1970, 1981) foram elaborados posteriormente e sustentam essa visão.

Chega de coisas que podemos aprender com as crianças. Voltemos ao nosso cubo de Necker.

OS "DOIS MUNDOS", POR COMPLEMENTARIEDADE, SÃO UM

Observamos que o cubo pode estar em dois lugares e em dois tempos ao mesmo tempo, na medida em que é pura possibilidade. Observamos que, quando ele se torna uma coisa em vez de outra, não é uma coisa empírica que por convenção nomeamos e conhecemos, e que em momentos futuros e em lugares diferentes ao longo do processo da *semiose* pode de repente se tornar alguma outra coisa. Também observamos que das profundezas da pura possibilidade tudo influencia e "causa" tudo o mais. Então, você olha a Figura 4, e em seguida lhe dá as costas. Como possibilidade, uma pura possibilidade, sua "onda", por assim dizer, "se propaga" de tal maneira que, quando você lhe dá outra olhadela, já é o cubo para baixo em vez do cubo para cima. Ou é agora um pedaço de gelo ou outra coisa qualquer. É claro que, como tinta preta jogada numa folha branca, há um abundante movimento de partículas interagindo interdependentemente e inter-relacionadamente umas com as outras, então a natureza bruta de modo algum deixa de existir. Porém, como um item semiótico em interação *com* outra coisa qualquer *para* a nossa mente consciente *em* algum aspecto ou capacidade, tornou-se uma propriedade de onda que recomeça a se propagar numa série de possibilidades em preparação para algum futuro acontecimento semiótico. Não há acontecimento semiótico dentro do processo da *semiose* sem algum sujeito semiótico. Isso implica aparentemente uma fusão entre o MV e o MM. Desconcertante.

Mas não há problema real aqui. Não há problema, ou seja, se colocamos a cena semiótica sob uma luz não-clássica. Lembremos que dentro das profundezas da pura possibilidade o princípio clássico da *não-contradição* é "violentado". Contudo, isso, na verdade, não é de modo algum uma tragédia. O cubo é possivelmente tanto o cubo para cima quanto o cubo para baixo. Como um cubo simples e não classificado, é da natureza da Primeiridade atualizada. Uma vez que nós o vemos como um cubo para cima, nós o vemos *como* tal apenas na medida em que existiu a possibilidade, e que ainda existe, de que pode ter sido ou que ainda será um cubo para baixo. Dentro desse campo da Secundidade, de signos atualizados e categorizados, o princípio clássico do é *ou-ou não é* permanece de pé e forte. O signo é *ou* uma coisa *ou* outra, *ou* outra, *ou*... Lindo e maravilhoso. O mundo foi organizado, trouxemos ordem para o caos e agora podemos continuar com a nossa confortável bifurcação do universo. Mas, espera aí! Os turbilhões e vórtices da *semiose* não acabaram com os princípios clássicos ainda.

Para poder passar à próxima fase, voltemos para a arena da Primeiridade. Aqui, temos ao que tudo indica, um signo autônomo, orgulhoso, cheio da presunção de que não precisa de nada nem de ninguém. Esse signo é, pelo menos por ora, auto-reflexivo, auto-suficiente e independente. Digo "por ora", porque a *semiose* nunca fica parada, e com certeza o signo não continuará sendo o que é por mais de uma fração de segundo. O "*cérebro-mente*" (*brain mind*), nos seus melhores momentos contemplativos e auto-reflexivos, pareceria um provável candidato a semelhante signo. No entanto, essa atividade auto-reflexiva dentro da esfera da Primeiridade é rara. Nas atividades cotidianas normalmente a Primeiridade, a Secundidade e a Terceiridade existem numa interação interdependente e inter-relacionada.

Por exemplo, se estou concentrado em serrar desajeitadamente uma tábua de pinho branco a 90 graus, isso é quase tudo o que posso fazer. Preciso permanecer virtualmente focado em uma atividade e em uma atividade apenas, com relação a alguma coisa que não seja eu mesmo, um Segundo, e sujeito à minha interação com ela. Por outro lado, quando envolvido numa atividade mais familiar, como andar de bicicleta, posso com facilidade manter a máquina numa posição vertical pondo meu *corpomente* (*bodymind*) no piloto automático e deixando-o fazer todo o trabalho, enquanto eu aprecio a paisagem. Em outras palavras, está subsidiário e inconscientemente envolvido num jogo de ação-reação principalmente da Secundidade, ao mesmo tempo que focalmente sente, vivencia, contempla e conceitualiza o cenário nos níveis da Primeiridade, da Secundidade e da Terceiridade. Ainda de outro ângulo, quando estou absorto por completo em meu pensamento *sobre* meu pensamento, meu *corpomente* se torna auto-reflexivo, pelo menos por uma fração de segundo ou algo similar como um Primeiro. (É óbvio que, depois de anos de prática, os místicos orientais ficaram craques nesse jogo por longos períodos, mas sua extraordinária atividade está fora dos limites da minha compreensão e desta investigação.) Enquanto absorto nessa atividade auto-reflexiva, sou o sujeito e o meu próprio objeto, por assim dizer. A situação era desconcertante para Wilder Penfield, que ponderou a idéia de um neurocirurgião fazendo uma operação em si mesmo: "Onde está o sujeito e onde está o objeto se se opera o próprio cérebro" (Penfield, 1977; in Goswami 1993:96). Dentro do processo da Primeiridade, quase não há diferença entre sujeito e objeto. Trata-se mais de *tanto-quanto* do que de *é-ou não é*.

Encontramos uma variação sobre esse tema na sedutora história de Borges "A morte e a bússola", em que Lönnrot, o detetive cartesiano hipercogitador, se desdobra para pegar o astuto criminoso Scharlach. Foram cometidos três assassinatos, eqüidistantes no tempo e no espaço. Scharlach anunciou que esse terceiro crime seria o último.

Lönnrot é mais esperto. Seu universo é o das simetrias, do equilíbrio, da harmonia e da precisão lógico-matemática. Deve haver um quarto homicídio, raciocinou ele, uma vez que quatro é mais simétrico do que três, que um losango é mais simétrico do que um mero triângulo. Desse modo, Lönnrot apareceu na cidade, bem no lugar computado e na hora apropriada quando, segundo seu raciocínio, o quarto assassinato ia ser cometido. Scharlach veio com a novidade de que ele, Lönnrot, estava absolutamente certo e de que ele ia ser a quarta vítima. O detetive foi apreendido pelo capanga e o criminoso sacou a pistola para atirar. Nesse momento, Lönnrot poderia ter dito: "Estou aqui por sua causa e você está aqui por minha causa, então você pode ver, no fim triunfou a simetria". Mas a série de cenas da história não eram simétricas. Lönnrot estava agindo dentro de sua lógica binária e linear do *é-ou não é*, obcecado pela ordem. Scharlach se posicionou em um ponto vantajoso de onde ele podia prever qualquer movimento de Lönnrot. É como um rato correndo num labirinto. Chega a uma bifurcação e pode ir ou para a direita ou para a esquerda, mas não pode ver as conseqüências de sua decisão. Lönnrot era assim. Em contraste, Scharlach, de "cima", por assim dizer, era como o psicólogo que podia mapear toda a estratégia do rato num piscar de olhos para ver onde ele deveria ter ido, mas não foi. A série linear de movimentos de Lönnrot dentro de sua Secundidade binária foi vista de "cima", por Scharlach, numa apreensão virtualmente atemporal da Primeiridade.

As últimas palavras fúteis de Lönnrot a Scharlach eram de fato diferentes daquelas possíveis palavras acima sugeridas. Contou a Scharlach sobre um outro labirinto muito mais simples daquele que Scharlach havia tecido para ele. Era formado de uma única linha. Ele próprio se encontraria em A no momento em que Scharlach estivesse em B. Viajaria para C enquanto Scharlach se movimentasse para D, eqüidistante entre C e B. E assim sucessivamente. Poderiam eventualmente se encontrar. Ou seja, poderiam encontrar-se no MV. No MM, dentro do qual Lönnrot dirige seus movimentos rigorosamente lógicos, poderiam não se encontrar nunca. Poderiam não se encontrar nunca, porque o que temos aqui é um dos paradoxos de Zenão, que decorre de uma lógica linear do tipo tão caro a Lönnrot. Scharlach, dentro de outra dimensão de tempo e espaço, sabia muitíssimo bem que se eles andassem um em direção ao outro, Lönnrot de A e ele de B, avançariam no ritmo ondulante e fluido de seus movimentos corporais até se encontrarem frente a frente, quando ocorreria o encontro frontal. Como Lönnrot revelou, esse labirinto linear vem perturbando os filósofos ao longo dos séculos. E com razão. Dentro da poderosa lógica de Zenão, o paradoxo arremete com força a sua espada, cortando a distância de um ponto a outro pela metade, mais e mais, sem fim — pelo menos em nosso tempo de vida ou no tempo de vida de qualquer outro mortal. Porém, para Scharlach, o paradoxo não era um problema. De sua infinitamente mais complexa dimensão de tempo e espaço, ele apenas deixa o dilema "ir" e continua com a vida. Não houve problema com a visão de Scharlach a partir da Primeiridade: o pensamento *é-ou não é* de Lönnrot dentro do MM se tornou o pensamento *tanto-quanto* de Scharlach, que fundiu o MV com o MM.

Então, como é que fica o desnorteamento de Penfield? O neurocirurgião opera a si mesmo. Ele é aquele que opera outro, que é ele, como a mão de Mavrit e Escher que traça uma outra mão que a está desenhando. O problema é que, se ficamos dentro dessa visão auto-reflexiva, auto-suficiente, não somos melhores do que Lönnrot. Não se trata do *Yin* e do *Yang*. Definitivamente não. É o "+" em um cabo de guerra com o "-" na Figura 3. Precisamos é do "Ψ", Terceiridade. A função do "Ψ" não é, posso aventurar-me a dizer, nem o "+", nem o "-", mas sim o mediador e moderador semiótico e a contraparte da complementariedade teórica quântica. O desenvolvimento dessa afirmação pede a consulta do "universo participativo" de John A. Wheeler. Mas antes, algumas palavras preliminares.

Todos nós estamos familiarizados com a experiência do ruptura-dupla (*double-split*).

Há uma fonte de elétrons, que atira partículas em direção a um alvo, numa tela fluorescente. Mas antes que um elétron dado chegue lá, ele tem de encontrar o seu caminho através de uma barreira no meio, pontuada por duas passagens. Ou ambas passagens estão abertas ou apenas uma delas está aberta. No primeiro caso, os conjuntos de ondas de elétron atravessam as passagens intocadas. Por outro lado, eles estabelecem um padrão de interferência de ondas que se manifesta quando os conjuntos de ondas entram em colapso ao alcançar a tela na forma de áreas intermitentes de luz ou de escuridão. No segundo caso, os conjuntos de ondas atravessam e encontram seu caminho para a tela sem a interferência dos outros conjuntos de ondas. Então, eles se chocam com a tela, deixando um rastro que é escuro no centro e impreciso na periferia. Agora, suponhamos que diminuímos ao máximo a fonte de energia até que essa emita apenas um elétron de cada vez. Se uma das passagens estiver aberta, não há problema: o elétron atravessa e forma uma linha reta até o alvo. Contudo, se as duas passagens estiverem abertas, existe um problema. Será que atingimos um padrão de interferência? Surpreendentemente, a teoria quântica diz "Sim". É como se o elétron sozinho fosse como um conjunto de ondas dividido pela metade que não estivesse interagindo, com uma das metades atravessando a passagem e com a outra metade atravessando a outra passagem. Interfere consigo mesmo. Amit Goswami (1993, 70-71) sugere que emitamos um raio de luz sobre os elétrons antes deles atravessarem ambas as passagens para ver o que eles farão. A fonte de luz interage com eles, depois entra em colapso, formando partículas, e então atravessa as duas passagens produzindo dois traços na tela. Se nós não emitimos um raio de luz sobre eles, então cada elétron estabelece um padrão de interferência consigo mesmo para fornecer a luz periódica ou feixes escuros. Em outras palavras, com o raio de luz tentamos localizar a *posição* do elétron, e ele agiu como uma *partícula*. Sem o raio de luz, nós nos concentramos em seu *momentum*, e ele agiu como uma *onda*.

Para você, *complementariedade* no estilo de Niels Bohr. É o elétron uma partícula ou uma onda? Antes de interagir com o que quer que seja, como possibilidade — ou pura Primeiridade, se quiserem — a resposta é que é *tanto* uma *quanto* a outra. Não deveria ser *ou* uma partícula *ou* uma onda? Depois do colapso, tomamos a decisão de ver o elétron ou em termos de posição ou de *momentum*, e podemos dizer sim, é *ou* uma partícula *ou* uma onda: Secundidade. Porém, se quisermos alguma lógica realmente maluca, temos de admitir que o elétron não é *nem* uma onda *nem* uma partícula, e não é *nem* uma não-onda *nem* uma não-partícula. É como se dissessemos que arrancamos as pétalas de uma margarida: "Bem me quer, mal me quer, bem me quer e mal me quer, nem bem me quer nem mal me quer". De um dos lados, a lógica binária do *é-ou não é* mantém sua força, mas do outro lado, o *tanto-quanto* devasta a simplicidade da lógica clássica. O *tanto-quanto* é o lado onde a Primeiridade vive, e vive muito confortavelmente, colocando em seu abrigo todo tipo de coisas que de uma outra maneira seriam inconsistentes. O lado do *é-ou não é*, com o seu cabelo repartido com cuidado no meio, com suas faces polidas e com seus sapatos brilhantes não vai querer ter papo com nenhum pensamento impreciso. Essa é a forma ideal da Secundidade. Então, há uma outra passagem: *nem-nem*. O que podemos fazer com ela? Ela declara que a resposta para qualquer pergunta não está *nem* aqui *nem* ali, mas provavelmente em algum outro lugar, em algum outro tempo, potencialmente em uma infinidade de outros lugares e de outros tempos. Isso é a potencialidade virtualmente infinita que é a natureza da Terceiridade. Dentro da esfera da Terceiridade, as coisas com certeza, de vez em quando, ficam imprecisas. Essa imprecisão complementa a incerteza da Primeiridade em sua forma mais pura. Assim, a imprecisão é o terceiro termo, o termo da Terceiridade, que devasta os princípios clássicos de *identidade* e do *terceiro-excluído*. A Terceiridade, na medida em que é Terceiridade *para* nós, não pode ser senão imprecisa, porque não há completude, não há de modo algum idéias claras e distintas, há sempre um grau de falibilidade. Peirce em geral falava assim.

Goswani oferece outro experimento sob esse ponto de vista. Suponhamos que as baterias de nossa lanterna se tornem tão fracas a ponto de poder gerar só o mais desbotado feixe de luz. Na realidade, o feixe de luz é tão fraco, que consegue encontrar seu caminho para apenas 50% dos elétrons à medida que viajam para o seu destino. O que acontecerá agora? Metade dos elétrons se dividem e interferem uns nos outros evidenciando um padrão de interferência na tela. A outra metade, aqueles elétrons que o fraco feixe de luz alcançou, atravessa suas respectivas passagens produzindo duas faixas na tela. Agora temos com certeza uma ambigüidade, uma desordenada e imprecisa ambigüidade. Temos evidência de um dos lados da complementariedade e evidência do outro lado, bem como evidências de muito valores no meio. Eram as partículas ou as ondas dos elétrons? Vimos as coleções de elétrons *tanto* como ondas *quanto* como partículas. Cada elétron deve ter sido *ou* uma onda *ou* uma partícula, com certeza. Todavia, não se sabe o que se teria alcançado antes. Entre a onda e a partícula há apenas imprecisão. Não há *nem* partícula clara e distinta *nem* onda.[13] Com razão Bohr uma vez sofismou que, se alguém que aprende a teoria quântica não fica chocado, então é provável que não a tenha compreendido.

O fato, contudo, continua sendo que o elétron, na interação, era uma coisa ou outra e nada mais. Disto eu posso imaginar que nenhum físico tem dúvidas. Já a Semiótica é outro problema. Aqui, a imprecisão, a ambigüidade e a incerteza dos signos corre solta. A diferença principal, pode-se sustentar, é que a Semiótica tem de lidar com signos num macronível, enquanto a teoria quântica se refere a acontecimentos em microníveis. Tudo bem. Mas há um outro experimento da mente, o famoso felino de Irwin Schrödinger, que mistura o micro e macro níveis. Todos nós conhecemos o gato de Schrödinger. Abriu caminho na maioria das popularizações da nova física, das narrativas de ficção científica e até mesmo da boa vontade da nebulosa e por vezes delirante Nova Era. O gato está trancado numa caixa com um certo material radioativo que tem 50% de probabilidades de reagir e de disparar um mecanismo que soltaria veneno no recipiente depois de um certo período de tempo. Quando o tempo acaba, tiramos a tampa na esperança de ver ou um gato morto ou um gato vivo. Lembramos que quando um elétron foi mandado pelo seu caminho em direção ao alvo com ambas passagens abertas na barreira, ele agiu como se ele se dividisse e depois interferisse consigo mesmo. Seria possível dizer que o gato não observado está meio vivo e meio morto? Isso é aparentemente um absurdo. No entanto, como uma superposição de conjunto de ondas, ou seja, como possibilidade, pode-se dizer que ele está *tanto* vivo *quanto* morto. Em seguida, damos uma olhada, e ele entra em colapso num só estado: *ou* vivo *ou* morto. Mas, espera um minuto. Antes de abrirmos a caixa e de darmos uma espiada, até onde estávamos envolvidos, ele não estava *nem* vivo *nem* morto. O que não quer dizer que estava em algum estado de animação suspensa, mas, em vez disso, que não estava *nem* uma coisa *nem* outra, mas possivelmente alguma outra coisa. Outra coisa? O quê? Outra pergunta difícil. Com certeza há ou um bichano ronronando ou um felino morto. Não há modo pelo qual a Física possa fazer aparecer milagrosamente um rato, um morcego ou outra coisa viva no lugar do gato.

---

13) Um tipo especial de lógica, uma "lógica quântica" não-Booleana, não-linear e orto-complementar, desenvolvida por John von Neumann, gera a anulação do princípio do terceiro-excluído (ver Heelan [1983], para leigos). Nas formulações acima em volta da Figura 3, impliquei alguns aspectos dessa "lógica".

COMPLEMENTARIEDADE DENTRO DE UM UNIVERSO PARTICIPATÓRIO

Alguns físicos, como mencionei anteriormente, acreditam que um colapso quântico é o resultado de uma escolha e de uma identificação por parte de um observador consciente. Não sei até onde se poderia ir nessa direção.

O que eu estaria inclinado a aceitar é o *universo participatório* de Wheeler. Segundo essa história, podemos ocasionar um acontecimento particular adiando a nossa escolha com relação à transformação de algo uma vez que esse algo já estaria em processo de transformação, de maneira que estaria transformando-se naquilo que está transformando-se, devido à nossa participação neste processo e à participação deste processo em nós. Essa frase longa clama por exemplificações.

Escrevo no futuro do pretérito, "estaria transformando-se", à luz da "escolha adiada" do experimento mental de Wheeler. Um feixe de luz é dividido em dois feixes, um refletido e o outro transmitido, através do uso de uma superfície semi-espelhada. Esses dois feixes são refletidos por dois espelhos de modo que, num determinado ponto, eles cruzam os seus caminhos e constróem um padrão de interferência. Se o espelho semi-espelhado estiver incluído na construção, os feixes irão aproximar-se do ponto de intersecção de ambas as direções. Se o espelho for deixado de lado, o feixe chegará só de uma direção. Há um instrumento para detectar se o feixe foi ou não dividido. Agora no experimento da "escolha adiada", depois que o feixe de luz foi emitido e ultrapassou o ponto onde o espelho semi-espelhado deve ser colocado, então, em não mais do que um milhão de milionésimos de segundos, o espelho cai no lugar certo.[14] O que acontece? Ou melhor, o que terá acontecido? "Terá acontecido", porque o espelho adentrou no passado, mas determina o que "terá acontecido" no futuro. O que "terá acontecido" é que o feixe luminoso reage como se fosse um feixe luminoso dividido! Como o feixe soube depois que ultrapassou aquele ponto que o espelho semi-espelhado emergiu para a existência? O participante-cientista soube. Isso basta. Wheeler ressalta, acerca da sua idéia de "escolha adiada":

> Olhando para um pátio vazio, sabemos que o jogo não começará até que uma linha tenha sido desenhada pelo pátio para separar os dois lados. Onde não é muito importante; mas se é essencial. Os "fenômenos elementares" são impossíveis sem a distinção entre equipamento de observação e sistema observado; mas a linha de distinção pode assumir a configuração de um labirinto, com tantas circunevoluções que o que aparece de um ponto de observação de um lado, é identificado como aparato observatório, de outro ponto de vista tem de ser visto como sistema observado. (Wheeler, 1994:292, ver também Wheeler, 1980, 1984).

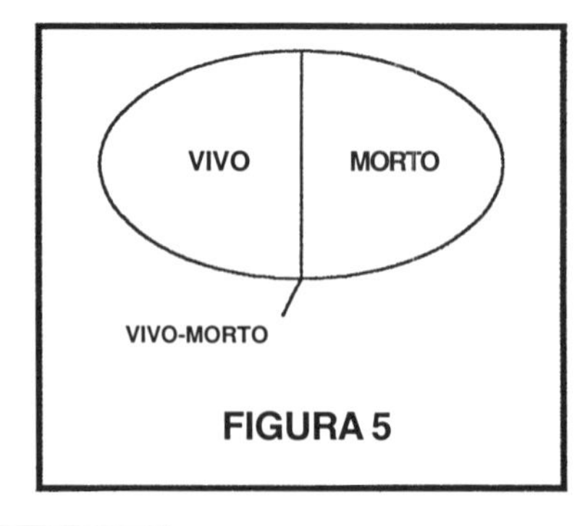

FIGURA 5

14) Antes que a instantaneidade virtual desse ato provoque a sensação furtiva de que não estamos na terra da fantasia, esse experimento, surpreendentemente, foi de fato realizado por Helmuth, Zajonc, e Walther (1986).

Wheeler então alude a Parmênides que descarta o "nada" como "sem sentido", a respeito da linha de distinção que o deixa de lado.

De fato. A linha ou marca de distinção emerge do "nada", ou melhor, do "vazio" e corrige a própria idéia de "vazio". A marca de distinção ocasiona algo e algo mais, e de um e de outro um terceiro, e então muitos. E o muito é ao mesmo tempo o um, o um do universo. Não causa surpresa que Schrödinger (1967) tenha observado que o termo "consciência" quase nunca é escutado no plural, porque todas as consciências são uma, muitas em uma, uma tendo tornado-se muitas, que é uma. Schrödinger compara isso ao "paradoxo matemático". Do zero surge o um, depois o dois, depois o três, depois muitos — Lao Tzu (1963), a propósito, disse o mesmo — mas o muito como um todo é um, unidade, a unidade do todo. Wheeler conclui que tais considerações "nos levam ao final a perguntar se o universo não é melhor concebido como um circuito auto-estimulado. Começando com o *Big Bang*, o universo se expande e arrefece. Após eons de desenvolvimento dinâmico, provoca a observação. Atos dos observadores participantes através do mecanismo do experimento de escolha adiada — por sua vez, dão uma 'realidade' tangível ao universo não apenas agora, mas para trás, no começo" (Wheeler, 1994:292). O cão persegue o próprio rabo, a cobra agarra a sua parte de trás e come a si mesma, o universo vê-se transformando em si próprio.[15] O universo, como Peirce costumava colocar, é um signo, um poderoso ícone auto-suficiente e auto-organizado.

Consideremos a Figura 5, onde a linha distingue VIVO de MORTO, obviamente em homenagem ao gato de Schrödinger. Como era de se esperar, o gato tem de estar ou vivo ou morto, com uma divisão precisa entre os dois valores. Mas o que temos na linha? A linha não representa VIVO, é "a qualidade de estar vivo". Tampouco representa MORTO, é "a qualidade de estar morto". Porém, como "a qualidade de estar vivo" tem algo em comum com MORTO: é "a qualidade de estar vivo". Assim como "a qualidade de estar morto" tem algo em comum com VIVO: é "a qualidade de estar morto". Portanto, compartilha algo tanto com o VIVO quanto com o MORTO. Porém, não é nem VIVO nem MORTO. É "a qualidade de estar vivo-morto" (*alivedeadlessness*). O que, precisamente, é o que eles compartilham. Assim sendo, no final das contas, há algo tanto VIVO quanto MORTO na linha de demarcação, como a linha que separa o *Yin* do *Yang*, cada qual contendo algo do outro. O lado esquerdo da Figura 5 não contém MORTO e o lado direito não contém VIVO. Mas, repetimos, a linha é o "vazio" que contém a criação de ambos. Repetindo Wheeler, é o "nada" ou o "vazio" que elimina a falta de sentido e a marca de distinção que causa o desvanecimento do "vazio" para penetrar no território do sentido — mais sobre o sentido a seguir.

A linha, então, é da natureza do Primeiro e do Terceiro, Alfa e Ômega, que provoca a emergência do signo. E qual é o pré-requisito para uma genuína Terceiridade? O intérprete-interpretante, tanto o intérprete interpretando o signo quanto o interpretante interpretando a si mesmo, em colaboração com intérprete auto-interpretante. É essa a contraparte semiótica para o universo participatório de Wheeler. Todavia, uma palavra de advertência. Não há em parte alguma nenhuma asserção de que o intérprete ativo, ou sua consciência, cause um signo-evento particular ou um fenômeno elementar para iniciar sua transformação. Se o gato de Schrödinger receber uma dose de veneno e se nós quisermos ver um gato vivo, não podemos tirar a tampa e querer trazê-lo de volta à vida. No entanto, o gato — ou qualquer signo desse tipo — não está nem morto nem vivo até que o sujeito semiótico interaja com o cenário todo.

---

15) Existe uma história sobre três monges budistas que observam uma bandeira balançando no vento. O primeiro monge, tocado pelo signo como Primeiridade, disse: "A bandeira está se movimentando". O segundo monge, obcecado pela Segundidade, opôs-se: "O vento está movimentando a bandeira". O terceiro monge, mais esperto do que seus companheiros, contemplou que: "A mente está se movimentando". No sentido de Wheeler e Peirce, o universo auto-estimulado, o universo como *semiose*, é essa mente.

Bem, poder-se-ia querer ressaltar que eu não faço outra coisa a não ser discutir pormenores. O que é, é o que é, e se o sentimos, nós o sentimos, e isso é tudo. Se não o sentimos, o universo praticamente não é nem pior, nem melhor, como conseqüência.

Como resposta, consideremos atributos, em vez de gatos e outras coisas. Suponhamos que eu mantenha em meu apartamento um gato cinza-grafite. De fato, é tão escuro que em geral é preciso dar outra olhada para determinar se é cinza ou preto. Prefiro vê-lo como preto, e você também. Agora suponhamos que você tenha tomado sol o dia todo numa praia da Flórida e, sem perceber que é o mesmo gato que você viu o ano passado quando me visitou, você faz um comentário sobre o meu bem alimentado e gracioso "gato cinza". Suas horas sob o sol alteraram suas percepções do animal quando você entrou num cômodo meio escuro. Isso em geral não é um problema. Eu o corrijo, e você por esse motivo se refere com justeza a ele como o "gato preto", e continuamos batendo papo. Agora suponhamos que um estranho vindo de um lugar estranho entre na aldeia e nós nos relacionamos com ele. Ele faz alguns comentários sobre o "felino preto". Concordamos com a cabeça. Então, em algum ponto do tempo chamado *t*1, ele se refere ao mesmo gato como "cinza".[16] Nós o corrigimos. Ele insiste, aparentemente alheio ao fato de que é o mesmo gato que ele antes tinha chamado de "preto". Vamos dar à sua cor a terminologia de gato "prenza". "Prenza" é algo que foi rotulado de "preto" antes do tempo *t*1, e depois desse tempo foi rotulado de "cinza". "Prenza" é algo que de fato nos desconcerta. É como se o nosso vizinho estivesse vivendo num mundo de uma determinada cor, até um certo tempo, e, então, entrasse em um mundo de outra cor. Em outras palavras, entre os membros de nossa pequena comunidade formada por nós dois e aquele outro sujeito, pelo menos um dos atributos de meu gato se tornou confuso. Além do mais, não há fim para a confusão, necessariamente. Alguma outra pessoa pode chamar o gato de "cinzento", outra de "cinza-negro" e ainda outra de "azul acinzentado", com cada termo estranho denotando, poderíamos considerar, a fina linha que separa o cinza do preto, a respeito da cor do pêlo do meu gato. Simplesmente não há fim para as possibilidades. Assim sendo, a partir da vantagem da marca de distinção na Figura 5, meu gato pode ser "cinza", pode ser "preto", pode ser "preto acinzentado", pode ser "cinza apretejado" ou qualquer uma outra das muitas possíveis, ou qualquer combinação a partir daí. Do ponto de vista da Primeiridade da marca, meu gato é *tanto* "cinza" *quanto* "preto", e *quanto* qualquer coisa. Do ponto de vista da Terceiridade, meu gato não é *nem* categoricamente "cinza" *nem* "preto" *nem* necessariamente nenhuma das alternativas de uma lista de adjetivos, mas sim sempre há a possibilidade dele ser considerado como uma outra coisa.

Mais uma vez podemos dizer que:

É preto. É cinza. É tanto preto quanto cinza. Não é nem preto nem cinza. É todas essas possibilidades. Não é nenhuma das alternativas acima.

Isso, posso acrescentar, é comparável ao que é chamado "Tetralempa" por Nagarjuna, o mais rigoroso lógico da tradição Mahayana (Huntington, 1989; Kalupahana, 1986).

Desse ponto de vista, "Ψ" da Figura 3 em conjunção com a transformação que acaba-de-começar-a-emergir da Primeiridade, são revelados pela marca de distinção, enquanto a oposição binária é da natureza da ação presumidamente independente e autônoma da Secundidade. Todavia, Peirce sustenta de muitas formas que a Terceiridade é testemunha da perpétua *incompletude* de tudo o que é conhecido no sentido geral, porque, qualquer que seja o caso, uma coisa sempre pode ser deslocada por outra coisa. Por outro lado, a Primeiridade oferece uma imagem da *inconsistência* oculta nas

16) Esse caso provém do famoso e calorosamente debatido "Novo enigma da indução" de Nelson Goodman (1965).

sombras de qualquer uma e de todas as possíveis construções do conhecimento, mas qualquer pensamento, por mais vago que seja, permite um número ilimitado de construções desse tipo. Dentro da esfera da Primeiridade, não há real distinção entre o que eu rotulei acima de MV e MM. Dentro da pragmática interação interdependente com signos, ou sobretudo na esfera da Secundidade, as duas categorias gerais têm de ser mantidas separadas. Dentro da esfera da Terceiridade, não é o caso de uma ter de estar ou dentro do MV ou do MM, porque as duas colaboram para quaisquer novos caminhos e significados de métodos, bem como de estratégias de conhecimento.

Temos de examinar essas inter-relações mais profundamente acerca do que foi chamado dilema quântico.

UM PRÉ-REQUISITO PARA TODA SIGNIFICAÇÃO

A concepção na teoria quântica que mais tem ganhado terreno recentemente é a da "totalidade indivisível", a da "interconectividade quântica" e a da "não-localização" dos eventos quânticos.[17] Segundo o conhecimento dominante, qualquer coisa depende de outra coisa; qualquer coisa está relacionada com outra coisa.

Para repetir a minha frase talvez agora tão familiar, vivemos num universo *interdependente*, *inter-relacionado* e *interativo*. Somos tanto atores quanto participantes no drama da transformação do que está em processo de transformação. Não há o que chamam de "Ser". O "Ser" simplesmente não cabe nessa concepção das coisas. Todavia, se o ser precisar existir, se não se pode descartar a necessidade da segurança do "Ser", poder-se-ia dizer que há um "Ser" da "transformação" ao mesmo tempo que há uma "transformação" do "Ser". Em outras palavras, nada é estável; tudo está em perpétuo estado transformando-se em algo diferente do que era. Não..., essa não é a melhor maneira de colocar as coisas. De modo algum. Melhor: tudo está perpetuamente num processo de se transformar em algo diferente do que era se transformado e de se transformar em algo diferente do que está agora se transformando. Não se entra no mesmo processo da *semiose* duas vezes. Na verdade, não podemos entrar no mesmo processo da *semiose* uma primeira vez, porque nunca é o mesmo processo. Melhor dizendo: em primeiro lugar, não podemos entrar nesse processo, porque estamos sempre nele. Somos ele e ele é a gente. Inextricável e paradoxalmente.

Essa interatividade interdependente e inter-relacionada: está ela no MV, no MM, nos dois ou em nenhum? A resposta mais provável, eu ousaria adiantar, é: todas as alternativas acima e nenhuma das alternativas acima. Está no MV mas não está no MV. Pode-se dizer o mesmo do MM. Está em ambos, então não está em nenhum. Como podemos lutar contra essa estranha lógica? Não podemos. Não podemos, devido à inata idéia ocidental, motivada pelo individualismo rampante, pela obsessão, pelo controle, pelos egos inflados, de que precisamos "agarrar" o "conceito". Aquilo a que estou aludindo não é um "conceito". Isto é, é um "conceito", mas não é um "conceito". Não é nem um "conceito" nem não é um "conceito". E sem dúvida alguma não é algo que podemos "rotular", pelo amor de Deus. Então, o que é? Não há "quê". Não há "onde". Não há "quando". Não há "por quê". No máximo há um "como" por demais vago. Um "como" pragmático. A pergunta se torna: como acontece? Não... isso tampouco está certo. Não há "coisa" para "acontecer". Assim sendo, só há acontecimento. O acontecimento acontece acontecendo. Isso é provavelmente o mais longe que podemos ir com palavras. Como é esse acontecimento? A coisa — eu de fato não posso evitar a "coisa" e permanecer dentro da linguagem, então vou recorrer à "coisa", mas por favor tenham em mente a enorme inadequação

17) Para as horas vagas, eu recomendaria Bohm (1980), Goswami (1993), Pagels (1982, 1988), Penrose (1989) e Smith (1995).

de “seu” uso — acontece no centro do tripé na Figura 1. O nó é onde o drama interdependente, inter-relacionado e interativo ocorre. Isto é, onde tudo emerge em um fluxo rítmico em harmonia com tudo mais. Aquele mero ponto, aquele nada, aquele “vazio”, é a fonte de onde jorra a transformação do todo. Chamemos isso de *pré-Primeiridade*. Da origem à Primeiridade da sensação e depois à emergência do MV. Da origem à Primeiridade da padronização (Peirce provavelmente chamaria de diagramação) e depois à emergência do MM. A Primeiridade gera a Secundidade, que é “real”, ou melhor, “semioticamente real”. Agora estamos em nosso mundo sensorial e ele está em nós. É o mundo da experiência do MM dentro do qual participamos na nossa vida cotidiana concreta. É a fonte do MM, que canibaliza o MV para as suas generalidades, suas abstrações, suas formulações e suas formalidades. A Secundidade gera a Terceiridade, a Terceiridade do MV baseada na experiência sensorial vivida e gera quase todo o reino não-sensorial do MM quando oculto pelo seu simbolismo abstrato, esquemático, redutor. Então a Terceiridade dá origem a mais processos de *semiose*... e mais, sem fim. Começamos com o “vazio” e terminamos com uma seta não-linear que se dissipa no horizonte, apontando para algum tipo de infinidade nebulosa, ou seja, para o “vazio”. Mais uma vez gostaríamos de perguntar: como podemos lutar com essa estranha lógica?

PERDIDO NUM MAR DE INCERTEZAS?

Não posso superenfatizar o que é da natureza mais prevalente da *semiose* humana: toda forma de conhecimento e todo ato originado do conhecimento de *como* fazer coisas e do conhecimento de *que* essas coisas são feitas de tal-e-tal forma pelo menos em parte, mais freqüentemente depende e gira em torno do saber e do fazer corporal e visceral. Em outras palavras, o MM parasita e canibaliza o MV. Toda e qualquer apresentação do MM é ao mesmo tempo apresentação de algum aspecto do MV.[18]

Não pode haver nenhum conhecimento MM do mundo, sem a apresentação, implícita ou explícita, do seu MV — mesmo que não possa haver nenhum conhecimento do mundo corporal, visceral e contextual na ausência da experiência sensorial. O “cartesiano” ortodoxo nos dirá que o MV não passa de simples aparências e ainda por cima não confiáveis. O cético “Humeano” não dirá que o nosso mundo nada mais é do que feixes de sensações e de modo algum a fonte do conhecimento genuíno. O reducionista de tendência positivista e materialista nos dirá que qualquer discussão do MV não pode ser mais do que uma tolice metafísica e que devemos ignorá-la por completo. Todos os três nos dirão que devemos tomar o MM pelo seu justo valor e desconsiderar nossa existência concreta e pulsante, porque só o MM pode ser o depósito de conhecimentos, por quão experimental ele possa continuar a ser. Basta dizer, em resposta, que não podemos evitar que o MM dependa do MV, exceto ao preço do mundo concreto. Se desistirmos disso, não teremos outro recurso senão morar na chamada “prisão da linguagem”, que evita o mundo e encontra conforto nos signos, exclusivamente nos signos lingüísticos.

De que outra maneira o mundo poderia ser ignorado? Com o intuito de descartar a validade de imagens e de sons não-lingüísticos, bem como de contatos corporais, cheiros e gostos, é preciso refugiar-se na linguagem e em nada mais a não ser a linguagem. Aqui, “Vermelho” não é visto vermelho, C# Alto não é uma nota musical ouvida, “Seda”

---

18) Um ponto interessante sobre este assunto: Jacques Hadamard (1945), em seu estudo da criatividade entre matemáticos, relata que Einstein tinha uma profunda percepção cinestésica, proprioceptiva e visceral daquilo que acontecia em seus notáveis experimentos mentais. Portanto, sentiu “na carne” as suas teorias subseqüentes.

não tem nada a ver com o suave toque da sua textura, "Chocolate" está divorciado daquela variedade suíça que derrete na boca, e "Faberge" é apenas uma palavra e não um aroma agradável. Da mesma maneira, o positivismo empírico, a escola do formalismo matemático e a ciência operacionalista, todos obcecados pelo MM, recomendam a manipulação de máquinas, instrumentos, terminais de computador, e símbolos abstratos, levando muitíssimo pouco em conta o ir e o vir do MV. Será que os átomos são "reais", será que os quarks, os buracos negros e monstros comparáveis não são igualmente "reais"? "É claro que são" — respondem agressivamente os nossos mais fervorosos partidários do MV. "São 'reais'". Muito embora alguns deles possam não ter sido de fato observados, eles têm de ser "reais", porque os nossos cálculos o dizem. Essas práticas enfatizam a objetividade a todo custo. A subjetividade deve ser categoricamente evitada, porque, se a permitissem entrar em cena, não poderia haver nenhum tipo de Terceiridade do MM.

Mas, é preciso reiterar, o MV está conosco quer saibamos ou não, quer gostemos ou não. Aprendemos sobre o MV através da nossa interação interdependente e inter-relacionada com ele. E assim comemos, dormimos, trabalhamos, brincamos, amamos, odiamos, falamos, contemplamos, etc. O cientista aprende sobre o MM através da sua interação igualmente interdependente e inter-relacionada com ele. E assim ele pratica a ciência, dorme, trabalha, brinca, ama, odeia, fala, contempla, etc. Apesar da aceitação de que o MV e o MM são tão diferentes como podem ser — pensemos em nossa bola de aço em contraste com uma nuvem de ondas, por exemplo —, gostaríamos de pensar que deve haver uma área comum a ambos. Caso contrário, então o MM não poderia aprender nada do MV, e o MV não poderia suportar o fantasma da possibilidade de gerar o MM.

A primeira coisa que observamos de novo é que o MM e o MV podem ocupar a mesma região do espaço. Não faria sentido algum distinguir um espaço MM de um espaço MV. Se esse espaço fosse dois espaços distintos, então o MM não poderia ter significado genuíno, porque repousaria fora do MV e de tudo o que é significativo no sentido concreto, estético e até mesmo emocional. Porém, esse espaço *é* dois espaços distintos, porque o MM nos diz uma coisa sobre ele e o MV conta uma história totalmente diferente. Porém, eles são o mesmo espaço, geométrica ou regionalmente falando. Pertencem ao mesmo campo topológico. São o mesmo espaço na medida em que sua origem é uma e apenas uma: o "nó" da Figura 1. "Vazio", puro "vazio". Não há nenhuma necessidade absoluta de que eles compartilhem outra coisa. Mas, se eles compartilham nada mais do que absolutamente nada, então eles compartilham nada, eles não tem nada em comum? Admitamos. Mas isso é também dizer que como possibilidade e potencialidade eles compartilham tudo, portanto, não há nada que eles não compartilhem. Um ponteiro diz ao físico que um campo gravitacional tem certa intensidade; um ímã decorativo usado para prender mensagens na porta da geladeira irá só prender, no que o seu proprietário tem consciência, por isso este não põe mais anotações nele do que ele pode suportar. Um campo magnético não pode ser sentido diretamente em circunstâncias normais. Mas seus efeitos podem ser detectados instrumentalmente e ser sentidos tacitamente por dois sujeitos semióticos que vivem e respiram dentro de dois contextos totalmente distintos. O campo gravitacional é o que é. Quando está isolado e fora do alcance perceptivo de todo e qualquer sujeito semiótico, não age. Apenas é. É da natureza da Primeiridade como pura possibilidade para a ação semiótica, tanto na forma de uma medição quanto de uma fixação de coisas planas numa superfície metálica. Essa Primeiridade de pura possibilidade é partilhada tanto pelo físico do MM quanto pelo chefe de família do MV. Além do mais, repousando atrás do campo gravitacional está o cintilante, ondulante, bruxuleante, dançante campo do "vazio", o ponto, o "nó", partilhado pelos campos gravitacionais, campos magnéticos, campos elétricos, dipólos moleculares, pela atração dos sexos opostos, pelos buracos negros, pela repugnância entre fanáticos de diferentes formações étnicas, pela má comunicação entre pais e filhos que sofrem com a puberdade, etc.

Na análise final, isto, eu sugeriria respeitosamente, é o campo da *interação, interdependente* e *inter-relacionada* gerada por tudo que é, quer seja da natureza do MV ou do MM.

REFERÊNCIAS BIBLIOGRÁFICAS

BAUDRILLARD, Jean (1983a). *Simulations.* New York: Semiotext(e).

———— (1983b). *In the shadow of the silent majorities.* New York: Semiotext(e).

BAZERMAN, Charles (1988). *Shaping written knowledge.* Madison: University of Wisconsin Press.

BLOOR, David (1976). *Knowledge and social imagery.* London: Routledge and Kegan Paul.

———— (1983). *Wittgenstein: a social theory of knowledge.* New York: Columbia Univeristy Press.

BOHM, David (1980). *Wholeness and the implicate order.* London: Routledge and Kegan Paul.

BOHR, Niels (1958). *Atomic physics and human knowledge.* New York: John Wiley.

BROWN, Richard Harvey (1987). *Society as text: essays on rhetoric, reason and reality.* Chicago: University of Chicago Press.

BRUNER, Jerome S. (1956). *A study of thinking.* New York: John Wiley.

———— (1986). *Actual minds, possible worlds.* Cambridge: Harvard University Press.

———— (1987). *Making sense: the child's construction of the world.* London: Methuen.

CAPRA, Fritjof (1975). *The tao of physics: an exploration of the parallels between modern physics and eastern mysticism.* Berkeley: Shambhala.

CARTER, Robert E. (1989). *The nothingness beyond God: an introduction to the philosophy of Nishida Kitaro.* New York: Paragon House.

CARTWRIGHT, Nancy (1983). *How the laws of physics lie.* Oxford: Clarendon.

CONZE, Edward (1970). *Buddhist thought in India.* Ann Arbor: University of Michigan Press.

EDDINGTON, Arthur S. (1958). *The nature of the physical world.* Ann Arbor: Michigan University Press.

FEYERABEND, Paul K. (1975). *Against method.* NLB.

FISCH, Max (1986). *Peirce, semeiotic, and pragmatism.* Bloomington: Indiana University Press.

GARDNER, Howard (1983). *Frames of mind: the theory of multiple intelligences.* New York: Basic.

———— (1987). *The mind's new science.* New York: Basic Books.

GOODMAN, Nelson (1965). "The new riddle of induction", *Fact, Fiction and Forescast,* 4. ed. Cambridge: Harvard University Press, 59-83.

GOSWAMI, Amit (1993). *The self-aware universe: how consciousness creates the material world.* New York: G.P. Putnam's Sons.

GREGORY, Bruce (1988). *Inventing reality: physics as language.* New York: John Wiley.

GREGORY, Richard L. (1966). *Eye and brain.* New York: McGraw-Hill.

———— (1970). *The Intelligent Eye.* New York: McGraw-Hill.

———— (1981). *Mind in science: a history of explanations in psychology and physics.* Cambridge: Cambridge University Press.

GROSS, Alan G. (1990). *The rhetoric of science.* Cambridge: Harvard University Press.

HADAMARD, Jacques (1945). *An essay on the psychology of invention in the mathematical field.* Princeton: Princeton University Press.

HANSON, Norwood R. (1958). *Patterns of discovery.* Cambridge: Cambridge University Press.

———— (1969). *Perception and discovery.* San Francisco: Freeman, Cooper.

HEELAN, Patrick (1983). *Space-perception and the philosophy of science.* Berkeley: University of California Press.

HEISENBERG, Werner (1958). *Physics and philosophy.* New York: Harper and Row.

HELMUTH, T.A., ZAJONC, G. e WALTHER, H. (1986). "Realizations of the delayed choice experiment", *New Techniques and Ideas in Quantum Measurement Theory,* D.M. Greenberg (ed.). New York: N.Y. Academy of Science.

HENDERSON, Linda Dalrymple (1983). *The fourth dimension and non-euclidean geometry in modern art.* Princeton: Princeton University Press.

HUNTINGTON JR., C.W. (1989). *The emptiness of emptiness.* Honolulu: University of Hawaii Press.

JACOBSON, Nolan Pliny (1988). *The heart of buddhist philosophy.* Carbonadale: Southern Illinois University Press.

JEANS, James (1958). *The mysterious universe.* Ann Arbor: University of Michigan Press.

JUNG, Carl G. (1952). *Synchronicity.* Princeton: Princeton University Press.

KALUPAHANA, David J. (1986). *Nagarjuna: the philosophy of the middle way.* Albany: State University of New York Press.

KASULIS, T.P. (1981). *Zen action, zen person.* Honolulu: The University Press of Hawaii.

KERN, Stephen (1983). *The culture of time and space, 1880-1918.* Cambridge: Harvard University Press.

KUHN, Thomas S. (1970). *The structure of scientific revolutions.* Chicago: University of Chicago Press.

LAO TZU (1963). *Tao Te Ching*, D.C. Lau (trad.). Middlesex: Penguin.
LATOUR, Bruno (1987). *Science in action*. Cambridge: Harvard University Press.
———— e WOOLGAR, Steve (1979). *Laboratory life: the social construction of scientific facts*. Beverly Hills: Sage.
LOY, David (1989). *Dualities*. Chicago: University of Chicago Press.
MERRELL, Floyd (1995) *Semiosis in the postmodern age*. West Lafayette: Purdue University of Toronto Press.
———— (1996). *Signs grow: semiosis and life processes*. Toronto: University of Toronto Press.
———— (1997). *Peirce, signs, and meaning*. Toronto: University of Toronto Press.
NISHITANI, Keiji (1982). *Religion and nothingness*, J. van Bragt (trad.). Berkeley: University of California Press.
———— (1990). *The self-overcoming of nihilism*, G. Parkes (trad.). Albany: State University of New York Press.
ODIN, Steve (1996). *The social self in zen and american pragmatism*. Albany: State University of New York Press.
OPPENHEIMER, J.R. (1954). *Science and the common understanding*. New York: Oxford University Press.
PAGELS, Heinz R. (1982). *The cosmic code: quantum physics as the language of nature*. New York: Bantam.
———— (1986). *The dreams of reason: the computer and the rise of the sciences of complexity*. New York: Simon and Schuster.
PEIRCE, Charles Sanders (1958). *Collected papers of Charles Sanders Peirce*, A.W. Burks (ed.), v. 7-8. Cambridge: Harvard University Press.
PENFIELD, Wilden (1976). *The mystery of the brain*. Oxford: Oxford University Press.
PENROSE, Roger (1989). *The new emperor's mind: concerning computers, minds, and the laws of physics*. Oxford: Oxford University Press.
PIAGET, Jean (1973). *The child and reality*, A. Rosin (trad.). New York: Grossman.
POLANYI, Michael (1958). *Personal knowledge*. Chicago: University of Chicago Press.
PRIGOGINE, Ilya (1980). *From being to becoming: time and complexity in the physical sciences*. New York: W.H. Freeman.
RÉVÉSZ, Geza (1957). "Optik und haptik", *Studium Generale* 6, 374-79.
SCHRODINGER, Erwin (1967). *What is life?*. Cambridge: Cambridge University Press.
———— (1967). *Mind and matter*. Cambridge: Cambridge University Press.
SHLAIN, Leonard (1991). *Art and physics: parallel visions in space, time, and light*. New York: William Morrow.
SIU, R.G.H. (1957). *The tao of science*. Cambridge: MIT.
SMITH, Wolfgang (1995). *The quantum enigma: finding the hidden key*. Peru, IL: Sherwood Sugden.
STAPP, Henry (1997). "Are superluminal conecctions necessary?", *Nuovo Cimento* 40B, 191-99.
SZAMOS, Géza (1986). *The twin dimensions: inventing time and space*. New York: McGraw-Hill.
TALBOT, Michael (1981). *Mysticism and the new physics*. New York: Bantam.
VIGIER, J. (1970). "Possible internal subquantum motions of elementary particles", *Physics, logic, and history*, W. Yourgrau e A.D. Brick (eds.). New York: Plenum, 191-202.
WADDINGTON, Conrad H. (1970). *Behind appearances: a study of the relations between painting and the natural sciences in this century*. Cambridge: MIT.
WHEELER, John Archibald (1980). "Beyond the black hole", *Some strangeness in the proportions: a centennial symposium to celebrate the achievement of Albert Einstein*, H. Woolf (ed.) Reading MA: Addison-Wesley, 341-75..
———— (1984). "Bits, quanta, meaning", *Theoretical Physics Meeting*. Napoli: Edizioni Scientifiche Italiane, 121-34.
———— (1994). *At home in the universe*. Woodbury, NY: AIP.
WHIGNER, Eugene P. (1970). *Symmetries and reflections*. Bloomington: Indiana University Press.
WOOLGAR, Steve (ed.) (1988). *Knowledge and reflexivity: new frontiers in the sociology of knowledge*. London: Sage.
YOURGRAU, Wofgang (1966). "Language, spatial concepts and physics", *Mind, matter and method*, P. K. Feyerabend e G. Maxwell (eds.). Minneapolis: University of Minnesota Press, 496-99.
ZOHAR, Danah (1990). *The quantum self: a revolutionary view of human nature and consciousness rooted in the new physics*. New York: Morrow.
ZUKAV, Gary (1979). *The dancing Wu Li Masters*. New York: William Morrow.

SOBRE O MODELO TRIÁDICO DE REPRESENTAÇÃO DE CHARLES S. PEIRCE (1839-1914)

João Queiroz

Uma vespa (*digger wasp*) voa para longe de seu ninho, ao qual deve retornar com uma presa. Há várias perguntas ainda não respondidas em Ciências Cognitivas: como ela acha seu caminho de volta? Quais processos cognitivos atuam para que ela retorne de um ponto em que se encontra para um ponto que não está perceptualmente manifesto e que precisa alcançar? Como a vespa, sem os instrumentos que usamos para orientar nossa navegação (*e.g.*, mapas, astrolábios, bússolas, etc.) pode voar longas distâncias sem se perder?

A sobrevivência de uma criatura (biológica ou artificial) depende de ajustes (adaptações) de seu comportamento às modificações dinâmicas do ambiente. Cognição é a multiplicidade e o conjunto de atividades que permitem a essa criatura realizar tais ajustes, e envolve percepção, memória, inferência, consciência, etc. Para as Ciências Cognitivas, a noção e o conceito de representação mental está no centro destas atividades, como uma categoria sem a qual não seria possível qualquer ajuste adaptativo.[1] Um exemplo do uso dessa categoria é observado na *navegação espacial*, em insetos. Hipoteticamente, a vespa processa representações que estoca em um mapa cognitivo instalado em seu cérebro (cf. Gallistel, 1998: 5). De acordo com esta hipótese, cada ponto do mapa deve *corresponder* a um ponto do espaço no qual ela se desloca, *i.e.*, deve representar este ponto.

Estudos sobre cognição, em diferentes níveis de descrição em que são conduzidos (psicológicos, neurofisiológicos, lógicos, computacionais, e evidentemente semióticos), têm discutido modelos de processos representacionais e de diferentes tipos de representação. Essa discussão tem um caráter explícito em muitos autores (Millikan, 1984; Peterson, 1996; Deacon, 1997; Haugeland, 1997, 1998; van Gelder, 1997; Clark, 1998), e está implícito em outros (Damasio, 1995; Gazzaniga, 1998), mas, em todos os trabalhos, é traduzida em uma tipologia de representações e segue (mais tácita do que criticamente) um modelo geral de processos representacionais.

MODELOS DE REPRESENTAÇÃO

O que significa exatamente uma tipologia e um modelo de representação? Parece intuitivamente claro que, ao representarmos uma coisa, substituímos uma entidade (ou processo) por uma outra entidade (ou processo). Assim, supomos que o inseto, quando voa de volta para o ninho, está substituindo certos objetos do espaço onde voa por

1) Sobre o surgimento recente de uma hipótese anti-representacionalista, ver Clark e Toribio (1994), Clark (1997). Segundo esta hipótese, a noção de representação como uma entidade estruturada é substituída por uma noção de padrão emergente auto-organizado espaço-temporalmente. Hipóteses anti-representacionalistas são testadas em modelos de atividade contextualizada *(situated activity)* usando agentes autônomos muito simples.

representações que possui desses objetos em uma espécie de mapa cognitivo desse espaço. Algo mais ou menos próximo do que fazemos quando nos deslocamos, com um mapa na mão, à procura de um lugar que desejamos alcançar. Que tipo de relação é esta que a entidade substituída (*e.g.*, objetos do "mundo real") mantém com aquela que a substitui (*e.g.*, pontos de referência em um mapa)? Muitos modelos são propostos para entender essa relação. Modelos são estratégias usadas para entender estruturas e processos de evidências que observamos, por aproximações através de descrições simplificadas dessas evidências. Um modelo pode, em termos gerais, ser definido como uma "representação de um sistema por outro sistema, usualmente mais familiar, cujo funcionamento é suposto ser análogo ao primeiro" (Blackburn, 1994:246).

Segundo Hutchins (1995:355),

> ... muita coisa nas Ciências Cognitivas consiste em um problema de atribuição. Nós desejamos fazer asserções sobre a natureza de processos cognitivos que não podemos, em geral, observar diretamente. Então fazemos inferências sobre a base de indicações indiretas, e atribuímos a sistemas inteligentes conjuntos de estruturas e processos que poderiam ter produzido certas evidências empíricas.

Os modelos permitem fazer essas abstrações. Para compreender como sistemas adaptativos podem realizar certas tarefas, recorre-se a diferentes modelos e observa-se diferentes níveis de descrição (*e.g.*, neurofisiológicos, psicológicos, lógicos, etc.).

Algumas questões devem ser formuladas neste ponto: os diferentes níveis de descrição mantém relações interteóricas de explicação quando investigam os mesmos processos cognitivos (*e.g.*, representação)? Em outras palavras, diferentes níveis de descrição usam diferentes modelos de explicação ou compartilham um modelo comum? Se existe um, qual o modelo dominante quando a tarefa que queremos entender é representação? Essas perguntas têm muitas conseqüências. Um modelo tácito de representação está na base das investigações de processos cognitivos nos diferentes níveis em que tais processos são descritos. Vejamos alguns casos.

A neurofisiologia da visão fornece um ótimo exemplo. Propriedades de reação de diferentes células do sistema visual a diferentes classes de estímulos (*responsividade seletiva*) são investigadas através da eletrofisiologia, e de outras técnicas de observação. Os resultados não exitam em afirmar que células especializadas do sistema visual *representam* categorias, ou classes, de objetos e estímulos (*e.g.*, padrões de luz incidente). Pode-se supor que um cientista, ao descrever a responsividade seletiva de uma célula especializada de um sistema e ao afirmar que essa resposta *representa* uma classe de estímulo, saiba o que significa *representação*, como sabe o que significa "classe de estímulo" e "morfologia celular". No entanto, essa suposição não está correta. Ele naturalmente pode argumentar que é irrelevante, para o desenvolvimento de seu protocolo experimental, entender o sentido exato deste conceito, que não há porque dispender tempo com estudos de modelos de processos de representação, etc. Assim, para P.S. Churchland (1986:387), há uma pergunta ignorada pelas Ciências Cognitivas e que conduz a um "silêncio convenientemente vago sobre representações": qual a natureza das representações?

Segundo o modelo clássico, diádico e bilateral, representação é uma relação de correspondência (isomorfismo) entre dois sistemas: o ambiente, ou as propriedades relevantes do ambiente, e sistema cognitivo, ou a ativação de mecanismos nesse sistema que correspondem a essas propriedades.

De acordo com Dunlop e Fetzer (1993:111), "representação é um símbolo ou processo que está para alguma outra coisa". Está encapsulada nessa definição uma descrição do tipo de relação que constitui uma representação — correlação entre duas entidades, termos ou fenômenos — e uma descrição da modalidade desta relação — simbólica. As duas, combinadas, convergem para o paradigma do Cognitivismo Clássico. Conforme o paradigma dominante nas Neurociências e Ciências Cognitivas (batizado de Cognitivismo), cognição é uma forma de computação, ou de processamento, de entidades simbólicas de acordo com procedimentos preestabelecidos (algorítmicos). Em outras palavras, para o Cognitivismo Clássico (cf. Horst, 1999), a mente é concebida como uma forma de máquina (digital) que estoca representações simbólicas e as manipula de acordo com procedimentos sintáticos. São três as teses que subsidiam esse paradigma (Dennett, 1998:217): (i) a tese *computacional* para a qual cognição é processamento de informação; (ii) a tese *representacional* para a qual pensamentos são representações mentais; (iii) a tese *semântica* segundo a qual representações mentais *referem-se* às coisas do mundo.

Antes de prosseguir, vejamos mais um exemplo descrito pela Neurociência Cognitiva. A antecipação temporal de um movimento ordinário (*feedfoward control,* cf. Miall, 1998:599), ou de um evento do sistema motor, é um exemplo (humano) de ajuste ao ambiente em termos simbólicos (Jeannerod e Decety, 1995; Annett, 1996). Um indivíduo deve reconhecer seu ambiente para planejar e executar *ações motoras* apropriadas, para mover-se adequadamente (Marshall e Gurd, 1997). Tais ações dependem de um "plano geral", um "programa motor", e de sub-programas específicos, hierarquicamente organizados em um modelo antecipatório da ação motora (cf. Lindemann e Wright, 1998; Gazzaniga, 1998: 387). Em outras palavras, um movimento depende de uma representação do movimento, de um modelo interno de sua execução (cf. Gazzaniga, 1998:381). Para o neurofisiologista Antônio Damasio, (1995:254-275), tais representaçoes são imagens mentais que emergem da interação complexa de múltiplos sistemas associados, constituindo o que ele chama de sistema de representação somatomotor. As investigações têm-se concentrado nas bases neurais desses processos (*e.g.*, Decety, 1996; Nitschke *et al.*, 1996; Miall, 1998:599-600), e na natureza computacional de operações mentais associadas a esses processos (Gazzaniga,1998:381, Miall 1998).

Como no exemplo da navegação dos insetos, há, na breve descrição acima, as três teses subsidiárias do Cognitivismo. *Imagens* da ação motora são produzidas por estruturas cerebrais e, de acordo com certas regras são processadas, gerando novas representações de novos estados do corpo. Elas são informações (*e.g.*, proprioceptivas, que *representam* a posição relativa dos membros) que descrevem os parâmetros mais relevantes para o sistema e devem assumir valores numéricos (*e.g.*, distância, posição angular). Esses valores são computados como estados do sistema, ou da relação do sistema com o mundo (Gallistel, 1998:13). Tais representações são isomorfismos entre aspectos importantes do mundo e do próprio sistema (cf. Gallistel, ibid.). Um isomorfismo é uma relação entre dois sistemas. A noção matemática de representação está na base desse conceito: "cada sistema é composto, primeiro de entidades, e segundo, de relações ou processos envolvendo essas entidades" (Gallistel, ibidem). No caso do mapa somatomotor, descrito por Damasio, ele deve designar as posições espaciais relativas do corpo em interação dinâmica com o ambiente. Ele opera, em primeiro lugar, relacionando suas partes (símbolos do corpo), topograficamente, entre si. Depois relaciona essas representações com representações que *extrai* do ambiente.

Podemos generalizar e afirmar, a partir das descrições acima, que representação requer: (i) presença de algum tipo de estado no sistema cognitivo (*e.g.*, padrão de atividade eletroquímica em uma estrutura cerebral); (ii) correlação não-acidental, não gratuita, de eventos entre o sistema cognitivo e o ambiente em que está imerso (*e.g.*, responsividade seletiva de células especializadas do sistema nervoso a diferentes classes de estímulos). A noção de *co-variação* mediada por relações causais, proposta por Dretzke (1981), parece satisfazer as condições descritas acima — "termômetros de mercúrio carregam informação sobre temperatura (representam temperatura) devido a processos causais que resultam em uma co-variação entre a altura da coluna de mercúrio e a temperatura".

Existe uma noção tácita de representação que fundamenta essas descrições e que está baseada na definição clássica de signo e de significado de um signo — *aliquid estat pro aliquo* (ver Nöth, 1995:62). O *significado* de uma representação resulta de um mapeamento direcional nos objetos a que corresponde. Representações podem ser símbolos, que são concebidos como entidades arbitrárias — no nosso exemplo, padrões de atividade físicos codificados no cérebro da vespa, ou do indivíduo ao mover-se. Os objetos são os eventos do mundo correspondentes a esses padrões. A questão que pode ser formulada é a seguinte: esse modelo é suficientemente geral para explicar qualquer relação de representação? A resposta é negativa. Manter em foco uma correspondência desse tipo, diádica e biunívoca, entre uma representação (Signo) e um objeto correspondente equivale, conforme a Semiótica de Peirce, a modelar uma *classe* de representação — *indexical* (cf. veremos adiante). O problema é que essa classe constitui apenas uma entre muitas modalidades possíveis de atividades sígnicas. Para Deacon (1997), essa relação não dá conta de explicar nem sequer operações de aprendizagem de lexigramas em primatas.

Afirmo que as diversas variações do conceito de representação, desenvolvidas *ad doc* nas Neurociências e Ciências Cognitivas, podem ganhar em rigor, precisão e generalidade, embora percam, pelos mesmos motivos, em intelecção imediata, se tratados sob a perspectiva formal da Semiótica de C.S. Peirce (1839-1914).

PEIRCE

Para Peirce, representação é uma relação triádica, ou uma relação entre três termos (podem ser coisas, entidades, ou processos). Qualquer descrição de representação, que ele chama *semiose*, envolve, de um modo menos intuitivo que o modelo diádico dominante, um complexo relacional constituído por três termos irredutivelmente conectados: Signo-Objeto-Interpretante (S-O-I). A irredutibilidade triádica indica uma propriedade lógica desse complexo (ver Brunning, 1997: 252): um processo sígnico *deve* ser observado como associado a um terceiro termo. Esse termo, que Peirce chama *interpretante*, não é apenas um intérprete ou usuário de um signo, na simplificação mais usual de seu modelo, mas um outro signo. Para Peirce, uma relação diádica não pode ser um exemplo de semiose que ele compara a uma ação inteligente. Uma relação diádica é um exemplo de ação de força-bruta, de relação de causa e efeito (CP 5.484).[2] Observando as diferenças entre os modelos, Colapietro (1989:4) argumenta: "A definição peirceana adiciona uma dimensão que a fórmula clássica ignora — referência a uma mente: um signo não somente está para alguma coisa, ele está para alguém, para alguma mente. A implicação disto é que o signo é um fenômeno mais complexo do que a definição clássica indica".

Peirce desenvolve um modelo de semiose que está baseado em um complexo de três termos indissoluvelmente conectados — Signo-Objeto-Interpretante.

Esse modelo envolve um conjunto de idéias interdependentes (contínuo, tempo, inferência, categorias lógicas, relação triádica) desenvolvido em diferentes domínios do pensamento de Peirce (Matemática, Lógica, Fenomenologia, Metafísica). Não é possível sumarizar toda a sua filosofia arquitetônica para apresentar em detalhes sua intrincada teoria do signo. Vou, portanto, simplificar muito suas idéias sobre semiose. Meu plano pode ser dividido em três partes: (i) apresentação de algumas propriedades do modelo

2) As citações a Peirce respeitam a seguinte convenção: CP refere-se aos *Collected Papers.* O primeiro número refere-se ao volume e os números subseqüentes aos parágrafos.

triádico de signo, (ii) sumário da principal classificação de signos e uma descrição do *símbolo* como uma classe de representação que envolve processos *icônicos* e *indexicais*, e é dependente de observação; (iii) colocação de algumas questões para futuras discussões.

MODELO TRIÁDICO DE SIGNO

As características mais notáveis de seu modelo lógico são: natureza dinâmica, irredutibilidade a outros tipos de relação, generalidade de aplicação. O complexo triádico S-O-I é o fator-focal mínimo de um *processo* (cf. Hausman, 1993: 72). De acordo com Merrell (1995: 78), "a ênfase de Peirce não recai sobre *conteúdos*, *essências* ou *substâncias*, mas, mais propriamente, sobre relações dinâmicas".

Antes de responder à pergunta "como os termos que constituem esse complexo estão relacionados?", devo esclarecer o que é um modelo lógico neste contexto. Em uma primeira aproximação, modelagem lógica é um processo similar à modelagem matemática na qual um fenômeno é idealizado e representado dentro de um universo de objetos matemáticos (ver Barwise, 1996:52). Um fenômeno pode ser modelado de diferentes modos e Peirce fez experiências em diferentes universos de objetos lógicos — de uma lógica proposicional a uma lógica diagramática e topológica, passando pela lógica das relações, da qual é considerado um dos inventores. Essa observação é importante porque, como veremos, o interesse de Peirce por processos de representação se desenvolve em um nível lógico de descrição. Nesse nível, a aspiração de seu modelo é ser suficientemente geral para explicar *qualquer* processo representacional associado a *qualquer* nível de organização em que possa ser observado.

Mas, de volta a nossa questão "como estão associados os termos da relação triádica?", a interatividade entre os três termos S-O-I é descrita em muitas passagens, mas o todo sistêmico é mantido em cada descrição. São variações de perspectiva do mesmo processo. Vou citar apenas três destas variações:

· Um *Representamen* é o Primeiro Correlato de uma relação triádica, o Segundo Correlato sendo chamado de seu *Objeto* e o possível Terceiro Correlato sendo denominado seu *Interpretante*, por cuja relação triádica o possível Interpretante é determinado como sendo o Primeiro Correlato da mesma relação triádica para o mesmo Objeto e para algum possível Interpretante (CP, 2.242).

· Um REPRESENTAMEN é o sujeito de uma relação triádica DE um segundo, chamado seu OBJETO, PARA um terceiro, chamado seu INTERPRETANTE, essa relação triádica sendo de tal ordem que o REPRESENTAMEN determina que seu interpretante fique na mesma relação triádica para com o mesmo objeto para algum interpretante (CP, 1.541).

· Um Signo, ou Representamen, é um Primeiro que está em uma tal relação genuína com um segundo, chamado seu Objeto, de modo a ser capaz de determinar um Terceiro, chamado seu Interpretante, para assumir a mesma relação triádica com seu objeto na qual ele próprio está com o mesmo objeto (CP, 2.274).

Vejamos o que está, esquematicamente, descrito acima. A relação que investigamos funciona de modo que sua composição exige a cooperação indissolúvel de três termos — é triádico-dependente. Isto indica que a natureza da relação é expressa por sua irredutibilidade a qualquer outro tipo de relação (monádica, diádica ou n-ádica). Em outras palavras, que uma relação entre dois termos, processos ou entidades é *insuficiente* para descrever o que está acontecendo quando o que observamos é uma representação. Indica também que, se a cooperação de três termos é necessária e suficiente, dispensa a cooperação de um quarto elemento, que seria redutível à tríade.

A demonstração destas propriedades são conduzidas em um domínio formal, em uma lógica topológica (ver Ketner, 1986; Burch, 1991, 1997) e escapam dos nossos interesses neste trabalho. O que nos interessa é que uma representação envolve sempre a conexão de três termos. O signo, um "outro" quanto ao objeto que indica, ou substitui ("fica no lugar de"), *determina* outro signo, o interpretante, como uma *determinação* do objeto. O interpretante é determinado pelo objeto como uma determinação do signo pelo objeto.[3]

Entretanto, o modelo triádico de Peirce deixa *sem especificar* a natureza das relações de determinação entre os termos da tríade S-O-I. Esse modelo exibe a "forma de um processo sem especificar a natureza dos participantes do processo" (Colapietro, 1989: 6). As classes de signos são tipos de relações possíveis de acordo com diferentes perspectivas em que a tríade S-O-I pode ser observada.

CLASSES DE SIGNOS

Peirce desenvolve, ao longo de mais de 40 anos, muitas classificações de signos. A intrincada estrutura lógica dessas construções só pode ser inteiramente examinada pondo em foco a teoria das categorias e o cenopitagorismo (demonstração da irredutibilidade lógica das relações e sua composição hierárquica). Ainda que muitas das tecnicalidades possam ser evitadas, para tratar de suas classificações, precisaremos introduzir algo de sua terminologia semiótica.

Pode-se afirmar que as classificações estão baseadas nas tricotomias, por um lado, e na idéia de relações irredutíveis, por outro. As tricotomias são definidas como formas de observação das relações dos termos da tríade S-O-I. Traduzimos essas formas de observação em perguntas, como sugere Houser (1991:432). A primeira classificação de signos — "a mais fundamental divisão de signos" (CP, 2.275) — resulta da seguinte questão: "Como estão relacionados os termos S-O da tríade S-O-I?", ou ainda "Como, para o Interpretante, estão relacionados S-O?". Essa questão divide os signos em *ícone*, *índice* e *símbolo*. Essa divisão segue uma lista de relações irredutíveis — relações monádicas, diádicas e triádicas. Tal lista indica a natureza das relações entre S-O e estabelece relações de dependência entre as classes de signos. Desse modo, três relações são possíveis entre S-O: relações de similaridade (icônicas), relações de contiguidade física (indexicais ou de correlação tempo-espaciais) e relações de generalidade (simbólicas ou de lei). Vejamos como são essas relações.[4]

Ícones constituem tipos de relação de similaridade que podem prescindir de qualquer correlação física com entidades existentes. Se a relação entre S e O for uma relação monádica, isto é, se S for signo de O em virtude de uma qualidade que S e O compartilham, então S é ícone de O. S e O constituem, por semelhança, uma identidade em algum aspecto. Se S é ícone de O, ele é uma qualidade que é signo de O.

Já os índices, que são signos-de-fato, atuam por correlações tempo-espaciais que mantêm com seus objetos. Observar uma relação sígnica como indexical é um indicador de que a interpretamos como uma relação de contiguidade física entre S e O. Proximidade, conectividade e co-ocorrência são os predicados mais associados a processos indexicais. Segundo Peirce (CP 2.248), "um *índice* é um signo que se refere ao objeto que ele denota em virtude de ser realmente afetado por este objeto".

Podemos perguntar: existem características sígnicas atribuíveis a um processo de

---

3) Certamente o termo "determinação" tem uma aplicação muito precisa neste contexto, mas não está incorreta, apesar de muito incompleta, a acepção usual de *causalidade*. Ver, sobre o uso técnico deste termo na teoria do signo, Santaella (1995:38).

4) Sobre as diversas classificações de signos de Peirce, ver: Savan (1987-88), Merrell (1995), Santaella (1995), Liszka (1996), Parker (1998).

representação indexical, ou a qualquer outro processo, independentemente de qualquer atividade interpretadora? Segundo Deacon (1998:77), "quase qualquer coisa poderia ser fisicamente, ou temporalmente, associada a qualquer outra coisa em virtude de alguma extensão da experiência de proximidade no espaço ou no tempo". Para Savan (1987-88:34), "qualquer qualidade, considerada como tal, aparte suas exemplificações particulares, pode ser considerada como signo (ícone) apenas por semelhanças qualitativas com seu objeto". Em outras palavras, podemos supor que qualquer coisa pode assemelhar-se, por hipótese, a qualquer outra coisa. Isto não impede que certas coisas comportem-se *predominantemente*, devido a certas *preferências* de nosso equipamento cognitivo, como icônicas, indexicais ou simbólicas. Sabemos que artefatos são construídos especialmente para serem interpretados como icônicos, indexicais ou simbólicos. Mas isto difere de atribuir um status intrínseco a tais coisas.

Para Ransdell (1983:49), os diferentes tipos de signos peirceanos devem ser observados como "baterias distintivas de questões". Essas questões não são mutuamente excludentes, mas classes inclusivas coordenadas sistematicamente, como modos complementares de observação. Essa estratégia sugere que não é essencialmente distinta a idéia de que "alguma coisa é" da idéia de que "alguma coisa é observada como" (Haugeland, 1997:2). Quando afirmamos que algo é um ícone, estamos dizendo que ele foi projetado para ser interpretado como um ícone (Deacon, 1997:71), que processos de inferência (neste caso, abdutivos), de escolha e seleção de propriedades de similidade entre S e O atuam de modo predominante nesse processo. O mesmo serve para o índice e para o símbolo. Para tratar do símbolo, vou manter em foco essa idéia.

Símbolo é um tipo de relação cuja natureza composta envolve diferentes classes de signos (indexicais e icônicos). Segundo Peirce (CP 2.293), "Um símbolo é uma lei ou regularidade do futuro indefinido. [...] Mas uma lei necessariamente governa individuais ('é incorporada em') e prescreve algumas de suas qualidades. Conseqüentemente, um constituinte de um símbolo pode ser um índice, e pode ser um ícone." Em outra descrição, Peirce (CP 2.307) afirma: "Um símbolo é um signo constituído meramente, ou principalmente, pelo fato de ser entendido como tal, seja um hábito natural ou convencional". Dessa perspectiva, uma entidade é substituída por um complexo relacional cuja natureza não pode ser dissociada de sua interpretação. Segundo Peirce, "o *Símbolo* está conectado a seu objeto em virtude da mente-que-usa-o-símbolo, sem a qual tal conexão não existiria" (CP 2.299).

CONCLUSÃO E DISCUSSÃO

Uma vez que processos de representação foram definidos como relações triádicas, a próxima questão formulada foi: "quantas e quais modalidades desse processo (triádico) podem ser observadas?". As classificações sígnicas de Peirce, baseadas em um modelo triádico de atividade sígnica, descrevem diferentes aspectos deste processo. Eles equivalem a questões (tricotômicas) formuladas sobre a tríade.

Como explorar mais consequências da noção peirceana de processo sígnico? A abordagem peirceana envolve mais do que um ajuste terminológico. Ela indica uma mudança radical de métodos e conceitos. Devido ao caráter preliminar desse trabalho, apenas posso mencionar algumas dessas conseqüências. Em primeiro lugar, uma taxonomia baseada em tipos exclusivos (*e.g.*, simbólico vs dinâmico, distribuído vs localizado, natural vs artificial, arbitrário vs não-arbitrário) é substituída por uma visão dinâmica de processo sígnico. Em segundo lugar, o tipo de relação biunívoca descrito pelo modelo diádico dominante nas Ciências Cognitivas torna-se um caso particular de evento semiótico — relação indexical. Há ainda, sobre o triadismo das relações sígnicas, evidências empíricas de que relações diádicas são insuficientes para descrever aprendizagem de símbolos em outras espécies. Para nos atermos ao humano, segundo Deacon (1997:70), "a correspondência entre palavras e objetos é uma relação secundária, subordinada a uma rede de relações associativas de um tipo muito diferente que nos permite fazer referências a coisas impossíveis".

Mas a conseqüência mais radical que se pode extrair do modelo peirceano de semiose está relacionada à generalidade de aplicação desse modelo, com implicações relativas a uma concepção muito geral de mente. Para Peirce, processo inteligente e semiose são fenômenos co-naturais, isto é, são fundamentalmente equivalentes. Não vou desenvolver aqui essa questão. Em um espaço estritamente semiótico de indagação, quais as vantagens de uma abordagem cuja generalidade absorve processos modelados em escalas de observação que vão de acontecimentos cosmológicos (cf. Kruse, 1994:87-98) à microbiologia (Uexkull, 1993, Emmeche, 1991:325-339) e descrevem processos de natureza tão distintas quanto fitosemiose (cf. Krampem, 1991) e quimio ou fisiosemiose (cf. Merrell, 1996)? Como tal variedade de "tamanho e material" pode ser descrito por um mesmo modelo? São comuns suas naturezas? Podem estar baseados em um mesmo princípio?

A concepção de um princípio semiótico (ou semiósico) independente de nível de organização só é possível em consideração a um nível lógico de descrição, que é estranho às pesquisas sobre representação em Ciências Cognitivas.[5] Neste nível, há um re-equacionamento do problema. A Semiótica de Peirce equivale à construção de um sistema formal de observação e análise. O espectro de aplicação amplo do modelo de representação (triádico), derivado do "tratamento formal" a que foi submetido no interior do sistema (ver Emmeche, 1991:325), pode ser uma vantagem metodológica. Podemos perguntar: é possível transformar essa vantagem em um programa de colaboração multidisciplinar que integre a agenda de discussões das Ciências Cognitivas e proponha soluções efetivas para problemas sobre representações? Como? Como a compreensão de processos cognitivos claramente baseados em hipóteses representacionalistas (*e.g.*, mapas cognitivos, no caso de navegação em insetos) podem se beneficiar do modelo lógico peirceano?

> Para Peirce,
>
> Devemos começar por levantar noções diagramáticas dos signos, das quais nós retiramos, numa primeira instância, qualquer referência à mente, e depois que tivermos feito aquelas noções tão distintas como é a nossa noção de número primitivo, ou a de uma linha oval, podemos então considerar, se for necessário, quais são as características peculiares de um signo mental e, de fato, podemos dar uma definição matemática da mente, no sentido de que podemos dar uma definição matemática de uma linha reta (*apud* Fisch, 1978:56).

5) Sobre um possível equivalente metateórico, ver as idéias sobre Sinergética do físico Herman Haken (1981:15-16).

REFERÊNCIAS BIBLIOGRÁFICAS

ANNETT, J. (1996). "On knowing how to do things: A theory of motor imagery", *Cognitive brain research,* 3/2, 65-69).

BARWISE, J. e HAMMER, E. (1996). "Diagrams and the concept of logical system", *Logical Reasoning with diagrams,* G. Allewein e J. Barwise (eds.). Oxford University Press.

BECHTEL, W. (1998). "Representations and cognitive explanations: assessing the dynamicist's challenge in cognitive science", *Cognitive Science* 22(3): 295-317.

BLACKBURN, S. (1996). *The Oxford Dictionary of Philosophy.* Oxford University Press.

BRUNNING, J. (1997). "Genuine triads and teridentity", *Studies in the logic of Charles S. Peirce,* N. Houser, D. Roberts e J. Evra (eds.). Indiana University Press.

BURCH, R. (1991). *A peircean reduction thesis.* Texas Tech University Press.

_______ (1997). "Peirce's reduction thesis", *Studies in the logic of Charles S. Peirce.* N. Houser, D. Roberts e J. Evra (eds.). Indiana University Press.

CHURCHLAND, P.S. (1986). *Neurophilosophy: toward a unified science of the mind-brain.* MIT Press.

CLARK, A. (1997). *Being there. Putting brain, body and world together again.* MIT Press.

________ e TORIBIO, J. (1994). "Doing without representing?", *Synthese* 101: 401-431.

COLAPIETRO, V. (1989). *Peirce's approach to the self: a semiotic perspective on human subjectivity.* State University of New York Press.

DAMASIO, A. (1994). *O erro de Descartes.* São Paulo: Companhia das Letras.

DEACON, T. (1998). *The symbolic species — the co-evolution of language and the brain.* W.W. Norton & Company.

DECETY, J. (1996). "The neurophysiological basis of motor imagery", *Behavioural Brain Research,* 77/1-2 (45-52).

DENNETT, D. (1998). *Brainchildren: essays on* designing *minds.* MIT Press.

DRETSKE, F. (1981). *Knowledge and the flow of information.* MIT Press.

DUNLOP, C.E.M. e FETZER, J.H. (1993). *Glossary of cognitive science.* Paragon House.

EMMECHE, C. (1991). "A semiotical reflection on biology, living signs and artificial life", *Biology and Philosophy* (6) 325-349.

FISCH, M. (1978). "Peirce's general theory of signs", *Sight, sound and sense.* T. Sebeok (ed.). Indiana University Press.

GALLISTEL, C. (1998). "Symbolic processes in the brain: the case of insect navigation", *Methods, models and conceptual issues,* v. 4, D. Scarborough e S. Stenberg (eds.). MIT Press.

GAZZANIGA, M., IVRY, R. e MANGUN, G. (1998). *Cognitive neuroscience: the biology of the mind.* W.W. Norton & Company.

HAKEN, H. (1981). "Synergetics: is self-organization governed by universal principles?", *The evolutionary vision: toward a unifying paradigm of physical, biological and sociocultural evolution,* E. Jantsch (ed.). Westview Press.

HAUGELAND, J. (1997). *Mind* design *II: philosophy, psychology, artificial intelligence.* MIT Press.

__________ (1998). *Having thought: essays in the metaphysics of mind.* Harvard Press.

HAUSMAN, C. (1993). *Charles Sanders Peirce's evolutionary philosophy.* Cambridge University Press.

HORST, S. (1998). "Computational theory of mind", *The MIT Encyclopedia of Cognitive Sciences,* R. Wilson e F. Keil (eds.). http://mitpress.mit.edu/MITECS/

HOUSER, N. (1991). "A Peircean classification of models", *On semiotic modeling,* M. Anderson e F. Merrell (eds.). Mouton de Gruyter.

HUCHTINS, E. (1995). *Cognition in the wild.* MIT Press.

KELSO, S. (1995). *Dynamic patterns.* MIT Press.

KETNER, K. (1986). "Peirce's most lucid and interesting paper: an introduction to cenopythagoreanism", *International Philosophical Quarterly* 26: 375-392.

KRAMPEN, M. (1991). "Phytosemiotics", *Semiotica* 36: 187-209.

KRUSE, F. (1994). "Is cosmic evolution semiosis", *From time and chance to consciousness: studies in the metaphysics of C.S. Peirce,* E. Moore e R. Robin (eds.). Berg Publishers.

JEANNEROD, M. e Decety, J. (1995). "Mental motor imagery: a window into the representational stages of action", *Current Opinion in Neurobiology,* 5/6 (727-732).

LINDEMANN e WRIGHT (1998). "Skill aquisition and plans for actions: learning to write with your other hand", *Methods, models and conceptual issues,* v.4, D. Scarborough e S. Stenberg (eds.). MIT Press.

LISZKA, J. (1996). *A general introduction to the semeiotic of Charles Sanders Peirce.* Indiana University Press.
MARSHALL, J. C. e GURD, J. M. Gurd (1997). "Cognition", *Elsevier's Enciclopedia of Neuroscience,* G. Adelman e B.H. Smith (eds.). Elsevier Science BV.
MERRELL, F. 1995. *Peirce's Semiotics Now.* Canadian Scholar's Press.
__________ (1996). *Signs grow: semiosis and life processes.* University of Toronto Press
__________ (1997). *Peirce, signs, and meaning.* University of Toronto Press.
MIALL, R.C. (1998). "Motor control, biological and theoretical", *The handbook of brain theory and neural networks.* M. Arbib (ed.). MIT Press.
MILLIKAN, R. (1984). *Language, thought and other biological categories.* MIT Press.
NÖTH, W. (1995). *Handbook of semiotics.* Indiana University Press.
RANSDELL, Joseph (1983). *Peircean semiotics* (unpublished).
NITSCHKE, R.F., KLEINSCHMIDT, A., WESSEL, K. e FRAHM, J. (1996). "Somatotopic motor representation in the human anterior cerebellum. A high-resolution functional MRI study", *Brain,* 119/3 (1023-1029).
PARKER, K. (1998). *The continuity of Peirce's thought.* Vanderbilt University Press.
PEIRCE, C. (1931-35). *Collected papers of Charles Sanders Peirce,* v. 1-6, C. Hartshorne e P. Weiss (eds.). Harvard University Press.
____ (1958). *Collected papers of Charles Sanders Peirce,* v. 7-8, A.W. Burks (ed.). Harvard University Press.
PETERSON, D. (ed.) (1996). *Forms of representation.* Intelect Books.
SANTAELLA, L. (1995). *A teoria geral dos signos: semiose e autogeração.* São Paulo: Editora Ática.
SAVAN, D. 1987-88. *An introduction to C.S. Peirce's full system of semiotic.* Monograph series of the Toronto Semiotic Circle, v.1, Victoria College.
UEXKÜLL, Thure et al (1993). "Endosemiosis", *Semiotica* 96 (1/2), 5-51.
VAN GELDER, T. (1997). "Dynamics and cognition", *Mind* design *II: philosophy, psychology, artificial intelligence,* J. Haugeland (ed.). MIT Press.
______________ (1998). "Cognitive architecture: what choice do we have?", *Constraining cognitive theories,* Zenon Pylyshyn (ed.). Ablex Publishing Co.
Apoio: FAPESP — Fundação de Amparo à Pesquisa do Estado de São Paulo.
Agradeço, pelas discussões e comentários críticos, aos professores Lafayette de Moraes (PUC/SP), Edson Zampronha (PUC/SP-UNESP) e Lúcia Leão (PUC/SP).

GILBERT SIMONDON E A OPERAÇÃO DE INDIVIDUAÇÃO

Rogério da Costa

Um dos esforços recentes das Ciências Cognitivas é o de reavaliar o estatuto de um mundo preestabelecido e suas conseqüências no desenvolvimento de novos modelos de representações mentais. O que faremos aqui é investigar, brevemente, as contribuições antecipadas do filósofo Gilbert Simondon a essa questão, uma vez que, ao trabalhar sobre o problema da individuação na década de 60, ele construiu uma série de conceitos que o levaram a conceber o par indivíduo-meio no interior de uma estreita co-dependência. Ele anunciava, dessa forma, uma concepção da individuação onde o corpo e o meio se estruturariam num processo de determinação mútua.

É interessante constatar o quanto o pensamento de G. Simondon se revela familiar quando investigamos os rumos que tomam hoje as *Ciências Cognitivas*. No entanto, cabe salientar que essa familiaridade verifica-se sobretudo com as descrições e interpretações mais recentes dos processos cognitivos, onde conceitos como *emergência, processos de interação não-lineares, auto-organização* passam a fazer parte do cenário de inúmeras pesquisas.[1] As idéias de Simondon parecem ter surtido um efeito mais direto apenas nos pensadores europeus continentais;[2] quanto aos americanos, sua influência foi pequena na filosofia[3] e, até o momento, nula no que diz respeito às discussões em Ciências Cognitivas. Se retomamos o seu texto mais conhecido, *O indivíduo e sua gênese físico-biológica*, diríamos que Simondon foi um autor que perseguiu uma única idéia, o problema da individuação. Todos os seus trabalhos posteriores dizem respeito a essa mesma questão: através de quais processos os indivíduos se constituem?[4] De fato, ele procurou pensar a individuação em seu aspecto mais amplo possível, incluindo aí os níveis físico, biológico, psíquico e social.

Então, começaremos tentando expor, de um modo geral, de uma forma que seria a mais simples e breve, qual foi a primeira preocupação de Simondon quando iniciou suas investigações sobre a já clássica questão para a história da filosofia, aquela do princípio de individuação. No texto que acabamos de citar, sobre a gênese do indivíduo, ele concentra inicialmente suas críticas naquilo que considera um falso caminho: por que procurar um *princípio* para a individuação, o que significa tentar encontrar um *princípio* que explique o indivíduo? Segundo Simondon, haveria uma tendência natural em se tomar como referência um indivíduo pronto, adulto, realizado e, invertendo-se a flecha do tempo, se buscaria algo que seria como a causa ou o elemento primordial que teria originado esse indivíduo. Pressupõe-se assim que, uma vez encontrado o *princípio*, possamos explicar o indivíduo, isto é, dar a razão de sua individuação. O *princípio*

1) Cf. por exemplo, de S. Kelso, *Dynamic patterns* (MIT Press, 1995); de Van Gelder, "Dynamics and cognition" (*Mind* design *II: philosophy, psychology, artificial intelligence*, MIT Press, 1997); de F. Varela, *L'inscription corporelle de l'esprit, sciences cognitives et expérience humaine* (Seuil, 1993).

2) Por exemplo: René Thom, Isabelle Stengers, Ilya Prigogine, Bruno Latour, Pierre Lévy, Michel Serres, apenas para citar alguns mais conhecidos.

3) John Rajchman e Michael Hardt são os únicos que me ocorrem neste momento.

4) Cf., de Gilbert Simondon, *Du mode d'existence des objets techniques* (ed. Aubier, 1958); *L'individu et sa genèse physico-biologique* (PUF, 1964); *L'individuation psychique et collective* (Aubier, 1989).

encontrado ainda não é um indivíduo, supomos, mas, por mais misterioso que ele seja, uma vez desvendado, deveria esclarecer de algum modo a realidade atual do indivíduo.

Simondon recorre aqui a dois exemplos que no seu entender caracterizariam as duas vias mais comuns segundo as quais a realidade do indivíduo é pensada: o hilemorfismo e o substancialismo. O primeiro estaria fundado na bipolaridade matéria/forma, dois termos que na sua conjunção resultariam num indivíduo pronto. No segundo, que podemos nomear elementarismo ou atomismo, teríamos elementos simples, átomos que, uma vez compostos, engendrariam um indivíduo. Nessas duas visões — que poderiam ser traduzidas hoje, por um lado, por aqueles que defendem a constituição do indivíduo ligada sobretudo à ação de macroestruturas sociais, culturais, econômicas, simbólicas, etc., refletindo assim a inspiração hilemórfica; e, por outro lado, por aqueles que apóiam de modo reducionista o programa genético, novo estilo do substancialismo para a explicação do indivíduo — tanto numa visão quanto em outra, que aspecto comum seria rejeitado por Simondon? Ora, de um lado, teríamos estabelecido *algo* como ponto de partida, o que nomeamos *princípio*, e de outro teríamos o indivíduo pronto, acabado. A primeira iniciativa de Simondon é a de abandonar essa polaridade, deixar de pensar dois termos que se apresentam: um como ponto de partida e outro como ponto de chegada. Isso significa concentrar-se naquilo que ele chama então, neste momento — abandonando a idéia de um princípio para a individuação — a *operação* de individuação. Simondon passa a se concentrar naquilo que é a própria operação de individuação, ou o *individuar-se*. Nesse instante, ao nos perguntarmos pela operação de individuação, é evidente que se partimos de termos iniciais, devemos ainda explicar como de um termo chegamos a outro.

Em conseqüência disso, Simondon encaminha-se para uma crítica da idéia de *indivíduo* enquanto tal, procurando pensar a noção mais rica de *individuação*. Isso porque, se falamos em indivíduo, pressupomos algo acabado, terminado, um resultado. Mas o que Simondon está procurando é focar um indivíduo sob o ângulo de sua processualidade, que seja ele mesmo entendido como um processo. O que ele pretende é um olhar para o ser que não se reduza à apreensão de um indivíduo em seu caráter fechado. Logo, seu objetivo seria focar a *operação* que individua, essa operação que é o motor de individuação, o motor de realidade que não se confunde propriamente com um termo elementar anterior ao indivíduo. Nesse sentido, a operação de individuação é contemporânea do indivíduo que funda; ela é, por assim dizer, o *ser* do indivíduo.

Avançando um pouco mais, Simondon assinala que, juntamente com a idéia de individuação, deve vir associada a idéia de indivíduo-meio, ou seja, não há individuação que não dependa do meio onde se dá, mas também não há, por outro lado, um meio *a priori*, já dado que aguarda essa individuação. Percebemos então como esses operadores vão-se complexificando aqui. Inicialmente, como vimos, Simondon afirma que a idéia de um indivíduo acabado não lhe satisfaz, que ele deseja pensar o indivíduo em sua processualidade. Ele aponta então para o fato de que uma individuação na verdade não termina. É o próprio indivíduo que deve ser descrito como palco ou *teatro* de individuação. Sendo assim, o que se quer pensar como operação de individuação confunde-se com o indivíduo dado, saímos da perspectiva que procurava no passado um princípio que justificasse o indivíduo acabado, retomamos essa dimensão do passado e a pensamos no presente e mostramos que *já neste presente e sempre o indivíduo é uma operação de individuação*. A individuação não acaba, ela não finda enquanto o indivíduo estiver vivo. Desloca-se, portanto, a questão que oscilava entre um termo final e inicial para a própria operação; tenta-se agora pensar a operação de individuação nela mesma. É importante ressaltar que a *operação de individuação* (que Simondon prefere chamar de *transdução*) pode ser tanto física quanto biológica, psíquica ou coletiva. Isto reduz, portanto, sua esfera de aplicação àquela do pensamento especulativo, pois Simondon nunca pretendeu construir um modelo científico a partir da noção *transdução*.

No entanto, a importância desse conceito estaria justamente em nos ensinar a resistir a essa explicação da gênese do indivíduo a partir de condições já individuadas, assim como o molde explicaria a estátua ou as proposições hipotéticas o problema resolvido. Como nos lembra I. Stengers, "a transdução tenta suscitar um pensamento que seja capaz de resistir à tentação de escolher entre princípios de explicação rivais",[5] como o programa genético e as macroestruturas, que rivalizam entre si.

Mas, para pensar a operação de individuação em si mesma, Simondon precisou operar com duas outras noções. A primeira seria aquela que rompe com a noção de equilíbrio. Nesse momento Simondon procura recolocar, repensar o que seria a noção de equilíbrio. Para ele, equilíbrio na sua acepção mais comum significa um sistema onde todas as forças se estabilizam, ou seja, significa que dificilmente uma outra força poderá alterar o estado desse sistema. Então, um tal sistema seria dito estável ou *equilibrado*. Mas como conseguir pensar o vivo nesse estado de equilíbrio, já que se está tentando conceber o indivíduo como palco de individuação, como uma operação que se individua todo o tempo? Portanto, se pensado no equilíbrio, não há solução aparente para os problemas levantados pela individuação no vivo. Por outro lado, tampouco haveria solução caso quiséssemos traduzir os processos vitais em simples instabilidade, já que o caráter mesmo dessa noção é o de não permitir nenhuma configuração durável num sistema. A conclusão de Simondon seria a de que é preciso pensar algo na fronteira entre o estável e o instável, uma espécie de *equilíbrio instável*, esse equilíbrio instável sendo uma das chaves de seu pensamento. O indivíduo seria pensado, portanto, como um sistema em equilíbrio instável, ou seja, um regime capaz de ganhar novas configurações sem contudo se desfazer, um sistema onde novas formas emergem e, no entanto, pela própria instabilidade do sistema essas mesmas formas podem dar lugar a outras. Não se trata em conseqüência de um caos, não é um puro devir, mas também não é a estagnação, não é um estado estável, é simplesmente um modo que encontramos de posicionar nosso pensamento no limite entre o estável e o instável. Hoje vemos autores como Isabelle Stengers e Ilya Prigogine, por exemplo, afirmarem que, atualmente, na ciência, as noções de acaso e necessidade acabam dando lugar àquelas de estável e instável, ou seja, surge como mais interessante para o cientista pensar a instabilidade e a estabilidade do que o acaso e a necessidade.[6] No caso de Simondon, o equilíbrio instável é nomeado *metaestabilidade* e essa seria a caraterística do vivo, que vive em equilíbrio metaestável, o que significa estar em individuação permanente.

Juntamente com a metaestabilidade ou equilíbrio instável, vemos surgir um outro conceito, um outro operador. Trata-se da modulação. Quando se pensa o hilemorfismo, com efeito, está-se calcado na idéia de molde, ou seja, o hilemorfismo tradicionalmente concebe uma matéria amorfa, sem forma, que será moldada. Simondon, ao pensar a individuação, descarta essa perspectiva de dar forma ou moldar e opta pela idéia de modulação ou digamos de automodulação, para ficar mais claro aqui. Neste caso, simplesmente, o indivíduo não recebe uma forma, ele se automodula, e o que permite a ele essa automodulação é justamente seu regime de metaestabilidade.

A partir desses conceitos, Simondon retoma, o que para nós é fundamental, a discussão sobre a adaptação. E é aqui que acredito que possa ficar mais clara sua relação com as Ciências Cognitivas, pois essa discussão coloca em jogo problemas que envolvem simultaneamente indivíduo e meio. Ora, normalmente se pensa em adaptação no esquema do hilemorfismo, do molde, pois ou o indivíduo recebe a forma do meio ou ele

---

5) Veja, de I. Stengers, *Cosmopolitiques* (n. 6, La Découverte, 1997).
6) Cf., de I. Stengers e I. Prigogine, "Sistema (Organização)" (*Enciclopédia*, v. 26. Lisboa, Imprensa Nacional/Casa da Moeda, 1993).

dá uma forma ao meio — mesmo a via da genética ainda parece dever muito a esse modelo. Trata-se, portanto, da hipótese de um meio ou de um mundo pré-dado, um mundo que está aí, onde o indivíduo cai de pára-quedas, aterrissa. Desse modo, ou o indivíduo recebe a forma desse mundo, e com isso se adapta ao mundo, ou ele consegue imprimir uma forma a esse mundo, ele adapta o meio às suas necessidades. Simondon afirma que essa visão de adaptação é contestável. Por quê?

Vejamos um exemplo que Stengers e Prigogine retomam do próprio Simondon. Pensemos no homem que vai construir uma máquina, naquele que inventou, por exemplo, o pistão à explosão. Mas ele, por enquanto, só inventou o pistão e ainda não inventou o objeto técnico que poderá apoiar-se nessa invenção (o carro, a locomotiva, o avião, etc.). Não há, portanto, nenhum projeto predefinido do objeto técnico que englobará o pistão. Da forma como ele inventou esse pistão, ele pensa um eixo que atravessa o pistão para transmitir o movimento da explosão. Depois desse eixo, provavelmente, ele pensa numa caixa de transmissão onde se dará a variação da relação entre a explosão e o resultado do trabalho, e assim por diante. Assim, ele pensou inicialmente um pistão, e o pistão realizado, de uma forma ou de outra, deve induzir à forma como o eixo será pensado. Depois desse eixo, se ele pensar numa caixa de transmissão, de um modo ou de outro, essa caixa estará dependendo da forma como foi pensado o eixo e o pistão, a tal ponto que, no final, quando o carro, por exemplo, for concebido, todos esses dispositivos apresentarão uma perfeita coesão, o objeto técnico não sendo de modo algum uma *bricolage*. Contudo, temos a impressão, *a posteriori*, que se destacando todas as peças será sempre possível remontar o carro, exatamente como se elas sempre estivessem estado ali, disponíveis. Sim, mas isso evidentemente porque o conjunto já foi inventado; antes de ser inventado, o inventor teve que caminhar processo por processo, de tal forma que cada processo é absolutamente dependente do processo que o antecede e ao qual ele deve se integrar. Dada uma forma de pistão, temos uma forma de eixo, para uma outra forma de pistão, um outro eixo, e assim por diante, de tal modo que não posso simplesmente dizer: vou retirar a transmissão desse carro e substituir por outra, porque acho mais bonita etc., pois tudo aí está absolutamente implicado.

Todo o problema da transdução está aqui colocado: uma atividade que se propaga gradualmente no interior de um domínio, fundando essa propagação sobre uma estruturação do domínio operada etapa por etapa. Assim, cada resolução da estrutura serve de princípio de constituição para a resolução seguinte. A transdução seria exatamente esta comunicação entre ordens díspares: como saltar da etapa do pistão à combustão à etapa do eixo? Não por dedução nem tampouco por indução, como afirma Simondon,[7] mas por *transdução*. Uma vez ocorrida a transdução de uma etapa à outra, pode-se dizer que houve uma operação de individuação, que inclui agora num mesmo indivíduo dois níveis em comunicação, em integração.

No vivo essa integração é não apenas mais complexa, mas ainda de uma *ordem* superior. Por que razão? Porque no vivo, além de termos a integração de processos num regime de co-dependência, temos processos que modificam os anteriores ou, como disse Marvin Minsky a respeito do cérebro humano, "a principal atividade do cérebro consiste em produzir mudanças em si mesmo".[8] E isso a tal ponto que à medida que cada processo vai-se desdobrando, vai-se inventando, um mundo ou um meio ambiente diante desse vivo vai emergindo, vai-se tornando viável para esse vivo. Com isso, a cada processo de individuação do vivo, há uma individuação do meio, há a emergência de um meio que é como o correlato da individuação no vivo.

---

7) Vide *O Indivíduo e sua gênese...*, Introdução, onde Simondon tenta mostrar que nem a dedução nem tampouco a indução podem dar conta das inovações tecnológicas, mas apenas os processos de transdução (que ele aproxima, algumas vezes, a uma verdadeira *intuição*). Há evidente proximidade com a abdução em Peirce.

8) Cf., de Marvin Minsky, *The society of mind* (New York, Simon & Schuster, 1988).

Reencontramos assim a discussão sobre a adaptação. Não se pode pensar que o vivo se individue gerando em si mesmo um determinado processo, sem que a esse processo responda, em contrapartida, a individuação de um meio, e nunca que o meio já estivesse lá esperando por ele.

O verdadeiro problema começa aqui. Quando alguém desencadeia uma ação no mundo, o que se pressupõe? Um caminho, um objetivo e os obstáculos da ação. A adaptação seria então contornar os obstáculos, adaptar-se, portanto, ao meio ou, ao contrário, moldá-lo às suas exigências. Ação e adaptação seriam assim correlatas. Pressupõe-se desse modo um mundo dado, um objetivo e o caminho, o único problema sendo o obstáculo. Na tese de Simondon, haveria algo, no entanto, que antecede a ação, algo que seria como que a condição de possibilidade da ação. Caso pensemos apenas na ação, como resultado ou conseqüência de uma percepção, se levarmos em conta somente essa ação que trilha um caminho e contorna obstáculos, o que perdemos é a condição mesma da ação, ou seja, a condição de possibilidade do vivo desencadear essa ação, o porquê ele é capaz de efetuar essa determinada ação. Ora, isso que funciona aqui como condição de possibilidade da ação confunde-se finalmente com a própria operação de individuação.

Desse modo, a operação de individuação se apresenta não apenas como condição da ação do vivo, mas ela é também uma condição que transpassa o próprio meio. Toda automodulação no indivíduo é também a ativação de um meio correspondente. Então, antes de uma ação, com seu percurso, obstáculos e objetivos, antes disso, é preciso que um certo campo de condições pré-individuais, metaestáveis, esteja ali fervilhante, englobando indivíduo e meio, e que essa ação se desenhe em concomitância, em co-determinação com esse meio. Essa co-dependência indivíduo-meio traduz, portanto, uma imbricação nos processos de individuação, onde indivíduo e meio se estruturam ao mesmo tempo.

O que nos parece interessante aqui é que Simondon teria sido para a nossa atualidade um dos primeiros, conjuntamente com Raymond Ruyer, a problematizar o par individuo-meio e instaurar essa dimensão que é condição de possibilidade desse indivíduo-meio se co-determinar, e que nunca um indivíduo chega num mundo que já está dado. As Ciências Cognitivas, por seu lado, abrem uma via de pesquisa onde o conhecimento não é mais associado a uma reflexão sobre um mundo que se coloca diante daquele que conhece. O conhecimento passa a ser simultaneamente ativação de um mundo e construção de um corpo.

ENFRENTANDO O PROBLEMA DA CONSCIÊNCIA

David J. Chalmers

1. INTRODUÇÃO

A consciência coloca os mais desconcertantes problemas da ciência da mente. Não há nada que conheçamos de maneira mais íntima do que a experiência consciente, mas não há nada mais difícil de explicar. Todos os tipos de fenômenos mentais sucumbiram à investigação científica nesses últimos anos, mas a consciência resistiu inflexível. Muitos tentaram explicá-la, mas as explanações sempre pareceram não atingir o objetivo. Alguns foram levados a supor que o problema é intratável e que nenhuma boa explanação pode ser dada.

Para progredir em relação ao problema da consciência, temos de confrontá-lo diretamente. Neste artigo, primeiro isolo a parte mais difícil do problema, separando-a das partes mais tratáveis e explicando por que é tão difícil de explicar. Critico alguns trabalhos recentes que usam métodos reducionistas de abordar a consciência e sustento que tais métodos inevitavelmente falham no combate à parte mais árdua do problema. Uma vez reconhecida essa falha, a porta para progressos posteriores é aberta. Na segunda metade da exposição, sustento que, se nos direcionarmos para um novo tipo de explanação não-reducionista, será possível dar uma explicação naturalista da consciência. Apresento minha própria candidata à explicação: uma teoria não reducionista, baseada em princípios de coerência estrutural e de invariância organizacional, e uma visão do aspecto-duplo da informação.

2. OS PROBLEMAS FÁCEIS E O PROBLEMA DIFÍCIL

Não há apenas um problema da consciência. "Consciência" é um termo ambíguo, referente a muitos fenômenos diferentes. Cada um desses fenômenos precisa ser explicado, mas alguns são mais fáceis de explicar do que outros. Para começar, é útil dividir os problemas associados à consciência entre problemas "difíceis" e "fáceis". Os fáceis são aqueles que parecem diretamente suscetíveis aos métodos-padrões das Ciências Cognitivas, através da qual um fenômeno é explicado em termos de mecanismos computacionais ou neurais. Os problemas difíceis são aqueles que parecem resistir a esses métodos.

Os problemas fáceis da consciência incluem os que explicam os seguintes fenômenos:

. a habilidade de discriminar, categorizar e reagir aos estímulos do meio ambiente;
. a integração das informações pelo sistema cognitivo;
. a comunicabilidade dos estados mentais;
. a habilidade de um sistema acessar os seus próprios estados internos;
. o foco de atenção;

. o controle deliberado do comportamento;
. a diferença entre vigília e sono.

Todos esses fenômenos estão associados à noção de consciência. Por exemplo, às vezes, dizemos que um estado mental é consciente quando é passível de relato verbal ou quando é internamente acessível. Às vezes, diz-se que um sistema está consciente de alguma informação quando tem a habilidade de reagir na base dessa informação, ou com mais força, quando se ocupa dessa informação, ou quando pode integrá-la e explorá-la no sofisticado controle do comportamento. Às vezes, dizemos que uma ação é consciente precisamente quando é deliberada. Com freqüência, dizemos que um organismo está consciente como outra maneira de dizer que está desperto.

Não há problema real se *esses* fenômenos podem ser explicados pela ciência. Todos eles são francamente vulneráveis a explicações em termos de mecanismos computacionais ou neurais. Para explicar acesso e comunicabilidade, por exemplo, precisamos apenas especificar o mecanismo pelo qual a informação sobre estados internos é recuperada e tornada disponível a relato verbal. Para explicar a integração da informação, precisamos apenas exibir mecanismos pelos quais a informação é reunida e explorada por processos posteriores. Para explicar o sono e a vigília, uma apropriada explanação neurofisiológica dos processos responsáveis pelo comportamento contrastivo de organismos naqueles estados bastará. Em cada caso, um apropriado modelo cognitivo ou neurofisiológico pode claramente fazer o trabalho explanatório.

Se esses fenômenos fossem tudo o que a consciência é, então esta quase não seria um problema. Embora ainda não tenhamos nada parecido com uma explicação completa desses fenômenos, temos uma clara idéia de como podemos tratar de explicá-los. Esse é o motivo pelo qual chamo esses problemas de problemas fáceis. É claro que "fácil" é um termo relativo. É provável que dar todos os detalhes implicaria um ou dois séculos de trabalho empírico difícil. Mesmo assim, temos todos os motivos para acreditar que os métodos das Ciências Cognitivas e da neurociência obterão êxito.

O problema da consciência de fato árduo é o problema da *experiência*. Quando pensamos e percebemos, há um turbilhão de processamento de informações, mas há também um aspecto subjetivo. Como Nagel (1974) colocou, há *algo que é parecido* com um organismo consciente. Esse aspecto subjetivo é a experiência. Quando vemos, por exemplo, *experienciamos* sensações visuais: a qualidade sentida de vermelhidade, a experiência do escuro e do claro, a qualidade de profundidade num campo visual. Outras experiências acompanham a percepção em diferentes modalidades: o som de uma clarineta, o cheiro de naftalina. Depois há sensações corporais, de dores a orgasmos; imagens mentais que são invocadas internamente; a qualidade sentida de emoção, e a experiência de uma corrente de pensamento consciente. O que une todos esses estados é que há algo parecido em todos eles. Todos eles são estados de experiência.

É inegável que certos mecanismos são objetos de experiência. Mas a questão de como é que esses sistemas são sujeitos de experiência é desconcertante. Por que quando nossos sistemas cognitivos exigem um processamento visual e auditivo de informações temos uma experiência visual ou auditiva: a qualidade do azul profundo, a sensação do Fá médio? Como podemos explicar por que há algo parecido com abrigar uma imagem mental ou experienciar uma emoção? É consenso geral que a experiência brota de uma base física, mas não temos uma explicação boa de por que e como então ela emerge. Por que deve um processamento físico dar origem a uma vida interna rica? Parece objetivamente irracional que deva dar e, no entanto, dá.

Se algum problema pode ser qualificado de *o* problema da consciência, trata-se deste. No seu sentido central de "consciência", um organismo fica consciente se houver algo parecido com esse organismo, e um estado mental é consciente se há algo parecido com esse estado. Às vezes, termos como "consciência do fenômeno" e "qualia" também são usados aqui, mas acho que é mais natural falar de "experiência consciente" ou simplesmente "experiência". Outro meio útil de evitar confusão (usado, por exemplo, por Newell 1990, Chalmers 1996) é reservar o termo "consciência" (*consciousness)* para os fenômenos de experiência, usando o menos carregado termo "ciência" (*awareness)* para os fenômenos mais fáceis de compreender, descritos antes. Se uma convenção desse tipo fosse adotada em ampla escala, a comunicação seria muito mais fácil; do jeito que estão as coisas, aqueles que falam de "consciência" estão com freqüência falando coisas diferentes.

A ambigüidade do termo "consciência" é em geral explorada tanto por filósofos quanto por cientistas que escrevem sobre o assunto. É comum ver um artigo sobre consciência começar com uma invocação ao mistério da consciência, ressaltando a estranha intangibilidade e indescritibilidade da subjetividade e preocupando-se com o fato de que até agora ainda não temos uma teoria do fenômeno. Aqui, o tema é claramente o problema difícil — o problema da experiência. Na segunda parte deste artigo, o tom se torna mais otimista, e a própria teoria da consciência do autor é esboçada. Submetida a um exame, essa teoria vem a ser a teoria de um dos mais óbvios fenômenos — da comunicabilidade, do acesso introspectivo ou do que quer que seja. No final, o autor declara que a consciência acabou-se tornando tratável, mas o leitor é abandonado, sentindo-se como a vítima da própria isca. O problema árduo continua intocado.

3. A EXPLICAÇÃO FUNCIONAL

Por que são fáceis os problemas fáceis e por que é árduo o problema árduo? Os problemas fáceis são fáceis precisamente porque se referem à explicação das *habilidades* e *funções* cognitivas. Para explicar uma função cognitiva, precisamos apenas especificar um mecanismo que pode desempenhar a função. Os métodos das Ciências Cognitivas são bem adequados a esse tipo de explicação, sendo, por conseguinte, bem adequados aos problemas fáceis da consciência. Em contraste, o problema árduo é árduo precisamente porque não é um problema sobre o desempenho das funções. O problema persiste mesmo quando o desempenho de todas as funções relevantes é explanado. (Aqui "função" não é usado no estrito sentido teleológico de algo que um sistema é designado a fazer, mas no amplo sentido de qualquer papel causal na produção do comportamento que um sistema pode desempenhar.)

Explicar a comunicabilidade, por exemplo, é explicar apenas como um sistema pode desempenhar a função de produzir relatos sobre estados internos. Para explicar o acesso interno, precisamos explicar como um sistema pode ser apropriadamente afetado pelos seus estados internos e usar a informação sobre esses estados sem rodeios em processos posteriores. Para explicar a integração e o controle, precisamos explicar como os processos centrais de um sistema podem conciliar conteúdos de informações e usá-los na facilitação de vários comportamentos. Esses todos são problemas sobre a explanação de funções.

Como explicamos o desempenho de uma função? Através da especificação de um *mecanismo* que desempenha a função. Aqui, o modelo neurofisiológio e cognitivo é perfeito para a tarefa. Se queremos uma explicação básica detalhada, podemos especificar o mecanismo neural que é responsável pela função. Se queremos uma explanação mais abstrata, podemos especificar um mecanismo em termos computacionais. Nos dois casos, o resultado será uma explicação satisfatória e completa. Uma vez especificado o mecanismo neural ou computacional que desempenha a função do relato verbal, por exemplo, a parte principal de nosso trabalho de explicar a comunicabilidade estará terminada.

De certa forma, o ponto é trivial. É um fato *conceitual* sobre esses fenômenos que sua explanação envolve apenas a explicação de várias funções, na medida em que os fenômenos são *funcionalmente definíveis.* Tudo isso *significa* que, se a comunicabilidade é instantaneada no sistema, é porque o sistema tem capacidade de relatos verbais de informações internas. Tudo isso significa que, quando um sistema está desperto, ele está receptivo a informações provenientes do meio ambiente e é capaz de usar essas informações para direcionar o comportamento de forma apropriada. Para ver que esse tipo de coisa é um fato conceitual, observar que alguém que diz "você explicou o desempenho da função de relato verbal, mas não explicou a comunicabilidade" está cometendo um erro conceitual comum sobre a comunicabilidade. Tudo de que possivelmente se precisaria para explicar a comunicabilidade é uma explanação sobre como a função relevante é desempenhada; o mesmo se dá para os outros fenômenos em questão.

Em todas as ciências mais avançadas, a explicação reducionista opera bem desse modo. Para explicar o gene, por exemplo, precisamos especificar o mecanismo que estoca e transmite a informação hereditária de uma geração para outra. O que quer dizer que o DNA desempenha essa função; uma vez que explicamos como a função é desempenhada, explicamos o gene. Para explicar a vida, nós definitivamente precisamos explicar como um sistema pode reproduzir, adaptar-se a seu meio ambiente, metabolizar, etc. Todas essas são questões sobre o desempenho das funções, sendo, desse modo, bem adequadas à explicação reducionista. O mesmo pode aplicar-se para a maior parte dos problemas das Ciências Cognitivas. Para explicar o aprendizado, precisamos explicar o modo pelo qual as capacidades comportamentais de um sistema são modificadas à luz da informação do meio ambiente e o modo pelo qual a nova informação pode ser levada a suportar a adaptação às ações de um sistema ao seu meio-ambiente. Se mostramos como um mecanismo neural ou computacional opera, explicamos o aprendizado. Podemos dizer o mesmo dos outros fenômenos cognitivos, como a percepção, a memória e a linguagem. Às vezes, as funções relevantes precisam ser caracterizadas muito sutilmente, mas está claro que na medida em que as Ciências Cognitivas explicam esses fenômenos, elas o fazem através da explicação do desempenho das funções.

Quando aplicado à experiência consciente, esse tipo de explanação falha. O que torna o problema árduo e quase único é que ele vai *além* dos problemas acerca do desempenho das funções. Para ver isso, observar que até mesmo quando já explicamos o desempenho de todas as funções cognitivas e comportamentais acerca da experiência — discriminação perceptual, categorização, acesso interno, relato verbal — ali pode ainda restar uma pergunta não respondida: *por que o desempenho dessas funções vem acompanhado da experiência*? Uma simples explanação das funções deixa a pergunta aberta.

Não há outra questão análoga na explanação dos genes, ou da vida, ou do aprendizado. Se alguém diz "posso ver que você explicou como o DNA estoca e transmite a informação hereditária de uma geração para a seguinte, mas não explicou como é um *gene*", então está cometendo um erro conceitual. Tudo isso significa que um gene é uma entidade que desempenha a função relevante de estocagem e transmissão. Mas, se alguém diz "posso ver que você explicou como a informação é discriminada, integrada, e relatada, mas não explicou como é *experienciada*", não está cometendo um erro conceitual. É uma outra questão não trivial.

Essa outra questão é a questão-chave do problema da consciência. Por que todo esse processamento de informações não se dá "no escuro", livre de qualquer sensação interna? Por que quando as ondas eletromagnéticas invadem a retina e são discriminadas bem como categorizadas por um sistema visual, essa discriminação e categorização é experienciada como uma sensação de vermelho vivo? Sabemos que a experiência consciente *de fato* emerge quando essas funções são desempenhadas, mas o fato real de que emerge é um mistério central. Há uma *lacuna explanatória* (*explanatory gap*) (um termo cunhado por Levine, 1983) entre as funções e a experiência, e precisamos uma ponte explanatória para atravessá-la. Uma mera explicação das funções fica num dos lados da lacuna; portanto, os materiais para a ponte devem ser procurados em outro lugar.

Isso não quer dizer que a experiência *não tenha* função. Talvez a experiência venha a desempenhar um importante papel cognitivo. Mas, para qualquer papel que possa representar, a explanação da experiência será mais do que uma simples explanação da função. Talvez até mesmo aconteça que, no decorrer da explicação de uma função, seremos levados à chave que permitirá uma explicação da experiência. Mas, se isso acontecer, a descoberta será um prêmio explanatório *extra*. Não há função cognitiva que nos permita dizer de antemão que a explicação de uma função *automaticamente* explicará a experiência.

Para explicar a experiência, precisamos de uma nova abordagem. Os métodos explanatórios usuais das Ciências Cognitivas e da neurociência não são suficientes. Esses métodos foram desenvolvidos precisamente para explicar o desempenho das funções cognitivas e, quando se trata disso, fazem um ótimo trabalho. Mas, quando cessam, esses métodos *só* ficam equipados para explicar o desempenho das funções. Quando aplicada ao problema árduo, a abordagem-padrão não tem nada a dizer.

4. ALGUNS ESTUDOS DE CASOS

Nos últimos anos, foram desenvolvidos muitos trabalhos sobre os problemas da consciência no âmbito das Ciências Cognitivas e da neurociência. Isso pode sugerir que a análise acima é falha, mas na verdade um exame minucioso dos trabalhos relevantes confirma a análise. Quando investigamos apenas para quais aspectos da consciência esses estudos estão voltados, e que aspectos eles acabam explicando, descobrimos que o objetivo definitivo da explanação é sempre um dos problemas fáceis. Ilustrarei isso com dois exemplos representativos.

O primeiro é a "teoria neurobiológica da consciência" traçada por Crick e Koch (1990; ver também Crick, 1994). Essa teoria se centra em oscilações neurais de cerca de 35-75 hertz no córtex cerebral; Crick e Koch lançam a hipótese de que essas oscilações são a base da consciência. Isso se dá em parte porque as oscilações parecem estar correlacionadas com a ciência (*awareness*) em várias modalidades — dentro dos sistemas visual e olfativo, por exemplo — e também porque sugere um mecanismo pelo qual a *ligação* do conteúdo da informação pode ser completada. Ligação (*binding*) é o processo pelo qual peças de informações, sobre uma entidade individual, representadas separadamente, são associadas para serem utilizadas em um processamento posterior, como quando a informação sobre a cor e a forma de um objeto percebido é integrada a partir de caminhos visuais separados. Segundo outros (por exemplo, Eckhorn *et al.*,1988), Crick e Koch lançam a hipótese de que a *binding* pode ser completada pelas oscilações sincronizadas dos grupos neuronais que representam os conteúdos relevantes. Quando dois elementos de informação devem ser ligados, os grupos neurais relevantes oscilarão com a mesma freqüência e fase.

Os detalhes de como essa *binding* pode ser realizada são ainda muito pouco conhecidos, mas supomos que possam ser descobertos. O que a teoria resultante poderia explicar? Obviamente, poderia explicar a *binding* dos conteúdos da informação e talvez poderia provocar uma explicação mais geral da integração da informação no cérebro. Crick e Koch também sugerem que essas oscilações ativam os mecanismos de funcionamento da memória e, portanto, pode haver uma explicação disso e talvez outras formas de memória futuramente. A teoria pode vez por outra levar a uma explicação geral de como a informação percebida é ligada e estocada na memória para ser usada por processamentos posteriores.

Semelhante teoria seria válida, mas não nos diria nada sobre por que os conteúdos relevantes são experienciados. Crick e Koch sugerem que essas oscilações são os *correlatos* neurais da experiência. Essa afirmação é sustentável — será que a *binding* também ocorre no processamento da informação inconsciente? —, mas mesmo se isso for aceito, permanece a pergunta *explanatória*: por que as oscilações originam a experiência? A única base de uma conexão explanatória é o papel que elas desempenham na ligação e na estocagem, mas a pergunta de por que a *binding* e a estocagem devem elas mesmas ser acompanhadas pela experiência nunca é feita. Se não sabemos por que a *binding* e a estocagem originam a experiência, contar uma história sobre as oscilações não pode ajudar-nos. Se *soubéssemos,* em vez disso, por que a *binding* e a estocagem originaram a experiência, os detalhes neurofisiológicos seriam só o glacê do bolo. A teoria de Crick e Koch ganha seu valor quando *assume* uma conexão entre *binding* e experiência, não podendo, assim, explicar aquele vínculo.

Não acho que Crick e Koch definitivamente tenham a pretensão de abordar o problema árduo, embora alguns os tenham interpretado de outra maneira. Uma entrevista publicada com Koch dá uma clara noção das limitações das ambições da teoria:

> Bem, vamos primeiro esquecer os aspectos de fato difíceis, como sentimentos subjetivos, porque eles podem não ter uma solução científica. O estado subjetivo de divertimento, de dor, de prazer, de ver azul, de cheirar uma rosa — parece ser um gigantesco salto entre o nível materialista, de explicar as moléculas e os neurônios, e o nível subjetivo. Vamos concentrar a nossa atenção nas coisas que são mais fáceis de estudar — como a ciência (*awareness*) visual. Você está agora falando comigo, mas não está olhando para mim, mas sim para o cappuccino, estando, portanto, ciente dele. Você pode dizer: "É uma xícara e há um líquido nela." Se eu a der a você, você mexerá o braço e a pegará — você responderá de maneira significativa. Isso é o que chamo de *awareness* ("What is consciousness", *Discover,* nov. 1992, p. 96).

O segundo exemplo é uma abordagem no nível da psicologia cognitiva. Esse é o campo de ação global da teoria da consciência de Baars, apresentada em seu livro *A cognitive theory of consciousness.* Segundo essa teoria, os conteúdos da consciência estão dentro de um *campo de ação global,* um processador central usado para mediar a comunicação entre uma multidão de processadores não conscientes especializados. Quando esses processadores especializados precisam espalhar a informação para o restante do sistema, eles o fazem mandando essa informação para o campo de ação, que atua como uma espécie de quadro-negro para o restante do sistema, acessível a todos os outros processadores.

Baars usa esse modelo para abordar muitos aspectos da cognição humana e para explicar muitos contrastes entre funcionamento cognitivo consciente e inconsciente. Definitivamente, porém, é uma teoria da *acessibilidade cognitiva,* que explica como é que determinados conteúdos de uma informação são em ampla escala acessíveis dentro de um sistema, bem como uma teoria da integração informacional e da comunicabilidade. A teoria apresenta a promessa de uma teoria da ciência (*awareness*), a correlação funcional da experiência consciente, mas não oferece uma explicação da experiência em si.

Pode-se supor que, segundo essa teoria, os conteúdos da experiência são precisamente os conteúdos do campo de trabalho. Mas, mesmo que se trate disso, nada dentro da teoria *explica* por que a informação dentro do campo de trabalho global é experienciada. O melhor que a teoria pode fazer é dizer que a informação é experienciada porque é *globalmente acessível.* Mas agora a pergunta emerge de forma diferente: por que deve a acessibilidade global originar uma experiência consciente? Como sempre, essa pergunta basal não é respondida.

Quase todos os trabalhos que fazem uma abordagem cognitiva ou neurocientífica da consciência nesses últimos anos podem estar sujeitos a uma crítica similar. O modelo do "Darwinismo Neural" de Edelman (1989), por exemplo, questiona a ciência (*awareness*) perceptual e o autoconceito (*self-concept*), mas não diz nada sobre por que deve haver também experiência. O modelo de "correntes múltiplas" de Dennett (1991) está amplamente voltado para a explicação da comunicabilidade de determinados conteúdos mentais. A teoria do "nível intermediário" de Jackendoff (1988) fornece uma explicação de alguns processos computacionais que ressaltam a consciência, mas Jackendoff salienta que a pergunta de como eles se "projetam" na experiência consciente permanece misteriosa.

Pesquisadores que usam esses métodos em geral não são explícitos quanto a suas atitudes em relação ao problema da experiência consciente, embora às vezes adotem uma postura clara. Mesmo entre aqueles que são claros a esse respeito, as atitudes diferem muito. Há muitas estratégias diferentes disponíveis para aplicar esse tipo de trabalho com relação ao problema da experiência. Seria útil se essas escolhas estratégicas fossem mais freqüentemente explícitas.

A primeira estratégia é simplesmente *explicar algo mais*. Alguns pesquisadores explicitam que o problema da experiência é muito difícil por ora, e talvez até mesmo esteja totalmente fora do âmbito da ciência. Em vez disso, esses pesquisadores escolhem abordar um ou mais problemas tratáveis, como a comunicabilidade ou o autoconceito. Embora eu tenha chamado esses problemas de problemas "fáceis", eles estão entre os mais interessantes problemas não resolvidos das Ciências Cognitivas; portanto, esse trabalho é com certeza válido. O pior que se pode dizer é que essa escolha, no contexto da pesquisa sobre a consciência, é em certa medida não ambiciosa e que o trabalho pode algumas vezes ser mal-interpretado.

A segunda escolha é pegar uma linha mais dura e *negar o fenômeno*. (Variações sobre essa abordagem são feitas por Allport, 1988; Dennett, 1991 e Wilkes, 1988.) Segundo essa linha, uma vez que já tenhamos explicado funções como a acessibilidade, comunicabilidade e outras afins, não há outro fenômeno chamado "experiência" a explicar. Alguns explicitamente negam o fenômeno, sustentando, por exemplo, que o que não é verificável externamente não pode ser real. Outros acabam chegando ao mesmo resultado tolerando a existência da experiência, mas apenas se equipararmos "experiência" a algo como a capacidade de discriminar e relatar. Essas abordagens levam a uma teoria mais simples, mas são definitivamente insatisfatórias. A experiência é o mais central e manifesto aspecto de nossas vidas mentais, e talvez seja de fato o *explanandum*-chave na ciência da mente. Devido a esse estatuto de *explanandum*, a experiência não pode ser descartada como o espírito vital quando uma nova teoria triunfa. Em vez disso, é o fato central que qualquer teoria da consciência tem de explicar. Uma teoria que nega o fenômeno "resolve" o problema subtraindo-se à pergunta.

Como terceira opção, alguns pesquisadores *pretendem estar explicando a experiência* no sentido pleno. Esses pesquisadores (diferentemente dos acima citados) desejam abordar a experiência com muita seriedade; traçam seu modelo ou teoria funcional e afirmam que ele explica toda a qualidade subjetiva da experiência (por exemplo, Flohr, 1992 e Humphrey, 1992). Todavia, o passo relevante na explanação é geralmente dado rapidamente e em geral acabam examinando algo como num passe de mágica. Depois que alguns detalhes sobre o processamento da informação são dados, a experiência de repente entra em cena, mas fica obscuro *como* esses processos devem de repente originar a experiência. Talvez simplesmente fique subentendido que isto acontece, mas então temos uma explicação incompleta e uma versão da quinta estratégia abaixo.

Uma quarta abordagem apela para esses métodos para *explicar a estrutura da experiência*. Por exemplo, é sustentável que uma explicação das discriminações feitas pelo sistema visual possa explicar as relações estruturais entre experiências de diferentes cores, bem como a estrutura geométrica do campo visual (ver, por exemplo, Clark, 1992 e Hardin, 1992). Em geral, alguns fatos sobre estruturas encontrados no processamento corresponderão e sustentavelmente explicarão fatos acerca da estrutura da experiência. Essa estratégia é plausível, porém, limitada. No máximo, pressupõe a existência da experiência e explica alguns fatos sobre a sua estrutura, fornecendo uma espécie de explanação não-redutora dos aspectos estruturais da experiência (falarei mais sobre isto). Essa estratégia é útil para muitos propósitos, mas não nos diz nada sobre por que deve haver experiência em primeiro lugar.

Uma quinta e racional estratégia é *isolar o substrato da experiência*. Afinal, quase todo mundo admite que a experiência *se origina* de uma ou de outra maneira dos processos cerebrais, e faz sentido identificar o tipo de processo a partir do qual origina. Crick e Koch põem seu trabalho à frente ao isolar a correlação neural da consciência, por exemplo, e Edelman (1989) e Jackendoff (1988) têm semelhantes afirmações. A justificativa dessas afirmações requer uma análise teórica cuidadosa, em particular quando a experiência não é diretamente observável em contextos experimentais, mas, quando aplicada sensatamente, essa estratégia pode esclarecer indiretamente o problema da experiência. No entanto, está claro que a estratégia é incompleta. Para uma teoria satisfatória, precisamos saber mais do que *quais* processos originam a experiência; precisamos de uma explicação do porquê e do como. Uma teoria total da consciência tem que construir uma ponte explanatória.

5. O INGREDIENTE EXTRA

Vimos que há razões sistemáticas para os métodos usuais das Ciências Cognitivas e da neurociência falharem em explicar a experiência da consciência. Esses são simplesmente métodos do tipo errado: nada do que nos dão pode produzir uma explicação. Para explicar a experiência consciente, precisamos de um *ingrediente extra* na explanação. Isso propõe um desafio àqueles que são sérios quanto ao problema árduo da consciência: qual é o seu ingrediente extra e por que *ele* deve explicar a experiência da consciência?

Não há escassez de ingredientes extras. Alguns propõe uma introdução de caos e de dinâmicas não-lineares. Alguns acham que a chave repousa num processamento não-algorítmico. Alguns apelam para descobertas posteriores na neurofisiologia. Alguns supõem que a chave para o mistério repousará no nível da mecânica quântica. É fácil ver por que todas essas sugestões são postas em evidência. Nenhum dos velhos métodos funciona; portanto, a solução deve repousar em *algo* novo. Infelizmente, tais sugestões sofrem dos mesmos velhos problemas.

O processamento não-algorítmico, por exemplo, é posto em evidência por Penrose (1989; 1994) devido ao papel que pode desempenhar no processo do *insight* matemático da consciência. Os argumentos sobre matemática são controversos, mas mesmo que triunfem e que seja dada uma explicação do processamento não-algorítmico do cérebro humano, ainda será apenas uma explicação das *funções* envolvidas no raciocínio matemático e outros mais. Para um processo não-algorítmico, bem como para um processo algorítmico, a pergunta continua não respondida: por que esse processo deve originar a experiência? Na resposta a *essa* pergunta, não há papel especial para o processamento não-algorítmico.

O mesmo acontece com as dinâmicas não-lineares e caóticas. Estas podem fornecer uma nova explicação da dinâmica do funcionamento cognitivo, bem diferente daquela dada pelos métodos-padrões das Ciências Cognitivas. Mas, da dinâmica, só se obtém mais dinâmica. A questão sobre a experiência aqui é mais misteriosa do que nunca. O ponto é até mesmo mais claro acerca das novas descobertas da neurofisiologia. Essas novas descobertas podem ajudar-nos a fazer um significativo progresso no entendimento da função cerebral, mas, para quaisquer processos neurais que isolarmos, a mesma questão sempre emergirá. É difícil imaginar o que um proponente da nova neurofisiologia espere ocorrer, além da explanação de funções cognitivas. Não é como se de repente descobríssemos um brilho fenomenal dentro de um neurônio!

Talvez o mais popular "ingrediente extra" seja a mecânica quântica (por exemplo, Hameroff, 1994). A atração entre as teorias quânticas da consciência pode derivar da Lei da Minimização do Mistério: a consciência é um mistério e a mecânica quântica é um mistério; portanto, talvez os dois mistérios tenham a mesma origem. No entanto, as teorias quânticas da consciência padecem das mesmas dificuldades que as teorias neurais e computacionais. Os fenômenos quânticos têm algumas propriedades funcionais notáveis, como o não-determinismo e a não-localização. É natural especular que essas propriedades possam desempenhar um papel na explanação das funções cognitivas, como uma escolha aleatória e a integração da informação, e essa hipótese não pode ser excluída *a priori*. Mas, quando se trata da explanação da experiência, os processos quânticos estão no mesmo barco que as outras teorias. A pergunta sobre por que esses processos devem originar a experiência fica absolutamente sem resposta.

(Um atrativo especial das teorias quânticas é o fato de que em algumas interpretações da mecânica quântica, a consciência desempenha um papel ativo em "causar um colapso" na função da onda quântica. Tais interpretações são controversas, mas em nenhum dos casos oferecem esperanças de *explicar* a consciência em termos de processos quânticos. Em vez disso, essas teorias *afirmam* a existência da consciência e usam-na na explanação dos processos quânticos. No máximo, essas teorias nos dizem algo sobre um papel físico que a consciência pode desempenhar. Não nos dizem nada sobre como se origina.)

No final das contas, a mesma crítica se aplica a *qualquer* explicação puramente física da consciência. Para qualquer processo que especifiquemos haverá uma pergunta sem resposta: por que devem esses processos originar a experiência? Com processos desse tipo, é conceitualmente coerente que um processo possa ser instantaneado na ausência de experiência. Portanto, nenhuma simples explicação do processo físico nos dirá por que a experiência surge. O surgimento da experiência vai além do que se pode derivar da teoria física.

A explanação apenas física é bem adequada à explicação das *estruturas* físicas, já que explica as estruturas macroscópicas em termos de constituintes microestruturais detalhados; e fornece uma explanação satisfatória do desempenho das *funções*, explicando essas funções em termos dos mecanismos físicos que as desempenham. Isso se dá porque uma explicação física pode *acarretar* os fatos sobre as estruturas e as funções: uma vez dados os detalhes internos da explicação física, as propriedades estruturais e funcionais se sucedem como uma conseqüência automática. Mas a estrutura e a dinâmica dos processos físicos só geram mais estrutura e dinâmica; portanto, as estruturas e as funções são tudo o que podemos esperar que esses processos expliquem. Os fatos sobre a experiência não podem ser uma conseqüência automática de qualquer explicação física, pois em termos de conceitos é coerente que qualquer processo dado possa existir sem experiência. A experiência pode *originar-se* do físico, mas não é *acarretada* pelo físico.

A moral de tudo isso é que *não se pode explicar a experiência da consciência* de modo tão primitivo. É um fato notável que os métodos reducionistas — métodos que explicam totalmente um fenômeno de alto nível em termos de processos físicos mais básicos — funcionem bem em tantas áreas. Num sentido, *é possível* explicar a maior parte dos fenômenos biológicos e cognitivos de modo bem simples, já que esses fenômenos são vistos como conseqüências automáticas de processos mais fundamentais. Seria maravilhoso se os métodos reducionistas pudessem explicar a experiência também; tive por muito tempo a esperança de que pudessem. Infelizmente há razões sistemáticas pelas quais esses métodos devem falhar. Os métodos reducionistas são bem-sucedidos em muitas áreas nas quais o que precisa ser explicado são estruturas e funções, e esses são os tipos de coisas que uma explicação física pode acarretar. Quando se trata de um problema além da explanação de estruturas e funções, tais métodos são impotentes.

Isso pode parecer uma reminiscência da pretensão vitalista de que nenhuma descrição física podia explicar a vida, mas os casos não são análogos. O que levou ao ceticismo foi a dúvida sobre se os mecanismos físicos podiam desempenhar as muitas notáveis funções associadas à vida, como o complexo comportamento de adaptação e a reprodução. A afirmação conceitual de que o necessário é a explanação das funções foi implicitamente aceita, mas, na falta de um conhecimento detalhado dos mecanismos bioquímicos, os vitalistas duvidaram se qualquer processo físico poderia fazer o trabalho e lançaram a hipótese do espírito vital como uma explanação alternativa. Uma vez demonstrado que os processos físicos poderiam desempenhar as funções relevantes, as dúvidas vitalistas desapareceram.

No que diz respeito à experiência, em contrapartida, a explanação física das funções não está em questão. A chave está em vez disso no ponto *conceitual* de que a explanação das funções não basta para a explanação da experiência. Esse ponto conceitual básico não é algo que mais investigações neurocientíficas afetarão. Do mesmo modo, a experiência não é análoga ao *élan vital*. O espírito vital foi posto em evidência como um pressuposto explanatório, visando a explicar as funções relevantes, e pôde por isso ser descartado quando aquelas funções foram explicadas sem ele. A experiência não é um postulado explanatório, mas sim um *explanandum* por direito, e, portanto, não é um candidato a esse tipo de eliminação.

É tentador notar que todos os tipos de fenômenos instigantes acabaram tendo uma explanação em termos físicos. Mas cada um deles era um problema sobre o comportamento observável dos objetos físicos se resumindo a problemas na explanação de estruturas e funções. Devido a isso, esses fenômenos sempre foram o tipo de coisa que uma explicação física *poderia* explicar, mesmo que em alguns pontos tenha havido boas razões para suspeitar que nenhuma explicação desse gênero estivesse prestes a surgir. A tentadora indução desses casos falha no caso da consciência, que não é um problema sobre estruturas e funções físicas. O problema da consciência é instigante de uma forma completamente diferente. Uma análise do problema nos mostra que a experiência consciente simplesmente não é o tipo de coisa que uma descrição totalmente reducionista possa explicar com sucesso.

6. A EXPLICAÇÃO NÃO-REDUCIONISTA

Nesta altura, alguns estão tentados a desistir, assumindo que nunca teremos uma teoria da experiência da consciência. McGinn (1989), por exemplo, sustenta que o problema é muito árduo para as nossas mentes limitadas; somos "cognitivamente fechados" em relação ao fenômeno. Outros sustentaram que a experiência consciente repousa completamente fora da área da teoria científica.

Acho esse pessimismo prematuro. Não é o momento de desistir; é o momento em que as coisas se tornam interessantes. Quando simples métodos de explanação são excluídos, precisamos investigar as alternativas. Dado que a explanação reducionista falha, a explanação *não-reducionista* é a escolha natural.

Embora muitos fenômenos se tenham tornado completamente explicáveis em termos de entidades mais simples do que eles mesmos, isso não é universal. Na física, de vez em quando acontece de uma entidade ter de ser tomada como *fundamental*. As entidades fundamentais não são explicadas em termos de algo mais simples. Em vez disso, são tomadas como básicas, e isso origina uma teoria de como elas se relacionam com tudo mais no mundo. Por exemplo, no século XIX, os processos eletromagnéticos não podiam ser explicados em termos de processos totalmente mecânicos aos quais as teorias físicas anteriores apelavam; portanto, Maxwell e outros introduziram a carga eletromagnética e as forças eletromagnéticas como novos componentes fundamentais da teoria física. Para explicar o eletromagnetismo, a ontologia da física teve de ser expandida. Novas propriedades básicas e novas leis básicas foram necessárias para dar uma explicação satisfatória dos fenômenos.

Outras características que a teoria física considera fundamentais incluem a massa e o espaço-tempo. Não foi feita nenhuma tentativa para explicar essas características em termos de algo mais simples. Mas isso não exclui a possibilidade de uma teoria da massa ou do espaço-tempo. Há uma intricada teoria de como essas características se inter-relacionam e das leis básicas que nelas entram. Esses princípios básicos são usados para explicar muitos fenômenos conhecidos acerca da massa, do espaço e do tempo num nível mais alto.

Sugiro que uma teoria da consciência deva tomar a experiência como fundamental. Sabemos que uma teoria da consciência requer o acréscimo de *algo* fundamental para a nossa ontologia, já que tudo na teoria física é compatível com a ausência da consciência. Podemos acrescentar alguma característica não-física inteiramente nova, da qual a experiência pode derivar, mas é difícil ver como seria tal característica. É mais provável que tomemos a experiência em si como uma característica fundamental do mundo, ao lado da massa, da carga e do espaço-tempo. Se tomarmos a experiência como fundamental, então poderemos empreender a tarefa de construção de uma teoria da experiência.

Onde há uma propriedade fundamental, há leis fundamentais. Uma teoria da experiência não-reducionista adicionará novos princípios ao conjunto das leis básicas da natureza. Esses princípios básicos assumirão de uma vez por todas o ônus explanatório da teoria da consciência. Do mesmo modo que explicamos os fenômenos de alto nível conhecidos que envolvem massa, em termos de mais princípios básicos que envolvem massa e outras entidades, poderiamos explicar os fenômenos familiares que envolvem experiência em termos de mais princípios básicos que envolvem experiência e outras entidades.

Em particular, uma teoria da experiência não-reducionista especificará os princípios básicos que nos dirão como a experiência depende das características físicas do mundo. Esses princípios *psicofísicos* não interferirão nas leis físicas, pois parece que as leis físicas já formam um sistema fechado. Em vez disso, serão um suplemento para uma teoria física. Uma teoria física dá uma teoria dos processos físicos, e uma teoria psicofísica nos diz como esses processos originam a experiência. Sabemos que a experiência depende dos processos físicos, mas também sabemos que essa dependência não pode derivar das leis físicas sozinhas. Os novos princípios básicos postulados por uma teoria não reducionista nos dá o ingrediente extra de que precisamos para construir uma ponte explanatória.

Obviamente, considerando a experiência como fundamental, há um sentido no qual essa abordagem não nos diz por que há experiência em primeiro lugar. Mas ocorre o mesmo com qualquer teoria fundamental. Nada na física nos diz por que há matéria em primeiro lugar, mas não usamos isso contra as teorias da matéria. Algumas características do mundo precisam ser tomadas como fundamentais por qualquer teoria científica. Uma teoria da matéria pode ainda explicar todos os tipos de fatos sobre a matéria, mostrando como são conseqüências das leis básicas. O mesmo ocorre com a teoria da experiência.

Essa posição é qualificada como uma variedade de dualismo, na medida em que postula propriedades básicas além das invocadas pela física. Mas é uma versão inocente do dualismo, completamente compatível com a visão científica do mundo. Nada nessa abordagem contradiz a teoria física; apenas precisamos acrescentar princípios de *ligação* para explicar como a experiência se origina dos processos físicos. Não há nada particularmente espiritual ou místico sobre essa teoria — sua forma geral é como a da teoria física, com algumas entidades fundamentais conectadas por leis fundamentais. Isto expande um pouco a ontologia, com certeza, mas Maxwell fez a mesma coisa. De fato, a estrutura geral dessa posição é inteiramente naturalista, permitindo que, no final, o universo se resuma a uma rede de entidades básicas que obedecem leis simples e permitindo que possa no final haver uma teoria da consciência em termos de leis desse tipo. Se essa posição deve ter um nome, uma boa escolha pode ser o *dualismo naturalista.*

Se essa visão está certa, então de certo modo uma teoria da consciência tem mais coisas em comum com uma teoria da física do que com uma teoria da biologia. As teorias biológicas não envolvem princípios que são fundamentais dessa forma; portanto, a teoria biológica tem uma certa complexidade e confusão; mas as teorias da física, na medida em que lidam com princípios fundamentais, aspiram à simplicidade e à elegância. As leis fundamentais da natureza são parte dos equipamentos básicos do mundo, e as teorias da física estão dizendo-nos que esse equipamento básico é notavelmente simples. Se uma teoria da consciência também envolve princípios fundamentais, então devemos esperar o mesmo. Os princípios de simplicidade, elegância, e até mesmo beleza que guiam os físicos na busca de uma teoria fundamental também se aplicarão a uma teoria da consciência.

(Uma observação técnica: alguns filósofos sustentam que, embora haja uma lacuna *conceitual* entre os processos físicos e a experiência, é preciso que não haja nenhuma lacuna metafísica; portanto, a experiência pode de certo modo ainda ser física (por exemplo, Hill, 1991; Levine, 1983 e Loar, 1990). Essa linha de argumentação é em geral sustentada por um apelo à noção de uma necessidade *a posteriori* (Kripke, 1980). No entanto, acho que essa posição se apóia numa interpretação errada da necessidade *a posteriori* ou que ela requer um tipo totalmente novo de necessidade em que não temos motivo para acreditar; ver Chalmers, 1996 (também Jackson, 1994 e Lewis, 1994) para detalhes. De qualquer modo, essa posição ainda afirma uma lacuna *explanatória* entre os processos físicos e a experiência. Por exemplo, os princípios que conectam o físico e o experiencial não derivarão das leis da física, de modo que semelhantes princípios têm de ser tomados como *explanatoriamente* fundamentais. Logo, mesmo nesse tipo de visão, a estrutura explanatória de uma teoria da consciência irá parecer-se muito com o que descrevi.)

7. ESBOÇO DE UMA TEORIA DA CONSCIÊNCIA

Nunca é cedo para começar a trabalhar numa teoria. Já estamos em condições de entender alguns fatos-chave sobre a relação entre processos físicos e experiência e sobre as regularidades que os conectam. Uma vez descartada a explanação reducionista, podemos pôr aqueles fatos sobre a mesa para que eles possam desempenhar o seu próprio papel como elementos iniciais de uma teoria da consciência não-reducionista e como obrigações das leis básicas que constituem uma teoria definitiva.

Há um problema óbvio que atrapalha o desenvolvimento de uma teoria da consciência, é a escassez de dados objetivos. A experiência consciente não é passível de observação direta no contexto experimental; portanto, não podemos gerar à vontade dados sobre a relação entre processos físicos e experiência. No entanto, todos nós temos acesso a uma rica fonte de dados quando é esse o nosso próprio caso. Muitas regularidades importantes entre experiência e processamento podem ser inferidas das considerações sobre a experiência pessoal de alguém. Há também boas fontes indiretas de dados provenientes de dados observáveis, como quando confiamos no relato verbal de um assunto como uma indicação de experiência. Esses métodos têm suas limitações, mas temos dados mais que suficientes para extrair uma teoria da área.

A análise filosófica também é útil para extrair algo válido dos dados que temos. Esse tipo de análise pode produzir muitos princípios que relacionam consciência à cognição, compelindo intensamente, desse modo, a formação de uma teoria definitiva. O método de experimentação da mente também pode dar frutos significativos, como veremos. Enfim, o fato de que estamos à procura de uma teoria *fundamental* significa que podemos apelar para obrigações não-empíricas, tais como simplicidade, homogeneidade e outras mais no desenvolvimento de uma teoria. Precisamos procurar sistematizar a informação que temos, estendê-la o máximo possível através de uma análise cuidadosa, e então fazer inferência à teoria mais simples possível que explique os dados, enquanto permanece uma candidata plausível para tomar parte do equipamento fundamental do mundo.

Teorias desse tipo sempre reterão um elemento de especulação que não está presente em outras teorias científicas, devido à impossibilidade de testes experimentais intersubjetivos conclusivos. Todavia, podemos com certeza construir teorias que sejam compatíveis com os dados que temos e avaliá-las através da comparação de umas com as outras. Mesmo na ausência de observação intersubjetiva, há vários critérios disponíveis para a avaliação de tais teorias: simplicidade, coerência interna, coerência com teorias de outras áreas, habilidade de reproduzir as propriedades da experiência que são familiares por experiência pessoal e até mesmo uma adequação geral aos ditames do senso comum. Talvez haja indeterminações significativas remanescentes mesmo quando todos esses limites são aplicados, mas podemos pelo menos desenvolver candidatos plausíveis. Só depois que teorias candidatas tenham sido desenvolvidas é que seremos capazes de avaliá-las.

Uma teoria da consciência não reducionista consistirá de muitos *princípios psicofísicos*, princípios que conectam as propriedades dos processos físicos às propriedades da experiência. Podemos pensar nesses princípios como contendo a maneira pela qual a experiência se origina do físico. No final, esses princípios deveriam dizer-nos que tipos de sistemas físicos terão sido associados às experiências, e sobre os sistemas que fazem isso, deveriam dizer-nos que espécie de propriedades físicas são relevantes para a emergência da experiência e exatamente que espécie de experiência devemos esperar que um sistema físico dado produza. É um trabalho árduo, mas não há razão pela qual não devemos começar.

No que se segue, apresento meus próprios candidatos a princípios psicofísicos que podem levar a uma teoria da consciência. Os dois primeiros são *princípios não-básicos* — conexões sistemáticas entre processamento e experiência num nível relativamente alto. Esses princípios podem desempenhar um papel significativo no desenvolvimento e na limitação de uma teoria da consciência, mas não atingem níveis suficientemente fundamentais para se qualificar como leis realmente básicas. O princípio final é meu candidato a *princípio básico* que pode formar a pedra angular de uma teoria fundamental da consciência. Esse princípio final é particularmente especulativo, mas é o tipo de especulação que é requerida caso ainda queiramos ter uma satisfatória teoria da consciência. Só posso apresentar esses princípios de modo sucinto; sustento-os mais a fundo em Chalmers (1996).

7.1 O princípio da coerência estrutural

Trata-se de um princípio de coerência entre a *estrutura da consciência* e a *estrutura da "ciência"* ("*awareness*"). Lembrar que "ciência" foi usada antes para se referir aos vários fenômenos funcionais associados à consciência. Agora eu o uso para me referir a um processo, de certa forma mais específico, dos fundamentos cognitivos da experiência. Em particular, os conteúdos da ciência são entendidos como aqueles conteúdos das informações acessíveis aos sistemas centrais, presentes numa maneira muito difundida de controle do comportamento. Em resumo, podemos pensar na ciência como *diretamente disponível ao controle global*. Numa primeira abordagem, os conteúdos da ciência são os conteúdos diretamente acessíveis e relatáveis em potencial, pelo menos num sistema utilizando a linguagem.

"Ciência" é uma noção puramente funcional, porém, ligada, de forma íntima, à experiência da consciência. Em casos conhecidos, onde quer que encontremos consciência, encontramos "ciência". Onde quer que haja experiência consciente, há alguma informação correspondente no sistema cognitivo disponível ao controle do comportamento e ao relato verbal. De modo inverso, parece que, onde quer que a informação esteja disponível a relato e a controle global, há uma experiência consciente correspondente. Assim sendo, há correspondência direta entre consciência e "ciência".

A correspondência pode ser levada ainda mais longe. É fato central sobre a experiência que ela tem uma estrutura complexa. O campo visual tem uma geometria complexa, por exemplo. Há também relações de semelhança e de diferença entre experiências e relações em coisas como intensidade relativa. Todo tema de experiência pode ser pelo menos em parte caracterizado e decomposto em termos dessas propriedades estruturais: similaridade e relações de diferença, localização percebida, intensidade relativa, estrutura geométrica, etc. É também fato central que, para cada uma dessas características estruturais, há uma característica correspondente na estrutura do processamento da informação da ciência.

Tomemos as sensações de cor a título de exemplo. Para cada distinção entre experiência de cor, há uma distinção correspondente em processamento. As diferentes cores que experienciamos formam um complexo espaço tridimensional, variando em tonalidade, saturação e intensidade. As propriedades desse espaço podem ser recuperadas a partir da considerações do processamento de informações: o exame dos sistemas visuais mostra que ondas de luz são discriminadas e analisadas por três eixos diferentes, e é essa informação tridimensional que é relevante para o processamento posterior. Por isso, a estrutura tridimensional do espaço de cor corresponde diretamente à estrutura tridimensional da ciência visual. Isso é precisamente o que esperaríamos. Afinal, cada distinção de cor corresponde a alguma informação passível de relato, e por isso a uma distinção que é representada na estrutura do processamento.

De uma forma mais direta, a estrutura geométrica do campo visual é diretamente refletida numa estrutura que pode ser recuperada a partir do processamento visual. Cada relação geométrica corresponde a algo que pode ser relatado e, por isso, cognitivamente representado. Se nos dessem só a história do processamento da informação num sistema cognitivo e visual do agente, não poderíamos observar *diretamente* as experiências visuais do agente, mas, no entanto, poderíamos inferir as propriedades estruturais dessas experiências.

Em geral, qualquer informação que é experienciada conscientemente pode também ser representada cognitivamente. A estrutura em filigrana do campo visual corresponderá a alguma estrutura em filigrana no processamento visual. O mesmo ocorre com experiências em outras modalidades, e mesmo com experiências não-sensórias. As imagens mentais internas têm propriedades geométricas que são representadas no processamento. Até mesmo as emoções têm propriedades estruturais, tais como a intensidade relativa, que corresponde diretamente a uma propriedade estrutural do processamento; onde há maior intensidade, encontramos um efeito maior sobre os processos posteriores. Em geral, precisamente porque as propriedades estruturais da experiência são acessíveis e relatáveis, aquelas propriedades serão diretamente representadas na estrutura da "ciência" ("*awareness*").

É esse isomorfismo entre as estruturas da consciência e da "ciência" que constitui o princípio da coerência estrutural. Esse princípio reflete o fato central de que, embora os processos cognitivos não acarretem conceitualmente fatos sobre a experiência consciente, a consciência e a cognição não flutuam livres uma da outra, mas são intimamente coligadas.

Esse princípio tem seus limites. Permite-nos recuperar as propriedades estruturais da experiência a partir das propriedades do processamento de informações, mas nem todas as propriedades da experiência são propriedades estruturais. Há propriedades da experiência, como a da natureza intrínseca da sensação de vermelho, que não podem ser totalmente capturadas em uma descrição conceitual. A própria inteligibilidade de roteiros de espectros invertidos, onde as experiências do vermelho e do verde estão invertidas, embora todas as propriedades estruturais continuem as mesmas, mostra que as propriedades estruturais delimitam a experiência sem esgotá-la. No entanto, o próprio fato de que nos sentimos compelidos a deixar as propriedades estruturais inalteradas quando imaginamos experiências invertidas entre sistemas funcionalmente idênticos mostra quão central é o princípio da coerência estrutural para nossa concepção de nossas vidas mentais. Não é um princípio *logicamente* necessário, já que, afinal, podemos imaginar que todas as informações em processamento ocorrem sem nenhuma experiência, mas é, entretanto, uma delimitação forte e familiar na conexão psicofísica.

O princípio da coerência estrutural permite um tipo muito útil de explicação indireta da experiência em termos de processos físicos. Por exemplo, podemos usar fatos sobre o processamento neural da informação visual para explicar indiretamente a estrutura do espaço da cor. Os fatos acerca do processamento neural podem acarretar e explicar a estrutura da "ciência"; se assumimos a existência do princípio de coerência, a estrutura da experiência também será explicada. A investigação empírica pode até mesmo nos levar a uma melhor compreensão da estrutura da "ciência" de um morcego, esclarecendo indiretamente a questão irritante de Nagel sobre como é ser um morcego. Esse princípio fornece uma interpretação natural sobre muitos trabalhos existentes acerca da explanação da consciência (por exemplo, Clark, 1992 e Hardin, 1992 sobre cor e Akins, sobre morcegos), embora muitas vezes ele seja mencionado não explicitamente. O princípio da coerência estrutural é tão familiar que quase todo mundo o admite e é um dado central na explanação cognitiva da consciência.

A coerência entre consciência e "ciência" também possibilita uma interpretação natural do trabalho na neurociência voltado para o isolamento do *substrato* (ou *correlato neural*) da consciência. Várias hipóteses específicas foram emitidas. Por exemplo, Crick e Koch (1990) sugerem que oscilações de 40-Hz podem ser correlatos neurais da consciência, enquanto Libet (1993) sugere que a atividade neural temporariamente-expandida seja central. Se aceitamos o princípio de coerência, a mais *direta* correlação física da consciência é a "ciência": o processo pelo qual a informação se torna diretamente disponível ao controle global. As diferentes hipóteses específicas podem ser interpretadas como sugestões empíricas sobre como a "ciência" pode ser realizada. Por exemplo, Crick e Koch sugerem que as oscilações de 40-Hz são o portal pelo qual a informação é integrada na memória de trabalho e, portanto, se torna disponível para processos posteriores. Do mesmo modo, é natural supor que a atividade temporariamente expandida de Libet é relevante precisamente porque só esse tipo de atividade alcança a disponibilidade global. O mesmo se aplica a outras correlações sugeridas, tais como o "campo de trabalho global" de Baars (1988), as "representações de alta qualidade" de Farah (1994) e os "*inputs* seletores de sistemas de ação" de Shallice (1972). Todas essas podem ser vistas como hipóteses sobre os *mecanismos de "ciência"*: os mecanismos que desempenham a função de tornar a informação diretamente disponível ao controle global.

Dada a coerência entre consciência e "ciência", segue-se que um mecanismo da ciência será ele próprio uma correlação da experiência consciente. A questão de *quais* mecanismos no cérebro governam a disponibilidade global é uma questão empírica; talvez haja muitos mecanismos desse tipo. Mas se aceitarmos o princípio de coerência, teremos motivos para acreditar que os processos que *explicam* a "ciência" serão ao mesmo tempo parte da *base* da consciência.

7.2 O princípio da invariância organizacional

Esse princípio estabelece que dois sistemas quaisquer com a mesma *organização funcional* em filigrana terão, qualitativamente, experiências idênticas. Se os padrões causais de organização neural fossem duplicados por silício, por exemplo, com um chipe de silício para cada neurônio e com os mesmos padrões de interação, então as mesmas experiências poderiam emergir. Segundo esse princípio, o que importa no surgimento da experiência não é uma composição física específica de um sistema, mas o padrão abstrato de interação causal entre seus componentes. Esse princípio é controverso, obviamente. Alguns (a exemplo de Searle, 1980) pensam que a consciência está amarrada a uma biologia específica, de tal forma que uma criatura de silício isomorfa a um ser humano não precisa ser necessariamente consciente. Porém, acredito que o princípio pode receber apoio significativo da análise de experimentos da mente.

De forma bem resumida: suponhamos (para fins de uma *reductio ad absurdum*) que o princípio seja falso e que poderia haver dois sistemas funcionalmente isomorfos com experiências diferentes. Talvez só um dos sistemas seja consciente, ou talvez ambos sejam conscientes, mas tenham experiências diferentes. Para fins de ilustração, deixem-nos dizer que um sistema é feito de neurônios e o outro de silício, e que um experiência o vermelho e o outro o azul. Os dois sistemas têm a mesma organização; portanto, podemos imaginar a gradual transformação de um no outro, talvez substituindo de uma vez os neurônios por chipes de silício com a mesma função local. Dessa maneira, ganhamos um espectro de casos intermediários, cada qual com a mesma organização, mas ligeiramente com diferentes composições físicas e ligeiramente com experiências diferentes. Ao longo desse espectro, é preciso que haja dois sistemas *A* e *B* entre os quais substituímos menos do que um décimo do sistema, mas cujas experiências diferem. Esses dois sistemas são fisicamente idênticos, exceto por um pequeno circuito neural em *A* que foi substituído por um circuito de silício em *B*.

O passo-chave no experimento da mente é tomar o circuito neural relevante em *A* e instalar ao lado dele um circuito de silício isomorfo, com um interruptor entre os dois. O que acontece quando tocamos o interruptor? Por hipótese, as experiências conscientes do sistema mudarão; do vermelho para o azul, a título de exemplo. Isso decorre do fato de que o sistema, depois da mudança, é, em essência, uma versão de *B*, enquanto antes da mudança é apenas *A*.

Mas dadas as pressuposições, não há meio de o sistema *observar* as mudanças! Sua organização causal permanece constante; portanto, todos os seus estados funcionais e disposições comportamentais permanecem fixas. Na medida em que se trata do sistema, não aconteceu nada fora do comum. Não há espaço para o pensamento, "Hmm! Algo estranho acaba de acontecer!". Em geral, a estrutura de qualquer pensamento desse tipo deve ser refletida no processamento, mas a estrutura do processamento permanece constante aqui. Se houvesse um pensamento desse tipo, ele teria que flutuar livre do sistema e seria totalmente impotente para afetar um processamento posterior. (Se afetassem processamentos posteriores, os sistemas seriam funcionalmente distintos, contrariamente à hipótese.) Podemos até mesmo tocar no interruptor várias vezes, desse modo as experiências do vermelho e do azul dançariam para frente e para trás diante do "olho interno" do sistema. Segundo a hipótese, os sistemas nunca podem observar essa "qualia dançante".

Isso eu tomo por uma *reductio* da pressuposição original. É um fato central sobre a experiência, que conhecemos muito por experiência própria, que onde quer que as experiências mudem significativamente e estejamos prestando atenção, podemos observar a mudança; se não for esse o caso, seríamos levados à possibilidade cética de que nossas experiências estão dançando diante de nossos olhos o tempo todo. Essa hipótese tem o mesmo estatuto da possibilidade de que o mundo tenha sido criado há cinco minutos: talvez seja logicamente coerente, mas não é plausível. Dada a pressuposição extremamente plausível de que as mudanças na experiência correspondem a mudanças no processamento, somos levados à conclusão de que a hipótese original é impossível e de que qualquer um dos dois sistemas funcionalmente isomorfos devem ter o mesmo tipo de experiências. Colocando em termos técnicos, as hipóteses filosóficas da "qualia ausente" e da "qualia invertida", enquanto logicamente possíveis, são empírica e nomologicamente impossíveis.

(Alguns podem preocupar-se com o fato de que um silício isomorfo a um sistema neural pode ser impossível por razões técnicas. Essa questão está aberta. O princípio da invariância diz apenas que *se* um isomorfo é possível, então, terá o mesmo tipo de experiência consciente.)

Há mais a ser dito aqui, mas isso dá uma idéia básica. Mais uma vez, esse experimento-mental se delineia sobre fatos familiares acerca da coerência entre consciência e processamento cognitivo para produzir uma forte conclusão sobre a relação entre estrutura física e experiência. Se o argumento procede, sabemos que só as propriedades físicas diretamente relevantes para o surgimento da experiência são propriedades *organizacionais*. Isso age como uma limitação adicional sobre a teoria da consciência.

7.3 A teoria do duplo aspecto da informação

Os dois princípios precedentes foram princípios *não-básicos*. Eles envolvem noções de alto nível como "ciência" e "organização", e por isso se encontram no nível errado para constituir as leis fundamentais da teoria da consciência. No entanto, agem como fortes limites. Numa fase posterior serão necessários princípios *básicos* que sejam adequados a esses limites e que possam definitivamente os explicar.

O princípio básico que sugiro envolve centralmente a noção de *informação*. Entendo informação mais ou menos no sentido de Shannon (1948). Onde há informação, há *estados de informação* envoltos num *espaço de informação*. Um espaço de informação tem uma estrutura básica de relações de *diferença* entre seus elementos, caracterizando os modos pelos quais elementos diferentes num espaço podem ser similares ou diferentes, possivelmente de formas complexas. Um espaço de informação é um objeto abstrato, mas segundo Shannon, podemos ver a informação como *incorporada fisicamente* quando há um espaço de estados físicos distintos e quando as diferenças entre eles podem ser transmitidas por um caminho causal. Os estados que são transmitidos podem ser vistos como os próprios constituintes de um espaço de informação. Tomando emprestada uma frase a Bateson (1972), a informação física é uma *diferença que faz a diferença*.

O princípio do aspecto-duplo provém da observação de que há um isomorfismo direto entre alguns espaços de informações incorporados fisicamente e alguns espaços de informações *fenomênicos* (ou experimentais). A partir do mesmo tipo de observações que foram discutidas quanto ao princípio de coerência estrutural, podemos observar que as diferenças entre estados fenomênicos têm uma estrutura que corresponde diretamente às diferenças envoltas em processos físicos; em particular, para aquelas diferenças que fazem uma diferença por alguns caminhos causais implicados na disponibilidade global e no controle. Ou seja, podemos encontrar o *mesmo* espaço abstrato de informação envolto em processamentos físicos e na experiência consciente.

Isso leva a uma hipótese natural: aquela informação (ou pelo menos alguma informação) tem dois aspectos básicos: um aspecto físico e um aspecto fenomênico. Isso tem o estatuto de um princípio básico que pode fundamentar e explicar o surgimento da experiência a partir do físico. A experiência se origina em virtude de seu estatuto de um aspecto da informação, enquanto o outro aspecto é encontrado incorporado no processamento físico.

Esse princípio recebe suporte de várias considerações, que posso apenas esboçar aqui. Primeiro, a consideração do tipo de mudanças físicas que correspondem a mudanças na experiência da consciência sugere que tais mudanças são sempre relevantes em virtude de seu papel na constituição de *mudanças informacionais* — diferenças dentro de um espaço abstrato de estados que são divididos de acordo com suas diferenças causais por entre certos caminhos causais. Segundo, se nos atermos ao princípio de invariância organizacional, então precisamos encontrar alguma propriedade *organizacional* fundamental a que a experiência pode vincular-se, e a informação é uma propriedade organizacional *por excelência*. Terceiro, esse princípio oferece alguma esperança na explicação do princípio de coerência estrutural nos termos da estrutura presente dentro dos espaços de informação. Quarto, a análise da explanação cognitiva de nossos *julgamentos* e *reivindicações* acerca da experiência da consciência — julgamentos que são funcionalmente explicáveis, mas, entretanto, profundamente atados à experiência em si — sugere que a explanação envolve como foco central os espaços de informação atrelados ao processamento cognitivo. Disso se segue que uma teoria baseada na informação permite uma coerência profunda entre a explicação da experiência e a explicação de nossos julgamentos e afirmações a esse respeito.

Wheeler (1990) sugeriu que a informação é fundamental para a física do universo. Segundo essa doutrina "*it from bit*", as leis da física podem ser expressas em termos de informação, postulando diferentes estados que originam diferentes efeitos sem na verdade dizer o que esses estados *são*. É só a sua posição num espaço de informação que conta. Se assim for, então a informação é um candidato natural a também desempenhar um papel em uma teoria fundamental da consciência. Somos levados a uma concepção do mundo na qual a informação é realmente fundamental e na qual ela tem dois aspectos básicos, correspondendo às características físicas e fenomênicas do mundo.

É evidente que o princípio do aspecto-duplo é muitíssimo especulativo e subdeterminado, deixando várias perguntas-chave sem resposta. Uma pergunta óbvia é se *toda* informação tem um aspecto fenomênico. Uma possibilidade é que precisamos de mais um limite sobre a teoria fundamental, indicando apenas que *tipo* de informação tem um aspecto fenomênico. A outra possibilidade é que não há limite desse tipo. Se não, então a experiência é muito mais difundida do que podíamos pensar, como a informação o é por toda a parte. Não é intuída logo à primeira, mas, refletindo, acho que esse posicionamento ganha certa plausibilidade e elegância. Onde há processamento simples de informação, há experiência simples, e onde há processamento complexo de informação, há experiência complexa. Um mouse tem uma estrutura de processamento de informações mais simples do que um humano e tem correspondentemente experiência mais simples; talvez um termostato, uma estrutura de processamento de informações na sua forma mais simples, possa ter uma experiência ainda mais simples? De fato, se a experiência é mesmo uma propriedade fundamental, seria surpreendente que ela se originasse apenas aqui e agora; propriedades mais fundamentais são mais uniformemente espalhadas. De qualquer modo, trata-se de uma questão muito mais aberta, mas creio que a posição não é tão implausível como freqüentemente se pensa.

Uma vez que um *link* fundamental entre informação e experiência esteja sobre a mesa, a porta está aberta para uma especulação metafísica maior sobre a natureza do mundo.

Por exemplo, é freqüente observar que a física caracteriza suas entidades básicas apenas *extrinsecamente,* em termos de suas relações com outras entidades, que são elas mesmas caracterizadas extrinsecamente, etc. A natureza intrínseca das entidades físicas é deixada de lado. Alguns sustentam que não existe esse tipo de propriedades intrínsecas, mas então uma é deixada num mundo que é puro fluxo causal (um puro fluxo de informação) sem propriedades para a causalidade se relacionar. Se se permite que existam propriedades intrínsecas, uma especulação natural dada acima é que as propriedades intrínsecas do físico — as propriedades com as quais a causalidade pode relacionar-se definitivamente — são elas mesmas propriedades fenomênicas. Podemos dizer que as propriedades fenomênicas são o aspecto interno da informação. Isso poderia responder a uma preocupação sobre a relevância causal da experiência — uma preocupação natural, dada uma situação em que o campo físico está causalmente fechado, e na qual a experiência é um suplemento do físico. A visão informacional nos permite entender como a experiência pode ter um tipo sutil de relevância causal em virtude de seu estatuto de natureza intrínseca do físico. Seria provavelmente melhor ignorar essa especulação metafísica para os propósitos de desenvolver uma teoria científica, mas, ao colocar algumas questões filosóficas, ela é bastante sugestiva.

8. CONCLUSÃO

A teoria que apresentei é especulativa, mas é uma teoria candidata. Suspeito que os princípios de coerência estrutural e invariância organizacional serão o esteio de qualquer teoria da consciência satisfatória; o estatuto de teoria da informação de aspecto-duplo é menos certo. De fato, por ora, é mais uma idéia do que uma teoria. Para se ter uma esperança de sucesso explanatório eventual, ela deverá ser especificada de modo mais completo e incorporada em uma forma mais poderosa. Porém, a reflexão acerca do que é apenas plausível e implausível a seu respeito, acerca de onde funciona e de onde falha, só pode levar a uma teoria melhor.

A maioria das teorias da consciência existentes ou negam o fenômeno, explicando algo mais, ou elevam o problema a um mistério eterno. Espero ter mostrado que é possível fazer progressos sobre o problema mesmo o tomando seriamente. Para progredir, precisaremos de mais pesquisas, de teorias mais refinadas e de análises mais cuidadosas. O problema árduo é um problema difícil, mas não há razão para acreditar que ficará sem solução para sempre.*

---

*) Os argumentos deste artigo são apresentados mais profundamente em meu livro *The conscious mind* (Oxford University Press, 1996). Agradeço a Francis Crick, Peggy DesAutels, Matthew Elton, Liane Gabora, Christof Koch, Paul Rhodes, Gregg Rosenberg e a Sharon Wahl por seus comentários.

REFERÊNCIAS BIBLIOGRÁFICAS

AKINS, K. (1993). "What is it like to be boring and myopic?", *Dennett and his criticas*, B. Dahlbom (ed.). Oxford: Blackwell.

ALLPORT, A. (1988). "What concept of consciousness?", *Consciousness in contemporary science*, A. Marcel e E. Bisiach (eds.). Oxford: Oxford University Press.

BAATS, B.J. (1988). *A cognitive theory of consciousness.* Cambridge: Cambridge University Press.

BATESON, G. (1972). *Steps to na ecology of mind.* Chandler Publishing.

BLOCK, N. (1995). "On a confusion about the function of consciousness", *Behavioral and brain sciences.*

————, FLANAGAN, O. e GÜZELDERE, G. (eds.) (1996). *The nature of consciousness: philosophical and scientific debates.* Cambridge, MA: MIT Press.

CHALMERS, D.J. (1996). *The conscious mind.* New York: Oxford University Press.

CHURCHLAND, P.M. (1995). *The engine of reason, the seat of the soul: a philosophical journey into the brain.* Cambridge, MA : MIT Press.

CLARK, A. (1992). *Sensory qualities.* Oxford: Oxford Uniersity Press.

CRICK, F. e KOCH, C. (1990). "Toward a neurobiological theory of consciousness", *Seminars in the neurosciences.* 2: 263-275.

———— (1994). *The astonishing hypothesis: the scientific search for the soul.* New York: Scribners.

DENNET, D.C. (1991). *Consciousness explained.* Boston: Little, Brown.

DRETSKE, F.I. (1995). *Naturalizing the mind.* Cambridge, MA: MIT Press.

EDELMAN, G. (1989). *The remembered present: a biological theory of consciousness.* New York: Basic Books.

FARAH, M.J. (1994). "Visual perception and visual awareness after brain damage: a tutorial overview", *Consciousness and unconscious information processing: attention and performance 15*, C. Umilta e M. Moscovitch (eds.). Cambridge, MA: MIT Press.

FLOHR, H. (1992). "Qualia and brain processes", *Emergence or reduction?: prospects for nonreductive physicalism*, A. Beckermann, H. Flohr e J. Kim (eds.). Berlim: De Gruyter.

HAMEROFF, S.R. (1994). "Quantum coherence in microtubules: a neural basis for emergent Consciousness?", *Journal of Consciousness Studies* 1:91-118.

HARDIN, C.L. (1992). "Physiology, phenomenology, and Spinoza's true colors", *Emergence or reduction?: propects for nonreductive physicalism*, A. Beckermann, H. Flohr e J. Kim (eds.). Berlim: De Gruyter.

HILL, C.S. (1991). *Sensations: a defense of type materialism.* Cambridge: Cambridge University Press.

HODGSON, D. (1988). *The mind matters: consciousness and choice in a quantum world.* Oxford: Oxford University Press.

HUMPHREY, N. (1992). *A history of the mind.* New York: Simon and Schuster.

JACKENDOFF, R. (1987). *Consciousness and the computacional mind.* Cambridge, MA: MIT Press.

JACKSON, F. (1982). "Epiphenomenal qualia", *Philosophical Quarterly*, 32: 127-36.

———— (1994). "Finding the mind in the natural world", *Philosophy and the cognitive sciences*, R. Casati, B. Smith e S. White (eds.). Viena: Holder-Pichler-Tempsky.

KIRK, R. (1994). *Raw feeling: a philosophical account of the essence of consciousness.* Oxford: Oxford University Press.

KRIPKE, S. (1980). *Naming and necessity.* Cambridge, MA: Harvard University Press.

LEVINE, J. (1983). "Materialism and qualia: the explanatory gap", *Pacific Philosophical Quarterly*, 64: 354-61.

LEWIS, D. (1994). "Reduction of mind", *A companion to the philosophy of mind*, S. Guttenplan (ed.). Oxford: Blackwell.

LIBET, B. (1993). "The neural time factor in conscious and unconscious events", *Experimental and theoretical studies of consciousness*, G.R. Block e J. Marsh (eds.). (Ciba Foundation Symposium 174.) Chichester: John Wiley and Sons.

LOAR, B. (1990). "Phenomenal states", *Philosophical Perspectives.* 4: 81-108.

LOCKWOOD, M. (1989). *Mind, brain and the quantum.* Oxford: Blackwell.

MCGINN, C. (1989). "Can we solve the mind-body problem?", *Mind* 98: 349-66.

METZINGER, T. (1995). *Conscious experience.* Paderborn: Schoningh.

NAGEL, T. (1974). "What is it like to be a bat?", *Philosophical Review* 4: 435-50.

NELKIN, N. (1993). "What is consciousness?", *Philosophy of Science* 60: 419-34.

NEWELL, A. (1990). *Unified theories of cognition.* Cambridge, MA: Harvard University Press.
PENROSE, R. (1989). *The emperor's new mind.* Oxford: Oxford University Press.
——— (1994). *Shadows of the mind.* Oxford: Oxford University Press.
ROSENTHAL, D.M. (1996). "A theory of consciousness", *The nature of consciousness*, N. Block, O. Flanagan e G. Güzeldere (eds.). Cambridge, MA: MIT Press.
SEAGER, W.E. (1991). *Metaphysics of consciousness.* London: Routledge.
SEARLE, J.R. (1980). "Minds, brains and programs", *Behavioral and Brain Sciences* 3: 417-57.
——— (1992). *The rediscovery of the mind.* Cambridge: MA: MIT Press.
SHALLICE, T. (1972). "Dual functions of consciousness", *Psychological Review* 79: 383-93.
SHANNON, C.E. (1948). "A mathematical theory of communication", *Bell Systems Technical Journal* 27: 379-423.
STRAWSON, G. (1994). *Mental reality.* Cambridge, MA: MIT Press.
TYE, M. (1995). *Ten problems of consciousness.* Cambridge: MA: MIT Press.
VELMANS, M. (1991). "Is human information-processing conscious?", *Behavioral and Brain Sciences* 14: 651-69.
WHEELER, J.A . (1990). "Information, physics, quantum: the search for *links*", *Complexity, entropy, and the physics of information*, W. Zurek (ed.). Redwood City, CA: Addison-Wesley.
WILKES, K.V. (1988). "Yishi, duh, um and consciousness", *Consciousness in contemporary science*, A. Marcel e E. Bisiach (eds.). Oxford: Oxford University Press.

Leituras complementares

Os problemas da consciência foram em ampla escala discutidos na literatura filosófica recente. Para um esclarecimento conceitual dos vários problemas da consciência, ver: Block, 1995; Nelkin, 1993 e Tye, 1995. Aqueles que salientaram as dificuldades de explicar a experiência em termos físicos incluem Hodgson, 1998; Jackson, 1982; Levine, 1983; Lockwood, 1989; McGinn, 1989; Nagel, 1974; Seager, 1991; Searle, 1991; Strawson, 1994 e Velmans, 1991, entre outros. Aqueles que empreenderam uma abordagem reducionista incluem: Churchland, 1995; Clark, 1992; Dennett, 1991; Dretske, 1995; Kirk, 1994; Rosenthal, 1996 e Tye, 1995. Não tem havido muitas tentativas de construção de detalhadas teorias não redutoras na literatura, mas ver Hodgson, 1988 e Lockwood, 1989, para algumas reflexões nesse sentido. Duas excelentes coleções de artigos recentes sobre consciência são de Block, Flanagan e Güzeldere, 1996, e Metzinger, 1995.

DINÂMICA E COGNIÇÃO

Timothy van Gelder

O que é cognição? A ortodoxia contemporânea sustenta que é computação: a mente é um tipo especial de computador e os processos cognitivos são manipulações internas de representações simbólicas. Essa idéia ampla vem dominando a filosofia e a retórica das Ciências Cognitivas — e até mesmo, em grande escala, sua prática — desde que o campo emergiu do emaranhado cibernético pós-guerra. Forneceu a estrutura geral para muitas das mais bem desenvolvidas e perspicazes pesquisas sobre a natureza da operação mental. Porém, por volta da última década ou mais, a visão computacional perdeu muito do seu brilho. Embora o trabalho nesse campo continue, várias dificuldades e limitações se tornaram cada vez mais aparentes, e os pesquisadores em todas as Ciências Cognitivas procuraram com afinco outras formas de compreender a cognição. O resultado disso, sob o vasto abrigo das Ciências Cognitivas, é que agora há muitos projetos de pesquisa que, de um modo ou de outro, se mantêm avessos à abordagem computacional tradicional; tais projetos incluem o conexionismo, as abordagens neurocomputacionais, a psicologia ecológica, a robótica aplicada e a vida artificial.

Há alguma concepção alternativa da natureza da cognição emergindo de tais projetos? De modo geral, há alguma alternativa real para se compreender a cognição como computação? Uma das mais persuasivas considerações que favorece a concepção computacional tem sido o chamado argumento *O-que-mais-poderia-ser?* Como Allen Newell colocou,

> ... embora haja uma pequena chance de vermos emergir um novo paradigma da mente, isso me parece improvável. Basicamente, não se vêem alternativas viáveis. Essa posição não surpreende. Em várias ciências, paramos quando não há alternativas significativas para as teorias particulares que temos. Então, todos os tipos interessantes de ação científica ocorrem dentro de uma visão principal. Parece que estamos chegando bem perto dessa situação no que diz respeito à teoria computacional da mente (1990:5).

O argumento fundamental deste artigo é que de fato existe uma alternativa viável. Em vez de computadores, os sistemas cognitivos podem ser sistemas *dinâmicos*; em vez de computação, os processos cognitivos podem ser uma evolução espaço-estado (*state-space*) dentro desses tipos de sistemas muito diferentes. Se correto, isso de fato desarma o argumento do *O-que-mais-poderia-ser* e implementa o projeto maior de avaliação das hipóteses concorrentes sobre a natureza da cognição. Vale observar que tais objetivos não pedem que se estabeleça que a hipótese dinâmica é *verdadeira*. Tudo que pedem é descrever e motivar essa hipótese o suficiente para mostrar que ela realmente equivale a uma concepção alternativa genuína da cognição — que é viável como um caminho de pesquisa sério e frutífero, até onde podemos falar atualmente.

Uma maneira útil de introdução da concepção dinâmica é por meio de um desvio um pouco incomum pelos primórdios da revolução industrial na Inglaterra, por volta de 1788.

1. O PROBLEMA REGULADOR

Um desafio técnico para a revolução industrial era encontrar uma fonte de força que fosse confiável, suave e uniforme. Na segunda metade do século XVIII, isso se tornou o problema de transformar a ação oscilatória de um pistão a vapor no movimento rotatório de um volante. Numa das mais significativas realizações tecnológicas da história, o engenheiro escocês James Watt projetou e patenteou um sistema mecânico para uma máquina a vapor rotatória. A força do vapor não estava mais limitada ao bombeamento; podia ser aplicada em qualquer maquinário que pudesse ser governado por um volante. A indústria têxtil era a mais desejosa de substituir a força motriz a cavalo e a água pelas novas máquinas. No entanto, a alta qualidade da fiação e da tecelagem pediam que a fonte de força fosse altamente uniforme — isto é, deveria haver pouca ou nenhuma variação na velocidade de rotação do volante principal. Isso é um problema, uma vez que a velocidade do volante é afetada tanto pela pressão a vapor proveniente das caldeiras quanto pela carga de funcionamento total imprimida sobre a máquina, e essas estão em constante flutuação.

Estava claro o bastante como a velocidade do volante precisava ser regulada. Na tubulação que levava o vapor da caldeira até o pistão, havia uma válvula reguladora. A pressão na câmara do pistão, e, portanto, a velocidade da roda, podia ser ajustada girando-se essa válvula. Para manter a velocidade da máquina uniforme, a válvula reguladora devia ser girada, no momento exato e na medida exata, para suportar as mudanças na pressão da caldeira e na carga de funcionamento da máquina. Como isso devia ser feito? A solução mais óbvia era utilizar um mecânico humano para girar a válvula conforme o necessário. Contudo, isso tinha alguns inconvenientes: os mecânicos pediam salários, freqüentemente não eram capazes de reagir de modo suficientemente rápido e acurado. Assim sendo, a Revolução Industrial confrontou-se com um segundo desafio técnico: projetar um dispositivo que pudesse *automaticamente* ajustar a válvula reguladora para manter a velocidade do volante uniforme, apesar das mudanças na pressão do vapor ou na carga de funcionamento. Semelhante dispositivo é conhecido como *regulador.*

Os problemas técnicos difíceis são muitas vezes mais bem abordados quando se divide a tarefa toda em subtarefas mais simples, dando continuidade ao processo de decomposição até que se possa ver como construir dispositivos que possam implantar diretamente as várias tarefas componentes. No caso do problema regulador, a decomposição relevante parece clara. É preciso apenas fazer uma mudança na válvula reguladora se o volante não estiver rodando naquele momento na velocidade correta. Por isso, a primeira subtarefa deve ser medir a velocidade da roda, e a segunda deve ser calcular se há alguma discrepância entre a velocidade desejada e a velocidade real. Se não houver discrepância, não é preciso mudar nada, pelo menos no momento. Se *houver* uma discrepância, então o regulador deve determinar o quanto a válvula reguladora deve ser ajustada para fazer com que a velocidade da roda alcance o nível desejado. Isso dependerá, é claro, da pressão do vapor naquele momento, e desse modo o regulador deve medir a pressão do vapor e então sobre essa base calcular o quanto ajustar a válvula. Enfim, a válvula deve de fato ser ajustada. Essa seqüência toda de subtarefas deve ser realizada com a freqüência suficiente para manter a velocidade da roda bastante próxima da velocidade desejada.

Um dispositivo capaz de resolver o problema regulador teria de realizar essas várias subtarefas repetidamente na ordem correta. Dessa maneira, podemos pensar em tal dispositivo, como obedecendo o algoritmo seguinte:

(1) Começo;
(i) medir a velocidade do volante;
(ii) comparar a velocidade real com a velocidade desejada.

(2) Se não houver discrepância, voltar à primeira etapa; caso contrário:
(i) medir a pressão do vapor;
(ii) calcular a alteração desejada na pressão a vapor;
(iii) calcular o ajustamento necessário da válvula reguladora;
(iv) fazer o ajustamento da válvula reguladora.

(3) Voltar à etapa 1.

Deve haver algum dispositivo físico capaz de realizar de fato cada uma dessas subtarefas. Portanto, podemos pensar no regulador como incorporando um tacômetro (para medir a velocidade da roda), um dispositivo para calcular a discrepância de velocidade, um medidor da pressão do vapor, um dispositivo para calcular o ajustamento da válvula reguladora, um ajustador da válvula reguladora, e algum tipo de gerenciamento central para manipular a seqüência das operações. Essa divisão conceitual da tarefa reguladora pode até mesmo corresponder à composição do regulador real; isto é, cada subtarefa pode ser implementada por um componente físico distinto. O problema técnico iria reduzir-se então, ao (presumidamente muito mais simples) problema de construir os vários componentes e acoplá-los juntos de modo que o sistema todo funcione de forma coerente.

Agora, tão óbvia como essa abordagem possa parecer, não foi esse o meio pelo qual o problema regulador foi de fato resolvido. Em primeiro lugar, essa abordagem pressupõe dispositivos que possam desempenhar rapidamente alguns cálculos bastante complexos; e, em segundo lugar, pressupõe conversores de energia que possam transformar as condições físicas em argumentos simbólicos para tais cálculos e então transformar os resultados de novo em ajustes físicos. Ambas as pressuposições estavam além das capacidades do que quer que estivesse disponível no século XVIII.

A solução real, adaptada por Watt, a partir das tecnologias de moinhos de vento existentes, era muito mais direta e elegante. Consistia de um eixo vertical encaixado no volante principal de modo que rodasse numa velocidade diretamente dependente da roda em si (ver Figura 16.1). Acoplados ao eixo por dobradiças, havia dois braços, e no final de cada braço havia uma bola metálica. Conforme as dobradiças giravam, a força centrífuga conduzia as bolas para fora e daí para dentro. Por um arranjo inteligente, o movimento do braço estava ligado diretamente à válvula reguladora. O resultado era que, conforme a velocidade da roda principal aumentava, os braços subiam, fechando a válvula e diminuindo o fluxo do vapor; conforme a velocidade diminuía, os braços caíam, abrindo a válvula e permitindo que fluísse mais vapor. A máquina adquiria uma velocidade constante, mantendo-se com extraordinária rapidez e leveza em presença de amplas flutuações na pressão e na carga.

Vale a pena enfatizar como o regulador desempenhava notavelmente a sua tarefa. Esse dispositivo não era um mero regulador banal usado porque a tecnologia computacional não estava disponível. Em 1858, *Scientific American* afirmou que uma variante norte-americana do regulador centrífugo básico, "se não de todo perfeita em sua ação, está tão perto disso que, em nossa opinião, não deixa, aliás, nada a desejar".

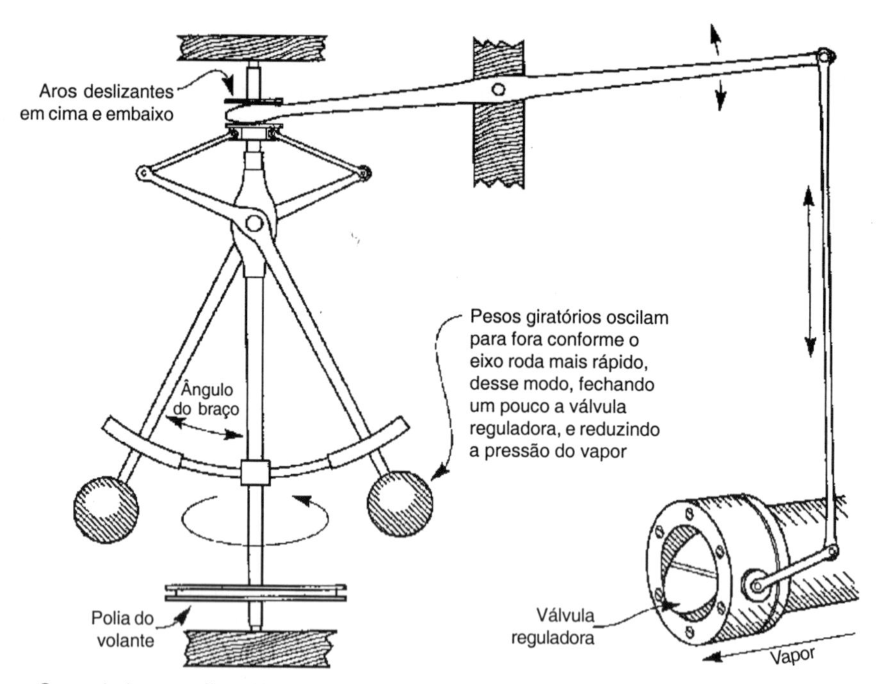

O regulador centrífugo Watt para controle da velocidade de uma máquina a vapor. (Desenho adaptado de Farey, 1827.)

Mas por que deveria uma coisa dessas ser do interesse da filosofia das Ciências Cognitivas? A resposta pode ficar aparente conforme examinarmos um pouco mais de perto algumas das diferenças entre os dois reguladores.

2. OS DOIS TIPOS DE REGULADORES

Os dois reguladores descritos na seção anterior são de fato diferentes, porém, ambos resolvem o mesmo problema de controle, e podemos afirmar (a título de discussão) que ambos o resolvem suficientemente bem em sua construção. Disso poderia concluir-se, indo mais fundo, que são de fato o mesmo tipo de dispositivo, apesar das diferenças superficiais de construção? Ou são eles profundamente diferentes, apesar da semelhança patente de ambos os desempenhos?

É natural pensar no primeiro regulador como um dispositivo *computacional;* que, como parte de sua operação, *computa* um certo resultado — a saber, a mudança desejada no ângulo da válvula reguladora. Uma atenção maior revela que há na verdade um complexo grupo de propriedades trabalhando juntas aqui, um grupo cujos elementos são grandes problemas que valem a pena ser tratados.

Talvez a propriedade distintiva mais fundamental do mecanismo regulador computacional seja sua dependência da *representação.* Cada aspecto de sua operação, como ressaltado acima, lida com representações de uma maneira ou de outra. A primeira coisa que faz é medir seu meio ambiente (a máquina) para obter uma representação simbólica da velocidade do motor. Então, desempenha uma série de operações sobre essa e outras representações, que resultam numa representação de saída (*output*), uma especificação simbólica da alteração a ser feita na válvula reguladora. Essa representação final, então, faz o mecanismo de ajuste da válvula efetuar a mudança correspondente.

Essa é a razão por que tal regulador é apropriadamente descrito como *computacional* (agora num sentido mais estrito): literalmente computa a mudança desejada na válvula reguladora através da manipulação de símbolos de acordo com regras fixas. Esses símbolos, no contexto do dispositivo e de sua situação, têm sentido; e o sucesso do regulador em sua tarefa é devido ao fato de suas manipulações simbólicas estarem sistematicamente de acordo com aqueles sentidos. As manipulações são operações descontínuas que necessariamente ocorrem em uma *seqüência* determinada; por exemplo, a mudança apropriada da válvula reguladora só pode ser obtida após o cálculo da diferença, se houver, entre a velocidade atual e a velocidade desejada. No nível mais alto, o dispositivo como um todo opera de forma *cíclica*: primeiro mede (ou "percebe") seu meio ambiente; em seguida computa internamente uma mudança apropriada da válvula reguladora; e enfim efetua essa mudança ("age" sobre o seu meio ambiente). Depois de feita a mudança e depois de dado tempo para afetar a velocidade da máquina, o regulador corre por todo o ciclo mais e mais, repetidamente.

Enfim, observemos que o regulador é de construção *homuncular*. A homuncularidade é um tipo especial de decomposição de um sistema em partes ou componentes, sendo cada qual responsável por uma subtarefa particular. Os componentes homunculares são os que, como os departamentos ou comitês nas burocracias, interagem através da comunicação (ou seja, pelo ato de passar mensagens significativas). Obviamente, a natureza representacional e computacional do regulador é essencial para a sua construção homuncular: se o sistema como um todo não operasse através de manipulações de representações, não seria possível que seus componentes interagissem através da comunicação.

Essas propriedades — representação, computação, operação seqüencial e cíclica, e homuncularidade — formam um agrupamento de interdependência mútua; um dispositivo com qualquer uma dessas propriedades tipicamente possui as outras. Agora, o regulador centrífugo de Watt não apresenta esse agrupamento de propriedades como um todo, tampouco nenhuma delas em particular. Por mais óbvio que pareça, tal regulador merece discussões e argumentações, visto que encontra, com freqüência, resistências, sendo possível adquirir algumas idéias úteis pelo caminho.

Há uma intuição comum no sentido de que o ângulo no qual os braços estão oscilando representa a velocidade atual da máquina e de que é devido às qualidades que estão relacionadas dessa forma que o regulador é capaz de controlar essa velocidade. Essa intuição, porém, é ilusória: o conceito de representação não adquire real entendimento explanatório nessa situação. Sérias explicações de como os reguladores trabalham — indo desde os mecânicos manuais de meados do século XIX para a sua construção, passando pela análise dinâmica original de Maxwell (ver abaixo), até as aplicações matemáticas contemporâneas — nunca engendram, realmente, discussões representacionais. Por que não?

É esse o cerne da questão. Durante o tempo todo, a velocidade da máquina influencia o ângulo dos braços. Porém, os braços estão diretamente conectados com a válvula reguladora, que controla o fluxo do vapor para a máquina. Assim sendo, o tempo todo, o ângulo dos braços também influencia a velocidade da máquina. As quantidades estão por isso simultaneamente determinando as formas de cada uma das outras mudanças. Não há nada misterioso sobre essa relação; ela é muito receptiva a uma descrição matemática. Contudo, é muito mais sutil e complexa do que o conceito-padrão de representação — muito toscamente, uma coisa que "substitui" outra — sendo passível de manipulação. Para descrever a relação entre o ângulo do braço e a velocidade do motor, precisamos de uma elaboração *mais poderosa*, no que diz respeito a esse tipo de situação, do que fala de representações. Essa elaboração é a linguagem matemática da dinâmica; e, nessa linguagem, diz-se que duas quantidades estão *acopladas*. O problema real de se descrever o regulador como um dispositivo representacional, então, é que a relação do que se representa — uma coisa que substitui outra coisa — é demasiado *simples* para captar a interação real entre o regulador centrífugo e o motor.

Se o regulador centrífugo não for representacional, então não poderá ser computacional, pelo menos no sentido específico de que seu processamento não pode ser um assunto de manipulação, regulada por regras, de representações simbólicas. Sua natureza não-computacional também pode ser estabelecida de outra maneira. Não apenas não há representações a ser manipuladas, como tampouco há manipulações distintas que possam contar como operações computacionais — sem etapas discontínuas e identificáveis nas quais uma representação poderia transformar-se numa outra. Em vez disso, toda a operação do sistema é suave e contínua: não há possibilidade de não arbitrariamente dividir suas mudanças no tempo em manipulações distintas, e não há razão para se tentar fazer isso. Disso se segue que o regulador centrífugo não é *seqüencial* nem *cíclico* em sua operação de modo algum semelhante à maneira do regulador computacional. Visto que não há etapas distintas de processamento, não pode haver seqüência na qual tais etapas ocorram. Nunca há nenhuma operação que deva ocorrer antes que uma outra ocorra. Por conseguinte, não há nada cíclico em sua operação. O dispositivo tem, com certeza, uma "entrada" (*input*) final (onde o eixo é comandado pelo motor) e uma "saída" (*output*) final (a conexão com a válvula reguladora). Mas o regulador centrífugo não segue uma seqüência repetitiva na qual primeiro faz uma medição, depois computa uma mudança na válvula reguladora, em seguida faz o ajuste, e então começa outra medição, etc. Em vez disso, a entrada (*input*), a atividade interna e a saída (*output*) estão todas acontecendo continuamente e exatamente ao mesmo tempo, do mesmo modo que um rádio produz música ao mesmo tempo que sua antena recebe sinais.

O fato de o regulador centrífugo não ser seqüencial ou cíclico em instante algum indica uma diferença profunda entre os dois tipos de regulador. Há um importante sentido em que *o tempo não importa* na operação do regulador computacional. É evidente que, em decorrência de o dispositivo dever controlar a velocidade do motor adequadamente, suas operações internas devem ser rápidas *o suficiente;* além disso, devem acontecer na ordem correta. Contudo, além dessas obrigações mínimas de adequação, não há nada que dite *quando* cada operação interna deve ocorrer, *quanto tempo* cada qual deve levar para relizar ou *quanto tempo* deve transcorrer entre elas. Há apenas considerações de implementação pragmática: que algoritmos usar, que tipo de hardware usar para rodar os algoritmos, etc. O *timing* das operações internas é, além disso, em essência, *arbitrário* no que diz respeito a uma maior cadeia de acontecimentos. É como se a roda dissesse ao sistema regulador: "Vá em frente e descubra o quanto precisa mudar a válvula para que eu continue girando a 100 rpm. Não me interessa como você faz isso, por quantas etapas você tem que passar ou quanto tempo você demora para passar de uma etapa a outra, contanto que você retransmita dentro de (digamos) 10 ms".

No regulador centrífugo, em contraste, não há nada que esteja temporariamente obrigado a agir dessa forma. Não há ocorrências cujos *timing*, ou velocidade ou aceleração sejam arbitrários em relação à operação do motor. Todos os comportamentos do regulador centrífugo ocorrem na mesma escala de tempo real da velocidade e das mudanças de velocidade do volante. Podemos resumir o ponto desta forma: os dois tipos de reguladores diferem fundamentalmente em sua *temporalidade*, e a temporalidade do regulador centrífugo é essencialmente o do próprio motor.

Enfim, é óbvio que o regulador centrífugo não é um sistema homuncular. Tem partes, com certeza, e todo o seu comportamento é o resultado direto da interação organizada dessas partes. A diferença é que essas partes não são módulos que interagem através da comunicação; não são como pequenos agentes burocráticos que passam representações entre si enquanto o sistema vai completando a tarefa toda.

3. ELABORAÇÕES CONCEITUAIS

Na seção anterior, mostrei que as diferenças de natureza entre os dois reguladores são muito mais profundas do que as óbvias diferenças da construção mecânica. Obviamente, essas diferenças de natureza estão refletidas em dois tipos de ferramentas conceituais que temos de utilizar se quisermos entender sua operação. Ou seja: os dois diferentes reguladores pedem estruturas conceituais muito diferentes para se compreender como funcionam *como reguladores* — ou seja, como conseguem controlar seus meios ambientes.

No caso do regulador computacional, o comportamento é captado em todos os detalhes relevantes por um algoritmo e a estrutura conceitual geral que utilizamos é aquela da corrente principal da ciência da computação. Os cientistas computacionais costumam preocupar-se com o que pode ser alcançado através da conjunção, em uma ordem apropriada, de algumas séries de operações básicas: ou em como reuni-las melhor para alcançar um objetivo particular (programação, teoria dos algoritmos), ou o que é alcançável em princípio dessa maneira (teoria da computação). Assim, entendemos o regulador computacional como um dispositivo capaz de realizar um conjunto de operações básicas (mensurações, subtrações, etc.) e cujo comportamento geral sofisticado resulta de nada mais do que a seqüência complexa dessas operações básicas. Observemos que há correspondência direta entre os elementos do regulador (as etapas básicas do processamento pelas quais passa) e os elementos do algoritmo que descrevem a sua operação (as instruções básicas).

O regulador centrífugo de Watt, em contraste, não pode, de modo algum, ser compreendido dessa forma. Não há nada nele onde um algoritmo possa integrar-se. Em vez disso, ferramentas conceituais muito diferentes sempre foram usadas. Os termos nos quais foi descrito acima, e aliás por Watt e seus pares, são estritamente mecânicos: rotações, eixos, barras, deslocamentos, forças. No século passado, descrições mais precisas e poderosas ficaram disponíveis, mas também não se relacionam com a ciência da computação. Em 1868, o físico James Clerk Maxwell ampliou de forma pioneira as ferramentas matemáticas da *dinâmica* para dispositivos reguladores e gerenciadores (Maxwell, 1868). A abordagem geral que ele estabeleceu tem sido o padrão desde então. Embora familiar aos físicos e aos engenheiros de controle, tal abordagem é menos conhecida pela maior parte dos cientistas cognitivos e dos filósofos da mente, e por isso vale a pena descrevê-la mais detalhadamente.

A característica principal do comportamento do regulador é o ângulo em que os braços estão pendurados, porque esse ângulo determina o quanto a válvula reguladora está aberta ou fechada. Portanto, para compreender o comportamento do regulador, precisamos compreender os princípios básicos que determinam como o ângulo do braço muda com o tempo. É óbvio que o ângulo do braço depende da velocidade do motor; por isso, precisamos compreender a mudança no braço como uma função da velocidade do motor. Se supomos por ora que o vínculo entre o regulador e a válvula reguladora está desconectado, então essa mudança é dada pela equação diferencial:

$$\frac{d^2\theta}{dt^2} = (n\varpi)^2\cos\theta\sin\theta - \frac{g}{l}\sin\theta - r\frac{d\theta}{dt}$$

onde θ é o ângulo dos braços, n é uma constante de movimento, ϖ é a velocidade do motor, g é uma constante para a gravidade, l é o comprimento dos braços, e r é a constante de fricção nas dobradiças (Beltrami, 1987, p. 163). Essa equação não-linear, diferencial de segunda ordem, nos diz a *aceleração* instantânea no ângulo do braço, como uma função daquilo que o ângulo atual do braço vem a ser (designada pela *variável de estado*, θ), quão rápido o ângulo do braço está mudando atualmente (o derivativo do θ, em relação ao tempo, $d\theta/dt$) e a velocidade atual do motor (ϖ). Em outras palavras, a equação nos diz como a mudança no ângulo do braço está mudando, dependendo do ângulo atual do braço, do modo pelo qual já está mudando e da velocidade do motor. Observemos que, no sistema definido por essa equação, a mudança com o tempo ocorre apenas no ângulo do braço, θ (e seus derivativos). Pressupõe-se que as outras quantidades (ϖ, n, g, l e r) sejam fixas e sejam chamadas de *parâmetros*. Os valores particulares em que os parâmetros estão fixados determinam a forma precisa da mudança em θ. Por essa razão, diz-se que a colocação dos parâmetros determina a *dinâmica* do sistema.

Essa equação diferencial é perfeitamente geral e altamente sucinta: é um meio de descrever como o regulador se comporta para qualquer ângulo do braço e velocidade da máquina. Todavia, essa generalidade e concisão têm seu preço. Se acontece de sabermos qual é o ângulo atual do braço, quão rápida é a mudança e qual é a velocidade da máquina, então, a partir dessa equação, todos nós podemos compreender qual é a aceleração instantânea atual. Se quisermos saber em que ângulo os braços estarão daqui a meio segundo, por exemplo, precisamos encontrar uma *solução* para a equação geral — ou seja, uma equação que nos diga que valores θ assume como uma função do tempo. Há, é claro, inúmeras soluções desse tipo, que correspondem a todas as diferentes trajetórias comportamentais que o regulador pode exibir; mas tais soluções com freqüência têm importantes propriedades gerais em comum. Assim sendo, enquanto os parâmetros ficam dentro de determinados limites, os braços vão sempre acabar fixando-se num ângulo particular de equilíbrio em relação àquela velocidade do motor; tal ângulo é conhecido como um *atrator*.

Até agora, estendi-me na discussão do regulador sem levar em conta seu efeito sobre o motor, e assim indiretamente sobre si mesmo. Aqui, a situação fica um pouco mais complicada, mas as mesmas ferramentas matemáticas se aplicam. Suponhamos que estejamos pensando na própria máquina a vapor como um sistema regulado por um conjunto de equações diferenciais, uma das quais nos dá algum derivativo da velocidade do motor como uma função da velocidade atual do motor e muitas outras variáveis e parâmetros:

$$\frac{d^n\varpi}{dt^n} = F(\varpi, \ldots, \tau, \ldots)$$

Um desses parâmetros é a posição atual da válvula reguladora, τ, que depende diretamente do ângulo do braço regulador, θ. Podemos, desse modo, pensar em θ como um parâmetro do sistema do motor, da mesma maneira que a velocidade do motor ϖ é um parâmetro do sistema regulador. (Alternativamente, podemos pensar no regulador e na máquina a vapor como compreendendo um único sistema dinâmico em que tanto o ângulo do braço quanto a velocidade do motor são variáveis de estado.) Essa relação *acopladora* é particularmente interessante e sutil. Quando se muda um parâmetro de um sistema dinâmico, muda-se sua dinâmica total (ou seja, a forma pela qual suas variáveis de estado mudam seus valores, dependendo de seus valores atuais, passando por toda a série de valores que eles podem tomar). Assim sendo, qualquer mudança na velocidade do motor, mesmo pequena, não muda o estado do regulador diretamente, mas sim a maneira pela qual o estado do regulador *muda*, e qualquer mudança no ângulo do braço não muda a velocidade da máquina diretamente, mas sim a maneira pela qual a velocidade da máquina muda. De novo, no entanto, o sistema como um todo (motor e regulador acoplados) se fixa com rapidez num atrator de ponto; ou seja, a velocidade do motor e o ângulo do braço permanecem constantes — que é exatamente a situação desejada. Na verdade, a coisa notável sobre esse sistema acoplado é que, sob uma ampla variedade de condições, ele sempre se fixa com rapidez em estados nos quais o motor está operando numa velocidade particular.

Nesta discussão, dois conjuntos de recursos conceituais muito amplos e intimamente relacionados foram colocados em cena (de uma forma bem modesta). O primeiro é a *modelagem dinâmica*, aquele ramo da matemática aplicada que tenta descrever a mudança nos sistemas do mundo real, descrevendo os estados do sistema por meio de números e depois escrevendo equações que captam como esses estados numéricos mudam com o tempo. O segundo conjunto de recursos é a *teoria dos sistemas dinâmicos*, o estudo geral dos sistemas dinâmicos considerados como estruturas matemáticas abstratas. Em linhas gerais, a modelagem dinâmica tenta entender os fenômenos naturais como o comportamento das realizações do mundo real de sistemas dinâmicos abstratos, enquanto a teoria dos sistemas dinâmicos estuda os próprios sistemas abstratos. Não há distinção bem marcada entre esses dois conjuntos de recursos e, para os nossos objetivos, eles podem ser agrupados sob a denominação geral de *dinâmica*.

4. MORAIS

Essa discussão sobre a tarefa reguladora sugere um certo número de lições, intimamente relacionadas às Ciências Cognitivas. Primeiro, vários tipos diferentes de sistemas, fundamentalmente diferentes em suas naturezas, que requerem ferramentas conceituais muito diferentes para a sua compreensão, podem ajudar em tarefas sofisticadas — inclusive em interação com um meio ambiente em mutação — que pode de início parecer exigir que o sistema tenha conhecimento e razão sobre o seu meio-ambiente. Segundo, em qualquer caso dado, nossa noção de que uma tarefa cognitiva específica *tem* de ser ajudada por um sistema computacional (genericamente) *pode* ser devida aos preconceitos decepcionantemente coercitivos sobre como o sistema que resolve tarefas complexas deve operar. Pode ser que a forma de base computacional da maior parte dos modelos dominantes de cognição resulte não tanto da natureza da cognição em si, mas sim da forma do equipamento conceitual que as Ciências Cognitivas costumam fornecer para o estudo da cognição. Terceiro, os sistemas cognitivos podem de fato ser sistemas *dinâmicos*, e a cognição pode ser o comportamento de algum sistema dinâmico (não- computacional). Quer dizer, talvez os sistemas cognitivos sejam mais relevantemente similares ao regulador centrífugo do que ao regulador computacional, ou ao mais famoso exemplar da ampla categoria dos sistemas computacionais, a máquina de Turing.

Na seqüência, essa terceira sugestão será desenvolvida dentro de uma concepção especificamente dinâmica da cognição por meio de uma explicação do conceito-chave de *sistema dinâmico*. Um exemplo então ilustrará como até mesmo os desempenhos cognitivos de "alto nível" podem ser inteligíveis em termos minuciosamente dinâmicos. A seção final defenderá brevemente a viabilidade da concepção dinâmica como um programa de pesquisa em Ciências Cognitivas contemporânea.

5. TRÊS TIPOS DE SISTEMAS

O que são sistemas dinâmicos? Como diferem não apenas dos computadores, mas também das redes conexionistas — até agora a principal competição para os modelos computacionais na Ciências Cognitivas?

Começaremos com o conceito de *sistema*. O termo "sistema" é com freqüência usado muito evasivamente, designando praticamente qualquer coisa complexa de que desejamos falar (por exemplo, um sistema de apostas na roleta). Para os objetivos atuais, porém, os sistemas são definidos mais precisamente como conjuntos de *variá-*

veis (coisas, aspectos, características e afins) que mudam com o tempo, de tal forma que o modo como uma variável *muda* num tempo determinado depende dos *estados* de outras variáveis do sistema naquele momento. Examinados em conjunto, os estados de todas as variáveis constituem o estado do sistema como um todo. Os sistemas também podem ser afetados por fatores externos; estes são comumente conhecidos como *parâmetros* quando estão relativamente fixos e quando influenciam apenas o modo pelo qual as variáveis interagem, e como *entradas* (*inputs*) quando são ocasionais e estabelecem diretamente os estados reais de algumas variáveis.

Os sistemas podem ser classificados de muitas maneiras diferentes. As classificações mais úteis são aquelas que não são nem amplas demais nem restritivas demais. Por exemplo, às vezes computadores são tidos como sistemas que *computam*, sistemas dinâmicos como sistemas que *mudam* e redes conexionistas como simples espécies de sistemas dinâmicos. Todavia, essas tão abrangentes definições apagam os vários contrastes que são mais importantes para a compreensão do que está acontecendo nas Ciências Cognitivas. No que segue, especificações informais, porém, mais restritivas, serão adotadas como guias: os computadores são *manipuladores de símbolos*, os sistemas dinâmicos são *conjuntos de magnitudes acopladas* (*sets of coupled magnitudes*) e os sistemas conexionistas são *redes de unidades neurais*. As diferenças entre essas idéias podem ser articuladas focalizando quatro pontos de contraste: os tipos de variáveis envolvidas, os modos com o que os estados mudam, as ferramentas para descrever as mudanças e características mais gerais que fornecem a cada tipo de sistema seu traço distintivo (ver Quadro 16.1).

Desse modo, os computadores (no sentido que nos interessa) sempre têm variáveis digitais.[1] Para uma variável ser digital, é preciso haver alguma série de valores descontínuos, de tal modo que em algum momento relevante a variável assuma de forma não-ambígua um ou outro desses valores. Assim sendo, uma localização de memória (bit) num computador eletrônico comum está *on* ou *off*; a vareta de um ábaco tem um número definido de bolinhas em cada extremidade; o quadradinho de uma fita de Turing ou está vazio ou está ocupado por um "1", etc. Em contraste, as variáveis de um sistema dinâmico não são essencialmente digitais (ou não); em vez disso, o importante é que sejam *quantidades* — isto é, variáveis em relação às quais faz sentido falar sobre *quantias* ou sobre *distâncias*[2] entre valores. Quantias e distâncias são sujeitas a mensurações: o uso de alguns "padrões de comparação" para atribuir de forma sistemática números a valores e diferenças. Desse modo, a altura de um objeto que cai pode ser medida em metros e a distância entre duas alturas pode ser determinada pela subtração para obter a distância da queda. Isso contrasta com os computadores, em que há uma *diferença* crítica, mas não uma *distância* relevante entre valores de uma variável tal (como estar vazio em oposição a estar ocupado por "1"). Uma vez que as variáveis dos sistemas dinâmicos são quantidades, um pouco de matemática nos permite falar de distâncias entre estados totais. Portanto, o *conjunto* dos estados de um sistema dinâmico é, curiosamente, um *espaço*, dentro do qual qualquer estado é uma *posição* e qualquer comportamento uma *trajetória*. Isso, por sua vez, limpa o caminho para outras noções dinâmicas importantes e poderosas, tais como *atrator, bifurcação, estabilidade* e *equilíbrio.*

---

1) Aqui estou usando o termo "computador" para me referir especificamente aos computadores digitais, em vez da categoria mais ampla que inclui os chamados "computadores analógicos". É nesta categoria mais estrita que reside o cerne da corrente principal da concepção computacional da cognição.

2) A *distância* é captada matematicamente por uma *métrica* — uma função que mapeia pares de valores de uma variável sobre os números reais de uma forma que satisfaz algumas restrições familiares. Qualquer *quantidade*, por exemplo, terá uma métrica não-trivial associada a ela. (Um exemplo de métrica comum seria a mesma/diferente "métrica", uma função que retorna 1 se dois valores forem diferentes e 0 se forem o mesmo. Aplicada a seqüências, esse tipo de métrica é conhecida como "*Hamming distance*". É uma função útil para vários objetivos, mas não é uma métrica no sentido relevante.)

	Sistemas computacionais	Sistemas dinâmicos	Sistemas conexionistas
Descrição informal	Manipuladores de símbolos	Conjuntos de magnitudes acopladas	Redes de unidades neurais
Exemplares clássicos	Máquina de Turing; máquina LISP	Sistema solar; regulador Watt	Perceptron; rede de Hopfield
Tipos de variáveis	Digitais-freqüentemente sintáticas	Quantitativas-estados e taxas	Quantitativas-níveis de ativação
Mudanças de estados	Etapas descontínuas (seqüenciais)	Interdependentes no tempo "real"	Interação propagada
Ferramentas de descrição	Regras de transição ("programas")	Equações diferenciais	Equações de Weighted-sum
Características gerais	Interpretáveis como representações	Acopladas-também com o meio ambiente	Homogêneas e alto-dimensionais

Quadro 16.1: Diferenças entre tipos de sistemas

As redes conexionistas têm como variáveis quantidades; então elas também diferem dos computadores. Como essas redes conexionistas diferem dos sistemas dinâmicos? As variáveis das redes conexionistas são modeladas, de modo geral, como neurônios biológicos; portanto, exibem uma forma distintivamente "neural" de mudança interativa. Cada variável tem um certo *nível de atividade* (seu valor), e pode ser influenciada por um subconjunto de outras variáveis. Essa influência, apesar de se propagar ou de fluir pela "conexão", é modulada por um parâmetro, conhecido como *peso.* O modo pelo qual as unidades das redes conexionistas mudam os valores de atividade é especificado por uma função simples (em geral apenas uma adição) das atividades moduladas de todas as unidades pelas quais são influenciadas.[3] Como eles diferem dos sistemas dinâmicos, um dos traços essenciais das redes conexionistas é que suas variáveis são modeladas a partir de neuronios biológicos, de modo muito genérico.

Agora, os sistemas dinâmicos *podem* mudar de estado nessa forma neural, mas não precisam (consideremos o regulador centrífugo, que não tem conexões nem pesos). Ou melhor, o que realmente torna a mudança *dinâmica*, no sentido estrito, é um requisito ortogonal: acontece em *tempo* "*real*". O que isso significa?

Obviamente, qualquer sistema que muda sob alguma circunstância, muda, em *algum* sentido, "no" tempo. Mas consideremos uma máquina de Turing abstrata, uma entidade matemática que fica fora do tempo real dos acontecimentos cotidianos. Essa máquina tem estados e "muda" de um estado para o seguinte; mas não há sentido no qual *dispende* tempo em qualquer estado, ou *leva* tempo para mudar de estado. "Tempo" aqui não é nada mais do que uma série ordenada de pontos descontínuos (t*1*, t*2*, ...). Esses pontos não têm *duração*; nada *transcorre no tempo.* Os números inteiros são uma maneira conveniente de indexar esses pontos de tempo, uma vez que têm uma ordem familiar. Mas esse uso pode ser errôneo, visto que sugere falsamente que há *quantias* de tempo envolvidas. Considerações práticas à parte, é possível do mesmo modo usar nomes próprios, ordenados em ordem alfabética, como etiquetas para os pontos de tempo.

Agora, o tempo *real* (existente, cotidiano, mundano) tem duas propriedades óbvias

3) É o porquê do ubíquo termo "sigma" (Σ) nas equações conexionistas.

que faltam em uma mera ordem. Primeiro, o tempo real é no mínimo denso (entre dois pontos de tempo existe um outro); e segundo, o tempo real é uma *quantidade* (existem *quantias* de tempo e *distâncias* entre tempos). Isto origina um sentido distinto no qual um processo pode acontecer *no* tempo (real ou diferente). O sistema deve estar num ou noutro estado em todos os pontos do tempo; e do mesmo modo, se o tempo é denso, os estados do sistema e as mudanças de estado precisam eles próprios estar ordenados de forma densa no tempo. Um sistema que está no tempo, nesse sentido, está potencialmente sempre em mutação. Além disso, se o tempo é uma quantidade, podemos relacionar os acontecimentos do sistema em termos de quantias de tempo; podemos falar, por exemplo, de quanto tempo gastam e (se as variáveis forem quantidades) da *freqüência* de mudança. Este último fato é particularmente importante. Porque, se tanto as variáveis de tempo quanto as variáveis de sistema são contínuas, nós podemos falar de taxas instantâneas de mudanças, acelerações, etc., e sistemas nos quais as freqüências de mudança dependem dos estados atuais, e até mesmo os *estados atuais de mudanças*, das variáveis do sistema (por exemplo, o sistema solar e o regulador centrífugo). Para descrever tais sistemas, precisamos de ferramentas matemáticas que possam relacionar os índices de mudanças nas variáveis com as próprias variáveis; ou seja, precisamos de *equações diferenciais.*

Mas as mudanças de *qualquer* sistema existente — inclusive dos computadores — não acontecem em tempo real e, dessa maneira, *no* tempo, no sentido relevante? Sim e não. Consideremos a computação clássica e a teoria da complexidade – o estudo sobre o que tais computadores podem fazer. Essa teoria é fundada na idéia de que detalhes de *timing* não importam; o tempo é medido apenas em etapas ou operações. Mas a teoria se aplica em seu todo aos computadores concretos, físicos, como ao meu Macintosh. Isso é para dizer que, entendendo-se o comportamento de computadores comuns *como computadores*, podemos abstrair a natureza densa e quantitativa do tempo real. Desse ponto de vista, eles estão apenas incidentalmente no tempo; mudar os detalhes do *timing* não afetaria o que eles estivessem computando de qualquer forma. Em contraste, não poderíamos nunca entender o comportamento do sistema solar se ignorássemos o seu *timing*. Essa é uma das mais importantes diferenças entre os computadores e os sistemas que são genuinamente *dinâmicos* no sentido atual.[4]

O que se pode dizer de mais positivo sobre as mudanças de estado num computador? Bem, as variáveis são digitais, e, portanto, qualquer mudança tem de ser de uma configuração digital para outra. Isso significa que as transições são *essencialmente* descontínuas: não há tempo teoricamente relevante entre um determinado tempo e o seguinte, tampouco estado teoricamente relevante entre um estado e o seguinte. Essas propriedades se refletem na natureza das regras que descrevem o comportamento dos computadores. Tais regras ("programas") sempre especificam qual é o estado *seguinte*, em geral através da especificação de uma *operação* descontínua que transforma o estado atual no estado subseqüente. Além disso, as regras sempre se expressam em termos de propriedades digitais de variáveis: por exemplo, mudar um quadradinho do *vazio* para o *ocupado por um* "*1*".

Até agora, os computadores se caracterizaram em termos da natureza de suas variáveis, das suas mudanças de estado e de como tais mudanças de estado são especificadas — efetivamente, como *sistemas formais automáticos* (Haugeland, 1985). Porém, nada pode ser considerado como computador, no sentido amplo, sem computar. Nos termos mais gerais, a computação requer um computador, um domínio externo e uma correspondência sistemática entre os dois de modo que os estados e as transições do primeiro *façam*

---

4) O campo geral da teoria dos sistemas dinâmicos estuda muitos sistemas que são definidos em termos de mapas descontínuos. Alguns destes são apenas versões descontinuatizadas de sistemas contínuos que estão *no* tempo num sentido pleno. Outros, todavia, não estão (inclusive alguns que exibem um comportamento caótico). Esses sistemas são dinâmicos, mas só num sentido mais amplo do que o que está sendo usado aqui. Contêm similaridades interessantes tanto com os sistemas dinâmicos quanto com os computadores.

sentido em relação ao segundo. Em outras palavras, computadores são aqueles sistemas formais automáticos cuja estrutura sustenta uma correspondência sistemática e sensível com algum domínio (como a aritmética, o beisebol, ou outra coisa). Notemos que a natureza digital dos computadores caracteristicamente sustenta a computação de um tipo mais particular: isto é, um tipo em que o domínio em si tem uma estrutura clara e bem ordenada. Os estados relevantes do sistema são configurações estruturadas de sinais interpretáveis como *representações simbólicas* do domínio; e as mudanças de estado equivalem a *inferências* de uma representação simbólica para outra.

Agora, claro que não é essencial para os sistemas dinâmicos que os mesmos sejam sistemática e sensivelmente interpretáveis em relação a algum domínio externo. Apesar dos maiores esforços dos astrólogos, não há como interpretar direito os movimentos dos planetas com relação a qualquer outro assunto. Mas isto não significa que os sistemas dinâmicos *não possam* ser interpretados; às vezes, podem, e isso pode torná-los suscetíveis de ser compreendidos como apresentando funções cognitivas. Mas qualquer interpretação, caso haja alguma, é sempre posterior ao fato; e não faz parte do sistema dinâmico como tal. Um sistema é dinâmico em virtude de *outras* propriedades. A natureza de suas variáveis e das mudanças de estado já foram discutidas, mas — como nos casos dos computadores — há mais o que contar. Muito do sabor original dos sistemas dinâmicos é captado pela idéia de *acoplamento*. Como explicado acima, duas variáveis são acopladas quando o modo pelo qual cada uma *muda* em um tempo dado depende diretamente do modo pelo qual a outra *está* naquele momento. Em outras palavras, as variáveis acopladas simultânea e interdependentemente co-evoluem, exatamente como o ângulo do braço e a velocidade do motor no regulador centrífugo. Os sistemas genuinamente dinâmicos exibem alto grau de acoplamento; cada variável está em mutação o tempo todo, e todos os pares de variáveis estão, direta ou indiretamente, mutuamente determinando as formas de cada uma das outras mudanças. Por exemplo, no sistema solar, a posição e o *momentum* de cada corpo maciço está em constante mutação, e cada variável influencia as outras.

Num computador, em contraste, em cada etapa muitas variáveis permanecem as mesmas; e as mudanças que de fato ocorrem são influenciadas por muitos dos outros valores. Curiosamente, isso é também um ponto de contraste entre as redes conexionistas e os sistemas dinâmicos. Algumas redes (por exemplo, as redes completamente recorrentes — (*fully recurrent networks*) são dinâmicas no nosso sentido; mas outras — como redes de alimentação de três camadas (*archetypal three-layer feed-forward networks*) (generalizados *perceptrons*) — não apresentam acoplamentos.[5] O que distingue as redes conexionistas, deixando de lado as suas interações basicamente neurais, é que elas costumam ter *dimensões elevadas* e ser *homogêneas*. A primeira propriedade é nada mais do que ter um número relativamente[6] grande de variáveis; a segunda é ter todas as mudanças das variáveis basicamente na mesma forma. As especificações matemáticas-padrão das redes conexionistas envolvem apenas um só esquema de equação com índices para variáveis e parâmetros; essa forma de descrição é possível devido à homogeneidade necessária causada pela dimensionalidade elevada.

Isso completa nosso breve trajeto por computadores, sistemas dinâmicos e redes conexionistas como categorias de sistemas. Vale a pena ressaltar dois pontos antes de prosseguir. Primeiro, o objetivo foi captar a idéia central em cada caso, em vez de fornecer conjuntos de condições que proporcionem fronteiras rígidas, precisas e mutuamente exclusivas. Segundo, há muitas noções diferentes de computador, sistemas dinâmicos, etc., que servem para propósitos distintos. As que são aqui oferecidas não pretendem ser melhores ou mais corretas em geral, mas, na melhor das hipóteses, mais úteis para a filosofia das Ciências Cognitivas.

5) A presença de uma conexão entre duas unidades não é suficiente para o acoplamento, no sentido pleno. Um acoplamento genuíno requer conexões bidirecionais e atualizações simultâneas.

6) Relativamente a quê? Há várias maneiras de deduzir isso, mas, para sistemas não-lineares, "amplo" tem um sentido *tão abrangente que achamos difícil entender o comportamento do sistema.*

6. TRÊS CONCEPÇÕES DE COGNIÇÃO

A essência da concepção dinâmica da cognição é a idéia de que os sistemas cognitivos são sistemas dinâmicos e a cognição o comportamento de tais sistemas. As distinções elencadas na seção precedente agora se combinam com a discussão anterior dos reguladores para originar uma elaboração mais precisa dessa idéia. Descobre-se que, tanto a concepção dinâmica quanto a concepção computacional da cognição apresentam muitos envolvimentos mutuamente compatíveis e restritivos com as três camadas. O cerne em cada caso é uma hipótese empírica específica sobre o tipo de sistema que são os sistemas cognitivos naturais. Gravitando em torno desse cerne estão mais dois envolvimentos, um sobre as propriedades do "nível cognitivo" dos sistemas cognitivos e o outro sobre os tipos de ferramentas conceituais que são mais apropriadas para o estudo da cognição. Desse modo, ambas as concepções — a computacional e a dinâmica — constituem visões ricamente tecidas da natureza da cognição.

Assim sendo, na visão computacional, os sistemas cognitivos são computadores (sistemas digitais governados por regras interpretáveis) com uma estrutura interna modular; interagem com seus meios ambientes num processo cíclico que começa com conversores de entrada *(input)* que produzem representações simbólicas em resposta ao meio ambiente; que continua com computações internas seqüenciais sobre estruturas simbólicas; e que termina com conversores de saída (*output)* que afetam o meio ambiente em resposta a especificações simbólicas. Cada operação interna é especificada algoritimicamente e toma lugar no próprio quadro de tempo arbitrário do sistema; o processo todo pode ser considerado independentemente do corpo e do meio ambiente, exceto na medida em que estes enviam *inputs* ocasionais e recebem *outputs*. Uma vez que o sistema cognitivo é um computador que trabalha através de transformações seqüenciais de representações simbólicas, suas descrições mais reveladoras são as que usam o aparato conceitual da principal corrente da ciência da computação. Em resumo, a visão computacional vê as pessoas como reguladores computacionais óbvios.

Isso contrasta em cada nível com a visão dinâmica, na qual as pessoas têm similaridades mais profundas com o regulador *centrífugo*. Julga-se que os sistemas cognitivos consistem em conjuntos de quantidades acopladas que evoluem em tempo real. Essas quantidades podem ser características "cognitivas" abstratas (ver o exemplo abaixo) ou podem ser aspectos do corpo ou até mesmo do meio ambiente. No nível mais alto, entende-se que os sistemas cognitivos são complexos de *mudanças* contínuas, em curso, mutuamente restritivas. O modo fundamental de interação com o meio ambiente não é representá-lo, nem mesmo trocar *inputs* e *outputs* com ele; em vez disso, a relação é melhor compreendida através da noção técnica de acoplamento. Com certeza a cognição pode, em casos sofisticados, envolver representação e processamento seqüencial; mas semelhantes fenômenos são melhor compreendidos como emergindo de um substrato dinâmico, mais do que pertencendo ao nível básico de desempenho cognitivo. Como complexos de mudanças contínuas, em curso, os sistemas cognitivos são melhor compreendidos através do uso real das mesmas ferramentas que foram comprovadamente efetivas para tais processos em outras áreas da ciência: a modelagem dinâmica e a teoria dos sistemas dinâmicos.

Onde o conexionismo se encaixa nisso tudo? Em algum lugar, desajeitado, no meio. Algumas redes conexionistas são dinâmicas por completo; mas outras, como as redes de alimentação por camadas, são configuradas para se comportar mais da forma cíclica e seqüencial dos sistemas computacionais. Não surpreendentemente, quando tentam entender os seus sistemas, os conexionistas às vezes tomam elementos emprestados das Ciências da Computação, às vezes da Dinâmica e às vezes de outros campos, como a estatística. As redes conexionistas às vezes transformam as representações estáticas de entrada (*input*) em representações estáticas de saída (*output*); outras vezes, estabelecem-se dinamicamente em atratores, bifurcações, etc. Em resumo, o conexionismo pode ser uma espécie de meio caminho para casa entre duas concepções de cognição, tendo cada qual maior integridade teórica em si mesma. Com certeza, pode parecer que para compreender a cognição de fato precisemos de uma mistura eclética de ingredientes oriundos de várias estruturas conceituais. Como alternativa, pode ser que o conexionismo seja um produto híbrido instável, pouco mais do que uma fase temporária na transição de uma abordagem computacional genérica para uma abordagem dinâmica igualmente genérica do estudo da cognição.

7. UM EXEMPLO DE PESQUISA DINÂMICA

Neste ponto, um exemplo pode ajudar a dar uma noção intuitiva de como a abordagem dinâmica, tão-somente especificada em termos muito abstratos, pode propiciar idéias reais sobre a natureza da cognição. Consideremos o processo de tomada de decisão entre uma variedade de opções, tendo cada qual seus pontos a favor e seus pontos contra. Se há tarefas de alto nível, essa é sem dúvida uma delas. Os psicólogos têm feito inúmeros estudos experimentais de como as pessoas escolhem e têm produzido quase o mesmo tanto de modelos matemáticos para descrever e explicar esse comportamento. A abordagem dominante de modelagem provém da clássica teoria pragmática e da teoria da decisão estatística, como originalmente desenvolvida por von Neumann e Morgenstern (1944: 80). A idéia básica é que um agente toma uma decisão selecionando a opção que tem o mais alto grau de utilidade esperada, o qual é calculado, por sua vez, através da combinação de algumas medidas formais da utilidade de cada resultado possível com a probabilidade de que isto ocorra se aquela opção é escolhida. Grande parte do trabalho efetuado a partir desse paradigma é matematicamente elegante e fornece uma explicação útil das estratégias racionais mais favoráveis. Todavia, quando se procura uma explicação para as decisões *reais*, a teoria clássica pragmática é seriamente falha; os sujeitos humanos costumam desviar-se de suas recomendações de várias formas. Como resultado, muitas teorias que propõem variações da idéia central clássica foram desenvolvidas — tipicamente moderando algumas de suas pretensões-padrão, com graus variados de sucesso em casar o comportamento humano real de escolha. No entanto, virtualmente todas as teorias desse tipo ficam sujeitas aos seguintes inconvenientes:

- Não incorporam nenhuma explicação sobre as *motivações* subjacentes que geram a utilidade que um objeto ou resultado comporta num tempo determinado.
- Concebem as utilidades em si como valores estáticos, e talvez não ofereçam uma boa explicação de como e por que podem mudar com o tempo, ou por que as preferências reais são com freqüência inconsistentes e inconstantes.
- Não oferecem uma explicação séria do *processo* de deliberação, com suas vacilações, inconsistências e aflições recorrentes; e não têm nada a dizer sobre as relações que foram descobertas entre o tempo gasto na deliberação e as escolhas eventualmente feitas.

É curioso o fato de esses inconvenientes parecerem ter um tema comum; todos dizem respeito, de uma maneira ou de outra, a aspectos *temporais* do processo de tomar decisões. Vale perguntar se se originam devido a alguma característica estrutural profunda inerente ao paradigma como um todo que conceitualiza o comportamento do processo de tomar decisões em termos de utilidades esperadas calculadas.

Observemos que as explicações do processo de tomar decisões baseadas na teoria da utilidade ("teorias pragmáticas") são profundamente análogas à solução computacional da tarefa reguladora. Ou seja, se tomamos essas explicações não apenas como definidoras do *resultado* do comportamento do processo de tomar decisões, mas também como um guia para as estruturas e processos que *geram* o comportamento, então há similaridades estruturais básicas com o regulador computacional. Desse modo, as "teorias da utilidade" (*utility theories*) são estritamente computacionais; baseiam-se nas representações estáticas das opções, utilidades, probabilidades e coisas afins, e o processamento é a manipulação interna algoritmicamente passível de especificação para a obtenção de uma representação final da escolha a ser feita. Conseqüentemente, as teorias da utilidade são, no sentido estrito, seqüênciais; pressupõem uma fase temporal inicial em que as informações relevantes sobre opções, probabilidades, etc., são adquiridas; uma segunda fase em que as utilidades esperadas são calculadas; e uma terceira fase em que a escolha é efetuada sobre o comportamento real. E, como o regulador computacional, são em essência atemporais; não há obrigações inerentes ao *timing* das várias operações internas relativas a cada uma das outras ou às mudanças do meio ambiente.

O que temos, em outras palavras, é um modelo da cognição humana que, por um lado, momentiza a mesma estrutura profunda que o regulador computacional e, por outro lado, parece estruturalmente incapaz de explicar algumas dimensões essencialmente temporais do comportamento do processo de tomar decisões. Nessa fase, podemos perguntar: que *tipo* geral de modelo do comportamento do processo de tomar decisões deveríamos adotar se, em vez disso, tomássemos o regulador *centrífugo* como protótipo? Seria um modelo com um número relativamente pequeno de variáveis contínuas que se influenciam mutuamente em tempo real. Trata-se de um comportamento que seria definido pelas equações diferenciais não-lineares. E seria um modelo em que o agente e o meio ambiente da escolha, como o regulador e o motor, estão estreitamente acoplados.

Seria, em resumo, mais parecido com o modelo da "Teoria Motivacional Oscilatória" (MOT), descrito pelo psicólogo matemático James Townsend (Townsend, 1992). O MOT permite a modelagem de várias propriedades qualitativas do tipo de comportamento periódico que ocorre quando as circunstâncias oferecem a possibilidade de saciedade dos desejos oriundos, de motivações mais ou menos permanentes.

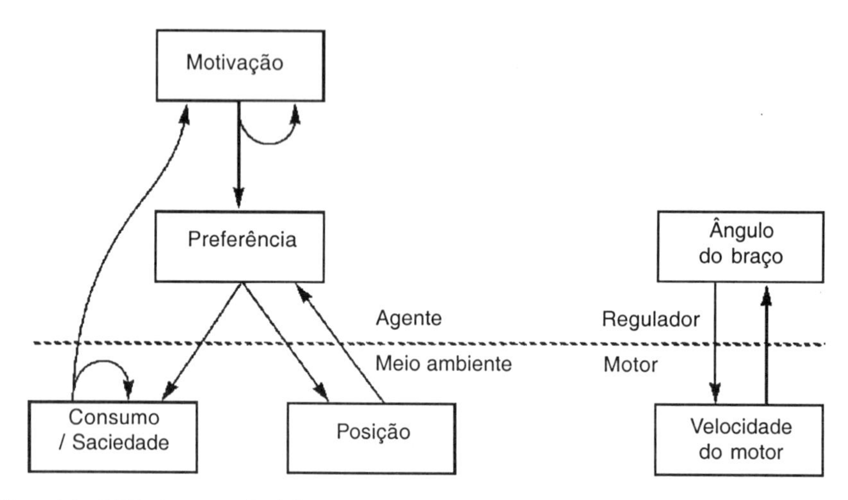

O modelo MOT de tomar decisões comparado com o regulador centrífugo. Os quadros representam as variáveis e as flechas representam a influência. Em cada caso, as variáveis acopladas evoluem continuamente no tempo e o sistema atravessa um tipo de divisão mundo/agente. O sistema MOT é de forma significativa mais complexo do que o regulador, mas ainda assim é muito simples comparado com muitos modelos dinâmicos de cognição. Observemos que esses diagramas não devem ser interpretados de forma conexionista; as linhas não são conexões e não têm pesos. (O diagrama MOT é adaptado de Townsend, 1992.)

Um exemplo óbvio é o ato de comer normalmente em resposta à fome natural recorrente. Tal ato é edificado à volta da idéia de que, nessas situações, nossa motivação subjacente, nossos desejos transitórios relativos ao objeto, a distância do objeto e o seu consumo evoluem continuamente e se afetam mutuamente em tempo real; por exemplo, se nosso desejo de comida é grande e se estamos longe dela, vamos mover-nos em sua direção, o que influencia a saciedade e, também, o desejo. Assim sendo, a estrutura inclui variáveis para o estado atual de motivação, saciedade, preferência e ação (movimento) e um conjunto de equações diferenciais que descrevem como tais variáveis mudam com o tempo como uma função do estado atual do sistema.[7]

O modelo MOT está para as teorias da utilidade como o regulador centrífugo está para o regulador computacional. No MOT, a cognição não é uma manipulação de símbolos, mas sim, evolução estado-espaço em um sistema dinâmico que, sob certos aspectos chaves, é mais como o regulador centrífugo. É um sistema que exige ferramentas dinâmicas em sua análise. O MOT produz um comportamento que, se olharmos de relance para ele, parece o processo de tomar decisões — no final das contas, o agente fará o movimento que oferece a maior recompensa, que nesse caso significa se mover para a comida caso se esteja com fome suficiente. Contudo, há um sentido que se trata de um processo de tomar decisões sem decisões, porque nunca há, no modelo, ocorrências descontínuas internas que se poderiam caracterizar racionalmente como decisões. Nessa abordagem, o processo de tomar decisões é melhor compreendido como o comportamento de um agente sob a influência de atrações e reações que emanam dos resultados desejados, dos resultados indesejados e dos desejos e motivações internos; de forma quase gravitacional, essas forças atuam no agente com vigores que variam como uma função de distância.

O modelo MOT é um caso especial de uma estrutura dinâmica mais geral daquilo que Townsend e Jerome Busemeyer (1993) chamam "teoria do campo de decisão". Esse estrutura, complexa demais para se descrever de forma sucinta (uma panorâmica é fornecida em Busemeyer e Townsend, 1995), fielmente modela uma série variada de comportamento mais facilmente reconhecível como o processo de tomar decisões, como estudado dentro do paradigma tradicional de pesquisa. De fato, seu argumento é que a teoria do campo de decisão "cobre uma série maior de fenômenos em maiores detalhes" do que o fazem as teorias da utilidade e vai até mesmo além delas ao explicar de

---

7) As equações, com traduções em linhas gerais e parciais para o inglês, são:

$$\frac{dm}{dt} = M - m - c$$

(A mudança na motivação depende de como os níveis atuais de motivação e consumo se comparam a um nível-padrão de motivação, M.)

$$\frac{dz}{dt} = m \times \left[\frac{1}{z_1^2 + z_2^2 + a} + 1\right]$$

(A mudança na *preferência* de um objetivo depende da motivação atual e da distância do objeto de preferência.)

$$\frac{dc}{dt} = (x + C - c) \times \left[\frac{b}{z_1^2 + z_2^2 + r} + 1\right]$$

(A mudança no consumo depende do nível de preferência, do nível de consumo e da distância do objeto de preferência.)

$$\frac{dz_1}{dt} = -(x \cdot z_1) \qquad \frac{dz_2}{dt} = -(x \cdot z_2)$$

(O movimento para perto ou para longe do objeto depende do nível atual de preferência em relação a ele.)

forma natural vários paradoxos importantes do processo de tomar decisões. O ponto importante é que a teoria geral do campo de decisão trabalha sobre os mesmos princípios dinâmicos fundamentais que o MOT. Por isso, de qualquer maneira, não se trata de alguns aspectos do funcionamento cognitivo humano de alto nível poderem ser efetivamente modelados usando sistemas dinâmicos do tipo que podem ser evidenciados com referência ao regulador centrífugo.

8. É A CONCEPÇÃO DINÂMICA VIÁVEL?

Com o intuito de refutar um argumento do tipo *O-que-mais-poderia-ser?*, deve ser viável propor uma alternativa — que seja plausível o bastante para ser julgada racionalmente como uma questão empírica aberta. Qual abordagem é definitivamente mais promissora: a ortodoxa ou a alternativa?

Uma medida da viabilidade de uma abordagem é se a pesquisa válida pode ser levada a cabo dentro de seus próprios termos. Nessa medida, a abordagem dinâmica é, sem dúvida, saudável. Os modelos dinâmicos foram ou estão sendo desenvolvidos para uma ampla série de aspectos do funcionamento cognitivo, dos (chamados) aspectos de "baixo nível" ou "periféricos", aspectos tais como a percepção e a coordenação motora, até os (chamados) aspectos de "alto nível" ou "superior", como a linguagem e o processo de tomar decisões, passando por áreas afins, como a psiquiatria e a psicologia social. Como já mencionado, muitos trabalhos conexionistas são efetuados sob o rótulo da dinâmica, e só esses trabalhos qualificariam a abordagem dinâmica como digna de ser levada a sério. Todavia, há agora também modelos dinâmicos *não*-conexionistas de numerosos aspectos da cognição, e seus postos aumentam. Além disso, em muitos campos sob o abrigo mais amplo das Ciências Cognitivas, a dinâmica fornece a estrutura formal dominante na qual as teorias e os modelos particulares são desenvolvidos; estes incluem modelagem neural, pesquisas com agentes autônomos ("*animat*"), psicologia ecológica e, cada vez mais, psicologia do desenvolvimento.[8]

Claro, é perfeitamente possível que um programa de pesquisa floresça, embora, por razões profundas, de vez em quando prove ser eventualmente inadequado — em aspectos gerais ou particulares. (Lembremos do behaviorismo.) Logo, ao avaliar a plausibilidade de uma alternativa, devemos também considerar se algumas considerações *gerais* conhecidas a sustentam ou — talvez mais importante ainda — a solapam. Muitas considerações gerais foram levantadas a favor da concepção computacional da cognição; e, dados os contrastes rígidos, tais considerações podem parecer depor *contra* a alternativa dinâmica. É impossível citar todos (ou até mesmo algum) desses argumentos adequadamente aqui; mas comentarei de passagem um dos mais poderosos — sem, contudo, refutá-lo, mas sim revelando um pouco do potencial da abordagem dinâmica.

A cognição é freqüentemente diferenciada de outros tipos de processos naturais complexos (como as tempestades ou a digestão), mostrando que ela depende do *conhecimento*. Um desafio para os cientistas cognitivos é entender como um sistema físico

8) Em vez de citar exemplos individuais, limito-me a listar aqui algumas panorâmicas ou coleções que o leitor interessado pode usar como uma ponte para o amplo reino da pesquisa dinâmica sobre a cognição. Kelso (1995) é tanto um manifesto da abordagem dinâmica quanto uma encapsulação acessível de um poderoso programa de pesquisa. Uma amostra representativa da pesquisa atual está em Port e van Gelder (1995), que também contêm guias para uma literatura muito mais ampla. Uma ilustração excelente do poder e do escopo de pesquisa dinâmica, à guisa de rede neural, é Grossberg (1988). Serra e Zanarini (1990) apresentam uma panorâmica de uma variedade de abordagens de sistemas dinâmicos na pesquisa sobre inteligência artificial. Para o papel da dinâmica na psicologia do desenvolvimento, ver Smith e Thelen (1993) e Thelen e Smith (1993).

pode apresentar tal dependência em seu comportamento. A abordagem usual é supor que o sistema contém estruturas internas que *codificam* ou *representam* o conhecimento. Além disso, pensa-se com freqüência que a melhor maneira de codificar ou representar o conhecimento é usar representações *simbólicas*, manipuladas por um sistema computacional. Desse modo, na medida em que a abordagem dinâmica repudia por completo a representação, ou oferece um substituto representacional menos poderoso, ela pode ser condenada.

Mas, enquanto o regulador centrífugo é claramente não-representacional, e enquanto (como sustentado acima) a representação aparece em um conjunto natural de características profundas que são juntamente características do modelo computacional, de fato não há por que evitar, nos sistemas dinâmicos, a incorporação de alguma forma de representação. De fato, uma característica entusiástica da abordagem dinâmica é que ela oferece oportunidades de reconceber dramaticamente a natureza da representação nos sistemas cognitivos, mesmo dentro de uma estrutura amplamente não-computacional. Uma estratégia comum da modelagem dinâmica é dar significância representacional a algum ou a todos os estados variáveis ou parâmetros (ver, por exemplo, o modelo de teoria do campo de decisão de Townsend e Busemeyer acima mencionado ou considerar uma rede conexionista em que unidades substituem características do domínio).

Embora as representações desse tipo possam ser exatamente o que é preciso para *algumas* propostas de modelagem cognitiva, elas não têm o tipo de estrutura combinatória que com freqüência é julgada necessária para *outros* aspectos da cognição de alto nível. Entretanto, dentro do repertório conceitual da dinâmica, há uma vasta série de entidades e estruturas que podem ser aproveitadas em papéis representacionais; variáveis de estados e parâmetros individuais são tão-somente as mais simples delas. Por exemplo, sabe-se como construir esquemas representacionais em que os conteúdos complexos (como as estruturas lingüísticas) são atribuídos de maneira recorrente a pontos no estado-espaço de um sistema dinâmico, de modo que as representações formem uma estrutura fractal de profundidade potencialmente infinita e de modo que o comportamento do sistema possa ser visto como representações transformadoras, respeitando a estrutura representada. Mas mesmo esses métodos estão fazendo pouco mais do que colocar o dedinho do pé na piscina das possibilidades. As representações podem ser trajetórias ou atratores de vários tipos, trajetórias obtidas pelo encadeamento seqüencial de atratores, tão exóticas como transformações de arranjos de atratores, como o são as mudanças de parâmetros (Petitot, 1995).

Os dinamicistas estão ativamente explorando como essas e outras possibilidades representacionais podem ser incorporadas aos modelos cognitivos, sem aceitar o resto da visão de mundo computacional. Conseqüentemente, enquanto a abordagem dinâmica é sem dúvida um caminho bem longo, indo das soluções reais até os mais concretos problemas da representação do conhecimento, ela claramente abriga a promessa suficiente de manter sua viabilidade atual como uma alternativa.

Que razões positivas há para se pensar que a abordagem dinâmica está de fato no caminho certo? De novo, o espaço não permite tratar de forma adequada dos argumentos, mas vale a pena mencionar pelo menos alguns. Na prática, uma parte importante do apelo da abordagem dinâmica é que ela empresta ao estudo da cognição, ferramentas que provaram ser extraordinariamente bem-sucedidas em muitas outras áreas da ciência. Mas há algo sobre a *cognição*, em particular, que sugere que ela possa ser melhor compreendida dinamicamente?

Um fato central sobre os processos cognitivos naturais é que eles sempre se dão *em tempo real*, o que não significa apenas que, como qualquer processo físico (inclusive a computação digital comum), eles ocupam alguma dimensão do tempo existente, mas que detalhes de *timing* — durações, índices, ritmos, etc. — são críticos de como operam em corpos e meios ambientes reais. Como vimos acima, dinâmica é tudo sobre como os processos se dão em tempo real, ao passo que os detalhes do *timing* são, num sentido profundo, extrínsecos aos sistemas computacionais. A cognição também tem outras características gerais para as quais uma abordagem dinâmica parece bem adequada. Por exemplo, é um tipo de organização comportamental complexa que emerge das interações locais de um amplo número de elementos (relativamente) simples e homogêneos. Está permeada tanto das formas de mudança contínuas quanto das formas de mudança descontínuas. Em cada nível, envolve processos múltiplos, simultâneos e interativos. A Dinâmica é uma estrutura natural para o desenvolvimento de teorias que explicam tais características. Além disso, os sistemas dentro dos quais a cognição opera (o cérebro, o corpo, o meio ambiente) exigem ferramentas dinâmicas para sua descrição. Uma explicação dinâmica da cognição promete minimizar as dificuldades de entendimento de como os sistemas cognitivos são sistemas biológicos reais em constante, íntima, interativa dependência de seus meios ambientes.[9]

Uma forma final de justificar a viabilidade da concepção dinâmica é colocá-la junto com a concepção computacional numa ampla perspectiva histórica. O computacionalismo, como Ciências Cognitivas ortodoxa, significa uma sofisticada momentificação de esboços básicos genéricos de um quadro cartesiano da natureza da mente. A ascendência que esse quadro tem sobre como a maioria da pessoas pensa sobre a mente e a cognição faz a concepção computacional parecer intuitivamente atrativa. Não haveria objeções a isso se a própria concepção cartesiana fosse em si basicamente correta. Mas o resultado da avaliação filosófica do paradigma cartesiano, ao longo dos três últimos séculos, e em especial neste século, é que tal filosofia tem uma concepção errônea da mente e de seu lugar na natureza.

Os cientistas cognitivos tendem a supor que o aspecto primordial no qual Descartes estava errado sobre a mente estava em assumir um "dualismo interacionista" (*interactionist dualism*): a doutrina de que a mente e o corpo são duas substâncias distintas que interagem entre si causalmente. No entanto, já no século XVIII a inadequação desse aspecto particular do cartesianismo foi exposta (Berkeley, 1684/1753; Leibniz, 1646/1716), passando pela adoção do materialismo baseado no cérebro (Hobbes, 1588/1679; La Mattrie, 1709/1751). Alguns dos maiores feitos da filosofia da mente do século XIX foi expor várias outras, mais sutis, penetrantes e perniciosas concepções epistemológicas e ontológicas errôneas inerentes ao quadro cartesiano. Essas concepções errôneas são com freqüência mantidas mesmo quando o dualismo da substância é rejeitado em favor de um materialismo baseado no cérebro, como o funcionalismo e suas várias manifestações.

Entre os mais importantes desses movimentos anticartesianos está aquele lançado por Ryle na filosofia anglo-americana (Ryle, 1949/84) e Heidegger na filosofia continental (Heidegger, 1927/62; Dreyfus, 1991). Seu alvo foi a idéia cartesiana genérica de que a mente é um reino interior de representações e processos e de que a mente concebida dessa forma é o que explica o comportamento inteligente causal. Esse movimento compreende três componentes inter-relacionados. O primeiro é a relocalização da mente. A tradição cartesiana está errada ao supor que a mente é um reino interior ou uma entidade de qualquer tipo, seja substância mental, estados do cérebro ou o que quer que seja. Ontologicamente, a mente é muito mais uma questão do que *fazemos* dentro das possibilidades sociais e do meio ambiente e de seus limites. Assim sendo, o século XX anticartesiano puxa a mente *para fora* — em particular para fora do crânio. Aquele aspecto da mente que fica dentro, e *é* a base causal de nosso comportamento, é *cognição.*

O segundo componente é a redefinição de nossa relação fundamental com o mundo que nos cerca. No paradigma cartesiano, a relação básica da mente com o mundo é

9) Para um desenvolvimento mais detalhado desses argumentos, ver van Gelder e Port (1995).

aquela que o representa e o pensa, com interações "periféricas" ocasionais via percepção e ação. Sabe-se desde Berkeley que esse paradigma apresenta problemas epistemológicos fundamentais. Mas só recentemente foi mostrado que escapar desses problemas significa redefinir o agente humano como essencialmente envolvido em/e lidando habilmente com um mundo em mutação e que representar e pensar o mundo é secundário e dependente desse envolvimento (Guignon, 1983).

O terceiro componente é um ataque à suposição de que o tipo de comportamento que exibimos (segundo o qual *estamos* envolvidos em nosso mundo e pode-se dizer que temos mentes) poderia ser explicado causalmente utilizando-se apenas os genéricos recursos cartesianos de representações, regras, procedimentos, algoritmos, etc. Um erro cartesiano fundamental é supor, como Ryle o colocou várias vezes, que a prática é explicada pela teoria, que o conhecimento do *como* é explicado em termos do conhecimento do *que* ou que habilidade é uma questão de pensamento. Em outras palavras, não apenas a mente não se encontra dentro do crânio, mas tampouco a cognição, a base causal interior do comportamento inteligente, pode em si ser explicada em termos das entidades básicas da concepção cartesiana geral.

Minha preocupação aqui não é validar essas pretensões ou a concepção pós-cartesiana da pessoa para a qual elas apontam (ver, por exemplo, Dreyfus, 1972/92); é simplesmente fazer com que a concepção computacional da cognição pareça menos inevitável, lançando dúvidas sobre o paradigma filosófico dentro do qual ela se desenvolve. A Ciência Cognitiva computacional ortodoxa absorveu algumas das importantes lições das reações ao cartesianismo do século XVII, mas até agora continua esquecendo amplamente as mais radicais críticas do século XX. Mas, se *começarmos* com uma minuciosa abordagem pós-cartesiana, a explicação dinâmica da cognição se tornará de várias formas e imediatamente atrativa. A concepção pós-cartesiana rejeita o modelo da mente como um representante atemporal e, como a abordagem dinâmica da cognição, enfatiza, em vez disso, a interação em tempo real dos agentes situados num mundo em mutação. O agente pós-cartesiano é essencialmente temporal, uma vez que sua relação mais básica com o mundo é de lidar habilmente com ele em tempo real; o paradigma dinâmico é, portanto, uma escolha natural visto que integra o tempo logo no começo. O agente pós-cartesiano consegue enfrentar o mundo sem necessariamente representá-lo. Uma abordagem dinâmica sugere como isso pode ser possível, mostrando como a operação interna de um sistema em interação com um mundo externo pode ser tão sutil e complexa a ponto de *frustrar* uma descrição em termos representacionais — como, em outras palavras, a cognição pode *transcender* a representação. Em resumo, a partir da perspectiva filosófica que conseguiu vencer as profundas estruturas da visão do mundo cartesiana, a abordagem dinâmica parece empolgante; o regulador de Watt é preferível à máquina de Turing como um arquétipo para os modelos de cognição.

REFERÊNCIAS BIBLIOGRÁFICAS

BERKELEY, George (1710/1977). "A treatise concerning the principies of human knowledge", Cahn 1997.

BUSEMEYER, Jerome R. e TOWNSEND, James (1993). "Decision field theory: a dynamic-cognitive approach to decision making in an uncertain environment", *Psychological Review* 100: 432-459.

——————— (1995). "Dynamic representation of decision making", Port and van Gelder (1995).

CAHN, Steven M. (ed.) (1997). *Classics of western philosophy*. Indianapolis: Hacket.

DREYFUS, Hubert L. (1972/92). *What computers can't do: a critique of artificial reason*. New York: Harper and Row.

——————— (1991). *Being-in-the-world: a commentary on Heidegger's being and time, division 1*. Cambridge, MA: MIT Press.

FAREY, J. (1827). *A treatise on the steam engine: historical, practical and descriptive*. London: Longman, Rees, Orme, Brown and Green.

GROSSBERG, Stephen (1988). *Neural networks and natural intelligence*. Cambridge MA: MIT Press.

GUIGNON, Charles B. (1983). *Heidegger and the problem of knowledge*. Indianapolis: Hacket.

HAUGELAND, John (1985). *Artificial intelligence: the very idea*. Cambridge MA: Bradford/MIT Press.

HEIDEGGER, Martin (1927/62). *Being and time*, John Macquarrie e Edward Robinson (trad.). Tübigen: Max Niemeyer Verlag. (1962). New York: Harper and Row.

HOBBES, Thomas (1651/1962). *Leviathan*. New York: Collier Books.

KELSO, J.A. Scott (1995). *Dynamic paterns: the setf-organizatin of brain and behavior*. Cambridge, MA: Bradford/MIT Press.

LA METTRIE, Julien Offray de (1748/1912). *Man a machine*. La Salle, IL: Open Court.

LEIBNIZ, Gottfried Wilhelm von (1714/1977). "Monadology", Cahn 1997.

MAXWELL, James Clerk (1868). "On Governors", *Proceedings of the Royal Society* 16: 270-283.

NEWELL, Allen (1990). "Are there alternatives?" Sieg 1990.

PETITOT, Jean (1995). "Morphodynamics and attractor syntax", Port e van Gelder 1995.

PORT, Robert F. e VAN GELDER, Timothy (eds.) (1995). *Mind as otion: explorations in the dynamics of cognition*. Cambridge MA: Bradford/MIT Press.

RYLE, Gilbert (1949/1984). *The concept of mind*. Chicago: University of Chicago Press.

SERRA, Roberto e ZANARINI, Gianni (1990). *Complex systems and cognitive processes*. Berlin: Springer Verlag.

SMITH, Linda B. e THELEN, Esther (1993). *A dynamic systems approach to development: applications*. Cambridge MA: Bradford/MIT Press.

THELEN, Esther e SMITH, Linda B. (1993). *A dynamic systems approach to development of cognition and action*. Cambridge MA: Bradford/MIT Press.

TOWNSEND, James T. (1992). "Don't be fazed by PHASER: beginning exploration of a cyclical motivational system", *Behavior Research Methods, Instruments and Computers*, 24: 219-227.

VON NEUMANN, John e MORGENSTERN, Oskar (1944/80). *Theory of games and economic behavior*. Princeton: Princeton University Press.

NO LABIRINTO DOS SIGNOS

Solomon Marcus

A idéia de labirinto inclui vários aspectos:

a) o CONTRASTE entre ENTRADA (*INPUT*) e SAÍDA (*OUTPUT*), sendo a primeira conhecida e disponível, ao passo que a segunda é desconhecida e foi transformada em matéria de DESCOBERTA;
b) a ALTA COMPLEXIDADE da rede dos caminhos entre os quais uma escolha tem de ser feita;
c) a ESTRUTURA PROBLEMÁTICA imposta pelas respectivas escolhas;
d) a natureza ESTRATÉGICA da pesquisa requerida pelo problema a ser resolvido, geralmente associada a um ALGORITMO;
e) o aspecto de JOGAR-BRINCAR (*GAME-PLAY*), parcialmente imposto pelos aspectos precedentes;
f) a SURPRESA, como característica fortemente conectada aos aspectos precedentes;
g) o MISTÉRIO, que domina a relação homem-labirinto;
h) a SITUAÇÃO IRREVERSÍVEL da maioria dos itinerários labirínticos: de um lado, estamos procurando uma saída; de outro, não somos mais capazes de "parar o jogo", porque o caminho de volta à entrada se torna, por sua vez, difícil, senão impossível. Poderíamos dizer que o contraste afirmado no item *a* é consideravelmente atenuado, senão completamente cancelado. Esse fato torna mais fortes todas as características precedentes: descoberta, complexidade, problemática, estratégia, o aspecto jogar-brincar, surpresa, mistério;
i) por um lado, o MEDO referente a possíveis PERIGOS relatados em *f*, *g*, e *h* e, por outro lado, a possibilidade de FALHAR no que diz respeito ao que é requerido em *a*, *b*, *c*, *d*;
j) a ALEGRIA subseqüente à atividade de descoberta *a* e à estrutura do jogar-brincar *e* somos levados a;
k) o labirinto envolve uma situação conflituosa, em que medo e alegria, atração e rejeição, lógica e intuição, emoção e razão, conhecido e desconhecido a um só tempo cooperam e competem entre si.

Todo labirinto é encarado com um itinerário semiótico: ou os signos disponíveis não são suficientes para possibilitar a transgressão das dificuldades, ou a complexidade dos processos do signo nas quais emergimos é alta demais para poder enfrentá-lo.

A maior parte dos aspectos acima pode ser identificada já nos primeiros modelos de labirinto, como o labirinto de Creta. Os algoritmos computacionais são o estágio final de um itinerário labiríntico; esse itinerário é um sucesso em si mesmo, mas é mais bem-sucedido quando a complexidade do algoritmo é menor. O fracasso surge quando chegamos à conclusão de que o problema que queremos resolver não permite uma abordagem algorítmica. Todavia, aqui também há vários graus de insuficiência, mas não insistiremos nisso.

A associação mitológica entre o labirinto e o fio de Ariadne pertence ao protótipo clássico de uma situação labiríntica, baseada na suposição da existência de um GUIA capaz de controlar os seres vivos, bem como os labirintos. Se, na mitologia grega, Ariadne dá a Teseu o fio que o ajudará a sair do labirinto, nas situações labirínticas usuais o guia pode ser o pai, a mãe, outro parente, um professor, um amigo, um cão, nossa lógica, nossa intuição ou simplesmente Deus. De qualquer modo, a suposição implícita da existência de um Guia, que sabe como chegar à saída do labirinto, governa todos os tradicionais roteiros labirínticos, sejam eles reais ou fictícios.

Mas seria essa estrutura ainda válida em todas as situações labirínticas e principalmente nas contemporâneas? Parece que, pelo menos num aspecto, temos que enfrentar agora um problema diferente. O labirinto não é mais uma construção preexistente, é (em certa medida?) gerado por seres vivos em sua interação com o mundo que os cerca, em suas tentativas de abordá-lo. O labirinto assume a forma de um labirinto de signos ("este universo é repleto de signos, se não for composto exclusivamente por signos"); quando levamos em consideração o processo peirceano de "signos que se transformam em signos", ele assume a forma de *Umwelt*, com Jakob von Uexkull, em sua visão biossemiótica; assume a forma de biblioteca com *O nome da rosa* de Umberto Eco; assume a forma de hipertexto, quando os primeiros passos do itinerário são o texto, o contexto, o subtexto, o intertexto e o paratexto; assume a forma de *Índice de citações científicas*, quando olhamos para a estrutura, em forma de árvore, das referências bibliográficas científicas; toda a história da humanidade, cuja saída é a situação do dia de hoje e cuja entrada é dominada pelo mistério, é um labirinto; os autômatos de alta complexidade, cujo comportamento é imprevisível em relação à maioria dos *inputs* possíveis, geram labirintos; os sistemas dinâmicos não-lineares (que levam ao fenômeno do caos determinista, bem como aos fractais de Mandelbrot, onde auto-similaridade e dimensão fracionária levam a um comportamento assintótico, comportamento esse para o qual somente os primeiros passos podem ser visualizados), levam, por sua vez, a labirintos específicos. O labirinto dos processos de comunicação é mais familiar.

Encerramos aqui os exemplos que mostram que muitos labirintos são subseqüentes à interação sujeito-objeto. Um de seus denominadores comuns: eles envolvem potencialmente processos infinitos, em contraste com os labirintos tradicionais, caracterizados por variáveis combinatórias finitas. O *input* fica em muitos casos esquecido, distante no passado, e o *output* é afastado para um futuro puramente hipotético. Sem começo nem fim, o jogo labiríntico se torna uma prisão da qual não podemos mais sair; continuamos a jogar esse jogo semiótico a que geralmente chamamos O Mundo dos Signos.

SOBRE OS AUTORES

ANNA BARROS é artista multimídia e expõe no Brasil e exterior desde 1974. Seu trabalho envolve fotografia, computação gráfica e instalações. Viveu na Califórnia por vários anos, onde cursou o Otis Art Institute. Professora da pós-graduação em Comunicação e Semiótica da PUC-SP e doutora pelo mesmo programa, atualmente leciona na UNB, em Brasília. Em 1999, Barros lançou o livro *A arte da percepção: um namoro entre a luz e o espaço* (São Paulo: AnnaBlume). É presidente da Associação Nacional de Pesquisadores em Artes Plásticas — AMPAP.

ARLINDO MACHADO é pesquisador de "imagens técnicas" tais como fotografia, cinema, vídeo e mídias digitais. É coordenador do doutorado do Programa de Pós-graduação em Comunicação e Semiótica da PUC-SP e professor do Departamento de Cinema, Rádio e Televisão da Universidade de São Paulo. Publicou vários livros, entre eles: *Máquina e imaginário: o desafio das poéticas tecnológicas* (São Paulo: Edusp, 1993) e *Pré-cinemas & pós-cinema* (Campinas: Papirus, 1997). (http://www.pucsp.br/~cos-puc/arlindo/index.html)

DAVID CHALMERS é filósofo, professor na Universidade de Arizona (Tucson) e diretor associado do Center for Consciousness Studies. Chalmers é formado em Matemática e Ciências da Computação (Universidade de Adelaide, Austrália) e PhD. em Ciências Cognitivas e Filosofia pela Indiana University (1993). Seu foco de pesquisa é a consciência e sua abordagem envolve diversas disciplinas: ciências cognitivas, metafísica, filosofia da mente e inteligência artificial. Chalmers é autor de diversos artigos e do polêmico livro *The conscious mind: in search of a fundamental theory* (Oxford Univ. Press, 1996). (http://www.u.arizona.edu/~chalmers/)

DIANA DOMINGUES é artista multimídia e professora da Universidade de Caxias do Sul, onde coordena o mestrado interinstitucional em Comunicação e Semiótica (UCS/PUC-SP) e o Grupo Integrado de Pesquisa em Novas Tecnologias nas Artes Visuais. Participou de dezenas de exposições internacionais e realizou várias coletivas, entre as quais se destacam as bienais internacionais de São Paulo, da Tailândia e de Cuba. Publicou dezenas de artigos e é organizadora do livro *A arte no século XXI: a humanização das tecnologias* (São Paulo: Unesp, 1997). (http://artecno.ucs.br/)

EDMOND COUCHOT é artista plástico e pesquisador em artes interativas e imagens computadorizadas. É diretor do Centro de Pesquisas de Artes e Tecnologias da Imagem (ATI) e professor da Universidade Paris VIII. Autor de diversos artigos, seu livro *Images — de la optique au numerique*, publicado em 1988, é considerado um clássico no exame das imagens de síntese. O mais recente, lançado em 1999, *La technologie dans l'art: de la photographie à la réalité virtuelle* apresenta um amplo panorama das transformações na área.

EDUARDO KAC é artista e teórico brasileiro. Reside nos Estados Unidos desde 1989, onde é professor assistente de Arte e Tecnologia do The School of the Art Institute of Chicago. Kac trabalha com meios eletrônicos e fotográficos, tais como: holografia, telepresença, computadores, Internet, vídeo, robótica, como também sistemas biológicos e vida artificial. Seu nome é referência obrigatória na história da arte tecnológica. Suas obras estão presentes em coleções importantes, tais como: *Museum of Modern Art* de Nova York; *Massachusetts Institute of Technology — MIT Museum* (Cambridge, EUA); *Museum of Holography* (Chicago); MAM do Rio de Janeiro, entre outras. Em 1999, seu trabalho de arte interativa *Uirapuru* recebeu o prêmio da Bienal ICC — *InterCommunication Center* de Tóquio. (http://www.ekac.org)

FERNANDO FOGLIANO é fotógrafo, físico e engenheiro de computação. Trabalhou no Instituto Astronômico e Geofísico da Universidade de São Paulo, de 1986 a 1996, no desenvolvimento de sistemas de controle e aquisição de dados. É membro do SCI-Arts. Sua pesquisa atual é sobre a imagem científica.

FLOYD MERRELL é semioticista, pesquisador interdisciplinar e professor da Purdue University (West Lafayette, EUA). Merrell é autor de importantes livros, tais como: *Signs becoming signs: our perfusive, pervasive universe* (Bloomington: Indiana Univ. Press, 1991); *Unthinking thinking: Jorge Luis Borges, mathematics, and the new physics* (West Lafayette: Purdue Univ. Press,1991); *Signs grow: semiosis and life processes* (Toronto: Univ. of Toronto Press, 1996) e *Simplicity and complexity; pondering literature, science, and painting* (Ann Arbor: Univ. of Michigan Press, 1997). (http://www.fll.purdue.edu/personal/fmerrell.asp)

GILBERTTO PRADO é artista tecnológico, membro do grupo de arte telemática *Art-Reséaux* (Paris) e professor do Departamento de Multimeios do Instituto de Artes da Unicamp. Seus trabalhos artísticos têm estado presente nas principais mostras internacionais, entre elas: XVI Bienal de São Paulo (1981); Arte Xerox Brasil (Pinacoteca de São Paulo, 1984); *City portraits* (Galeie Donguy, Paris, 1990); V Bienal Internacional de Poesia Visual/Experimental (México, 1996). Prado é coordenador do projeto wAwRwT que tem por objetivo verificar sites de cunho artístico na Internet. (http://wawrwt.iar.unicamp.br)

HELENA KATZ é crítica de dança do jornal *O Estado de S. Paulo* e da TV Cultura (SP). Coordenadora do Centro de Estudos em Dança da PUC-SP e do mestrado em Comunicação e Semiótica da PUC-SP. Katz é graduada em filosofia e doutora em Comunicação e Semiótica. É autora dos livros: *O Brasil descobre a dança* (São Paulo: DBA, 1994) e *Grupo corpo* (Rio de Janeiro: Salamandra, 1995).

IRENE MACHADO desenvolve pesquisa sobre as teorias semióticas russas e sistemas de signos da cultura. É professora do Programa de Estudos Pós-Graduados em Comunicação e Semiótica da PUC-SP e autora, dentre outros, dos livros *Antologia do dissimilar: Bakhtin e o formalismo russo* (São Paulo: Perspectiva, 1989) e *O romance e a voz. A prosaica dialógica de M. Bakthim* (Rio de Janeiro: Imago, 1995).

JIM ROSENBERG é matemático e poeta. Em hipertexto, Rosenberg é autor de *Intergrams* e *The barrier frames and diffractions through.* Autor de dezenas de artigos; "A estrutura da atividade hipertextual", presente nesta coletânea, é referência básica na investigação quanto às estruturas hipertextuais. (http://www.well.com/user/jer/)

JOÃO QUEIROZ é semioticista, diretor de pesquisas do Centro de Estudos em Ciências Cognitivas e Semiótica — CECCS —, do Programa de Estudos Pós-Graduados em Comunicação e Semiótica da PUC-SP. Suas investigações mais recentes são sobre modelos de representação e a teoria do signo em Charles S. Peirce.

KATIA CANTON é escritora, jornalista e crítica de arte. É PhD. em Artes Interdisciplinares pela Universidade de Nova York e docente e curadora do Museu de Arte Contemporânea da Universidade de São Paulo. É autora de *The fairy tale revisited* (Nova York, Berlim, Berna: Peter Lang Press, 1994-96); *E o príncipe dançou* (São Paulo: Ática, 1994); *Mistério das formas — Maria Martins* (São Paulo: Paulinas, 1997); entre outros.

LUCIA LEÃO é artista interdisciplinar com pesquisa voltada para as novas tecnologias. Como artista, expõe internacionalmente desde 1985. É autora do livro *O labirinto da hipermídia. Arquitetura e navegação no ciberespaço* (São Paulo: Iluminuras/Fapesp, 1999). Desde 1997, edita a revista eletrônica *Interlab — Estudos Intersemióticos sobre Hipermídia e Labirintos* (http://www.pucsp/~cos-puc/interlab). É coordenadora do Grupo de Arte e Mídias Digitais do CIMID — Centro de Mídias Digitais do Programa de Estudos Pós Graduados em Comunicação e Semiótica da PUC-SP. (http://www.pucsp.br/~cos-puc/interlab/in4/tilu_cv.htm)

LUCIA SANTAELLA é professora titular da PUC-SP, com doutorado em Teoria Literária (PUC-SP) e Livre Docência em Ciências da Comunicação (ECA-USP). Coordenou o Programa de Pós-graduação em Comunicação e Semiótica (PUC-SP) durante os anos de 1987 a 1995, tendo orientado inúmeras teses em arte e tecnologia. É membro da diretoria da Federação Latino-Americana de Estética. Tem vários livros publicados, entre eles: *A assinatura das coisas* (Imago, 1992); *Cultura das mídias* (Experimento, 1992); *Estética: de Platão a Peirce* (Experimento, 1994); *Imagem, cognição, semiótica, mídia* (em co-autoria com Winfried Nöth, Iluminuras, 1998). É diretora do Centro de Investigação em Mídias Digitais — CIMID —, centro virtual de pesquisa voltado para o estudo teórico, a criação artística e a reflexão crítica sobre o universo virtual, ciberespaço, redes e Internet, que reúne mais de cem pesquisadores. Santaella é também presidente da Federação Latino-americana de Semiótica.

LUCIO AGRA é poeta e ensaísta, autor de *Selva bamba* (Rio de Janeiro: Nova Leva, 1994) e de *Ultramar* (hipertexto). É professor de Teoria da Comunicação na FAAP e doutor em Comunicação e Semiótica pela PUC-SP. Trabalhou com Renato Cohen nas performances: *Máquina futurista* (1997), *KA* (1998) e *Dr. Faustus liga a luz* (1999). Atualmente desenvolve pesquisa com o título "Memória Eletrônica". (http://www.pucsp.br/~cos-puc/budetlie/index.html)

MARK BERNSTEIN é cientista da computação, um dos pioneiros no desenvolvimento de sistemas de hipertexto e autor de dezenas de artigos de reflexão teórica. É fundador e cientista chefe da Eastgate Systems, empresa que desenvolve softwares e publica trabalhos em hipertexto. Entre os programas da Eastgate estão: o *Storyspace*, utilizado por vários autores em hipertexto (entre eles Michel Joyce, Ed Falco, Jim Rosenberg) e o *Eastgate Web Squirrel*, que registra os endereços das páginas (URLs) visitados na WWW. (http://www.eastgate.com/)

MICHAEL JOYCE é um dos mais consagrados nomes em hipertexto. Autor do pioneiro *Afternoon, a story*, considerado pelo *New York Times* como "o avô" da ficção hipertextual e do também aclamado *Twilight, a symphony*. Joyce é autor de trabalhos seminais em crítica teórica sobre hipertexto. Entre seus mais importantes escritos, destacam-se os livros *Of two minds: hypertext pedagogy and poetics* (1995) e *Othermindedness: the emergence of network culture* (2000), ambos pela University of Michigan Press. Joyce é professor e diretor do Centro de Educação e Aprendizado Eletrônico no Vassar College (Poughkeepsie, Nova York). (http://iberia.vassar.edu/~mijoyce)

MILTON SOGABE é artista, professor no Instituto de Artes da Universidade Estadual Paulista e doutor em Comunicação e Semiótica pela PUC-SP. É membro do SCI-Arts, grupo interdisciplinar que pesquisa a relação entre a arte, ciência e tecnologia. O SCI-Arts tem apresentado obras em diversas exposições internacionais.

PRISCILA FARIAS é designer gráfica e autora do livro *Tipografia digital: o impacto das novas tecnologias* (Rio de Janeiro: 2AB, 1998). Sua pesquisa atual está ligada ao Centro de Estudos em Ciências Cognitivas e Semiótica — Ceccs —, do Programa de Estudos Pós-Graduados em Comunicação e Semiótica da PUC-SP, do qual é membro-fundador.

REJANE CANTONI é artista e teórica na interface arte e tecnologia. Participa de eventos artísticos internacionais desde 1987. É mestre em Comunicação e Semiótica pela PUC-SP e em *Études Supériures des Systèmes d'Information* pela Universidade de Genebra, Suíça.

RENATO COHEN é artista e pesquisador com investigação nas artes da performance e suas mediações com tecnologia. Como criador e diretor, realizou espetáculos e performances com montagens em multimídia (cenários virtuais, imagens 3D, videoinstalação, etc.). Como pesquisador, é professor do Programa de Comunicação e Semiótica da PUC-SP e da Unicamp. É autor de diversos artigos e do livro *Work in progress na cena contemporânea* (São Paulo: Perspectiva,1998).

ROGÉRIO DA COSTA é filósofo, coordenador do Centro de Estudos em Ciências Cognitivas e Semiótica — Ceccs — do Programa de Estudos Pós-Graduados em Comunicação e Semiótica da PUC-SP e professor na mesma Instituição. É doutor em Filosofia pela Universidade de Paris IV, Sorbonne. São de sua autoria os livros *Limiares do contemporâneo* (São Paulo: Escuta, 1993) e *L'Ontologie du contingent selon Jean Duns Scot* (Lille, França: Presses Universitaires du Septentrion, 1999).

ROY ASCOTT é artista interdisciplinar, pesquisador e professor. Atualmente é diretor do CaiiA — Centre for Advanced Inquiry in the Interactive Arts da Newport School of Art and Design (University of Wales) e do Star — *Science Technology and Art Research Centre* (University of Plymouth). Ascott é um dos pioneiros na utilização de meios tecnológicos em arte. Entre seus mais importantes projetos, destacam-se: *Terminal art* (USA/UK, 1980); *La plissure du texte: aplanetary fairy tale* (Paris, 1984) e *Aspects of Gaia* (Ars Electronica, Linz, Áustria, 1989). (http://caiiamind.nsad.newport.ac.uk/roya.html)

SIEGFRIED ZIELINSKI é diretor da Academy of Media Arts, Cologne, Alemanha (http://www.khm.uni-koeln.de/). É autor de numerosos livros sobre filosofia, história, arte e teoria da arte. Zielinski é hoje um dos principais nomes internacionais na reflexão crítica a respeito das questões estéticas emergentes com o ciberespaço. (http://www.khm.de/people/staff/zieli_e.htm)

SILVIA LAURENTIZ é designer gráfica e multimídia. Doutora em Comunicação e Semiótica pela PUC-SP, sua pesquisa envolve projetos de hipermídia e animação gráfica. Participou de diversos eventos artísticos como a *XXIV Bienal de São Paulo* e a exposição *Intersignos* (Paço das Artes, 1998), entre outras.

SOLOMON MARCUS é matemático e semioticista. Professor da Universidade de Bucaresti na Romênia e autor de numerosos artigos, sua pesquisa abrange várias disciplinas, tais como: lingüistica, história da ciência, gramática generativa, lógica, Sua atuação internacional como professor convidado em diversas universidades de prestígio tem-lhe valido várias homenagens, assim como o livro *Mathematical linguistics and related topics: papers in honor of Solomon Marcus on his 70th birthday.*

SUELY ROLNIK é psicanalista, professora Titular da PUC-SP e ensaísta. Viveu em Paris de 1970 a 1979, onde fez grande parte dos estudos universitários e iniciou a carreira de psicóloga, analista institucional e professora de psicologia. É autora de *Cartografia sentimental. Transformações contemporâneas do desejo* (Estação Liberdade, 1989, esgotado) e *Inconsciente antropofágico. Ensaios sobre a subjetividade contemporânea* (prelo). Em colaboração com Félix Guattari, escreveu *Micropolítica. Cartografias do desejo* (Vozes, 1986).

TIMOTHY VAN GELDER é professor assistente do Departamento de Filosofia da Universidade de Melbourne, na Austrália, e diretor do Australian Thinking Skills Institute. Autor de dezenas de artigos, van Gelder é defensor da abordagem dinamicista em ciências cognitivas. Seu livro, em co-autoria com Robert Port, *Mind as motion: explorations in the dynamics of cognition* (Cambridge MA: MIT Press, 1995), é um clássico na área. (http://www.arts.unimelb.edu.au/~tgelder/)

WINFRIED NÖTH é professor titular em lingüística e semiótica na Universidade de Kassel, na Alemanha, e professor convidado no Programa de Estudos Pós-Graduados em Comunicação e Semiótica da PUC-SP. É autor de centenas de artigos e diversos livros, entre eles o premiado *Handbook of semitiocs* (1990), referência fundamental para todos que estudam a teoria dos signos. (http://www.uni-kassel.de/fb8/privat/noeth/noeth.html)

ÍNDICE ONOMÁSTICO

*) O zoólogo Richard Dawkins nasceu em 1941, foi orientado por Niko Tinbergen, e trabalha na Oxford University desde 1970, onde foi criada uma cátedra especialmente para ele.

DA ORGANIZADORA
NESTA EDITORA

O LABIRINTO DA HIPERMÍDIA
Arquitetura e navegação no ciberespaço

OUTROS TÍTULOS DESTA EDITORA

CARIBE TRANSPLATINO
Néstor Perlongher (org.)

DICIONÁRIO CRÍTICO DE POLÍTICA CULTURAL
Teixeira Coelho

GUERRAS CULTURAIS
Teixeira Coelho

IMAGEM
Lucia Santaella e Winfried Nöth

MATRIZES DA LINGUAGEM E PENSAMENTO
SONORA VISUAL VERBAL
Lucia Santaella

MODERNO PÓS MODERNO
Teixeira Coelho

NOVÍSSIMA ARTE BRASILEIRA
Katia Canton

POÉTICAS DO PROCESSO
Cristina Freire

UM RETRATO DE GIACOMETTI
James Lord

VANGUARDAS ARGENTINAS — ANOS 20
May Lorenzo Alcalá e Jorge Schwartz (orgs.)

VANGUARDAS LATINO-AMERICANAS
Jorge Schwartz

VOZES E VISÕES
Panorama da arte e cultura norte-americanas hoje
Rodrigo Garcia Lopes

Este livro terminou
de ser impresso no dia
25 de abril de 2002
nas oficinas da
Bartira Gráfica e Editora S.A.,
em São Bernardo do Campo, São Paulo.